Ähnliche Beteiligungen i.S.v. § 17 Abs. 1 S. 3 EStG

Europäische Hochschulschriften

Publications Universitaires Européennes
European University Studies

Reihe II
Rechtswissenschaft

Série II Series II
Droit
Law

Bd./Vol. 4018

PETER LANG
Frankfurt am Main · Berlin · Bern · Bruxelles · New York · Oxford · Wien

Mark Weirich

Ähnliche Beteiligungen i.S.v. § 17 Abs. 1 S. 3 EStG

PETER LANG
Europäischer Verlag der Wissenschaften

Bibliografische Information Der Deutschen Bibliothek
Die Deutsche Bibliothek verzeichnet diese Publikation in der Deutschen Nationalbibliografie; detaillierte bibliografische Daten sind im Internet über <http://dnb.ddb.de> abrufbar.

Zugl.: Bamberg, Univ., Diss., 2003

D 473
ISSN 0531-7312
ISBN 3-631-51123-X

www.peterlang.de

Meiner Familie

Ruth, Heidemarie, Wolfgang, Ellen

und meiner Frau

Isabell

Vorwort

Die vorliegende Arbeit, welche von der Fakultät Sozial- und Wirtschaftswissenschaften der Otto-Friedrich-Universität Bamberg als Dissertation angenommen wurde, entstand unter der Betreuung von Herrn Univ.-Prof. Dr. iur. Georg Crezelius, Inhaber des Lehrstuhls für Steuerrecht an selbiger Universität. Die Arbeit wurde in der Zeit von September 1998 bis Oktober 2000 angefertigt und aufgrund meines Eintritts in das Beruflebens sowie ständiger Gesetzesänderung bzw. neuerer Rechtsprechung im Oktober 2002 eingereicht.

Ich danke meinem Doktorvater, Herrn Univ.-Prof. Dr. iur. Georg Crezelius, für seine Unerstützung bei der Themenwahl sowie für seine wertvollen Hinweise bezüglich des Aufbaus, der Struktur und des Inhalts dieser Arbeit. Die Art und Weise wie er die komplizierte Steuerrechtsprechung sowie die häufig abstrakten Gesetzestexte in einfacher verständlicher Weise darstellt, haben mein Interesse am Steuerrecht verstärkt. Dadurch wurde der Drang zum tieferen Einstieg in die Materie „Steuerrecht" ermöglicht. Mein Dank gilt ebenfalls Herrn WP/StB Univ.-Prof. Dr. oec. publ. Peter Kupsch für die Übernahme des Zweitgutachtens. Als Inhaber des Lehrstuhls für Betriebswirtschaftliche Steuerlehre und Wirtschaftsprüfung an der Universität Bamberg konnte ich bei ihm neben dem Fachgebiet „Steuern" auch die betriebswirtschaftliche Seite kennen lernen und dadurch nicht nur die rein juristische sondern auch die betriebswirtschaftliche Sichtweise in meine Arbeit einfließen lassen.

Meiner Familie möchte ich ebenfalls Dank sagen, für die unendliche Geduld und zeit die sie für mich erübrigt haben. Neben der großzügigen Unterstützung meiner Eltern – die das Entstehen dieser Arbeit überhaupt erst ermöglicht hat – möchte ich mich insbesondere für die fachliche Betreuung meines Vaters WP/StB Dr. Wolfgang Weirich sowie meiner Frau Isabell danken. Diese war nicht nur fachliche sondern auch seelische Betreuung in dieser, manchmal doch einsamen, Bearbeitungszeit. Mögliche Leser, die ebenfalls dem Steuerrecht „verfallen" sind, können ermessen, wie wertvoll ein steuerlicher Rat ist.

Würzburg, im Juni 2004

Mark Weirich

Inhaltsübersicht

Inhaltsverzeichnis

Zweiter Teil: Abgrenzungen

Dritter Teil: "Ähnliche Kapitalgesellschaften" und "ähnliche Beteiligungen"

Abkürzungsverzeichnis

a.A. ....anderer Ansicht/ Auffassung
Abb...Abbildung
Abs. ....Absatz
Abt. ....Abteilung
Abschn. ....Abschnitt
a.F. ....alte (r) Fassung
AG ....Aktiengesellschaft/ Die Aktiengesellschaft (Zeitschrift)
AktG ....Aktiengesetz
AktStR ....Aktuelles Steuerrecht (Zeitschrift)
Anm. ....Anmerkung
AO ....Abgabenordnung
Art. ....Artikel
AStG...Außensteuergesetz
Aufl. ....Auflage

BB ....Betriebsberater (Zeitschrift)
Bd. ....Band
BdF ....Bundesministerium der Finanzen
BDI ....Bundesverband der Deutschen Industrie e.V.
betr. ....betreffend
BewG ....Bewertungsgesetz
BFH ....Bundesfinanzhof
BFHE ....Entscheidungen des Bundesfinanzhofes (Zeitschrift)
BFH/NV ....Sammlung nicht amtlich veröffentlichter Entscheidungen des Bundesfinanzhofes (Zeitschrift)
BGBl. ....Bundesgesetzblatt
BGH ....Bundesgerichtshof
BGHZ ....Entscheidungen des Bundesgerichtshofes im Zivilrecht (Jahresband)
BMF..Bundesministerium der Finanzen
BR-Drucks. ....Bundesratsdrucksache
BStBl. ....Bundessteuerblatt
Bsp. ....Beispiel
BT-Drucks. ....Bundestagsdrucksache
BVerfG ....Bundesverfassungsgericht
BVerfGE ....Entscheidungen des Bundesverfassungsgerichtes (Zeitschrift)
bzgl. ....bezüglich
bzw. ....beziehungsweise

DAX ....Deutscher Aktienindex
DB ....Der Betrieb (Zeitschrift)
DBA ....Doppelbesteuerungsabkommen
DepotG ....Depotgesetz
Ders. ....Derselbe
d.h. ....das heißt
DM ....Deutsche Mark
DStR ....Deutsches Steuerrecht (Zeitschrift)
DStRE ....Deutsches Steuerrecht Entscheidungsdienst (Zeitschrift)
DStZ ....Deutsche Steuerzeitung (Zeitschrift)
DTB ....Deutsche Terminbörse

EFG ....Entscheidungen der Finanzgerichte (Zeitschrift)
EG..Europäische Gemeinschaft
EK ....Eigenkapital
ErbStG ....Erbschaftsteuergesetz
ErbStR ....Erbschaftsteuerrichtlinien
ESt ....Einkommensteuer
EStG ....Einkommensteuergesetz
EStR ....Einkommensteuerrichtlinien
EU ....Europäische Union
EuGH ....Europäischer Gerichtshof
evtl. ....eventuell
EWS ....Europäisches Steuer- & Wirtschaftsrecht
(Zeitschrift)

f. ....folgende
ff. ....fort folgende
FAZ ....Frankfurter Allgemeine (Tageszeitung)
FG ....Finanzgericht
FinMin. ....Finanzministerium
FR ....Finanzrundschau (Zeitschrift)

GbR ....Gesellschaft bürgerlichen Rechts
gem. ....gemäß
GenG ....Genossenschaftsgesetz
GewStG ....Gewerbesteuergesetz
GG ....Grundgesetz
GmbH ....Gesellschaft mit beschränkter Haftung
GmbHG ....Gesetz für Gesellschaften mit beschränkter Haftung
GmbHR ....GmbH-Rundschau (Zeitschrift)
GmbH-StB ....GmbH Steuerberater (Zeitschrift)
GmbH-Stp ....GmbH-Steuerpraxis (Zeitschrift)
GoB ....Grundsätze ordnungsgemäßer Buchführung/ Bilanzierung
GrS ....Großer(n) Senat(s)

Haufe	Haufe Steuer Office (Online Datenbank)
HFA	Hauptfachausschuss
HFR	Höchstrichterliche Finanzrechtsprechung (Zeitschrift)
HGB	Handelsgesetzbuch
h.M.	herrschende Meinung
hrsg.	herausgegeben
Hrsg.	Herausgeber
HS	Halbsatz
i.d.F.	in der Fassung
i.d.R.	in der Regel
i.d.S.	in diesem Sinne
IDW	Institut der Wirtschaftsprüfer
i.E.	im Ergebnis
i.e.S.	im engeren Sinn
i.w.S.	im weiteren Sinn
INF	Die Information über Steuer und Wirtschaft (Zeitschrift)
IPO	Initial Public Offering
i.S.d.	im Sinne des (der)
IStR	Internationales Steuerrecht (Zeitschrift)
i.S.v.	im Sinne von
i.V.m.	in Verbindung mit
i.w.S.	im weiteren Sinn
JbFSt	Jahrbuch der Fachanwälte für Steuerrecht
KapAEG	Kapitalaufnahmeerleichterungsgesetz
KapErhStG	Kapitalerhaltungs-Steuergesetz
KapG	Kapitalgesellschaft
KGaA	Kommanditgesellschaft auf Aktien
KonTraG	Gesetz zur Kontrolle und Transparenz im Unternehmensbereich
KÖSDI	Kölner Steuerdialog (Zeitschrift)
KSt	Körperschaftsteuer
KStG	Körperschaftsteuergesetz
LStDV	Lohnsteuer-Durchführungsverordnung
LEXinform	Datenbank der DATEV e.G.
m.E.	meines Erachtens
Mio.	Millionen
m.M.n.	meiner Meinung nach
m.w.N.	mit weiteren Nachweisen

n.F. .... neue (r) Fassung
NJW .... Neue Juristische Wochenzeitschrift
Nr. (n) .... Nummer (n)
NWB .... Neue Wirtschaftsbriefe (Zeitschrift, Loseblatt)

OFD .... Oberfinanzdirektion
OHG .... Offene Handelsgesellschaft
O.V. .... Ohne Verfasser

PwC .... PricewaterhouseCoopers

R. .... Richtlinie
Rdnr. (n) .... Randnummer (n)
RFH .... Reichsfinanzhof
RFHE .... Entscheidungen des Reichsfinanzhofes
RIW .... Recht der internationalen Wirtschaft (Zeitschrift)
Rn. .... Randnummer (n)
RStBl. .... Reichssteuerblatt
Rz. (n) .... Randziffer (n)

S. .... Satz/ Seite (n)
SBV .... Sonderbetriebsvermögen
sog. .... so genannte (r, n)
SE .... Societas Europea
Sp. (n) .... Spalte (n)
StÄndG .... Steueränderungsgesetz
StbJb .... Steuerberater-Jahrbuch
Stbg .... Die Steuerberatung (Zeitschrift)
StBp .... Die steuerliche Betriebsprüfung (Zeitschrift)
StEntlG .... Steuerentlastungsgesetz
StKongR .... Steuer-Kongress Report (Jahrbuch)
StMBG .... Steuer-Missbrauchs-Bekämpfungsgesetz
StSenk-ErgänzG .... Steuersenkungsergänzungsgesetz
StSenkG .... Steuersenkungsgesetz
StStud .... Steuer und Studium (Zeitschrift)
StuB .... Steuer- und Bilanzpraxis (Zeitschrift)
StuW .... Steuer und Wirtschaft (Zeitschrift)

Tz. (n) .... Teilziffer (n)

u.a. .... unter anderem/ und andere
UmwG .... Umwandlungsgesetz
UmwStG .... Umwandlungssteuergesetz
UntStFG .... Unternehmensteuerfortentwicklungsgesetz
USA .... Vereinigte Staaten von Amerika
UStG .... Umsatzsteuergesetz
UStR .... Umsatzsteuerrichtlinien

VAG ....Versicherungsaufsichtsgesetz
v.H...vom Hundert
vEK ....verwendbares Eigenkapital
VG i.L..Vorgesellschaft in Liquidation
Vgl. ....Vergleiche

WiB ....Wirtschaftsrechtliche Beratung (Zeitschrift)
WiSt ....Wirtschaftswissenschaftliches Studium (Zeitschrift)
WpHG ....Wertpapierhandelsgesetz
Wpg ....Die Wirtschaftsprüfung (Zeitschrift)

z.B. ....zum Beispiel
ZHR ....Zeitschrift für das gesamte Handelsrecht und Wirtschaftsrecht
ZIP ....Zeitschrift für Wirtschaftsrecht
z.T. ....zum Teil

Abbildungsverzeichnis

Einführung

Das Ziel dieser Dissertation liegt in der Zusammenstellung und Systematisierung der Kasuistik zu den ähnlichen Beteiligungen i.S.v. § 17 Abs. 1 S. 3 EStG. Obwohl das Thema "ähnliche Beteiligungen" schon häufiger Gegenstand von Diskussionen und Gerichtsurteilen war, gibt es in der Literatur bisher noch keine umfassende Darstellung und Analyse zu dieser Thematik. Mein Erstreben ist es daher, diese Lücke im Schrifttum zu schließen.

Die Arbeit soll einerseits eine systematisch, wissenschaftlich fundierte Gesamtübersicht zum Bereich der ähnlichen Beteiligungen liefern. Andererseits soll sie auch hinreichend detailliert über die wesentlichen Einzelfragen, die mit der praktischen Handhabung dieser komplexen Beteiligungsdefinition verbunden sind, informieren. Infolgedessen sollen einheitliche Tatbestandsmerkmale und Abgrenzungskriterien herausgearbeitet werden, die in Zukunft konsequent auf alle möglichen Gestaltungsvarianten angewendet werden können. Auch soll die Arbeit – gerade nach dem mehrfachen Absenken der Beteiligungsgrenze – § 17 EStG in das System des Einkommensteuergesetzes einordnen.

Grundlegend ist zunächst einmal zu prüfen, wann überhaupt eine „wesentliche Beteiligung" i.S.d. § 17 EStG vorliegt. Dies hängt insbesondere davon ab, wie der Begriff „Kapital" zu verstehen ist. Dabei muss untersucht werden, was unter einer Beteiligung „am Kapital der Gesellschaft" bzw. „an der Gesellschaft" zu verstehen ist. Es wäre denkbar, die Beteiligung am Nennkapital oder die Beteiligung am Eigenkapital, welches mit der Beteiligung am Nennkapital nicht übereinstimmen muss, als Qualifikationskriterium heranzuziehen. Es könnte allerdings auch ausreichend sein, dass der Veräußerer lediglich am Reingewinn und am Liquidationserlös zu mindestens einem Prozent beteiligt ist, obwohl seine Stimmrechte weniger als 1% betragen oder umgekehrt. Diese Abgrenzungsproblematik ist letztendlich auch für die Einordnung der ähnlichen Beteiligungen i.S.v. § 17 Abs. 1 S. 3 EStG entscheidend.

Die Dissertation soll klarstellen, was konkret unter einer ähnlichen Beteiligung i.S.v. § 17 Abs. 1 S. 3 EStG zu verstehen ist und ob lediglich eine direkte Subsumtion von ähnlichen Beteiligungen unter § 17 EStG in Frage kommt, falls die ähnliche Beteiligung unmittelbar mindestens 1% am Kapital der Gesellschaft ausmacht, oder ob ähnliche Beteiligungen auch bei der Ermittlung und Berechnung der „Wesentlichkeitsgrenze" mit einzubeziehen sind. Des weiteren bereiten die verwendeten unbestimmten Rechtsbegriffe – wie z.B. Anwartschaften auf solche Beteiligungen – den Rechtsanwendern Schwierigkeiten, so dass auch hier eine Abgrenzung und Auslegung von Nöten ist.

Ebenfalls zu problematisieren ist der Begriff der „Anteile", denn es wird in § 17 EStG nichts über die Ausgestaltung dieser Anteile ausgesagt, so dass es auch hier die unterschiedlichsten Möglichkeiten gibt um in den Bereich der ähnlichen

Beteiligungen zu gelangen. Zum einen könnten nur die Rechte zu einer ähnlichen Beteiligung i.S.v. § 17 Abs. 1 S. 3 EStG führen, die eine vermögensmäßig Beteiligung beinhalten, oder es könnten auch vergleichbare Rechte eine Rolle spielen. Dies hätte zur Folge, dass das Grund- bzw. Stammkapital nicht mehr alleinige Bezugsgröße wäre. Ähnlichen Anteilen könnte dann ein dem Grund- oder Stammkapital ähnliches Kapital, wie bei Genussscheinen das Genussscheinkapital, entsprechen.

Wenn die zu untersuchende Gestaltungsvariante nicht unter den Begriff der ähnlichen Beteiligung i.S.v. § 17 Abs. 1 S. 3 EStG subsumierbar ist, werden weitergehende Untersuchungen – wie im Falle der eigenkapitalersetzenden Leistungen, die zu nachträglichen Anschaffungskosten gem. § 17 Abs. 2 EStG führen können – angestellt, die im engeren Sinne zwar nicht direkt zum Thema der ähnlichen Beteiligungen gehören, dennoch im Rahmen des § 17 EStG zu diskutieren sind.

Im letzten Kapitel befindet sich eine eher politische Diskussion über die systematisch richtige Einordnung von § 17 EStG innerhalb des Einkommensteuersystems. Dabei geht es insbesondere noch einmal um Sinn und Zweck des Paragraphen und dessen Ausnahmecharakter im Rahmen der Quellentheorie. Vordergründig sprengt dies zwar den zu behandelnden Bereich, doch kann eine solche Erörterung nach dem extremen Herabsetzen der „Wesentlichkeitsgrenze" von mehr als 25% auf mindestens 10% und im Rahmen des StSenkG sogar auf mindestens 1% sowie die gleichzeitige Streichung des Begriffs „wesentliche Beteiligung" nicht unterbleiben.

Auf die Änderungen im Zuge des StSenkG wird im allgemeinen Teil sowie im Ausblick der Arbeit eingegangen, wobei eine Beschränkung auf die für § 17 EStG relevanten Bereiche stattgefunden hat. Bis zum Abgabetag konnte, soweit zur Verfügung stehend, die Rechtsprechung und Literatur bis einschließlich Anfang Mai 2004 eingearbeitet werden.

Erster Teil: Allgemeines

§ 1 Systematische Einordnung des § 17 EStG in das Einkommensteuerrecht

Um die Problematik der ähnlichen Beteiligungen i.S.d. § 17 EStG richtig darstellen zu können, erfolgt zunächst eine systematische Einordnung des § 17 EStG innerhalb des EStG und zugleich werden auch die wichtigsten Tatbestandvoraussetzungen sowie die wichtigsten Fallgruppen des § 17 EStG herausgearbeitet. Dadurch wird verdeutlicht, wie wichtig eine eindeutige Abgrenzung des Begriffs der „ähnlichen Beteiligungen" ist, um nicht ungewollt unter die Besteuerung gem. § 17 EStG zu fallen.

Gewinne[1], die ein Steuerpflichtiger aus der Veräußerung von Anteilen an Kapitalgesellschaften erzielt, werden im deutschen Steuerrecht entweder als regulärer Betriebsgewinn erfasst, wenn die Beteiligung zum Betriebsvermögen gehört[2], oder sind grundsätzlich nicht steuerbar, wenn es sich um Privatvermögen handelt.[3] Von dieser Regel gibt es allerdings drei gesetzliche Ausnahmen, bei denen letzteres nicht zutrifft. Diese Ausnahmen sind in den §§ 17 und 23 EStG sowie in § 21 UmwStG kodifiziert.[4]

Abb. 1: „Mögliche Beteiligungsstruktur einer Kapitalgesellschaft"

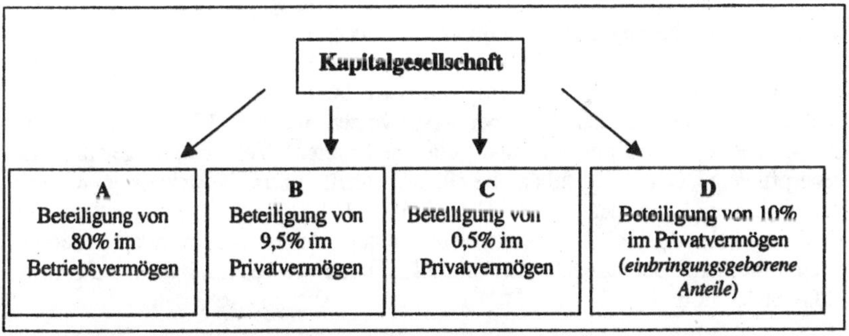

Die in **Abbildung 1** beschriebenen Anteilsverhältnisse sind nur beispielhaft und können in der Realität anders ausgestaltet sein. Dennoch verdeutlicht diese Konstellation die Stellung des § 17 EStG im deutschen Einkommensteuerrecht und die unterschiedliche steuerliche Behandlung von Vermögenspositionen.[5]

---

1 Zur politischen Prägnanz von Veräußerungsgewinnen: *Kanzler*, FR 2000, 1245 f.

2 *Kanzler*, FR 2000, 1245, 1253 f.

3 *Förster* in Festschrift für Hans Flick, 1997, S. 721, 723 f.; *Mössner* in Mössner, Steuerrecht international tätiger Unternehmen, 1998, S. 138.

4 *Schmidt/Weber-Grellet*, EStG, § 17 Rz. 2.

5 Hierzu auch: *Wassermeyer* in *Crezelius*, Die GmbH und ihre Gesellschafter, 1997, S. 75 ff.; *Micker*, BB 2002, 120.

Der Beteiligte **A** hält seine Beteiligung im Betriebsvermögen. Liegt Betriebsvermögen vor, so bezieht der Anteilseigner Beteiligungseinkünfte, die allerdings als Gewinneinkünfte i.S.d. §§ 13 bis 18 EStG umqualifiziert werden, da nur dort Betriebsvermögen existiert. In einem solchen Betriebsvermögen würde dann auch die Beteiligung an der Kapitalgesellschaft liegen. Im Rahmen der Gewinneinkunftsarten gilt die Reinvermögenszugangstheorie, bei der sowohl die laufenden Einkünfte als auch die Veräußerungserlöse steuerpflichtig sind. Hält **A** seine Beteiligung an der Kapitalgesellschaft im Betriebsvermögen, so ist der Veräußerungserlös bei Verkauf der Beteiligung gem. der §§ 14, 14a Abs. 1, 16, 18 Abs. 3 EStG stets steuerpflichtig. Dies gilt unabhängig von der Höhe seiner Beteiligung.

Die Beteiligung des **C** liegt im Privatvermögen und ist mit 0,5 v.H. unter der „Wesentlichkeitsgrenze"[6] des § 17 EStG. **C** erzielt als laufende Erträge Überschusseinkünfte gem. § 20 EStG.[7] Für die Überschusseinkünfte gilt die Quellentheorie, bei der lediglich die laufenden Einkünfte steuerpflichtig sind. Die Veräußerung der Quelle ist im Regelfall nicht steuerbar. Veräußert **C** seine Beteiligung außerhalb der Spekulationsfrist des § 23 Abs. 1 Nr. 2 EStG, so kann er den Veräußerungsgewinn steuerfrei vereinnahmen. Ein etwaiger Verlust wäre steuerlich dann allerdings ebenfalls nicht berücksichtigungsfähig.

B hält seine Beteiligung zwar auch im Privatvermögen, doch unterliegt er mit seiner Beteiligung von 9,5% dem Tatbestand des § 17 EStG, da er als „wesentlich Beteiligter" im Sinne dieses Paragraphen zu betrachten ist. Im Rahmen der Besteuerung von privaten Veräußerungsgewinnen nach § 17 EStG wird die Quellentheorie durchbrochen und ein realisierter Veräußerungsgewinn ist steuerpflichtig. Der „wesentlich Beteiligte" dürfte unter Berücksichtigung der Verlustbeschränkung des § 17 Abs. 2 Nr. 4 EStG (welche eigentlich ein Verlustverrechnungsverbot darstellt)[8] auch einen Veräußerungsverlust steuerlich geltend machen.[9] Die laufenden Einkünfte sind nach wie vor Kapitaleinkünfte gem. § 20 EStG.[10]

Hätten die Beteiligten **B** und **C** ihre Beteiligungen innerhalb eines Jahres erworben und auch wieder veräußert, so wäre ein etwaiger Veräußerungsgewinn gem. § 23 Abs. 1 S. 1 Nr. 2 EStG als sog. „Spekulationsgeschäft" zu versteuern. Der Begriff des „Spekulationsgeschäftes" existiert in § 23 EStG mittlerweile nicht mehr, sondern es heißt nun „privates Veräußerungsgeschäft". Im Laufe dieser Arbeit werden

6 Die Begriffe „Wesentlichkeitsgrenze" und „wesentliche Beteiligung" werden im folgenden in Anführungszeichen gesetzt, da der Begriff der Wesentlichkeit im Rahmen des StSenkG gestrichen worden ist; *Schüppen/Sanna*, BB 2001, 2937 sprechen vom „Abschied" der „wesentlichen Beteiligung".

7 *Bornheim*, DB 2001, 162, 164.

8 Dazu: *Bender*, Verlustverrechnungsbeschränkungen im EStG, 2002, S. 242.

9 Dazu zuletzt: FG Niedersachsen, EFG 2002, 552 ff.

10 *Frotscher*, EStG, § 17 Rn. 1.

allerdings beide Begriffe verwendet, da der Begriff des Spekulationsgeschäftes sich über einen langen Zeitraum eingebürgert hatte. Dies gilt auch für den Beteiligten i.S.d. § 17 EStG, denn aufgrund des § 23 Abs. 2 S. 2 EStG tritt § 17 EStG hinter § 23 EStG zurück.

Die Beteiligung des **D** ist darauf zurückzuführen, dass er im Rahmen einer Sacheinlage i.S.d. §§ 20, 23 UmwStG sog. „neue Anteile" erworben hat. Wurde bei der Einbringung nicht der Teilwert der Sacheinlage zugrunde gelegt, so sind ihm dadurch sog. einbringungsgeborene Anteile entstanden. Veräußert er seine Beteiligung, so ist ein Veräußerungsgewinn gem. § 21 UmwStG steuerpflichtig. Dies gilt nicht nur, wenn **D** seine Beteiligung im Betriebsvermögen hält, sondern eben auch bei Privatvermögen und ist unabhängig von einer Beteiligungsquote.

Die soeben beschriebene Systematik der Besteuerung von Veräußerungserlösen im EStG und die unterschiedliche Behandlung von Betriebs- und Privatvermögen dient dem Verständnis der Einordnung des § 17 EStG und der ähnlichen Beteiligungen i.S.d. § 17 Abs. 1 S. 3 EStG innerhalb des EStG. Im Anschluss erfolgt nun eine genauere Betrachtung der Systematik und Stellung des § 17 EStG im Einkommensteuerrecht, bevor die eigentliche Problematik – die ähnlichen Beteiligungen – in den Vordergrund rückt. Die Arbeit endet mit einem Kapitel über eine mögliche Neuordnung der §§ 17, 23 EStG sowie § 21 UmwStG.

A. Steuerliche Behandlung der Überschusseinkünfte anhand der Quellentheorie

Die sog. Quellentheorie[11, 12] besagt, dass nur die aus der Quelle gezogenen „Früchte" der Steuer unterliegen und das Vermögen, d.h. die Quelle, bei ihrer Veräußerung nicht zu versteuern ist.[13] Die Quellentheorie ergibt sich aus dem Einkünftedualismus[14], der in § 2 Abs. 2 EStG geregelt ist[15] und bis heute im deutschen Einkommensteuerrecht erhalten geblieben ist.[16] Dieser Dualismus führt je nach Einstufung der Einkunftsart zu unterschiedlichen Gewinnermittlungsmethoden[17] sowie zu einer Steuerbarkeit oder Steuerfreiheit von realisierten Wertsteigerungen des Vermögens.[18] Zusätzlich existiert im deutschen Steuerrecht ein unvollkommener Einkommensbegriff, der private Veräußerungsgewinne partiell

---

[11] Zur Geschichte der Quellentheorie: *Schneider* in Kirchhof/Söhn, EStG, § 17 Rdnr. A155 f. m.w.N.

[12] Dazu auch: *Crezelius*, BB 1981, 1589, 1591; *Harenberg*, NWB, Fach 3, 11515, 11517 f.; *Fröhling*, Zur Frage der Verfassungswidrigkeit des § 17 EStG, S. 4 f.

[13] Grundlegender Überblick über § 17 EStG: *Brune*, StStud 1996, 260 ff.

[14] *Schneider* in Kirchhof/Söhn, EStG, § 17 Rdnr. A40 f.

[15] *Schmidt/Weber-Grellet*, EStG, § 17 Rz. 2; *Crezelius*, StuW 1995, 313, 320; *Erle/Sauter*, Reform der Unternehmensbesteuerung, 2000, Art. 1, § 17 EStG.

[16] *Prinz/Ommerborn*, FR 2001, 977, 981.

[17] *Kreft*, Steuerrecht schnell erfasst, 2000, S. 95.

[18] *Schmidt/Weber-Grellet*, EStG, § 17 Rz. 2; *Crezelius* in Schmidt/Uhlenbruck, 1999, S. 242; *Schulte*, DB 2000, 1043; *Bornheim*, DB 2001, 162, 163.

steuerfrei lässt.[19] Liegt eine Beteiligung im Privatvermögen, d.h. ist die Beteiligung nicht unternehmerisch gebunden, sind Wertsteigerungen aufgrund der Quellentheorie steuerirrelevant.[20] Steuerpflichtig sind Wertsteigerungen ausnahmsweise[21] dann, wenn die Tatbestandsmerkmale der §§ 17, 23 EStG bzw. § 21 UmwStG erfüllt sind.[22]

Hält ein Steuerpflichtiger Anteile an einer Kapitalgesellschaft im Privatvermögen, so sind die laufend erzielten Einnahmen daraus Kapitaleinkünfte gem. § 20 EStG.[23] Die Besteuerung erfolgt durch einen sog. Quellenabzug direkt bei der Ausschüttung. Den Quellenabzug nach § 43 EStG konnte sich der Steuerpflichtige bisher bei der Einkommensbesteuerung anrechnen lassen. Seit dem 1.1.2001 wurde das Anrechnungsverfahren durch das sog. Halbeinkünfteverfahren[24] ersetzt, wonach keine Anrechung der gezahlten Körperschafteuer auf Anteilseignerebene mehr erfolgt, sondern die nach Abzug der Körperschaftsteuer von einheitlich 25% ausgeschütteten Dividenden werden nur noch zur Hälfte zur Besteuerung herangezogen.[25] I.E. kommt es damit wieder zu einem klassischen System der Doppelbelastung.[26] Werden Dividenden- oder Zinseinkünfte aus Vermögen erzielt, welches zu einem Betriebsvermögen gehört, so liegen ausnahmsweise Einkünfte aus Gewerbebetrieb gem. § 15 EStG vor.

Liegt eine „wesentliche Beteiligung" gem. § 17 EStG vor, so bleibt die Beteiligung weiterhin Privatvermögen. An der laufenden Besteuerung ändert sich ebenfalls nichts[27], auch wenn gewerbliche Einkünfte im Rahmen der Veräußerung fingiert werden.[28] Es bleibt demnach bei Einkünften aus Kapitalvermögen.[29] Die Überlassung von Kapitalnutzungsrechten im Privatbereich fällt somit grundsätzlich in den Bereich von § 20 EStG und nur die Vermögensgewinne bzw. -verluste in den

---

19 *Schneider* in Kirchhof/Söhn, EStG, § 17 Rdnr. A151; *Egner/Wildner*, FR 2001, 62, 69.
20 *Crezelius* in Festschrift für Karlheinz Boujong, 1996, S. 47, 48 f.; *Vogt*, DStR 1999, 1596, 1597.
21 *Gosch* in Kirchhof, EStG 2001, § 17, Rn. 1; *Schneider* in Kirchhof/Söhn, EStG, § 17 Rdnr. A1, der von einem „Sondertatbestand" spricht.
22 *Hörger* in *Littmann/Bitz/Pust*, EStG, § 17, RZ. 4; *Crezelius*, Unternehmenserbrecht, 1998, Rdnr. 171; *Kanzler*, FR 2000, 1245, 1247.
23 *Boochs* in Dankmeyer/Giloy, EStG, § 17 Rz. 23; *Ebling* in Blümich, EStG, § 17 Rz. 75; *Mihatsch*, Veräußerung von wesentlichen Beteiligungen an Kapitalgesellschaften und Mitunternehmeranteilen, S. 24; *Perridon/Steiner*, Finanzwirtschaft der Unternehmung, 1999, S. 335; *Prinz/Ommerborn*, FR 2001, 977.
24 Zum neuen System mit Halbeinkünfteverfahren und Abschaffung des Anrechnungsverfahren: *Bareis*, Anmerkungen zur Unternehmenssteuerreform 2001 in Festschrift für Herbert Brönner, 2000, S. 1 ff. mit heftigster Kritik auf S. 15.
25 Lishaut/Förster, GmbHR 2000, 1121 ff.; *Haritz*, DStR 2000, 1537, 1544; *Strahl*, KÖSDI 2001, 12734.
26 *Kanzler*, FR 2000, 1245, 1251.
27 *Schneider* in Kirchhof/Söhn, EStG, § 17 Rdnr. A2.
28 *Züll*, Die Einkommensteuer bei der Veräußerung wesentlicher Beteiligungen, 1958, S. 11 f.
29 *Fröhling*, Zur Frage der Verfassungswidrigkeit des § 17 EStG, 1963, S. 7; *Weber-Grellet*, DStR 1998, 1617, 1621.

Bereich des § 17 EStG, sofern eine „wesentliche Beteiligung" besteht.[30]

Erwähnt werden muss m.E., dass durch die Einführung des Halbeinkünfteverfahrens die Quelleneinkünfte und Anteilsveräußerungsgewinne bzw. -verluste in Zukunft grundsätzlich gleich besteuert werden.[31] Dies belegt der Katalog des § 3 Nr. 40 EStG n.F. Dies wird damit begründet, dass sich ein Veräußerungsgewinn als antizipierte Gewinnausschüttung darstellt.[32]

Dabei ist die steuersystematische Grundidee des § 3c Abs. 2 EStG wenig plausibel, weil die hälftige Abziehbarkeit nur dann zu rechtfertigen ist, wenn die Besteuerung nach dem Halbeinkünfteverfahren auf Anteilseignerebene isoliert verstanden wird. Das ist aber dann nicht der Fall, wenn das neue Halbeinkünfteverfahren als Bestandteil eines Gesamtsystems der Besteuerung von Kapitalgesellschaft und Anteilseigner verstanden wird. Wenn es sich beim Halbeinkünfteverfahren um eine systembedingte Entlastung einer sonst eintretenden Doppelbesteuerung des ausgeschütteten Gewinns handelt, dann hat damit der Aspekt der nur hälftigen Berücksichtigung von Negativgrößen nichts zu tun.

Im übrigen kommt es gem. § 3c Abs. 2 EStG dazu, dass für alle potentiellen Sachverhalte des Halbeinkünfteverfahrens ein hälftiges Verlustabzugsverbot eingreift. Damit schießt das Gesetz eindeutig über das Ziel hinaus, weil es zum einen keine Abstimmung mit den speziellen Verlustausgleichsbestimmungen (z.B. der §§ 17 Abs. 2 S. 4, 23 Abs. 3 S. 8, 9 EStG) gibt und weil dieses allgemeine Verlustausgleichsverbot (zur Hälfte) vom Grundgedanken des Halbeinkünfteverfahrens nicht mehr getragen wird.

B. § 17 EStG als Durchbrechung der Quellentheorie

Gewinne aus der Veräußerung[33] von Wirtschaftsgütern des Privatvermögens unterliegen generell nicht der Einkommensteuer.[34] Das ist berechtigt solange dort Wertsteigerungen nur in geringem Maße vorkommen. Der Gewinn einer Kapitalgesellschaft kann den Gesellschaftern dabei allerdings sowohl als Dividende als auch in Form von Wertsteigerungen der Anteile zufließen. Wenn ein Gesellschafter nun kapitalmäßig so hoch an der Kapitalgesellschaft beteiligt ist, dass er eine solche Wertsteigerung auf Kosten von sonstigen steuerpflichtigen Kapitaleinkünften herbeiführen kann, dann muss auch die Wertsteigerung bzw. der Gewinn aus der Veräußerung der Anteile, die an sich zum Privatvermögen des Steuerpflichtigen gehören, besteuert werden. Ein solcher Fall dürfte normalerweise ab einem Anteil von mehr als 25% bestehen, denn dann besteht eine Sperrminorität

---

[30] *Ebling* in Blümich, EStG, § 17 Rz. 57; *Wolff-Diepenbrock*, DB 1994, 1539; *Steinhauff*, NWB, Fach 3, 10323, 10324.

[31] *Schüppen/Sanna*, BB 2001, 2397, 2407.

[32] So auch: *Lishaut*, StuW 2000, 182, 189 ff.

[33] Dazu grundlegend: *Kanzler*, FR 2000, 1245 f.

[34] *Egner/Wildner*, FR 2001, 62, 68.

für Entscheidungen. Genau diese Funktion erfüllte die Vorschrift des § 17 EStG bis 1999.[35] § 17 EStG besaß insofern Ausnahmecharakter, da durch ihn verhindert werden soll, dass nicht ausgeschüttete Gewinne eines Gesellschafters ihm bei einer Veräußerung seiner Anteile in Form eines entsprechend höheren Veräußerungserlöses steuerfrei zufließen konnten.[36]

Auch § 17 EStG stellt damit eine kodifizierte Durchbrechung der Quellentheorie[37] im Bereich der Überschusseinkunftsarten dar.[38] § 17 EStG ergänzt § 20 EStG dahingehend, dass in § 20 EStG der Nutzungsbereich und in § 17 EStG der Vermögensbereich für überlassenes Kapital erfasst wird.[39] Die laufenden Einkünfte eines "wesentlich Beteiligten" bleiben Einkünfte aus Kapitalvermögen und werden nicht zu gewerblichen Einkünften, obwohl § 17 EStG von den „Einkünften aus Gewerbebetrieb" spricht.[40] Insoweit unterliegt die im Privatvermögen gehaltene „wesentliche Beteiligung" einer gespaltenen Einkünftequalifizierung.[41] Der Zusammenhang der §§ 17 und 20 EStG dürfte auch im Rahmen der Abgrenzung zur Liebhaberei[42, 43] eine Rolle spielen. Die Frage, ob ein Fall der Liebhaberei[44] (Abgrenzung durch Erstellung einer Totalgewinnprognose) gegeben ist, dürfte sich nur aus der Zusammenschau des Vermögens- und Nutzungsbereiches klären lassen.[45]

Der BFH[46] hat betont, dass der im Gesetzeswortlaut des § 17 Abs. 1 und 2 EStG eindeutig zum Ausdruck gebrachte Zweck der Bestimmung darin liegt, den eingetretenen Zuwachs an finanzieller Leistungsfähigkeit[47] zu erfassen.[48] Als Bemessungsgrundlage für die Leistungsfähigkeit dient der Indikator „Einkommen".[49] Neben der Bemessungsgrundlage „Einkommen oder Vermögen" ist auch der Steuertarif von Bedeutung.[50] Beide Komponenten spielen innerhalb des § 17 EStG eine Rolle, da auch § 34 EStG im Jahre 1999 geändert wurde und für § 17 EStG in Zukunft überhaupt nicht mehr anwendbar sein wird.

---

35 *Züll*, Die Einkommensteuer bei der Veräußerung wesentlicher Beteiligungen, S. 11.
36 Näheres hierzu: *Friauf*, DB 1995, Beilage 8, S. 8 m.w.N.
37 So schon: *Becker*, StuW 1931, Sp. 1283, 1286.
38 *Meyer-Koppitz*, DStR 1999, 2053, 2056.
39 *Schneider* in Kirchhof/Söhn, EStG, § 17 Rdnr. A70; *Züll*, Die Einkommensteuer bei der Veräußerung wesentlicher Beteiligungen, S. 13.
40 *Kreft*, Steuerrecht schnell erfasst, S. 116.
41 *Brune*, StStud 1996, 260, 261.
42 Zu Abgrenzungskriterien zuletzt: BFH-Urteil v. 29.3.2001, FR 2001, 729 ff.
43 *Bender*, Verlustverrechnungsbeschränkungen im EStG, S. 246 ff.
44 *Crezelius*, Steuerrecht II, 1994, S. 28 ff.
45 *Weber-Grellet*, DStR 1998, 1617.
46 BFH-Urteil v. 9.5.2000, DStR 2000, 1553, 1555; BFH-Urteil v. 12.12.2000, DB 2001, 680, 682.
47 Dazu zuletzt kritisch: *Hergarten*, DStR 2001, 1876 ff.
48 *Gosch* in Kirchhof, EStG § 17, Rn. 1; *Schulte*, DB 2000, 1043, 1045; *Wacker*, NWB, Fach 3, 11251.
49 *Schneider* in Kirchhof/Söhn, EStG, § 17 Rdnr. A20 f.
50 *Schiebler*, Abschreibungen auf Beteiligungen an Kapitalgesellschaften nach Handels- und Steuerrecht, 1986, S. 120.

In der Kernaussage stellt § 17 EStG einen „wesentlich Beteiligten" einem Mitunternehmer gleich[51], da er über eine Sperrminorität verfügt und somit einen nicht unwesentlichen Einfluss auf die Kapitalgesellschaft ausüben kann.[52] Da seit 1.1.2001 eine 1%-tige Beteiligung ausreicht, um in den Bereich des § 17 EStG zu gelangen, wird der Verweis auf die Vergleichbarkeit zu einem Mitunternehmer schwieriger[53], da ein ausreichender Einfluss auf die Gesellschaft nicht mehr angenommen werden kann.[54, 55] Aufgrund der Tatsache, dass ein Mitunternehmer aber schon ab einer geringfügigen Beteiligung steuerverstrickt (§§ 15, 16 EStG) ist[56], kann sich die Besteuerungswürdigkeit im Privatvermögen gehaltener „wesentlicher Beteiligungen" nur aus der **wirtschaftlichen Ähnlichkeit** zu einem Mitunternehmer ergeben.[57]

Nach Ansicht von *Niehus/Wilke*[58] ist deshalb die Aufgabe der „Wesentlichkeitsgrenze erforderlich, um die Vergleichbarkeit zu einem Mitunternehmer herstellen zu können und dem Gleichheitsgrundsatz des Art. 3 Abs. 1 GG gerecht zu werden. *Crezelius*[59] widerspricht der Parallele zu § 16 EStG, da es bei § 17 EStG allein auf die kapitalmäßige Beteiligung ankommt und somit ein „gemeinsamer Zweck" nicht besteht und kritisiert daher, dass die systematische Stellung des § 17 EStG immer noch im Kontext der Mitunternehmerbesteuerung zu sehen ist.

Die diskutierte Gleichstellung wurde nur lückenhaft und im Hinblick auf einzelne Tatbestandsmerkmale typisierend verwirklicht[60], so dass sie nur in bestimmten Einzelfragen zur Auslegung des § 17 EStG herangezogen werden kann.[61] Die Frage ist, ob durch die Annäherung eine Abgrenzung der ähnlichen Beteiligungen i.S.v. § 17 Abs. 1 S. 3 EStG hergeleitet werden kann. Der BFH hat in seinem Beschluss vom 24.2.1999[62] zudem auf das durch § 2 EStG quantifizierte Leistungsfähigkeitsprinzip verwiesen.[63] Daraus ergibt sich, dass dem deutschen EStG kein

---

[51] *Hörger* in *Littmann/Bitz/Pust*, EStG, § 17, RZ. 4; *Schneider* in Kirchhof/Söhn, EStG, § 17 Rdnr. A44; *Barth*, FR 1962, 226, 228; *Niehus/Wilke*, StuW 1997, 35, 41 m.w.N.; *Wassermeyer* in *Crezelius*, Die GmbH und ihre Gesellschafter, S. 76.

[52] *Fröhling*, Zur Frage der Verfassungswidrigkeit des § 17 EStG, S. 6; *Wolff-Diepenbrock*, Festschrift für Franz Klein, 1994, 875, 879.

[53] Verneinend: *Kratzer*, NWB, Fach 5, 1491, 1494.

[54] *Schneider* in Kirchhof/Söhn, EStG, § 17 Rdnr. A45.

[55] Generell zum Vergleich mit dem Mitunternehmer: BFH-Urteil v. 28.6.1978, BStBl. II 1978, 590, 592.

[56] *Barth*, BB 1966, 614.

[57] BFH-Urteil v. 4.11.1992, BStBl. II 1993, 292 m.w.N.

[58] *Niehus/Wilke*, StuW 1997, 35, 41.

[59] *Crezelius*, DB 2003, 230, 232.

[60] BFH-Urteil v. 8.4.1998, BStBl. II 1998, 660; BFH-Urteil v. 20.4.1999, BFH/NV 1999, 1154, 1155.

[61] Näheres hierzu: *Strickrodt*, Veräußerung wesentlicher Beteiligungen aus privater Hand, 1964, S. 24; *Friauf*, DB 1995, Beilage 8, S. 8 m.w.N.

[62] BFH-Beschluß v. 24.2.1999, DStR 1999, 752.

[63] Kritisch dazu: *Schneider* in Kirchhof/Söhn, EStG, § 17 Rdnr. A47; *Hörger* in *Littmann/Bitz/Pust*, EStG, § 17, RZ. 4

Schedulensystem[64] zu Grunde liegt, sondern über die einzelnen Einkunftsarten hinweg eine Gleichmäßigkeit der Besteuerung gewährleistet sein muss. Nichts anderes kann für die §§ 15, 16 und 17 EStG gelten.

Die mit dem Abstellen auf die finanzielle Leistungsfähigkeit verbundene Besteuerung des gesamten Wertzuwachses zwischen Anschaffung der Anteile und deren Veräußerung geht allerdings über die Belastungsfolgen des § 16 EStG hinaus, da § 16 EStG lediglich auf eine Erfassung der Wertsteigerungen während der Zeit im Betriebsvermögen zielt, § 17 EStG allerdings auf die historischen Anschaffungskosten abstellt.[65] Dennoch bedarf es keiner absoluten Gleichstellung von Mitunternehmer und „wesentlich Beteiligtem", denn der Gesetzgeber wollte nur in einer typisierenden Weise eine grobe Ungleichbehandlung ausschließen.[66] Es stellt sich darum die Frage, ob § 17 EStG im Rahmen des EStG an der richtigen Stelle platziert wurde. Auf diese Problematik wird am Ende dieser Arbeit noch näher eingegangen.

Der Vergleich eines „wesentlich Beteiligten" i.S.d. § 17 EStG mit einem Mitunternehmer und die Nähe zu § 16 EStG führen zu einem steuerbaren Tatbestand bei der Veräußerung einer „wesentlichen Beteiligung".[67] I.E. werden Veräußerungen von „wesentlichen Beteiligungen" als gewerbliche Einkünfte fingiert und aus diesem Grund wurde § 17 EStG auch hinter die §§ 15, 16 EStG angesiedelt. Da es sich bei den Einkünften aus §§ 16 und 17 EStG um außerordentliche Einkünfte handelt und der Steuerprogressionsschub nicht zu stark werden sollte, wurde § 34 EStG gewährt, der zu dem sog. halben Steuersatz führte.[68] Auch dieser ist durch das Steuerentlastungsgesetz 1999/2000/2002[69] der Bundesregierung modifiziert worden.[70] Allerdings kann auf diese Änderungen hier nicht eingegangen werden. Mittlerweile kommt der halbe Steuersatz aufgrund des StSenkG[71] für § 17 EStG gar nicht mehr zum Zuge.[72] Allerdings soll § 34 EStG für § 17 EStG noch im Jahr 2001 anwendbar sein, so dass der neue „alte" halbe Steuersatz für § 17 EStG für ein Jahr eingreifen würde.[73]

Normalerweise wäre für den Veräußerungsgewinn gem. § 17 EStG die Gewinnermittlungsvorschrift der Überschusseinkünfte anzuwenden.[74] Wie bereits

---

64 Dazu: *Crezelius*, Steuerrecht II, 1994, S. 31.

65 *Schüppen/Sanna*, BB 2001, 2397, 2400; kritisch: *Crezelius*, DB 1997, 195 ff.; *Schaumburg*, Anmerkung zum Beschluss des FG Baden-Württemberg v. 8.12.2000, EFG 2001, 292, 293; schon früher: *Barth*, BB 1966, 614, 615 und 618.

66 BFH-Beschluß v. 18.1.1999, DStR 1999, 538.

67 *Habich*, FR 1988, 16.

68 *Schneider* in Kirchhof/Söhn, EStG, § 17 Rdnr. A52.

69 BGBl. I 1999, 402

70 *Vogt*, DStR 1999, 1596, 1597.

71 BT-Drucks. 14/3366.

72 *Haritz*, DStR 2000, 1537, 1546.

73 *Maier/Dal Bosco*, DStR 2000, 1763.

74 *Fischer*, Sacheinlagen im Gesellschafts- und Steuerrecht der GmbH, 1997, S. 274.

diskutiert, handelt es sich bei den Einkünften aus § 17 EStG aber um gewerbliche Einkünfte, so dass nicht nach dem Zuflussprinzip des § 11 EStG vorgegangen werden kann.[75] Aufgrund der Tatsache, dass es sich um eine Durchbrechung der Quellentheorie handelt, erfolgt eine Stichtagsbewertung[76] auf den Zeitpunkt der Veräußerung.[77] Man spricht von einer Gewinnermittlung eigener Art.[78] Der Veräußerungsgewinn oder -verlust entsteht grundsätzlich zum Zeitpunkt – bei Bilanzierung unter Beachtung der GoB – der Realisierung.[79] Die Gewinnermittlung nach § 17 Abs. 2 EStG stellt keine laufende Besteuerung gem. der §§ 4 Abs. 1, 5 EStG im Wege des Bestandsvergleichs dar[80], sondern es wird vielmehr eine stichtagsbezogene Bewertung vorgenommen.[81]

---

75 *Buyer*, DB 1987, 1959, 1962; *Beisse* in Gewinnrealisierung im Steuerrecht, hrsg. im Auftrag der Deutschen Steuerjuristischen Gesellschaft e.V. von Hans Georg Ruppe, S. 28; *Döllerer*, StbJb 1981/82, 195, 203; *Bilsdorfer*, NWB, Fach 3, 10859, 10862.

76 FG München v. 26.4.1994, EFG 1994, 967.

77 BFH-Urteil v. 30.6.1983, BStBl II 1983, 640.

78 *Schneider* in Kirchhof/Söhn, EStG, § 17 Rdnr. A55; *Wolff-Diepenbrock*, DB 1994, 1539; *Vogt*, DStR 1999, 1596, 1597; *Paus*, INF 2003, 185.

79 *Steemann*, DStR 1984, 507, 510; *Uhländer*, Vermögensverluste im Privatvermögen, 1996, S.96.

80 FG München v. 26.4.1994, EFG 1994, 967.

81 BFH-Urteil v. 7.3.1995, BStBl. II 1995, 693.

§ 2 Aufbau des § 17 EStG

A. Tatbestandsmerkmale des § 17 EStG

§ 17 EStG schränkt aufgrund des Wortlauts seinen eigenen Anwendungsbereich in persönlicher Hinsicht nicht ein. Von der Vorschrift erfasst werden daher sowohl unbeschränkt als auch beschränkt Steuerpflichtige.[1] Direkt anwendbar ist § 17 EStG allerdings nur auf natürliche Personen. Durch die Verweisung in § 8 Abs. 1 KStG ist die Vorschrift jedoch auch auf Körperschaftsteuersubjekte anwendbar, soweit diese auch andere Einkünfte als solche aus Land- und Forstwirtschaft, Gewerbebetrieb und selbständiger Arbeit haben können.[2]

In seinem funktionalen Aufbau ist § 17 EStG dadurch gekennzeichnet, dass ein vermögensrechtlicher Vorgang (Veräußerung einer Beteiligung an einer Kapitalgesellschaft) und ein vermögenswirtschaftlicher Vorgang (Erzielung eines Substanzgewinns) der Privatsphäre durch Fiktion[3] dem Geschäft eines Gewerbebetriebes gleichgestellt wird.[4] Dass § 17 EStG eine Fiktion darstellt, wird bereits daraus ersichtlich, dass die Veräußerung keine Gewerbesteuerpflicht auslöst.[5] Um den Tatbestand des § 17 EStG zu erfüllen, müssen alle Voraussetzungen des § 17 Abs. 1 EStG vorliegen. Falls die Tatbestandsvoraussetzungen nicht erfüllt sind, liegen nichtsteuerbare Gewinne oder Verluste des steuerirrelevanten Privatvermögens vor.[6] § 17 EStG beinhaltet folgende Tatbestandsvoraussetzungen:[7]

I. „Wesentliche Beteiligung"

Als wichtigstes Tatbestandsmerkmal, um in den Bereich von § 17 EStG zu gelangen, muss eine „wesentliche Beteiligung" existieren. § 17 Abs. 1 S. 4 EStG a.F. definierte eine unmittelbare oder mittelbare Beteiligung zu mehr als 25% als „wesentliche Beteiligung".[8] Eine unmittelbare Beteiligung liegt vor, wenn der Veräußerer selbst rechtlich Inhaber der Anteile ist. Eine mittelbare Beteiligung ist hingegen gegeben, wenn die Anteile, abweichend von der rechtlichen Inhaberschaft eines Dritten, steuerlich dem Gesellschafter zuzurechnen sind.[9] Letzteres kann bei

---

1 *Apitz*, FR 1992, 124, 125.

2 *Frotscher*, EStG, § 17 Rn. 17 und 20.

3 *Schneider* in Kirchhof/Söhn, EStG, § 17 Rdnr. A65; *Strutz*, Kommentar zum Einkommensteuergesetz 1925, Bd. II, § 30 Anm. 35, der von einer „kühnen" Fiktion spricht; *Spital-Frenking*, DB 1961, 754, 757, lehnt die Fiktion vollständig ab.

4 *Strickrodt*, Veräußerung wesentlicher Beteiligungen aus privater Hand, S. 5.

5 *Schneider* in Kirchhof/Söhn, EStG, § 17 Rdnr. A85.

6 *Fröhling*, Zur Frage der Verfassungswidrigkeit des § 17 EStG, S. 8 m.w.N.

7 Ähnlich: *Schmidt/Weber-Grellet*, EStG, § 17 Rz. 1; *Schneider* in Kirchhof/Söhn, EStG, § 17 Rdnr. A32; *Apitz*, FR 1992, 124, 125.

8 *Schneider* in Kirchhof/Söhn, EStG, § 17 Rdnr. B135 ff.; *Hörger* in *Littmann/Bitz/Pust*, EStG, § 17, RZ. 22 ff.; *Brune*, StStud 1996, 260, 262.

9 *Ebling* in Blümich, EStG, § 17 Rz. 105 ff.; *Gosch* in Kirchhof, EStG § 17, Rn. 70.

Gesamthandseigentum, wirtschaftlichem Eigentum[10], einem Treuhandverhältnis[11] als Treugeber oder einer Sicherungsabtretung und Verpfändung eintreten.[12] Es ist dabei jede mittelbare Beteiligung einzubeziehen und insbesondere aus sog. Zwerganteile.[13]

„Die Wesentlichkeitsschwelle in § 17 EStG wurde bis Ende der 80er Jahre eher selten diskutiert. Im Rahmen der Vorbereitung des Steueränderungsgesetzes 1965 begründete der Finanzausschuss des Bundestages die 25%-Grenze noch ausdrücklich mit der Entsprechung bzw. Ähnlichkeit zur mitunternehmerischen Stellung des Beteiligten. Eine auf 10% reduzierte Wesentlichkeitsschwelle wurde im Gutachten der Steuerreformkommission 1971[14] diskutiert[15]. Allerdings wurde dort, vor dem Hintergrund einer möglichst breiten und gleichmäßigen Besteuerung[16] (auch derjenigen des Privatvermögens), eine Besteuerung aller Veräußerungsgewinne gefordert. Vor diesem Hintergrund ist die 10%-Schwelle eine Freigrenze aus Praktikabilitätsgründen."[17]

Seit dem 1.1.1999 lag eine „wesentliche Beteiligung" bereits bei einer Beteiligung am Nominalkapital der Gesellschaft von mindestens 10% vor[18], was durch das Steuerentlastungsgesetz 1999/2000/2002[19] beschlossen worden war.[20] Das Herabsetzen der „Wesentlichkeitsgrenze" von 25% auf 10% war erwartet worden, doch wurde dabei von einer Änderung auf „mehr als 10%" ausgegangen.[21] Aus diesem Grund wurde, wegen der unterschiedlichen Steuerverstricktheit, eine Übergangsregelung sowie der Ansatz des gemeinen Werts bei Eintritt in die Steuerpflicht gefordert, da sonst der Vertrauensschutz des Steuerpflichtigen verletzt würde[22], dennoch wurde auf solche Regelungen verzichtet.[23]

Eilers/Wienands[24] halten deshalb die Rückwirkung der Absenkung der „Wesentlichkeitsgrenze" für verfassungsrechtlich bedenklich, da sie auf drei Ebenen

---

[10] Dazu: BFH-Urteil v. 18.12.2001, BFH/NV, 640 ff.

[11] Dazu: FG München v. 25.2.2002, EFG 2002, 757.

[12] *Mihatsch*, Veräußerung von wesentlichen Beteiligungen an Kapitalgesellschaften und Mitunternehmeranteilen, 1980, S. 35 mit einer eingehenderen Betrachtung; mit Bezug auf Nießbrauchgestaltungen: FG Niedersachsen v. 19.3.2002, LEXinform Nr. 27/2002, 6.

[13] BFH-Urteil v. 14.10.2003, NWB Rechtsprechungsreport, 4. Quartal 2003, S. 51.

[14] *Gutachten der Steuerreformkommission 1971*, S. 87.

[15] Ebenso: *Apitz* in *Herrmann/Heuer/Raupach*, EStG, Steuerreform 1999/2000/2002, § 17, R 2; *Buyer*, DB 1987, 1959, 1963.

[16] Zuletzt: BT-Drucks. 14/443 v. 3.3.1999, 2.

[17] *Kröner*, StbJb 1997/98, S. 193, 197.

[18] BT-Drucks. 14/442 v. 2.3.1999, 15 und BT-Drucks. 14/443 v. 3.3.1999, 4.

[19] BT-Drucks. 14/23 v. 9.11.1998, 11.

[20] *BDI/Ernst & Young* (Hrsg.), Die Unternehmenssteuerreform, 2000, S. 40.

[21] *Lishaut*, DB 1997, 2190, 2193.

[22] *Steuerfachausschuß*, Wpg 1999, 26, 32.

[23] *Schneider* in Kirchhof/Söhn, EStG, § 17 Rdnr. A253 ff.

[24] *Eilers/Wienands*, GmbHR 1999, 505, 506.

wirkt.[25] Zum einen wurde das Gesetz im Bundestag erst zum 4.3.1999 verabschiedet und am 31.3.1999 veröffentlicht; die neue „Wesentlichkeitsgrenze" galt allerdings bereits ab dem 1.1.1999.[26] Des weiteren erfolgte keine Anpassung der Anschaffungskosten (Ermittlung des gemeinen Werts) zum 1.1.1999, sondern es wurde nach wie vor auf die historischen Anschaffungskosten abgestellt.[27] Dadurch gelangten auch Wertsteigerungen, die in einer Zeit entstanden sind, als die Beteiligung unwesentlich war, in die Besteuerung.[28] Zu guter letzt ergab[29] sich ebenfalls ein Rückwirkungsproblem im Rahmen der 5-Jahresfrist.[30]

Eine andere Sichtweise vertritt *Wendt*[31], der das Vertrauen in die Beibehaltung der „Wesentlichkeitsgrenze" nicht durch das Rückwirkungsverbot gedeckt sieht.[32] Dabei schränkt er ein, dass dies nur eine formale Betrachtungsweise sei. Materiell müsste zu mindestens auf den Wert der Anteile im Zeitpunkt des Hineinwachsens[33] in die Wesentlichkeit (gemeiner Wert) abgestellt werden.[34] *Wendt*[35] hält auch die Änderung der „Wesentlichkeitsgrenze" auf genau 10% und nicht auf mehr als 10% bezüglich des Gleichheitsgrundsatzes für unbedenklich. Dabei beruft er sich auf den Sinn des § 17 EStG, der eine „fast" Gleichstellung eines wesentlich Beteiligten mit einem Mitunternehmer erreichen möchte.[36] *Crezelius*[37] plädiert hingegen für das Wirken von neuen Regelungen erst ab Inkrafttreten des neuen Gesetzes, so dass mehr "Fairness im Steuerrecht" erreicht werden kann.[38]

Hey[39] bezieht sich hingegen auf die Unterschiede zwischen echter und unechter Rückwirkung[40], die auch im Rahmen des § 17 EStG zum Tragen kommen.[41]

---

[25] Ebenso: *Crezelius*, DB 2003, 230, ff.; gegenteilig: *Schmidt/Weber-Grellet*, 2000, EStG, § 17 Rz. 35; *Schweyer/Dannecker*, BB 1999, 2375.

[26] Ähnlich: *Hergarten*, DStR 2001, 1876, 1880.

[27] *Siegle*, StStud 1999, 567, 568; *Vogt*, DStR 1999, 1596, 1599; kritisch: *Ebling* in Festschrift für Hans Flick, 1997, S. 679, 686 f.; *Förster* in Festschrift für Hans Flick, S. 721, 735 f.; *Crezelius* in Schmidt/Uhlenbruck, S. 561.

[28] Zum Zeitpunkt der Abgeschlossenheit des Vorgangs: *Strahl*, KÖSDI 2000, 12260, 12262.

[29] Durch das FG München, EFG 2002, 350 ff. nun eingeschränkt.

[30] *Gosch* in Kirchhof, EStG § 17, Rn. 79; dazu auch: *Landsittel/Haug*, BB 1999, 2218 ff. mit Gestaltungshinweisen; *Oppenhoff & Rädler*, Reform der Unternehmensbesteuerung, S. 80 f.; *Füllsack*, Anmerkung zum Beschluss des FG Baden-Württemberg v. 8.12.2000, DStR 2001, 121.

[31] *Wendt*, FR 1999, 333, 344 m.w.N.

[32] Ausführlich und kritisch hierzu: *Bornheim*, DB 2001, 162, 165 f.

[33] Das FG Münster v. 16.4.2002, DStRE 2003, 18 spricht dabei v. „sukzessiven Aufbau".

[34] Zustimmend: *Schweyer/Dannecker*, BB 1999, 2375, 2380.

[35] *Wendt*, FR 1999, 333, 344.

[36] Siehe auch: *Niedenführ* in *Herrmann/Heuer/Raupach*, EStG, Steuerreform 1999/2000/2002, § 17, R 6 m.w.N.

[37] *Crezelius*, Stbg 2001, Editorial

[38] So auch: *Crezelius*, DB 2003, 230, 231.

[39] *Hey J.*, BB 1998, 1444, 1445, u.a. kritisch gegenüber den BVerfGE.

[40] Ebenso: *Strahl* in Korn/Carlé/Stahl/Strahl, EStG, § 17 Rz. 37 ff.; *Kirchhof*, StuW 2000, 221 ff.; *Schüppen/Sanna*, BB 2001, 2397, 2402

[41] Mit Beispielen: *Micker*, BB 2002, 120, 121.

Demnach ist grundsätzlich nur die echte Rückwirkung verfassungswidrig, wobei mittlerweile ein Ausnahmekatalog existiert, durch den auch eine echte Rückwirkung zulässig ist.[42] Sind Tatbestände noch nicht abgeschlossen[43], so ist es dem Gesetzgeber erlaubt, in diese einzugreifen (unechte Rückwirkung).[44] Das FG München[45] geht mittlerweile auch von einer „eingeschränkten Verfassungskonformität" aus.

Für die Fälle des § 17 EStG gilt, dass bis zum Verkauf, der Kapitalherabsetzung oder der Liquidation der Kapitalgesellschaft der Tatbestand des § 17 EStG noch nicht verwirklicht wurde und es dem Gesetzgeber insofern möglich ist, die Rahmenbedingungen auch nachträglich zu ändern.[46] Das Herabsetzen der „Wesentlichkeitsgrenze" sollte dabei, nach Meinung des Gesetzgebers, der Verbreiterung der Bemessungsgrundlage dienen[47] und wurde im Interesse einer einheitlichen Regelung zu dem § 9 Nr. 2 Buchstabe a GewStG und § 26 Abs. 2 KStG vollzogen.[48] Vergessen wurden dabei allerdings die §§ 13a Abs. 4 Nr. 3, 19a Abs. 2 Nr. 3 ErbStG, die nach wie vor auf mehr als ein Viertel der Geschäftsanteile abstellen.[49]

Im Rahmen der Steuerreform und des Steuersenkungsgesetzes (StSenkG) auf Basis der sog. „Brühler Empfehlungen"[50] war eine weitere Absenkung der Wesentlichkeitsschwelle des § 17 EStG auf mindestens 1 v.H. vorgesehen.[51] Dies ist mittlerweile durch Bundestag[52] und Bundesrat[53] verabschiedet worden[54].Zudem wurde für die Zukunft auf den Begriff der „wesentlichen Beteiligung" verzichtet.[55]

---

42 Genaueres hierzu: *Apitz* in *Herrmann/Heuer/Raupach*, EStG, Steuerreform 1999/2000/2002, § 17, R 3; *Hey J.*, BB 1998, 1444, 1445 f.

43 *Hey J.*, BB 1998, 1444, 1446.

44 Dazu: Beschluss des FG Baden-Württemberg, DStR 2001, 119 ff.; FG Niedersachsen v. 23.10.2001, DStRE 2002, 490, 491.

45 FG München, EFG 2002, 350 ff.

46 *Thiel*, StbJb 1996/97, 79, 85 f.; kritisch: *Micker*, BB 2002, 120, 124.

47 BT-Drucks. 14/443 v. 3.3.1999, BT-Drucks. 14/2683 und 14/3074, 5; sowie BT-Drucks. 14/3366 v. 16.5.2000, 2.

48 *Grune*, StStud 1999, 212, 218; ebenso: *Niedenführ* in *Herrmann/Heuer/Raupach*, EStG, Sonderlieferung zur Steuerreform 1999/2000/2002, § 17, R 6.

49 *Crezelius* in Festschrift für Siegfried Widmann, S. 241, 253; *Wacker*, NWB, Fach 3, 11251, 11252; *Erle/Sauter*, Reform der Unternehmensbesteuerung, Art. 1, § 17 EStG.

50 Brühler Empfehlungen zur Reform der Unternehmensbesteuerung v. 30.4.1999, GmbHR 1999, 598 ff.; dazu auch: *Löhr*, StuW 2000, 33, 38.

51 *Schmidt/Weber-Grellet*, EStG, § 17 Rz. 35; *Scherer*, IStR 2000, 142; *Vogt*, DStR 1999, 1596; *Lishaut*, StuW 2000, 182, 189, der darin auch die Begründung für die Abschaffung des § 50c EStG sieht.

52 BT-Drucks. 14/3760 v. 4.7.2000.

53 BR-Drucks. 289/00 v. 18.5.2000.

54 Hierzu insbesondere: *Grotherr*, BB 2000, 849, 856 f; *Schön*, StuW 2000, 151, 152 und 155; *Wenger*, StuW 2000, 177; *BDI/Ernst & Young* (Hrsg.), Die Unternehmenssteuerreform, S. 91.

55 *Schüppen/Sanna*, BB 2001, 2937.

Damit wird die früher geltende Bagatellgrenze[56] zum Regelfall einer Veräußerungsgewinnbesteuerung i.S.d. § 17 EStG[57], wobei die erzielten Veräußerungsgewinne i.S.v. § 17 EStG nun in Zukunft dem Halbeinkünfteverfahren unterliegen.[58] Auch hier wurde wiederum versäumt, eine Übergangszeit zu schaffen.[59]

Noch offen war, ob der gleichzeitig mit der Absenkung der „Wesentlichkeitsgrenze" einzuführende Pflichtanteil[60] am Nennkapital der Gesellschaft von mindestens 5.000 DM (in den letzten fünf Jahren) wirklich Gesetz wird.[61] Mittlerweile wurde auf diese Grenze durch die endgültige Fassung des StSenkG[62] verzichtet, so dass es allein bei der Herabsenkung der „Wesentlichkeitsgrenze" auf mindestens 1 v.H. bleibt.[63]

Das weitere Absenken der „Wesentlichkeitsgrenze" hängt also unmittelbar mit der Abschaffung des Anrechnungsverfahrens und der Einführung des Halbeinkünfteverfahrens zusammen.[64] Dabei liegt dem ganzen folgende Überlegung[65] zugrunde. Gewinne, die eine Kapitalgesellschaft erzielt, unterliegen bei dieser der Körperschaftsteuer. Werden die Gewinne ausgeschüttet, kommt es zur hälftigen Besteuerung der Dividenden. Die damit verbundene Doppelbesteuerung wurde bislang dadurch vermieden, dass der Anteilseigner die geleistete Körperschaftsteuer auf seine Individualsteuer anrechnen konnte. Infolge des neuen Körperschaftsteuersystems könnte man daran denken, die Anteilseignerbesteuerung dadurch zu umgehen, dass der Anteilseigner seine Beteiligung vor der Gewinnausschüttung veräußert, er sich dabei die in der Gesellschaft angesammelten Rücklagen (vorherige Thesaurierung) vergüten lässt und der Veräußerungsgewinn nicht steuerbar ist, soweit die Schwelle des § 17 EStG nicht überschritten ist.[66]

---

56 Dazu ausführlich: *Hörger* in *Littmann/Bitz/Pust*, EStG, § 17, RZ. 41 ff.

57 *Bornheim*, DB 2001, 162, 164; *Crezelius*, DB 2001, 221, 222; *Schüppen/Sanna*, BB 2001, 2937, 2398.

58 *Ebling* in Blümich, EStG, § 17 Rz. 2; *BDI/Ernst & Young* (Hrsg.), Die Unternehmenssteuerreform, S. 123; *Dötsch/Pung*, DB 2002, 173, 174.

59 *Strahl* in Korn/Carlé/Stahl/Strahl, EStG, § 17 Rz. 41.2; *Slabon*, DStR 2001, 2133.

60 *Schulte*, DB 2000, 1043, der von einer "absoluten Freigrenze" spricht; ähnlich: *Korezkij*, BB 2000, 1273, 1274.

61 BT-Drucks. 14/2683 und 14/3074, 5; DStR-Aktuell, DStR 2000, Heft 22, S. VI; Frankfurter Allgemeine Zeitung, Freitag, 19. Mai 2000; *Fox/Hüttche/Lechner*, GmbHR 2000, 521, 532.

62 Dazu: StSenkG v. 23.10.2000, BGBl. I 2000, 1433 ff.

63 *BDI/Ernst & Young* (Hrsg.), Die Unternehmenssteuerreform, S. 189; *Bergemann*, DStR 2000, 1410, 1415; *Seibt*, DStR 2000, 2061; *Kanzler*, FR 2000, 1245, 1253 mit ausführlicher Begründung.

64 *Apitz* in *Herrmann/Heuer/Raupach*, EStG, Steuerreform 1999/2000/2002, § 17, R 7; *Kanzler*, FR 2000, 1245, 1252.

65 Dazu auch: *BDI/Ernst & Young* (Hrsg.), Die Unternehmenssteuerreform, S. 189.

66 StSenkG v. 23.10.2000, BGBl. I 2000, 1433 ff.; ebenso: *Eilers/Wienands*, GmbHR 2000, 405 f. mit kritischen Anmerkungen; *Crezelius*, DB 2001, 221, 222; *Schüppen/Sanna*, BB 2001, 2937, 2398.

Die Systemumstellung des Wegfalls des Vollanrechnungsverfahrens erforderte demnach Regelungen, die missbräuchliche Gestaltungen verhindern.[67] Dazu zählt u.a. auch das Absenken der Wesentlichkeitsschwelle von 10% auf 1%, um die Besteuerung von Veräußerungsgewinnen auszudehnen.[68] *Schulte*[69] hält die Absenkung allerdings für verfassungsrechtlich bedenklich. Dies wird dadurch begründet, dass es ohne eine gewisse Übergangsregelung zu einer sog. echten Rückwirkung[70] kommt und damit auch stille Reserven versteuert werden müssten, die in einer Zeit einer unwesentlichen Beteiligung entstanden sind. Aus diesem Grund sollte auf alle Fälle der gemeine Wert der Anteile am Stichtag des Hineinwachsens in die „Wesentlichkeit" festgehalten werden, um spätere Einsprüche erheben zu können.[71] In dieser Weise wurde nun auch durch das FG München[72] entschieden.

Vor dem Hintergrund der beschriebenen Situation ist die Absenkung der Beteiligungsschwelle des § 17 EStG jedenfalls nicht per se inkonsequent.[73] Andererseits ist zu berücksichtigen, dass bei der Besteuerung von Veräußerungsgewinnen regelmäßig nicht nur die offenen, vielmehr auch die stillen Rücklagen sowie der Geschäftswert der Kapitalgesellschaft mit vergütet werden. Im übrigen ist es ungereimt, dass die Veräußerungsgewinne nach § 3 Nr. 40 Buchstabe a) bis c) EStG n.F.[74] noch hälftig besteuert werden sollen.[75] Dies ist deshalb unstimmig, weil im Bereich der Kapitalgesellschaften, die ihrerseits eine kapitalgesellschaftsrechtliche Beteiligung halten, nach § 8b Abs. 2 KStG n.F. der Veräußerungsgewinn vollkommen steuerfrei[76], bzw. mittlerweile durch die Erweiterung des § 8b Abs. 5 KStG zu mindestens noch zu 95% steuerfrei ist. Steuersystematisch folgerichtig wäre nur eine Lösung, die entweder in beiden oder keiner der Konstellationen zu einer vollen oder zu gar keiner Veräußerungsgewinnbesteuerung kommt.[77] *Strahl*[78] spricht deswegen von einer fiskalisch motivierten Gesetzgebung.

---

[67] BT-Drucks. 14/3366 v. 16.5.2000, 2; ebenso: *Löhr*, StuW 2000, 33, 38.

[68] *Jakobs/Wittmann*, GmbHR 2000, 910, 915, die das als den wahren Grund sehen; ebenso: *Strahl*, KÖSDI 2000, 12260, 12263; *Zitzelsberger*, DStR 2000, 2, 5; Fasolt, DStR 2000, 7, 9; *Löhr*, StuW 2000, 33, 38, der die Absenkung mit „der Annäherung an internationale Gepflogenheiten" begründet; kritisch: *Mutscher/Inzelmann*, IStR 2002, 723, 725.

[69] *Schulte*, DB 2000, 1043, 1046 m.w.N.; a.A.: *Bornheim*, DB 2001, 162, 163

[70] Zu dieser Problematik: *Kirchhof*, StuW 2000, 221 ff.; der Beschluss des FG Baden-Württemberg v. 8.12.2000, DStR 2001, 119 ff. sieht vor, dass nur eine unechte Rückwirkung zulässig ist, wenn die Besteuerung des Veranlagungszeitraums noch nicht abgeschlossen ist.

[71] Genaueres hierzu: *BDI/Ernst & Young* (Hrsg.), Die Unternehmenssteuerreform, S. 199 f.; *Slabon*, DStR 2001, 2133, 2134

[72] FG München, EFG 2002, 350 ff.

[73] Siehe hierzu: FAZ v. 3.5.1999, S. 25.

[74] Die Neuregelungen durch das StSenkG werden durch den Zusatz „n.F." gekennzeichnet.

[75] *Strahl* in Korn/Carlé/Stahl/Strahl, EStG, § 17 Rz. 5.1.

[76] *Jakobs/Wittmann*, GmbHR 2000, 910, 912.

[77] Kritisch dazu auch: *Schneider* in Kirchhof/Söhn, EStG, § 17 Rdnr. A22; *Crezelius*, DB 2002, 1124 ff.

[78] *Strahl* in Korn/Carlé/Stahl/Strahl, EStG, § 17 Rz. 3.1.

Die Absenkung der Wesentlichkeitsschwelle gilt erst seit dem Inkrafttreten des Halbeinkünfteverfahrens[79], d.h. die neue Beteiligungsquote war erstmals nach Ablauf des ersten nach dem 31.12.2001 endenden Wirtschaftsjahres anzuwenden.[80] Zu beachten ist, dass bei den künftigen nur zur Hälfte zu versteuernden Veräußerungsgewinnen gem. § 17 EStG ein Progressionsvorbehalt nicht zu beachten ist[81], wobei Verluste[82], Veräußerungskosten und Anschaffungskosten[83], als Kehrseite des Halbeinkünfteverfahrens, allerdings nur noch zur Hälfte steuerlich geltend gemacht werden können (§ 3c Abs. 2 EStG n.F.).[84]

Zusammenfassend lassen sich folgende Anwendungszeiträume für die neue 1 v.H.-Regelung des § 17 EStG ausmachen.[85] Für Anteile an einer unbeschränkt steuerpflichtigen Kapitalgesellschaft mit Wirtschaftsjahr gleich Kalenderjahr gilt die Neuregelung seit dem 1.1.2002 (§ 52 Abs. 34 Buchstabe a EStG i.V.m. § 34 Abs. 1 und 1a KStG n.F.).[86] Für Anteile an einer unbeschränkt steuerpflichtigen Kapitalgesellschaft mit Wirtschaftsjahr ungleich Kalenderjahr wird die 1 v.H.-Grenze erst nach Ablauf des ersten in 2002 endenden Wirtschaftsjahres angewendet (§ 52 Abs. 34 Buchstabe a EStG i.V.m. § 34 Abs. 1 und 1 Buchstabe a KStG i.d.F. des StSenkG).

Für Anteile an beschränkt steuerpflichtigen Kapitalgesellschaften gilt die Neuregelung allerdings bereits seit dem 1.1.2001 (§ 52 Abs. 1 EStG).[87] Dies führt nach Meinung von *Inzelmann/van Lengerich*[88], aufgrund des Leistungsfähigkeitsprinzips, zu einer Ungleichbehandlung, da dies insbesondere

79 *Seibt*, DStR 2000, 825, 826; *Schön*, StuW 2000, 151, 155.

80 *BDI/Ernst & Young* (Hrsg.), Die Unternehmenssteuerreform, S. 189; *PwC* (Hrsg.), Unternehmenssteuerreform 2001, S. 62; *Jakobs/Wittmann*, GmbHR 2000, 910, 915; dazu ausführlich: *Maier/Dal Bosco*, DStR 2000, 1763; noch anders: *Grotherr*, BB 2000, 849, 857; *Eilers/Wienands*, GmbHR 2000, 405; *Schulte*, DB 2000, 1043.

81 *Bergemann*, DStR 2000, 1410, 1412 und 1415; anders noch: *Dötsch/Pung*, DB 2000, Beilage Nr. 4/2000, 4,11 und 12; *BDI/Ernst & Young*, Die Unternehmenssteuerreform, S. 123.

82 *Mainczyk*, Stbg 2001, 445, 446; nach Ansicht von *Korezkij*, BB 2000, 1273, 1276, offen, aber zutreffend.

83 *Bergemann*, DStR 2000, 1410, 1412 und 1415; anders noch: *Schiffers*, GmbHR 2000, 205, 212.

84 *Ebling* in Blümich, EStG, § 17 Rz. 2; *Schön*, StuW 2000, 151, 155; *Wacker*, NWB, Fach 3, 11251, 11253; mit Beispielsrechnung: *Korezkij*, BB 2000, 1273, 1274; *Maier/Dal Bosco*, DStR 2000, 1763; *Crezelius*, DB 2001, 221, 228; zu steuerlichen Gestaltungen: *Erle/Sauter*, Reform der Unternehmensbesteuerung, Art. 1, § 17 EStG sowie: *Oppenhoff & Rädler*, Reform der Unternehmensbesteuerung, S. 83 ff.

85 *Ebling* in Blümich, EStG, § 17 Rz. 36 ff. m.w.N.; *Schaumburg*, Anmerkung zum Beschluss des FG Baden-Württemberg v. 8.12.2000, EFG 2001, 292, 293; *Korn/Strahl*, NWB, Fach 2, 7443, 7508; *Seibt*, DStR 2000, 2061, 2061 und *Inzelmann/van Lengerich*, DStR 2002, 705, 706 jeweils mit einer verdeutlichenden Abbildung.

86 *Erle/Sauter*, Reform der Unternehmensbesteuerung, Art. 1, § 17 EStG.

87 Zur Begründung und zur Stimmigkeit dieser Regelung: *Oppenhoff & Rädler*, Reform der Unternehmensbesteuerung, S. 82; *Crezelius*, DB 2001, 221, 222.

88 *Inzelmann/van Lengerich*, DStR 2002, 705 ff.

gegen die europäische Kapitalverkehrsfreiheit verstößt.[89] Letztendlich kann nur bei Bildung eines Rumpfgeschäftsjahres in 2001 das Halbeinkünfteverfahren und die neue Grenze des § 17 Abs. 1 S. 1 EStG früher Anwendung finden.[90] Im Zusammenhang mit Auflösungsgewinnen bzw. -verlusten im Rahmen des § 17 Abs. 4 EStG kommt es dabei zusätzlich noch auf das Vorhandensein eines Wirtschaftsjahres an.[91]

Zu beachten ist, dass bei den künftigen nur zur Hälfte zu versteuernden Veräußerungsgewinnen (Halbeinkünfteverfahren gem. § 3 Nr. 40 Buchstabe a bis c EStG n.F.) nach § 17 EStG ein Progressionsvorbehalt keine Berücksichtigung findet.[92] Zudem muss darauf hingewiesen werden, dass es abermals zu keiner Übergangsregelung kommt[93], wodurch wiederum eine Mehrbelastung für ehemals unwesentlich Beteiligte eintreten wird.[94]

Veräußerungsgewinne sind künftig auch nicht mehr nach § 34 EStG tarifbegünstigt[95], da sie aufgrund des Halbeinkünfteverfahren schon ermäßigt besteuert werden und somit eine außerordentlich hohe steuerliche Belastung nicht mehr vorliegt.[96] Eine steuerliche Analyse gibt *Korezkij*[97], der darauf hinweist, dass, wenn die Anteile bereits vorher steuerverhaftet waren, es günstiger sein könnte, die Anteile erst nach Einführung des Halbeinkünfteverfahren zu veräußern. Der Grund hierfür liegt in der größeren Entlastung durch das Halbeinkünfteverfahren als durch die Fünftelregelung[98] des § 34 EStG.[99]

Insgesamt lässt sich festhalten, dass der Aspekt der Besteuerung der wirtschaftlichen Leistungsfähigkeit die sog. Gleichstellung mit einem Mitunternehmer durch die weitere Absenkung der Grenze des § 17 EStG vollends verdrängt hat.[100] Zudem wird das Prinzip des Einkünftedualismus weiter durchbrochen.[101]

---

89 *Mutscher/Inzelmann*, IStR 2002, 723 ff.

90 Dazu zuletzt: *Schüppen/Sanna*, BB 2001, 2397, 2398.

91 *Dötsch/Pung*, DB 2002, 173, 176.

92 *PwC* (Hrsg.), Unternehmenssteuerreform 2001, S. 62; *Bergemann*, DStR 2000, 1410, 1412 und 1415; anders noch: *Dötsch/Pung*, DB 2000, Beilage Nr. 4/2000, 12.

93 *Korezkij*, BB 2000, 1273, 1274; *Bornheim*, DB 2001, 162.

94 *Jakobs/Wittmann*, GmbHR 2000, 910, 915.

95 *PwC* (Hrsg.), Unternehmenssteuerreform 2001, S. 62; nach *Maier/Dal Bosco*, DStR 2000, 1763, gilt § 34 EStG noch für Veräußerungen im Jahr 2001.

96 *Grotherr*, BB 2000, 849, 857; *Korezkij*, BB 2000, 1273, 1274; ebenso: *Maier/Dal Bosco*, DStR 2000, 1763; bezüglich eines Belastungsvergleiches zwischen Anteilen an Personen- bzw. Kapitalgesellschaften: *Sureth*, DB 2003 742 ff.

97 *Korezkij*, BB 2000, 1273, 1275.

98 Zur Verfassungsmäßigkeit: FG Berlin v. 30.10.2002, EFG 2003, 394 und bestätigt durch Beschluss de BFH v. 25.2.2003, DStRE 2003, 619.

99 Dazu: *Schneider* in Kirchhof/Söhn, EStG, § 17 Rdnr. A75

100 *Strahl* in Korn/Carlé/Stahl/Strahl, EStG, § 17 Rz. 2; *Milatz/Kuhlemann*, GmbHR 2001, 966, 967; ebenso: *Kratzer*, NWB, Fach 5, 1491, 1494; *Sureth*, DB 2003 742 ff.

101 *Strahl* in Korn/Carlé/Stahl/Strahl, EStG, § 17 Rz. 3; *Schüppen/Sanna*, BB 2001, 2937.

II. Beteiligung an einer Kapitalgesellschaft

Die Beteiligung an einer Kapitalgesellschaft ist Voraussetzung für die mögliche Subsumtion unter § 17 EStG. § 17 EStG erfasst lediglich die Veräußerung von Anteilen an einer Kapitalgesellschaft, wobei sich in § 17 EStG keine eigenständige Definition befindet,[102] so dass auf § 1 Abs. 1 Nr. 1 KStG verwiesen wird, wo eine Legaldefinition dieses Begriffs enthalten ist, die auch für § 17 EStG gilt.[103] In § 17 Abs. 1 S. 3 EStG werden Geschäftsanteile und Aktien explizit erwähnt, so dass es sich um Rechtsformen wie eine GmbH oder AG handeln muss.

Nicht unter den Begriff der Kapitalgesellschaft i.S.d. § 17 EStG fallen damit alle anderen Körperschaftsteuersubjekte. Von Bedeutung dürfte dies insbesondere für Erwerbs- und Wirtschaftsgenossenschaften, Versicherungsvereine auf Gegenseitigkeit und wirtschaftliche Vereine sein, sofern im Einzelfall übertragbare, kapitalanteilsähnliche Rechte bestehen. Daher fällt z.B. eine Veräußerung von Genossenschaftsanteilen nicht unter § 17 EStG.[104] Kuxe, die grundsätzlich Anteile an bergrechtlichen Gewerkschaften darstellten[105], sind gesellschaftsrechtlich überholt und können somit im weiteren Teil dieser Arbeit vernachlässigt werden. Ergänzt werden muss, dass sie mittlerweile im Rahmen des StSenkG[106] aus § 17 Abs. 1 S. 3 EStG gestrichen worden sind.[107]

Des weiteren ist in § 17 EStG die Beteiligung „an" einer Kapitalgesellschaft von Bedeutung. In diesem Punkt kommt es darauf an, dass dem Gesellschafter die Anteile wirtschaftlich zuzurechnen sind (§ 39 AO).[108, 109] Demnach reicht eine formal zivilrechtliche Stellung nicht aus, sondern es ist eine tatsächliche (wirtschaftliche) Beteiligung zu mindestens 1% am Kapital der Gesellschaft von Nöten.[110, 111] Im BFH-Urteil vom 15.7.1997[112] wird die Sache aus einem anderen Blickwinkel betrachtet. Eine Veräußerung i.S.v. § 17 EStG liegt laut BFH vor, wenn

---

[102] *Lohr*, Die Besteuerung ausländischer Investmentfonds bei privaten Kapitalanlegern, 1996, S. 137.

[103] *Frotscher*, EStG, § 17 Rn. 21; *Jäschke* in Lademann/Söffing/Brockhoff, EStG, § 17 Rz. 56; *Ebling* in Blümich, EStG, § 17 Rz. 60; *Züll*, Die Einkommensteuer bei der Veräußerung wesentlicher Beteiligungen, S. 25.

[104] *Frotscher*, EStG, § 17 Rn. 21.

[105] *Schmidt/Weber-Grellet*, EStG, § 17 Rz. 21; *Steinberg* in Wöhe (Hrsg.), Handwörterbuch des Steuerrechts, Stichwort „Anteil".

[106] BT-Drucks. 14/2683, 14/3074, 14/3366, 14/3640.

[107] *Apitz* in *Herrmann/Heuer/Raupach*, EStG, Steuerreform 1999/2000/2002, § 17, R 12; *Ebling* in Blümich, EStG, § 17 Rz. 69.

[108] BFH-Urteil v. 18.12.2001, BFH/NV, 640 ff; zuletzt: BFH-Urteil v. 17.2.2004, NWB Fach 1 2002, 177.

[109] *Schneider* in Kirchhof/Söhn, EStG, § 17 Rdnr. B194 ff.; *Gosch* in Kirchhof, EStG § 17, Rn. 60; bereits: *Strickrodt*, Veräußerung wesentlicher Beteiligungen aus privater Hand, S. 7, der von einer „diffizilen Auslegung" des Begriffes "durch eine Kapitalgesellschaft ... beteiligt" ausgeht.

[110] BFH-Urteil v. 7.7.1992, BStBl. II 1993, 331, 332 m.w.N.

[111] *Milatz/Kuhlemann*, GmbHR 2001, 966, 968.

[112] BStBl. II 1998, 152, 155.

mindestens das wirtschaftliche Eigentum an den Anteilen von einer Person auf eine andere aufgrund eines schuldrechtlichen Verpflichtungsgeschäftes übertragen wurde.[113]

III. Wesentlichkeit innerhalb der letzten fünf Jahre

Grundsätzlich muss eine „wesentliche Beteiligung" i.S.v. § 17 EStG innerhalb der letzten fünf Jahre gehalten worden sein[114], wobei die Wesentlichkeit dabei nicht die gesamte Zeit über Bestand gehabt haben muss.[115, 116] Eine „logische bzw. juristische Sekunde" ist ausreichend[117], um den Tatbestand des § 17 EStG zu erfüllen.[118] Die Fünfjahresfrist beginnt mit dem Übergang des wirtschaftlichen Eigentums.[119] Auch ein Durchgangserwerb begründet eventuell einen Fall i.S.d. § 17 EStG.[120] *Crezelius*[121] verneint den „Kunstgriff" über die „juristische Sekunde", denn daraus könne sich nicht ergeben, dass es sich um eine materielle Rechtsposition handelt, die den ausnahmsweisen Steuerzugriff über § 17 EStG legitimiert.

Die Fünfjahresfrist bezieht sich dabei sowohl auf die entgeltlich als auch auf die unentgeltlich erworbene „wesentliche Beteiligung". Bei letzterer ist auf den Rechtsvorgänger abzustellen. Im Rahmen des entgeltlichen Erwerbs soll die Fünfjahresfrist bewirken, dass bei kurzfristigen Zukäufen von unwesentlich Beteiligten die steuerliche Anerkennung aus Verlusten nicht anerkannt wird.[122, 123] Die Fünfjahresfrist kommt auch dann zur Geltung, wenn eine nicht „wesentliche Beteiligung" veräußert wird, wobei der Gesellschafter innerhalb der letzen fünf Jahre „wesentlich" beteiligt und zwischenzeitlich überhaupt nicht an der Kapitalgesellschaft beteiligt war.[124] Eine ausführliche Darstellung der

---

[113] Dazu auch: *Hörger* in *Littmann/Bitz/Pust*, EStG, § 17, RZ. 18.

[114] Ausführlich dazu: *Ebling* in Blümich, EStG, § 17 Rz. 109 ff.; *Strahl* in Korn/Carlé/Stahl/Strahl, EStG, § 17 Rz. 48 ff.; *Strahl*, KÖSDI 2000, 12260, 12268 f.

[115] BFH-Urteil v. 7.7.1992, BStBl. II 1993, 331, 332 m.w.N.; BFH-Urteil v. 20.4.1999, BFH/NV 1999, 1154 ff.; Beschluss des FG Baden-Württemberg v. 8.12.2000, EFG 2001, 292.

[116] *Frotscher*, EStG, § 17 Rn. 50 ff.; *Boochs* in Dankmeyer/Giloy, EStG, § 17 Rz. 57; *Schneider* in Kirchhof/Söhn, EStG, § 17 Rdnr. B144 ff.; *Gail/Düll/Fuhrmann/Grupp*, DB 1999, Beilage 14/99, S. 9; *Eilers/Wienands*, GmbHR 2000, 405, 409 f.

[117] *Ebling* in Blümich, EStG, § 17 Rz. 94; im Vergleich zu § 8a KStG: *Dörner*, INF 1993, 409, 410; *Crezelius*, DB 2003, 230, 232, der kritisiert, dass nirgendwo eine materiell-rechtliche Wertung zu finden ist.

[118] So auch: *Züll*, Die Einkommensteuer bei der Veräußerung wesentlicher Beteiligungen, S. 55; *Wacker*, NWB, Fach 3, 11251, 11253.

[119] FG Hamburg v. 16.7.2003, Haufe-Index 1005208; FG München v. 28.2004, Haufe-Index 1127197.

[120] *Hörger* in *Littmann/Bitz/Pust*, EStG, § 17, RZ. 25a; *Schweyer/Dannecker*, BB 1999, 1732, 1733.

[121] *Crezelius*, DB 2003, 230, 234.

[122] Näheres hierzu: *Crezelius*, StuW 1995, 313, 320 sowie *Crezelius*, DB 2003, 230.

[123] Zuletzt: FG Düsseldorf v. 6.7.2001, EFG 2001, 1216, 1217; FG Münster v. 16.4.2002, DStRE 2003, 18 spricht dabei vom „sukzessiven Aufbau".

[124] BFH-Urteil v. 20.4.1999, GmbHR 1999, 727; FG München v. 28.4.2003, EFG 2003, 1162 mit Bezug zu § 21 UmwStG.

Fünfjahresfrist-Problematik und ihre konkrete Auslegung bzw. Anwendung findet sich bei *Weber-Grellet.*[125] *Brune*[126] sowie *Milatz /Kuhlemann*[127] behandeln die Prüfung der Fünfjahresfrist bei einer vor der Absenkung der „Wesentlichkeitsschwelle" vorgenommenen Kapitalerhöhung.

Eilers/Wienands[128] weisen darauf hin, dass es bei der Anwendung der Fünfjahresfrist zu Problemfällen aufgrund der Rückwirkung kommen kann.[129] Darum empfehlen sie zu prüfen, ob bei einer Beteiligung von weniger als 1% innerhalb der letzten fünf Jahre eine Anteilsveräußerung stattgefunden hat, die dazu führen würde, dass die Beteiligung doch noch in den Bereich des § 17 EStG fällt. *Crezelius*[130] spricht sogar von einer „(verfassungsrechtlichen) Rückwirkungs-problematik".[131]

Diese Problematik hat das FG Baden-Württemberg mit Beschluss vom 8.12.2000[132] nun vorerst gelöst, auch wenn dieser Beschluss noch zu keiner endgültigen Rechtssicherheit führt.[133, 134] Es ist für die Fünfjahresfrist jeder einzelne abgeschlossene Veranlagungszeitraum nach der jeweils geltenden Beteiligungsgrenze zu bestimmen.[135, 136] A.A. ist zum Teil[137] die Literaturmeinung[138], die weder eine Wertaufstockung auf den gemeinen Wert noch eine gewisse Übergangsregelung für zulässig erachtet.[139]

Die Thematik der Fünfjahresfrist des § 17 Abs. 1 S. 1 EStG dürfte aufgrund einer teleologischen Reduktion[140] für die Ermittlung einer „wesentlichen Beteiligung" dem Grunde nach nicht relevant werden.[141] Eine andere Sichtweise vertritt hingegen

---

[125] *Schmidt/Weber-Grellet*, EStG, § 17 Rzn. 71 bis 79 m.w.N.

[126] *Brune*, StStud 1996, 260, 263.

[127] *Milatz/Kuhlemann*, GmbHR 2001, 966 ff.

[128] *Eilers/Wienands*, GmbHR 1999, 505, 507 f.

[129] Mit Beispielen: *Siegle*, StStud 1999, 567, 568; ebenso: *Vogt*, DStR 1999, 1596, 1597 f.

[130] *Crezelius*, DB 2003, 230.

[131] Dazu auch: *Keune/Timmer*, NWB, Blickpunkt Steuern 12/2002, S. 1 mit Bsp.

[132] DStR 2001, 119 ff.

[133] OFD Münster v. 24.6.2002, DB 2002, 1476.

[134] *Prinz/Ommerborn*, FR 2001, 977, 983.

[135] *Schüppen/Sanna*, BB 2001, 2397, 2407; *Keune/Timmer*, NWB, Blickpunkt Steuern 12/2002, S. 2.

[136] So auch: FG Baden-Württemberg v. 19.3.2002, GmbH-StB 2002, 193; FG Nürnberg v. 15.9.2003, EFG 2004, 105; FG München v. 28.4.2003, EFG 2003, 1162 mit Bezug zu § 21 UmwStG.

[137] Doch zustimmend: *Apitz* in *Herrmann/Heuer/Raupach*, EStG, Steuerreform 1999/2000/2002, § 17, R 11.

[138] *Schmidt/Weber-Grellet*, EStG, § 17 Rz. 35; *Ebling* in Blümich, EStG, § 17 Rz. 13.

[139] Offen bei FG Düsseldorf v. 6.7.2001, EFG 2001, 1216, 1217.

[140] Die teleologische Auslegungsmethode fragt nach dem Zweck, der ratio der gesetzlichen Bestimmung.

[141] *Hörger/Mentel/Schulz*, DStR 1999, 565, 568; ebenso: *Schweyer/Dannecker*, BB 1999, 2375, 2376 mit Gestaltungshinweisen; *Crezelius*, DB 2003, 230, 233.

Schultz[142], der die Ausführungen zum Durchgangserwerb und zur „logischen Sekunde"[143] für nicht zutreffend erachtet. Entscheidend sei, dass derjenige nach § 17 EStG steuerpflichtig ist, der als Veräußerer den Substanzwert des Anteils für sich realisiert.[144]

IV. Beteiligung am Kapital der Kapitalgesellschaft

Eine „wesentliche Beteiligung" i.S.v. § 17 Abs. 1 S. 4 EStG liegt vor, wenn der Einbringende im Zeitpunkt der Einbringung oder innerhalb der letzten 5 Jahre vor der Einbringung mit mindestens 1 v.H. am Nennkapital (Stamm- bzw. Grundkapital) der Kapitalgesellschaft beteiligt ist.[145] Auf die Problematik der Beteiligung „am Kapital" wird später genauer eingegangen.

Fest steht, dass sowohl die unmittelbare als auch die mittelbare Beteiligung für die „Wesentlichkeitsgrenze" von 1% entscheidend sind[146], was explizit auch in § 17 Abs. 1 S. 4 EStG geregelt ist. Es wurde die Auffassung[147] vertreten, dass verschiedene mittelbare Beteiligungen, die zusammen mindestens 1% des Nominalkapitals ausmachen, für die Subsumtion unter § 17 EStG dennoch nicht ausreichen, soweit nicht auch eine unmittelbare – und sei sie noch so klein – Beteiligung an dieser Kapitalgesellschaft besteht. Nicht eindeutig war demnach die Auslegung der mittelbaren Beteiligung innerhalb des § 17 EStG. Die Betrachtung des Gesetzes ergibt jedoch nicht, dass eine mittelbare Beteiligung bei der Ermittlung der Wesentlichkeit nur dann Berücksichtigung finden sollte, wenn der Anteilsveräußerer die Kapitalgesellschaft wirtschaftlich und/oder gesellschaftsrechtlich beherrscht.[148] I.E. sind nach neuester BFH-Rechtsprechung[149] alle mittelbaren und unmittelbaren Beteiligungen zusammenzurechnen. Auch eine alleinige mittelbare Beteiligung soll für die Subsumtion unter § 17 EStG aufgrund der Gleichstellung der mittelbaren mit der unmittelbaren Beteiligung in § 17 Abs. 1 S. 4 EStG ausreichen.[150]

---

142 *Schultz*, BB 1998, 75, 77.

143 BFH-Urteil v. 16.5.1995, BB 1995, 2304.

144 So auch: BFH-Beschluss v. 23.1.2003, BFH/NV 2003, 767.

145 *Strickrodt*, Veräußerung wesentlicher Beteiligungen aus privater Hand, S. 6; *Schulze zur Wiesche*, GmbHR 1985, 160, 161.

146 BFH-Urteil v. 28.6.1978, BStBl. II 1978, 590 m.w.N; ebenso: *Gericke*, FR 1961, 287, 288; *Ring*, BB 1981, 419 ff.

147 *Körner*, StbJb 1997/98, S. 193, 203 f. mit detaillierten Erläuterungen; gegenteilig bereits: *Gericke*, FR 1961, 287, 288.

148 So das BFH-Urteil v. 28.6.1978, BStBl. II 1978, 591

149 BFH-Urteil v. 13.7.1999, GmbHR 1999, 1208, 1209; ähnlich bereits: BFH-Urteil v. 10.2.1982, BStBl. II 1982, 392 m.w.N.

150 Ähnlich: BFH-Urteil v. 14.10.2003, NWB Rechtsprechungsreport, 4. Quartal 2003, S. 51.

Das Steuerrecht baut im Wesentlichen auf die zivil- und handelsrechtlichen Vorschriften auf, so dass sich der Begriff „Kapital" an den handelsrechtlichen Vorschriften orientiert.[151] Darum kann ein Schaubild von *Dörner*[152] übernommen werden, welches für die systematische Einordnung der Kasuistik der ähnlichen Beteiligungen i.S.d. § 17 Abs. 1 S. 3 EStG eine wichtige Rolle spielen wird:

Abb. 2: „Zusammensetzung des Eigenkapitals"[153]

Gezeichnetes Kapital
(Stamm- bzw. Grundkapital)
– ausstehende Einlagen
+ Kapitalrücklage
+ Gewinnrücklagen
+ Gewinnvortrag bzw.
– Verlustvortrag
+ Jahresüberschuss bzw.
– Jahresfehlbetrag
= **Eigenkapital**

Dörner folgert im Umkehrschluss aus dieser Betrachtung, dass alle anderen Kapitalzuführungen der Gesellschafter, wie z.B. Genussrechtskapital, stille Beteiligungen oder kapitalersetzende Darlehen in Form von „verdecktem Eigenkapital" als Fremdkapital i.S.d. § 8a KStG zu qualifizieren sind. Ob diese Sichtweise auch für § 17 EStG zutreffend ist, wird im Laufe der Arbeit geklärt.

Der Wortlaut des § 17 Abs. 1 EStG deutet auf eine bloß kapitalmäßige Beteiligung hin[154], auch wenn der Sinn und Zweck des § 17 EStG in der Annäherung eines „wesentlich Beteiligten" an einen Mitunternehmer liegt.[155] Wie bereits erwähnt, erfolgt eine genauere Analyse der Abgrenzung „Beteiligung am Kapital der Gesellschaft" später in dieser Arbeit.

V. Beteiligung im Privatvermögen

Um in den Anwendungsbereich des § 17 EStG zu gelangen, müssen die Anteile des Gesellschafters im Privatvermögen liegen.[156] Dies ist systemimmanent, da es im

---

[151] So auch: *Crezelius*, DB 2004, 397, 400.

[152] *Dörner*, INF 1993, 409, 411; siehe auch: *Haug*, DStZ 1987, 287, 288.

[153] Dazu: *Bordt* in Wysocki/Schulze-Osterloh, Handbuch des Jahresabschlusses in Einzeldarstellungen, Band 2, Abt. III, Rz. 1 ff: ähnlich: *Fleck* in Festschrift für Georg Döllerer, 1988, S. 109, 111.

[154] So zuletzt:: FG Niedersachsen v. 16.7.2003, EFG 2004, 192.

[155] *Gosch* in Kirchhof, EStG § 17, Rn. 1.

[156] *Hörger* in *Littmann/Bitz/Pust*, EStG, § 17, RZ. 5; *Ebling* in Blümich, EStG, § 17 Rz. 2 und 25; *Wassermeyer* in *Crezelius*, Die GmbH und ihre Gesellschafter, S. 76.

Bereich der Überschusseinkünfte nur Privatvermögen gibt, weil die laufenden Einkünfte grundsätzlich auch als Kapitaleinkünfte i.S.v. § 20 EStG einzustufen sind. Veräußerungen von Anteile werden lediglich aufgrund ihrer „Wesentlichkeit" als gewerbliche Einkünfte fingiert, obwohl § 17 EStG im Bereich der Überschusseinkünfte anzusiedeln ist und somit eine Ausnahme der Quellentheorie darstellt. I.E. erfolgt lediglich eine Umqualifizierung der Einkunftsart, nicht aber der eigentlichen Vermögensart. Die Beteiligung bleibt weiterhin Privatvermögen.[157]

Erzielt ein Gesellschafter neben Kapitaleinkünften auch Gewinneinkünfte i.S.d. §§ 13 bis 18 EStG, so hat er zudem Betriebsvermögen. Hält er seine Beteiligung im Betriebsvermögen, so kommt die Besteuerung nach § 17 EStG nicht mehr in Betracht. Bei Veräußerung einer Beteiligung aus dem Betriebsvermögen ist § 16 EStG einschlägig (siehe Abb. 1).[158] Zu beachten ist allerdings, dass bei der Ermittlung der maßgeblichen Beteiligungsgrenze gem. § 17 EStG auch die Anteile mit einzubeziehen sind, die der Gesellschafter in einem Betriebsvermögen hält.[159]

VI. „Veräußerung" einer „wesentlichen Beteiligung"

Gem. § 17 Abs. 1 S. 1 EStG bedarf es zur Besteuerung des Gewinns einer „Veräußerung" der Anteile.[160] Dennoch ist der Begriff der Veräußerung in § 17 EStG nicht definiert.[161] Zivilrechtlich ist die Veräußerung die Übertragung des rechtlichen oder wirtschaftlichen Eigentums[162] an Anteilen an einer Kapitalgesellschaft gegen Entgelt[163] auf einen anderen Rechtsträger, wie z.B. die kaufweise Übertragung einer Beteiligung durch Abtretung (§§ 398, 413, 433 BGB).[164] Dennoch kommt es im Rahmen des § 17 EStG weder auf den zivilrechtlichen[165], noch auf den an anderen Stellen des EStG verwendeten Begriff der Veräußerung an.[166] Sprachlich enthält der Begriff, dass ein „Entäußern" erfasst werden soll. Steuerrechtlich bedeutet ein solches Entäußern die Weggabe der wirtschaftlichen Verfügungsmacht über die Anteile; der Veräußerer muss also seine Herrschaftsbefugnis über die Anteile abtreten, wobei es dabei nicht allein zu einer Aufgabe der Herrschaftsmacht kommt, sondern zu einer Übertragung derselben(grundsätzlich per Rechtsgeschäft).[167]

---

[157] *Brune*, StStud 1996, 260, 261.
[158] *Frotscher*, EStG, § 17 Rn. 12.
[159] *Gratz/Müller*, DStR 1996, 281 m.w.N.
[160] *Schmidt/Weber-Grellet*, EStG, § 17 Rz. 96 ff.; *Ebling* in Blümich, EStG, § 17 Rz. 130 ff.; *Frotscher*, EStG, § 17 Rn. 55; *Strahl* in Korn/Carlé/Stahl/Strahl, EStG, § 17 Rz. 52.
[161] *Boochs* in Dankmeyer/Giloy, EStG, § 17 Rz. 26.
[162] *Korn/Strahl*, NWB, Fach 2, 7443, 7508 mit Gestaltungshinweisen.; *Hülsmann*, DStR 2003, 49, 50.
[163] *Hörger* in *Littmann/Bitz/Pust*, EStG, § 17, RZ. 29.
[164] *Schneider* in Kirchhof/Söhn, EStG, § 17 Rdnr. B1.
[165] *Schmidt/Weber-Grellet*, EStG, § 17 Rz. 96; *Schneider* in Kirchhof/Söhn, EStG, § 17 Rdnr. B2.
[166] *Rund*, GmbHR 2001, 96, 97.
[167] *Frotscher*, EStG, § 17 Rn. 55; *Gosch* in Kirchhof, EStG § 17, Rn. 100.

Die „Veräußerung" i.S.d. § 17 EStG ist nach feststehender höchstrichterlicher Rechtsprechung[168] die entgeltliche Übertragung des **wirtschaftlichen Eigentums**[169] auf einen anderen Rechtsträger.[170] Die vom BFH vertretene Auffassung stellt zu Recht – so *Fox*[171] – auf eine wirtschaftliche Betrachtungsweise ab.[172] Entscheidend für das Vorliegen eines entgeltlichen Vorgangs i.S.v. § 17 EStG ist danach nicht die (vordergründige) Rechtsnatur der erhaltenen Zahlung, sondern deren tatsächliche wirtschaftliche Veranlassung. Auch die Rückübertragung der Anteile – aufgrund der Aufhebung oder Rückabwicklung des Rechtsgeschäfts – löst einen steuerbaren Veräußerungsgewinn gem. § 17 EStG aus.[173, 174] Wirtschaftliches Eigentum des Erwerbers ist dann gegeben[175], wenn er aufgrund eines bürgerlich-rechtlichen Rechtsgeschäfts eine rechtlich geschützte, auf den Erwerb des Anteils gerichtete, Position erworben hat, die ihm gegen seinen Willen nicht mehr entzogen werden kann, und wenn auch die mit den Anteilen verbundenen wesentlichen Rechte sowie das Risiko einer Wertminderung und die Chance einer Wertsteigerung auf ihn übergegangen sind.[176] Das FG München[177] spricht dabei auch von der „dinglichen Rechtsstellung"[178], wobei es am Ende auf den vollständigen Verlust der mitgliedschaftlichen Rechtsposition ankommt.[179] Auf die reine Kaufpreiszahlung kommt es nicht an, sondern lediglich auf die Ausübungsmöglichkeit der Stimmrechte.[180]

Die Veräußerung ist erfolgt, wenn sowohl das schuldrechtliche Verpflichtungsgeschäft (z.B. Kauf) als auch das Erfüllungsgeschäft (z.B. Abtretung) wirksam abgeschlossen sind.[181] Ist die Genehmigung der Kapitalgesellschaft zur Anteilsübertragung erforderlich, bewirkt erst die Genehmigung die Wirksamkeit.[182]

---

[168] BFH-Urteil v. 28.2.1990, BStBl. II 1990, 615; FG Berlin v. 19.2.2002, DStRE 2003, 223; so auch: FG Hamburg v. 16.7.2003, Haufe-Index 1005208.

[169] *Oppenhoff & Rädler*, Reform der Unternehmensbesteuerung, S. 82; *Rund*, GmbHR 2001, 96, 97; *Tschesche*, Wpg 2002, 965, 966.

[170] *Boochs* in Dankmeyer/Giloy, EStG, § 17 Rz. 26; *Züll*, Die Einkommensteuer bei der Veräußerung wesentlicher Beteiligungen, S. 59 ff.; *Frotscher*, EStG, § 17 Rn. 55 ff.; *Seibt*, DStR 2000, 2061, 2065 f. mit Gestaltungshinweisen im Rahmen der Absenkung der Wesentlichkeitsgrenze auf 1 v.H.

[171] *Fox*, GmbHR 2000, 342; ebenso: *Frotscher*, EStG, § 17 Rn. 55 f.

[172] *Milatz/Kuhlemann*, GmbHR 2001, 966, 967.

[173] BFH-Urteil v. 21.10.1999, GmbHR 2000, 336.

[174] *Ebling* in Blümich, EStG, § 17 Rz. 130a; *Hörger* in *Littmann/Bitz/Pust*, EStG, § 17, RZ. 29.

[175] Dazu: *Boochs* in Dankmeyer/Giloy, EStG, § 17 Rz. 61 f.

[176] *Rund*, GmbHR 2001, 96, 97 ff.; *Tschesche*, Wpg 2002, 965, 966 ff.; ebenso in: NWB, Fach 3b, 5061.

[177] FG München v. 25.2.2002, EFG 2002, 757.

[178] Ähnlich: FG Niedersachsen v. 19.3.2002, LEXinform Nr. 27/2002, 6.

[179] *Hülsmann*, DStR 2003, 49, 51 m.w.N.

[180] FG Berlin v. 19.2.2002, DStRE 2003, 223.

[181] *Schmidt/Weber-Grellet*, EStG, § 17 Rz. 97; *Rund*, GmbHR 2001, 96, 97.

[182] FG Hamburg v. 11.7.2001, GmbH-Stp 2002, 215, 216; ebenso in: NWB, Fach 3b, 5061.

I.E. bedeutet „Veräußerung" i.S.d. § 17 Abs. 1 S. 1 EStG die Leistung gegen eine Gegenleistung und ist somit das Gegenteil einer Schenkung.[183]

M.E. muss allerdings offen bleiben, ob diese begrenzte Auffassung in dieser Weise gerechtfertigt ist, da die Ausnahmetatbestände der verdeckten Einlage, der Liquidation der Kapitalgesellschaft sowie Rückzahlungen aus dem steuerlichen Einlagenkonto einen sehr weit gefassten Begriff der „Veräußerung" innerhalb des § 17 EStG zulassen.[184] Im nun folgenden Kapital werden konkrete Fälle von „Veräußerungshandlungen" des § 17 EStG genauer untersucht, wobei teilweise auch auf die besonderen „Veräußerungsvorgänge" eingegangen wird.

B. Fälle des § 17 EStG

I. Unentgeltliche Übertragung von Anteilen

Eine unentgeltliche Übertragung einer „wesentlichen Beteiligung" löst im Umkehrschluss zu § 17 Abs. 1 EStG keine steuerpflichtigen Erlöse aus.[185] Eine unentgeltliche Übertragung stellt demnach einen Schenkungstatbestand dar, der sich nach dem ErbStG bestimmt.[186] Beachtung verdient, dass die verdeckte Einlage in eine Kapitalgesellschaft, welche gem. S. 2 unter den Tatbestand des § 17 Abs. 1 EStG fällt[187], trotzdem ganz dezidiert als unentgeltliches Geschäft eingeordnet wird.[188]

Eine Veräußerung wird zum Teil allerdings bereits bei einem Kaufpreis von Euro 1 angenommen[189], wenn die Anteile nicht mehr werthaltig sind[190], denn dies wird mit dem Verlustnutzungspotential der Anteile gerechtfertigt.[191] Ob ein Geschäft mit einer „symbolischen Gegenleistung" als entgeltlich oder unentgeltlich zu betrachten ist, kommt u.a. auf eine etwaige Zwangssituation an. Eine Zwangssituation, wie das Wertloswerden der Beteiligung, wird im allgemeinen Handelsverkehr als „preisbildend" angesehen.[192] I.E. muss es sich dennoch um einen echten Veräußerungstatbestand handeln[193], damit § 17 EStG zur Anwendung kommt, denn

---

[183] *Frotscher*, EStG, § 17 Rn. 59a.
[184] Ähnlich: *Hülsmann*, DStR 2003, 49, 50 f. mit Hinweis zum Gesellschafteraustritt.
[185] BFH-Urteil v. 27.7.1988, BStBl. II 1989, 271; kritisch: *Frotscher*, EStG, § 17 Rn. 56.
[186] *Schneider* in Kirchhof/Söhn, EStG, § 17 Rdnr. B70 ff.; *Hörger* in *Littmann/Bitz/Pust*, EStG, § 17, RZ. 39 f.; *Bornheim*, DB 2001, 162, 168.
[187] BFH-Urteil v. 18.12.2001, DB 2002, 614 ff. mit Bezug auf die Regelung vor 1992.
[188] *Knobbe-Keuk* in Herzig (Hrsg.), Betriebswirtschaftliche Steuerlehre und Steuerberatung, 1991, S. 153; *Wacker*, NWB, Fach 3, 11251, 11271.
[189] Zuletzt: FG München v. 12.10.2000, EFG 2001, 1279.
[190] Zu beachten sind mögliche Missbrauchsgestaltungen gemäß § 42 AO: *Tipke/Kruse*, § 42 AO Tz. 64.
[191] *Boochs* in Dankmeyer/Giloy, EStG, § 17 Rz. 26; *Jülicher*, DStR 1994, 305, 310 m.w.N.
[192] FG Köln v. 19.6.1997, EFG 1997, 1508, 1510.
[193] *Knobbe-Keuk* in Herzig (Hrsg.), Betriebswirtschaftliche Steuerlehre und Steuerberatung, S. 153 f.

der BFH[194] verneint eine Veräußerung, wenn der Kaufpreis bei Euro 0 liegt.[195] Es kommt auf die Ausgewogenheit von Leistung und Gegenleistung an.[196]

Die Übertragung einer wertlosen Beteiligung ohne Gegenleistung kann demnach nach der ständigen Rechtsprechung des BFH[197] sowohl Schenkung als auch Veräußerung sein.[198] Im Regelfall soll es sich um einen Veräußerungstatbestand handeln.[199] Die Abgrenzung zwischen beiden Möglichkeiten erfolgt anhand der gesamten Umstände, insbesondere anhand des erkennbaren Willen und der Vorstellungen der Beteiligten. Als Indizien können die Stellung der Beteiligten zueinander (Verwandte oder fremde Dritte[200]), der Vertrag (im Hinblick auf Schlagwörter wie z.B. „Kaufpreis") sowie der gemeine Wert der Anteile herangezogen werden.[201] Die Feststellung der Wertlosigkeit einer wesentlichen Beteiligung kann nur durch eine umfassende Wertung[202] ermittelt werden.[203]

II. Veräußerung unentgeltlich erworbener Anteile

Im Rahmen der Veräußerung von geschenkten oder vererbten Anteilen[204] muss die 5-Jahresfrist des § 17 Abs. 1 S. 4 EStG beachtet werden.[205] Demnach ist auch ein nicht „wesentlich Beteiligter" mit seinem Veräußerungsgewinn nach § 17 EStG noch 5 Jahre steuerpflichtig, wenn sein Rechtsvorgänger seinerseits wesentlich an der Kapitalgesellschaft beteiligt war.[206, 207] Gleiches gilt, wenn mehrere Übertragungen hintereinander erfolgt sind.[208]

Grundsätzlich handelt es sich bei der Schenkung oder Vererbung aber nicht um einen Tatbestand des § 17 EStG.[209, 210] § 17 Abs. 1 S. 4 EStG zeigt, dass ein unentgeltlicher Rechtsübergang nicht als Veräußerung im einkommensteuerrechtlichen Sinne betrachtet wird.[211] Der Beschenkte bzw. Erbe tritt bezüglich

---

194 BFH-Urteil v. 5.3.1991, BStBl. II 1991, 630; kritisch: *Carl*, FR 1992, 431, 434; *Fox*, GmbHR 200, 342.

195 A.A.: *Frotscher*, EStG, § 17 Rn. 56 und 59a.

196 FG München v. 12.10.2000, EFG 2001, 1279, 1280.

197 BFH-Urteil v. 5.3.1991, BStBl. II 1991, 630.

198 So auch: *Ebling* in Blümich, EStG, § 17 Rz. 131.

199 *Carl*, FR 1992, 431, 434, der generell für die Anwendung des § 17 EStG eintritt; *Brune*, StStud 1996, 260, 262; *Wacker*, NWB, Fach 3, 11251, 11253.

200 So auch: *Carl*, FR 1992, 431, 432.

201 FG Köln v. 19.6.1997, EFG 1997, 1508.

202 *Carl*, FR 1992, 431, 434.

203 FG Köln v. 19.6.1997, EFG 1997, 1508, 1510.

204 Ausführlich hierzu: *Boochs* in Dankmeyer/Giloy, EStG, § 17 Rz. 50 ff.

205 Dazu: *Ebling* in Blümich, EStG, § 17 Rz. 119 ff.; *Crezelius*, Unternehmenserbrecht, Rdnr. 333.

206 FG München v. 12.10.2000, EFG 2001, 1279.

207 Ausführlich: *Hörger* in *Littmann/Bitz/Pust*, EStG, § 17, RZ. 47.

208 *Wassermeyer* in *Crezelius*, Die GmbH und ihre Gesellschafter, S. 77.

209 *Frotscher*, EStG, § 17 Rn. 74.

210 FG Münster v. 11.9.2003, EFG 2004, 262 ff.

211 Dazu: *Crezelius*, Unternehmenserbrecht, Rdnr. 176.

des Anteilsbesitzes, der Dauer des Besitzes und der Anschaffungskosten voll in die Position des Erblassers ein.[212]

III. Teilentgeltliche Übertragung

Bei teilentgeltlichen Übertragungen „wesentlicher Beteiligungen" ist eine Aufteilung (sog. Trennungstheorie)[213] in einen voll entgeltlichen (Veräußerung) und in einen voll unentgeltlichen (Schenkung) Teil vorzunehmen[214] wobei der BFH[215] in jüngeren Urteilen diese Trennungstheorie nicht angewendet hat. Entscheidend ist das Verhältnis des Verkehrswertes der übertragenen Beteiligung.

Sowohl die gemischte Schenkung als auch die Schenkung unter Auflage sind Fälle der teilentgeltlichen Veräußerung.[216] Im Rahmen der gemischten Schenkung muss sich (ausnahmsweise) über den Wortlaut der Vorschrift hinweggesetzt und eine Aufteilung der gemischten Schenkung vorgenommen werden.[217] Die „Einheitslösung" kommt in diesem Fall zu keinem sinnvollen Ergebnis, da wegen der „Wesentlichkeitsgrenze" und der Behandlung des unentgeltlichen Teils stille Reserven der Besteuerung endgültig entzogen würden.[218]

IV. Tausch von Anteilen

Generell fällt unter den Begriff der Veräußerung i.S.d. § 17 EStG auch der Tausch.[219] Dabei ist es unerheblich gegen welche anderen Wirtschaftsgüter die Anteile getauscht werden oder ob es sich um Steuerinländer oder –ausländer handelt.[220]

Der BFH hatte entschieden, dass es nur im Rahmen des Tauschgutachtens vom 16.12.1958[221] nicht zu einer Gewinnrealisierung kommt.[222] Als Voraussetzungen gemäß des Tauschgutachtens[223] müssen die Art-, Wert- und Funktionsgleichheit (wirtschaftliche Nämlichkeit) gewahrt sein.[224] Beim Tausch einer wesentlichen in

---

[212] *Crezelius* in Festschrift für Karlheinz Boujong, S. 47, 62.

[213] *Schneider* in Kirchhof/Söhn, EStG, § 17 Rdnr. B75; *Strahl* in Korn/Carlé/Stahl/Strahl, EStG, § 17 Rz. 61 f.; *Schmidt/Weber-Grellet*, EStG, § 17 Rz. 105; *Strahl*, KÖSDI 2001, 12802, 12806.

[214] *Boochs* in Dankmeyer/Giloy, EStG, § 17 Rz. 44; *Habich*, FR 1988, 16, 17 (auch kritisch, aber im Ergebnis zustimmend); *Brune*, StStud 1996, 260, 262; NWB, Fach 3b, 5061.

[215] BFH-Urteil v. 6.9.2000, DStR 2000, 2123.

[216] *Wassermeyer* in *Crezelius*, Die GmbH und ihre Gesellschafter, S. 77.

[217] *Crezelius* in Festschrift für Karlheinz Boujong, S. 47, 66, im Falle einer „Einziehungsklausel".

[218] Näheres hierzu: *Habich*, FR 1988, 16 ff.

[219] *Frotscher*, EStG, § 17 Rn. 62 f.; *Ebling* in Blümich, EStG, § 17 Rz. 136 ff.; *Schneider* in Kirchhof/Söhn, EStG, § 17 Rdnr. B10 ff.; *Hörger* in *Littmann/Bitz/Pust*, EStG, § 17, RZ. 30.

[220] *Ebling* in Festschrift für Hans Flick, S. 679, 681.

[221] Siehe hierzu: BFH-Urteile VI 68/57; IV R 223/72, BStBl. III 1959, 30.

[222] *Herzig* in Festschrift für Siegfried Widmann, S. 393, 394.

[223] Ausführlich hierzu: *Wassermeyer*, DB 1990, 855.

[224] *Ebling* in Festschrift für Hans Flick, S. 679, 681; *Herzig* in Festschrift für Siegfried Widmann, S. 393, 395.

eine unwesentliche Beteiligung wird der Tatbestand der Gewinnrealisierung allerdings erfüllt.[225] Zu beachten ist, dass das Tauschgutachten als solches kein bindendes Richterrecht war und nicht einmal den Rang von Gewohnheitsrecht hatte. Insoweit konnte im Einzelfall auch anders entschieden werden.[226]

Durch die Einführung des § 6 Abs. 6 S. 1 EStG ist nun die Rechtslage bei Tauschvorgängen eindeutig.[227] Es liegt aus steuerlicher Sicht ein Gewinnrealisierungstatbestand vor.[228] Das Tauschgutachten[229] ist somit überholt[230] und wird nicht mehr angewendet.[231] Der steuerbare Gewinn ergibt sich dabei aus dem Unterschiedsbetrag zwischen Buchwert und gemeinem Wert des hingegebenen Wirtschaftsgutes. Damit wurde das sog. Tauschgutachten in seiner Funktion ausgehebelt.[232] Als Rechtsfolge können Anteile an Kapitalgesellschaften und insbesondere „wesentliche Beteiligungen" gem. § 17 EStG nicht mehr zum Buchwert getauscht werden.[233] Ergibt sich ein Unterschiedsbetrag, so ist dieser als Veräußerungsgewinn oder –verlust steuerpflichtig. Ein Blick über die Grenze zeigt, dass mit der Einführung des § 6 Abs. 6 EStG der Tausch wirtschaftlich identischer Anteile in Deutschland gegenüber allen anderen Nationen benachteiligt ist.[234]

V. Veräußerung der Anteile innerhalb der Spekulationsfrist

Es kann durchaus passieren, dass eine gem. § 17 EStG „wesentliche Beteiligung" innerhalb der Spekulationsfrist des § 23 EStG veräußert wird. Es muss dann geprüft werden, nach welcher Vorschrift die Besteuerung vorzunehmen ist. „Beide Vorschriften betreffen die Veräußerungsgewinne von Gesellschaftsanteilen aus dem Privatvermögen. Jedoch ist die Zweckrichtung verschieden. Während § 17 EStG die von der Kapitalgesellschaft erzielten Gewinne besteuern will, soll § 23 EStG kurzfristige Konjunkturgewinne erfassen."[235] Beide Paragraphen stehen demnach in einem Konkurrenzverhältnis.[236]

---

[225] BFH-Urteil v. 28.3.1979, BStBl. II 1978, 774, 776.

[226] *Ebling* in Festschrift für Hans Flick, S. 679, 682.

[227] *Bornheim*, DB 2001, 162, 168.

[228] *Boochs* in Dankmeyer/Giloy, EStG, § 17 Rz. 28; *Herzig* in Festschrift für Siegfried Widmann, S. 393, 395 f.

[229] Dazu: *Ebling* in Blümich, EStG, § 17 Rz. 137.

[230] *Schneider* in Kirchhof/Söhn, EStG, § 17 Rdnr. A58; *Schmidt/Weber-Grellet*, EStG, § 17 Rz. 103.

[231] OFD Frankfurt am Main v. 20.9.2001, GmbH-StB 2002, 131 f.

[232] *Hörger/Mentel*, DStR 1999, 565, 573 f.

[233] Die Anwendung war für § 17 EStG sowieso offen gewesen: *Frotscher*, EStG, § 17 Rn. 63.

[234] *Herzig* in Festschrift für Siegfried Widmann, S. 393, 402.

[235] *Fröhling*, Zur Frage der Verfassungswidrigkeit des § 17 EStG, S. 22.

[236] *Schneider* in Kirchhof/Söhn, EStG, § 17 Rdnr. A72; *Hörger* in *Littmann/Bitz/Pust*, EStG, § 17, RZ. 6; *Gosch* in Kirchhof, EStG § 17, Rn. 24.

Ein Verlustausgleich im Rahmen des § 17 EStG war bis zum BFH-Urteil vom 4.11.1992[237] auch innerhalb der Spekulationsfrist zu gestatten. Die Rechtsprechung des BFH aus dem Jahre 1992 wurde durch die Einführung des § 23 Abs. 2 Satz 2 EStG aufgegeben und der Verwaltungsauffassung Geltung verschafft.[238]

Bei gleichzeitigem Erfüllen der Tatbestände der §§ 17 und 23 EStG geht seit dem Veranlagungszeitraum 1994 nun § 23 EStG als lex specialis[239] der Vorschrift des § 17 EStG wieder vor.[240] Werden Anteile aus einer „wesentlichen Beteiligung" an einer Kapitalgesellschaft vor Ablauf der Spekulationsfrist von einem Jahr veräußert, so erfolgt die Besteuerung gem. § 23 EStG ohne die Tarifermäßigung des § 34 EStG[241], allerdings im Rahmen des Halbeinkünfteverfahrens gem. § 3 Nr. 40 EStG.

„Hintergrund des Vorrangs von § 23 EStG ist die Überlegung des Steuergesetzgebers, dass es ungereimt erscheint, dass der wesentlich Beteiligte in den Genuss der §§ 17, 34 EStG kommt, und zwar auch dann, wenn die Beteiligung innerhalb der Spekulationsfrist veräußert wird."[242] Hingegen unterliegt der nicht wesentlich Beteiligte bei Vorliegen des § 23 Abs. 1 S. 1 Nr. 2 EStG dem vollen Steuertarif.[243] Diese Argumentation könnte aufgrund des StSenkG[244] hinfällig werden, da ab dem Veranlagungszeitraum 2000 § 34 EStG auch für § 17 EStG keine Anwendung mehr findet. Mittlerweile werden nun auch die Gewinne aus Spekulationsgeschäften durch die Einführung des § 3 Nr. 40 Buchstabe j) EStG n.F. durch das Halbeinkünfteverfahren begünstigt.[245]

VI. Auflösung oder Liquidation der Kapitalgesellschaft

§ 17 Abs. 4 S. 1 EStG stellt die Auflösung und Liquidation der Kapitalgesellschaft ausdrücklich der Veräußerung der Anteile gleich[246], soweit die Vermögensauskehrung keine Dividende i.S.v. § 20 EStG ist.[247] Demnach wird der zu

[237] BFH-Urteil v. 4.11.1992, BStBl. II 1993, 229.
[238] *Uhländer*, Vermögensverluste im Privatvermögen, S. 67; *Kanzler*, FR 2000, 1245, 1253.
[239] *Boochs* in Dankmeyer/Giloy, EStG, § 17 Rz. 10; *Siegle*, StStud 1999, 567, 569; *Vogt*, DStR 1999, 1596, 1597; *Grotherr*, BB 2000, 849, 856.
[240] Dazu auch: *Frotscher*, EStG, § 17 Rn. 13; ebenso: *Wassermeyer* in *Crezelius*, Die GmbH und ihre Gesellschafter, S. 75; *Gratz/Müller*, DStR 1996, 281, 283; *Gram/Federmann*, Handbuch der Bilanzierung, Kapitel 59, Rz. 59.
[241] *Crezelius* in Schmidt/Uhlenbruck, S. 243; *Wacker*, NWB, Fach 3, 11251, 11252.
[242] *Crezelius*, Unternehmenserbrecht, Rdnr. 171.
[243] *Crezelius* in Festschrift für Karlheinz Boujong, S. 47, 49.
[244] BT-Drucks. 14/2683, 14/3074, 14/3366, 14/3640.
[245] *Kanzler*, FR 2000, 1245, 1253.
[246] So schon: *Becker*, StuW 1931, Sp. 1283, 1304 f. zum Vorläufer des § 17 EStG dem § 30 Abs. 3 EStG 1925.; ebenso: *Schneider* in Kirchhof/Söhn, EStG, § 17 Rdnr. A15; *Crezelius* in Schmidt/Uhlenbruck, S. 297 m.w.N. und S. 560 ff.; *Crezelius*, DStR 1997, 1712, 1715; *Dörner*, INF 2001, 523, 526.
[247] *Schmidt/Weber-Grellet*, EStG, § 17 Rz. 210 ff.; *Ebling* in Blümich, § 17 EStG, Rz. 245 ff.; *Döllerer*, StbJb 1981/82, 195, 218; *Boochs* in Dankmeyer/Giloy, EStG, § 17 Rz. 136; *Crezelius* in Schmidt/Uhlenbruck, S. 297.

verteilende Liquidationserlös in zwei Teile, und zwar in laufende Einkünfte und in Veräußerungsgewinne, aufgespalten.[248] Im Falle der Liquidation einer ausländischen Kapitalgesellschaft ergeben sich mangels verwendbarem Eigenkapital keine Einnahmen i.S.d. § 20 Abs. 1 Nr. 1 oder 2 EStG[249], sondern grundsätzlich Veräußerungserlöse.[250] Das Halbeinkünfteverfahren findet in diesem Sonderfall für § 17 EStG bereits seit dem Veranlagungsjahr 2001 Anwendung, da es im Liquidationszeitraum kein Wirtschaftsjahr mehr gibt.[251]

Die Entstehung eines Auflösungsgewinnes oder –verlustes gem. § 17 Abs. 2 und 4 EStG erfolgt erst durch die zivilrechtliche Auflösung der Kapitalgesellschaft[252], wobei dies dem wirtschaftlichen Untergang der Anteile gleichzustellen ist.[253] Die Beendigung, d.h. die Löschung der Kapitalgesellschaft im Handelsregister muss dazu grundsätzlich nicht erfolgt sein[254], aber es muss sichergestellt sein, dass mit wesentlichen Änderungen der bereits feststehenden Verluste nicht mehr zu rechnen ist.[255] Generell ist im Fall der Auflösung mit einer anschließenden Liquidation der Gesellschaft auf den Zeitpunkt des Abschlusses der Liquidation abzustellen.[256, 257] Der BFH[258] hat zuletzt entschieden, dass im Konkursverfahren über das Vermögen einer GmbH der Auflösungsverlust i.S.v. § 17 Abs. 4 EStG regelmäßig erst mit Abschluss[259] des Konkursverfahrens realisiert ist.[260] Erforderlich hierzu ist, dass der „wesentlich" beteiligte Gesellschafter nicht mehr mit Zuteilungen und Rückzahlungen aus dem Gesellschaftsvermögen rechnen kann[261], insbesondere wenn die Gesellschaft bereits vermögenslos ist.[262] *Paus*[263] bietet diesbezüglich Lösungsansätze an, um den Auflösungsverlust steuerlich früher geltend machen zu können.

Zu den laufenden Einkünften gehören die Erlöse, die bei der Gesellschaft mit der Ausschüttungsbelastung zu versteuern waren (§ 20 Abs. 1 Nr. 2 EStG). Liegen keine

---

248 BFH-Urteil v. 27.11.1984, BStBl. II 1985, 296.

249 *Wassermeyer* in *Crezelius*, Die GmbH und ihre Gesellschafter, S. 78.

250 *Neyer/Gürzenich-Schmidt*, IStR 2000, 295, 296.

251 Ausführlich: *Dötsch/Pung*, DB 2002, 173, 176.

252 Generell dazu: *Strahl* in Korn/Carlé/Stahl/Strahl, EStG, § 17 Rz. 113; *Schmidt/Weber-Grellet*, EStG, § 17 Anm. 210 ff.; *Paus*, INF 2003, 185, 186.

253 FG München v. 28.2004, Haufe-Index 1127197.

254 *Buyer*, DB 1990, 1682, 1690; *Strahl*, KÖSDI 2000, 12260, 12267.

255 *Schwer*, GmbH-Steuerpraxis 2002, 17.

256 *Boochs* in Dankmeyer/Giloy, EStG, § 17 Rz. 146 ff.; *Dörner*, INF 2001, 523, 527.

257 FG Hamburg v. 11.7.2001, GmbH-Stp 2002, 250.

258 BFH-Urteil v. 25.1.2000, DStR, Heft 23, DStR-Aktuell, VI = DStR 2000, 1003, mit Hinweis auf "Ausnahmefälle".

259 Die Eröffnung des Insolvenzverfahrens reicht nicht aus, so *Schwer*, GmbH-Steuerpraxis 2002, 17, 18.

260 Ähnlich: *Ott*, StuB 2000, 277, 279 m.w.N.

261 BFH-Urteil v. 12.12.2000, DB 2001, 680, 681; FG Niedersachsen v. 25.1.2001, EFG 2001, 1042, 1043.

262 *Schwer*, GmbH-Steuerpraxis 2002, 17, 18.

263 *Paus*, INF 2003, 185, 188 f.

Kapitalerträge vor – das ist der Fall bei Rückzahlungen auf das Nennkapital und bei Einlagen i.S.d. § 27 KStG n.F. – handelt es sich um private Vermögensmehrungen, die nur bei Vorliegen einer „wesentlichen Beteiligung" steuerbar sind.[264] Zur Vermeidung einer nochmaligen Erfassung der laufenden Kapitaleinkünfte im Rahmen der Besteuerung nach § 17 EStG werden die nach § 20 Abs. 1 Nr. 1 oder 2 EStG steuerbaren Liquidationserlöse aus der Bemessungsgrundlage des Veräußerungspreises herausgenommen (§ 17 Abs. 4 S. 2 HS. 2 EStG).[265] Zudem finden auch nachträgliche Anschaffungskosten Berücksichtigung[266], aber nur, wenn sie gesellschaftsrechtlich veranlasst sind.[267] Finanzierungskosten bleiben hingegen unberücksichtigt.[268]

Zu beachten ist zum einen, dass ein Spekulationsgewinn nach § 23 EStG auch dann nicht angenommen wird, wenn die Liquidation innerhalb des ersten Jahres nach Erwerb der Anteile erfolgt. Der Untergang von Anteilen ist keine Veräußerung und keine Gegenleistung für den Erwerb des zugeteilten Vermögens.[269] Insoweit wird der Vorrang des § 23 EStG vor § 17 EStG ausgehebelt. Zum anderen gilt die Verlustausgleichsbeschränkung des § 17 Abs. 2 S. 4 EStG (verfassungsrechtlich bedenklich!) auch im Falle der Liquidation, so dass ein Verlust steuerlich nicht uneingeschränkt Beachtung finden kann.[270] Ein Liquidationsverlust ist nur dann anzuerkennen, wenn die „wesentliche Beteiligung" im Rahmen der Gründung einer Kapitalgesellschaft oder von einer anderen Person vor mehr als fünf Jahren vor der Veräußerung erworben worden ist (§ 17 Abs. 2 S. 4 EStG).

Die oben genannten Grundsätze gelten nur bei einer „wesentlichen Beteiligung" i.S.d. § 17 EStG. Bei einer nicht wesentlichen Beteiligung hingegen ist das „Stammvermögen" nicht steuerverstrickt und darum ist ein ausgekehrter Liquidationserlös nicht steuerbar. Kommt es zu keiner Auskehrung so liegt ein steuerrechtlich unerheblicher Vermögensverlust vor, wenn der Liquidationserlös nicht nach § 20 Abs. 1 Nr. 1 EStG steuerbar ist.[271]

Wird einem „wesentlich" beteiligten Gesellschafter ein Teil des eingezahlten Kapitals aufgrund einer beschlossenen Kapitalherabsetzung zurückbezahlt, so liegt eine (Teil-) Veräußerung i.S.d. § 17 Abs. 4 EStG vor. Der zu versteuernde Veräußerungsgewinn ergibt sich nach Abzug der Kapitalrückzahlung von den Anschaffungskosten. Übersteigt die Kapitalrückzahlung die Anschaffungskosten

---

[264] *Crezelius* in Kölner Schrift zur Insolvenzordnung, 1996, S. 1035; *Dötsch/Pung*, DB 2002, 173, 174 mit vergleichender Darstellung zwischen altem und neuen Recht.
[265] *Schmidt/Weber-Grellet*, EStG, § 17 Anm. 30 m.w.N.; *Heuer* in *Herrmann/Heuer/Raupach*, EStG, § 17 Rz. 20.
[266] BFH-Urteil v. 25.1.2000, DStR, Heft 23, DStR-Aktuell, VI = DStR 2000, 1003, 1004.
[267] FG Niedersachsen v. 25.1.2001, EFG 2001, 1042, 1043.
[268] FG München v. 10.12.2001, GmbH-Stp 2003, 29,30.
[269] *Döllerer*, StbJb 1981/82, 195, 219.
[270] FG Schleswig-Holstein v. 16.4.2003, DStRE 2004, 558, 559.
[271] *Crezelius* in Kölner Schrift zur Insolvenzordnung, S. 1036.

nicht, so kommt es lediglich zu einer Reduktion der Anschaffungskosten.[272] Die Besteuerung ist dadurch allerdings nur aufgeschoben und nicht aufgehoben.

Zu beachten ist, dass ein Auflösungsverlust aufgrund eines Gesellschafterdarlehens nicht nach § 17 Abs. 4 EStG zu berücksichtigen ist, wenn die Krise der Gesellschaft durch Zinsen für das Darlehen entstanden ist.[273]

VII. Ausschüttungen aus dem steuerlichen Einlagenkonto (§ 27 KStG n.F.)

Liegen die Anteile des Anteilseigners im Privatvermögen und wird Eigenkapital 04 (EK 04) i.S.d. § 30 Abs. 2 Nr. 4 KStG a.F. ausgeschüttet, so ist § 17 Abs. 4 EStG anwendbar, da solche Ausschüttungen wie eine Veräußerung behandelt werden („Veräußerungsfiktion")[274], wenn es sich um eine Beteiligung i.S.d. § 17 EStG handelt. Ansonsten liegen nicht steuerbare Auskehrungen vor.[275] Damit ein steuerpflichtiger Veräußerungsgewinn existiert, müssen die Ausschüttungen des Einlagenkontos die Anschaffungskosten der Beteiligung i.S.v. § 17 EStG übersteigen.[276]

Anzumerken ist, dass aufgrund des zukünftig geltenden Halbeinkünfteverfahren eine Aufteilung in verschiedene „EK-Töpfe" entfällt, so dass der Teil des Eigenkapitals, der aus Einlagen stammt, nun nach den Regeln des § 27 KStG n.F. festgehalten[277] und bei Rückgewähr entsprechend bescheinigt werden muss.[278] Nachdem in § 17 Abs. 4 EStG n.F. gemäß dem StSenkG das EK 04[279] weggefallen ist, wird dort nun auf das künftig zu führende steuerliche Einlagenkonto (§ 27 KStG n.F.)[280] verwiesen.[281] Die Vorschrift des § 27 KStG n.F. soll sicherstellen, dass die steuerliche Behandlung der Rückgewähr von Einlagen der bisherigen Praxis entspricht und weiterhin zu grundsätzlichen steuerfreien Beteiligungserträgen führt. Dies wird erreicht, indem die Gesellschaften verpflichtet sind, nicht in das Nennkapital geleistete Einlagen auf einem gesonderten Konto, dem sog. steuerlichen Einlagenkonto, zu erfassen. Soweit Beteiligungserträge auf Ausschüttungen aus dem steuerlichen Einlagenkonto entfallen, unterliegen diese insoweit auf der Ebene der Gesellschafter nicht der Halbeinkünftebesteuerung.

---

[272] *Gratz/Müller*, DStR 1996, 281, 282.
[273] FG Niedersachsen v. 25.1.2001, EFG 2001, 1042 ff.
[274] *Frotscher* in Frotscher/Maas, KStG, § 27 Rz. 7.
[275] *Dötsch/Eversberg/Jost/Witt*, KStG, § 27 Rz. 1; *Frotscher* in Frotscher/Maas, KStG, § 27 Rz. 6.
[276] *Pauke*, NWB, Fach 4, 4375, 4385.
[277] Dazu: *Strahl* in Korn/Carlé/Stahl/Strahl, EStG, § 17 Rz. 119 ff.
[278] *Pauke*, NWB, Fach 4, 4375, 4384 f.; *BDI/Ernst & Young* (Hrsg.), Die Unternehmenssteuerreform, S. 107.
[279] Zur Historie der Gliederungsrechnung und der "EK-Töpfe": *Frotscher* in Frotscher/Maas, KStG, § 27 Rz. 3.
[280] Ausführlich zu den Tatbestandsmerkmalen des steuerlichen Einlagenkonto: *Dötsch/Eversberg/Jost/Witt*, KStG, § 27 Rz. 6 ff.; *Frotscher* in Frotscher/Maas, KStG, § 27 Rz. 9 ff.
[281] *Ebling* in Blümich, § 17 EStG, Rz. 278; *Oppenhoff & Rädler*, Reform der Unternehmensbesteuerung, 2000, S. 79.

Die folgenden Ausführungen beziehen sich darum sowohl auf Auskehrungen des EK 04 nach dem KStG 1977 als auch auf solche aus dem steuerlichen Einlagenkonto (§ 27 KStG n.F.), da bei der Behandlung beim Anteilseigner keine Unterschiede existieren.[282]

Die Frage, ob für Ausschüttungen das EK 04 als verwendet gilt, bestimmte sich bisher für den Gesellschafter bindend nach dem gem. § 47 KStG a.F. gesonderten festgestellten Teilbetrag, der in einem sog. vEK-Bescheid bescheinigt wurde (**Verwendungsreihenfolge**).[283] Ersichtlich wird dies auch aus der dem Anteilseigner ausgestellten Steuerbescheinigung.[284] Eine Ausschüttung aus dem EK 04 gehört bei dem Gesellschafter, der die Beteiligung im Privatvermögen hält, nicht zu den Einkünften aus Kapitalvermögen (§ 20 Abs. 1 Nr. 1 S. 3 EStG).[285]

Generell vermindern die Ausschüttungen aus dem EK 04 die Anschaffungskosten der wesentlichen Beteiligung.[286] Übersteigen die EK 04 Ausschüttungen die (historischen[287]) Anschaffungskosten der wesentlichen Beteiligung, so liegt ein Veräußerungstatbestand gem. § 17 Abs. 4 S. 1 Alt. 3 EStG vor.[288] Dabei ist zu beachten, dass nicht im Jahr der Ausschüttung ein Veräußerungsgewinn in Höhe des die Anschaffungskosten übersteigenden Betrags anzunehmen ist, sondern erst bei der späteren Liquidation der Kapitalgesellschaft oder Veräußerung der Beteiligung.[289]

An dem Verfahren der Verwendungsreihenfolge[290] wird auch in Zukunft im Rahmen des § 27 KStG n.F. insoweit festgehalten, als Einlagen nur dann als ausgeschüttet gelten, wenn keine anderen Rücklagen (zuzüglich Gewinnvortrag und Jahresüberschuss) vorhanden sind.[291] Um diesen Tatbestand feststellen zu können, sieht § 27 Abs. 1 S. 3 KStG n.F. eine Vergleichsrechnung vor, die wie folgt dargestellt werden kann:

---

282 *Frotscher* in Frotscher/Maas, KStG, § 27 Rz. 4; *Strahl* in Korn/Carlé/Stahl/Strahl, EStG, § 17 Rz. 120.1.

283 *Schneider* in Kirchhof/Söhn, EStG, § 17 Rdnr. A116; *Pauke*, NWB, Fach 4, 4375, 4385.

284 Finanzministerium Sachsen, Erlass v. 15.9.1998, DStR 1998, 1753, 1754; *BDI/Ernst & Young* (Hrsg.), Die Unternehmenssteuerreform, S. 108.

285 *Töben*, DStR 1995, 828, 830 ff; *Gratz/Müller*, DStR 1996, 281, 282.

286 BFH-Urteil v. 19.7.1994, DStR 1995, 525; ebenso: *Felix/Strahl*, DStR 1996, 1514, 1516.

287 Kritisch: *Crezelius* in Schmidt/Uhlenbruck, S. 561.

288 Siehe hierzu: *Töben*, DStR 1995, 828, 832.

289 *Strahl*, KÖSDI 2000, 12260, 12266.

290 Dazu näher: *Dötsch/Eversberg/Jost/Witt*, KStG, § 27 Rz. 12.

291 *BDI/Ernst & Young* (Hrsg.), Die Unternehmenssteuerreform, S. 107.

Abb. 3: „Differenzrechnung gem. § 27 Abs. 1 S. 3 KStG n.F."[292]

Eigenkapital laut Steuerbilanz abzüglich gezeichnetem Kapital	**Bestand des steuerlichen Einlagenkontos**
Betrag 1	Betrag 2
Betrag 1 – Betrag 2 = Unterschiedsbetrag	
Summe der Leistungen – Unterschiedsbetrag = Rückgewähr von Einlagen	

Von einer Rückgewähr der Einlagen wird ausgegangen, wenn die Summe der im Wirtschaftsjahr erbrachten Leistungen der Kapitalgesellschaft an den Gesellschafter[293] – z.B. Dividenden, verdeckte Gewinnausschüttungen – den auf den Schluss des vorangegangenen Wirtschaftsjahres ermittelten Unterschiedsbetrag zwischen dem um das Nennkapital geminderte in der Steuerbilanz ausgewiesene Eigenkapital[294] und dem Bestand des steuerlichen Einlagekontos übersteigt (§ 27 Abs. 1 S. 3 KStG n.F.).[295] Dies bedeutet mit anderen Worten, dass zunächst Gewinnrücklagen, die kein vom Anteilseigner geleistetes Eigenkapital darstellen, verbraucht werden müssen.[296] Dabei kann es zu Problemfällen im Rahmen verdeckter Gewinnausschüttungen und Vorabausschüttungen kommen[297], denn das Eigenkapital i.S.d. § 27 KStG n.F. wird über die Steuerbilanz hergeleitet.[298]

Die Vorschrift des § 27 KStG n.F. muss i.V.m. § 39 KStG n.F. gesehen werden, denn dort ist die Überleitung von der früheren EK-Gliederung hin zum steuerlichen Einlagenkonto geregelt. Danach ist ein positiver Bestand an EK 04 (ein negativer Bestand würde in das sog. neutrale Vermögen[299] fließen) als Anfangsbestand des steuerlichen Einlagenkontos zu übernehmen.[300]

Abschließend muss darauf hingewiesen werden, dass auf alle Varianten des § 17

[292] Vgl. *BDI/Ernst & Young* (Hrsg.), Die Unternehmenssteuerreform, S. 107; mit Beispiel: *Dötsch/Eversberg/Jost/Witt*, KStG, § 27 Rz. 15 ff.
[293] Genaue Darstellung bei *Dötsch/Eversberg/Jost/Witt*, KStG, § 27 Rz. 14; *Frotscher* in Frotscher/Maas, KStG, § 27 Rz. 17.
[294] Genaue Darstellung bei *Frotscher* in Frotscher/Maas, KStG, § 27 Rz. 16.
[295] *Dötsch/Eversberg/Jost/Witt*, KStG, § 27 Rz. 13.
[296] *Pauke*, NWB, Fach 4, 4375, 4385.
[297] Dazu: *Frotscher* in Frotscher/Maas, KStG, § 27 Rz. 20 ff.
[298] *Dötsch/Eversberg/Jost/Witt*, KStG, § 27 Rz. 19.
[299] Kritisch dazu: *Dötsch/Eversberg/Jost/Witt*, KStG, § 27 Rz. 17.
[300] *Dötsch/Eversberg/Jost/Witt*, KStG, § 27 Rz. 4 f. und 10.

Abs. 4 EStG auch die Absätze 1 bis 3 des Paragraphen Anwendung finden. Damit muss insbesondere in Fällen der Liquidation auf die Verlustbeschränkungsregelung des § 17 Abs. 2 S. 4 EStG geachtet werden.[301]

VIII. Wegzugsbesteuerung (§ 6 AStG)

Nach § 6 AStG wird die Beendigung der unbeschränkten Steuerpflicht durch Wohnsitzwechsel ins Ausland der Veräußerung nach § 17 Abs. 1 EStG gleichgestellt[302], wenn die weiteren Voraussetzungen des § 17 EStG vorliegen und die Beendigung des Wohnsitzes in Deutschland nicht nur vorübergehend ist.[303] Somit normiert § 6 AStG einen Entstrickungstatbestand.[304] § 6 AStG verstößt nicht gegen Art. 3 GG, obwohl der Wegzug anders besteuert wird als der Zuzug.[305] Es besteht für den Gesetzgeber keine Pflicht, die beiden Besteuerungstatbestände spiegelbildlich zu regeln.[306]

Dem Wohnsitzwechsel stehen nach § 6 Abs. 3 AStG Ersatztatbestände, wie z.B. die Einlage der „wesentlichen Beteiligung" in eine ausländische Betriebstätte gleich, wenn das betreffende Doppelbesteuerungsabkommen (DBA) das Besteuerungsrecht für die Gewinne der Betriebstätte allein dem ausländischen Staat zuweist.[307] Für die Subsumtion unter § 6 AStG muss die unbeschränkte Steuerpflicht in den letzten 10 Jahren bestanden haben. Als Gewinn wird grundsätzlich die Differenz zwischen dem gemeinen Wert der Anteile im Zeitpunkt des Wegzugs und den historischen Anschaffungskosten errechnet.

Wird der Anteil nach dem Wohnsitzwechsel zu einem Preis veräußert, der über dem Wert im Zeitpunkt der „Entstrickung" liegt, so unterliegt der dabei entstehende Gewinn nach § 49 Abs. 1 Nr. 2 Buchstabe e i.V.m. § 17 EStG der beschränkten Steuerpflicht, sofern nicht ein DBA das Besteuerungsrecht dem anderen Staat zuweist.[308] Existiert ein DBA, so weist dieses regelmäßig dem Staat des Veräußerers

[301] *Ebling* in Blümich, EStG, § 17 Rz. 1; *Bender*, Verlustverrechnungsbeschränkungen im EStG, S. 242.

[302] *Boochs* in Dankmeyer/Giloy, EStG, § 17 Rz. 19; *Ebling* in Blümich, EStG, § 17 Rz. 38 ff.; *Meilicke*, RIW 1990, 449; *Beisse* in Gewinnrealisierung im Steuerrecht, hrsg. im Auftrag der Deutschen Steuerjuristischen Gesellschaft e.V. von Hans Georg Ruppe, S. 35; dazu auch: *Knobbe-Keuk* in Herzig (Hrsg.), Betriebswirtschaftliche Steuerlehre und Steuerberatung, S. 153, 159.

[303] *Frotscher*, EStG, § 17 Rn. 16; *Niehus/Wilke*, StuW 1997, 35, 37 m.w.N; *Döllerer*, StbJb 1981/82, 195, 222.

[304] *Schneider* in Kirchhof/Söhn, EStG, § 17 Rdnr. A120; *Hörger* in *Littmann/Bitz/Pust*, EStG, § 17, RZ. 8.

[305] *Gosch* in Kirchhof, EStG § 17, Rn. 30.

[306] BFH-Urteil v. 17.12.1997, BStBl. II 1998, 558 mit einer ausführlichen Begründung; a.A.: *Herzig/Dautzenberg*, DB 1997, 8, 16.

[307] *Littmann/Hörger/Hellwick*, EStG, § 17 EStG, Anm. 8.

[308] BMF-Erlass zum AStG v. 11.7.1974, BStBl. I 1974, 442, 457 f.; *Schneider* in Kirchhof/Söhn, EStG, § 17 Rdnr. A79.

das Besteuerungsrecht zu.[309] § 6 AStG ist allerdings nur auf die Anteile an einer inländischen Kapitalgesellschaft anzuwenden[310], so dass der Bereich der Wegzugsbesteuerung enger gefasst ist, als der Rahmen des § 17 EStG.[311]

Es ist zu berücksichtigen, dass bei einer Veräußerung der Beteiligung nach dem Wegzug der Vermögenszuwachs nach wie vor der beschränkten Steuerpflicht des § 49 Abs. 1 Nr. 2 Buchstabe e EStG unterliegt.[312] Dabei wird der zu versteuernde Gewinn um den bereits beim Wegzug versteuerten Vermögenszuwachs gekürzt.[313]

„Änderungen des § 17 EStG wirken sich automatisch auf den Anwendungsbereich des § 6 AStG (Wegzugsbesteuerung) aus, da die Vorschrift auf den gesetzlichen Inhalt des § 17 EStG im Rahmen einer dynamischen Verweisung Bezug nimmt. Die Vermögenszuwachsbesteuerung, d.h. die Besteuerung eines fiktiven Veräußerungsgewinns im Falle der Beendigung der unbeschränkten Steuerpflicht durch Wegzug, greift somit bereits bei einer Beteiligungsquote von 10% bzw. nach dem Willen des Reformgesetzgebers künftig bereits bei einer Quote von 1%."[314] Im Rahmen der Doppelbesteuerungsabkommen bleibt es abzuwarten, wie die betroffenen Auslandsstaaten auf die Reduzierung der Quote für das Vorliegen einer wesentlichen Beteiligung reagieren werden, da es grundsätzlich auch zu einer Anpassung der DBA kommen müsste.[315] Inwieweit europarechtliche Regelungen, wie z.B. die Freizügigkeit und die Kapitalverkehrsfreiheit, zu beachten sind, ist offen.[316]

---

[309] *Ebling* in Blümich, EStG, § 17 Rz. 44; *Bergemann*, DStR 2000, 1410, 1415.
[310] *Ebling* in Festschrift für Hans Flick, S. 679, 686; *Crezelius*, DStR 1997, 1712, 1715.
[311] *Crezelius*, Unternehmenserbrecht, Rdnr. 438, mit weiteren Details im "Erbfall".
[312] *Döllerer*, StbJb 1981/82, 195, 221; *Scherer*, IStR 2000, 142.
[313] *Frotscher*, EStG, § 17 Rn. 16; *Niehus/Wilke*, StuW 1997, 35, 40.
[314] *Scherer*, IStR 2000, 142.
[315] *Scherer*, IStR 2000, 142, 144.
[316] *Schüppen/Sanna*, BB 2001, 2397, 2407.

Zweiter Teil: Abgrenzungen

§ 3 Definition und Abgrenzung des Begriffs „Beteiligung"

A. Zivilrechtliche Begriffsdefinition

Eine Beteiligung ist ein Mitgliedschaftsrecht, das durch eine Kapitaleinlage (Geld- oder Sacheinlage) bei einer anderen Gesellschaft erworben wird.[1] Banal ausgedrückt ist die Beteiligung die Gesamtheit aller Anteile an anderen Unternehmen, die eine unterschiedlich ausgeprägte Mittäterschaft bei Aktivitäten dieser Unternehmen ausdrücken und für die man dann mehr oder weniger haftet.[2] Einführend soll ein Schaubild *von Einem*[3] verwendet werden, welches einen guten Überblick über die unterschiedlichen Beteiligungsmöglichkeiten bietet. Dieses Schaubild spiegelt im Groben auch den Inhalt dieser Arbeit wieder (fett gedruckt), da auch ähnliche Beteiligungen i.S.v. § 17 Abs. 1 S. 3 EStG letztendlich immer eine Beteiligung an einem Unternehmen darstellen.

Abb. 4: „Beteiligungsformen"[4]

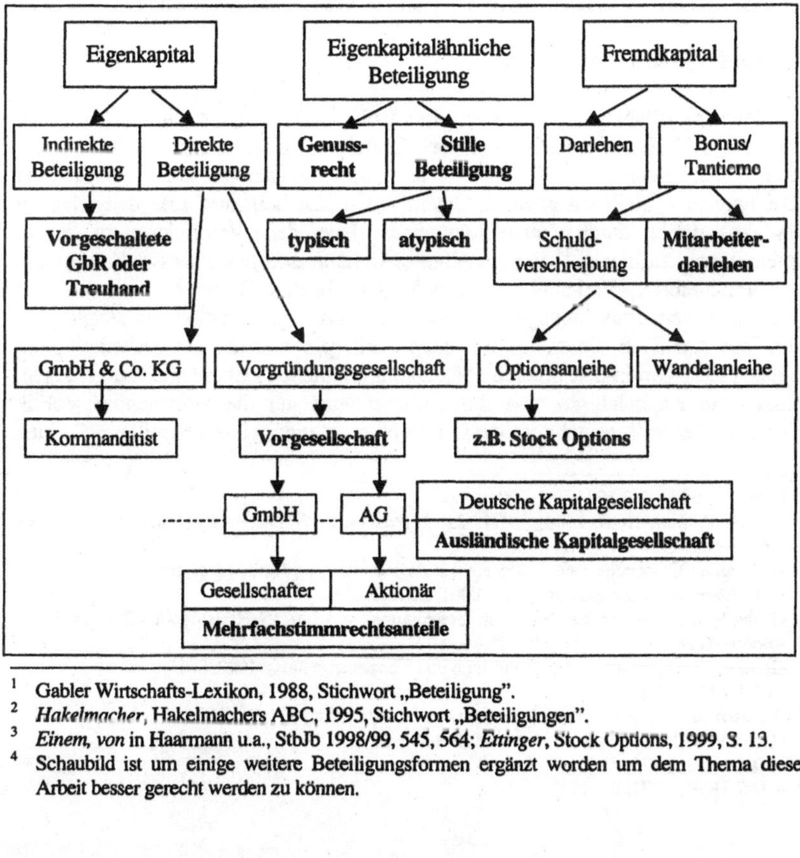

1 Gabler Wirtschafts-Lexikon, 1988, Stichwort „Beteiligung".

2 *Hakelmacher*, Hakelmachers ABC, 1995, Stichwort „Beteiligungen".

3 *Einem, von* in Haarmann u.a., StbJb 1998/99, 545, 564; *Ettinger*, Stock Options, 1999, S. 13.

4 Schaubild ist um einige weitere Beteiligungsformen ergänzt worden um dem Thema dieser Arbeit besser gerecht werden zu können.

I. Deutsches Zivilrecht

1. Beteiligungsbegriff im HGB

a) Beteiligungen an Kapitalgesellschaften

Zu den Beteiligungen i.S.d. § 266 Abs. 2 A. III. 3. HGB gehören verbriefte und unverbriefte gesellschaftsrechtliche Anteile an Kapitalgesellschaften, Personengesellschaften[5] und an ihnen gleichstehenden gesellschaftsähnlichen Kapitalanlagen.[6] Auch stillen Beteiligungen können in Ausnahmefällen, obwohl sie keine mitgliedschaftliche Stellung begründen, als dazugehörend bezeichnet werden[7], falls sie im Innenverhältnis mit wesentlichen Mitbestimmungsrechten ausgestattet sind; denn dann besitzen sie Beteiligungscharakter.[8] Aus zivilrechtlicher Sicht kann auch einem eigenkapitalersetzenden Darlehen in Verbindung mit dem Anteil Beteiligungscharakter zukommen.[9] Als Voraussetzungen müssen allerdings ein Rangrücktritt hinter die anderen Gläubiger und ein Mangel an anderweitigen Finanzierungsmöglichkeiten vorliegen.[10] Für die Beteiligungsdefinition muss zwischen objektiven und subjektiven Kriterien unterschieden werden:[11]

aa) Objektive Kriterien

Das deutsche Bilanzrichtliniengesetz vom 19.12.1985[12] hat mit Einführung von § 271 Abs. 1 HGB für die Bilanzen von Kapitalgesellschaften eine Definition und damit verbunden eine neue Beteiligungsvermutung mit sich gebracht.[13] Danach sind Beteiligungen Anteile an anderen Unternehmen, die bestimmt sind dem eigenen Geschäftsbetrieb, durch Herstellung einer dauernden Verbindung zu jenem Unternehmen, zu dienen.[14] Bei Beteiligungsverhältnissen handelt es sich daher um das unmittelbare Verhältnis zwischen den beiden Unternehmen die das Beteiligungsverhältnis eingegangen sind.[15] Für die Qualifikation als Beteiligung muss ein Anteil an einem Unternehmen vorliegen, welcher auf Dauerhaftigkeit angelegt ist.[16] Um in den Bereich „beteiligungsähnlicher Tatbestände" zu gelangen, müssen ein Kapitaleinsatz und die Einflussnahme auf die Unternehmenspolitik vorliegen. Generell versteht das deutsche Zivilrecht unter einer „Beteiligung" einen

---

5 Dazu: *Crezelius*, DB 2004, 397, 400.

6 *Baumbach/Hopt*, HGB, 2000, § 271, Rz. 1; *Paulick* in Wöhe (Hrsg.), Handwörterbuch des Steuerrechts, 1981, Stichwort „Beteiligung".

7 *Wiedmann*, Bilanzrecht, 1999, § 266 Rz. 18; *Baumbach/Hopt*, HGB, § 271, Rz. 2.

8 A.A.: *Ebenroth/Boujong/Joost*, HGB, 2001, § 271, Rz. 2.

9 Gabler Wirtschafts-Lexikon, Stichwort "Beteiligung"; a.A.: *A/D/S*, HGB, 1997, § 271, Rz. 7.

10 *Knobbe-Keuk*, AG 1979, 293, 295, Fußnote 15.

11 *Gschrei*, Beteiligungen im Jahresabschluß und Konzernabschluss, 1990, S. 19.

12 BGBl. I 1985, 2355.

13 *Brönner/Bareis*, Die Bilanz nach Handels- und Steuerrecht, 1991, Rz. 260.

14 Gabler Wirtschafts-Lexikon, Stichwort „Beteiligung".

15 *A/D/S*, HGB, § 271, Rz. 2.

16 *A/D/S*, HGB, § 271, Rz. 15 ff.

auf Dauer angelegten, mit Einflussmöglichkeit ausgestatteten Anteil am Eigen- oder Haftungskapital eines Unternehmens (§ 271 HGB).[17] I.E. kommt des dabei nicht auf die tatsächliche Dauer des Haltens der Anteile an, sondern auf die Zwecksetzung zum dauernden Verbleib.[18] Auch muss keine Absicht bestehen, auf die Geschäftsführung des anderen Unternehmens Einfluss zu nehmen.[19]

Als Voraussetzungen für das Bestehen einer Beteiligung müssen zum einen **Anteile** an einem Unternehmen gehalten werden und zum anderen muss es sich um Anteile an einem **Unternehmen** handeln.[20] *Brönner/Bareis*[21] setzen als weitere Voraussetzung die Zweckbestimmung voraus, d.h. die Beteiligung muss dem eigenen Geschäftsbetrieb dienen.[22] Als Anteile sind grundsätzlich alle Mitgliedschaftsrechte zu qualifizieren, wenn sie sowohl Vermögensrechte als auch Verwaltungsrechte umfassen. Nicht unter die Beteiligungen i.S.d. § 271 HGB fallen Anteilsrechte am Bruchteilseigentum.[23] Eine Definition des Unternehmens wird im HGB nicht geliefert.[24] Im Sinne der Vorschrift sollen auf jeden Fall die zur Buchführung verpflichteten Kaufleute als Unternehmen verstanden werden. Obwohl die Beteiligungsdefinition des § 271 HGB im dritten Buch des HGB geregelt ist, welches grundsätzlich nur für Kapitalgesellschaften gilt, hat die Definition dennoch keinen rechtsformspezifischen Charakter. Die Begriffsbestimmung ist nach den Grundsätzen ordnungsgemäßer Buchführung auszulegen.[25]

Des weiteren sollen unter den Unternehmensbegriff auch Organisationen fallen, die eigenständige kaufmännische oder gewerbliche Interessen verfolgen.[26] Ein alleiniges Abstellen auf die Kaufmannseigenschaft käme allerdings zu unbefriedigenden Ergebnissen und würde den Unternehmensbegriff ungerechtfertigt einengen. Daher muss auf die in der Betriebswirtschaftslehre[27] entwickelten Unternehmensbegriffe zurückgegriffen werden.[28]

---

17 *Seicht*, Beteiligungen, 1990, S. 12 ff.

18 *Weber*, Grundsätze ordnungsgemäßer Bilanzierung für Beteiligungen, S. 26.

19 *Brönner/Bareis*, Die Bilanz nach Handels- und Steuerrecht, Rz. 260; *A/D/S*, HGB, § 271, Rz. 18.

20 *Ebenroth/Boujong/Joost*, HGB, § 271, Rz. 3; *A/D/S*, HGB, § 271, Rz. 10 f.; *Teichmann*, Die Bilanzierung von Beteiligungen im handelsrechtlichen Jahresabschluß der Kapitalgesellschaft, S. 283 ff.

21 *Brönner/Bareis*, Die Bilanz nach Handels- und Steuerrecht, Rz. 261 f.

22 Ebenso: *Baumbach/Hopt*, HGB, § 271, Rz. 4.

23 *Teichmann*, Die Bilanzierung von Beteiligungen im handelsrechtlichen Jahresabschluß der Kapitalgesellschaft, S. 284.

24 *Ebenroth/Boujong/Joost*, HGB, § 271, Rz. 3.

25 *Gschrei*, Beteiligungen im Jahresabschluß und Konzernabschluss, S. 18.

26 *Wiedmann*, Bilanzrecht, § 271 Rz. 2 und 3.

27 *Weber*, Grundsätze ordnungsgemäßer Bilanzierung für Beteiligungen, S. 22.

28 *A/D/S*, HGB, § 271, Rz. 3; *Teichmann*, Die Bilanzierung von Beteiligungen im handelsrechtlichen Jahresabschluß der Kapitalgesellschaft, S. 286.

Die Annahme einer Beteiligung setzt u.a. voraus, dass die Anteile an einem Unternehmen nach § 247 Abs. 2 HGB dem Anlagevermögen zuzuordnen sind[29], wobei die dazu notwendige Daueranlageabsicht, für die Zuordnung von Anteilen als Beteiligung genügt.[30] Hingegen muss mit einer Beteiligung mehr als nur die Absicht einer Kapitalanlage gegen angemessene Verzinsung verfolgt werden.[31]

I.E. soll eine wirtschaftliche Bindung zu der Kapitalgesellschaft hergestellt werden.[32] Gleichgültig ist es dabei, ob die Wertpapiere verbrieft sind oder nicht[33]; zudem kommt es auch nicht auf die Höhe der Beteiligung an.[34]

Schiebler[35] definiert den gesellschaftsrechtlichen Anteil als Beteiligung, wenn die Möglichkeit des Einflusses auf die Unternehmenspolitik[36] und ein Anspruch auf einen Anteil am Bilanzgewinn bestehen.[37] Des weiteren muss ein Anspruch auf einen Anteil am Liquidationserlös gewährt werden und der Gesellschafter muss bei Bilanzverlusten wenigstens bis zur Höhe seines Anteils haften. Etwas anderer Auffassung sind *Brönner/Bareis*[38], da nach Ihrer Meinung Genussrechte nicht zu den Beteiligungen i.S.d. § 271 HGB zählen, da sie keine Mitgliedschaftsrechte darstellen. Auch für *Ebenroth/Boujong/Joost*[39] kommt es auf das Mitgliedschaftsrecht an, welches sowohl Vermögens- als auch Verwaltungsrechte beinhalten kann.[40]

---

29 *Niedner* in Glanegger u.a., Handelsgesetzbuch, § 271 Rz. 2 m.w.N.; *Paulick* in Wöhe (Hrsg.), Handwörterbuch des Steuerrechts, Stichwort „Beteiligung".

30 *Brönner/Bareis*, Die Bilanz nach Handels- und Steuerrecht, Rz. 267.

31 *Ebenroth/Boujong/Joost*, HGB, § 271, Rz. 4; *Niedner* in Glanegger u.a., Handelsgesetzbuch, 1999, § 271 Rz. 2; *A/D/S*, HGB, § 271, Rz. 19 mit einem „Anhaltspunktekatalog".

32 *Niedner* in Glanegger u.a., Handelsgesetzbuch, § 271 Rz. 3; *Wiedmann*, Bilanzrecht, § 271 Rz. 4; *Ebenroth/Boujong/Joost*, HGB, § 271, Rz. 4.

33 *Ebenroth/Boujong/Joost*, HGB, § 271, Rz. 2; *Baumbach/Hopt*, HGB, § 271, Rz. 5; *A/D/S*, HGB, § 271, Rz. 24; *Teichmann*, Die Bilanzierung von Beteiligungen im handelsrechtlichen Jahresabschluß der Kapitalgesellschaft, 1993, S. 280 f. m.w.N.

34 *Baumbach/Hopt*, HGB, § 271, Rz. 2; *Brönner/Bareis*, Die Bilanz nach Handels- und Steuerrecht, Rz. 262.

35 *Schiebler*, Abschreibungen auf Beteiligungen an Kapitalgesellschaften nach Handels- und Steuerrecht, S. 4.

36 *Niedner* in Glanegger u.a., Handelsgesetzbuch, § 271 Rz. 2; a.A.: *Baumbach/Hopt*, HGB, § 271, Rz. 3.

37 Ebenso: *Lutz*, Die Bewertung von Beteiligungen bei der Besteuerung des Einkommens unter besonderer Berücksichtigung des Teilwerts nicht notierter Anteile, 1963, S. 26.

38 *Brönner/Bareis*, Die Bilanz nach Handels- und Steuerrecht, Rz. 265.

39 *Ebenroth/Boujong/Joost*, HGB, § 271, Rz. 2.

40 *A/D/S*, HGB, § 271, Rz. 6; *Steinberg* in Wöhe (Hrsg.), Handwörterbuch des Steuerrechts, Stichwort „Anteil".

Die entscheidende Abgrenzung eines Beteiligungsverhältnisses zu einem verbundenen Unternehmen ist die vertikale Verbindung. Verbundene Unternehmen können auch horizontale, d.h. Querverbindungen, wie z.B. in einem Konzern[41], zueinander haben.[42]

Im Rahmen des Gliederungsschemas gem. § 266 HGB kann es beim Ausweis von Anteilsrechten, die als Beteiligungen zu qualifizieren sind, zu einem Qualifikationskonflikt kommen, da Beteiligungen durchaus auch unter andere Bilanzpositionen gefasst werden können.[43] Zur Verdeutlichung dient folgendes Schaubild:

Abb. 5: „Abgrenzung von Beteiligungen zu anderen Bilanzpositionen"[44]

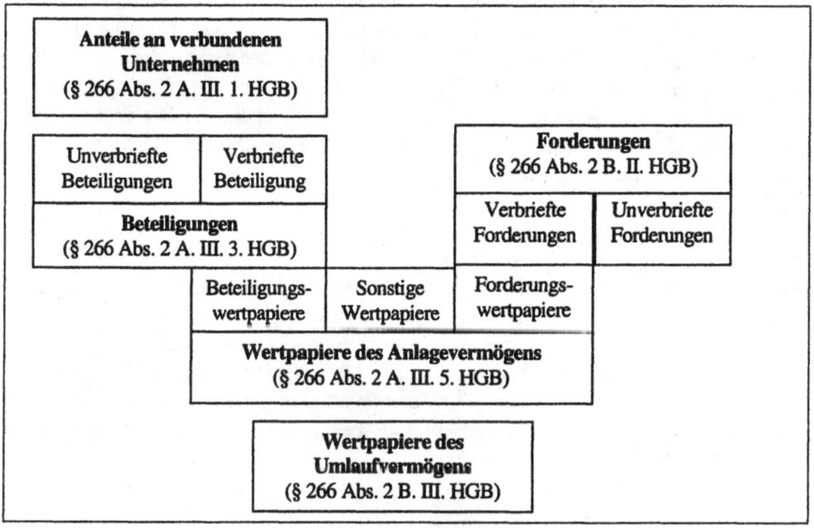

Die Position der „Beteiligungen" lässt sich von den „Wertpapieren des Umlaufvermögens" klar durch den Grundsatz der Dauerhaftigkeit abgrenzen. Wertpapiere des Umlaufvermögens sollen kurzfristig veräußerbar sein und dienen allein der Kapitalanlage und Liquiditätsplanung. Sie sollen keine Verbindung zu anderen Unternehmen aufbauen.

Schwieriger ist die Abgrenzung der im Finanzanlagevermögen (§ 266 Abs. 2 A. III. HGB) enthaltenen Positionen von „Beteiligungen" und „Wertpapieren des

---

41 Gabler Wirtschafts-Lexikon, Stichwort „Beteiligung".
42 *A/D/S*, HGB, § 271, Rz. 2.
43 *A/D/S*, HGB, § 271, Rz. 4.
44 Ähnlich: *Weber*, Grundsätze ordnungsgemäßer Bilanzierung für Beteiligungen, S. 36; *Schiebler*, Abschreibungen auf Beteiligungen an Kapitalgesellschaften nach Handels- und Steuerrecht, S. 9 ff.

Anlagevermögens". Die Absicht eines dauerhaften Haltens ist bei beiden gegeben, da sie sonst nicht im Bereich des Anlagevermögens angesiedelt wären.[45] Um die Überschneidung bei verbrieften Beteiligungen zu lösen, muss nach den allgemeinen Grundsätzen der Klarheit und Übersichtlichkeit des Jahresabschlusses vorgegangen werden.[46] I.E. sind alle – außer den Forderungswertpapieren und Wertpapiersonderformen – Wertpapiere des Anlagevermögens unter den „Beteiligungen" zu erfassen.[47]

Durch die Beteiligung am Stammkapital der Kapitalgesellschaft werden die Gesellschafter unmittelbar am Unternehmen beteiligt. Zur Beteiligung von Personen an einer bereits bestehenden Kapitalgesellschaft existieren grundsätzlich nur zwei echte Möglichkeiten: Entweder die Abtretung von (Teil-)Anteilen durch den (oder die) Altgesellschafter an die Neugesellschafter oder die Beteiligung der Neugesellschafter im Rahmen einer Kapitalerhöhung bei der Kapitalgesellschaft. Bei der Kapitalerhöhung tritt eine „Verwässerung" der Beteiligungen aller Altgesellschafter ein. Alternativen wie die stille Gesellschaft, die Beteiligung über eine Treuhand[48], Genussrechte usw. vermitteln keine direkte Beteiligung am Stammkapital der Gesellschaft.[49]

bb) Beteiligungsabsicht als subjektives Kriterium

Die widerlegbare[50] Beteiligungsvermutung[51] bei einem Anteilsbesitz von mindestens 20% des Nennkapitals des Unternehmen soll nur ein Indiz darstellen[52], da bei einer Kapitalgesellschaft der Zweck der Anlage trotz möglichen dauerhaften Haltens nur in einer reinen Kapitalanlage bestehen kann.[53] Umgekehrt reicht eine bloße verbale Erklärung zur Widerlegung der Beteiligungsvermutung nicht aus.[54] Es müssen vielmehr klare Anhaltspunkte gegen die besondere Zweckbestimmung von Beteiligungen sprechen.[55]

---

[45] *Blaas*, Darstellung und Kritik der Spiegelbildtheorie bei der Bilanzierung von Beteiligungen an Personengesellschaften im Bilanzsteuerrecht, S. 67.

[46] Mit Bezug zu Grundsätzen ordnungsgemäßer Buchführung: *Hofbauer*, BB 1976, 1343, 1348 f.

[47] *Weber*, Grundsätze ordnungsgemäßer Bilanzierung für Beteiligungen, S. 38 ff.

[48] Dazu: FG Baden-Württemberg v. 28.2.2002, EFG 2002, 838; BFH-Urteil v. 14.10.2003, NWB Rechtsprechungsreport, 4. Quartal 2003, S. 51.

[49] *Fox/Hüttche/Lechner*, GmbHR 2000, 521, 523 ff.

[50] Dazu: *Niedner* in Glanegger u.a., Handelsgesetzbuch, § 271 Rz. 3; *Brönner/Bareis*, Die Bilanz nach Handels- und Steuerrecht, Rz. 273.

[51] Näheres hierzu: *Teichmann*, Die Bilanzierung von Beteiligungen im handelsrechtlichen Jahresabschluß der Kapitalgesellschaft, S. 304 ff.

[52] *Hakelmacher*, Hakelmachers ABC, Stichwort "Beteiligungen".

[53] *Ebenroth/Boujong/Joost*, HGB, § 271, Rz. 6.

[54] *A/D/S*, HGB, § 271, Rz. 27.

[55] *Wiedmann*, Bilanzrecht, § 271 Rz. 6; *Ebenroth/Boujong/Joost*, HGB, § 271, Rz. 6; *Baumbach/Hopt*, HGB, § 271, Rz. 6.

Eine Beteiligungsabsicht kann unterstellt werden, wenn ein Einfluss auf die Gesellschaft dergestalt ausgeübt wird, dass eine enge wirtschaftliche Beziehung mit der Gesellschaft erzielt wird.[56] Das Kriterium der Beteiligungsabsicht ist aufgrund seiner Subjektivität nicht geeignet, den Begriff der Beteiligungen korrekt abzugrenzen, da zu große Ermessensspielräume entstehen. Auch die unternehmerische Einflussnahme[57] ist ein subjektives Kriterium und kann daher zur Begriffsbestimmung nicht herangezogen werden. Die subjektive Auslegung des Beteiligungsbegriffs findet ihre Grenze dort, wo objektive Kriterien erkennbar werden, die den Ausweis unter die Position der „Beteiligungen" erzwingen.[58]

Seicht[59] spricht davon, dass durch ein Abstellen auf die Beteiligungsabsicht ein intersubjektives Nachprüfen des Vorliegens einer behaupteten oder umstrittenen Beteiligung unmöglich gemacht werden würde. Wann eine Beteiligung im Einzelfall vorliegt, ist demnach an sorgfältig herausgearbeiteten Kriterien zu messen[60], die eine objektive, d.h. nachprüfbare und nachvollziehbare Entscheidung zulassen.[61] Hier den Begriff der Beteiligungsabsicht zugrunde zulegen wäre nur dann zweckgerecht, wenn unstrittig ist, worin überhaupt der Inhalt des Beteiligungsbegriffes besteht. So lässt sich i.E. die Beteiligungsvermutung auch nicht durch die unterschiedlichen Branchen der beiden Beteiligten widerlegen.[62]

b) Beteiligungen an Personengesellschaften

Die früher anerkannte sog. „Bilanzbündeltheorie"[63] betrachtete die Mitgliedschaft an einer Personengesellschaft als Zusammenfassung des quotalen Anteils an den einzelnen Gegenständen oder als dingliches Recht am Gesamthandsvermögen. Mittlerweile werden dem Gesellschafter nicht mehr Anteile an den Gegenständen der Personengesellschaft zugeordnet, sondern abstrakte Beteiligungsrechte. Das Beteiligungsrecht in Form der Mitgliedschaft stellt eine Rechtsposition dar, welche die Summe aller Rechtsbeziehungen des Gesellschafters aufgrund des Gesellschaftsverhältnisses zur Gesellschaft und den anderen Gesellschaftern umfasst. Grundsätzlich unterscheiden sich zwar Inhalt und rechtliche Tragweite der Mitgliedschaft an Personenhandelsgesellschaften und juristischen Personen, dennoch hat dies keinen Einfluss auf die Rechtsnatur der Mitgliedschaft. Mittlerweile geht

56 *Schiebler*, Abschreibungen auf Beteiligungen an Kapitalgesellschaften nach Handels- und Steuerrecht, S. 6.
57 Näheres hierzu: *Teichmann*, Die Bilanzierung von Beteiligungen im handelsrechtlichen Jahresabschluß der Kapitalgesellschaft, S. 2896 f.
58 *Hofbauer*, BB 1976, 1343, 1349.
59 *Seicht* (Hrsg.), Beteiligungen, 1989, S. 17.
60 *Hofbauer*, BB 1976, 1343, 1346.
61 *Teichmann*, Die Bilanzierung von Beteiligungen im handelsrechtlichen Jahresabschluß der Kapitalgesellschaft, S. 282 und 294 f.
62 *A/D/S*, HGB, § 271, Rz. 21.
63 Siehe hierzu: *Raupach*, FR 1976, 233 ff.

man von einer Gleichartigkeit des subjektiven Rechts „Mitgliedschaft" an Kapitalgesellschaften und Personengesellschaften aus.[64]

Das Mitgliedschaftsrecht an beiden verschiedenen Gesellschaftsformen stellt einen einheitlichen Rechtsgegenstand dar. Dadurch kann sie als solche Gegenstand rechtsgeschäftlicher Verfügungen wie z.B. einer Veräußerung sein (siehe unten), denn das Mitgliedschaftsrecht verkörpert eine eigene Verkehrsfähigkeit im Sinne des Bilanzrechts. I.E. sind Beteiligungen an Personengesellschaften und Kapitalgesellschaften, hinsichtlich ihres Bilanzansatzes, gleichgestellt.[65]

Der Ausweis von Anteilsrechten an Personenhandelsgesellschaften unter den „Beteiligungen" im Bilanzgliederungsschema des § 266 HGB ist zulässig, da diese Anteilsrechte grundsätzlich eine enge Bindung der Gesellschafter an die Gesellschaft zugrunde legen und auch die Zweckbestimmung lässt auf eine Mitwirkung an der Geschäftspolitik der Personengesellschaft schließen.[66] Die Beteiligungsvermutungsgrenze von 20% in § 271 Abs. 1 S. 3 HGB hat für Anteilsrechte an einer Personengesellschaft allerdings keine Gültigkeit. Eine solche Beteiligung liegt vielmehr unabhängig von der Anteilsquote vor.[67] Rechtlich stellt jeder noch so kleine Besitz von Anteilsrechten an Personenhandelsgesellschaften eine Beteiligung an dieser dar.[68] Auf eine Beteiligungsabsicht oder die tatsächliche Ausübung der so erworbenen Mitbestimmungsrechte an dem Beteiligungsunternehmen kommt es nicht an.

Auch der Gesetzgeber qualifiziert, aufgrund des nicht kodifizierten § 245 S. 4 HGB-E[69], die Anteile an Personengesellschaften als handelsrechtliche Beteiligungen des § 271 Abs. 1 HGB. Obwohl zwischen den Gesellschaftern und der Personengesellschaft grundsätzlich eine enge Bindung bestehen wird, müssen die anderen Voraussetzungen des § 271 HGB zusätzlich vorliegen.[70]

Kein Ausweis unter die „Beteiligungen" sondern unter eine gesonderte Position des „Finanzanlagevermögens" hat dann zu erfolgen, wenn es sich um eine kapitalistisch ausgestaltete Personengesellschaft handelt, bei der das Mehrheitsprinzip gilt und ein zusätzlicher Nutzen – außerhalb der angemessenen Verzinsung – erzielt werden kann.[71] Ein Ausweis unter den „Beteiligungen" darf auch dann nicht erfolgen, wenn

---

[64] *Brönner/Bareis*, Die Bilanz nach Handels- und Steuerrecht, Rz. 264; *Breuer*, Beteiligungen an Personengesellschaften in der Handelsbilanz, 1994, S. 12.

[65] *Breuer*, Beteiligungen an Personengesellschaften in der Handelsbilanz, S. 12 f.

[66] *Niedner* in Glanegger u.a., Handelsgesetzbuch, § 271 Rz. 4.

[67] *A/D/S*, HGB, § 271, Rz. 23.

[68] *Niedner* in Glanegger u.a., Handelsgesetzbuch, § 271 Rz. 4; *Crezelius*, DB 2004, 397, 400.

[69] Aufgrund der Nichtkodifizierung kann dazu keine nähere Aussage gemacht werden.

[70] *Gschrei*, Beteiligungen im Jahresabschluß und Konzernabschluss, S. 19.

[71] *Breuer*, Beteiligungen an Personengesellschaften in der Handelsbilanz, S. 14 ff.

der Personenhandelsgesellschaft die Unternehmenseigenschaft fehlt, wie das bei Gelegenheitsgesellschaften der Fall ist.[72]

2. Beteiligungsbegriff im AktG und GmbHG

Nach der h.M.[73] hebt sich die Beteiligung im aktienrechtlichen Sinne vom Anteilsbesitz ohne Beteiligungscharakter dadurch ab, dass die Beteiligung es ermöglicht – und auch dazu bestimmt ist – an der Gesellschaft unternehmerischen Einfluss im eigenen Interesse auszuüben. Der Geschäftsanteil an einer GmbH bedeutet nicht „Anteil" am Stammkapital, sondern vielmehr eine durch die Übernahme des Geschäftsanteils geschaffene Rechtsposition. Darin wird das notwendig gebundene Mitgliedschaftsrecht, Recht auf Mitverwaltung (Stimmrecht gem. der §§ 45, 47 GmbHG und § 12 AktG), Recht auf Gewinnbeteiligung (§ 29 GmbHG und § 86 AktG) und das Recht auf die Ausschüttungsquote (Liquidationserlös gem. § 72 GmbHG und § 271 AktG) verankert. Es kommt auf die übernommene und nicht auf die eingezahlte Stammeinlage und demnach auf die formale Größe der Beteiligung an. Nicht entscheidend ist der Wert der Beteiligung.[74]

Ein objektives Kriterium für die Abgrenzung des Begriffs „Beteiligung" wäre das Einführen von Schwellenwerten, wobei z.B. der Anteil am Nominalkapital der Gesellschaft dienen könnte. Eine alleinige Beurteilung sollte damit dennoch nicht erfolgen. Letztendlich sollte auf das haftende Eigenkapital abgestellt werden.

II. EG-Richtlinien

Art. 17 der 4. EG Richtlinie[75] erläutert den Begriff der Beteiligung als Anteile an anderen Unternehmen, die dazu bestimmt sind, dem eigenen Geschäftsbetrieb durch Herstellung einer dauernden Verbindung zu jenem Unternehmen zu dienen[76], wobei es gleichgültig ist, ob es sich um verbriefte oder unverbriefte Wertpapiere handelt. Art. 17 der EG-Richtlinie legt konkret fest, dass die bisher gültige Beteiligungsvermutung von damals 25% auf 20% herabzusetzen sei. Eine Absenkung dieser Grenze unter die 20%-Marke sei allerdings nicht von Nöten.[77] Durch die Umsetzung des Art. 17 der 4. EG-Richtlinie wurde damit die erste gesetzliche Definition des Begriffs „Beteiligungen" in Form des § 271 HGB eingeführt.[78]

---

[72] *Teichmann*, Die Bilanzierung von Beteiligungen im handelsrechtlichen Jahresabschluß der Kapitalgesellschaft, S. 288.

[73] Für viele: *Knobbe-Keuk*, AG 1979, 293, 294.

[74] *Wünnenberg*, Der Geschäftsanteil einer GmbH, 1963, S. 2 f.

[75] EG-Bilanzrichtlinie v. 25.7.1978, ABl L 222/11ff. v. 14.8.1978.

[76] *Weber*, Grundsätze ordnungsgemäßer Bilanzierung für Beteiligungen, S.46; *Wittgen/ Eilenberger*, BB 1978, 489 ff.

[77] Wpg 1979, 169, 175.

[78] *A/D/S*, HGB, § 271, Rz. 1; *Gschrei*, Beteiligungen im Jahresabschluß und Konzernabschluss, S. 17.

I.E. ist der für die Beteiligungseigenschaft konstituierende Moment schlicht eine „dauernde Verbindung".[79] Nicht entscheidend ist, dass diese „dauernde Verbindung" einen unternehmerischen Einfluss auf das Unternehmen vermittelt.[80] Aufgrund der Umsetzung der EG-Richtlinien in deutsches Recht stimmt mittlerweile auch die Definition des § 271 HGB mit der europäischen Definition überein, wodurch es zu keinem Unterschied in der Betrachtungsweise kommt. Neue Erkenntnisse für den Beteiligungsbegriff lassen sich daher aus den EG-Richtlinien nicht mehr ableiten.

B. Steuerrechtliche Begriffsdefinitionen

I. Begriff „Beteiligung"

Im Ertragsteuerrecht wird der Begriff Beteiligung ebenfalls nicht konkret definiert.[81] Der RFH stellte in seinen Urteilen[82] darauf ab, ob die Anteile ausreichen, um einen beherrschenden Einfluss ausüben zu können oder nicht. Nicht entscheidend war nach seiner Auffassung eine bestimmte Beteiligungshöhe. Ist es nicht möglich, Aktien oder GmbH-Anteile einzeln zu verkaufen, sondern lediglich als Gesamtheit, so ist dies laut RFH ein Indiz für die Dauerhaftigkeit. Eine Reihe von Autoren[83] ist daher der Ansicht, dass der Begriff „Beteiligung" im EStG mit dem aktienrechtlichen Begriff gleichzusetzen sei.

Dieser Ansicht kann nicht gefolgt werden, denn das Einkommensteuerrecht verfolgt eine andere Zielsetzung als das Aktienrecht. Das Steuerrecht muss vielmehr einen Begriff schaffen, der etwaige steuerliche Umgehungen verhindert. Das bedeutet in Verbindung mit dem Prinzip der Gleichmäßigkeit der Besteuerung und der wirtschaftlichen Betrachtungsweise, dass wirtschaftlich gleiche Tatbestände nicht deshalb steuerlich anders beurteilt werden dürfen, weil sie formaljuristisch anders gekleidet sind. Alle Rechtsverhältnisse die sich wirtschaftlich als Beteiligungen darstellen, müssen daher zu den Beteiligungen im steuerlichen Sinne gerechnet werden.[84] Einen guten Überblick über die steuerliche Behandlung von Mitarbeiterbeteiligungen sowohl mit als auch ohne Nominalkapitalbeteiligung liefern *Fox/Hüttche/Lechner*[85] sowie *Dautel*[86].

---

79 *Weber*, Grundsätze ordnungsgemäßer Bilanzierung für Beteiligungen, S. 48.

80 *Knobbe-Keuk*, AG 1979, 293, 295.

81 *Blaas*, Darstellung und Kritik der Spiegelbildtheorie bei der Bilanzierung von Beteiligungen an Personengesellschaften im Bilanzsteuerrecht, 1989, S. 69; ebenso: Gabler Wirtschafts-Lexikon, Stichwort „Beteiligung"; *Paulick* in Wöhe (Hrsg.), Handwörterbuch des Steuerrechts, Stichwort „Beteiligung".

82 RFH-Urteil v. 10.3.1931, RStBl. 1931, 302 und RFH-Urteil v. 30.4.1935, RStBl. 1935, 857.

83 Für viele: *Blaas*, Darstellung und Kritik der Spiegelbildtheorie bei der Bilanzierung von Beteiligungen an Personengesellschaften im Bilanzsteuerrecht, S. 70.

84 *Lutz*, Die Bewertung von Beteiligungen bei der Besteuerung des Einkommens unter besonderer Berücksichtigung des Teilwerts nicht notierter Anteile, S. 26.

85 *Fox/Hüttche/Lechner*, GmbHR 2000, 521 ff.

86 *Dautel*, BB 2000, 1757 ff.

Auch nach Auffassung von *Knobbe-Keuk*[87] werden mit dem bilanzrechtlichen Beteiligungsbegriff und dem steuerrechtlichen Mitunternehmerbegriff unterschiedliche Zwecke verfolgt, so dass keine Veranlassung besteht diese gleichzusetzen, obwohl zum Teil die Meinung[88] vertreten wird, dass Anteile an einer Personengesellschaft stets Beteiligungen im Sinne des Zivilrechts sind. Eine solche Begründung könnte nur durch das mögliche Einstimmigkeitsprinzip hergeleitet werden.

Zusammenfassend kann gesagt werden, dass im Sinne des Einkommensteuerrechts nicht nur das als Beteiligung gilt, was im Sinne des Gesellschaftsrechts unter Beteiligung verstanden wird, sondern auch das, was sich sachlich, bei wirtschaftlicher Betrachtungsweise, als Beteiligung darstellt.[89] Damit ist es i.E. möglich, den handelsrechtlichen Begriff der Beteiligung auch für die Ertragsteuern zu übernehmen.[90] Begrifflich ergeben sich keine entscheidenden Unterschiede im Ausweis von Beteiligungen zwischen Handels- und Steuerbilanz.[91, 92]

Des weiteren muss der Anteilseigner nicht nur formal zivilrechtlich sondern auch tatsächlich wirtschaftlicher Eigentümer (§ 39 AO) der Anteile sein.[93] Somit kommt es nicht auf handelsbilanzielle Grundsätze an.[94] Unerheblich für die Subsumtion unter § 17 EStG ist hingegen, ob die Beteiligung entgeltlich oder unentgeltlich erworben worden ist.[95] Diese Sichtweise ist zumindest für § 17 EStG überholt, denn im Rahmen des § 17 EStG ist heute eine formelle Betrachtung – d.h. das Abstellen auf das Nominalkapital – und nicht eine wirtschaftliche Betrachtung entscheidend.[96] Erfasst wird von § 17 EStG die „Veräußerung von Anteilen". Der Begriff der „Anteile" ist mit dem Begriff der „Beteiligung" gleichzusetzen, wobei es grundsätzlich nur eine Beteiligung aber mehrere Anteile an einer Kapitalgesellschaft – in der Hand einer Person – geben kann.[97] Ein Anteil ist die Beteiligung am Ergebnis und Vermögen einer Kapital- bzw. Personengesellschaft.[98]

87 *Knobbe-Keuk*, AG 1979, 293, 295.
88 *Blaas*, Darstellung und Kritik der Spiegelbildtheorie bei der Bilanzierung von Beteiligungen an Personengesellschaften im Bilanzsteuerrecht, S. 69 f.
89 RFH-Gutachten v. 26.7.1932, RStBl. 1933, 136.
90 A.A.: *Lutz*, Die Bewertung von Beteiligungen bei der Besteuerung des Einkommens unter besonderer Berücksichtigung des Teilwerts nicht notierter Anteile, 1963, S. 26.
91 FG München v. 12.10.2000, EFG 2001, 1279.
92 *Schiebler*, Abschreibungen auf Beteiligungen an Kapitalgesellschaften nach Handels- und Steuerrecht, S. 15 m.w.N.
93 *Strahl* in Korn/Carlé/Stahl/Strahl, EStG, § 17 Rz. 43; *Gosch* in Kirchhof, EStG § 17, Rn. 60.
94 BFH-Urteil v. 17.2.2004, NWB Fach 1 2002, 177.
95 *Ebling* in Blümich, EStG, § 17, Rz. 82 ff.
96 *Bilsdorfer*, NWB, Fach 3, 10859., 10861.
97 *Steinberg* in Wöhe (Hrsg.), Handwörterbuch des Steuerrechts, Stichwort „Anteil".
98 Gabler Wirtschafts-Lexikon, Stichwort „Beteiligung"; *Steinberg* in Wöhe (Hrsg.), Handwörterbuch des Steuerrechts, Stichwort "Anteil".

Die Anteile werden in § 17 Abs. 1 S. 3 EStG näher erläutert, da es sich um einen unbestimmten Rechtsbegriff handelt. Jedoch ist die getroffene gesetzliche Regelung nicht abschließend[99], sondern sie muss sich ihrerseits mit den Begriffen „ähnliche Beteiligung" und „Anwartschaften auf Beteiligungen" auf unbestimmte Rechtsbegriffe stützen.[100] Dennoch ist der Begriff "Beteiligung" durch die konkrete Aufzählung von "Anteilen" innerhalb des § 17 EStG erschöpfend[101] definiert und es erfolgt eine zivilrechtliche Ableitung des Begriffes "Beteiligung".[102]

Innerhalb des § 17 EStG wird die Konkretisierung des Beteiligungsbegriffes durch die „Wesentlichkeitsschwelle" der Nominalbeteiligung[103] sowie über die unmittelbare und mittelbare Beteiligung erreicht.[104]

II. Begriff „wesentliche Beteiligung"

Entscheidend für § 17 EStG ist die „Wesentlichkeit" der Beteiligung und nicht die Beteiligung als solche. Im Steuerrecht befinden sich einige Normen, die den Begriff der „wesentlichen Beteiligung" beinhalten, aber gleichzeitig keine einheitliche Definition bieten können.[105]

1. Begriff der „wesentlichen Beteiligung" in anderen Vorschriften als § 17 EStG

Der Terminus der „wesentlichen Beteiligung" findet sich auch in den § 74 Abs. 1 AO, § 36a Abs. 2 EStG sowie § 8a KStG.[106] Fraglich und zu klären ist, ob sie alle auf die gleichen Merkmale abstellen, oder ob es Unterschiede gibt.

Die abgabenrechtliche Haftung eines wesentlichen Gesellschafters gem. **§ 74 Abs. 1 AO** wird ausdrücklich mit den Einflussmöglichkeiten auf die Unternehmensführung legitimiert. Diese sind insbesondere bei der Verfügung über eine Sperrminorität gegeben.[107] Der Zweck des § 36a EStG liegt hingegen darin, dass der wesentlich Beteiligte eine so weitgehende Stellung im Unternehmen hat, dass er das Ausschüttungsverhalten beeinflussen kann. Demnach stellt **§ 36a EStG** einen zu 25% Beteiligten, und damit wesentlichen Gesellschafter im Hinblick auf den Ausschluss der Anrechnung von nicht gezahlter Körperschaftsteuer einem „Anteilseigner mit beherrschendem Einfluss" gleich.[108] Der Absatz 3 des **§ 8a KStG** enthält eine explizite Definition der wesentlichen Beteiligung, die über die Regelung des § 17 EStG hinausgeht. Danach sind drei grundsätzliche Fallgruppen zu

---

[99] *Schneider* in Kirchhof/Söhn, EStG, § 17, B91.
[100] *Frotscher*, EStG, § 17 Rn. 22.
[101] *Schmidt/Weber-Grellet*, EStG, § 17 Rz. 20.
[102] *Hörger* in Littmann/Bitz/Pust, EStG, § 17, RZ. 10; *Schmidt/Weber-Grellet*, EStG, § 17 Rz. 20.
[103] *Gosch* in Kirchhof, EStG § 17, Rn. 48 ff.
[104] *Knobbe-Keuk*, Bilanz- und Unternehmenssteuerrecht, S. 917.
[105] *Gratz/Müller*, DStR 1996, 281.
[106] *Schmidt/Weber-Grellet*, EStG, § 17 Anm. 36.
[107] *Friauf*, DB 1995, Beilage 8, S. 15 m.w.N.
[108] *Friauf*, DB 1995, Beilage 8, S. 15 m.w.N.

unterscheiden. Eine wesentlich Beteiligung i.S.d. § 8a Abs. 3 KStG liegt vor, wenn der Anteilseigner unmittelbar oder mittelbar (auch in Form der Beteiligung an einer Personengesellschaft) zu mehr als 25% beteiligt ist. Des weiteren kann die „wesentliche Beteiligung" dadurch entstehen, dass der Anteilseigner in Form eines Personenverbandes beteiligt ist oder einen beherrschenden Einfluss auf die Kapitalgesellschaft ausüben kann.[109]

Auch § 8a KStG stellt teilweise auf die Beteiligung am Nennkapital ab, d.h. es kommt grundsätzlich auf die Kapitalbeteiligung und nicht auf die gewährten Stimmrechte an, wobei dies aufgrund des Tatbestandsmerkmals des „beherrschenden Einflusses" einzuschränken ist. Im Rahmen der Berechnung der Höhe der Beteiligung i.S.v. § 8a KStG wird auf die Rechtsprechung zu § 17 EStG zurückgegriffen, da der Wortlaut des § 8a Abs. 3 S. 1 KStG und des § 17 Abs. 1 S. 4 EStG identisch sind. Insoweit besteht kein Grund für eine sachliche Differenzierung.[110] Fraglich ist, wie die Entscheidung über den „beherrschenden Einfluss" zu beurteilen ist, denn es kann entweder auf § 17 AktG oder auf die BFH-Rechtsprechung zur Betriebsaufspaltung und zur verdeckten Gewinnausschüttung abgestellt werden.[111] I.E. kann dies dahingestellt bleiben, da es für die Abgrenzung des § 17 EStG nicht entscheidend sein kann. § 17 EStG hat den „beherrschenden Einfluss" als Tatbestandsmerkmal nicht explizit im Gesetzestext verankert.[112]

2. „Wesentliche Beteiligung" i.S.d. § 17 EStG

Die „wesentliche Beteiligung" i.S.d. § 17 EStG unterscheidet sich zu den Begriffen der wesentlichen Beteiligung in § 74 Abs. 1 AO, § 36a Abs. 2 EStG und § 8a Abs. 3 KStG.[113] Der gesetzgeberische Zweck des § 17 EStG hat wesentlichen Einfluss auf die gesetzlich definierte Ausgestaltung des Begriffs der „wesentlichen Beteiligung". Der für diese Norm rechtfertigende Grund wird allein in der Höhe des Anspruchs auf Teilhabe an der Vermögenssubstanz der Gesellschaft gesehen. Weitere Merkmale, wie etwa ein beherrschender Einfluss auf die Kapitalgesellschaft, sind nicht erforderlich bzw. auch nicht dienlich, um eine „wesentliche Beteiligung" gem. § 17 EStG zu begründen.[114]

Der "Anteil" i.S.d.. § 17 EStG entspricht der Erwerbsgrundlage, mit der das Rechtssubjekt, dem der Anteil zuzurechnen ist, durch dessen Veräußerung die entsprechenden Einkünfte erzielt.[115] Nicht erforderlich ist eine gesellschaftstypische Beteiligung in Form von Aktien oder GmbH-Anteilen, sondern auch ähnliche Beteiligungen werden durch § 17 Abs. 1 S. 3 EStG gedeckt. Bei der Beurteilung, ob

---

[109] Näheres hierzu: *Dörner*, INF 1993, 409 ff.
[110] *Dörner*, INF 1993, 409, 410.
[111] *Dörner*, INF 1993, 409, 410.
[112] *Strahl* in Korn/Carlé/Stahl/Strahl, EStG, § 17 Rz. 35.
[113] *Jäschke* in Lademann/Söffing/Brockhoff, EStG, § 17 Anm. 80.
[114] *Apitz* in *Herrmann/Heuer/Raupach*, EStG, Steuerreform 1999/2000/2002, § 17, R 12.
[115] *Schneider* in Kirchhof/Söhn, EStG, § 17 Rdnr. B90.

eine „wesentliche Beteiligung" vorliegt, sind alle dem Steuerpflichtigen zustehenden Ansprüche auf Beteiligung an der Vermögenssubstanz der Kapitalgesellschaft zusammenzurechnen. Dazu gehören neben den gesellschaftstypischen Mitgliedschaftsrechten auch die ähnlichen Beteiligungen i.S.v. § 17 Abs. 1 S. 3 EStG.[116] Zu beachten ist, dass der Begriff der „wesentlichen Beteiligung" seit dem 1.1.2001 aufgrund des StSenkG[117] entfallen ist[118], was nach Ansicht von *Apitz*[119] keine entscheidende Bedeutung hat.[120]

a) Sichtweise der höchstrichterlichen Rechtsprechung

Die „wesentliche Beteiligung" an einer Kapitalgesellschaft i.S.d. § 17 Abs. 1 EStG besteht darin, dass dem Steuerpflichtigen Anteile an einer GmbH bzw. AG, ähnliche Beteiligungen, Genussrechte oder Anwartschaften auf solche Beteiligungen zuzurechnen sind.[121] Nach Meinung des BFH[122] lässt sich nach dem Wortlaut des Gesetzes rechtfertigen, die Höhe der Beteiligung wirtschaftlich zu bestimmen, da die mittelbare und unmittelbare Beteiligung in § 17 Abs. 1 S. 4 EStG ausdrücklich gleichgestellt wird.[123] Daraus sei zu folgern, dass nach dem Willen des Gesetzgebers die Frage, ob eine Beteiligung als wesentlich zu qualifizieren ist, nicht allein ziffernmäßig, d.h. formal zu beantworten sei, sondern wirtschaftlich beurteilt werden müsse.[124] Die Merkmale von Aktien und GmbH-Anteilen werden dabei in ihren jeweiligen Zivilgesetzen (AktG, GmbHG) geregelt.

b) Sichtweise der Finanzgerichte und Finanzverwaltung

Nach Ansicht des FG Schleswig-Holstein[125] bedarf es neben der kapitalmäßigen Beteiligung keiner weiteren irgendwie gearteten Machtstellung des Gesellschafters.[126] Die Aussage, dass § 17 Abs. 1 S. 4 EStG nur von einer Beteiligung an der Gesellschaft spricht, ist kein Anlass, neben der kapitalmäßigen Beteiligung auch eine – z.B. im Stimmrecht zum Ausdruck kommende – Einflussmöglichkeit als gesondertes Tatbestandsmerkmal des § 17 EStG anzunehmen.[127] Auch wird eine Gleichbehandlung der Steuerpflichtigen schwieriger, da die Gefahr von missbräuchlichen Gestaltungen durch zeitweilige Stimmrechtsbeschränkungen bestehen würde. Auf eine Machtstellung des

---

[116] *Frotscher*, EStG, § 17 Rn. 4 und 49.
[117] BT-Drucks. 14/2683 und 14/3074, 10.
[118] *Mainczyk*, Stbg 2001, 445.
[119] *Apitz* in *Herrmann/Heuer/Raupach*, EStG, Steuerreform 1999/2000/2002, § 17, R 12.
[120] Ebenso: *Ebling* in Blümich, EStG, § 17, Rz. 82b; *Gosch* in Kirchhof, EStG § 17, Rn. 5, der den Begriff im Rahmen der Kommentierung aufgrund der "Vertrautheit" sogar beibehält.
[121] BFH-Urteil v. 19.5.1992, DStR 1992, 1275.
[122] BFH-Urteil v. 13.7.1999, GmbHR 1999, 1208.
[123] *Gericke*, FR 1961, 287, 288.
[124] Das BFH-Urteil v. 27.1.1977, BFHE 122, 445, 448 hatte dies noch ausdrücklich offen gelassen.
[125] FG Schleswig-Holstein v. 4.12.1986, EFG 1987, 178.
[126] So auch: FG Niedersachsen v. 16.7.2003, EFG 2004, 192.
[127] FG Niedersachsen v. 16.7.2003, EFG 2004, 192.

Gesellschafters, welche er durch Mehrfachstimmrechte oder eine höhere Beteiligung am Reingewinn erreichen könnte kommt es somit nicht an, auch wenn diese Rechte abweichend vom übernommenen Nominalkapital geregelt sind. Der Zweck des § 17 EStG liegt darin, die gesteigerte Leistungsfähigkeit in Form der realisierten Wertzuwächse am Vermögen zu besteuern. Die zu versteuernde Substanzmehrung ist unabhängig davon eingetreten, ob der Gesellschafter nun Einfluss ausüben konnte oder nicht.

Das BMF[128] führt zwar aus, dass die Zuführung in Form von Gesellschaftskapital dann zwingend sein kann, wenn die Gesellschafter Darlehen gewähren, zugleich aber durch Bürgschaften das mangelnde Eigenkapital zu ersetzen versuchen. Damit wird den Darlehen mittelbar der obligatorische Charakter genommen. Dennoch sei, im Unterschied zur körperschaftlichen Organschaft, bei § 17 EStG davon auszugehen, so das BMF[129], dass es nicht auf die Stimmrechtsverhältnisse ankommt, sondern allein auf die kapitalmäßige Beteiligung.[130] Maßgeblich für die Höhe des Nominalkapitals sind die Vereinbarungen im Gesellschaftsvertrag und der eingetragene Betrag im Handelsregister. Aufgrund der ausschließlichen Orientierung an der nominellen kapitalmäßigen Beteiligung kommt es auf das Verhältnis von Kapitaleinlage zum Stamm- oder Grundkapital an.[131]

c) Literaturmeinungen

Die alte h.M.[132] vertrat die Ansicht, dass der Wortlaut des § 17 EStG dafür spreche, auch die Beteiligung am verdeckten Nennkapital bei der Grenzbestimmung einer „wesentlichen Beteiligung" – mindestens 1 v.H. am Kapital der Gesellschaft – zu berücksichtigen. Dabei wird allerdings auf die einzig praktikable[133] Lösung von *wfr.*[134], nämlich der Berechnung der Beteiligungsquote nach der Beteiligung am Nominalkapital, verwiesen.[135] Dieser Auffassung ist auch *Sarrazin*[136], der für eine Beteiligung i.S.d. § 17 EStG das Nominalkapital (im Umkehrschluss zu § 8a KStG) nicht genügen lassen will. Diese Auffassung teilt auch *Kamprad*[137], denn er spricht sich für eine Umqualifizierung von zugeführten Gesellschafterleistungen in „verdecktes Stammkapital" und dessen Einbeziehung aus, da dies eine der Wirtschaftswirklichkeit entsprechende, sachgerechte Besteuerung sicherstelle.[138]

---

[128] BMF-Schreiben vom13.6.1987, DB 1988, 662 m.w.N.
[129] BMF-Schreiben v. 15.12.1994, BStBl. I 1995, 176.
[130] So zuletzt: *Seibt*, DStR 2000, 2061 in Fußnote 2.
[131] *Frotscher*, EStG, § 17 Rn. 34.
[132] Dazu: *Buyer*, DB 1987, 1959, 1962 m.w.N.
[133] Siehe hierzu unter: 2. Teil, C., III, 5.
[134] *wfr.*, DB 1988, 84.
[135] Offen bei *Schneider* in Kirchhof/Söhn, EStG, § 17 Rdnr. B131; verneinend: *Hörger* in Littmann/Bitz/Pust, EStG, § 17, RZ. 16.
[136] *Crezelius/Sarrazin u.a.*, Stbg 1998, 252, 259.
[137] *Kamprad*, Gesellschafterdarlehen an die GmbH und GmbH & Co., 1981, S. 75.
[138] Ebenso: *Züll*, Die Einkommensteuer bei der Veräußerung wesentlicher Beteiligungen, S. 43.

Strutz[139] ging bereits 1927 davon aus, dass mit der Entscheidung zugunsten des Grund- oder Stammkapitals eine gewisse Lücke entsteht, die durch die Anwendung von anderen Größen als dem Grund- oder Stammkapital geschlossen werden könnte. Aus diesem Grunde sei auf das Verhältnis zum Vermögen der Gesellschaft abzustellen.

Eigenkapital und das darin erfasste Nominalkapital ist dabei dasjenige Kapital, welches der Gesellschaft von den Gesellschaftern unbegrenzt und uneingeschränkt zur Verfügung gestellt wird. Das Nominalkapital ist derjenige Teil des Kapitals, der in der Satzung festgelegt und ins Handelsregister eingetragen wird (siehe hierzu: Abb. 2). Da das Nennkapital in der Satzung bzw. im Gesellschaftsvertrag festgelegt ist, kann es nur durch ein formalisiertes Verfahren unter Änderung der Satzung oder des Gesellschaftsvertrags und der anschließenden Eintragung ins Handelsregister herauf- oder herabgesetzt werden. Die Formen der Änderung des Nennkapitals müssen gesetzlich geregelt sein. Außerhalb dieser Regelungen ist eine Veränderung nicht möglich.[140]

Wenn der Begriff des „Kapitals" nicht formal, sondern wirtschaftlich zu würdigen wäre, ergibt sich die Frage, ob bei der Berechnung der „wesentlichen Beteiligung" i.S.d. § 17 EStG auch Beträge einzubeziehen sind, die zwar nicht Grund- oder Stammkapital, wohl aber Eigenkapital der Gesellschaft darstellen oder als solches qualifiziert werden müssten (sog. verdecktes Eigenkapital).[141] Grundsätzlich ist diese Sichtweise abwegig, da die Anteile gem. § 17 EStG auf das Nominalkapital der Gesellschaft zu beziehen sind. Sowohl Aktien als auch GmbH-Anteile beziehen sich immer auf das in der Satzung festgelegte Kapital. Im Rahmen der ähnlichen Beteiligungen gem. § 17 Abs. 1 S. 3 EStG kann grundsätzlich nichts anderes gelten.

„Von den Gesellschaftern der Kapitalgesellschaft zur Verfügung gestelltes Fremdkapital ist als verdecktes Nennkapital zu beurteilen, wenn aus rechtlichen oder wirtschaftlichen Gründen die Zuführung in Form von Gesellschaftskapital zwingend gewesen wäre, oder wenn die Vertragsgestaltung als Gestaltungsmissbrauch i.S.v. § 42 AO angesehen werden muss."[142] § 42 AO will Sachverhalte erfassen, in welchen die Steuerpflichtigen einen Weg bestreiten, der nach der Wertung des Steuergesetzgebers besteuerungswürdig ist[143], obwohl er es bisher nicht war, aber es trotzdem legal war, diesen Weg einzuschlagen.[144, 145]

[139] *Strutz*, EStG 1925, § 30 Anm. 35.
[140] *Gram/Federmann*, Handbuch der Bilanzierung, 1998, Kapitel 76, Rz. 7.
[141] Dazu: *Lutter*, Festschrift für Stefan Riesenfeld, 1983, S. 165, 185, der die eigenkapitalersetzenden Darlehen grundsätzlich als Eigenkapital wertet.
[142] BMF-Schreiben v. 13.6.1987, DB 1988, 662 mit Verweis auf das BFH-Urteil v. 10.12.1975, BStBl. II 1976, 226; siehe auch: *Buyer*, DB 1987, 1959, 1961.
[143] *Crezelius*, DB 2001, 2214.
[144] Mit einem Fall des § 17 EStG: BFH-Urteil v. 18.12.2001, DB 2002, 614, 615 f.
[145] Mit Beispiel zu § 17 EStG: FG Niedersachsen, EFG 2002, 552 ff.

Diese oben aufgeführte Definition des BMF hatte für viel Rechtsunsicherheit gesorgt.[146] Der Begriff des verdeckten Nenn- bzw. Stammkapitals[147] wird in den Steuergesetzen weder definiert, noch wird eine Legaldefinition verwendet, die eine Klarstellung bewirken würde. Es ist vielmehr ein Begriff, der von Lehre und Rechtsprechung entwickelt worden ist.[148] Letztlich waren die wirtschaftliche Betrachtungsweise und der Rechtsmissbrauch nach § 42 AO die ausschlaggebenden Begründungen für die Annahme von verdecktem Nennkapital.[149] Verdecktes Nennkapital kann nur dann vorliegen, wenn dem zugeführten Kapital in jeder Beziehung uneingeschränkt die Funktion von Nennkapital zukommt.[150]

Zu verdecktem Nennkapital kann es kommen, weil das Steuerrecht unter Veranlassungsgesichtspunkten eine Beurteilung, losgelöst von dem äußeren zivilrechtlichen Gewand, erlaubt.[151] Wie die Gleichstellung von Genussrechten mit den Beteiligungen am Nominalkapital zeigt, liegen die Gründe hierfür keineswegs in gleichartigen mitgliedschaftlichen Rechten, wie sie in Stimm- und Verwaltungsrechten der Gesellschafter zum Ausdruck kommen, denn Genussrechte vermitteln solche gerade nicht. Veranlassungsgesichtspunkt ist vielmehr die beiderseits gegebene Einbindung in den wirtschaftlichen Erfolg der Gesellschaft. Verdecktes Nennkapital ist deshalb rein steuerrechtlicher Natur, da z.B. in § 17 Abs. 1 S. 3 EStG Genussscheine generell den Anteilen an Kapitalgesellschaften gleichgestellt werden.[152, 153]

Der vom BMF[154] und zum Teil in der Literatur[155] verwendete Begriff des „verdeckten Nennkapitals" sei allerdings falsch, so *wfr.*[156], da ein Gesellschafterbeitrag, der nicht zugleich gezeichnetes Kapital darstellt, im EK 04 auszuweisen ist.[157] Dies ergibt sich aus der körperschaftsteuerlichen Gliederungsrechnung des Eigenkapitals.[158] Demnach müsse vom „verdecktem Eigenkapital" gesprochen werden. Die gleiche Auffassung vertritt *Gaßner*[159], der zugleich auf die BFH-Meinung[160] verweist. Der BFH verwende richtigerweise den

[146] *Bullinger*, DStR 1993, 225 f.

[147] Zum Überblick über die Entwicklung des Begriffs im Steuerrecht: *Wolter*, Gesellschafterfremdfinanzierung, 1997, S. 28 ff.

[148] *Wolter*, Gesellschafterfremdfinanzierung, S. 26.

[149] *Schneeloch*, DStR 1987, 458; *Haug*, DStZ 1987, 287.

[150] BFH-Urteil v. 10.12.1975, BStBl. II 1976, 226, 227.

[151] Ähnlich: *Meermann*, StBp 1988, 110, 114.

[152] So bereits: RFH-Urteil v. 29.11.1938, RStBl. 1939, 524.

[153] *Züll*, Die Einkommensteuer bei der Veräußerung wesentlicher Beteiligungen, S. 30; *Seuffert*, StuW 1941, Sp. 66, 68; *Buyer*, DB 1988, 468 f.

[154] BMF-Schreiben vom13.6.1987, DB 1988, 662 m.w.N.

[155] Für viele: *Burmester* in Haarmann (Hrsg.), Unternehmensstrukturen und Rechtsformen im internationalen Steuerrecht, S. 147.

[156] *wfr.*, DB 1988, 84.

[157] A.A.. *Buyer*, DB 1988, 468, 470.

[158] *Eppler*, DB 1991, 195, 198.

[159] *Gaßner*, JbFSt 1990/91, S. 387, 422.

[160] BFH v. 30.8.1989, BFH/NV 1990, 161.

Begriff des verdeckten Eigenkapitals. Das verdeckte Eigenkapital führt dann allerdings nicht mehr zum gewünschten Ergebnis, da es eben nur EK 04 darstellt und kein Nennkapital.[161] Dabei ist hervorzuheben, dass unter verdecktem Eigenkapital nicht der weite Begriff der verdeckten Kapitaleinlage oder verdeckten Einlage als solche zu verstehen ist und auch die verschleierte Sachgründung nicht mit einbezogen sein soll.[162] Mit dem Begriff des verdeckten Eigenkapitals sollen ausschließlich Darlehen bzw. Forderungen eines Gesellschafters erfasst werden, die auf Grund bestimmter Tatbestandsmerkmale in ihrer wirtschaftlichen Bedeutung steuerrechtlich dem Eigenkapital gleichgestellt werden können.[163] Der zum Teil im Steuerrecht verwendete Begriff des verdeckten Nenn- oder Stammkapitals[164] ist i.E. in systematischer Weise falsch, denn passender wäre von verdecktem Eigenkapital zu sprechen.

Eppler[165] und *Bordt*[166] verwenden den handelsrechtlichen Begriff des „Quasi-Eigenkapitals"[167], da sie die Uneinigkeit in der Literatur[168] nicht weiter vertiefen möchten, ob es sich nun um verdecktes Eigen-, Nenn- oder Stammkapital handelt. Das „Quasi-Eigenkapital" beinhaltet Teile des Kapitals, die nicht direkt unter den Begriff des Eigenkapitals subsumiert werden können. Dem Wesen nach handelt es sich um Fremdkapital.

Wenn also vom verdecktem Eigenkapital oder „Quasi-Eigenkapital" die Rede ist, können verschiedene Kategorien unterschieden werden. Es gibt Mittel, deren Haftkapitalfunktion sich aus einer gesellschaftsvertraglichen Regelung ergibt. Daneben existieren Mittel, die zwar nicht durch einen Gesellschaftsvertrag, aber durch eine schuldrechtliche Abrede zu Haftkapital werden. Zusätzlich gibt es noch Mittel, deren Funktion als Haftungskapital allein durch zwingendes Recht hergestellt wird.[169] Hierzu kann beispielhaft die Unterscheidung in Rechtsprechungs- und Novellendarlehen im Rahmen der eigenkapitalersetzenden Leistungen genannt werden.

Aufgrund der Tatsache, dass sich mit der finanziellen Situation der Gesellschaft auch die Beteiligungsverhältnisse rasch ändern können, könnte es zu Unsicherheiten unter

---

[161] Zu den Begrifflichkeiten: *Wolter*, Gesellschafterfremdfinanzierung, S. 26 ff.
[162] *Crezelius* in Schmidt/Uhlenbruck, S. 562 f.
[163] *Westerfelhaus*, DB 1986, 713, 715.
[164] So z.B.: *Gram/Federmann*, Handbuch der Bilanzierung, Kapitel 30, Rz. 42.
[165] *Eppler*, DB 1991, 195 ff.
[166] *Bordt* in Wysocki/Schulze-Osterloh, Handbuch des Jahresabschlusses in Einzeldarstellungen, Band 2, Abt. III, Rz. 249 ff.
[167] *Tillmann*, GmbHR 1981, 17; *Küting/Kessler*, BB 1994, 2103; *Westermann* in Festschrift für *Walter* Oppenhoff, 1985, S. 535, spricht von „Quasi-Stammkapital" für das Eigenkapitalersatzrecht im GmbHG
[168] *Westerfelhaus*, DB 1986, 713, 715 m.w.N. zur restlichen Literatur.
[169] Schmidt in Festschrift für Reinhard *Goerdeler*, S. 487, 493 f.; ähnlich: *Westerfelhaus*, DB 1990, 2035, 2036.

den Gesellschaftern kommen.[170] Die kurzfristigen Beteiligungsverschiebungen durch die Einbeziehung von „verdecktem Eigenkapital" wären für einen Teil der Gesellschafter im Verborgenen.[171] Damit wären für die betroffenen Gesellschafter die steuerlichen Auswirkungen nicht erkennbar.[172] *Strickrodt*[173] verweist auf den in einem solchen Fall entstehenden ständigen Wechsel zwischen „wesentlicher und unwesentlicher Beteiligung", je nachdem, ob Gesellschafterdarlehen (je nach Lage der Gesellschaft) gerade als gut oder böse betrachtet würden. Des weiteren bestünde die Gefahr, dass einige Gesellschafter von gegebenen Darlehen oder eingegangenen Bürgschaften nichts erfahren würden, weil solche Maßnahmen im Innenverhältnis abgeschlossen werden und nicht publik gemacht werden müssen. Damit wäre eine gewisse Rechtsunsicherheit verbunden, da sich keiner der Gesellschafter sicher sein könnte, ob er nun „wesentlich" beteiligt ist oder nicht.[174] Darum muss an einer „festen Grenze" festgehalten werden, damit Klarheit in Fragen der Abgrenzung existiert.[175] Die Orientierung an einem Prozentsatz bezüglich der „Wesentlichkeitsgrenze" soll die Regelung des § 17 EStG leicht handhabbar machen und nicht von erweiterten bzw. einschränkenden Satzungsregelungen abhängig sein lassen.[176]

Einen gedanklichen Fehler macht *Mihatsch*[177], da er behauptet, dass der ausreichende Wortlaut des Gesetzes durch die in § 17 EStG zugrunde liegende Erwägung des Gesetzgebers bestärkt wird, „wesentliche Beteiligungen" an Kapitalgesellschaften wirtschaftlich den Mitunternehmeranteilen gleichzustellen. Die Begriffe „Mitunternehmeranteile" und „Mitunternehmerschaft" sind steuergesetzliche[178], nicht aber handelsgesetzliche oder bürgerlich-rechtliche Begriffe. Zwei Prototypen der steuerlichen Mitunternehmerschaft, aber nicht die allein bestimmenden Faktoren, sind im HGB in Form der offenen Handelsgesellschaft bzw. Kommanditgesellschaft geregelt.[179] Um eine steuerliche Mitunternehmerschaft begründen zu können bedarf es der „Mitunternehmerinitiative" und des „Mitunternehmerrisikos". Trotz der Stellung des § 17 EStG im Rahmen des EStG muss keine einschränkende Auslegung durch Kriterien, die außerhalb des Wortlautes liegen, vorgenommen werden[180], da nur eine Fiktion des Veräußerungstatbestandes

[170] *Ring*, BB 1981, 419 ff. der deshalb verfassungsrechtliche Bedenken äußert; ebenso: *Steinhauff*, NWB, Fach 3, 10323, 10327.
[171] *Knobbe-Keuk*, Bilanz- und Unternehmenssteuerrecht, S. 918.
[172] *Ehlers*, AktStR 1998, 307, 316.
[173] *Strickrodt*, Veräußerung wesentlicher Beteiligungen aus privater Hand, S. 36; ähnlich: *Gosch*, StBp 1998, 165, 166.
[174] Herzig, Bericht über die Steuerfachtagung des IDW 1988, 39 ff; ähnlich: *Kamprad*, Gesellschafterdarlehen an die GmbH und GmbH & Co., S. 74.
[175] So schon: *Strutz*, EStG 1925, § 30 Anm. 2.
[176] *Gosch*, StBp 1998, 165, 166.
[177] *Mihatsch*, Veräußerung von wesentlichen Beteiligungen an Kapitalgesellschaften und Mitunternehmeranteilen, S. 56.
[178] § 15 Abs. 1 Nr. 2 EStG.
[179] *Niemann*, DStZ 1992, 679.
[180] Ausführlich dazu: *Niemann*, DStZ 1992, 679, 680 f.

erfolgt. Die Anteile selbst werden nicht zu Betriebsvermögen und gehören somit auch nicht zu einem Gewerbebetrieb.[181]

Das Risiko eines „wesentlich Beteiligten" ist grundsätzlich nicht größer, als das eines unwesentlich Beteiligten. Dies liegt daran, dass die Risiken des Dividendenverlustes, des schlechten Veräußerungserlöses oder der schlechten Liquidationsrate bei allen Beteiligten, unabhängig von ihrer Beteiligungshöhe, gleich sind. Der mögliche Einfluss eines Gesellschafters ist auch aus diesem Grunde kritisch zu betrachten, da § 17 EStG die gestiegene Leistungsfähigkeit erfassen will, was aber davon unabhängig ist, ob der Veräußerer der Anteile tatsächlich und rechtlich in der Lage ist oder war, Einfluss auf die Kapitalgesellschaft auszuüben.[182] *Niemann*[183] kommt zum Schluss, dass es nur auf die rechnerische Beteiligungsquote ankommen kann und es nicht zu prüfen ist, ob der Anteilseigner rechtlich Unternehmerinitiative entfalten kann oder ein Unternehmerrisiko tragen muss.[184]

Das Reinvermögen, d.h. das Eigenkapital einer AG oder GmbH, ist i.E. grundsätzlich nicht die maßgebliche Bezugsgröße für eine wesentliche bzw. ähnliche Beteiligung i.S.v. § 17 Abs. 1 S. 3 EStG.[185] Auch können Gesellschaftermittel, wie eigenkapitalersetzende Maßnahmen und andere Beteiligungsformen (z.B. stille Gesellschaften, die eventuell als Eigenkapital zu werten sind) dennoch keinen Einfluss auf die Höhe der Beteiligung haben.[186] Als Ausnahmen von dieser Regel müssen die später noch zu diskutierenden Genussrechte und Anwartschaften (z.B. auch Mitarbeiteroptionen) betrachtet werden.

Die Beteiligungshöhe errechnet sich i.E. ausschließlich anhand der Beteiligung am Nominalkapital der Gesellschaft.[187] Unschädlich dabei ist, wenn dem Gesellschafter bei Erreichen des Gewinnziels ein überproportionaler Veräußerungserlös zugesagt wird. Unschädlich wäre auch, wenn er am Reingewinn und/oder Liquidationserlös der Kapitalgesellschaft mit mehr als 1% beteiligt wäre[188] oder wenn ihm überproportionale Stimmrechte eingeräumt würden.[189] Es hat sich gezeigt, dass sich die Beteiligung am Kapital der Gesellschaft i.S.v. § 17 Abs. 1 S. 3 EStG rein zivilrechtlich bestimmt.[190] Verdecktes Eigenkapital ist steuerrechtlicher Natur und sagt deshalb nichts über die mitgliedschaftlichen Rechte des verdeckt einlegenden

181 *Ebling* in Blümich, EStG, § 17 Rz. 56.
182 *Niemann*, DStZ 1992, 679, 682.
183 *Niemann*, DStZ 1992, 679, 684.
184 Ebenso: *Frotscher*, EStG, § 17 Rn. 32, mit einem „Negativbeispielskatalog".
185 *Ebling* in Blümich, EStG, § 17 Rz. 83 ff.
186 *Hörger* in Littmann/Bitz/Pust, EStG, § 17 RZ. 13.
187 *Frotscher*, EStG, § 17 Rn. 17; *Schweyer/Dannecker*, BB 1999, 1732, 1733.
188 Offen bei *Ebling* in Blümich, EStG, § 17 Rz. 85.
189 *Niemann*, DStR 1992, 680 m.w.N. in Fußnote 17; *Eilers/Wienands*, GmbHR 2000, 405, 412.
190 *Hörger* in Littmann/Bitz/Pust, EStG, § 17, RZ. 10; *Westerfelhaus*, DB 1990, 2035 ff.

Gesellschafters aus.[191] Schon deshalb verkörpert das verdeckte Eigenkapital keine Beteiligung am gezeichneten Kapital der Gesellschaft.[192]

C. Würdigung

Der bilanzielle „Beteiligungsbegriff" ist in keinem Gesetz ausdrücklich definiert. Darum lassen sich lediglich – zum Teil widerlegbare[193] – Beteiligungsvermutungen finden, die nur einen sehr geringen Teil des gesamten Spektrums möglicher „Beteiligungen" abdecken. Auch in Rechtsprechung und Literatur findet sich keine Einhelligkeit der Auffassungen. Mangels Vorhandenseins einer abschließenden gesetzlichen Regelung ist die Entscheidung der Frage, wann ein Anteilsbesitz als Beteiligung zu bilanzieren ist, nach den GoB zu entscheiden.

Grundsätzlich können jegliche gesellschaftsrechtlichen Anteile – unabhängig von ihrer Rechtsform – als Beteiligung in Betracht kommen, soweit es sich bei den betreffenden Gesellschaften, an denen die Anteile gehalten werden, um Unternehmen handelt. Der Grundsatz der dauerhaften Bindung dient generell nur zur Abgrenzung von Anlage- und Umlaufvermögen. Eine genauere Begriffsdefinition für eine Beteiligung kann daraus nicht abgeleitet werden.

M.E. sollte objektiven Kriterien, wie dem Anteil am Kapital einer Gesellschaft und der Zuordnung zum Anlagevermögen, der Vorrang vor dem subjektiven Kriterium der Beteiligungsabsicht eingeräumt werden. Letzteres kann keinen genauen Abgrenzungsmaßstab liefern und ist zusätzlich schwer nachprüfbar. Allgemein lässt sich festhalten, dass eine Beteiligung dann gegeben ist, wenn die folgenden Merkmale erfüllt sind: Den erhaltenen gesellschaftsrechtlichen Anteilen muss zunächst einmal eine unmittelbare oder mittelbare Kapitalüberlassung zu Grunde liegen. Des weiteren haben Anteile der dauernden Bindung an das Unternehmen zu dienen und sie dürfen nicht unter die Position „Anteile an verbundenen Unternehmen" fallen.[194]

Die beiden ersten Tatbestandsmerkmale können auch für die Abgrenzung im Steuerrecht verwendet werden, da das Steuerrecht den Begriff der Beteiligung selbst nicht definiert. Der Fokus liegt im Steuerrecht vornehmlich auf der Kapitalüberlassung und damit auf der Nominalbeteiligung am Kapital der Gesellschaft. Zudem muss im steuerrechtlichen Sinne auch auf die wirtschaftliche Betrachtungsweise abgestellt werden, so dass der Beteiligungsbegriff zum Teil weiter gefasst ist. Eine differenziertere Betrachtung aus handels- und

---

191 Dazu: *Eilers/Wienands*, GmbHR 2000, 405, 413.

192 *wfr.*, DB 1988, 84.

193 *Niedner* in Glanegger u.a., Handelsgesetzbuch, § 271 Rz. 1.

194 *Schiebler*, Abschreibungen auf Beteiligungen an Kapitalgesellschaften nach Handels- und Steuerrecht, S. 15; ähnlich: *Seicht* (Hrsg.), Beteiligungen, S. 17 m.w.N.; *Blaas*, Darstellung und Kritik der Spiegelbildtheorie bei der Bilanzierung von Beteiligungen an Personengesellschaften im Bilanzsteuerrecht, S. 65 ff.

steuerrechtlicher Sicht muss m.E. nicht vorgenommen werden. Sowohl Handels- als auch Steuerrecht umfassen im Begriff der „Beteiligung" die Anteile an einer Kapital- und einer Personengesellschaft.

Insoweit kann dies auch für die „wesentliche Beteiligung" i.S.d. § 17 EStG gelten. Anzumerken ist allerdings, dass § 17 EStG eine alleinige Abgrenzung anhand des Tatbestandsmerkmals der Beteiligung am Kapital der Gesellschaft vornimmt, so dass vergleichbare Normen des Steuerrechts mit dieser Definition nicht übereinstimmen. Dies ist z.B. bei § 8a Abs. 3 KStG der Fall, denn dieser nimmt zusätzlich eine Abgrenzung bezüglich eines „beherrschenden Einflusses" vor, welcher für § 17 EStG keine Rolle spielt. Sog. „verdecktes Eigenkapital" ist daher genauso wenig entscheidend für eine „wesentliche Beteiligung" i.S.d. § 17 EStG wie die Möglichkeit, Einfluss auf die Gesellschaft zu nehmen. An diesen Kriterien muss sich auch die ähnliche Beteiligung i.S.v. § 17 Abs. 1 S. 3 EStG messen lassen.

Würde man mit der Fiktion der privaten Veräußerungsgewinne bzw. –verluste gem. § 17 EStG als gewerbliche Einkünfte Ernst machen, so wäre eine „Wesentlichkeitsgrenze" überflüssig und jegliche (private) Beteiligung an einer Kapitalgesellschaft wäre substanzsteuerpflichtig. Betrachtet man hingegen die Ausführungen zur Gesetzesbegründung, so wird deutlich, dass im Rahmen des § 17 EStG sehr häufig auf den Einfluss und damit auf die Ähnlichkeit zum Mitunternehmer abgestellt wurde. Demnach hätten zur Beurteilung des Erreichens der „Wesentlichkeitsgrenze" durchaus die Einflussmöglichkeiten eines Gesellschafters, wie z.B. Stimmrechte, mit einbezogen werden müssen.

Angesichts der Vielzahl denkbarer Satzungsregelungen über die Verteilung des Gewinns bzw. Liquidationserlöses könnte nur auf Basis aller individuellen Umstände in Form einer Kasuistik entschieden werden. Ob eine „wesentliche Beteiligung" im Einzelfall vorliegt, wäre für die Beteiligten dann kaum vorhersehbar. I.E. kann die Höhe der Beteiligung m.E. nicht von Stimmrechten bzw. der Beteiligung am Gewinn oder am Liquidationserlös abhängen, da ansonsten eine Beteiligung zu mindestens 1 v.H. aufgrund geringerer Rechte eventuell ebenfalls nicht wesentlich wäre. Nicht überzeugen kann dabei meiner Ansicht nach das Argument, dass der Zuwachs an finanzieller Leistungsfähigkeit unabhängig vom möglichen Einfluss des Gesellschafters ist. Dies ist im Ergebnis zwar ein richtiger Einwand, doch ist die Leistungsfähigkeitssteigerung auch unabhängig von der Höhe der Beteiligung. Würde man allein dieser Ansicht folgen, so wäre die „Wesentlichkeitsschwelle" von mindestens 1 v.H. hinfällig und ein privater Gewinn aus der Veräußerung von Kapitalgesellschaftsanteilen wäre immer steuerpflichtig.

§ 4 Definition und Abgrenzung des Begriffs „Ähnlichkeit"

A. Allgemein

Damit der in § 17 EStG verwendete Begriff „ähnliche Beteiligungen" richtig definiert werden kann, hat – neben dem Begriff „Beteiligung" – auch eine Abgrenzung des Begriffs „Ähnlichkeit" zu erfolgen. Dies geschieht zunächst durch die Definitionen im allgemeinen Sprachkontext. Anschließend erfolgt die Einordnung der Ähnlichkeit im Steuerrecht sowie bezüglich § 17 EStG. Da am Ende dieses Abschnitts das Begriffspaar „ähnliche Beteiligungen" i.S.v. § 17 Abs. 1 S. 3 EStG zusammenfassend abgegrenzt wird, lassen sich die weiter unten beispielhaft diskutierten Fallgestaltungen besser erörtern.

Unter „Ähnlichkeit" werden im allgemeinen Sprachgebrauch gleichgeartete oder gleichgerichtete Tatsachen verstanden, die miteinander vergleichbar sind. Es liegt keine Identität vor, sondern die Tatsachen oder Vorgänge der betreffenden Objekte stimmen in einigen wichtigen Tatbestandsmerkmalen überein. Aus diesem Grund können sie unter den selben Begriff subsumiert oder gar gleich behandelt werden.

Laut einem deutschen Wörterbuch[1] bedeutet ähnlich: „annähernd, in vielen Zügen gleich sein". Auch *Meyer*[2] definiert die „Ähnlichkeit" als die Übereinstimmung zweier Dinge, Systeme oder Ereignisse in einigen (aber nicht allen) Merkmalen. In der neueren Wissenschaftstheorie wird „Ähnlichkeit" dabei als Spezialfall der Analogie aufgefasst.

Zwei Probleme (Positionen, Zustände,...) sind dann zueinander ähnlich, wenn sie ein und derselben Klasse angehören. Damit gehören zwei Zustände einer Klasse an oder sind um so ähnlicher, je mehr Attribute in ihren logischen Ausdrücken übereinstimmen.[3] Die Ähnlichkeit von Objekten oder Tatbeständen wird durch die Ähnlichkeit ihrer relevanten Eigenschaften bestimmt.[4] Ähnlichkeit ist eine Relation zwischen zwei oder mehreren Objekten (irgendwo zwischen Gleichheit und Ungleichheit). Die Gleichheit ist dabei ein Spezialfall der Ähnlichkeit.[5] Die Ähnlichkeit ist damit immer abhängig vom Ziel des Vergleichs, da einzelne Merkmale wesentlich stärker gewertet werden können als andere (im Fall der ähnlichen Beteiligung i.S.d. § 17 Abs. 1 S. 3 EStG wird der Anteil am nominellen Grund- oder Stammkapital stärker gewichtet als das Innehaben von Stimmrechten).[6]

---

1 Deutsches Wörterbuch/ Fremdwörterlexikon, 1984, Stichwort: „Ähnlichkeit".

2 *Meyer* Großes Taschenlexikon, 1992, Stichwort: „Ähnlichkeit".

3 Siehe dazu: *Posthoff/Schlosser* in Althoff u.a., Workshop: Ähnlichkeit von Fällen beim fallbasierten Schließen, 1992, S. 30 ff.

4 *Tammer* in Althoff u.a., Workshop: Ähnlichkeit von Fällen beim fallbasierten Schließen, S. 39.

5 *Pirk* in Althoff u.a., Workshop: Ähnlichkeit von Fällen beim fallbasierten Schließen, S. 91.

6 *Pirk* in Althoff u.a., Workshop: Ähnlichkeit von Fällen beim fallbasierten Schließen, S. 93.

Art. 3 des Grundgesetzes (GG) verlangt eine Gleichbehandlung von Gleichem und eine Ungleichbehandlung von Ungleichem.[7] Darum müssen verschiedene Tatbestände auf diese Gleichheit bzw. Ungleichheit untersucht werden.[8] Aufgrund der Vielzahl der im alltäglichen Leben auftauchenden Fälle müssen allerdings Gruppierungen vorgenommen werden, die zueinander „ähnlich" sind.[9] Die Anwendung des Gleichheitssatzes fordert einen Vergleich von Sachverhalten, die stets nur ähnlich aber niemals in allen Einzelelementen identisch sind.[10] Damit wird vom BVerfG[11] für die vernünftige in der Sache liegende gesetzliche Differenzierung ein Konkretisierungsauftrag erteilt.[12]

Ausfluss des grundgesetzlichen Gleichbehandlungsgrundsatzes ist das Nettoprinzip[13], welches wiederum die Besteuerung nach der individuellen wirtschaftlichen Leistungsfähigkeit sicherstellt.[14] Das Prinzip der Besteuerung nach der Leistungsfähigkeit wurde als Maßstab für den Gleichheitsgrundsatz vom BVerfG[15] anerkannt.[16] Aufgrund der Abschnittsbesteuerung, wäre das Nettoprinzip, d.h. die Ausgleichsfähigkeit von positiven und negativen Einkünften, grundsätzlich einzuschränken, doch ist generell auf das Lebenseinkommen abzustellen, so dass auch ein interperiodischer Ausgleich von negativen Einkünften grundsätzlich zulässig ist (§ 10d EStG).[17] Dieser wurde allerdings durch das StEntlG zuletzt erheblich eingeschränkt.[18] Der Vorgang der gewinnbringenden Veräußerung ist rechtlich und wirtschaftlich „ähnlich" und muss deshalb aus verfassungsrechtlichen Gründen steuerlich nicht unterschieden werden.[19]

---

7 Dazu: *Strickrodt*, Veräußerung wesentlicher Beteiligungen aus privater Hand, S. 38 ff; *Bornheim*, DB 2001, 162, 163; *Schüppen/Sanna*, BB 2001, 2397, 2399.

8 Hierzu: *Geissler*, Gewinnrealisierung am Ende eines Unternehmens, 1999, S. 33 ff; *Schulte*, DB 2000, 1043, 1047.

9 *Landsittel/Haug*, BB 1999, 2218, 2220.

10 *Meyer-Koppitz*, DStR 1999, 2053, 2054 mit Bezug auf Art. 3 GG.

11 BVerfG-Beschluss v. 3.11.1982, BVerfGE 61, 319, 344.

12 *Kirchhof*, StuW 1984, 297, 303.

13 *Wacker*, NWB, Fach 3, 11251.

14 *Durchlaub*, Zur Steuerpflicht der Gewinne aus der Veräußerung von Privatvermögen, 1993, S. 85.

15 So in vielen Entscheidungen; zuletzt: BVerfG-Beschluss v. 19.2.1978, BVerfGE 50 57, 81; BVerfG-Beschluss v. 3.11.1982, BVerfGE 61, 319, 344.

16 So schon: RFH-Urteil v. 30.10.1924, RStBl. 1925, 47.

17 Hierzu grundsätzlich: *Durchlaub*, Zur Steuerpflicht der Gewinne aus der Veräußerung von Privatvermögen, S. 51 ff.

18 Dazu ausführlich: *Hergarten*, DStR 2001, 1876 ff.

19 *Kirchhof*, StuW 1984, 297, 311; *Geissler*, Gewinnrealisierung am Ende eines Unternehmens, 1999, S. 34.

B. Abstrakt

I. Wirtschaftliche Betrachtungsweise für die Bestimmung der „Ähnlichkeit"

Das Steuerrecht knüpft generell an die zivilrechtliche Situation an, wobei es, aufgrund der grundsätzlichen Gestaltungsfreiheit möglich ist einen steuerlich günstigeren Weg zu wählen. Dennoch soll im Steuerrecht nicht die formale Gestaltung gelten[20], sondern es soll auf den wirtschaftlichen Sinn von Vorgängen und Vereinbarungen der Steuerpflichtigen ankommen.[21] Die wirtschaftliche Betrachtungsweise sucht nach dem wirtschaftlichen Sinn und Zweck eines Sachverhaltes oder einer gesetzlichen Regelung und nimmt diesen als Grundlage für die Besteuerung.[22]

1. Bestimmung des möglichen Wortsinns „ähnlicher Beteiligungen"

Bei der Bestimmung des Wortsinns (grammatische Auslegung)[23] geht es nicht um den Wortlaut eines Ausdrucks oder um eine Wortverbindung des allgemeinen Sprachgebrauchs. Es geht auch nicht um den historischen Willen des Gesetzgebers, sondern um die Bestimmung des maßgeblichen Gesetzessinns.[24] Dabei bleibt es dem Gesetzgeber durch Gesetze, Verordnungen, Erlasse oder andere Maßnahmen vorbehalten, den steuerbaren Tatbestand zu bestimmen. Eine Ausdehnung des Steuertatbestandes über den möglichen Wortsinn hinaus ist allerdings nicht zulässig. Ist der gesetzliche Ausdruck mehrdeutig, so ist ein Auslegungsrahmen innerhalb des möglichen Wortsinns zu definieren. Der Gesetzessinn hängt vom Gesetzeszweck ab. Danach ist ein offener Begriff so auszulegen, dass er der Verwirklichung des Normzwecks dienen kann[25] bzw. den Rechtsprinzipien folgt.[26]

Der BFH[27] hat sich in ständiger Rechtsprechung für eine Auslegung des § 17 EStG nach dem Wortsinn ausgesprochen. Dabei sei es nicht die Aufgabe der Gerichte die dabei gewonnenen Ergebnisse aufgrund einer rechtspolitischen Einschätzung zu korrigieren. Letzteres käme nur dann in Betracht, wenn die Wortlautinterpretation zu sinnwidrigen Steuerbelastungsfolgen führen würde.

Im Falle des § 17 Abs. 1 S. 3 EStG liegt der Gesetzeszweck in der Angleichung eines „wesentlich" Beteiligten an einen Mitunternehmer. Für die ähnlichen Beteiligungen in § 17 Abs. 1 S. 3 EStG heißt das, dass darunter nur solche

---

20 So zuletzt wieder kritisch bei *Crezelius*, BB 2002, 1121, 1212 mit Bezug auf die Gesetzgebung.

21 *Schneeloch*, DStR 1987, 458, 459.

22 *Beger*, Methodenlehre und Klausurentechnik im Steuerrecht, 1997, S. 48 ff.; *Herzig* in Festschrift für Siegfried Widmann, S. 393, 399; *Crezelius*, DB 2003, 230.

23 *Schüppen/Sanna*, BB 2001, 2397, 2401.

24 *Crezelius*, DB 2001, 221.

25 So noch alte Auflage: *Tipke*, Steuerrecht, 1983, S. 111 und 118.

26 *Ruhnke/Nerlich*, DB 2004, 389, 391.

27 BFH-Urteil v. 30.3.1993, BFH/NV 1993, 597.

Konstellationen fallen können, die eine vergleichbare Position zu einem Mitunternehmer gewähren.[28] Dies ist m.E. kritisch zu bewerten, denn – wie noch festgestellt werden wird – kann es nicht auf eine mögliche Einflussnahme des Gesellschafters ankommen.[29]

2. Begriff der „ähnlichen Beteiligung" als Ausfüllen einer Gesetzeslücke

Gesetzeslücken entstehen, wenn der Gesetzeswortlaut nicht eindeutig ist und der vom Gesetzgeber verfolgte Zweck durch das Gesetz nicht hinreichend abgedeckt wird. Es muss im Rahmen der Rechtsbildung, Rechtsfortbildung oder Rechtsschöpfung die Gesetzeslücke ausgefüllt werden. Die Rechtsfortbildung muss sich organisch in das Ganze einfügen und soll bewirken, dass an gleiche Sachverhalte gleiche Rechtsfolgen geknüpft werden. Im Umkehrschluss sollen unterschiedliche Konstellationen auch zu einer differenzierten Besteuerung führen.[30]

Bei der Auslegung einer Norm wird in der Praxis davon ausgegangen, dass der BFH den „richtigen" Sinngehalt offen legt, den die Norm schon immer hatte. Dadurch ist es möglich, BFH-Urteile auch auf schon abgeschlossene Besteuerungsperioden rückwirkend (ex tunc) anzuwenden. Durch diese Rückwirkung werden jedoch die Grundsätze der Rechtssicherheit und des Vertrauensschutzes beeinträchtigt.[31] Dadurch kann es zu Rechtsstreitigkeiten kommen. Unzulässig ist es hingegen, mit Hilfe der wirtschaftlichen Betrachtungsweise als steuerwürdig erachtete Sachverhalte, die bisher nicht vom Gesetz erfasst wurden, im Wege der Analogie, einer Besteuerung zu unterziehen.[32] Es besteht demnach ein Analogieverbot, um den Steuertatbestand nicht zu verschärfen.[33]

Im Fall des § 17 EStG sind davon die Verlustnutzung sowie die Höhe der Anschaffungskosten beim Eintritt in die Wesentlichkeit betroffen.[34] Für die Anteile an Kapitalgesellschaften des § 17 Abs. 1 S. 3 EStG hat sich im Rahmen der Rechtsbildung und -fortbildung eine Kasuistik entwickelt, worin für grundlegende Konstellationen die Ähnlichkeit der „Anteile" oder der „Kapitalgesellschaft" bejaht oder verneint wird.

---

[28] *Steinhauff*, NWB, Fach 3, 10323, 10324.

[29] *Strahl* in Korn/Carlé/Stahl/Strahl, EStG, § 17 Rz. 36.

[30] Siehe hierzu: *Larenz*, Methodenlehre der Rechtswissenschaft, 1995, S. 360; *Geissler*, Gewinnrealisierung am Ende eines Unternehmens, S. 36 f.

[31] *Beger*, Methodenlehre und Klausurentechnik im Steuerrecht, S. 53; *Kirchhof*, StuW 2000, 221 f.

[32] Dazu ähnlich: *Ruhnke/Nerlich*, DB 2004, 389, 391.

[33] *Tipke/Lang*, 1998, Steuerrecht, S. 120.

[34] Kritisch: *Crezelius*, DB 1997, 195 ff.

3. Teleologische Reduktion zur Einschränkung von „ähnlichen Beteiligungen"

Neben einer offenen Gesetzeslücke kann auch eine verdeckte Lücke vorhanden sein, wenn der Wortsinn zu weit über das Ziel hinaus geht, oder der Begriff zu allgemein ist, um ihn richtig einzugrenzen. Das Schließen einer solchen Lücke erfolgt durch eine sinngemäße Einschränkung. Dies geschieht durch eine „teleologische Reduktion"[35], wobei die zu weit gefasste Regel auf den ihr nach Sinn und Zweck des Normensystems zukommenden Anwendungsbereich reduziert wird.[36] Somit handelt es sich um den umgekehrten Fall der Analogie.[37] Die wirtschaftliche Betrachtungsweise kann allerdings keine Abkehr von der Bindung an den Gesetzeswortlaut zugunsten einer unbeschränkten teleologischen Reduktion rechtfertigen.[38] Eine teleologische Reduktion kann dabei entweder eine Belastung erhöhen oder eine Begünstigung einschränken und dadurch belastend wirken.

Im Fall des § 17 EStG sind beide Richtungen vertreten, denn zum einen wurde die „Wesentlichkeitsgrenze" herabgesetzt und zum anderen der Verlustausgleich[39] eingeschränkt. Speziell für die ähnlichen Beteiligungen des § 17 Abs. 1 S. 3 EStG wurde eine teleologische Reduktion in der Weise vorgenommen, dass für die ähnlichen Anteile grundsätzlich die Beteiligung am Nominalkapital entscheidend ist und anderweitige weitergehende Rechte keinen Einfluss auf die Beteiligungshöhe haben können. Nicht entscheidend ist allerdings, ob das Kapital bereits voll eingezahlt wurde oder nicht.[40]

4. Typenbegriff als Ergebnis der wirtschaftlichen Betrachtungsweise

Unter Berücksichtigung der drei vorherstehenden Formen der Auslegung einer Norm wurden im Steuerrecht Typenbegriffe herausgebildet, um eine konkrete Abgrenzung von Tatbeständen sowie die Eingrenzung des Gesetzes zu ermöglichen[41], denn das Steuerecht behandelt den Katalog der Auslegungselemente als komplementäre Gesichtspunkte.[42]

Die Frage, ob ein Sachverhalt einem Typus entspricht und damit der Besteuerung unterliegt, kann normalerweise erst unter Berücksichtigung des wirtschaftlichen Gesamtbildes entschieden werden.[43] Für die Subsumtion unter einen Typenbegriff reicht ein teilweises Vorliegen der wichtigsten Merkmale bereits aus, so dass die

---

[35] *Geissler*, Gewinnrealisierung am Ende eines Unternehmens, S. 335.
[36] *Larenz*, Methodenlehre der Rechtswissenschaft, S. 375.
[37] *Crezelius*, DB 2003, 230, 233.
[38] *Beger*, Methodenlehre und Klausurentechnik im Steuerrecht, S. 49 m.w.N.
[39] Zu dieser Problematik: *Kanzler*, FR 2000, 1245, 1248.
[40] *Hörger* in *Littmann/Bitz/Pust*, EStG, § 17, RZ. 14 m.w.N.
[41] Dazu: *Strickrodt*, Veräußerung wesentlicher Beteiligungen aus privater Hand, S. 41 ff.; *Bornheim*, DB 2001, 162, 163.
[42] *Crezelius*, DB 2003, 230.
[43] *Tipke/Lang*, Steuerrecht, S. 107.

Typenbegriffe offen, abstufbar und nicht abschließend definiert sind. Ihre Grenzen sind somit verschwommen und die Übergänge fließend.[44] I.E. kann man daher unter einen Typus nicht subsumieren, sondern es lässt sich nur beurteilen, ob der Sachverhalt dem Typus zugeordnet werden kann oder nicht.[45]

Für die „ähnliche Kapitalgesellschaft" i.S.d. § 17 Abs. 1 S. 3 EStG wurde beispielsweise der sog. „Typenvergleich" herausgearbeitet. Dabei kommt es i.E. auf die Subsumtion der Vorgesellschaft bzw. der ausländischen Kapitalgesellschaft unter § 1 Abs. 1 Nr. 1 KStG an, damit die Beteiligung als ähnliche Beteiligung i.S.v. § 17 Abs. 1 S. 3 EStG eingestuft werden kann. Auch die noch zu klärende Frage, ob ein atypisch stiller Gesellschafter als Mitunternehmer i.S.v. § 15 Abs. 1 Nr. 2 EStG zu qualifizieren ist, erfolgt unter der Anwendung der wirtschaftlichen Betrachtungsweise unter zur Hilfenahme der Typenbegriffe „Mitunternehmerinitiative und –risiko".

II. Ähnlichkeit im Steuerrecht

Ähnlichkeit i.S.d. Steuerrechts bezieht sich auf vergleichbare Sachverhalte die gleich besteuert werden müssen.[46] Das Prinzip der Gleichmäßigkeit der Besteuerung ist Ausfluss des allgemeinen Gleichheitsgrundsatzes des Art. 3 Abs. 1 GG.[47] „Vergleichbarkeit" ist dabei weniger als „gleich" oder „wesensgleich" und liegt in der Nähe des Begriffs „Ähnlichkeit". Der Begriff „Vergleichbarkeit" verlangt jedoch weniger als die „Ähnlichkeit". Dieser Definition folgt der BFH[48] nicht, sondern bezieht die „Ähnlichkeit" auf übereinstimmende Merkmale. Dabei schließt die Gleichheit den Fall der Identität mit ein, die Ähnlichkeit hingegen nicht. Die Ähnlichkeit eines Gegenstandes mit einem anderen setzt demnach voraus, dass diesem Merkmale zukommen, die genau dieser andere Gegenstand auch aufweist. I.E. haben ähnliche Gegenstände mindestens ein gemeinsames und mindestens ein unterschiedliches Merkmal.

Steuerrechtliche Beispiele sind die Spekulationsbesteuerung von Wertpapieren und Immobilien des § 23 EStG sowie § 34 EStG, der ähnlich gelagerte außerordentliche Einkünfte mit einem eigenen Steuersatz belegt. In diesem Rahmen lässt sich auch die vergleichbare Stellung eines wesentlich Beteiligten mit einem Mitunternehmer nennen. Durch die ähnliche Stellung werden beide Einkunftsarten als gewerblich qualifiziert und gem. § 34 EStG ermäßigt besteuert, wenn beim Mitunternehmer außerordentliche Einkünfte gem. § 16 EStG vorliegen. Eine sachgerechte ungleiche Behandlung wird bei den Spekulationsfristen für Wertpapiere (1 Jahr) und

---

[44] *Crezelius*, Steuerrechtliche Rechtsanwendung und allgemeine Rechtsordnung, 1983, S. 239.
[45] *Larenz*, Methodenlehre der Rechtswissenschaft, S. 212.
[46] Dazu: *Fröhling*, Zur Frage der Verfassungswidrigkeit des § 17 EStG, S. 40 ff.
[47] Dazu: *Schiebler*, Abschreibungen auf Beteiligungen an Kapitalgesellschaften nach Handels- und Steuerrecht, S. 121 ff.; *Herzig* in Festschrift für Siegfried Widmann, S. 393, 399.
[48] BFH-Urteil v. 2.10.1974, BStBl. II 1975, 228.

Grundstücke (10 Jahre) innerhalb des § 23 EStG vorgenommen, da als Spekulationsgewinne nur solche angesehen werden können, die in relativ kurzer Zeit erzielt worden sind. Aufgrund der Tatsache, dass Immobilien nicht so leicht veräußerbar bzw. handelbar sind, ist eine unterschiedliche Fristenregelung m.E. durchaus vertretbar. Allerdings ist die Verlustabzugsbeschränkung des § 22 Nr. 3 S. 3 EStG a.F. sachlich nicht gerechtfertigt, wodurch ein Verstoß gegen Art. 3 GG vorlag, der mittlerweile behoben wurde.[49]

Um die Abgrenzung ähnlicher Beteiligungen i.S.v. § 17 Abs. 1 S. 3 EStG später zu erleichtern, soll ein kurzer Blick auf andere Normen geworfen werden, die ähnliche Abgrenzungsprobleme beinhalten, so dass dadurch eventuell auch Schlüsse für § 17 EStG gezogen werden können.

§ 2b EStG[50] erfasst alle modellhaften Anlage- bzw. Investitionstätigkeiten einzelner Steuerpflichtiger, wobei im Gesetz von „ähnlichen Modellen" die Rede ist.[51] Weder das Gesetz[52] noch das Gesellschaftsrecht definieren den Begriff der „ähnlichen Modelle". Mit § 2b EStG soll erkennbar dem Ideenreichtum der Initiatoren von sog. „Steuersparmodellen" vorgegriffen werden, um neue Rechtsformen von Verlustzuweisungsgesellschaften in den Anwendungsbereich des § 2b EStG aufzunehmen.[53]

§ 2b EStG erfasst auch alle modellhaften Anlage- bzw. Investitionstätigkeiten einzelner Steuerpflichtiger (= ähnliche Modelle) außerhalb einer Gesellschaft oder Gemeinschaft.[54] Es ist nicht erforderlich, dass mehrere Steuerpflichtige im Hinblick auf die Einkünfteerzielung im weitesten Sinn gemeinsam tätig werden, also eine einer Gesellschaft oder Gemeinschaft ähnliche Verbundenheit besteht.[55] Als Beispiel[56] für ein „ähnliches Modell" wird im Entwurf des BMF-Schreibens[57] ein Anbieter angenommen, der Rentenversicherungen gegen einen Einmalbeitrag vertreibt. Nach dem Modellkonzept wird der Beitrag inklusive eines Damnums von 10 Prozent vollständig bei einem vorgegebenen Kreditinstitut fremdfinanziert. Die Rückzahlungsmittel für das Darlehen sollen über einen ebenfalls vorher festgelegten Aktienfond angespart werden. Die gesamte Gestaltung zielt darauf ab, dem Anleger über hohe, teils sofort/teils über die Laufzeit verteilte, Werbungskosten steuerliche Vorteile zu vermitteln. Typisch ist neben einer nur geringen Vorsteuerrendite der Umstand, dass der Modellerfolg mittels eines Bündels verschiedener Verträge

[49] Balmes, DStR 2000, 1047, 1048.
[50] Dazu ausführlich: *Bender*, Verlustverrechnungsbeschränkungen im EStG, S. 146 ff. und 192 ff.
[51] *Meyer-Scharenberg/Fleischmann*, DStR 2000, 1373, 1375.
[52] BT-Drucks. 14/443, 16.
[53] *Hallerbach* in *Herrmann/Heuer/Raupach*, EStG, Sonderlieferung zur Steuerreform 1999/2000/2002, § 2b, R 26.
[54] BT-Drucks. 14/443 v. 3.3.1999, 16.
[55] *Meyer-Scharenberg/Fleischmann*, DStR 2000, 1373, 1375.
[56] Dazu auch: *Meyer-Scharenberg/Fleischmann*, DStR 2000, 1373, 1375.
[57] Anwendungsschreiben des BMF v. 15.5.2000, BStBl. I 2000, 1148 ff.

sichergestellt werden soll. Es handelt sich dabei um ein ähnliches Modell i.S.d. § 2b EStG, bei dem die Erzielung eines steuerlichen Vorteils im Vordergrund steht. Das gleiche gilt, wenn statt einer Renten- eine Lebensversicherung gegen Einmalbetrag abgeschlossen wird.

Ein Modell, das einer Gesellschaft oder Gemeinschaft „ähnlich" ist, gibt es nicht. Es ist nur möglich, dass damit eine spezifische Ausgestaltung oder ein spezifischer Einsatz einer Gesellschaft oder einer Gemeinschaft gemeint ist.[58] Denkbar ist, dass für das Vorliegen eines ähnlichen Modells zumindest gleichgerichtete Interessen mehrerer Beteiligter existieren müssen, die auf die Erzielung von Steuervorteilen gerichtet sind.[59] Soll diese Sichtweise nun auf § 17 EStG übertragen werden, so bedeutet dies, dass ähnliche Beteiligungen i.S.d. § 17 Abs. 1 S. 3 EStG nur dann vorliegen können, wenn die spezifische Ausgestaltung der betreffenden Sache „ähnlich" einer Aktie, einem GmbH-Anteil, einem Genussrecht oder einer Anwartschaft ist und die zu vergleichenden Sachverhalte „gleichgerichtete Interessen" zum Ausdruck bringen.

Eine **„architekten-ähnliche Tätigkeit" i.S.d. § 18 Abs. 1 Nr. 1 EStG** liegt nur dann vor, wenn sie in ihren wesentlichen Merkmalen, sprich Elementen, dem Beruf des Architekten in Theorie und Praxis gleichwertig ist. Im Falle des Architekten stellen wesentliche theoretische Elemente die Ausbildung, die Kenntnisse und die Qualifikation dar. Auf der Seite der praktischen Merkmale ist vor allem auf die berufliche Tätigkeit abzustellen.[60] Eine vergleichbar anspruchsvolle Tätigkeit muss sowohl der Tiefe als auch der Breite nach zumindest das Wissen des Kernbereichs eines Fachstudiums voraussetzen. Abzustellen ist zudem auf den heutigen Stand der Dinge und nicht auf die Architektentätigkeit und deren Studium in der Vergangenheit.[61] Insgesamt kommt es wiederum nicht auf eine identische Ausbildung an. Auf § 17 EStG übertragen bedeutet dies, dass die wesentlichen Merkmale eines Anteils, die in der heutigen Zeit entscheidend sind, vorhanden sein müssen. Etwas anderes kann für die ähnlichen Beteiligungen i.S.d. § 17 Abs. 1 S. 3 EStG auch nicht gelten.

Die Umsätze aus der Tätigkeit der in **§ 4 Nr. 14 S. 1 UStG** nicht ausdrücklich genannten Heil- und Heilhilfsberufe können nur dann unter die Steuerbefreiung fallen, wenn es sich um eine dem Katalogberuf ähnliche Tätigkeit handelt.[62] Ein Beruf ist einem dieser Katalogberufe dann ähnlich, wenn das typische Bild des Katalogberufes mit seinen wesentlichen Merkmalen dem Gesamtbild des zu

---

[58] *Raupach/Böckstiegel*, FR 1999, 557, 562.

[59] *Hallerbach* in *Herrmann/Heuer/Raupach*, EStG, Sonderlieferung zur Steuerreform 1999/2000/2002, § 2b, R 26.

[60] BFH-Urteil v. 11.8.1999, DStR 1999, Heft 44/99, VI

[61] BFH-Urteil v. 11.8.1999, BB 1999, 2338 m.w.N.

[62] BMF-Schreiben v. 17.4.2000, DB 2000, 1001.

beurteilenden Berufs vergleichbar ist.[63] Genau diese Abgrenzungslösung findet auch auf § 17 EStG Anwendung, denn eine ähnliche Beteiligung i.S.v. § 17 Abs. 1 S. 3 EStG sollte in den wesentlichen Merkmalen mit Aktien bzw. GmbH-Anteilen übereinstimmen.

Die **Verordnung zu § 180 Abs. 2 AO** geht von einer einheitlichen und gesonderten Gewinnfeststellung aus[64], wenn u.a. die Rechtsbeziehungen zu Dritten bezüglich des Gesamtobjektes „gleichartig" sind. Das ist der Fall, wenn einheitliche Musterverträge verwendet werden oder die Geschäftsbedingungen gleich lauten.[65] Übertragen auf die ähnlichen Beteiligungen gem. § 17 Abs. 1 S. 3 EStG kann das ebenfalls nur bedeuten, dass solche Anteile nur dann bestehen, wenn sie die gleichen Merkmale wie Aktien oder GmbH-Anteile aufweisen oder „gleichartige" Rechte und Pflichten, die sich aus den „normalen" Anteilen ergeben, vermitteln.

III. Begriff der „ähnlichen Beteiligung" i.S.v. § 17 Abs. 1 S. 3 EStG

1. Gesetzesbegründung und Vorläufer zu § 17 EStG

Bis zum Jahre 1906 waren die Steuergesetze quellentheoretisch geprägt, so dass eine Veräußerungsgewinnbesteuerung nicht in Frage kam. *Fuisting*[66] – der einer der wichtigsten Vertreter der Quellentheorie war – plädierte dabei für eine völlige Trennung von Vermögen und Ertrag sowie einer Trennung von steuerlichem Ertragsbegriff und handelsrechtlichem Gewinn. Auch das Preußische Einkommensteuergesetz von 1851 folgte noch voll der quellentheoretischen Konzeption und definierte den "Gewinn" noch im Sinne der Quellentheorie, so dass Vermögensverluste nicht gegen Einnahmen aufgerechnet werden konnten. Erste Anzeichen einer Vermögenssubstanzbesteuerung enthielten das Preußische Einkommensteuergesetz von 1891 und dessen endgültige Fassung vom 19. Juni 1906. In diesem Gesetz tauchte zum ersten Mal eine Spekulationsgewinnbesteuerung sowie eine Besteuerung des bilanziellen Handelsgewinns auf.[67]

Direkte Vorläufer des § 17 EStG außerhalb des Einkommensteuerrechts waren das Zuwachssteuergesetz von 1911 und das Besitzsteuergesetz von 1913.[68] § 11 Nr. 5 EStG 1920 erfasste die durch die unterschiedlichen Veräußerungsgeschäfte erzielten Gewinne oder Verluste[69] und beruhte daher gänzlich auf der

---

63 Abschn. 90 Abs. 2 UStR 2000, mit einem Merkmalskatalog.

64 *Wacker*, NWB, Fach 3, 11251, 11252.

65 *Große*, StStud 1988, 133, 134; siehe auch: 19.12.1986, BStBl. I 1987, S. 2.

66 *Fuisting*, Die Einkommensbesteuerung der Zukunft in Anknüpfung an das preußische Einkommensteuergesetz, 1906.

67 Grundlegend dazu: *Schneider* in Kirchhof/Söhn, EStG, § 17 Rdnr. A155 ff.

68 *Schneider* in Kirchhof/Söhn, EStG, § 17 Rdnr. A170 ff.

69 Zu den Vorläufern des EStG auch: *Durchlaub*, Zur Steuerpflicht der Gewinne aus der Veräußerung von Privatvermögen, 1993, S. 41 ff. mit Bezugnahme auf den „Einkommensbegriff"; *Uhländer*, Vermögensverluste im Privatvermögen, 1996, S. 72 ff.

Reinvermögenszugangstheorie.[70] Das Einkommensteuergesetz des Jahres 1925 verzichtete hingegen auf eine einheitliche theoretische Grundlage und schuf somit den Einkünftedualismus des heutigen § 2 EStG.[71] Zudem beinhaltete § 30 Abs. 3 EStG 1925 bereits die wesentlichen Merkmale des heutigen § 17 EStG.[72]

In der Gesetzesbegründung zum EStG 1934[73] hieß es dann, dass „zur Vereinfachung die Vorschriften über die Besteuerung des Gewinns aus der Veräußerung von Anteilen an Kapitalgesellschaften in einem besonderen Paragraphen zusammengefasst" werden sollten.[74] Dies brachte eine grundlegende Neugliederung des Einkommensteuergesetzes[75] und somit war § 17 EStG „geboren"[76], wobei die Vorschrift bis zum Steueränderungsgesetz (StÄndG) 1965[77] im Wesentlichen unverändert blieb.[78]

„Die Entstehungsgeschichte des § 17 EStG lässt zwei Grundgedanken oder Gesetzeszwecke erkennen: Angleichung an den Kommanditisten sowie die Erfassung finanzieller Leistungsfähigkeit (Schanz'sche Reinvermögens-zuwachstheorie)."[79] Dennoch kamen weder die Reinvermögens-zuwachstheorie noch die Quellentheorie in letzter Konsequenz in einem Einkommensteuergesetz zur Anwendung.[80] Darum hatte der Gesetzgeber dem EStG 1925 und EStG 1934 bewusst keinen finanzwissenschaftlichen Einkommensbegriff zugrunde gelegt, sondern hat den Einkommensbegriff vielmehr für Besteuerungszwecke pragmatisch definiert.[81]

Der Finanzausschuss des Bundestages stellte im Jahre 1964 ausdrücklich klar, dass an der „Wesentlichkeitsgrenze" von (damals) 25% festzuhalten sei, da „nur eine derartige Beteiligung ein wirtschaftliches Engagement repräsentiere, das in jedem

---

70 *Schneider* in Kirchhof/Söhn, EStG, § 17 Rdnr. A162 ff.

71 *Schneider* in Kirchhof/Söhn, EStG, § 17 Rdnr. A180 ff.

72 *Ebling* in Blümich, EStG, § 17 Rz. 1; *Strahl* in Korn/Carlé/Stahl/Strahl, EStG, § 17 Rz. 5; *Wolff-Diepenbrock* in Festschrift Franz Klein, 1994, 875 m.w.N.; *Blaas*, Darstellung und Kritik der Spiegelbildtheorie bei der Bilanzierung von Beteiligungen an Personengesellschaften im Bilanzsteuerrecht, S. 136 ff.; *Gutachten der Steuerreformkommission 1971*, S. 87.

73 RStBl. 1935, 42.

74 *Boochs* in Dankmeyer/Giloy, EStG, § 17 Rz. 2.

75 *Schneider* in Kirchhof/Söhn, EStG, § 17 Rdnr. A191.

76 *Ebling* in Blümich, EStG, § 17 Rz. 1; *Beisse* in Gewinnrealisierung im Steuerrecht, hrsg. im Auftrag der Deutschen Steuerjuristischen Gesellschaft e.V. von Hans Georg Ruppe, S. 28; dazu auch: *Schulte*, DB 2000, 1043.

77 BGBl. I 1965, 377 ff.

78 *Hörger* in Littmann/Bitz/Pust, EStG, § 17, RZ. 1.

79 *Fröhling*, Zur Frage der Verfassungswidrigkeit des § 17 EStG, S. 8 ff.; *Wolff-Diepenbrock* in Festschrift für Franz Klein, 887.

80 *Schneider* in Kirchhof/Söhn, EStG, § 17 Rdnr. A152; *Schulte*, DB 2000, 1043.

81 Ähnlich bereits: *Züll*, Die Einkommensteuer bei der Veräußerung wesentlicher Beteiligungen, S. 4 ff.

Fall einem Mitunternehmer ähnlich ist".[82] Die Steuerreformkommission von 1971[83] führte zur Forderung der Absenkung der Wesentlichkeitsschwelle auf mehr als 10% aus, dass auch ein zu 10 v.H. beteiligter Gesellschafter einen bereits greifbaren und qualifizierten Einfluss auf die Gesellschaft habe.[84] Diesen Vorschlag lehnte die Bundesregierung ihrerseits wiederum mit dem Argument ab, dass ein solcher Gesellschafter dann eben gerade „keinen ausreichenden Einfluss" mehr habe.[85]

Neben der Vergleichbarkeit des wesentlich Beteiligten mit einem Mitunternehmer war der Gedanke der Erfassung der Leistungsfähigkeit[86] das zweite Standbein für die Veräußerungs- und Liquidationsgewinnbesteuerung des § 30 Abs. 3 EStG 1925 (Vorläufer des § 17 EStG).[87] Neben dieser Vorschrift gibt es eine Reihe noch älterer Vorschriften (siehe oben), deren Zweck und Grundgedanke in die Regelung des § 17 EStG Eingang gefunden haben. Doch auch alle diese Vorschriften können den Anwendungsbereich des § 17 EStG nicht rechtfertigen, da ein einheitliches System der Veräußerungsgewinnbesteuerung nie wirklich existiert hat. Das heutige Abstellen auf die Erfassung der gesteigerten Leistungsfähigkeit ist allerdings nach wie vor keine Begründung für die Besteuerung einer „wesentlichen Beteiligung", sondern lediglich für die Besteuerung der Veräußerungsgewinne allgemein.[88] Nach Ansicht von *Wolff-Diepenbrock*[89] darf die Auslegung zu § 17 EStG keine steuerpolitische Korrektur dergestalt vornehmen, dass einer der beiden aufgeführten Gründe ausgeklammert wird. Die Auslegung hat sich vielmehr am Wortlaut des Gesetzes (teleologisch) zu orientieren.

Allerdings lässt die damalige gesetzliche Entscheidung für die 25% Grenze keinen Zweifel daran, dass die Rechtfertigung des § 17 EStG nicht in der höheren Leistungsfähigkeit[90] des Steuerpflichtigen, sondern allein in der besonderen Qualität des Anteilsbesitzes (nämlich der mitunternehmerischen Qualität) zu sehen war.[91] Das Überschreiten der Beteiligungsgrenze bewirkte demnach einen „qualitativen Sprung" und hatte folglich originär steuerbegründenden Charakter.[92] Der Gesetzgeber hatte der Sache nach eine Wertentscheidung zum Mitunternehmer

---

82 *Friauf*, DB 1995, Beilage 8, S. 2 m.w.N., zu den grundlegenden Gesetzesbegründungen des § 30 Abs. 3 EStG 1925: *Wolff-Diepenbrock*, Festschrift für Franz Klein, 875 ff.

83 *Gutachten der Steuerreformkommission 1971*, S. 87.

84 *Friauf*, DB 1995, Beilage 8, S. 2 m.w.N.

85 BT-Drucks. 12/5940, S. 28.

86 Dazu generell: *Lang* in Gewinnrealisierung im Steuerrecht, hrsg. im Auftrag der Deutschen Steuerjuristischen Gesellschaft e.V. von Hans Georg Ruppe, S. 46 ff.

87 *Wolff-Diepenbrock*, DStZ 1993, 118, 119, Anmerkung zum BFH-Urteil v. 7.7.1992; ebenso: *Habich*, FR 1988, 16.

88 *Wolff-Diepenbrock*, Festschrift für Franz Klein, 875, 883 f.; ebenso: *Schulte*, DB 2000, 1043, 1045.

89 *Wolff-Diepenbrock*, Festschrift für Franz Klein, 875, 887.

90 Heute wohl anders nach Meinung von *Schmidt/Weber-Grellet*, § 17 EStG, Rz. 3.

91 So auch: *Frotscher*, EStG, § 17 Rn. 2.

92 *Friauf*, DB 1995, Beilage 8, S. 8.

getroffen[93], wobei sich im Hinblick auf einzelne Tatbestandsmerkmale lediglich in typisierender Weise an die Besteuerung von Mitunternehmeranteilen angelehnt wurde.[94]

Trotzdem wollte der Gesetzgeber mit der Anknüpfung an das Grund- bzw. Stammkapital im Interesse der einfachen Handhabung der Vorschrift[95] eine fast „feste Grenze" vorsehen, ohne dass allzu große Ermessensspielräume entstehen würden.[96] Die Absicht des Gesetzgebers würde unterlaufen, wenn man das Tatbestandsmerkmal der „Beteiligung am Kapital" im Sinne einer Beteiligung am tatsächlichen Vermögen der Kapitalgesellschaft oder von weitergehenden Rechten auslegen würde. In der Gesetzesbegründung offengelassen wurde allerdings die Frage, ob verdecktes Eigen- bzw. Nennkapital die Beteiligungsquote i.S.d. § 17 Abs. 1 EStG erhöhen kann. Darum lässt sich aus der Historie des § 17 EStG keine konkrete Definition für den Begriff der ähnlichen Beteiligung i.S.v. § 17 Abs. 1 S. 3 EStG ableiten.

2. Begriffsdefinitionen und Abgrenzung der „ähnlichen Beteiligung"

Bei der Beurteilung der Frage, ob eine „wesentliche Beteiligung" vorliegt, sind alle Ansprüche des Gesellschafters auf Vermögenssubstanz der Kapitalgesellschaft, die in § 17 Abs. 1 EStG erwähnt werden, zusammenzurechnen. Dazu gehören neben den gesellschaftstypischen Anteilen auch die ähnlichen Beteiligungen einschließlich der Anwartschaften.[97] Das Tatbestandsmerkmal ‚ähnliche Beteiligungen' bezieht sich auf das Beteiligungsobjekt und auf die daran bestehende Beteiligungsform und somit i.E. auf den Anteil an der Kapitalgesellschaft.[98]

Unter einem Anteil an einer Kapitalgesellschaft versteht man einen Anteil am Nennkapital (Grund- oder Stammkapital) oder, falls ein solches nicht vorhanden ist, wie etwa bei Bergwerkgewerkschaften, am Vermögen einer Kapitalgesellschaft.[99] Der Besteuerung gem. § 17 EStG unterliegt die Erwägung, dass Gesellschafter mit einer „wesentlichen Beteiligung" auch Einfluss auf die Gewinnansammlung der Kapitalgesellschaft besitzen. Nach dem Wortlaut des Gesetzes ist aber ausreichend, wenn eine Beteiligung am Nennkapital vorliegt. Somit erübrigt sich eine Prüfung, inwieweit eine Einflussnahme des Gesellschafters, beispielsweise durch

---

93 *Ebling* in Blümich, EStG, § 17 Rz. 6; *Strickrodt*, Veräußerung wesentlicher Beteiligungen aus privater Hand, S. 21.

94 BFH-Urteil v. 13.7.1999, GmbHR 1999, 1208, 1210.

95 So auch: *Wendt*, AktStR 1998, 301, 305.

96 Die *Wieder*gabe der amtlichen Begründung zu § 30 EStG 1925 bei *Strutz*, Kommentar zum Einkommensteuergesetz 1925, Bd. II, § 30 Anm. 35.

97 *Frotscher*, EStG, § 17 Rn. 49.

98 *Schneider* in Kirchhof/Söhn, EStG, § 17 Rdnr. B102; ebenso: *Jäschke* in Lademann/Söffing/ Brockhoff, EStG, § 17 Rz. 64.

99 *Hörger* in *Littmann/Bitz/Pust*, EStG, § 17, RZ. 17; *Züll*, Die Einkommensteuer bei der Veräußerung wesentlicher Beteiligungen, S. 45; *Gericke*, FR 1961, 287.

Beschränkung seines Stimmrechts, beeinträchtigt oder ausgeschlossen ist.[100] I.E. kann diese unterschiedliche Beurteilung der beteiligungsähnlichen Rechte bei der Beachtung des Grundsatzes einer gleichmäßigen und gerechten Besteuerung (auf Basis des Art. 3 GG) nicht recht befriedigen.[101]

Einen Zirkelschluss hingegen begeht *Frotscher*[102], indem er das Abstellen auf die kapitalmäßige Beteiligung durch die Einbeziehung der ähnlichen Beteiligungen begründet[103], gleichzeitig aber die ähnliche Beteiligung selbst wiederum über die Beteiligung am Nominalkapital der Gesellschaft definiert wird.[104] I.E. muss die Begründung für das entscheidende Merkmal der „kapitalmäßigen Beteiligung an der Gesellschaft" durch andere Argumente belegt werden.

Mit der Anbindung und dem Bezug des § 17 EStG an das Zivilrecht folgt also, dass sich die Höhe des Anteils an einer Kapitalgesellschaft nur unter den Voraussetzungen ändern kann, unter denen sich auch die Höhe des Anteils im Sinne des Zivilrechts ändert.[105] Diese Maßstäbe müssen demnach auch an die ähnlichen Beteiligungen i.S.v. § 17 Abs. 1 S. 3 EStG angelegt werden, denn ähnliche Beteiligungen können nur durch solche Gestaltungen begründet oder erhöht werden, bei denen Gesellschaftsrechte vermittelt werden.[106]

Aus diesem Grund hat der VIII. Senat des BFH[107] entschieden, dass den Aktien, GmbH-Anteilen, Genussscheinen oder Anwartschaften nur solche Beteiligungsformen „ähnlich" sein können, die in wesentlichen Merkmalen mit den Anteilen am Grund- oder Stammkapital einer Kapitalgesellschaft übereinstimmen. Dazu gehört insbesondere, dass sie, wie diese, auch eine Beteiligung an den Gesellschaftsrechten zum Inhalt haben.[108] Die mit den Gesellschaftsanteilen verbundenen Rechte und Pflichten der Gesellschafter sind nicht nur wesentliches Merkmal von GmbH-Anteilen oder Aktien, sondern in ihnen ist auch die begrenzte Möglichkeit zur Einflussnahme angelegt. In Verbindung mit der Höhe der Beteiligung am Nominalkapital ist dadurch die Vergleichbarkeit mit einem Mitunternehmer zu begründen.[109] In seinem Urteil vom 8.10.1985[110] hatte der BFH

[100] *Heuer* in *Herrmann/Heuer/Raupach*, EStG, § 17 EStG, Anm. 120.
[101] *Züll*, Die Einkommensteuer bei der Veräußerung wesentlicher Beteiligungen, S. 47 f.
[102] *Frotscher*, EStG, § 17 Rn. 33.
[103] *Frotscher*, EStG, § 17 Rn. 23.
[104] Ähnlich: *Sontheimer*, BB Beilage 19/1984 zu Heft 30/1984, 8.
[105] BFH-Urteil v. 19.5.1992, BStBl. II 1992, 902, 903.
[106] BFH-Urteil v. 19.5.1992, DStR 1992, 1275.
[107] BFH-Urteil v. 19.5.1992, BStBl. II 1992, 902.
[108] So auch herrschende Kommentarmeinung: *Schmidt/Weber-Grellet*, EStG, § 17 Rz. 26; *Frotscher*, EStG, § 17 Rn. 21; *Jäschke* in Lademann/Söffing/Brockhoff, EStG, § 17 Rz. 64; *Ebling* in Blümich, EStG, § 17 Rz. 72; *Heuer* in *Herrmann/Heuer/Raupach*, EStG, § 17 EStG, Anm. 123; *Hörger* in *Littmann/Bitz/Pust*, EStG, § 17, RZ. 12.
[109] BFH-Urteil v. 19.5.1992, BStBl. II 1992, 902, 904.
[110] BStBl. II 1986, 596, 598.

allerdings damals noch ausschließlich auf die Nähe des „wesentlich Beteiligten" zum Mitunternehmer abgestellt und begründete damit gleichzeitig die Stellung des § 17 EStG hinter den §§ 15, 16 EStG.

Ein Gesellschafter ist grundsätzlich in der Art der Finanzierung der Gesellschaft – unter Beachtung des vorgeschriebenen Mindestkapitals – frei. Demnach kann der Gesellschafter sowohl Finanzierungsmittel durch Einlage gegen Gesellschaftsrechte oder durch Gewährung von Darlehen bewirken.[111] Die Relation von Eigen- zu Fremdkapital kann dabei allerdings nicht ohne weiteres durch die Zuführung von sog. „verdeckten Nenn- bzw. Stammkapital" verändert werden. Dies gilt sogar in dem Fall, wenn das Stammkapital der Gesellschaft nicht voll einbezahlt war.[112] Es ist allerdings hervorzuheben, dass der BFH den Tatbestand des verdeckten Stammkapitals selbst in seinem „stoppenden Urteil"[113] weder beseitigt noch als rechtswidrig erklärt hat. Die wirkliche wirtschaftliche Situation bedarf bezüglich des Steuersachverhalts der Beurteilung und einer dahingehenden Untersuchung, ob die Darlehenshingabe bzw. das Begründen einer Forderung und ihr dauerhaftes Belassen bei der Schuldnerin zum gleichen wirtschaftlichen Ergebnis führt, wie die Hingabe einer Stammeinlage.

Nach Auffassung von *Züll*[114] scheint es dennoch für die Annahme einer steuerrechtlichen Beteiligung an einer Kapitalgesellschaft entscheidend, dass die Berechtigung „Beteiligung" auch Eigenkapital der Gesellschaft repräsentiert. Dies könne durch den Vergleich mit dem Mitunternehmer gerechtfertigt werden, da unter wirtschaftlichen Gesichtspunkten kein Unterschied zwischen der Beteiligung am Nominalkapital und der Beteiligung am sonstigen Eigenkapital, die z.B. in Genussscheinen verbrieft sein kann, besteht. Es müsse daher festgehalten werden, dass die Genussrechte und das verdeckte Grund- bzw. Stammkapital als Beteiligung an der Kapitalgesellschaft zu gelten haben und das Genussscheinkapital sowie das verdeckte Grund- bzw. Stammkapital § 17 EStG zur Seite zu stellen ist. Der RFH hatte in seinem Urteil vom 29.11.1938[115] die Genussscheine sogar den direkten Anteilen an einer Kapitalgesellschaft gleichgestellt.[116]

Die gleiche Auffassung vertritt auch *Seuffert*[117], da er mit Bezug auf die Beteiligung am Liquidationserlös der Gesellschaft das Eigenkapital und nicht das Nominalkapital für das in § 17 EStG entscheidende Kriterium hält. Heutzutage kann diese Argumentation allerdings nicht mehr gelten, da auf die formelle – d.h. auf das

[111] BFH-Urteil v. 10.12.1975, BStBl. II 1976, 226.
[112] BFH-Urteil v. 10.12.1975, BStBl. II 1976, 226.
[113] BFH-Urteil v. 10.12.1975, BStBl. II 1976, 226.
[114] *Züll*, Die Einkommensteuer bei der Veräußerung wesentlicher Beteiligungen, S. 32 f. und 49.
[115] RStBl. 1939, 524.
[116] Ebenso: *Seuffert*, StuW 1941, Sp. 66, 68, mit Bezug auf das RFH-Urteil v. 29.11.1938, RStBl. 1939, 524.
[117] *Seuffert*, StuW 1941, Sp. 66, 69.

Nominalkapital – und nicht auf die wirtschaftliche Betrachtungsweise abzustellen ist.[118]

Döllerer[119] weist darauf hin, dass der BFH[120] widersprüchlich argumentiert, denn er stelle allein auf den rechnerischen Anteil und nicht auf die Einflussmöglichkeit ab, obwohl das BVerfG[121] die Verfassungsmäßigkeit des § 17 EStG gerade auch damit begründet hat, dass mit „wesentlichen Beteiligungen" ein höherer Einfluss auf die Gesellschaft verbunden sei.[122] Das BVerfG führte im Beschluss vom 7.10.1969[123] nämlich dazu aus, dass § 17 Abs. 1 EStG mit der damaligen Wesentlichkeitsschwelle von mehr als 25% deshalb sachlich vertretbar sei, weil eine derartige Beteiligung eines Gesellschafters in Folge der Nähe seiner Beteiligung zur Geschäftsführung der Gesellschaft diese steuerliche Ausnahmesituation rechtfertigt.[124] Darum macht es Sinn, aufgrund des möglichen Einflusses auf die Ausschüttungs- und Rücklagenpolitik sowie der Möglichkeit, die Voraussetzungen für die Entstehung von Veräußerungsgewinnen planmäßig herbeizuführen oder hierbei entscheidend mitzuwirken, Veräußerungsgewinne bei Beteiligungen von bestimmter Höhe als „wesentlich" und damit steuerbar zu erklären.

Dennoch geht der BFH[125] davon aus, dass das Steuerrecht grundsätzlich die zivilrechtliche Gestaltung zugrunde legen muss und nur in solchen Fällen davon abweichen darf, in denen entweder ein möglicher Gestaltungsmissbrauch i.S.d. § 42 AO vorliegen könnte[126], oder die Umstände so liegen, dass aus rechtlichen oder wirtschaftlichen Gründen die Zuführung von Gesellschaftskapital zwingend gewesen wäre. Daher kommt der BFH in seinem Urteil vom 10.12.1975[127] zur Schlussfolgerung, dass verdecktes Stammkapital nur dann vorliegen könne, wenn dem zugeführten Kapital in jeder Beziehung uneingeschränkt die Funktion von Stammkapital zukomme. Die Gestaltungsvarianten[128] zur Erreichung bzw. Vermeidung einer ähnlichen Beteiligung i.S.v. § 17 Abs. 1 S. 3 EStG können dennoch nicht als Gestaltungsmissbrauch i.S.v. § 42 AO betrachtet werden.[129]

---

[118] *Bilsdorfer*, NWB, Fach 3, 10859, 10861, mit Bezug auf das Urteil des FG München v. 18.5.1990, EFG 1990, 632; ähnlich: *Crezelius*, BB 2002, 1121, 1122.

[119] *Döllerer*, StbJb 1981/82, 195 ff.

[120] Siehe dazu: BFH-Urteil v. 28.6.1978, BStBl. II 1978, 590; BFH-Urteil v. 12.6.1980, BStBl. II 1980, 646.

[121] BVerfG-Beschluss v. 7.10.1969, BB 1969, 1385; ebenso: *Ring*, BB 1981, 419 ff.

[122] Dazu: *Hörger* in *Littmann/Bitz/Pust*, EStG, § 17, RZ. 3.

[123] BStBl. II 1970, 160, 164.

[124] Dazu: *Strahl* in Korn/Carlé/Stahl/Strahl, EStG, § 17 Rz. 220 ff.; *Ebling* in Blümich, EStG, § 17 Rz. 9 ff.

[125] BFH-Urteil v. 17.10.1984, BStBl. II 1985, 69.

[126] Dazu: *Ebling* in Blümich, EStG, § 17 Rz. 154.

[127] BStBl. II 1976, 226; auf dieses Urteil stützt sich (angeblich) auch das BMF-Schreiben v. 16.3.1987, BStBl. I 1987, 373.

[128] Dazu auch: *Schneider* in Kirchhof/Söhn, EStG, § 17 Rdnr. A410 ff.

[129] FG München v. 4.10.1999, DStRE 2000, 293.

I.E. hat der BFH mit Urteil vom 25.11.1997[130] nun endgültig klargestellt, dass sich der Geschäftsanteil eines Gesellschafters nach dem Betrag der übernommenen Stammeinlage (§ 14 GmbHG) bestimmt. Aus der Anbindung des § 17 Abs. 1 EStG an diese zivilrechtliche Regelung folgt, dass sich steuerrechtlich die Höhe des Anteils an einer GmbH ebenfalls aus der übernommenen Stammeinlage errechnet. Es kann nichts anderes gelten, wenn die Einflussmöglichkeiten, die dem Gesellschafter nach dem GmbHG zustehen, aufgrund der Satzung eingeschränkt oder erweitert sind, oder wenn in der Satzung vom GmbHG abweichende Regelungen über das Gewinnbezugsrecht und/oder die Verteilung des Liquidationserlöses getroffen werden. Gleiches muss auch für die Aktiengesellschaft gelten, da die §§ 6 und 8 AktG ähnliches bestimmen.

Nach Auffassung von *Hörger/Thömmes*[131] hat der BFH mit seiner Entscheidung vom 25.11.1997[132], indem er allein auf die Höhe des Geschäftsanteils abstellt, Rechtssicherheit geschaffen. Mehrfachstimmrechte oder die Gewinn- bzw. Liquidationserlösverteilung sind nicht entscheidend.[133] Die Rechtsprechung des BFH[134] hält sich demnach bei der Berechnung der „Wesentlichkeitsgrenze" i.S.d. § 17 EStG an die zivilrechtliche Definition des Nominalkapitals.[135]

Das ist nach Auffassung von *Crezelius*[136] zutreffend, denn nach dem Sinn des § 17 EStG, der die Gleichbehandlung unternehmerischer Beteiligungen an Kapitalgesellschaften mit Mitunternehmeranteilen anstrebt, können ähnliche Beteiligungen i.S.v. § 17 Abs. 1 S. 3 EStG nur solche sein, die in ihren wesentlichen Merkmalen einer gesellschaftsrechtlichen Beteiligung entsprechen, insbesondere gesellschaftsrechtliche Mitspracherechte vermitteln.[137] Darum lässt sich die Beteiligungsquote nur aus der Relation des nominalen Anteilsbesitzes zum Grund- oder Stammkapital einer Gesellschaft errechnen. Das Vorhandensein von Eigenkapital, das rechtlich nicht als Grund- oder Stammkapital gebunden ist, beeinflusst die Beteiligungsquote nicht, erhöht aber, wenn vorhanden, den Wert der Anteile.[138]

---

[130] BStBl. II 1998, 257.
[131] *Hörger/Thömmes*, DStR 1998, 1849, 1850.
[132] DStR 1998, 366.
[133] Ähnlich bereits: *Gericke*, FR 1961, 287.
[134] BFH-Urteil v. 19.5.1992, BStBl. II 1992, 902.
[135] Zustimmend: *Wohlschlegel*, DStR 1997, 1589, 1591; ablehnend: *Hörger* in *Littmann/Bitz/Pust*, EStG, § 17, RZ. 16.
[136] *Crezelius* in Festschrift für Karlheinz Boujong, S. 47, 51.
[137] So auch: *Frotscher*, EStG, § 17 Rn. 23.
[138] *Niemann*, Die Bagatellgrenze des § 17 EStG bei Nennkapitaländerungen innerhalb eines Veranlagungszeitraumes, 1992, S. 4.

Im Schrifttum[139] wird überzeugend die Auffassung vertreten, dass § 17 Abs. 1 EStG hinsichtlich der Wesentlichkeit der Beteiligung auf das Grund- bzw. Stammkapital, d.h. das Nominalkapital der Gesellschaft abstellt. Dieses Ergebnis hat u.a. auch für eine „wesentliche Beteiligung" in den Niederlanden Gültigkeit.[140]

Obwohl die Verfassungsmäßigkeit des § 17 EStG früher mit Schlagworten wie „besondere Machtstellung" und „starker Einfluss" begründet wurde[141], geht der BFH in seiner ständigen Rechtsprechung[142] mittlerweile davon aus, dass Stimmrechte oder auf sonstigen Gründen beruhende Machtpositionen die Beteiligungsquote eines einflusslosen oder einflussschwachen beteiligten Gesellschafters nicht mindern können. Umgekehrt kann die Quote am Nominalkapital eines einflussstarken Beteiligten durch Mehrfachstimmrechte nicht erhöht werden.[143]

Auch die Zurechnungsvorschrift des § 39 AO berechtigt nicht zu einer von der Geschäftsanteils- bzw. Aktienquote abweichenden Berechnung eines Beteiligungswertes von mehr oder weniger als einem Prozent. § 39 AO kann nur bewirken, dass ein Geschäftsanteil einem anderen als dem rechtlichen Eigentümer, nämlich dem wirtschaftlichen Eigentümer, zuzurechnen ist.[144, 145] Eine originäre ähnliche Beteiligung i.S.v. § 17 Abs. 1 S. 3 EStG wird dadurch nicht begründet, denn das ist alleinige Auslegungssache des § 17 EStG, da § 39 AO in dieser Hinsicht keine Aussage tätigt.[146] Der BFH[147] versteht unter wirtschaftlichem Eigentum eine aufgrund eines Rechtsgeschäfts geschützte Rechtsposition des wirtschaftlichen Eigentümers auf den dinglichen Erwerb eines Rechts, die dem Erwerber gegen seinen Willen nicht mehr entzogen werden kann. Diese Rechtsposition umfasst die mit den Anteilen verbundenen wesentlichen Rechte sowie das Risiko einer Wertminderung und die Chance einer Wertsteigerung. Alle drei Voraussetzungen (geschützte Rechtsposition, wesentliche Gesellschafterrechte, Risiko von Wertänderungen des Geschäftsanteils) müssen demnach kumulativ beim wirtschaftlichen Eigentümer vorliegen.

---

139 *Schmidt/Weber-Grellet*, EStG, § 17 Rz. 23 f.; *Frotscher*, EStG, § 17 Rn. 21; *Jäschke* in Lademann/Söffing/Brockhoff, EStG, § 17 Rz. 64; *Ebling* in Blümich, EStG, § 17 Rz. 72; *Heuer* in *Herrmann/Heuer/Raupach*, EStG, § 17 EStG, Anm. 123; ebenso: *Wendt*, AktStR 1998, 301, 303; *Schweyer/Dannecker*, BB 1999, 1732.

140 *Saß*, DB 2000, 1252 mit Bezug auf das EuGH-Urteil v. 13.4.2000, DB 2000, 1056.

141 Dazu: *Schulte*, DB 2000, 1043, 1044 f.; *Friauf*, DB 1995, Beilage 8, S. 4 f. m.w.N.

142 BFH-Urteil v. 25.11.1997, BStBl. II 1998, 257, 258.

143 *Strahl* in Korn/Carlé/Stahl/Strahl, EStG, § 17 Rz. 30.

144 Zuletzt: BFH-Urteil v. 21.10.1999, FR 2000, 387.

145 *Tipke/Kruse*, § 39 AO Tz. 1; *Crezelius* in Festschrift für Carsten Peter Claussen, 1997, S. 621, 630.

146 BFH-Urteil v. 25.11.1997, BStBl. II 1998, 257, 260.

147 BFH-Urteil v. 10.3.1988, BStBl. II 1988, 832.

C. Würdigung

Vergleicht man die Diskussion zur Behandlung ähnlicher Beteiligungen mit der Diskussion um die Ermittlung der bis 1996 existierenden Bagatellgrenze[148], so kam es im Falle des § 17 EStG für die Berechnung der Bagatellgrenze darauf an, ob die innerhalb eines Veranlagungszeitraums veräußerten Anteile insgesamt mehr als 1 v.H. des Kapitals der Gesellschaft ausmachten. Entscheidend ist demnach, dass der Nennwert der innerhalb eines Veranlagungszeitraums aus dem Privatvermögen veräußerten Anteile 1 v.H. des Nennwertes des Grund- oder Stammkapitals überstieg. Auch hier wurde auf die nominelle Beteiligung am Grund- oder Stammkapital abgestellt.

Die Problematik von verdecktem Eigenkapital lässt sich sehr gut an den begrifflichen Abgrenzungsschwierigkeiten festmachen, denn es wird sehr häufig zwischen verdecktem Eigenkapital und verdecktem Nennkapital kein Unterschied gemacht.[149] Zusammenfassend kann gesagt werden, dass weder verdecktes Eigen- noch Nennkapital für die Begründung einer ähnlichen Beteiligung i.S.v. § 17 Abs. 1 S. 3 EStG entscheidend sein kann, da es sich eben gerade nicht um Nominalkapital der Gesellschaft handelt. Zudem werden durch ein derartiges Kapital keine Gesellschafterrechte gewährt.

Auch die schrittweise Herabsetzung der „Wesentlichkeitsgrenze" führte zu keiner Veränderung der Abgrenzungsproblematik der ähnlichen Beteiligungen i.S.v. § 17 Abs. 1 S. 3 EStG, denn so hat sich zwar die grundsätzliche Besteuerungsidee des § 17 EStG verändert (qualifizierte Beteiligung[150] mit Vergleichbarkeit zum Mitunternehmer hin zu einer „Bagatellbeteiligung" von 1 v.H.), nicht aber die begriffliche Definition für die ähnlichen Beteiligungen mit der Abgrenzung über die Nominalkapitalbeteiligung. Zudem sind auch die Ausnahmen, wie die Genussrechte und Anwartschaften, erhalten geblieben.

Ebenso vermag § 39 AO die entscheidende Frage, ob eine ähnliche Beteiligung i.S.v. § 17 Abs. 1 S. 3 EStG vorliegt, nicht zu lösen, denn dies obliegt ausschließlich § 17 EStG.[151] § 39 Abs. 2 Nr. 2 AO ist lediglich eine Zurechnungsvorschrift für Wirtschaftsgüter und keine Vorschrift der Einkommensermittlung.[152]

Abschließend kann gesagt werden, dass zur einfachen Handhabung des § 17 EStG sowie der zivilrechtlichen Auslegung des Begriffs Beteiligung für den Bereich der ähnlichen Beteiligungen i.S.v. § 17 Abs. 1 S. 3 EStG nur Beteiligungsformen in

---

[148] *Schneider* in Kirchhof/Söhn, EStG, § 17 Rdnr. A207; *Hörger* in *Littmann/Bitz/Pust*, EStG, § 17, RZ. 41 ff.

[149] Für viele: *Haug*, DStZ 1987, 287, 288.

[150] Dazu ausführlich: *Schneider* in Kirchhof/Söhn, EStG, § 17 Rdnr. A520 ff.

[151] *Wendt*, AktStR 1998, 301, 304.

[152] *Schellenberger*, DStR 1985, 163, 167.

Frage kommen, die auch eine Beteiligung am Nominalkapital und damit verbundene Gesellschaftsrechte zum Inhalt haben.

Als **Ausnahme** von dieser Regel müssen die in § 17 Abs. 1 S. 3 EStG gesondert erwähnten Genussrechte und Anwartschaften betrachtet werden, da hier keine Beteiligung am Nominalkapital vorliegt. Im Falle der Genussrechte liegt eigentlich eine reine Vermögensbeteiligung vor, da sie im Normalfall lediglich eine Beteiligung am Gewinn und/oder Liquidationserlös vermitteln. Anwartschaften stellen eine gesicherte rechtliche Position auf den Erwerb von Anteilen dar, sind selbst aber nicht als direkter Anteil an einer Kapitalgesellschaft qualifizierbar. Im Rahmen der ähnlichen Beteiligungen i.S.v. § 17 Abs. 1 S. 3 EStG muss zusätzlich eine Abgrenzung bezüglich „ähnlicher Genussrechte" und „ähnlicher Anwartschaften" vorgenommen werden, da sich der Begriff der ähnlichen Beteiligung auf alle in § 17 Abs. 1 S. 3 EStG geregelten Varianten bezieht.

Die folgenden Teilbereiche dieser Arbeit befassen sich mit der bisher existierenden Kasuistik der „ähnlichen Beteiligungsformen" des § 17 Abs. 1 S. 3 EStG. Zudem werden neuere Konstellationen auf ihre mögliche Qualifikation als ähnliche Beteiligung überprüft. Dabei nicht untersucht werden – da ähnlich zu behandeln wie Anteile an einer GbR (als Mitunternehmerschaft) – Anteile an Genossenschaften (§§ 1 ff. GenG), Versicherungsvereinen auf Gegenseitigkeit (§§ 15 bis 53 VAG) sowie die Anteile eines persönlich haftenden Gesellschafters einer KGaA[153]. Keine dieser Gestaltungsformen kann nach h.M.[154] eine ähnliche Beteiligung i.S.v. § 17 Abs. 1 S. 3 EStG begründen, was m.E. auch richtig ist.

[153] Zur steuerlichen Behandlung der KGaA: *Bogenschütz* in Festschrift für Siegfried Widmann, S. 163 ff.

[154] *Schmidt/Weber-Grellet*, EStG, § 17 Rz. 23; *Frotscher*, EStG, § 17 Rn. 21; *Jäschke* in Lademann/Söffing/Brockhoff, EStG, § 17 Rz. 64, *Ebling* in Blümich, EStG, § 17 Rz. 72; *Heuer* in *Herrmann/Heuer/Raupach*, EStG, § 17 EStG, Anm. 123.

Dritter Teil: „Ähnliche Kapitalgesellschaften" und „ähnliche Beteiligungen"

Ähnliche Beteiligungen i.S.d. § 17 Abs. 1 S. 3 EStG können sich, laut BFH[1] und der h.M.[2], sowohl auf ähnliche Kapitalgesellschaften als auch auf ähnliche Anteile beziehen. Grundsätzlich stellt die ähnliche Beteiligung demnach eine mögliche Ausprägung der „wesentlichen Beteiligung" i.S.d. § 17 EStG dar.

Eine andere Sichtweise, die aber letztendlich zum gleichen Ergebnis führt, wird zum Teil in den Kommentaren zum EStG[3] vertreten. Es entspräche nicht dem Wortlaut des § 17 Abs. 1 S. 3 EStG, nach „ähnlichen Kapitalgesellschaften" und/oder „ähnlichen Anteilen" zu differenzieren. Insgesamt dürfe es sich nur um ähnliche Beteiligungen handeln, wobei diese von Kapitalgesellschaften, die dem § 1 Abs. 1 Nr. 1 KStG zuzuordnen sind, stammen müssen.[4] Im weiteren Gang der Arbeit wird allerdings an der grundsätzlichen Unterscheidung des BFH-Urteils vom 19.5.1992[5] festgehalten.

Ähnliche Beteiligungen i.S.d. § 17 Abs. 1 S. 3 EStG beziehen sich nicht nur, wofür der Wortlaut sprechen könnte, auf den im Gesetzeswortlaut vorangehenden Begriff „Genussscheine", sondern so *Hörger*[6], auch auf die übrigen Anteile an einer Kapitalgesellschaft wie Aktien und Anteile an einer GmbH.[7] Demnach können laut § 17 EStG den Anteilen an einer Kapitalgesellschaft nur solche Beteiligungen „ähnlich" sein, die wichtige Übereinstimmungen mit den Anteilen an einer Kapitalgesellschaft haben.[8] Somit müssen die wichtigsten Merkmale, wie freie Übertragbarkeit oder Beteiligung am Nominalkapital, vorhanden sein[9]. Dadurch bleibt die „Öffnungsklausel" in Form der ähnlichen Beteiligungen überschaubar.[10] Grundsätzlich müssen die fraglichen Beteiligungsformen vergleichbare Gesellschafterrechte und Gesellschafterpflichten vermitteln.[11] Des weiteren kann nach Auffassung von *Ehlers*[12] eine ähnliche Beteiligung nur dann vorliegen, wenn

---

1 BFH-Urteil v. 19.5.1992, BStBl. II 1992, 902.

2 *Schmidt/Weber-Grellet*, EStG, § 17 Rz. 23 f.; *Frotscher*, EStG, § 17 Rn. 21; *Jäschke* in Lademann/Söffing/Brockhoff, EStG, § 17 Rz. 64; *Ebling* in Blümich, EStG, § 17 Rz. 72; *Heuer* in *Herrmann/Heuer/Raupach*, EStG, § 17 EStG, Anm. 123.

3 *Hörger* in *Littmann/Bitz/Pust*, EStG, § 17, RZ. 12.

4 Offen gelassen bei: *Schneider* in Kirchhof/Söhn, EStG, § 17 Rdnr. B103.

5 BStBl. II 1992, 902.

6 *Hörger* in *Littmann/Bitz/Pust*, § 17 EStG, RZ. 12.

7 So schon: *Strutz*, Kommentar zum EStG 1925, § 30 Anm. 33; *Frotscher*, EStG, § 17 Rn. 23.

8 NJW 1993, Heft 6, 415, 416.

9 *Ehlers*, AktStR 1998, 307, 308 m.w.N.

10 *Schweyer/Dannecker*, BB 1999, 1732, 1734.

11 *Schneider* in Kirchhof/Söhn, EStG, § 17 Rdnr. B104; *Schmidt/Weber-Grellet*, EStG, § 17 Rz. 26; *Strahl* in Korn/Carlé/Stahl/Strahl, EStG, § 17 Rz. 32.

12 *Ehlers*, AktStR 1998, 307, 308.

sie dem Anteil eines Mitunternehmers an einer Personengesellschaft entspricht und damit mit dessen Einflussmöglichkeiten[13] vergleichbar ist.[14]

Hinzuweisen ist auf die unterschiedlich weite Auslegung der Definition „Kapitalgesellschaft" i.S.v. § 17 Abs. 1 S. 3 EStG in Literatur[15] und Rechtsprechung[16] bezüglich des Typenvergleichs. Die Literatur begrenzt den durch § 17 Abs. 1 S. 3 EStG gedeckten Bereich auf § 1 Abs. 1 Nr. 1 KStG. Die Rechtsprechung hingegen zieht im Rahmen des Typenvergleichs die unter § 1 Abs. 1 Nrn. 1 bis 4 KStG fallenden Gesellschaften heran. Demzufolge besteht hier eine gewisse Diskrepanz in der Anwendbarkeit des § 1 KStG für § 17 EStG. M.E. kann allerdings nur der Sichtweise der Literatur gefolgt werden, denn § 17 Abs. 1 S. 3 EStG bezieht sich ausschließlich auf Kapitalgesellschaften und diese sind in § 1 Abs. 1 Nr. 1 KStG abschließend geregelt. Nicht unter den Begriff der Kapitalgesellschaft i.S.d. § 17 Abs. 1 S. 3 EStG fallen damit alle anderen Körperschaftsteuersubjekte. Ein möglicher Grund für diese unterschiedliche Auslegung könnte darin liegen, dass sich die Rechtsprechung in ihren bisherigen Urteilen vielleicht eher auf die allgemeine Körperschaftsteuerpflicht von ausländischen Gesellschaften bezieht als auf eine konkrete Tatbestandsbeurteilung des § 17 Abs. 1 S. 3 EStG. Eine abschließende Klärung dieser Frage ist allerdings nicht möglich.

Zusammenfassend muss vorab festgehalten werden, dass die denkbaren Subsumtionsmöglichkeiten als ähnliche Beteiligungen i.S.v. § 17 Abs. 1 S. 3 EStG generell in zwei Bereiche zu unterscheiden sind. Dies sind zum einen die echten Beteiligungen an „ähnlichen Kapitalgesellschaften", d.h. den deutschen Kapitalgesellschaften vergleichbare Gebilde bzw. noch nicht endgültig errichtete Kapitalgesellschaften. Zum anderen sind ähnliche Beteiligungsformen im Vergleich zu den in § 17 EStG genannten Arten zu durchleuchten, wobei hier insbesondere auf die eingeräumten Rechte und Pflichten ausschlaggebend sind.

---

13 BFH-Urteil v. 21.12.1993, BStBl. II 1994, 648.

14 Ebenso: *Frotscher*, EStG, § 17 Rn. 23; *Heuer* in *Herrmann/Heuer/Raupach*, EStG, § 17 EStG, Anm. 123.

15 *Frotscher*, EStG, § 17 Rn. 21; *Jäschke* in Lademann/Söffing/Brockhoff, EStG, § 17 Rz. 56; *Ebling* in Blümich, EStG, § 17 Rz. 60; *Züll*, Die Einkommensteuer bei der Veräußerung wesentlicher Beteiligungen, S. 25.

16 BFH-Urteil v. 23.2.1992, BStBl. II 1992, 972; BFH-Urteil v. 19.3.1996, BStBl. II 1996, 312.

§ 5 „Ähnliche Kapitalgesellschaften"

A. Vorgesellschaft

I. Sichtweise von Literatur, Finanzverwaltung und Rechtsprechung

1. Zivilrechtliche Beurteilung

Im Rahmen der Gründung von Kapitalgesellschaften existieren im zivil- und steuerrechtlichen Sprachgebrauch unterschiedliche Bezeichnungen für die einzelnen Gründungsstadien.[17, 18] Mit „Vorgesellschaft" sei im folgenden das Stadium nach der sog. „Vorgründungsgesellschaft"[19], d.h. das Stadium vor Eintragung in das Handelsregister, definiert.[20] In Rechtsprechung[21] und Literatur[22] finden sich davon durchaus abweichende Begriffe.[23]

Auffallend sind zunächst einmal die dürftigen gesetzlichen Regelungen im Gesellschaftsrecht, da § 41 AktG und § 11 GmbHG z.B. nur wenig Aussagekraft besitzen.[24] Die Vorgründungsgesellschaft[25] wird zivilrechtlich als Personengesellschaft[26] behandelt und ist mit der Vorgesellschaft nicht identisch.[27] Zwischen Vorgesellschaft und der (eingetragenen) Kapitalgesellschaft soll hingegen Identität bestehen, da die Kapitalgesellschaft die Rechtsnachfolge der Vorgesellschaft antritt.[28, 29] Unter einer Vorgesellschaft ist der durch den Abschluss des Gesellschaftsvertrages (§ 2 GmbHG, § 23 AktG) entstandene bis zur Eintragung

---

[17] BFH-Urteil v. 8.11.1989, BStBl. II, 1990, 91, 92.

[18] *Ebling* in Blümich, EStG, § 17 Rz. 72; *Bilsdorfer*, GmbHR 1980, 300, 30; *Crezelius*, DStR 1987, 743, 749 in Fußnote 112; *Klose*, Die Gründung der GmbH zwischen Gesellschafts- und Steuerrecht, 1995, S. 77 f.

[19] Dazu: *Kreft*, Steuerrecht schnell erfasst, S. 176 f.; *Peetz*, GmbHR 2000, 1083.

[20] *Pauka*, NWB Fach 4, 4467, 4478; *Wassermeyer W.*, DStR 1991, 734; *Priester*, GmbHR 1995, 481 ff.; *Haack*, NWB Fach 18, 3961; genau umgedreht im Urteil des FG Münster v. 18.5.1988, EFG 1988, 651.

[21] BFH-Urteil v. 20.10.1982, BStBl. II 1983, 247; BFH-Urteil v. 8.11.1989, BStBl. II 1990, 91, 92.

[22] *Hörger* in *Littmann/Bitz/Pust*, EStG, § 17, RZ. 12; *Schuster*, Die steuerliche Behandlung der Gründung von Aktiengesellschaften, Gesellschaften mit beschränkter Haftung und eingetragenen Genossenschaften, 1964, S. 1 ff.; *Heckmann*, DB 1976, 980.

[23] *Gosch* in Kirchhof, EStG § 17, Rn. 42.

[24] *Huber* in Festschrift für Robert Fischer, 1979, S. 263; *Hueck* in Festschrift 100 Jahre GmbH-Gesetz, S. 127, 133 f.; *Baumgartner*, Die Vorgesellschaft der Aktiengesellschaft im Steuerrecht, 1972, S. 30.

[25] Ausführlich dazu: *Klose*, Die Gründung der GmbH zwischen Gesellschafts- und Steuerrecht, S. 31 ff.

[26] Zur gleichgerichteten steuerlichen Behandlung: *Schuster*, Die steuerliche Behandlung der Gründung von Aktiengesellschaften, Gesellschaften mit beschränkter Haftung und eingetragenen Genossenschaften, S. 47 ff.

[27] *Crezelius*, DStR 1987, 743; *Priester*, GmbHR 1995, 481, 482; *Kreft*, Steuerrecht schnell erfasst, S. 176 f.

[28] Zuletzt: FG Niedersachsen v. 8.2.2001, DStRE 2001, 1048 m.w.N.

[29] *Wassermeyer W.*, DStR 1991, 734.

der Gesellschaft fortbestehende gesamthänderische Personenverband der Gründer zu verstehen.[30, 31] Damit ist die Gesellschaft für das Gründungsstadium als sog. Vorgesellschaft „errichtet".[32] Das Stadium der Vorgesellschaft endet mit der Eintragung in das Handelsregister[33], sofern die Vorgesellschaft nicht umgewandelt, liquidiert oder gelöscht wird.[34]

a) Vorgesellschaftsarten

Für die spätere steuerliche Qualifikation der Vorgesellschaft ist es wichtig, verschiedene Arten von Vorgesellschaften zu unterscheiden.[35] Neben der echten und der unechten Vorgesellschaft (siehe unten) werden die Vorgesellschaft in Liquidation (VG i.L.)[36] sowie die fehlerhafte Vorgesellschaft[37] abgegrenzt.

Eine **echte Vorgesellschaft**[38] entsteht, wenn der Gesellschaftsvertrag ordnungsgemäß beschlossen und die Eintragung in das Handelsregister veranlasst worden ist.[39] Die Auffassung des BGH[40] betont bei der werbenden Vorgesellschaft die Eigenart und Nähe zur künftigen Kapitalgesellschaft sowie die relative Selbständigkeit der Vorgesellschaft.[41] Für die VG i.L., bei der die Fortsetzung der Tätigkeit gescheitert ist, sind allerdings die Regeln über Kapitalgesellschaften nicht mehr anwendbar, so dass eine persönliche Haftung der Gesellschafter die Folge ist.[42] Die neuere Sichtweise[43] vertritt die Meinung, die VG i.L. teilt die Rechtsnatur der echten Vorgesellschaft, da sie ausschließlich die Abwicklung laufender Geschäfte bezweckt.[44]

---

30 BFH-Urteil v. 8.11.1989, BStBl. II, 1990, 91, 92.

31 *Huber* in Festschrift für Robert Fischer, S. 263, 270; *Bilsdorfer*, GmbHR 1980, 300; *Crezelius*, DStR 1987, 743, 744; *Priester*, GmbHR 1995, 481.

32 *Hueck* in Festschrift 100 Jahre GmbH-Gesetz, 1992, S. 127, 131; *Klose*, Die Gründung der GmbH zwischen Gesellschafts- und Steuerrecht, S. 78.

33 *Schuster*, Die steuerliche Behandlung der Gründung von Aktiengesellschaften, Gesellschaften mit beschränkter Haftung und eingetragenen Genossenschaften, S. 23.

34 *Schmidt K.*, GmbHR 1987, 77, 78.

35 *Bilsdorfer*, GmbHR 1980, 300, 301.

36 Ausführlich: *Wallner*, GmbHR 1998, 1168 ff.; *Klose*, Die Gründung der GmbH zwischen Gesellschafts- und Steuerrecht, S. 115 ff.; zu zivilrechtlichen Folgen: *Huber* in Festschrift für Robert Fischer, S. 263, 294.

37 Ausführlich: *Klose*, Die Gründung der GmbH zwischen Gesellschafts- und Steuerrecht, S. 129 f.

38 Zum früheren Meinungsstand: *Schuster*, Die steuerliche Behandlung der Gründung von Aktiengesellschaften, Gesellschaften mit beschränkter Haftung und eingetragenen Genossenschaften, S. 24 ff.

39 *Peetz*, Kommentar zum Urteil des FG Berlin v. 29.5.2000, GmbHR 2000, 837.

40 BGH-Urteil v. 24.10.1968, BGHZ 51, 30.

41 Dazu: *Peetz*, GmbHR 2000, 1083 m.w.N.

42 *Huber* in Festschrift für Robert Fischer, S. 263, 294 f.; *Crezelius*, DStR 1987, 743, 746 mit Verweis auf BGH-Urteil v. 24.10.1968, BGHZ 51, 30, 34; ebenso: *Wallner*, GmbHR 1998, 1169, 1173; a.A.: FG Berlin v. 29.5.2000, GmbHR 2000, 834.

43 Für viele: *Peetz*, GmbHR 2000, 1083, 1084 f. m.w.N. und ausführlichen Begründungen.

44 *Klose*, Die Gründung der GmbH zwischen Gesellschafts- und Steuerrecht, S. 121.

Von einer **unechten Vorgesellschaft**[45] wird hingegen gesprochen, wenn die Gründungsgesellschafter zwar den Gesellschaftsvertrag abgeschlossen haben, dies jedoch ohne die Absicht die Eintragung ernsthaft zu betreiben.[46] Gleiches gilt, wenn die Eintragung in das Handelsregister zwar angemeldet ist, aber aufgrund von Schwierigkeiten oder Hindernissen (wie z.B. Streitigkeiten, Erbfall, falscher Gesellschaftsvertrag usw.) nicht mehr weiterverfolgt wird bzw. werden kann[47], die werbende Tätigkeit aber dennoch fortgesetzt wird.[48] Es ist umstritten, ob die unechte Vorgesellschaft wie eine GbR bzw. OHG zu behandeln ist.[49] Der innere Grund für die Qualifikation als Personengesellschaft ist u.a., dass die Sonderbehandlung der Vorgesellschaft „wie eine Kapitalgesellschaft" nur dann zu rechtfertigen ist[50], wenn sie als Durchgangsstadium zur vollgültigen juristischen Person gedacht ist.[51] Genau dieses Ziel wird bei der unechten Vorgesellschaft nicht erreicht. Damit tritt nach Auflösung der echten Vorgesellschaft das personalistische Element in den Vordergrund und die auf die Errichtung der juristischen Person gerichteten Momente können nicht mehr wirksam werden.[52] Die fehlerhafte Vorgesellschaft ist wie die unechte Vorgesellschaft zu behandeln, da die Fehlerhaftigkeit eine Änderung des ursprünglichen Rechtskleides rechtfertigt, wenn der Wille zur Gründung der Kapitalgesellschaft nicht mehr vorhanden ist.[53]

Problematisch ist dabei allerdings der Zeitpunkt der Umgründung.[54] Aufgrund der Tatsache, dass die Eintragung nicht mehr verfolgt wird bzw. die Eintragung von Anfang an nicht beabsichtigt war, muss der Zeitpunkt der Entstehung der unechten Vorgesellschaft kasuistisch erfolgen.[55] Mit Schwierigkeiten verbunden ist auch eine mögliche Rückumwandlung der unechten Vorgesellschaft in eine echte Vorgesellschaft, da dies nur in Form der Liquidation und Einzelrechtsnachfolge geschehen kann. Demnach ist eine identitätswahrende steuerliche Umwandlung ebenfalls nicht möglich.[56]

---

[45] *Schuster*, Die steuerliche Behandlung der Gründung von Aktiengesellschaften, Gesellschaften mit beschränkter Haftung und eingetragenen Genossenschaften, S. 37 ff.

[46] *Bilsdorfer*, GmbHR 1980, 300, 301.

[47] *Baumgartner*, Die Vorgesellschaft der Aktiengesellschaft im Steuerrecht, S. 192 f.; ebenso: *Klose*, Die Gründung der GmbH zwischen Gesellschafts- und Steuerrecht, S. 121.

[48] *Crezelius*, DStR 1987, 743, 746.

[49] Bejahend: *Bilsdorfer*, GmbHR 1980, 300, 301 und 303; *Kreft*, Steuerrecht schnell erfasst, S. 176; *Peetz*, GmbHR 2000, 1083, 1084 m.w.N.; a.A.: *Klose*, Die Gründung der GmbH zwischen Gesellschafts- und Steuerrecht, S. 129, der auch die unechte Vorgesellschaft als Körperschaftsteuersubjekt gem. § 1 Abs. 1 Nr. 5 KStG sieht.

[50] *Bilsdorfer*, GmbHR 1980, 300, 301.

[51] *Crezelius*, DStR 1987, 743, 746; ähnlich: *Hueck* in Festschrift 100 Jahre GmbH-Gesetz, S. 127, 147.

[52] *Wallner*, GmbHR 1998, 1169 .

[53] Ausführlich: *Klose*, Die Gründung der GmbH zwischen Gesellschafts- und Steuerrecht, S. 115 f. und S. 129 ff.; ebenso: *Wallner*, GmbHR 1998, 1168, 1170.

[54] *Klose*, Die Gründung der GmbH zwischen Gesellschafts- und Steuerrecht, S. 121.

[55] *Hachenburg/Ulmer*, GmbHG, § 11 Rn. 19 m.w.N.

[56] *Baumgartner*, Die Vorgesellschaft der Aktiengesellschaft im Steuerrecht, S. 227.

b) Zweck der Vorgesellschaft

Sowohl die echte als auch die unechte Vorgesellschaft stellen einen Zusammenschluss von Personen dar, die das Ziel verfolgen, die errichtete Gesellschaft mit Rechtsfähigkeit auszustatten.[57] Durch den Gesellschaftsvertrag gem. § 2 Abs. 1 GmbHG bzw. § 23 AktG schließen sich die Gründer der künftigen Kapitalgesellschaft zu einer Gesellschaft zusammen, rufen deren Organisation ins Leben und verpflichten sich zur Leistung der Stammeinlage.

Der Zweck der Vorgesellschaft liegt in der Eintragung der Kapitalgesellschaft in das Handelsregister sowie der damit verbundenen Verleihung der Rechtsfähigkeit begründet (§ 13 Abs. 1 GmbHG, § 41 AktG).[58] Als notwendiges Durchgangsstadium bzw. Vorstufe[59] zur Kapitalgesellschaft liegt die Funktion der Vorgesellschaft in der detaillierten Regelung des Innen- und Außenverhältnisses.[60] Detaillierte Angaben zu konkreten Ausgestaltungen und Aktivitäten der Gesellschafter im Rahmen der Vorgesellschaft finden sich bei *Priester*[61]. I.E. ist der Zweck der Vorgesellschaft grundsätzlich deckungsgleich mit dem der voll errichteten Kapitalgesellschaft.[62]

Der Rechtscharakter einer Gesellschaft bestimmt sich jedoch nicht nach dem verfolgten Zweck, sondern danach, wie die Rechtsbeziehungen der Gesellschaft im Außenverhältnis gegenüber Dritten und im Innenverhältnis gegenüber den Gesellschaftern ausgestaltet sind.[63] Insoweit muss im folgenden eine genauere zivilrechtliche Analyse der Vorgesellschaft erfolgen.

c) Voraussetzungen für die Anerkennung als Kapitalgesellschaft

Die gesetzlichen Regelungen für die GmbH (§ 11 Abs. 1 GmbHG) und die AG (§ 41 Abs. S. 1 AktG) enthalten lediglich eine negative Tatbestandsmerkmalsabgrenzung, worin zum Ausdruck kommt, dass die juristische Person vor der Registereintragung „als solche" nicht besteht.[64] Die positive Ordnung der Gründungsverhältnisse wollte der Gesetzgeber der Rechtsprechung und Wissenschaft zur Klärung überlassen.[65]

In der Wissenschaft haben sich dabei insbesondere zwei gegensätzliche Theorien – Identitäts- bzw. Trennungstheorie – herauskristallisiert, welche sowohl für die

---

57 *Baumgartner*, Die Vorgesellschaft der Aktiengesellschaft im Steuerrecht, S. 10.

58 *Klose*, Die Gründung der GmbH zwischen Gesellschafts- und Steuerrecht, S. 78; *Peetz*, Kommentar zum Urteil des FG Berlin v. 29.5.2000, GmbHR 2000, 837, 838.

59 BGH-Urteil v. 9.10.2003, Haufe-Index 1059042.

60 *Hueck* in Festschrift 100 Jahre GmbH-Gesetz, S. 127, 133; *Priester*, GmbHR 1995, 481, 486.

61 *Priester*, GmbHR 1995, 481.

62 *Schmidt K.*, GmbHR 1987, 77, 79.

63 *Wallner*, GmbHR 1998, 1168, 1170; ausführlich zu den Rechten und Pflichten: *Schmidt K.*, GmbHR 1987, 77, 79 f.

64 *Hueck* in Festschrift 100 Jahre GmbH-Gesetz, S. 127, 136 m.w.N.

65 *Hüffer*, AktG, 1993, § 41 Rz. 2.

zivilrechtliche als auch eingeschränkt für die steuerliche Qualifikation der Vorgesellschaft Bedeutung haben.[66] Beiden Theorien liegt die bedeutende Frage nach Einheit oder Trennung im Verhältnis der Vorgesellschaft zur endgültig entstandenen Kapitalgesellschaft zugrunde. Dabei ist zu klären, ob Vorgesellschaft und fertig errichtete Kapitalgesellschaft nur Stadien desselben, als Einheit zu denkenden Personenverbandes darstellen, oder ob sie getrennt, d.h. als voneinander unterschiedliche Organisationen zu betrachten sind.[67] I.E. geht es demnach um die Qualifikation als Kapital- oder Personengesellschaft.[68]

Die Kernthesen der vorherrschenden[69] Identitätstheorie bestehen aus der Existenz der Kapitalgesellschaft bereits vor ihrer Eintragung und die Identität der Gesellschaft vor bzw. nach der Eintragung.[70] Aus den vorher genannten Gründen ergibt sich schließlich die Tatsache, dass alle Rechte und Pflichten der Vorgesellschaft – die bereits Träger von solchen sein konnte[71] – im Zeitpunkt der Eintragung ohne Rechtsübergang zu Rechten und Pflichten der juristischen Person werden.[72] Die Identitätstheorie besagt daher, dass alle Rechte und Pflichten, die im Namen der AG oder GmbH von der Vorgesellschaft begründet wurden, ohne Übertragungsakt auf die Kapitalgesellschaft nach der Eintragung übergehen.[73] Die Vorgesellschaft wird trotz der fehlenden Eintragung ins Handelsregister auch bezüglich Gewinn und Vermögen vom Steuerrecht bereits als Steuersubjekt anerkannt.[74] Dabei kam das sog. Vorbelastungsverbot zum Tragen.[75]

Heckmann[76] beurteilt die Identitätstheorie kritisch. Er spricht in diesem Zusammenhang von einer Reduktion auf „Teilidentitäten". Eine Identität zwischen Vorgesellschaft und eingetragener juristischer Person bestehe nicht schon dann, wenn eine Übereinstimmung in Substanz und Organisation vorhanden sei oder ein Einsatz gleicher Mittel erfolge.

Aus Sicht der Trennungstheorie[77] sind Vorgesellschaft und die volljuristische rechtsfähige Kapitalgesellschaft als unterschiedliche Gesellschaften zu betrachten,

---

[66] *Schuster*, Die steuerliche Behandlung der Gründung von Aktiengesellschaften, Gesellschaften mit beschränkter Haftung und eingetragenen Genossenschaften, S. 32 ff.; *Hueck* in Festschrift 100 Jahre GmbH-Gesetz, S. 127, 139.

[67] *Hueck* in Festschrift 100 Jahre GmbH-Gesetz, S. 127, 138.

[68] Dazu: *Schmidt K.*, GmbHR 1987, 77, 79.

[69] So: *Hueck* in Festschrift 100 Jahre GmbH-Gesetz, S. 127, 141 ff. m.w.N.

[70] Ähnlich: *Crezelius*, DStR 1987, 743, 744.

[71] *Schmidt K.*, GmbHR 1987, 77, 81 f., ausgenommen sind die Rechte und Pflichten, die eine Eintragung der Gesellschaft voraussetzen.

[72] *Huber* in Festschrift für Robert Fischer, S. 263, 266; *Schmidt K.*, GmbHR 1987, 77, 78.

[73] *Baumgartner*, Die Vorgesellschaft der Aktiengesellschaft im Steuerrecht, S. 26; ebenso: *Priester*, GmbHR 1995, 481, 486.

[74] *Pauka*, NWB Fach 4, 4467, 4478; *Crezelius*, Steuerrecht II, S. 264.

[75] Siehe hierzu: *Hueck* in Festschrift 100 Jahre GmbH-Gesetz, S. 127, 149 f.

[76] *Heckmann*, DB 1976, 980 f. m.w.N.

[77] Dazu: *Baumgartner*, Die Vorgesellschaft der Aktiengesellschaft im Steuerrecht, S. 29.

wobei sie auf die negative Formulierung des Gesetzes (§ 11 GmbHG) Bezug nimmt. Im Aktienrecht ist man hingegen so direkt der Trennungstheorie nicht gefolgt.[78] Um den Übergang der Rechte und Pflichten von der nichtrechtsfähigen auf die rechtsfähige Vereinigung zu gewährleisten, muss ein Wechsel des Rechtsträgers erfolgen. Das bedeutet, dass keine Identität zwischen der Vorgesellschaft und der endgültigen Kapitalgesellschaft besteht und somit ein rechtlicher Wandel vollzogen werden muss. Lediglich einige gesetzlich geregelte Sondervorschriften gelten unmittelbar.[79]

Beide Lehren bestimmen – wenn auch mit ganz unterschiedlichem Sinn und Zweck – jedes Nachdenken über Vorbelastung und Kontinuität für gegenstandslos, weil für die einen beides als Abnormität und für die anderen beides als Banalität erscheint.[80] Beide Ansätze haben sich allerdings im Laufe der Zeit durch diverse Modifikationen aufeinander zu bewegt[81] (sog. modifizierte Folgetheorie) und liefern i.E. lediglich Ideen für die Einordnung der Vorgesellschaft.[82]

Mittlerweile ist man – aufgrund der Schwierigkeiten mit der direkten Anwendung der Identitätstheorie[83] – einen anderen Weg gegangen, indem man die Voraussetzungen für eine Kontinuität Schritt für Schritt überprüft. Erst dadurch gelangt man zu einem vollkommenen Kontinuitätsmodell. Dabei wird im Rahmen der Vorgesellschaft von einer Identität im Sinne einer vollständigen Kontinuität der Rechtsverhältnisse ausgegangen.[84] I.E. ist die Vorgesellschaft nach heutiger Erkenntnis weder eine Personengesellschaft noch eine voll gültige Kapitalgesellschaft. Es handelt sich nach überwiegender Meinung[85] vielmehr um eine Vorstufe zur fertigen Kapitalgesellschaft, die grundsätzlich bereits den Vorschriften juristischer Personen unterliegt[86] und als Gesellschaft „sui generis" zu bezeichnen ist.[87]

Eine Gesellschaft „sui generis" ist eine Gesellschaft eigener Art, d.h. dass keine der vom Gesellschaftsrecht vorgesehenen Typen den Anforderungen der Vorgesellschaft

---

78 *Hueck* in Festschrift 100 Jahre GmbH-Gesetz, S. 127, 133 und 139.

79 *Baumgartner*, Die Vorgesellschaft der Aktiengesellschaft im Steuerrecht, S. 29.

80 *Schmidt K.*, GmbHR 1987, 77, 78.

81 Dazu: *Schuster*, Die steuerliche Behandlung der Gründung von Aktiengesellschaften, Gesellschaften mit beschränkter Haftung und eingetragenen Genossenschaften, S. 35.

82 Siehe hierzu: *Klose*, Die Gründung der GmbH zwischen Gesellschafts- und Steuerrecht, S. 25 ff.

83 *Hueck* in Festschrift 100 Jahre GmbH-Gesetz, S. 127, 148 ff.

84 *Schmidt K.*, GmbHR 1987, 77, 78.

85 Für viele: *Wassermeyer* W., DStR 1991, 734, 735; *Hueck* in Festschrift 100 Jahre GmbH-Gesetz, S. 127, 148.

86 *Crezelius*, Steuerrecht II, S. 262 m.w.N.; *Baumgartner*, Die Vorgesellschaft der Aktiengesellschaft im Steuerrecht, S. 17 ff. mit Stand der Diskussion.

87 *Schuster*, Die steuerliche Behandlung der Gründung von Aktiengesellschaften, Gesellschaften mit beschränkter Haftung und eingetragenen Genossenschaften, S. 28; *Huber* in Festschrift für Robert Fischer, S. 263, 264; *Bilsdorfer*, GmbHR 1980, 300, 301; *Schmidt K.*, GmbHR 1987, 77, 79; *Hueck* in Festschrift 100 Jahre GmbH-Gesetz, S. 127, 145 ff.; *Peetz*, GmbHR 2000, 1083 m.w.N.

gerecht werden kann. Eigentlich widerspricht der Typenzwang des Gesellschaftsrechts einer Einordnung als Gesellschaft „sui generis". Allerdings sind bei restriktiver Anwendung Misch- und Übergangsformen erlaubt, zumal die Vorgesellschaft als solche gesetzlich nicht geregelt ist.[88] Damit sowohl die zivilrechtliche als auch die steuerliche Anerkennung[89] als Kapitalgesellschaft erfolgen kann, müssen grundsätzlich folgende Voraussetzungen erfüllt sein:[90]

Um aus der zunächst existierenden Vorgründungsgesellschaft in die Vorgesellschaft zu gelangen bedarf es des **Abschlusses des Gesellschaftsvertrages.**[91] Die Gesellschaft, d.h. die GmbH oder AG ist damit „errichtet".[92] Die Gründung muss zielorientiert durchgeführt werden, was bedeutet, dass selbst ein Mangel in der Form unerheblich ist, wenn die Gründer den Vertrag wirtschaftlich durchführen.[93] Durch den Abschluss des Gesellschaftsvertrages sind bereits die notwendigen Organe einer Kapitalgesellschaft einzuberufen sowie die Vorschriften über Satzungsänderungen zu berücksichtigen.[94]

Wenn die **Vorgesellschaft im Geschäftsverkehr** tätig wird und nach außen bereits als Kapitalgesellschaft auftritt[95], kann sie als Kapitalgesellschaft betrachtet werden.[96] Der von den Gründern durch Abschluss des Gesellschaftsvertrages gebildete Personenverband zeigt organisatorisch bereits wesentliche Züge der künftigen Kapitalgesellschaft, wenn er rechtlich für die spätere Kapitalgesellschaft tätig wird.[97] Unabhängig davon ist, ob die Vorgesellschafter persönlich und solidarisch haften (§ 11 Abs. 2 GmbHG).[98] Dieser Auffassung schließt sich auch der BFH[99] an. So will der BFH den Beginn der Körperschaftsteuerpflicht davon abhängig machen, ob bereits vor der Eintragung ein der späteren juristischen Person vergleichbares Gebilde besteht, welches sich wirtschaftlich betätigt.[100] Trotzdem darf die Vorgesellschaft den Zusatz „GmbH" oder „AG" nicht verwenden, denn das könnte zu einer Täuschung von Dritten führen.[101, 102] Die Vorgesellschaft kann „im Namen

---

88 *Klose*, Die Gründung der GmbH zwischen Gesellschafts- und Steuerrecht, S. 97 m.w.N.

89 *Klose*, Die Gründung der GmbH zwischen Gesellschafts- und Steuerrecht, S. 98 ff.

90 BFH v. 20.10.1982, BStBl. II 1983, 247, 248.

91 *Pauka*, NWB Fach 4, 4467, 4478.

92 *Klose*, Die Gründung der GmbH zwischen Gesellschafts- und Steuerrecht, S. 78.

93 BFH-Urteil v. 11.4.1973, BStBl. II 1973, 568, ebenso: *Streck*, 1997, KStG, § 1 Rz. 8.

94 Näheres dazu: *Schmidt K.*, GmbHR 1987, 77, 82 f.

95 *Hueck* in Festschrift 100 Jahre GmbH-Gesetz, S. 127, 132, mit Bezug auf die zivilrechtliche Seite.

96 BFH-Urteil v. 13.3.1981, BStBl. II 1981, 600, 601; FG Münster v. 18.5.1988, EFG 1988, 651.

97 *Huber* in Festschrift für Robert Fischer, S. 263, 267 f.; *Hueck* in Festschrift 100 Jahre GmbH-Gesetz, S. 127, 141; *Baumgartner*, Die Vorgesellschaft der Aktiengesellschaft im Steuerrecht, S. 45.

98 Ausführlich zur Haftungsproblematik: *Bilsdorfer*, GmbHR 1980, 300, 301 ff. m.w.N.

99 BFH-Urteil v. 11.4.1973, BStBl. II 1973, 568, 570.

100 Kritisch: *Schuster*, Die steuerliche Behandlung der Gründung von Aktiengesellschaften, Gesellschaften mit beschränkter Haftung und eingetragenen Genossenschaften, S. 56 f.

101 BFH-Urteil v. 11.4.1973, BStBl. II 1973, 568, 570.

102 *Huber* in Festschrift für Robert Fischer, S. 263, 295.

der Vorgesellschaft" oder „im Namen der künftigen Kapitalgesellschaft" tätig werden.[103] Verträge werden aber nicht im Namen unterschiedlicher Gesellschaften und schon gar nicht im Namen einer inexistenten Gesellschaft abgeschlossen. Vielmehr wird im ersten Fall mit sofortiger Wirkung und im anderen Fall unter einer aufschiebenden Bedingung kontrahiert.[104]

Die **Eintragung in das Handelsregister** ist der wesentliche Zweck der Vorgesellschaft, darum darf dieser grundsätzlich nicht gefährdet sein, damit die Vorgesellschaft als Körperschaft anerkannt werden kann.[105] Falls dieser Eintragung Hindernisse im Wege stehen, entsteht aus der echten eine unechte Vorgesellschaft. Erfolgt die Eintragung nicht und wandelt sich die echte Vorgesellschaft in eine Unechte, so wird häufig auch von der VG i.L.[106] gesprochen, da ab diesem Zeitpunkt häufig nur noch die Abwicklung zu regeln ist. Besser wäre es allerdings eine differenzierte Terminologie anzuwenden.[107] Erfolgt die Eintragung im Handelsregister, dann entsteht die Kapitalgesellschaft in Form der AG oder GmbH als solche. Gleichzeitig endet damit die (echte) Vorgesellschaft liquidationslos.[108] Letztendlich kann die Eintragung ins Handelsregister nur Indizwirkung haben, welche aber für die (spätere) Einordnung als Körperschaftsteuersubjekt keine Rolle spielt.[109]

Während des Stadiums der Vorgesellschaft verneint *Crezelius*[110] die Existenz von übertragbaren Kapitalgesellschaftsanteilen aus zivilrechtlicher Sicht.[111] Diese Sichtweise vertritt der BGH[112] nicht, denn die Abtretung zukünftiger Kapitalgesellschaftsanteile ist zulässig. So kann z.B. die Beteiligung an einer GmbH – im Gegensatz zur AG (§ 41 Abs. 4 S. 1 AktG) – schon im Vorfeld als künftige Beteiligung übertragen werden. Gültigkeit erhält die Abtretung dabei wiederum erst mit der Eintragung der Gesellschaft.[113] Die Abtretung bedarf allerdings der Schriftform des § 15 Abs. 3 GmbHG und wirkt erst nach der Eintragung[114] der Gesellschaft. Demnach kann ein neuer Vorgesellschafter nur durch eine entsprechende Änderung des Gesellschaftsvertrages in die werdende Kapitalgesellschaft eintreten.[115] I.E. existieren veräußerliche Geschäftsanteile.

---

[103] Dazu: *Huber* in Festschrift für Robert Fischer, S. 263, 271; *Schmidt K.*, GmbHR 1987, 77, 84.

[104] *Schmidt K.*, GmbHR 1987, 77, 84, a.A.: *Klose*, Die Gründung der GmbH zwischen Gesellschafts- und Steuerrecht, S. 98.

[105] BFH-Urteil v. 13.3.1981, BStBl. II 1981, 600, 601.

[106] Dazu: *Peetz*, GmbHR 2000, 1083, 1084.

[107] *Klose*, Die Gründung der GmbH zwischen Gesellschafts- und Steuerrecht, S. 115; ähnlich: BFH-Urteil v. 17.10.2001, DStRE 2002, 387.

[108] *Hüffer*, AktG, § 41 Rz. 16.

[109] *Klose*, Die Gründung der GmbH zwischen Gesellschafts- und Steuerrecht, S. 85.

[110] *Crezelius*, DStR 1987, 743, 745 m.w.N.

[111] A.A.: *Schmidt K.*, GmbHR 1987, 77, 82; allerdings mit einschränkenden Nachweisen.

[112] BGH-Urteil v. 12.7.1956, BGHZ 21, 242, 245; BGH-Urteil v. 16.2.1959, BGHZ 29, 300.

[113] *Döllerer*, StbJb 1981/82, 195, 199.

[114] Für die AG sogar gesetzlich geregelt in § 41 Abs. 4 S. 1 AktG.

[115] BGH-Urteil v. 12.7.1956, BGHZ 21, 242, 245 m.w.N.

Zivilrechtlich bleibt es bei der Entscheidung des BGH[116], dass die Abtretung zukünftiger Anteile rechtlich zulässig und möglich ist, auch wenn eine solche erst mit Eintragung der Gesellschaft wirksam wird.[117] Ursprung der zivilrechtlichen und somit auch einer „wesentlichen“ Beteiligung i.S.d. § 17 EStG ist die Gründung der Kapitalgesellschaft, denn erst dann existiert auch rechtlich die Beteiligung an der Gesellschaft.[118] Mittlerweile erkennt der BGH[119] auch die Insolvenzfähigkeit der Vorgesellschaft an.

Einen Schritt weiter geht *Schmidt K.*[120], der die Eintragung ins Handelsregister nicht als notwendiges Kriterium betrachtet, sondern eine Übertragung von „Voranteilen” auch dann zulässt, wenn ein notarieller, schriftlicher Vertrag vorliegt und eine solche Übertragungsmöglichkeit im Gesellschaftsvertrag geregelt ist bzw. alle Gesellschafter einer solchen Übertragung zustimmen.

2. Steuerliche Qualifikation der Vorgesellschaft

Im Unternehmenssteuerrecht stellen sich für die Vorgesellschaft aufgrund des Dualismus von Mitunternehmer- bzw. Körperschaftsbesteuerung[121] ähnliche Probleme wie im Gesellschaftsrecht.[122] Seit Inkrafttreten des ersten deutschen KStG 1920/1922 bemühen sich die Finanzgerichte, die Körperschaftsteuerpflicht der Kapitalgesellschaften des § 1 Abs. 1 Nr. 1 KStG auf die Periode der Gesellschaftsgründung auszuweiten.[123] Dabei soll es weder allein auf die zivilrechtliche Einordnung der Vorgesellschaft ankommen, noch kann dem sog. Autonomieansatz[124], der eine völlig getrennte Betrachtung von Zivil- und Steuerrecht als richtig erachtet, gefolgt werden. I.E. ist auf die sog. modifizierte Folgetheorie zurückzugreifen, die zum einen die Eigenständigkeit beider Rechtsgebiete berücksichtigt, zum anderen aber auch die Interdependenzen, die zwischen beiden Gebieten bestehen, nicht außer acht lässt.[125] Das Steuerrecht knüpft dabei grundsätzlich an das zeitlich vorangehende Zivilrecht an, wobei es bei der Verwendung zivilrechtlicher Begriffe an die Auslegung des Zivilrechts gebunden ist, wohingegen spezifische Steuerbegriffe frei und unabhängig vom Zivilrecht interpretiert werden können.[126]

---

[116] BGH-Urteil v. 12.7.1956, BGHZ 21, 242, 245; BGH-Urteil v. 16.2.1959, BGHZ 29, 300, 303.
[117] A.A.: *Schmidt K.*, GmbHR 1987, 77, 82.
[118] So schon: *Huber* in Festschrift für Robert Fischer, S. 263, 268 f.
[119] BGH-Urteil v. 9.10.2003, Haufe-Index 1059042.
[120] *Schmidt K.*, GmbHR 1987, 77, 82.
[121] Dazu: *Schuster*, Die steuerliche Behandlung der Gründung von Aktiengesellschaften, Gesellschaften mit beschränkter Haftung und eingetragenen Genossenschaften, S. 42 f.
[122] *Crezelius*, DStR 1987, 743, 749.
[123] *Heckmann*, DB 1976, 980.
[124] Siehe hierzu: *Tipke/Lang*, § 1 Abschn. 2.22.
[125] *Klose*, Die Gründung der GmbH zwischen Gesellschafts- und Steuerrecht, S. 23 ff.
[126] *Klose*, Die Gründung der GmbH zwischen Gesellschafts- und Steuerrecht, S. 145.

Aus der zivilrechtlich nicht genau begrenzten Gruppe der Kapitalgesellschaften hat § 1 Abs. 1 Nr. 1 KStG bewusst nur fünf (im Zivilrecht ausführlich geregelte) Gesellschaften herausgegriffen. Demnach befindet sich nach Auffassung von *Heckmann*[127] die nicht genannte Vorgesellschaft im steuerrechtsfreien Bereich. Die für einen Analogieschluss bedeutsame Untersuchung, ob im Verhältnis der Vorgesellschaft zur eingetragenen Gesellschaft eine Rechtsähnlichkeit zu finden sei, indem die Gleichheiten beider Gesellschaftsformen ihre Unterschiede überwiegen[128], erübrigt sich dabei. Nach seiner Ansicht verlangt gerade die Eigenart der Vorgesellschaft (Gesellschaft sui generis), dass sie zum Zwecke der Besteuerung auch eigens im Steuergesetz erwähnt wird, so dass durch die abschließende Aufzählung die analoge Anwendung des § 1 Abs. 1 Nr. 1 KStG ebenfalls ausgeschlossen sei.[129]

Sowohl die zivilrechtliche als auch die steuerliche Ausprägung der **echten Vorgesellschaft** zeigen, dass sie einer Kapitalgesellschaft näher steht als einer Personengesellschaft. Dennoch sollte nach Ansicht *Wassermeyers*[130] die Vorgesellschaft weder unter § 1 Abs. 1 Nrn. 1 bis 6 KStG erfasst werden, noch sollten die laufenden Einkünfte als Gewinnanteile der Gesellschafter gem. § 15 Abs. 1 Nr. 2 EStG versteuert werden. Allerdings schien die Anwendung des § 3 Abs. 1 KStG und die Einordnung als Personenvereinigung gerechtfertigt, da es für diese Einordnung zwei Gründe gab. Zum einen nahm die Vorgesellschaft bereits eine wirtschaftliche Betätigung nach außen auf und zum anderen wird durch die Eintragung ins Handelsregister lediglich die Rechtsfähigkeit der Gesellschaft geändert. Die Vereinigung als solche bleibt erhalten. Die Körperschaftsteuerpflicht der Vorgesellschaft konnte sich demnach nur aus § 3 Abs. 1 KStG ergeben, da die Vorgesellschaft ein nichtrechtsfähiges Rechtsgebilde ist und der BFH[131] die Anwendung des § 1 Abs. 1 Nr. 5 KStG für den Regelfall der Vorgesellschaft ausgeschlossen hat.[132] Nur § 3 KStG lässt einen Auffangtatbestand für eine Gesellschaft sui generis offen.[133] I.E. ist demzufolge die echte Vorgesellschaft nach den Regeln des KStG zu besteuern und als steuerliches Körperschaftssubjekt anzuerkennen. *Klose*[134] sprach sich ebenfalls für eine Subsumtion der echten Vorgesellschaft unter den körperschaftsteuerpflichtigen nichtrechtsfähigen Verein aus.[135]

---

[127] *Heckmann*, DB 1976, 980, 982.
[128] *Larenz*, Methodenlehre der Rechtswissenschaft, S. 356.
[129] Ebenso: *Klose*, Die Gründung der GmbH zwischen Gesellschafts- und Steuerrecht, S. 108.
[130] *Wassermeyer W.*, DStR 1991, 734, 735.
[131] BFH-Urteil v. 8.4.1960; BStBl. III 1960, 319.
[132] So aber: *Klose*, Die Gründung der GmbH zwischen Gesellschafts- und Steuerrecht, S. 110.
[133] So auch: *Baumgartner*, Die Vorgesellschaft der Aktiengesellschaft im Steuerrecht, S. 83 ff.
[134] *Klose*, Die Gründung der GmbH zwischen Gesellschafts- und Steuerrecht, S. 129.
[135] A.A.: *Crezelius*, Steuerrecht II, S. 263; *Schuster*, Die steuerliche Behandlung der Gründung von Aktiengesellschaften, Gesellschaften mit beschränkter Haftung und eingetragenen Genossenschaften, S. 77 ff., der die Einordnung offen lässt.

Die echte Vorgesellschaft wird nach heutiger Rechtsprechung[136] und Literaturmeinung[137] gem. § 1 Abs. 1 Nr. 1 KStG zum Körperschaftsteuersubjekt, wenn eine GmbH bzw. AG errichtet werden soll.[138] Dem steht auch nicht das BFH-Urteil vom 29.10.1986[139] entgegen, da es i.E. nicht auf die Zivilrechtsfähigkeit der Gesellschaft ankommen kann, wenn ein steuerlicher Sachverhalt zu klären ist. Damit ist die echte Vorgesellschaft als Kapitalgesellschaft zu qualifizieren. Mittlerweile ist auch durch die KStR[140] klargestellt worden, dass sich die Steuerpflicht der Kapitalgesellschaft bereits im Rahmen der Vorgesellschaft vollzieht. Dabei ist die echte Vorgesellschaft unter den abschließenden Katalog der Kapitalgesellschaften gem. § 1 Abs. 1 Nr. 1 KStG zu subsumieren. Hinzuweisen ist auch auf die in den KStR zitierten BFH-Urteile, aus denen sich zwar eine generelle Körperschaftsteuerpflicht der Vorgesellschaft ergibt, aber eine Einordnung in den Katalog des § 1 Abs. 1 KStG unterbleibt.

„Es ist unstreitig, dass im Rahmen der Vor-GmbH bereits Einkünfte erwirtschaftet werden können, die dann gegebenenfalls entsprechend den Regelungen des EStG und/oder des KStG zu ermitteln und zu versteuern sind."[141] Offen ist aber, ob die Vorgesellschaft gem. § 8 Abs. 2 KStG per se gewerbliche Einkünfte erzielt, da eine Buchführungspflicht nicht eindeutig abgeleitet werden kann. I.E. kann die Vorgesellschaft wohl alle sieben Einkunftsarten des § 2 Abs. 1 EStG erzielen, so dass die Vorgesellschaft sowohl Privat- als auch Betriebsvermögen bilden kann. Dadurch kommen bei der Vorgesellschaft selbst Einkünfte aus privaten Veräußerungsgeschäften – und damit auch § 17 EStG – in Frage.[142]

Auch kann die echte Vorgesellschaft im Gründungsstadium bereits einen Vorsteuerabzug geltend machen, da auch umsatzsteuerrechtlich die Identität mit der späteren Kapitalgesellschaft anerkannt wird.[143] Mittlerweile wird auch vom BFH[144] die Vorsteuerberechtigung der Vorgesellschaft anerkannt, denn sie dient lediglich dem Ziel der Errichtung der endgültigen Kapitalgesellschaft.[145]

---

136 BFH-Urteil v. 8.4.1960, BStBl. III 1960, 319; BFH-Urteil v. 20.10.1982, BStBl. II 1983, 247, 248.

137 *Streck*, KStG, § 1 Rz. 8; *Crezelius*, DStR 1987, 743, 749; für eine analoge Anwendung: *Streck*, BB 1972, 261, 263; *Wassermeyer W.*, DStR 1991, 734.

138 *Pauka*, NWB Fach 4, 4467, 4478.

139 BStBl. II 1987, 308, 310.

140 Abschn. 2 Abs. 3 KStR.

141 *Peetz*, GmbHR 2000, 1083.

142 Zum Meinungsstand: *Peetz*, GmbHR 2000, 1083, 1086 f.

143 FG Niedersachsen v. 8.2.2001, DStRE 2001, 1048 ff. auch mit abweichenden Meinungen; bestätigt durch BFH-Urteil v. 17.1.2002, DStRE 2002, 1257.

144 BFH-Beschluss v. 23.1.2002, BFH/NV 2002, 881.

145 Dazu auch: Huschens, NWB Fach 7, 5909, 5911.

Anders ist die **unechte Vorgesellschaft** zu beurteilen, da sie einerseits zwar als ein nichtrechtsfähiger Verein (§ 3 KStG) qualifiziert werden[146] und damit – genauso wie die echte Vorgesellschaft – körperschaftsteuerpflichtig sein könnte.[147] Andererseits könnte es sich auch um eine BGB-Gesellschaft (GbR) oder eine Mitunternehmerschaft (§ 15 EStG) handeln[148], weil es durch das Scheitern der Eintragung in das Handelsregister zu einer steuerlichen Umqualifizierung kommen müsste.[149]

Nach Ansicht von *Wassermeyer*[150] muss im Zeitpunkt des Scheiterns der Vorgesellschaft steuerlich eine Umqualifizierung erfolgen, obwohl bis dato die gescheiterte Vorgesellschaft auch der Körperschaftsteuer unterlag.[151] Ab der Qualifizierung als unechte Vorgesellschaft muss diese als Personengesellschaft i.S.d. § 15 Abs. 1 S. 1 Nr. 2 EStG behandelt werden.[152] Die formwechselnde Umwandlung der Vorgesellschaft in eine GbR oder in eine OHG aufgrund des Eintragungsverzichtes, wirkt nicht auf den Zeitpunkt des Abschlusses des notariellen Gesellschaftsvertrages zurück[153] (nicht ex tunc[154]), da die §§ 1 bis 3 KStG ausschließlich auf die Rechtsform abstellen. Das Ende der Körperschaftsteuerpflicht kann demnach erst dann erreicht sein, wenn die Gesellschaft das Merkmal der Personenvereinigung sui generis verliert.[155] Eine andere Sichtweise vertritt das FG Berlin[156], denn danach kann das Recht für Kapitalgesellschaften weiterhin nur dann angewendet werden, wenn unverzüglich eine Liquidation der Vorgesellschaft erfolgt.

Die Folgen für die Einstufung der unechten Vorgesellschaft als Personengesellschaft ex nunc[157] sind gravierend, denn die unechte Vorgesellschaft unterliegt nicht mehr der Körperschaftsteuer, sondern die jeweils beteiligten Gesellschafter unterliegen

---

[146] Kritisch: *Schuster*, Die steuerliche Behandlung der Gründung von Aktiengesellschaften, Gesellschaften mit beschränkter Haftung und eingetragenen Genossenschaften, S. 78 f.

[147] Ähnlich da kritisch gegenüber Mitunternehmerschaft: *Crezelius*, DStR 1987, 743, 750 mit Hinweis auf das BFH-Urteil v. 11.4.1973, BStBl. II 1973, 568, 569.

[148] *Baumgartner*, Die Vorgesellschaft der Aktiengesellschaft im Steuerrecht, S. 194 ff.

[149] *Schuster*, Die steuerliche Behandlung der Gründung von Aktiengesellschaften, Gesellschaften mit beschränkter Haftung und eingetragenen Genossenschaften, S. 77 ff.

[150] *Wassermeyer W.*, DStR 1991, 734, 735.

[151] *Crezelius*, Steuerrecht II, S. 264.

[152] BFH-Urteil v. 11.4.1973, BStBl. II 1973, 568; a.A.: *Streck*, KStG, § 1 Rz. 8; zuletzt bestätigt durch BFH-Urteil v. 21.3.2003, BFH/NV 2003, 1304.

[153] So bereits: *Schuster*, Die steuerliche Behandlung der Gründung von Aktiengesellschaften, Gesellschaften mit beschränkter Haftung und eingetragenen Genossenschaften, S. 81 m.w.N.

[154] *Crezelius*, Steuerrecht II, S. 264; so aber: FG Berlin v. 29.5.2000, GmbHR 2000, 834; kritisch: *Peetz*, Kommentar zum Urteil des FG Berlin v. 29.5.2000, GmbHR 2000, 837, 838.

[155] *Wassermeyer W.*, DStR 1991, 734, 736.

[156] FG Berlin v. 29.5.2000, GmbHR 2000, 834 ff. m.w.N.

[157] Fraglich ist, ob die Körperschaftsteuerpflicht ex nunc oder ex tunc entfällt; *Crezelius*, Steuerrecht II, S. 264, spricht sich für eine anfängliche Körperschaftsbesteuerung aus; ebenso: *Wassermeyer W.*, DStR 1991, 734, 735 f; a.A.: *Kreft*, Steuerrecht schnell erfasst, S. 176; a.A.: FG Berlin v. 29.5.2000, GmbHR 2000, 834.

nun persönlich der Einkommensteuer.[158] Damit ist die unechte Vorgesellschaft kein direktes Steuersubjekt mehr. Eine Qualifikation als ähnliche Kapitalgesellschaft i.S.v. § 17 Abs. 1 S. 3 EStG ist demnach ausgeschlossen.

3. Besteuerung der „Vorgesellschafter"

a) Steuerliche Qualifikation der laufenden Einkünfte

Die **echte Vorgesellschaft** wird als Kapitalgesellschaft eingestuft. Das von den Gesellschaftern überlassene Kapital entspricht somit einer geleisteten Einlage, also einem Anteil an dieser Gesellschaft. Unterstellt man, dass die Gründer natürliche Personen sind und ihre Beteiligung nicht im Betriebsvermögen (denn dann wären es Einkünfte aus § 15 EStG) halten, dann müssen die Gewinnausschüttungen der Vorgesellschaft gem. § 20 EStG versteuert werden.[159] Nach Auffassung *Baumgartners*[160] können allerdings nicht einfach Einkünfte gem. § 20 Abs. 1 Nr. 1 EStG angenommen werden, sondern es liegt lediglich eine Kapitalforderung des Vorgesellschafters zugrunde, die nicht unter Nr. 1 subsumiert werden kann. Eine weitere Klärung bleibt bei ihm allerdings offen.

Die Dividenden der **unechten Vorgesellschaft** hingegen können nur in Ausnahmefällen Kapitaleinkünfte (§ 20 EStG) darstellen, da es sich hierbei um eine Personengesellschaft handelt. Unterstellt man eine Gesellschaft, die nach außen hin tätig ist und einen Gewerbebetrieb (bei vermögensverwaltender Personengesellschaft kommen nur Einkünfte gem. der §§ 20, 21, 22 EStG in Betracht) ausübt, sind die Einkünfte der Gründer als Einkünfte aus einer Mitunternehmerschaft (§ 15 EStG) zu qualifizieren.[161]

b) Analoge Betrachtungsweise für die Veräußerung der Anteile

Bereits im Stadium der Vorgesellschaft kann es zum Ausscheiden bzw. Austritt von Gründern und zu einer darin begründeten Veräußerung der Anteile kommen[162], auch wenn eine Möglichkeit des freien Mitgliederwechsels fehlt.[163] Es ist fraglich, ob sich daraus steuerliche Konsequenzen ergeben.

Im folgenden wird allerdings nur noch auf die Veräußerung von Anteilen an einer echten Vorgesellschaft eingegangen, da es lediglich in diesem Fall zu einer

---

[158] *Kreft*, Steuerrecht schnell erfasst, S. 176; a.A. *Streck*, KStG, § 1 Rz. 8.

[159] *Schuster*, Die steuerliche Behandlung der Gründung von Aktiengesellschaften, Gesellschaften mit beschränkter Haftung und eingetragenen Genossenschaften, S. 64; a.A.: *Wassermeyer W.*, DStR 1991, 734, 736.

[160] *Baumgartner*, Die Vorgesellschaft der Aktiengesellschaft im Steuerrecht, S. 129 ff.

[161] *Schuster*, Die steuerliche Behandlung der Gründung von Aktiengesellschaften, Gesellschaften mit beschränkter Haftung und eingetragenen Genossenschaften, S. 82; *Klose*, Die Gründung der GmbH zwischen Gesellschafts- und Steuerrecht, S. 123.

[162] *Peetz*, GmbHR 2000, 1083, 1085.

[163] So: *Hueck* in Festschrift 100 Jahre GmbH-Gesetz, S. 127, 143.

Subsumtion unter § 17 Abs. 1 S. 3 EStG kommen kann. Die Veräußerung von Anteilen an einer unechten Vorgesellschaft muss als Veräußerung eines Personengesellschaftsanteils qualifiziert werden (§ 16 EStG). Damit erfolgt ex nunc eine Umqualifizierung von Kapitalgesellschaftsanteilen in Personengesellschaftsanteile, wobei die stillen Reserven im Zeitpunkt der Umqualifizierung aufzudecken sind, wenn die Besteuerung derselben nicht mehr sichergestellt ist.[164]

Als Veräußerung der Anteile bzw. Liquidation der Vorgesellschaft kann dabei allerdings nicht die Umwandlung der Vorgesellschaft in die endgültige Kapitalgesellschaft gesehen werden.[165] Hierbei handelt es sich um eine formwechselnde Umwandlung[166], bei der die Besteuerung der stillen Reserven gesichert ist.[167] *Schmidt*[168] sieht in dieser „Umwandlung" überflüssige Schwierigkeiten und störende Einflüsse bei der rechtlichen und steuerlichen Behandlung der Vorgesellschaft. Darum wäre es seiner Ansicht nach besser, wenn die Vorgesellschaft als werdende juristische Person ihrer Eigenart nach behandelt wird und sich somit aus dem Gegensatz zwischen „juristischer Person" und „Gesamthand" keine Folgen für die Anteile ergeben. Die Kapitalgesellschaft kommt nicht als neuer Rechtsträger zur Entstehung. Die Eintragung in das Handelsregister führt lediglich einen Statuswechsel der in ihrer Identität unveränderten Gesellschaft herbei, denn aus der werdenden juristischen Person wird eine fertige juristische Person.[169]

Aus der zivilrechtlichen Beurteilung der Anteile an einer Vorgesellschaft folgt, dass ein Veräußerungsgewinn nach § 17 EStG erst nach Eintragung der Kapitalgesellschaft in das Handelsregister entsteht.[170] Dies bedeutet gleichzeitig aber auch, dass bereits vorher schon „ähnliche Anteile" existiert haben müssen, denn ansonsten wäre eine Abtretung im voraus nicht möglich gewesen. Ähnlich kann die Argumentation *Schusters*[171] verstanden werden, der sich im Rahmen der „Tauschtheorie" aufgrund einer Sacheinlage direkt auf § 17 EStG bezieht und somit von der Möglichkeit der Existenz einer wesentlichen Beteiligung i.S.v. § 17 EStG ausgeht.

---

164 *Baumgartner*, Die Vorgesellschaft der Aktiengesellschaft im Steuerrecht, S. 210 ff.

165 *Baumgartner*, Die Vorgesellschaft der Aktiengesellschaft im Steuerrecht, S. 129 ff.; bezüglich der Umwandlung: *Hueck* in Festschrift 100 Jahre GmbH-Gesetz, S. 127, 152.

166 So: BFH-Urteil v. 17.10.2001, DStRE 2002, 387, 388 m.w.N.

167 *Schmidt K.*, GmbHR 1987, 77, 87; *Baumgartner*, Die Vorgesellschaft der Aktiengesellschaft im Steuerrecht, S. 147 f.

168 *Schmidt K.*, GmbHR 1987, 77, 79.

169 *Schmidt K.*, GmbHR 1987, 77, 84; *Baumgartner*, Die Vorgesellschaft der Aktiengesellschaft im Steuerrecht, S. 144 ff.

170 Ähnlich: *Baumgartner*, Die Vorgesellschaft der Aktiengesellschaft im Steuerrecht, S. 129.

171 *Schuster*, Die steuerliche Behandlung der Gründung von Aktiengesellschaften, Gesellschaften mit beschränkter Haftung und eingetragenen Genossenschaften, S. 74 m.w.N., der diese Ansicht zugleich kritisiert.

In der Literatur[172] und steuerlichen Rechtsprechung wurde das Thema, ob Anteile an einer Vorgesellschaft „ähnliche Anteile" i.S.d. § 17 Abs. 1 S. 3 EStG sein können und damit steuerrechtlich relevant sind, bisher eher stiefmütterlich bzw. gar nicht behandelt. So definiert *Weber-Grellet*[173] die Anteile an einer Vorgesellschaft als ähnliche Beteiligung i.S.d. § 17 Abs. 1 S. 3 EStG, liefert aber gleichzeitig keine Begründung zu dieser Annahme.[174] *Frotscher*[175] nimmt eine ähnliche Beteiligung i.S.v. § 17 Abs. 1 S. 3 EStG nur dann an, wenn die Kapitalgesellschaft nach den Gründungsphasen tatsächlich entsteht.

Von der Literatur[176] wird dabei weder eine grundsätzliche Unterscheidung bezüglich der echten und unechten Vorgesellschaft vorgenommen, noch wird eine Diskussion über die Problematik der Körperschaftsteuerpflicht der Vorgesellschaft geführt, da für § 17 EStG nur die körperschaftsteuerpflichtigen Kapitalgesellschaften des § 1 Abs. 1 Nr. 1 KStG entscheidend sind. Es wird lediglich darauf verwiesen, dass „diese Gesellschaft körperschaftsteuerrechtlich als Kapitalgesellschaft beurteilt werden muss".[177] Dabei wird nicht auf die problematische körperschaftsteuerliche Einordnung der Vorgesellschaft eingegangen, sondern die Möglichkeit der Subsumtion unter § 1 Abs. 1 Nr. 1 KStG wird einfach vorausgesetzt[178], wobei von Teilen der Literatur[179] eine Gesellschaft als körperschaftsteuerliche Kapitalgesellschaft eingestuft wird, wenn die Gesellschaft eine nach außen in Erscheinung tretende wirtschaftliche Tätigkeit aufgenommen hat.[180] Auch die weitere Literatur[181] lässt eine abschließende Klärung offen.

Mit Blick auf *Schmidt*[182] könnte dieser so zu verstehen sein, dass eine Subsumtion unter § 17 EStG nur in Frage kommt, wenn die Handelsregistereintragung nachfolgt.

[172] Nur kurz bei: *Strutz*, EStG 1925, § 30 Anm. 33; z.B. nicht bei: *Schuster*, Die steuerliche Behandlung der Gründung von Aktiengesellschaften, Gesellschaften mit beschränkter Haftung und eingetragenen Genossenschaften, S. 1 ff.; *Baumgartner*, Die Vorgesellschaft der Aktiengesellschaft im Steuerrecht, S. 1 ff.; *Klose*, Die Gründung der GmbH zwischen Gesellschafts- und Steuerrecht, S. 123.

[173] *Schmidt/Weber-Grellet*, EStG, § 17 Rz. 24.

[174] Ebenso: *Strahl* in Korn/Carlé/Stahl/Strahl, EStG, § 17 Rz. 33; *Kühr* (Hrsg.), Handbuch des Steuerrechts, § 17 Anm. 3; *Crezelius* in Festschrift für Karlheinz Boujong, S. 47, 51.

[175] *Frotscher*, EStG, § 17 Rn. 24.

[176] Ausnahme: *Frotscher*, EStG, § 17 Rn. 24.

[177] *Schmidt/Weber-Grellet*, EStG, § 17 Rz. 24 mit Verweis auf § 15 Rz. 169.

[178] Abschn. 2 Abs. 3 KStR.

[179] *Jäschke* in Lademann/Söffing/Brockhoff, EStG, § 17 Rz. 69; *Morsbach* in Bordewin/Brandt, EStG, § 17 Rz. 36; *Ebling* in Blümich, EStG, § 17 Rz. 72 mit Bezugnahme auf das BFH-Urteil v. 11.4.1973, BStBl. II 1973, 568.

[180] Kritisch, wobei bezogen auf die allgemeine Körperschaftsteuerpflicht: *Schuster*, Die steuerliche Behandlung der Gründung von Aktiengesellschaften, Gesellschaften mit beschränkter Haftung und eingetragenen Genossenschaften, S. 56 f.

[181] *Ebling* in Blümich, EStG, § 17 Rz. 72; *Morsbach* in Bordewin/Brandt, EStG, § 17 Rz. 36; *Jäschke* in Lademann/Söffing/Brockhoff, EStG, § 17 Rz. 69; *Littmann/Bitz/Pust*, EStG, § 17 Rz. 12.

[182] *Schmidt/Schmidt*, EStG, § 15 Rz. 169.

Dadurch geschieht zu mindestens zu einem gewissen Teil eine Trennung in echte und unechte Vorgesellschaft. Nach Ansicht *Frotschers*[183] fallen Beteiligungen an Vorgesellschaften, die einer Kapitalgesellschaft nicht ähnlich strukturiert sind, nicht in den Bereich des § 17 EStG, da selbst die spätere „echte" Beteiligung an diesen Gesellschaften nicht unter § 17 EStG subsumiert werden kann. Dies wird m.E. allerdings nicht deutlich genug herausgestellt.

II. Eigene Sichtweise

Bei der Veräußerung von Anteilen an Vorgesellschaften könnte eine wesentliche bzw. ähnliche Beteiligung gem. § 17 Abs. 1 S. 3 EStG nur dann vorliegen, wenn durch die Anteile an einer Vorgesellschaft bereits ein Gesellschaftsverhältnis begründet wird, welches einem Beteiligungsverhältnis an einer volljuristischen Kapitalgesellschaft, wie z.B. einer AG oder GmbH, entspricht.

§ 17 EStG macht in seinem Wortlaut keine Aussage über die Art der Kapitalgesellschaft, an der die Anteile gehalten werden müssen. Es könnten im Rahmen einer teleologischen Reduktion des Wortlauts des § 17 EStG nur Kapitalgesellschaften in Frage kommen die bereits im Handelsregister eingetragen sind. Eine solche Eingrenzung des Begriffs „Kapitalgesellschaft" war wohl allerdings vom Gesetzgeber so nicht beabsichtigt worden, da das Gründungsstadium zu jeder Kapitalgesellschaft gehört, ohne das die Gesellschaft nicht entstehen könnte. Da § 17 EStG den Begriff Kapitalgesellschaft selbst nicht definiert, ist nach h.M.[184] die Legaldefinition des § 1 Abs. 1 Nr. 1 KStG auch für § 17 EStG maßgebend.

Für die Subsumtion unter § 17 EStG und für die Einordnung als ähnliche Beteiligung i.S.v. § 17 Abs. 1 S. 3 EStG müsste die Vorgesellschaft somit als Kapitalgesellschaft i.S.v. § 1 Abs. 1 Nr. 1 KStG qualifiziert werden können. M.E. ist der Sichtweise, dass die **echte Vorgesellschaft** als Körperschaftsteuersubjekt unter § 1 Abs. 1 Nr. 1 KStG subsumierbar ist, zu folgen, da als Voraussetzung für die Subsumtion unter § 1 Abs. 1 Nr. 1 KStG eine Kapitalgesellschaft im zivilrechtlichen Sinne vorliegen muss.

Die echte Vorgesellschaft stellt zwar eine Gesellschaft sui generis dar, dennoch geht sie im Sinne eines Kontinuitätsmodell auf die fertig errichtete Kapitalgesellschaft über und kann demnach bereits als zivilrechtliche „Kapitalgesellschaft" betrachtet werden. Auch kann es auf die fehlende zivilrechtliche Rechtsfähigkeit nicht ankommen, denn die Vorgesellschaft bedient sich letztendlich schon des Namens der zukünftigen Kapitalgesellschaft, auch wenn sie ihn nicht direkt benutzen darf. Des weiteren gehen das gesamte Vermögen und die gesamten Schulden auf die Kapitalgesellschaft über. Außerdem tritt diese in die Rechte und Pflichten der Vorgesellschaft ein. I.E. kann im Sinne einer wirtschaftlichen Betrachtungsweise die Vorgesellschaft als Kapitalgesellschaft i.S.v. § 1 Abs. 1 Nr. 1 KStG gewertet werden.

[183] *Frotscher*, EStG, § 17 Rn. 24.
[184] Für viele: Frotscher, EStG, § 17 Rn. 21.

Zusammenfassend kann gesagt werden, dass die Anteile an einer echten Vorgesellschaft steuerrechtlich genauso zu behandeln sind, wie Anteile an einer voll errichteten und eingetragenen Kapitalgesellschaft. Zwar mag das Ausscheiden bzw. Wechseln eines Gesellschafters aus der Vorgesellschaft generell nicht möglich bzw. schwierig sein, doch kann das für die Einordnung der Anteile als ähnliche Beteiligung i.S.d. § 17 Abs. 1 S. 3 EStG keine Rolle spielen. Der h.M.[185] ist zuzustimmen, die die Anteile an der echten Vorgesellschaft als ähnliche Anteile qualifiziert, da die Vorgesellschaft als ähnliche Kapitalgesellschaft i.S.v. § 17 Abs. 1 S. 3 EStG eingestuft werden kann. Sind die weiteren Voraussetzungen des § 17 EStG erfüllt, so kann es zu einem steuerpflichtigen Veräußerungsgewinn bzw. -verlust nach § 17 EStG kommen.

Nicht geklärt wurde bisher die Einordnung der Anteile an einer Vorgesellschaft innerhalb des § 17 EStG, denn sie könnten entweder „echte" Anteile an einer Vorgesellschaft (d.h. ähnliche Anteile) oder eine Anwartschaft auf eine zukünftige Beteiligung an der fertigen Kapitalgesellschaft darstellen. Zwar macht diese Einstufung für die Subsumtion unter § 17 EStG keinen materiellen Unterschied, da in § 17 Abs. 1 S. 3 EStG auch Anwartschaften ausdrücklich erwähnt werden und auch die Anwartschaften letztendlich als ähnliche Beteiligung betrachtet werden können.[186] Dennoch sollte eine konkrete steuerliche Einordnung erfolgen, damit zukünftige Abgrenzungsschwierigkeiten verhindert werden können.

Anwartschaften sind grundsätzlich alle schuldrechtlichen oder dinglichen Rechte auf Erwerb eines Anteils an einer Kapitalgesellschaft, welche zudem eine gesicherte Rechtsposition vermitteln müssen.[187] Auch wenn es sich m.E. beim Übergang von der Vorgesellschaft zur volljuristischen Kapitalgesellschaft nicht um eine formwechselnde Umwandlung handelt[188], könnte man durchaus davon ausgehen, dass es sich bei Anteilen an einer Vorgesellschaft um eine Anwartschaft auf den Erwerb der Anteile an der komplett errichteten Kapitalgesellschaft handelt. Eine formwechselnde Umwandlung gem. § 190 ff. UmwG liegt nicht vor, da einerseits die Vorgesellschaft kein in § 190 UmwG genannter Rechtsträger ist und anderseits der Übergang zur endgültigen Kapitalgesellschaft ein Akt sui generis ist, der gesetzlich nicht geregelt ist, denn dies ergibt sich weder aus § 11 GmbHG noch aus § 41 AktG.

---

[185] *Schmidt/Weber-Grellet*, EStG, § 17 Rz. 24; *Kühr* (Hrsg.), Handbuch des Steuerrechts, § 17 Anm. 3; *Ebling* in Blümich, EStG, § 17 Rz. 72, *Morsbach* in Bordewin/Brandt, EStG, § 17 Rz. 36.

[186] So Frotscher, EStG, § 17 Rn. 27.

[187] *Schmidt/Weber-Grellet*, EStG, § 17 Rz. 28; *Milatz/Kuhlemann*, GmbHR 2001, 966, 967.

[188] A.A.: *Schuster*, Die steuerliche Behandlung der Gründung von Aktiengesellschaften, Gesellschaften mit beschränkter Haftung und eingetragenen Genossenschaften, S. 81 m.w.N; *Schmidt K.*, GmbHR 1987, 77, 87; *Baumgartner*, Die Vorgesellschaft der Aktiengesellschaft im Steuerrecht, S. 147 f.

Dies ist i.E. zwar korrekt, dennoch hat man dann den zweiten vor dem ersten Schritt getan. Die Anwartschaft zum Erwerb der Anteile an der voll errichteten Kapitalgesellschaft entsteht in Form eines Bezugsrechts auf die Neuanteile. Um diese Neuanteile zu erwerben, werden die „Altanteile" an der Vorgesellschaft eingetauscht.[189] Dieser Vorgang wird in der Praxis in dieser Weise so zwar nicht vollzogen, dennoch verdeutlicht er, dass „echte" Anteile an der Vorgesellschaft existieren. Diese können aufgrund der Ähnlichkeit der Vorgesellschaft als ähnliche Anteile i.S.v. § 17 Abs. 1 S. 3 EStG qualifiziert werden. Abschließend kann gesagt werden, dass diese Qualifikationsproblematik m.E. zu Gunsten der ähnlichen Anteile i.S.v. § 17 Abs. 1 S. 3 EStG gelöst werden sollte[190] und Anteile an einer Vorgesellschaft bei der Ermittlung der „Wesentlichkeitsgrenze" mit einzubeziehen sind.

Anders sieht die Qualifikation der Anteile im Falle der **unechten Vorgesellschaft** aus. Die unechte Vorgesellschaft wird nach Rechtsprechung[191] und h.M.[192] als Mitunternehmerschaft eingestuft. Damit ist die unechte Vorgesellschaft selbst kein Steuersubjekt, sondern die einzelnen Gründer, die grundsätzlich gewerbliche Einkünfte nach § 15 EStG erzielen (Ausnahme: vermögensverwaltende Personengesellschaft), werden als Steuersubjekte behandelt. I.E. kommt es bei der Veräußerung der Anteile an der unechten Vorgesellschaft generell zu einer Besteuerung gem. § 16 EStG. Dabei ist auf den Realisierungszeitpunkt der stillen Reserven zu achten, da dieser davon abhängig ist, ob die stillen Reserven nach der Umkehr von der Vorgesellschaft zur mitunternehmerischen Vorgründungsgesellschaft nach wie vor der Steuerpflicht unterliegen.

Damit kann es im Rahmen der unechten Vorgesellschaft weder zu einer ähnlichen Beteiligung i.S.v. § 17 Abs. 1 S. 3 EStG kommen, noch finden die Anteile an der unechten Vorgesellschaft Eingang in die Wesentlichkeitsermittlung. Zu beachten ist allerdings, dass aufgrund der nicht rückwirkenden (ex nunc) Umwandlung der echten in die unechte Vorgesellschaft vorher eine ähnliche Beteiligung durchaus Bestand hatte.

[189] Ähnlich: *Baumgartner*, Die Vorgesellschaft der Aktiengesellschaft im Steuerrecht, S. 149.

[190] A.A.: *Baumgartner*, Die Vorgesellschaft der Aktiengesellschaft im Steuerrecht, S. 129.

[191] BFH-Urteil v. 8.4.1960, BStBl. III 1960, 319.

[192] *Schuster*, Die steuerliche Behandlung der Gründung von Aktiengesellschaften, Gesellschaften mit beschränkter Haftung und eingetragenen Genossenschaften, S. 77 ff.; *Wassermeyer W.*, DStR 1991, 734, 735; kritisch: *Crezelius*, DStR 1987, 743, 750; *Crezelius*, Steuerrecht II, S. 264.

B. Ausländische Kapitalgesellschaft

I. Sichtweise von Literatur, Finanzverwaltung und Rechtsprechung

Bei der steuerlichen Behandlung ausländischer Kapitalgesellschaften geht es nicht allein um die Frage, unter welcher Nummer des § 1 Abs. 1 KStG eine ausländische Kapitalgesellschaft subsumiert werden kann und ob sie überhaupt als Körperschaftsteuersubjekt im Sinne des deutschen Steuerrechts zu qualifizieren ist. In dieser Arbeit kommt es vielmehr darauf an, ob die Gesellschafter einer ausländischen Kapitalgesellschaft im Falle der Anteilsveräußerung bzw. Liquidation gegebenenfalls Einkünfte i.S.d. § 17 Abs. 1 oder 4 EStG erzielen.[193]

§ 17 EStG beinhaltet als eine der Voraussetzungen u.a. das Halten einer wesentlichen Beteiligung an einer **Kapitalgesellschaft** im Privatvermögen (siehe oben). Im Gesetz wird allerdings nichts darüber gesagt, ob es sich um eine inländische Kapitalgesellschaft handeln muss, oder ob die Kapitalgesellschaft, an der die Beteiligung besteht, in Deutschland wenigstens als Körperschaftsteuersubjekt unbeschränkt steuerpflichtig sein muss.[194] Dies ergibt sich gegebenenfalls im Vergleich zu § 49 Abs. 1 Nr. 2 Buchstabe e EStG. Dort wird betont, dass nur die Veräußerungsgewinne von Anteilen an inländischen Kapitalgesellschaften der beschränkten Einkommensteuerpflicht unterliegen.[195] Im Umkehrschluss drängt sich daher der Verdacht auf, dass der Gesetzgeber die Vorschrift des § 17 EStG nur an konkreten juristischen Personen des deutschen Gesellschaftsrechts orientiert hat.[196] Steuerlich ist deswegen auf das KStG zu verweisen, da hier die Vorschriften über Kapitalgesellschaften geregelt sind. *Wassermeyer*[197] sieht in der rechtlichen Auslegung des § 1 Abs. 1 Nr. 1 KStG den Sinn, dass nur solche ausländischen Rechtsgebilde steuerrechtlich für das KStG und für § 17 EStG als Kapitalgesellschaft qualifiziert werden sollten, die mit einer Kapitalgesellschaft deutschen Rechts vergleichbar sind.[198]

Die Einordnung von nach inländischem Recht errichteten Körperschaften in den Bereich des § 1 Abs. 1 KStG bereitet keine Schwierigkeiten, weil die Vorschrift eine Aufzählung aller Körperschaften, Personenvereinigungen sowie Vermögensmassen und insbesondere in Nr. 1 eine Aufzählung aller Kapitalgesellschaften enthält.

---

[193] *Wassermeyer* in Widmann (Hrsg.), Die Besteuerung der GmbH und ihrer Gesellschafter, 1997, S. 83, 84.

[194] *Ebling* in Blümich, EStG, § 17 Rz. 60; ähnlich: *Neyer/Gürzenich-Schmidt*, IStR 2000, 295 f.; a.A.: *Gosch* in Kirchhof, EStG § 17, Rn. 40, der direkt auf die Anwendbarkeit des § 1 Abs. 1 S. 1 Nr. 1 KStG abstellt.

[195] *Züll*, Die Einkommensteuer bei der Veräußerung wesentlicher Beteiligungen, S. 24 f.

[196] *Wassermeyer* in Widmann (Hrsg.), Die Besteuerung der GmbH und ihrer Gesellschafter, S. 83, 85.

[197] *Wassermeyer* in Widmann (Hrsg.), Die Besteuerung der GmbH und ihrer Gesellschafter, S. 83, 99.

[198] Ebenso schon: *Becker*, StuW 1931, Sp. 1283, 1303 zum Vorläufer des § 17 EStG dem § 30 Abs. 3 EStG 1925.

Zudem werden über § 1 Abs. 1 Nr. 4 KStG als Auffangtatbestand auch sonstige juristische Personen des privaten Rechts erfasst. Es ergibt sich somit generell keine Regelungslücke.

Anders verhält es sich indessen mit der Subjektqualifikation von nach ausländischem Recht errichteten Körperschaften[199], da es hier auf den Ort der Geschäftsleitung oder den Sitz bzw. auf die Vergleichbarkeit mit den in § 1 Abs. 1 KStG erfassten Kapitalgesellschaften ankommt.[200] Die h.M.[201] nimmt eine Qualifikation in der Weise vor, indem sie entscheidend auf die Vergleichbarkeit des ausländischen Wirtschaftsgebildes mit einer der in den §§ 1, 2 KStG genannten Körperschaften, Personenvereinigungen und Vermögensmassen abstellt.

1. Merkmale einer ausländischen Kapitalgesellschaft

Ausländische Kapitalgesellschaften haben grundsätzlich keine einheitlichen Abgrenzungsmerkmale, so dass es das eine ausschlaggebende Kriterium nicht geben kann.[202] Dennoch existieren in den unterschiedlichsten Ländern spezifische gleichgerichtete Tatbestandsmerkmale, die zur Qualifikation als Kapitalgesellschaft dienen.

Zu diesen Merkmalen zählen der Zusammenschluss mehrerer Personen zu einer Einheit, so dass diese selbständig Eigentümerin werden kann. Die Organisation gibt sich eine zentralisierte Geschäftsführung, die in repräsentativer Funktion für die Mitglieder der Einheit handelt. Auch muss das Fortbestehen – im Gegensatz zu Personengesellschaften – unabhängig vom Ausscheiden der Mitglieder sein.[203] Zusätzlich müssen sowohl übertragbare Anteile vorhanden sein als auch die Möglichkeit beschränkter Haftung eröffnet werden.[204]

Mössner[205] nimmt eine etwas andere aber ähnliche Differenzierung der Kriterien vor. Nach seiner Auffassung müssen im Außenverhältnis die Rechtsfähigkeit, die Haftung für Schulden und die Übertragbarkeit der Anteile für die „Ähnlichkeit" der ausländischen Kapitalgesellschaft vorliegen. Im Verhältnis der Gesellschafter untereinander kommen die Geschäftsführung, Mitwirkung, Gewinnverteilung sowie die Teilnahme am Verlust und an den stillen Reserven als Vergleichskriterien in Betracht.

---

199 Zum europäischen Vergleich der Gesellschaften: *Bernstorff*, EWS 1998, 397 ff. und 433 ff.

200 Abschn. 2 Abs. 1 KStR.

201 Für viele: *Schaumburg*, Internationales Steuerrecht, 1998, S. 299; *Schmidt/Sedemund*, DStR 1999, 2057, 2059.

202 *Hey F.* in Festschrift für Helmut Debatin, S. 121, 136.

203 *Baranowski* in Festschrift für Helmut Debatin, 1997, S. 1.

204 *Boles/Walz*, GmbHR 1986, 435, 437; z.T. kritisch: *Wurster*, Die ausländische Basisgesellschaft, 1984, S. 44 f.

205 *Mössner* in Mössner, Steuerrecht international tätiger Unternehmen, S. 76.

Deutsches Gesellschaftsrecht ist disponibles Recht, d.h. die Merkmale sind nicht eindeutig festlegbar. Es kommt daher immer wieder zu Mischformen.[206] Aus diesem Grund können die oben genannten Kriterien nur Hinweise für die „Ähnlichkeit" der ausländischen mit der deutschen Kapitalgesellschaft liefern. Es sollte als Gesamtheit auf das bei der Kapitalgesellschaft vorherrschende Trennungsprinzip[207] abgestellt werden.[208] I.E. ist es am sinnvollsten, auf die innere Struktur der Gesellschaft abzustellen.[209]

Nicht selten eröffnet das ausländische Steuerrecht den Kapitalgesellschaften die Option, steuerlich wie Personengesellschaften behandelt zu werden und umgekehrt.[210] Die Ausübung einer solchen Option wirkt sich allerdings nicht auf die deutsche steuerliche Qualifikation aus.[211] I.E. hängt die steuerliche Einordnung der ausländischen Gesellschaft davon ab, ob sie als körperschaftsteuerpflichtige Kapitalgesellschaft nach § 1 KStG oder als Mitunternehmerschaft i.S.d. § 15 Nr. 2 EStG zu qualifizieren ist.[212] Um dies festzustellen wird der sog. Typenvergleich zu Hilfe genommen[213], da für die erforderliche Unterscheidung zwischen Kapitalgesellschaft und Personengesellschaft die Vorschriften in § 1 Abs. 1 KStG und § 15 Abs. 1 S. 1 EStG keinen unmittelbaren Aufschluss geben.[214]

2. Subjektqualifikation[215] einer ausländischen Kapitalgesellschaft

a) Zivilrechtliche Qualifikation (Gründungs- versus Sitztheorie)

Qualifikationsmerkmale einer deutschen Kapitalgesellschaft sind u.a. die Unabhängigkeit der Organisation vom Konkurs oder vom Ausscheiden eines ihrer Mitglieder, freie Fluktuation der Anteile, Unterwerfung der eintretenden Gesellschafter unter einen formalisierten Gesellschaftsvertrag, reine Kapitalgeberfunktion der meisten Gesellschafter, volle Haftungsbeschränkung und die Formalisierung der Entscheidungsverfahren.[216]

„Die Frage, ob eine nach ausländischem Recht wirksam errichtete Gesellschaft auch im Inland als Rechtssubjekt auftreten kann, d.h. in Deutschland Rechtsfähigkeit

---

206 *Mössner* in Mössner, Steuerrecht international tätiger Unternehmen, S. 75 f.
207 *Wurster*, FR 1980, 588, 589 f.; *Crezelius* in Schmidt/Uhlenbruck, S. 242.
208 So auch: *Wurster*, Die ausländische Basisgesellschaft, S. 44 f. und 48 ff.
209 *Bogenschütz* in Festschrift für Siegfried Widmann, S. 163, 167.
210 *Henkel* in Mössner, Steuerrecht international tätiger Unternehmen, S. 620.
211 *Wassermeyer* in Widmann (Hrsg.), Besteuerung der GmbH und ihrer Gesellschafter, S. 83, 86 f.; *Jacobs*, Internationale Unternehmensbesteuerung, 1999, S. 423; .a.A.: *Hintzen*, DStR 1971, 327, 334.
212 *Dötsch*, DB 1989, 2296, 2299; *Henkel* in Mössner, Steuerrecht international tätiger Unternehmen, S. 620.
213 *Hintzen*, DStR 1971, 327.
214 *Lange/Grützner/Kussmann/Reiß*, Personengesellschaft im Steuerrecht, 1998, S. 53.
215 Zur Begriffsbestimmung: *Schaumburg*, Internationales Steuerrecht, S. 299 in Fußnote 15.
216 *Boles/Walz*, GmbHR 1986, 435, 442.

besitzt und handlungsfähig ist – bzw. anders ausgedrückt, die Frage nach der ‚Anerkennung' ausländischer Gesellschaften – ist ein Problem des internationalen Privatrechts. Der Gesetzgeber hat eine Konkretisierung und Kodifizierung der für die Gesellschaften maßgeblichen Rechtsordnung unterlassen um einer längerfristig angestrebten – mittlerweile erfolgten – Rechtsvereinheitlichung im Rahmen der EU nicht vorzugreifen[217]. Es handelt sich daher nach wie vor um eine in Deutschland umstrittene Grundsatzfrage, zu der insbesondere die Sitztheorie und die Gründungstheorie herangezogen werden[218], wobei die Sitztheorie die in Deutschland vorherrschende Auffassung darstellt."[219]

„Die im angelsächsischen Rechtskreis entwickelte **Gründungstheorie** – auch als Inkorporations- oder Verleihungstheorie bezeichnet – lässt für die subjektive Rechtsfähigkeit das Recht des Staates entscheiden, in dem das Rechtsgebilde errichtet worden ist. Die auf dieser Grundlage einmal erlangte rechtliche Eigenständigkeit bleibt auch dann erhalten, wenn die Gesellschaft ihre Bindung zum Errichtungsstaat, etwa indem sie ihren Verwaltungssitz ins Ausland verlegt, löst. Zum gegenteiligen Ergebnis führt die **Sitztheorie**, die in kontinental-europäischen Rechtsordnungen vorherrscht und namentlich auch in der Bundesrepublik praktiziert wird. Nach ihr beurteilt sich die Rechtsfähigkeit nach dem Recht am Ort an dem das Rechtsgebilde seinen tatsächlichen Sitz im Sinne seiner Hauptverwaltung hat, was sich in Gegenüberstellung zum bloß statuarischen Sitz als effektiver Sitz kennzeichnen lässt."[220] Verlegt eine ausländische Gesellschaft ihren ständigen Verwaltungssitz nach Deutschland, so kann sie weder Träger von Rechten und Pflichten noch Partei in einem Gerichtsverfahren sein.[221] Um am Rechtsverkehr teilnehmen zu können müsste sie sich in Deutschland neu gründen, so dass ihre Rechtsfähigkeit nach deutschem Recht wieder hergestellt ist.[222]

Es ist davon auszugehen, dass im Falle der Verlagerung des Verwaltungssitzes einer in- oder ausländischen Kapitalgesellschaft in einen anderen Staat die Anwendung der – in Deutschland vorherrschenden[223] – Sitztheorie zum Wegfall der Rechtsfähigkeit der ausländischen Kapital-gesellschaft führt.[224] Um nach deutschem Recht anerkannt zu werden bedarf es dafür einer Neugründung nach Maßgabe des deutschen Kapitalgesellschaftsrechts[225] und somit einer Eintragung in das deutsche

---

[217] Einführend dazu: *Meilicke*, RIW 1990, 449 f.

[218] Dazu grundsätzlich: *Mössner* in Mössner, Steuerrecht international tätiger Unternehmen, S. 73; *Dötsch*, DB 1989, 2296 f.; *Buyer*, DB 1990, 1682 ff.; *Meilicke*, GmbHR 2000, 693, 696 ff.

[219] *Raupach* in Haarmann (Hrsg.), Unternehmensstrukturen und Rechtsformen im internationalen Steuerrecht, S. 41.

[220] *Debatin*, BB 1988, 1155, 1157; ebenso: *Crezelius*, DStR 1997, 1712, 1714; *Lange/Grützner/Kussmann/Reiß*, Personengesellschaft im Steuerrecht, S. 54; *Schaumburg*, Internationales Steuerrecht, S. 302 ff.

[221] Dazu mit Beispiel: *Forsthoff*, BB 2002, 318 f.

[222] BGH-Beschluss v. 30.3.2000, DStR 2000, 1064.

[223] *Haack*, NWB Fach 18, 3961, 3966.

[224] BGH-Beschluss v. 30.3.2000, DStR 2000, 1064.

[225] *Altmeppen*, DStR 2000, 1061 m.w.N.

Handelsregister.[226] Der Grund für die Beurteilung nach der Sitztheorie liegt darin, dass durch eine Sitzverlagerung gewisse Schutzvorschriften nicht umgangen werden können.[227, 228] Damit würde eine grundsätzlich unstrittig existente Gesellschaft ex nunc als nicht existierend betrachtet.[229] Bei Anwendung der Gründungstheorie bleibt indessen die Rechtsfähigkeit erhalten.[230] *Hintzen*[231] spricht sich, aufgrund der sich entwickelnden Einheit von internationalem Privat- und Steuerrecht sowie dem Grundsatz der Wettbewerbsgleichheit und der Erleichterung der Wahl ausländischer Unternehmensformen, für eine generelle Anerkennung von ausländischen Kapitalgesellschaften aus.[232] Nicht vergleichbar zu dieser Situation ist allerdings die sog. „Delaware"-Entscheidung des BFH[233], denn dieses Urteil befasste sich mit einer „zuziehenden" Gesellschaft.

Unter einer doppelansässigen Gesellschaft, wie im Falle „Centros", wird eine Kapitalgesellschaft verstanden, deren statuarischer Sitz in einer anderen Jurisdiktion beheimatet ist als der steuerliche Ort der Geschäftsleitung.[234] Die bisher in Deutschland geltende Sitztheorie ließ es bei solchen Konstrukten nicht zu, den Satzungssitz identitätswahrend in ein anderes Land zu verlegen.[235] Im Rahmen des „Centros"-Urteils[236] kippte der **EuGH** erstmals[237] die Sitztheorie.[238] Der EuGH erklärte es sogar ausdrücklich als zulässig, die inländischen Gründungsvorschriften zu umgehen. Dies wird damit begründet, dass der EG-Vertrag die Gleichwertigkeit aller nach dem Recht eines Mitgliedstaates gegründeten Gesellschaften zur Tätigkeit im ganzen Gemeinschaftsgebiet statuiert. Die Ausübung eines solchen Grundrechtes kann nicht als missbräuchlich qualifiziert werden.

Eine Bestätigung der „Centros"-Entscheidung findet sich im sog. „Saint Gobain"-Urteil des EuGH vom 21.9.1999[239]. Doppelansässige EU-Kapitalgesellschaften mit einem effektiven Verwaltungs- und/oder Geschäftsleitungssitz in Deutschland dürfen nun nicht mehr diskriminiert oder benachteiligt werden.

---

[226] *Altmeppen*, DStR 2000, 1061, 1062.
[227] BGH-Beschluss v. 30.3.2000, DStR 2000, 1064, 1065.
[228] *Mössner* in Mössner, Steuerrecht international tätiger Unternehmen, S. 79; *Wassermeyer*, DB 1990, 244, 245; kritisch: *Meilicke*, GmbHR 2000, 693, 694 ff.
[229] *Buyer*, DB 1990, 1682; *Altmeppen*, DStR 2000, 1061, 1063.
[230] *Debatin*, BB 1990, S. 1457; grundsätzlich auch: *Debatin*, GmbHR 1991, 164.
[231] *Hintzen*, DStR 1971, 327, 334.
[232] *Altmeppen*, DStR 2000, 1061, 1062; a.A.: *Schlütter* in Vogel (Hrsg.), Grundfragen des Internationalen Steuerrechts, 1985, S. 215, 219 f.; *Debatin*, BB 1988, 1155, 1157 m.w.N.
[233] BFH-Urteil v. 29.1.2003, DStRE 2003, 865, 867.
[234] Ausführlich mit Beispielen: *von Halen*, EWS 2002, 107, 108.
[235] *Schmidt/Sedemund*, DStR 1999, 2057 m.w.N.
[236] EuGH-Urteil v. 9.3.1999, DB 1999, 625.
[237] Zum historischen Verlauf: *Forsthoff*, BB 2002, 318.
[238] *Schulz/Geismar*, DStR 2001, 1078, 1079 m.w.N.; einschränkend: *Altmeppen*, DStR 2000, 1061.
[239] IStR 1999, 592.

Die in Deutschland bisher geltende Sitztheorie ist zwar – auch mit einer möglichen steuerlichen Diskriminierung – verfassungsgemäß[240], aber nicht mit der europäischen Menschenrechtskonvention und anderem höherrangigen Recht vereinbar.[241, 242] Die rigorosen Folgen der Sitztheorie – gerade bei Anwendung in beiden betroffenen Staaten – erweisen sich in den Fällen einer Schwerpunktverlagerung in internationalen Unternehmen als ein gefährliches Problem.[243] I.E. drängt der EuGH auf die strikte Einhaltung der Niederlassungsfreiheit und somit auf die Nichtanwendung der Sitztheorie in Deutschland.[244] Diese Auffassung vertritt mittlerweile auch der BGH[245] wobei er diese Ansicht auch auf nicht europäische Gesellschaften ausdehnt.[246] Die Gründe für eine Anerkennung ausländischer Gesellschaften in Deutschland liegen dabei in der Wettbewerbsneutralität, der Rechtssicherheit der Besteuerung sowie im Abkommen über die gegenseitige Anerkennung von Gesellschaften und juristischen Personen im EWG-Bereich.[247] Des weiteren darf einer zuziehenden Gesellschaft die Klagebefugnis nicht aberkannt werden, da dies eine unverhältnismäßige Beschränkung der Niederlassungsfreiheit zur Folge hätte.[248]

Weiterhin relevant ist die „Baars"-Entscheidung des EuGH[249] bei der die Niederlande und Irland die streitenden Parteien waren. Für Deutschland hat das Urteil zur Konsequenz, dass eine „wesentliche Beteiligung" an einer ausländischen Kapitalgesellschaft innerhalb der EU grundsätzlich unter § 17 EStG subsumierbar sein muss. Bei der Einkommensteuer handelt es sich um eine direkte Steuer, die unter Wahrung des Gemeinschaftsrechts erhoben werden muss. Allerdings wird dies im Urteil dahingehend eingeschränkt, dass die Möglichkeit des Einflusses auf die Gesellschaft so groß sein müsste, dass Entscheidungen und Tätigkeiten der Gesellschaft beeinflusst werden können.[250] Dieser Tatbestand könnte bei einer 1%-tigen „wesentlichen Beteiligung" i.S.v. § 17 EStG allerdings fraglich sein, so dass eine Subsumtion unter § 17 EStG in Zukunft auf europäischer Ebene durch die Einflussmöglichkeit bestimmt werden würde, was allerdings im Gegensatz zum Tatbestandsmerkmal der Beteiligung am Nominalkapital stehen würde.

---

240 *Schaumburg*, Internationales Steuerrecht, S. 306 m.w.N.

241 A.A.: OLG Hamm v. 1.2.2001, GmbHR 2001, 440.

242 Ähnlich: *Schneider* in Kirchhof/Söhn, EStG, § 17 Rdnr. A272 ff. insbesondere 275.

243 *Raupach* in Haarmann (Hrsg.), Unternehmensstrukturen und Rechtsformen im internationalen Steuerrecht, S. 46.

244 *Saß*, DB 2000, 1252, 1253; *Zimmer*, BB 2003, 1 mit einem Rechtsprechungsverlauf.

245 BGH-Urteil v. 13.3.2003, DStR 2003, 947.

246 BGH-Urteil v. 29.1.2003, DStR 2003, 948.

247 *Hintzen*, DStR 1971, 327, 333 f.; kritisch und a.A.: *Schlütter* in Vogel (Hrsg.), Grundfragen des Internationalen Steuerrechts, S. 215, 221.

248 *von Hulen*, EWS 2002, 107, 110.

249 EuGH-Urteil v. 13.4.2000, DB 2000, 1056.

250 EuGH-Urteil v. 13.4.2000, DB 2000, 1056, 1057, allerdings einschränkend bezüglich des Konfliktes von Kapitalverkehrsfreiheit und Niederlassungsfreiheit.

Der EuGH hat i.E. in seinem Urteil vom 13.4.2000[251] somit einen weiteren wichtigen Schritt hinsichtlich einer steuerlichen Harmonisierung begangen, denn innerhalb der EU darf es nun keine Steuerdiskriminierung bezüglich „wesentlicher Beteiligungen" mehr geben. D.h. eine Diskriminierung „wesentlicher Beteiligungen" innerhalb der EU ist nicht nur hinsichtlich der Vermögens- und Erbschaftsteuer[252] unzulässig, sondern es ist jegliche steuerliche Ungleichbehandlung von „wesentlichen Beteiligungen" zu vermeiden.

Trotz dieser europäischen Vorgaben hat der BGH jüngst durch seinen Vorlagebeschluss an den EuGH vom 30.3.2000[253] wiederum versucht an der Sitztheorie festzuhalten. Auch das OLG Hamm[254] hat jüngst wieder in dieser Richtung entschieden. Im Einzelnen sind darin die Fragen zu klären, ob es gegen die Niederlassungsfreiheit verstößt, wenn die Gesellschaft nach dem Recht des Staates beurteilt wird, in den sie ihren Sitz verlegt hat und die Gesellschaft dadurch keinen rechtlichen Status mehr besitzt. Des weiteren soll geklärt werden, dass falls die Niederlassungsfreiheit durch diese Gestaltung beeinträchtigt ist, sich die Rechtsfähigkeit der Gesellschaft in Zukunft durch das Recht des Gründungstaates ergibt.[255]

Bezüglich dieser Vorlage an den EuGH hat der Generalstaatsanwalt in seinen Schlussanträgen vom 4.12.2001 wichtige weiterführende Aussagen getätigt, wobei insbesondere die wichtigsten Streitfragen geklärt werden.[256] Eine ausführliche Darstellung würde hier zu weit führen, dennoch sollen die wichtigsten Erkenntnisse kurz aufgeführt werden. Der EuGH wird wohl diesen Schlussanträgen folgen und damit beurkunden, dass in Zukunft sämtliche freiheitlichen Behinderungen bei Niederlassungskonstellationen am Beschränkungsverbot der Freiheiten zu überprüfen sind.[257] Insgesamt hat die Sitztheorie damit europarechtlich keinen Bestand mehr, obwohl der BGH als Hintertürchen noch die Möglichkeit des nicht rechtmäßigen Rechtsformwechsels (Zuzug einer ausländischen Kapitalgesellschaft als inländische Personengesellschaft) überprüfen kann[258], wobei dann von einer modifizierten Gründungstheorie auszugehen ist.[259] Der EuGH[260] hat in seinem „Überseering"-Urteil mittlerweile auch entschieden und den Schlussanträgen stattgegeben. Insoweit verstößt die Nichtanerkennung der Gesellschaftsverlegung gegen die Art. 43 und 48 des EG-Vertrages.[261] *Zimmer*[262] erklärt, dass der EuGH

[251] DB 2000, 1056.
[252] *Saß*, DB 2000, 1252, 1253.
[253] BGH-Beschluss v. 30.3.2000, DStR 2000, 1064.
[254] OLG Hamm v. 1.2.2001, GmbHR 2001, 440.
[255] Dazu auch: *Meilicke*, GmbHR 2000, 693 ff.
[256] Dazu: *Forsthoff*, BB 2002, 318 ff.; *von Halen*, EWS 2002, 107 ff.
[257] *Forsthoff*, BB 2002, 318, 320.
[258] *Forsthoff*, BB 2002, 318, 320 f.; *von Halen*, EWS 2002, 107 ff.
[259] *von Halen*, EWS 2002, 107, 114.
[260] EuGH-Urteil v. 5.11.2002, DB 2002, 2424 ff.
[261] Ausführlich hierzu: *Lutter*, BB 2003, 7 ff., der der Meinung des EuGH ausdrücklich zustimmt.
[262] *Zimmer*, BB 2003, 1, 2 ff.

zwar die grundsätzliche Entscheidung zu Gunsten der Gründungtheorie gefällt hat, er aber einige Fragen wie z.B. die Befugnisse des Gründungsstaates oder Ausschluss persönlicher Gesellschafter- und Geschäftsführerhaftung offen gelassen hat.

Außerhalb des europäischen Wirtschaftsraumes findet die Sitztheorie allerdings nach wie vor Anwendung.[263] Insgesamt muss aber konstatiert werden, dass diese Art der Niederlassungsfreiheit nicht zur „Erosion" des deutschen Gesellschaftsrechts führen wird.[264] *Lutter*[265] führt aus, dass es wünschenswert wäre, wenn an einer europäischen Sitzverlegungs-Richtlinie weiter gearbeitet werden würde, damit der Gewinn an Rechtssicherheit für die Gesellschaften in der EU groß wäre.

Dennoch sollte ergänzend hinzugefügt werden, dass nach der sog. „Delaware"-Entscheidung des BFH[266] die Frage der rechtmäßigen Sitzverlegung nicht nur auf europäische Gesellschaften beschränkt ist. Das Diskriminierungsverbot ergibt sich zudem aus bestehenden Doppelbesteuerungsabkommen. Auch der BGH[267] sieht eine Verpflichtung[268] zur Anerkennung doppelansässiger Gesellschaften aufgrund der Art. 43 und 48 des EG-Vertrages. Welchen Status die Gesellschaft dann in Deutschland erhält, d.h. ob es sich vielleicht eher um eine rechts- und parteifähige[269] Personengesellschaft handelt, hat der BGH[270] offen gelassen.

b) Steuerliche Qualifikation

Für die Beurteilung der Rechtsfähigkeit ausländischer Gesellschaften würden generell die Grundsätze des internationalen Privatrechts eingreifen und somit wäre aufgrund der bisher anzuwendenden Sitztheorie eine Einordnung als steuerliche Körperschaft nicht möglich.[271] Trotzdem schließt das Fehlen der inländischen Rechtsfähigkeit einer ausländischen Gesellschaft die Körperschaftsteuerpflicht nicht von vornherein aus.[272] Die Entscheidung über die Rechtsfähigkeit im Steuerrecht richtet sich generell nach Kriterien des deutschen Steuerrechts.[273] Ein übersichtliches Prüfschema findet sich bei *Jacobs*[274].

---

263 *Eilers/Wienands*, IStR 1999, 289, 291.
264 So: *von Halen*, EWS 2002, 107, 115.
265 *Lutter*, BB 2003, 7, 10.
266 BFH-Urteil v. 29.1.2003, DStRE 2003, 865.
267 BGH-Urteil v. 13.3.2003, DStR 2003, 947.
268 So nun auch: EuGH-Urteil v. 5.11.2002, DB 2002, 2424 ff.
269 BGH-Urteil v. 29.1.2003, DStR 2003, 948.
270 BGH-Urteil v. 1.7.2002, DStR 2002, 1678; BGH-Urteil v. 13.3.2003, DStR 2003, 947, 948.
271 *Baranowski* in Festschrift für Helmut Debatin, S. 1, 2.
272 *Jacobs*, Internationale Unternehmensbesteuerung, S. 425.
273 *Wurster*, FR 1980, 588 und 590; *Schiebler*, Abschreibungen auf Beteiligungen an Kapitalgesellschaften nach Handels- und Steuerrecht, S. 198; *Debatin*, BB 1990, 1457; zustimmend: *Hey F.* in Festschrift für Helmut Debatin, S. 121, 136.
274 *Jacobs*, Internationale Unternehmensbesteuerung, S. 438.

Mit der steuerlichen Gleichstellung zivilrechtlich rechtsfähiger und nichtrechtsfähiger, wenn auch teilweise subjektfähiger, Rechtsformen durchbricht das KStG die grundsätzlich dualistische Denkweise des privaten Gesellschaftsrechts und stellt eigene Kriterien zur Abgrenzung steuerlicher Subjektfähigkeit auf.[275] Anders ausgedrückt findet im Steuerrecht die Gründungstheorie ihre Anwendung.[276] Trotzdem wird versucht, die Anwendung des Gründungsrechts durch die Zuhilfenahme der Sitztheorie zu umgehen.[277] Ein völlig oder teilweiser Ausschluss der Anerkennung der Eigenständigkeit findet regelmäßig bei Basisgesellschaften statt.[278] Hierauf kann allerdings nicht näher eingegangen werden.

Als grundsätzliche Anknüpfungspunkte für eine steuerliche Anerkennung der Gesellschaft in Deutschland können der **Sitz der Gesellschaft** (§ 11 AO) bzw. die **Geschäftsleitung im Inland** (§ 10 AO) herangezogen werden[279], damit das diffuse Bild[280] hinsichtlich der für die Qualifizierung maßgeblichen Umstände reduziert wird. Die beiden Begriffe haben ihre inhaltliche Entsprechung in den vom Gesellschaftsrecht benutzten Begriffen des Verwaltungssitzes und des Satzungs- bzw. statuarischen Sitzes.[281] Sie stehen dabei gleichrangig nebeneinander.[282] Grundsätzlich dienen beide Merkmale lediglich der Abgrenzung von beschränkter und unbeschränkter Steuerpflicht.[283] Dennoch können sie auch für die grundsätzlich steuerliche Behandlung der Gesellschaft herangezogen werden.[284] Vereinzelte Stimmen in der Literatur[285] gehen dabei von einer Deckungsgleichheit der Begriffe „Ort der Geschäftsleitung" und „Verwaltungssitz" aus.[286] Die h.M.[287] jedoch schließt eine sinngleiche Verwendung der beiden Begriffe, die nun im folgenden etwas näher betrachtet werden, aus.

275 Kritisch: *Wassermeyer*, DB 1990, 244.

276 *Mössner* in Mössner, Steuerrecht international tätiger Unternehmen, S. 79; bezogen auf die zivilrechtliche Anwendung: *Meilicke*, GmbHR 2000, 693, 697.

277 *Meilicke*, GmbHR 2000, 698.

278 Ausführlicher dazu: *Jacobs*, Internationale Unternehmensbesteuerung, S. 426 ff.; *Wurster*, Die ausländische Basisgesellschaft, S. 1 ff.

279 *Debatin*, BB 1988, 1155, 1159; *Dötsch*, DB 1989, 2296; *Baranowski* in Festschrift für Helmut Debatin, S. 1, 20; *Mössner* in Mössner, Steuerrecht international tätiger Unternehmen, S. 72.

280 *Hey F.* in Festschrift für Helmut Debatin, S. 121, 137.

281 *Dötsch*, DB 1989, 2296.

282 *Schaumburg*, Internationales Steuerrecht, S. 298.

283 *Crezelius*, DStR 1997, 1712.

284 *Debatin*, GmbHR 1991, 164, 165.

285 *Ebenroth/Auer*, GmbHR 1994, 16, 17;

286 *Debatin*, BB 1988, 1155.

287 Für viele: *Debatin*, GmbHR 1991, 164; *Meilicke*, BB 1995 Beilage 9 zu Heft 31; *Eilers/Wienands*, IStR 1999, 289.

aa) Sitz der Kapitalgesellschaft

§ 11 AO besagt, dass der Sitz einer Kapitalgesellschaft an dem Ort ist, der durch Gesetz, Gesellschaftsvertrag, Satzung, Stiftungsgeschäft oder dergleichen bestimmt ist.[288] Gemeint ist damit der statuarische Sitz.[289] Heißt es z.B. in der Satzung einer Kapitalgesellschaft: „Die Gesellschaft hat ihren Sitz in München", dann ist die Kapitalgesellschaft allein schon deswegen in Deutschland unbeschränkt steuerpflichtig, auch wenn sie sonst keine Beziehungen zum Inland aufweist. Um zu ermitteln, ob die ausländische Kapitalgesellschaft in Deutschland ansässig ist, wird in § 11 AO i.E. auf den statuarischen Sitz der Gesellschaft abgestellt.[290] Dieser berücksichtigt keine faktischen oder wirtschaftlichen Gegebenheiten, sondern zielt allein auf die rechtlichen (juristischen) Bestimmungen ab.[291]

Ferner kann die unbeschränkte Körperschaftsteuerpflicht der ausländischen Kapitalgesellschaft auch durch die Eintragung in das deutsche Handelsregister erreicht werden.[292] Dabei muss die Eintragung konstitutiv wirken. Die Eröffnung einer Zweigniederlassung kann somit eine unbeschränkte Steuerpflicht der Muttergesellschaft nicht begründen. Zudem kann sie selbst auch niemals eine steuerlich eigene Gesellschaft sein.[293]

bb) Ort der Geschäftsleitung bzw. Verwaltungssitz

Der Geschäftsleitungstest wird nur relevant, wenn der statuarische Sitz nicht im Inland liegt. Dadurch kommen namentlich nur Körperschaftsteuersubjekte mit Sitz im Ausland in Betracht, für die dann zu entscheiden ist, ob sie ihre tatsächliche Geschäftsleitung in Deutschland haben.[294] Auch zeigt die Entscheidungserheblichkeit der Geschäftsleitung im Inland, dass es für das Steuerrecht nicht auf die Sitztheorie ankommen kann.[295]

Der Begriff „Geschäftsleitung" ist in § 10 AO legal definiert. Generell gibt es zwei verschiedene Möglichkeiten, die Geschäftsleitung zu gestalten.[296] Die Geschäftsleitung kann grundsätzlich bei den im Inland ansässigen Gesellschaftern liegen. Dafür genügt es aber nicht, dass diese ihren gesellschaftlichen Einfluss auf die im Ausland befindlichen gesetzlichen Vertreter ausüben. Die Annahme einer

---

[288] *Schaumburg*, Internationales Steuerrecht, S. 298.

[289] *Mössner* in Mössner, Steuerrecht international tätiger Unternehmen, S. 80 f.; *Raupach* in Haarmann (Hrsg.), Unternehmensstrukturen und Rechtsformen im internationalen Steuerrecht, S. 37.

[290] *Debatin*, BB 1988, 1155, 1159.

[291] *Meilicke*, RIW 1990, 449; a.A.: *Lange/Grützner/Kussmann/Reiß*, Personengesellschaft im Steuerrecht, S. 54.

[292] *Wassermeyer*, DB 1990, 244, 245.

[293] A.A.: RFH-Urteil v. 10.12.1936, RStBl. 1937, 452; RFH-Urteil v. 16.11.1939, RStBl. 1940, 539.

[294] *Schlütter* in Vogel (Hrsg.), Grundfragen des Internationalen Steuerrechts, S. 215, 218.

[295] *Debatin*, BB 1988, 1155, 1159.

[296] Dazu ausführlich: *Mössner* in Mössner, Steuerrecht international tätiger Unternehmen, S. 81 ff.

Geschäftsleitung, d.h. Mittelpunkt der geschäftlichen Oberleitung, setzt vielmehr voraus, dass die Gesellschafter im Inland die tatsächliche Geschäftsleitung völlig an sich ziehen.[297] Darum dürfen sie den laufenden Geschäftsgang nicht nur beobachten, kontrollieren und fallweise beeinflussen, sondern sie müssen ständig auf die Tagespolitik der Gesellschaft Einfluss nehmen[298] und wichtige Entscheidungen treffen. Die Geschäftsleitung im Inland kann allerdings auch dadurch begründet werden, dass sich die volle satzungsgemäße und tatsächliche Betriebsleitung im Inland abspielt und im Ausland nur eine Geschäftsadresse besteht.[299]

Die Finanzverwaltung hat durch Erlasse der Finanzbehörde Hamburg vom 15.1.1985[300] und des Finanzministeriums Baden-Württemberg gleichen Datums[301], für die Verwaltungshandhabung den Standpunkt vertreten, dass britische Companies Limited by Shares, obwohl sonst als Steuersubjekte der beschränkten Steuerpflicht anzuerkennen, bei Geschäftsleitung in der Bundesrepublik in zivilrechtlicher Anknüpfung (Sitztheorie) der rechtlichen Eigenständigkeit entbehren. Dadurch sei auch steuerrechtlich nicht an die Gesellschaft, sondern an ihre Anteilseigner anzuknüpfen.[302] Dies spiegelt auch die Auffassung des Bundesministers der Finanzen und der übrigen Länder wieder.

Die Tatsache, dass sich zwar die Geschäftsleitung einer ausländischen Kapitalgesellschaft im Inland befindet, der Gesellschaft aber die Rechtsfähigkeit im Inland aufgrund der Sitztheorie trotzdem versagt wird[303], kann ihre Körperschaftsteuerpflicht dennoch nicht grundsätzlich ausschließen.[304] Die Argumentationsgrundlage der Verwaltungserlasse ist unrichtig, denn sie verneinen die körperschaftsteuerliche Anerkennung der Gesellschaft allein aufgrund der zivilrechtlichen Anknüpfung.[305]

cc) Sitz und Ort der Geschäftsleitung in verschiedenen Staaten

Der am 22.6.1998 neu eingeführte § 4a GmbHG sieht in Anpassung zu § 5 Abs. 2 AktG vor, dass der statuarische Sitz einer GmbH grundsätzlich nach dem Ort der Geschäftsleitung **oder** dem Verwaltungssitz zu bestimmen ist. Nach dem Gesetzeswortlaut werden die Begriffe demnach alternativ verwendet. Eine Sinngleichheit der beiden Begriffe kann somit nicht bestehen.[306] Auch die

---

[297] *Wurster*, Die ausländische Basisgesellschaft, S. 236; *Schaumburg*, Internationales Steuerrecht, S. 304; ähnlich: *Raupach* in Haarmann (Hrsg.), Unternehmensstrukturen und Rechtsformen im internationalen Steuerrecht, S. 37 f.

[298] *Debatin*, BB 1988, 1155, 1159.

[299] BFH-Urteil v. 17.7.1968, BStBl. II 1968, 695, 697.

[300] 53 – S 2071 – 3/82; DB 1985, 258.

[301] S 2071 A – 1/84.

[302] Dazu auch: *Dötsch*, DB 1989, 2296, 2298.

[303] *Baranowski* in Festschrift für Helmut Debatin, S. 1, 4 m.w.N.

[304] Grundsätzlich hierzu: *Debatin*, BB 1988, 1155 m.w.N.

[305] *Debatin*, BB 1988, 1155, 1158; zustimmend: *Dötsch*, DB 1989, 2296, 2298.

[306] Zusammenfassender Überblick bei: *Eilers/Wienands*, IStR 1999, 289, 293.

Auslegung des § 1 Abs. 1 KStG lässt keinen anderen Schluss zu, denn unter den enumerativen Katalog der Nr. 1 können nur Kapitalgesellschaften erfasst werden, die sowohl ihren statuarischen Sitz als auch ihren Verwaltungssitz im Inland haben.[307] I.E. stellt sich die Frage nach dem Ort der Geschäftsleitung u.a. für Körperschaftsteuersubjekte, die keine Rechtsfähigkeit besitzen und deshalb auch keinen statuarischen Sitz aufweisen, an den steuerlich anzuknüpfen wäre (doppelansässige Kapitalgesellschaft).[308] Für solche Gesellschaften wäre ebenfalls – wie folgend – der Rechtstypenvergleich heranzuziehen, um die Anerkennung als juristische Person in Deutschland sicherzustellen.[309]

dd) Rechtstypenvergleich für Gesellschaften mit Sitz und Ort der Geschäftsleitung im Ausland

Zu den Kapitalgesellschaften i.S.v. § 17 Abs. 1 S. 3 EStG rechnen des weiteren auch solche Gesellschaften, die weder Sitz noch Geschäftsleitung im Inland haben.[310] Das bedeutet, dass auch ein Anteilseigner mit der Veräußerung seiner Anteile nach § 17 EStG steuerpflichtig sein kann, wenn die Gesellschaft keinen Bezug zum Inland hat. Die Subjektfähigkeit solcher Gesellschaften wird demnach mit Hilfe des sog. Rechtstypenvergleichs entschieden.[311]

Grundsätzlich lässt sich sagen, dass eine ausländische Kapitalgesellschaft, gleichgültig ob unbeschränkt oder beschränkt steuerpflichtig, der deutschen Körperschaftsteuer unterliegt, wenn sie zu den Körperschaften, Personenvereinigungen oder Vermögensmassen i.S.d. §§ 1 bis 3 KStG zählt.[312] Da sich in § 17 EStG keine eigenständige Definition des Begriffs „Kapitalgesellschaft" befindet, ist auf § 1 Abs. 1 Nr. 1 KStG zu verweisen, wo sich eine inhaltliche Konkretisierung dieses Begriffs befindet, die auch auf § 17 EStG Anwendung findet.[313] Problematisch könnte dabei sein, dass § 17 EStG von „Kapitalgesellschaften" spricht, § 1 KStG allerdings wesentlich weiter gefasst ist, und sich daher auch auf „Körperschaften, Personenvereinigungen und Vermögensmassen" bezieht.[314] Es ist daher zu klären, ob für den Bezug zu § 17 EStG nur § 1 Abs. 1 Nr. 1 KStG in Frage kommt oder der gesamte § 1 KStG für § 17 EStG Gültigkeit besitzt.

Das Ergebnis vorwegnehmend kann gesagt werden, dass zu den Kapitalgesellschaften i.S.d. § 17 Abs. 1 S. 3 EStG auch solche Gesellschaften

[307] *Meilicke*, BB 1995, Beilage 9 zu Heft 31, S. 4.
[308] *Debatin*, BB 1988, 1155, 1160.
[309] *Henkel*, RIW 1991, 565, 568; *Schaumburg*, Internationales Steuerrecht, S. 305.
[310] BFH-Urteile v. 22.2.1989, BStBl. II 1989, 794 und v. 19.3.1996, DB 1996, 1317.
[311] *Henkel*, RIW 1991, 565.
[312] BFH-Urteil v. 17.7.1968, BStBl. II 1968, 695; a.A.: *Iley F.* in Festschrift für Helmut Debatin, S. 121, 135.
[313] *Lohr*, Die Besteuerung ausländischer Investmentfonds bei privaten Kapitalanlegern, S. 137.
[314] Ähnlich: *Schlütter* in Vogel (Hrsg.), Grundfragen des Internationalen Steuerrechts, S. 215, 220.

rechnen, die weder Sitz noch Geschäftsleitung im Inland haben, wobei dann im Rahmen eines sog. Typenvergleichs festzustellen ist, ob sie unter den Bereich des § 1 Abs. 1 Nr. 1 KStG subsumierbar sind.[315] § 1 Abs. 1 Nrn. 2 bis 6 KStG kann für § 17 EStG nicht als Auffangtatbestand dienen[316], da sich die Legaldefinition des Begriffs „Kapitalgesellschaft", welcher für § 17 EStG entscheidend ist, in der Nr. 1 des § 1 Abs. 1 KStG befindet und der gesamte § 1 Abs. 1 KStG wesentlich weiter gefasst ist.[317]

Trotzdem ergibt sich generell keine Regelungslücke, da über den – später zu diskutierenden – Rechtstypenvergleich eine mögliche Vergleichbarkeit aller ausländischer Rechtsformen zu den deutschen Kapitalgesellschaften des § 1 Abs. 1 Nr. 1 KStG sicher gestellt ist. I.E. ist für § 17 EStG auf die Vergleichbarkeit mit den Kapitalgesellschaften gem. § 1 Abs. 1 Nr. 1 KStG abzustellen. Die unbeschränkte Körperschaftsteuerpflicht solcher ausländischer Gesellschaften ergibt sicher allerdings nach Maßgabe des § 1 Abs. 1 Nr. 4 KStG bzw. § 3 KStG.[318] Etwas differenzierter geht *Mössner*[319] vor, der die Körperschaftsteuerpflicht sowie die Qualifikation gem. § 17 EStG nicht von einer der Nummern des § 1 Abs. 1 KStG abhängig machen möchte, sondern die in der Norm enthaltenen Oberbegriffe als entscheidend betrachtet.

In seiner Leitentscheidung vom 25.6.1984[320] hatte der Große Senat des BFH die Grenze zwischen körperschaftsteuerpflichtigen und nicht körperschaftsteuerpflichtigen Organisationen noch alleine nach Maßgabe des Zivilrechts gezogen.[321] Auf ausländische Körperschaften sollte es nicht möglich sein, eine der sechs Ziffern des § 1 Abs. 1 KStG unmittelbar anzuwenden. Vielmehr muss ein Struktur- und Typenvergleich mit inländischen Gesellschaften dergestalt vorgenommen werden, dass die ausländische Kapitalgesellschaft derjenigen inländischen Gesellschaftsform zugeordnet werden kann, die in wesentlichen Elementen mit ihr übereinstimmt.[322] Es muss demnach eine Vergleichbarkeit bzw. Ähnlichkeit zu deutschen Kapitalgesellschaften vorliegen.[323] Dabei liegt es im

---

[315] BFH-Urteil v. 19.3.1996, BStBl. II 1996, 312.

[316] *Lohr*, Die Besteuerung ausländischer Investmentfonds bei privaten Kapitalanlegern, S. 137.

[317] *Frotscher*, EStG, § 17 Rn. 21; *Jäschke* in Lademann/Söffing/Brockhoff, EStG, § 17 Rz. 56; *Ebling* in Blümich, EStG, § 17 Rz. 60.

[318] *Schaumburg*, Internationales Steuerrecht, S. 300 f. und 307; a.A.: *Jacobs*, Internationale Unternehmensbesteuerung, S. 425 mit Verweis auf Abschn. 2 Abs. 1 KStR.

[319] *Mössner* in Mössner, Steuerrecht international tätiger Unternehmen, S. 75.

[320] BStBl. II 1984, 752.

[321] *Boles/Walz*, GmbHR 1986, 435, 442; so ebenfalls noch: *Wassermeyer*, DB 1990, 244; *Lange/Grützner/Kussmann/Reiß*, Personengesellschaft im Steuerrecht, S. 53.

[322] Dazu: *Debatin*, GmbHR 1991, 164, 170; *Mössner* in Mössner, Steuerrecht international tätiger Unternehmen, S. 75; *Fu*, Die stille Gesellschaft im internationalen Steuerrecht aus deutscher Sicht, S. 53; *Schiebler*, Abschreibungen auf Beteiligungen an Kapitalgesellschaften nach Handels- und Steuerrecht, S. 198.

[323] BFH-Urteil v. 22.2.1989, BStBl. II 1989, 794, 795.

Wesen eines Typenvergleichs, dass zur Anerkennung der Gesellschaft nicht völlige Vergleichbarkeit erforderlich ist, sondern die weitgehende Ähnlichkeit ausreicht.[324] Auch hatte der BFH in seinem Urteil vom 23.6.1992[325] die Auffassung vertreten, eine nichtrechtsfähige ausländische Kapitalgesellschaft mit Verwaltungssitz in Deutschland sei nicht unter § 1 Abs. 1 Nr. 1 KStG, sondern unter § 1 Abs. 1 Nr. 5 i.V.m. § 3 Abs. 1 KStG zu subsumieren.[326] Sie könne zwar dem „Typ" und der tatsächlichen Handhabung nach einer Kapitalgesellschaft i.S.d. § 1 Abs. 1 Nr. 1 KStG entsprechen, würde aber gerade nicht unter diese Vorschrift subsumiert.[327] Mögliche Folge dieser Auffassung wäre, dass dann die Gesellschafter dieser Gesellschaft weder laufende Einkünfte aus § 20 EStG noch Veräußerungs- bzw. Liquidationserlöse nach § 17 EStG erzielen würden.[328]

Eine – bis heute richtungsweisende[329] – Klärung hat dieses Problem allerdings bereits durch das bekannte Urteil des RFH[330] zur steuerlichen Einstufung einer venezolanischen Kommanditgesellschaft erfahren.[331] „Konkret war darüber zu befinden, ob der Inländer aus seiner Beteiligung lediglich unter der Voraussetzung einer Gewinnausschüttung Einkünfte aus Kapitalvermögen erzielt, oder ob ihm das Ertragsergebnis der venezolanischen Gesellschaft als eigenes Einkommen in der Gestalt von Einkünften aus Gewerbebetrieb zuzurechnen ist."[332] Der Reichsfinanzhof stellte als Leitsatz hierbei heraus, dass die deutsche Steuerrechtsordnung nicht automatisch an die zivilrechtliche ausländische Einstufung anknüpfen könne. Vielmehr müsse eine Art übertragende Einstufung danach vorgenommen werden, ob das ausländische Wirtschaftsgebilde mehr einer deutschen Personengesellschaft oder mehr einer deutschen Kapitalgesellschaft gleicht.[333] Dies wird damit begründet, dass das Steuerrecht an steuerlich relevante wirtschaftliche Sachverhalte anknüpft[334], die in bestimmte bürgerlich-rechtliche Formen gekleidet sind und von diesen zutreffend beschrieben werden.[335]

[324] *Jacobs*, Internationale Unternehmensbesteuerung, S. 421; *Schaumburg*, Internationales Steuerrecht, S. 299 f.

[325] BStBl. II 1992, 972.

[326] *Baranowski* in Festschrift für Helmut Debatin, S. 1, 18.

[327] *Mössner* in Mössner, Steuerrecht international tätiger Unternehmen, S. 78.

[328] *Wassermeyer* in Widmann (Hrsg.), Besteuerung der GmbH und ihrer Gesellschafter, S. 83, 87; ähnlich: *Lohr*, Die Besteuerung ausländischer Investmentfonds bei privaten Kapitalanlegern, S. 139.

[329] *Hey F.* in Festschrift für Helmut Debatin, S. 121, 137.

[330] RFH-Urteil v. 12.2.1930, RStBl. 1930, 440.

[331] Ausführlich dazu: *Hintzen*, DStR 1971, 327, 328.

[332] *Debatin*, BB 1988, 1155, 1156; ähnlich: *Hey F.* in Festschrift für Helmut Debatin, S. 121, 145.

[333] *Henkel*, RIW 1991, 565, 566; *Crezelius*, DStR 1997, 1712, 1714 f.; kritisch: *Hintzen*, DStR 1971, 327, 332, da damals nicht auf die Rechtsfähigkeit der Gesellschaft abgestellt worden ist.

[334] *Boles/Walz*, GmbHR 1986, 435, 441.

[335] *Wurster*, Die ausländische Basisgesellschaft, S. 42 f.

Der vom RFH[336] geforderte Typenvergleich ist mittlerweile von der h.M.[337] akzeptiert worden. Dabei wird untersucht, ob das ausländische Wirtschaftsgebilde mit einer deutschen Kapitalgesellschaft oder Personengesellschaft „vergleichbar" ist, und ob es mehr dem einen oder anderen „Typ" zuzuordnen ist.[338] Der Typenvergleich erfolgt dabei zweistufig.[339] Zunächst werden die gesellschaftsrechtlichen Merkmale des ausländischen Wirtschaftsgebildes, unter Beachtung der wirtschaftlichen Stellung und des rechtlichen Aufbaus, ermittelt.[340] Auf der zweiten Stufe ist die „Ähnlichkeit" mit einem inländischen Musterbild festzustellen, welches grundsätzlich aus § 1 KStG abgeleitet wird. Es ist darauf hinzuweisen, dass ein Typus nur durch eine unbestimmte Zahl von Tatbestandsmerkmalen beschrieben werden kann, von denen nicht alle für die Zuordnung eines Typus erforderlich sind. Aus diesem Grund kann häufig nur eine kasuistische Methodik erfolgen.[341] Der vorzunehmende Typenvergleich ist jedoch nur mit deutschen Gebilden durchzuführen, die selbst eine Kapitalgesellschaft darstellen oder einer solchen ähnlich sind.[342] I.E. wird eine Art internationales Gesellschaftsrecht für steuerliche Zwecke gebildet.[343]

Wurster[344] bedient sich zwei anderer Stufen für den Typenvergleich. Nach seiner Auffassung werden zunächst die ausländischen Privatrechtsformen auf ihre Vergleichbarkeit mit den Organisationsformen des deutschen Gesellschaftsrechts überprüft und anschließend den steuerrechtlichen Organisationstypen (§ 1 KStG oder § 15 Abs. 1 Nr. 2 EStG) zugeordnet.[345] Die mangelnde Operrationalität des Realtypenvergleichs sowie Probleme bei der Prüfung der Vergleichbarkeit mit den inländischen Privatrechtstypen sind die zu nennenden Schwachstellen bei der praktischen Durchführung des Typenvergleichs.[346]

Für die Qualifikation der Kapitalgesellschaft kommt es darauf an, ob die nach ausländischen Normen organisierte Gesellschaft nach ihrem rechtlichen Aufbau und ihrer wirtschaftlichen Stellung[347] einer deutschen Gesellschaftsform entspricht.[348]

---

336 RFH-Urteil v. 12.2.1930, RStBl. 1930, 440.

337 Für viele: *Schmidt/Sedemund*, DStR 1999, 2057, 2059.

338 *Hintzen*, DStR 1971, 327; *Schlütter* in Vogel (Hrsg.), Grundfragen des Internationalen Steuerrechts, S. 215, 222.

339 Kritisch: *Fu*, Die stille Gesellschaft im internationalen Steuerrecht aus deutscher Sicht, S. 53, der mit Bezug auf *Larenz*, Methodenlehre der Rechtswissenschaft, S. 469, von einem „hermeneutischen Zirkel" spricht.

340 *Henkel*, RIW 1991, 565, 567.

341 *Wurster*, FR 1980, 588, 590; *Hey F.* in Festschrift für Helmut Debatin, S. 121, 138 f.

342 BFH-Urteil v. 22.2.1989, BStBl. II 1989, 794, 795; ebenso: *Hey F.* in Festschrift für Helmut Debatin, 1997, S. 121, 135.

343 *Hintzen*, DStR 1971, 327, 332.

344 *Wurster*, Die ausländische Basisgesellschaft, S. 42 und *Wurster*, FR 1980, 588, 589.

345 Ähnlich: *Fu*, Die stille Gesellschaft im internationalen Steuerrecht aus deutscher Sicht, S. 55; *Jacobs*, Internationale Unternehmensbesteuerung, S. 421.

346 Ausführlich: *Wurster*, FR 1980, 588, 589.

347 So gefordert von: *Boles/Walz*, GmbHR 1986, 435, 441; *Jacobs*, Internationale Unternehmensbesteuerung, S. 421.

Ein konkretes und ausführliches Beispiel dazu liefert *Hey*[349]. Dies gilt auch für die Beurteilung im Rahmen der DBA.[350] In dieser Weise hatte auch der RFH[351] seine Entscheidung begründet, denn er führte aus, dass die grundsätzliche Entscheidung über die einkommensteuerliche Behandlung einer ausländischen juristischen Person bzw. ihrer Gesellschafter im Einzelfalle nach den leitenden Gedanken des EStG und KStG zu treffen sei. Dabei wird zur Feststellung, welchem Rechtstyp die Gesellschaft entspricht, insbesondere auf einen Vergleich mit einer Gesellschaft deutschen Rechts abzustellen sein.[352]

Mit Bezug auf die Entscheidung des RFH führt *Hintzen*[353] aus, dass der Gesellschafterstellung entscheidendes Gewicht zukomme. Steht der Gesellschafter der Gesellschaft unpersönlich als Kapitalgeber gegenüber, so bezieht er Einkünfte aus Kapitalvermögen und die Gesellschaft ist wie eine Kapitalgesellschaft zu behandeln. Steht hingegen die Person des Gesellschafters im Vordergrund, so tritt der Gesellschafter wie ein Mitunternehmer auf. Damit handelt es sich um eine Personengesellschaft.

Der zum Standard gereifte Typenvergleich hatte durch die, im Zivilrecht angewandte, Sitztheorie eine erhebliche Einschränkung für das Gebiet des Steuerrechts erfahren.[354] Die Körperschaftsteuersubjektfähigkeit einer Kapitalgesellschaft knüpft grundsätzlich an das Zivilrecht an und darum ist es, aufgrund der Sitztheorie nicht möglich den Sitz einer Gesellschaft ins Inland zu verlagern, ohne dabei die Rechtsfähigkeit zu verlieren.[355] Deshalb kann eine solche Gesellschaft auch keine Kapitalgesellschaft i.S.d. § 1 Abs. 1 Nr. 1 KStG sein.[356] Dennoch wurde damals eine ausländische Gesellschaft mit dem nichtrechtsfähigen Verein gem. § 1 Abs. 1 Nr. 5 KStG gleichgesetzt und damit als Körperschaftsteuersubjekt qualifiziert[357], wenn die im Ausland rechtsfähige Gesellschaft dem „Typ" und der tatsächlichen Handhabung nach einem Körperschaftsteuersubjekt entsprach.[358] Die nachteiligen steuerlichen Folgen (Nichtanwendung der §§ 14 bis 18 KStG) für doppelansässige Gesellschaften[359] wurden dadurch vermieden, dass nur der Ort der Geschäftsleitung ins Inland verlegt

---

348 *Wurster*, Die ausländische Basisgesellschaft, S. 43.

349 *Hey F.* in Festschrift für Helmut Debatin, S. 121, 140 ff.

350 *Haug*, DStZ 1987, 287, 290; *Schnieder*, IStR 1997, 715 ff.; *Baranowski* in Festschrift für Helmut Debatin, S. 1, 6.

351 RFH-Urteil v. 12.2.1930, RFHE 27, 73.

352 *Wied* in Blümich, EStG, § 2a Rz. 40 und 41.

353 *Hintzen*, DStR 1971, 327, 329.

354 *Baranowski* in Festschrift für Helmut Debatin, S. 1, 4; *Schmidt/Sedemund*, DStR 1999, 2057, 2059.

355 Ablehnend, aber m.w.N.: *Debatin*, BB 1990, S. 1457, 1459.

356 BFH-Beschluß v. 25.6.1984, BStBl. II 1984, 751; Urteil v. 23.6.1992, BStBl. II 1992, 972.

357 So ebenfalls noch: *Buyer*, DB 1990, 1682, 1693.

358 *Jacobs*, Internationale Unternehmensbesteuerung, S. 425; so auch: *Friederichs* in Haritz/Benkert, Umwandlungsteuergesetz, 1996, § 20 Anm. 4.

359 Dazu: *Baranowski* in Festschrift für Helmut Debatin, S. 1, 17 ff.

wurde, der Verwaltungssitz allerdings im Ausland verblieb.[360] Probleme ergaben sich durch diese (veraltete) Sichtweise auch für § 17 EStG, denn § 17 EStG verlangt die Beteiligung an einer Kapitalgesellschaft i.S.d. § 1 Abs. 1 Nr. 1 KStG.[361, 362] Aus diesem Grund hätte § 17 EStG keine Anwendung finden können.

Da dem Steuerrecht grundsätzlich eine eigenständige, vom Zivilrecht getrennte, Wertung anzuerkennen ist[363], hat der BFH dieses Postulat in seinem Urteil vom 17.7.1968[364] in die richtungweisende Aussage gekleidet, dass nach deutschem Steuerrecht zu entscheiden sei, ob die steuerpflichtige Gesellschaft ein körperchaftsteuerliches Gebilde ist. Demzufolge unterliege sie mit ihren inländischen Einkünften der deutschen Körperschaftsteuer, wenn sie zu den Körperschaften, Personenvereinigungen oder Vermögensmassen im Sinne der § 1 bis 3 KStG zu zählen sei.[365] I.E. kommt es für die steuerliche Beurteilung einer ausländischen Gesellschaft nicht unbedingt auf die zivilrechtliche Beurteilung, d.h. die Rechtspersönlichkeit und die damit verbundene Sitztheorie, an.[366] Dennoch führt auch der Umstand der bestehenden Rechtsfähigkeit im Ausland nicht dazu, dass das deutsche Steuerrecht über die steuerliche Subjektfähigkeit nach den Maßstäben des § 1 KStG befinden muss.[367]

Liegen im konkreten Fall Typenmerkmale beider deutschen Gesellschaftstypen vor, so erfolgt eine Gewichtung der Merkmale.[368] Führt die Gewichtung in keinem Falle zu einer Lösung, weil beide Typenmerkmale bei einer Gewichtung gleichmäßig erfüllt sind, so wird nun hilfsweise auch die zivilrechtliche Rechtsfähigkeit als Kriterium herangezogen.[369] Die Orientierung nach Gewichtung der Merkmale hat sich seit der Entscheidung des RFH[370] über die venezolanische Kommanditgesellschaft zur herrschenden Lehre entwickelt. Auch im ausländischen Recht lassen sich Parallelen finden. So verwendet das US-Steuerrecht ebenfalls den „gewichteten Typenvergleich".[371] Dabei kommt es nicht auf Identität, sondern auf die Ähnlichkeit der Gesellschaft zu einem deutschen Musterbild an.[372]

---

[360] *Schmidt/Sedemund*, DStR 1999, 2057, 2060.

[361] BFH-Urteil v. 19.3.1996, BStBl. II 1996, 312.

[362] *Frotscher*, EStG, § 17 Rn. 21; *Jäschke* in Lademann/Söffing/Brockhoff, EStG, § 17 Rz. 56; *Ebling* in Blümich, EStG, § 17 Rz. 60.

[363] *Debatin*, BB 1988, 1155, 1157.

[364] BStBl. II 1968, 695.

[365] Zuletzt: BFH-Urteil v. 3.2.1988, BStBl. II 1988, 588.

[366] *Henkel*, RIW 1991, 565, 569; *Schlütter* in Vogel (Hrsg.), Grundfragen des Internationalen Steuerrechts, S. 215, 221; *Debatin*, BB 1988, 1155, 1158 m.w.N.; *Crezelius*, DStR 1997, 1712, 1715.

[367] *Debatin*, BB 1990, S. 1457, 1459, mit Bezug auf das BFH-Urteil v. 3.2.1988, BStBl. II 1988, 588.

[368] *Schlütter* in Vogel (Hrsg.), Grundfragen des Internationalen Steuerrechts, S. 215, 223; *Lange/Grützner/Kussmann/Reiß*, Personengesellschaft im Steuerrecht, S. 55.

[369] BFH-Urteil v. 17.7.1968, BStBl. III 1968, 695.

[370] RFH-Urteil v. 12.2.1930, RStBl. 1930, 440.

[371] *Schlütter* in Vogel (Hrsg.), Grundfragen des Internationalen Steuerrechts, S. 215, 224.

[372] *Boles/Walz*, GmbHR 1986, 435, 438.

Für eine Verfahrensvereinfachung tritt *Wurster*[373] ein, indem er zunächst eine rechtsvergleichende Untersuchung dahingehend vornimmt, ob die Grundsätze über die Zurechnung wirtschaftlichen Eigentums im ausländischen Recht mit denen des Steuerrechts übereinstimmen. Stimmen die entsprechenden in- und ausländischen Normen inhaltlich überein, so kann die ausländische Qualifikation für deutsche Steuerzwecke direkt übernommen werden. Auf die umständliche Prüfung des Einzelfalls könnte dann in Zukunft verzichtet werden. Liegen i.E. die Voraussetzungen einer Kapitalgesellschaft nicht vor und sind mehrere Personen beteiligt, so handelt es sich um eine Mitunternehmerschaft bei der die inländischen Einkünfte den einzelnen Beteiligten zuzurechnen sind.[374] Eine beispielhafte Aufzählung von ausländischen Gesellschaften, die den deutschen Kapitalgesellschaften „ähnlich" bzw. vergleichbar sind, liefert *Mössner*[375] sowie die Anlage zu § 23 UmwStG.[376]

c) Zwischenergebnis

Das deutsche Steuerrecht knüpft, wegen seiner vom Zivilrecht unterschiedlichen Zielsetzung, bei der Bestimmung des Steuergegenstandes nicht zwingend an die bestehende deutsche Privatrechtsordnung an[377] und ist auch in der Schaffung juristischer Personen bzw. von Rechtssubjekten für steuerliche Zwecke aufgrund eigener Abgrenzungskriterien ungebunden.[378] Auch verbietet sich mit Blick auf die aktuelle EuGH-Rechtsprechung eine Benachteiligung von EU-Kapitalgesellschaften mit inländischer Geschäftsleitung im Hinblick auf ihren (neuen) körperschaftsteuerlichen Status gem. § 1 Abs. 1 Nr. 1 KStG.[379] I.E. hat die in Deutschland vorherrschende Sitztheorie eine erhebliche Einschränkung durch die Rechtsprechung des EuGH erfahren.

Unterliegt die ausländische Gesellschaft deutschem Recht, so ist die Einordnung unter § 1 Abs. 1 KStG unproblematisch.[380] Nach ausländischem Recht errichtete Gesellschaften sind, soweit sie körperschaftlich strukturiert sind, stets Körperschaftsteuersubjekte[381] und damit unbeschränkt körperschaftsteuerpflichtig, wenn sie im Inland den Verwaltungssitz bzw. den Ort ihrer Geschäftsleitung haben.[382]

---

373 *Wurster*, Die ausländische Basisgesellschaft, S. 54.
374 *Henkel* in Mössner, Steuerrecht international tätiger Unternehmen, S. 620.
375 *Mössner* in Mössner, Steuerrecht international tätiger Unternehmen, S. 76 ff.
376 Dazu auch: *Bernstorff*, EWS 1998, 397 ff.; *Lange/Grützner/Kussmann/Reiß*, Personengesellschaft im Steuerrecht, S. 55, mit Verweis auf den Anhang.
377 Grundlegend: *Schlütter* in Vogel (Hrsg.), Grundfragen des Internationalen Steuerrechts, S. 215 f.
378 *Baranowski* in Festschrift für Helmut Debatin, S. 1, 4.
379 Eilers, DStR 1999, 1977, 1980.
380 *Raupach* in Haarmann (Hrsg.), Unternehmensstrukturen und Rechtsformen im internationalen Steuerrecht, S. 37.
381 BFH v. 23.6.1992, BStBl. II 1992, 972.
382 A.A.: *Wassermeyer*, DB 1990, 244 f.

Sie fallen ebenfalls unter § 1 Abs. 1 Nr. 1 KStG, wenn sie aus der Sicht des deutschen internationalen Privatrechts als juristische Person anerkannt werden und mit den in § 1 Abs. 1 Nr. 1 KStG aufgeführten Kapitalgesellschaften deutschen Rechts vergleichbar sind (Typenvergleich), auch wenn sie im Inland keinen Anknüpfungspunkt haben. Kann die Gesellschaft im Ergebnis unter die in § 1 Abs. 1 KStG aufgezählten Körperschaften subsumiert werden, ist sie als körperschaftsteuerpflichtige Kapitalgesellschaft zu behandeln.[383] Wäre die steuerpflichtige Gesellschaft hingegen mit keiner der in §§ 1 bis 3 KStG aufgeführten Körperschaften, Personenvereinigungen und Vermögensmassen vergleichbar, so kann sie nicht als Körperschaftsteuersubjekt qualifiziert werden.[384] I.E. liegt bei ausländischen Kapitalgesellschaften zu mindestens eine Teilrechtsfähigkeit vor, so dass eine Einordnung als Körperschaftsteuersubjekt gem. § 1 Abs. 1 Nr. 1 KStG nach Meinung von *Meilicke*[385] überzeugender wäre.

Die Anerkennung einer ausländischen Rechtsform als Körperschaftsteuersubjekt setzt voraus, dass die Gesellschaft dem Gesamtbild nach körperschaftsteuerlich aufgebaut ist und wirtschaftlich gesehen als von den Gesellschaftern getrennter, eigenständiger Einkommens- und Vermögensträger anzusehen ist.[386] Eine weitere Bedingung ist die Einhaltung von Formvorschriften bzw. das Einschalten von behördlichen Genehmigungsverfahren, die über den Rahmen des alleinigen Vertragsabschlusses zwischen den Gründungsmitgliedern hinausgehen. Die Anerkennung als Kapitalgesellschaft im Sinne des deutschen Steuerrechts wird allerdings dann ausgeschlossen, wenn eine genossenschaftliche oder dieser ähnliche innere Struktur, Betätigung bzw. Zielsetzung besteht.[387]

d) Veräußerung der Anteile als Veräußerung von Anteilen an einer „ähnlichen Kapitalgesellschaft"

Wird eine Beteiligung im Privatvermögen gehalten so sind Wertsteigerungen nur im Rahmen der §§ 17, 23 EStG und § 21 UmwStG steuerbar. Ob die Veräußerung einer Beteiligung an einer ausländischen Körperschaft unter § 17 EStG fällt, richtet sich danach, ob diese nach dem sog. „Typenvergleich" einer deutschen Kapitalgesellschaft entspricht.[388] § 17 Abs. 1 S. 3 EStG, der neben den ausdrücklich aufgeführten Beteiligungen an Rechtsformen des inländischen Rechts auch ähnliche Beteiligungen erfasst, bildet hierfür die Rechtsgrundlage.[389]

---

383 *Streck*, KStG, § 1 Rz. 5.

384 BFH-Urteil v. 17.7.1968, BStBl. II 1968, 695, 696.

385 *Meilicke*, BB 1995, Beilage 9 zu Heft 31, S. 6 ff.

386 *Crezelius*, DStR 1997, 1712, 1715; *Fox*, GmbHR 2000, 342.

387 *Wurster*, Die ausländische Basisgesellschaft, S. 68.

388 So schon: *Becker*, StuW 1931, Sp. 1283, 1303 zum Vorläufer des § 17 EStG dem § 30 Abs. 3 EStG 1925.

389 *Henkel* in Mössner, Steuerrecht international tätiger Unternehmen, S. 509.

§ 17 EStG erfasst ebenfalls eine „wesentliche Beteiligung" an einer ausländischen Kapitalgesellschaft[390, 391], d.h. einer Kapitalgesellschaft, die weder ihren Sitz noch ihre Geschäftsleitung im Inland hat[392], falls der Veräußerer im Zeitpunkt der Veräußerung unbeschränkt steuerpflichtig ist.[393] § 17 EStG kommt dabei unabhängig davon in Betracht, ob es DBA-Regelungen gibt oder nicht, und ob vor der Veräußerung eine Vollausschüttung an die Anteilseigner vorgenommen wurde.[394]

Zu den im Inland besteuerten ausländischen Einkünften gehören auch Veräußerungsgewinne i.S.d. § 17 EStG aus „wesentlichen Beteiligungen" an ausländischen Gesellschaften.[395] DBA[396] wirken nicht einschränkend, da das Wohnsitzstaatprinzip der Bundesrepublik Deutschland das Besteuerungsrecht belässt.[397] Ist ein Gesellschafter wesentlicher Anteilsinhaber und ist die ausländische Gesellschaft als Kapitalgesellschaft zu qualifizieren, so ist ein Veräußerungs- oder Auflösungsgewinn unter § 17 EStG zu erfassen.[398] Ist der Veräußerer in Deutschland unbeschränkt steuerpflichtig und veräußert er die Anteile an einer Kapitalgesellschaft mit Sitz oder Geschäftsleitung im Ausland, so liegen ausländische Einkünfte gem. § 34d Nr. 4 Buchstabe b EStG vor. Sie werden im Rahmen der unbeschränkten Steuerpflicht im Inland steuerlich erfasst, wobei die steuerliche Qualifikation des Erwerbers ohne Bedeutung ist. Ist der Veräußerer in Deutschland hingegen nur beschränkt steuerpflichtig und handelt es sich um die Veräußerung einer Beteiligung an einer ausländischen Kapitalgesellschaft, so greift im Inland mangels eines Anknüpfungspunktes keine Besteuerung ein.[399]

Dieses Sichtweise wird durch die Vergleichbarkeit von Mitunternehmer und „wesentlich Beteiligtem" gerechtfertigt, da ein Mitunternehmer gem. § 15 EStG aufgrund des Welteinkommensprinzips[400] auch mit ausländischen Gewerbebetrieben der Steuerpflicht unterliegt. Nichts anderes kann demnach für die Steuerpflicht gem. § 17 EStG gelten.[401] Hierbei ist es gleichgültig, ob der Veräußerer zum Anschaffungszeitpunkt beschränkt oder im Inland überhaupt nicht steuerpflichtig war.[402] Gegen eine Beschränkung allein auf inländische Kapitalgesellschaften

---

390 BFH-Urteil v. 22.2.1989, BStBl. II 1989, 794; mit Beispielen: *Neyer/Gürzenich-Schmidt*, IStR 2000, 295, 296 ff.

391 *Boochs* in Dankmeyer/Giloy, EStG, § 17 Rz. 24.

392 *Fröhling*, Zur Frage der Verfassungswidrigkeit des § 17 EStG, S. 5; *Apitz*, FR 1992, 124, 125.

393 *Gericke*, FR 1961, 287, 288.

394 *Neyer/Gürzenich-Schmidt*, IStR 2000, 295, 300.

395 *Prinz/Ommerborn*, FR 2001, 977, 978; *Döllerer*, StbJb 1981/82, 195, 221; *Fox*, GmbHR 2000, 342.

396 Dazu: *Baranowski* in Festschrift für Helmut Debatin, S. 1, 6; *Fox*, GmbHR 2000, 342, 343.

397 *Mössner*, Rechtsprechungs-Report Internationales Steuerrecht, 1991, S. 49.

398 Nicht veröffentlichte BFH-Urteile v. 24.10.1984, I R 228/81 und v. 19.10.1978, VIII R 1182/77.

399 *Frotscher*, EStG, § 17 Rn. 18.

400 Crezelius, Steuerrecht II, S. 45.

401 *Ebling* in Festschrift für Hans Flick, S. 679, 680 m.w.N.

402 *Schnieder*, IStR 1997, 715.

sprechen ebenfalls der Wortlaut und der Zweck des § 17 EStG. Bestärkt wird diese Auffassung dadurch, dass auch bei der Veräußerung einer Beteiligung an einer ausländischen Mitunternehmerschaft ein entstandener Veräußerungsgewinn gem. § 16 EStG zu versteuern ist.

Fehlt es an der beschriebenen direkten Vergleichbarkeit, so fallen die Anteile dennoch als ähnliche Beteiligung unter § 17 Abs. 1 S. 3 EStG, wenn es sich bei der Gesellschaft um eine juristische Person handelt und die Beteiligung Gesellschaftsrechte, ähnlich einer deutschen Kapitalgesellschaft, verkörpert.[403, 404] Aufgrund der Fülle der Rechtsgestaltungen im Ausland, die zum Teil auf unterschiedlichen Rechtsordnungen beruhen, sind die Grenzen zwischen Vergleichbarkeit und Nichtvergleichbarkeit fließend und unscharf. Darum bedarf es einer großen Zurückhaltung, um zu gewährleisten, dass der inländische Steueranspruch nicht künstlich erweitert wird.[405] *Schnieder*[406] spricht sich hingegen für eine grundsätzliche Qualifikation als ähnliche Beteiligung aus. Für diese Beurteilung bedarf es einer Gesamtwürdigung der maßgebenden ausländischen Bestimmungen über Organisation und Struktur der Gesellschaft.[407] Zu beachten ist allerdings, dass auch ähnliche Beteiligungen i.S.v. § 17 Abs. 1 S. 3 EStG nur in Betracht kommen, wenn es sich um Anteile an einer Kapitalgesellschaft i.S.v. des § 1 Abs. 1 Nr. 1 KStG handelt, so dass sich daraus keine erweiterte Anwendbarkeit des § 17 EStG ergibt.[408] Eine reine Rechtsfähigkeit der ausländischen Kapitalgesellschaft und eine Körperschaftsteuerpflicht nach § 1 Abs. 1 Nr. 4 oder 5 KStG reichen alleine nicht aus.[409]

Nach *Wassermeyer*[410] ergibt sich aus der Qualifikation der ausländischen Kapitalgesellschaft als ähnliche Kapitalgesellschaft, dass Gewinne aus der Veräußerung der Anteile an dieser Gesellschaft von § 17 EStG erfasst werden.[411] Dieses Ergebnis tritt allerdings nur im Rahmen des § 17 EStG ein, denn ist der Steuerpflichtige in Deutschland nur beschränkt steuerpflichtig und erzielt er einen Veräußerungsgewinn nach § 49 Abs. 1 Nr. 2 Buchstabe e EStG, so wird dieser nur erfasst, falls die Beteiligung an einer inländischen Kapitalgesellschaft vorlag. Die Prüfung des Rechtstypenvergleichs ist davon allerdings unabhängig.[412]

---

403 BFH-Urteil v. 21.10.1999, BFH/NV 2000, 639 = DStR 2000, 374, 376.

404 *Hörger* in *Littmann/Bitz/Pust*, EStG, § 17, RZ. 12; *Schneider* in Kirchhof/Söhn, EStG, § 17 Rdnr. B93; *Wied* in Blümich, EStG, § 2a Rz. 40 und 41; *Crezelius* in Festschrift für Karlheinz Boujong, S. 47, 51.

405 *Ebling* in Festschrift für Hans Flick, S. 679, 680.

406 *Schnieder*, IStR 1997, 715.

407 BFH-Urteil v. 23.6.1992, BStBl. II 1992, 972.

408 *Lohr*, Die Besteuerung ausländischer Investmentfonds bei privaten Kapitalanlegern, S. 138.

409 *Schmidt/Weber-Grellet*, EStG, § 17 Rz. 24.

410 *Wassermeyer* in Widmann (Hrsg.), Besteuerung der GmbH und ihrer Gesellschafter, S. 83, 87.

411 So auch: *Löhr*, StuW 2000, 33, 38 mit Bezugnahme auf die Kommission zur Unternehmensbesteuerung, BMF-Schriftenreihe, Heft 66, 1999, S. 14 und 34.

412 *Fu*, Die stille Gesellschaft im internationalen Steuerrecht aus deutscher Sicht, S. 55.

Bereits früher hatte der BFH[413] entschieden, dass auch die Veräußerung von Anteilen an einer ausländischen Kapitalgesellschaft einen Fall der Veräußerung einer ähnlichen Beteiligung gem. § 17 Abs. 1 S. 3 EStG darstellt.[414] Die Voraussetzung dafür war allerdings, dass es sich um eine der deutschen Kapitalgesellschaft vergleichbare Gesellschaft handelte.[415]

Es ist allerdings nicht allein die Veräußerung der Beteiligung durch den Tatbestand des § 17 EStG gedeckt. Auch bei Auflösung oder Liquidation der ausländischen Kapitalgesellschaft findet eine inländische Besteuerung auf der Grundlage des § 17 Abs. 4 S. 1 Halbsatz 1 EStG statt.[416] Ergänzend wird auch die Umwandlung einer ausländischen Kapitalgesellschaft in eine Personengesellschaft unter § 17 EStG erfasst, wenn das ausländische Recht in dieser eine Auflösung sieht.[417] D.h. auch bei einer Umwandlung einer ausländischen Kapitalgesellschaft entsteht, nach Meinung des BFH[418], ein in Deutschland gem. § 17 Abs. 4 EStG steuerpflichtiger begünstigter Veräußerungsgewinn, wenn sich die Anteile zu mindestens 1% im Privatvermögen eines in Deutschland unbeschränkt Steuerpflichtigen befinden.

II. Eigene Sichtweise

Das deutsche Gesellschaftsrecht, welches der Sitztheorie folgt, hat eine andere Zielsetzung als das Steuerrecht. Das Gesellschaftsrecht will durch die Versagung der Rechtsfähigkeit ein Unterlaufen strenger Vorschriften eigenen Rechts über die Errichtung von Kapitalgesellschaften in Deutschland verhindern. Steuerrechtlich hingegen geht es um die wirtschaftliche Zuordnung von Gewinnen und Verlusten zu entsprechenden Staaten bzw. um die Feststellung eines generellen steuerbaren Tatbestandes.

Der Gedanke zivilrechtlicher inländischer Schutznormen ist für § 1 KStG unerheblich, so dass die Sitztheorie steuerlich nicht wirksam wird und das Steuerrecht damit in Grundzügen der Gründungstheorie folgt. Letztendlich wird sich auch das Zivilrecht, aufgrund der aktuellen Rechtsprechung des EuGH, in diese Richtung entwickeln. Dies ist m.E. auch zu befürworten, denn im Zuge einer Harmonisierung der EU darf es eine solche Art von Diskriminierung in Zukunft nicht mehr geben.

Die rechtsfähige ausländische Gesellschaft kann somit im Inland nach § 1 KStG unbeschränkt steuerpflichtig werden. Anders verhält es sich, wenn die Gesellschaft im Gründungsland beendet wird, denn dann schlägt dies auch auf das deutsche

[413] Unveröffentlichtes Urteil v. 24.10.1984, I R 228/81.
[414] Bestätigt durch: BFH-Urteil v. 21.10.1999, BFH/NV 2000, 639 = DStR 2000, 374, 376.
[415] BFH-Urteil v. 22.2.1989, BStBl. II 1989, 794.
[416] *Buyer*, DB 1990, 1682, 1686 f.
[417] Näheres dazu: *Ebling* in Festschrift für Hans Flick, S. 679, 684 f.; a.A.: *Eilers/Wienands*, IStR 1999, 289, 296.
[418] BFH-Urteil v. 22.2.1989, BStBl. II 1989, 794 m.w.N.

Steuerrecht durch. Grundsätzlich sind Sitz- bzw. Gründungstheorie i.E. nicht entscheidend für die Rechtsfähigkeit der ausländischen Gesellschaft und deren steuerliche Einordnung als Kapitalgesellschaft in Deutschland, da das Steuerrecht seinen eigenen, vom Zivilrecht getrennten, Weg geht. Grundsätzlich existieren bei ausländischen Kapitalgesellschaften wichtige einheitliche Abgrenzungsmerkmale, die auch die Kapitalgesellschaften des § 1 Abs. 1 Nr. 1 KStG innehaben. Als solche Merkmale können die Übertragbarkeit der Anteile, die begrenzte Haftung sowie die einheitliche Organisation (Subjektfähigkeit) festgehalten werden.

Von der vorstehend behandelten Problematik ist die Rechtsprechung des RFH[419] zu unterscheiden. Der RFH hatte den sog. Typenvergleich ursprünglich entwickelt um die Frage zu klären, ob ausländische Personengesellschaften körperschaftsteuerpflichtig sind, wenn sie, ihrem Heimatrecht entsprechend, die volle Rechtsfähigkeit einer juristischen Person verliehen bekommen. Dies wurde vom RFH verneint. Die ausländischen Personengesellschaften waren somit weiterhin in Deutschland als Personengesellschaften zu behandeln. Dennoch hat der Rechtstypenvergleich mittlerweile auch in anderen Qualifikationsbereichen, wie z.B. im Rahmen des § 17 EStG, eine entscheidende Stellung eingenommen.

Bei der Veräußerung von Anteilen an ausländischen Kapitalgesellschaften könnte eine „wesentliche" bzw. ähnliche Beteiligung i.S.v. § 17 Abs. 1 S. 3 EStG nur vorliegen, wenn durch diese Anteile ein Gesellschaftsverhältnis begründet wird, welches einem deutschen Beteiligungsverhältnis entspricht. Dabei kommt es wiederum allein auf die Beteiligung am Nominalkapital der ausländischen Gesellschaft an.

§ 17 EStG macht in seinem Wortlaut keine Aussage über die Art der Kapitalgesellschaft an der die Anteile gehalten werden müssen. Es könnten im Rahmen einer teleologischen Reduktion des Wortlauts des § 17 EStG nur Kapitalgesellschaften in Frage kommen die dem deutschen Gesellschaftsrecht unterliegen. Eine solche Eingrenzung des Begriffs „Kapitalgesellschaft" war vom Gesetzgeber wohl nicht beabsichtigt worden. I.E. können auch ausländische Kapitalgesellschaften die Tatbestandsmerkmale des § 17 EStG erfüllen.

Die Klärung der Frage, wie eine ausländische Gesellschaft strukturiert sein muss damit sie als ähnliche Kapitalgesellschaft in den Bereich des § 17 EStG fällt, kann mit dem vom RFH entwickelten und bis heute gültigen Rechtstypenvergleich erfolgen. Der Rechtstypenvergleich ermöglicht es, eine sinnvolle und fast lückenlose Einordnung ausländischer Gesellschaften in das deutsche Gesellschaftsformensystem vorzunehmen. Die angewendeten und relevanten Abgrenzungskriterien sind dabei nicht immer dieselben, sondern müssen typisierend und kasuistisch eingesetzt werden.

---

[419] RFH-Urteil v. 12.2.1930, RStBl. 1930, 444.

Da § 17 EStG den Begriff der Kapitalgesellschaft nicht selbst definiert ist § 1 Abs. 1 Nr. 1 KStG als Vergleichsmaßstab heranzuziehen, wenn ein Typenvergleich vorzunehmen ist, da für das deutsche Steuerrecht § 1 KStG die Grundlage für die Kapitalgesellschaften bildet. Es ist der herrschenden Literaturmeinung[420] zuzustimmen, die davon ausgeht, dass allein die Nr. 1 des § 1 Abs. 1 KStG für § 17 EStG entscheidend ist und § 1 Abs. 1 Nrn. 2 bis 6 KStG innerhalb des § 17 EStG keine Anwendung finden kann. Dies ist damit zu begründen, dass sich § 17 EStG ausschließlich auf „echte" Kapitalgesellschaften bezieht und gerade nicht auf alle möglichen Körperschaften, Vermögensmassen oder Personenvereinigungen. Die Legaldefinition des Begriffs Kapitalgesellschaft erstreckt sich dabei nicht über den gesamten § 1 KStG, sondern lediglich über die Nr. 1 des § 1 Abs. 1 KStG. Noch besser ist allerdings die Abgrenzung *Mössners*[421], der allein auf die in § 1 KStG enthaltenen Oberbegriffe abstellt und sich nicht an den Nummern orientiert, welches im Endeffekt zwar zu keinem anderen Ergebnis führt, aber dennoch klar herausstellt, welche Gesellschaftstypen überhaupt in Frage kommen.

Nicht ganz unproblematisch ist die folgende Abgrenzung des BFH[422], da sie keine scharfe Unterscheidung zulässt und eventuell auch zu einem Zirkelschluss führt. Die Rechtsprechung lautet: „Bei dem Vergleich ist darauf abzustellen, ob die ausländische Personenvereinigung, wie eine juristische Person, körperschaftsteuerlich strukturiert ist und die Beteiligung Gesellschaftsrechte wie eine deutsche Kapitalgesellschaft vermittelt (*Anmerkung des Verfassers:* entspricht dem Typenvergleich). Fehlt es an einer Vergleichbarkeit, fallen die Anteile an der ausländischen Gesellschaft unter den Begriff der ‚ähnlichen Beteiligung' i.S.v. § 17 Abs. 1 S. 3 EStG, wenn es sich bei der Gesellschaft um eine juristische Person handelt und die Beteiligung Gesellschaftsrechte ähnlich wie eine deutsche Kapitalgesellschaft verkörpert." I.E. soll die Vergleichbarkeit zwar negiert werden, es sich aber dennoch um eine ähnliche Kapitalgesellschaft handeln.

Will man diesen Zirkelschluss auflösen, so kann dem BFH nur dann zugestimmt werden, wenn man bei einem positiven Rechtstypenvergleich eine „echte ähnliche" Kapitalgesellschaft annimmt, die dann direkt durch § 17 EStG gedeckt ist und es sich somit auch um „echte" Anteile des § 17 Abs. 1 S. 3 EStG handelt. Im Rahmen eines positiv verlaufenden Typenvergleichs wird demnach von einer **direkten** Vergleichbarkeit ausgegangen. Fehlt es an der Vergleichbarkeit, so handelt es sich um eine ähnliche Beteiligung i.S.v. § 17 Abs. 1 S. 3 EStG, da eine „ähnliche" Kapitalgesellschaft vorliegt, wenn die Gesellschaft wenigstens im Ausland als juristische Person qualifiziert wird und die Gesellschaftsrechte ähnlich strukturiert sind (**indirekte** Vergleichbarkeit).

In diesem Kapitel hätte eigentlich auch eine Diskussion über die „Beteiligung am Nominalkapital" erfolgen müssen, da sich die Frage stellt, ob ausländische

420 Für viele: Frotscher, EStG, § 17 Rn. 21.
421 *Mössner* in Mössner, Steuerrecht international tätiger Unternehmen, S. 75.
422 Zuletzt: BFH-Urteil v. 19.3.1996, BStBl. II 1996, 312.

Gesellschaften ein dem Nominalkapital ähnliches Kapital aufweisen. Da dies aufgrund der Vielzahl der Länder sowie Vielzahl der Rechtsformen nicht abschließend möglich ist, wird darauf verwiesen, dass dies grundsätzlich innerhalb des Struktur- bzw. Typenvergleichs geprüft wird. Handelt es sich i.E. um eine ähnliche Kapitalgesellschaft, da die Gesellschaft im Ausland wie eine juristische Person behandelt wird und auch die Gesellschafterrechte ähnlich ausgestaltet sind, obwohl eine direkte Vergleichbarkeit fehlt, so kann auch hier von einem dem Nominalkapital ähnlichen Kapital ausgegangen werden, da die Struktur einer juristischen Person dies grundsätzlich voraussetzt und impliziert.

Abschließend kann gesagt werden, dass eine „wesentliche Beteiligung" an einer ausländischen Kapitalgesellschaft in den meisten Fällen in den Anwendungsbereich des § 17 EStG fallen dürfte und eine solche Beteiligung somit auch im Rahmen der Ermittlung der „Wesentlichkeitsgrenze" mit einzubeziehen ist.

§ 6 „Ähnliche Anwartschaften"

A. Definition von Anwartschaften

„Das Anwartschaftsrecht ist eine Vorstufe des dinglichen Erwerbs eines Rechts. Von dem mehraktigen Tatbestand des dinglichen Rechtsübergangs müssen bereits so viele Merkmale erfüllt sein, dass der Veräußerer die Rechtsposition des Erwerbers nicht mehr durch einseitiges Handeln zerstören kann."[1] Unter Anwartschaften sind alle schuldrechtlichen oder dinglichen Rechte auf Erwerb einer Beteiligung oder eines Anteils an einer Kapitalgesellschaft zu verstehen.[2] D.h. alle Bezugs-, Umwandlungs- oder Optionsrechte aus Kapitalerhöhungen, Wandlungs- oder Schuldverschreibungen usw. fallen unter die Anwartschaften.[3] Der Begriff ist demnach zivilrechtlich zu verstehen.[4] Allgemein wird unter einer Anwartschaft die begründete Aussicht auf den Erwerb einer rechtlichen oder tatsächlichen Position verstanden.[5] Aus zivilrechtlicher Sicht muss der normale Erwerbstatbestand schon teilweise verwirklicht sein und mit seiner Vollendung ist mit aller Wahrscheinlichkeit zu rechnen.[6]

Die Entstehungsgeschichte des § 17 EStG spricht nachdrücklich dafür, dass der Begriff „Anteile an einer Kapitalgesellschaft" auch Anwartschaften auf Beteiligungen an Kapitalgesellschaften umfasst, und u.a. Bezugsrechte auf neue GmbH-Anteile oder Aktien derartige Anwartschaften sind.[7] Daher hat die ausdrückliche Erwähnung in § 17 Abs. 1 S. 3 EStG nur deklaratorischen Charakter.[8] Grundsätzlich stellen Anwartschaften einen unbestimmten Rechtsbegriff dar, welcher auslegungsbedürftig ist. Eine direkte Übertragbarkeit der zivilrechtlichen Definition ins Steuerrecht ist allerdings nicht möglich, da die Anwartschaft im Zivilrecht wesentlich weiter gefasst ist.[9] Demnach muss es sich in § 17 EStG um den steuerlichen Begriff des Anwartschaftsrechts handeln.[10]

Unter den Anwartschaftsbegriff des § 17 EStG können alle Fälle subsumiert werden, in denen der Inhaber einer Anwartschaft eine so begründete Aussicht auf den Erwerb der Anteile hat, dass diese Aussicht bei wirtschaftlicher Betrachtungsweise als anteilsähnliche Beteiligung an der Kapitalgesellschaft, d.h. an ihrer

---

1 *Schweyer/Dannecker*, BB 1999, 1732, 1734; ebenso: *Züll*, Die Einkommensteuer bei der Veräußerung wesentlicher Beteiligungen, S. 41.

2 FG Hamburg v. 11.7.2001, GmbH-Stp 2002, 215, 216.

3 *Schmidt/Weber-Grellet*, EStG, § 17 Rz. 27 ff.

4 *Schmidt/Weber-Grellet*, EStG, § 17 Rz. 28 f.

5 *Schmidt/Weber-Grellet*, EStG, § 17 Rz. 29; *Ebling* in Blümich, EStG, § 17 Rz. 79; *Jäschke* in Lademann/Söffing/Brockhoff, EStG, § 17 Rz. 74; *Morsbach* in Bordewin/Brandt, EStG, § 17 Rz. 39.

6 *Frotscher*, EStG, § 17 Rn. 27.

7 *Tschesche*, Wpg 2002, 965, 968.

8 BFH-Urteil v. 20.2.1975, BStBl. II 1975, 505.

9 BFH-Urteil v. 20.2.1975, BStBl. II 1975, 505.

10 *Schweyer/Dannecker*, BB 1999, 1732, 1734.

Vermögenssubstanz, qualifiziert werden kann.[11] Der Anspruch bezieht sich dabei auf den Erwerb des Vollrechts. Somit stellt die Anwartschaft lediglich eine Vorstufe zu diesem Vollrecht dar.[12]

Nach Ansicht von *Schweyer/Dannecker*[13] muss zwischen Anwartschaften, die sich auf den Erwerb von Anteilen gegen die Gesellschaft, insbesondere aus einer Kapitalerhöhung, beziehen („vertikale Anwartschaft") und Anwartschaften, die sich auf den Erwerb bereits bestehender, von anderen Gesellschaftern gehaltener Anteile richten („horizontale Anwartschaft"), unterschieden werden.[14] Demzufolge ist das Paradebeispiel für eine vertikale Anwartschaft das Bezugsrecht, welches Ansprüche auf den Erwerb neuer Anteile gewährt. Die beiden Autoren legen die Anwartschaft i.S.v. § 17 Abs. 1 S. 3 EStG streng aus, so dass horizontale Anwartschaften nicht darunter fallen. Sie begründen dies mit den anderen in § 17 EStG geregelten Anteilen an Kapitalgesellschaften, die ausschließlich Gesellschafterbeteiligungen darstellen.

Dieser Sichtweise kann nicht gefolgt werden, da Anwartschaften keine Gesellschaftsbeteiligung als solche darstellen. Diese Abgrenzung lässt sich m.E. im Rahmen der „normalen" Optionen – als horizontale Anwartschaft – noch durchhalten. Bei der Gewährung von Stock Options hingegen ist es fraglich, in welche der beiden Kategorien diese einzuordnen sind. Zwar werden Stock Options bei Ausübung normalerweise in bereits bestehende Anteile getauscht, der Anspruch besteht dabei allerdings gegen die Gesellschaft. Auch die von *Schweyer/Dannecker*[15] ins Feld geführte Rechtsunsicherheit ist zwar zutreffend, doch muss diese durch die Abschaffung des Begriffes „Anwartschaften" innerhalb des § 17 EStG beseitigt werden und nicht durch eine irgendwie geartete Einschränkung des Begriffes.

Exemplarisch sollen im weiteren Verlauf dieses Teils der Arbeit die wichtigsten Fälle von Anwartschaften behandelt und diskutiert werden. Insbesondere wird analysiert, ob Bezugsrechte, „normale" Optionen und die bereits erwähnten Stock Options für Arbeitnehmer unter § 17 EStG subsumiert werden können.

---

[11] *Frotscher*, EStG, § 17 Rn. 27 f, mit einem „Negativkatalog"; *Ebling* in Blümich, EStG, § 17 Rz. 79; *Jäschke* in Lademann/Söffing/Brockhoff, EStG, § 17 Rz. 74; *Morsbach* in Bordewin/Brandt, EStG, § 17 Rz. 3.

[12] *Ebling* in Blümich, EStG, § 17 Rz. 77.

[13] *Schweyer/Dannecker*, BB 1999, 1732, 1734 f.

[14] Hierzu auch: *Strahl* in Korn/Carlé/Stahl/Strahl, EStG, § 17 Rz. 34.

[15] *Schweyer/Dannecker*, BB 1999, 1732, 1735.

B. Bezugsrechte als „ähnliche Anwartschaften"

I. Sichtweise von Literatur, Finanzverwaltung und Rechtsprechung

Dem Aktionär muss kraft gesetzlicher Vorschrift aufgrund seines Anteils an dem bisherigen Grundkapital der Kapitalgesellschaft ein entsprechender Anteil an neuen Aktien, auf sein Verlangen hin, zugeteilt werden, wenn im Rahmen einer Kapitalerhöhung neue Aktien ausgegeben werden. In dem Beschluss über die Ausgabe neuer Aktien können dennoch auch andere Regelungen getroffen werden.[16]

Der Aktionär kann aufgrund des Bezugsrechts verlangen, dass ihm ein Teil der neuen Aktien zugeteilt wird, der seinem bisherigen Anteil am Grundkapital entspricht (Bezugsanspruch).[17] Das vom Gesetz genannte „Verlangen" ist die Ausübung eines Mitgliedschaftsrechts. Es dient dazu, dass der Aktionär seine prozentuale Beteiligung an der Gesellschaft aufrecht erhalten kann. Wenngleich es Gläubigerrecht ist, so ist das Bezugsrecht seiner Natur nach – unabhängig davon, ob es der Aktionär selbst bezieht oder er das Recht verkauft – eine latente Beteiligung an der Aktiengesellschaft, und gehört damit zu den Herrschaftsrechten des Aktionärs.[18]

Während die Gewährung von Bezugsrechten im allgemeinen als steuerfrei angesehen wird, herrscht keine einheitliche Meinung darüber, wie Erlöse aus der Veräußerung von Bezugsrechten zu behandeln sind. Veräußert der Aktionär im Rahmen einer Kapitalerhöhung sein Bezugsrecht sofort weiter, muss er den Erlös nicht versteuern, wenn er nicht wesentlich beteiligt ist, seine Anteile im Privatvermögen hält und die Veräußerung nach der Spekulationsfrist des § 23 EStG erfolgt.[19] Ob das gleiche steuerliche Ergebnis eintritt, wenn der Steuerpflichtige die Aktien erst kurz vor Anfall der Bezugsrechte erworben hat, hat das FG Köln[20] offen gelassen.

Folgt man der einhellig vertretenen „Abspaltungstheorie"[21], so ist das Bezugsrecht ein von der Substanz der alten Aktie abgespaltenes Recht.[22] Ein Teil der Substanz an der Kapitalgesellschaft, die bis dato von den alten Aktien allein repräsentiert wurde, verkörpert nun das Bezugsrecht. Hätte der Gesellschafter einen Teil seiner Anteile vor der Kapitalerhöhung verkauft, so hätte er sich einen höheren Preis bezahlen lassen, da das Bezugsrecht ebenfalls einen Wert darstellt. Darum muss bei getrennter Veräußerung (d.h. „Abspaltung") ein steuerpflichtiger Veräußerungsgewinn gem.

---

16 Stegmaier, FR 1955, 150.
17 *Ebling* in Blümich, § 17 EStG, Rz. 222.
18 *Rid*, DStR 1995, 477, 479 m.w.N.
19 FG Köln v. 9.9.1998, EFG 1998, 1634.
20 FG Köln v. 9.9.1998, EFG 1998, 1634.
21 BFH-Urteil v. 21.1.1999, FR 1999, 604, 605 f. mit Hinweis auf die gegenteilige Meinung.
22 *Hörger* in *Littmann/Bitz/Pust*, EStG, § 17, RZ. 16.

§ 17 EStG vorliegen[23], wenn die Beteiligung im Privatvermögen gelegen hat und der Gesellschafter wesentlich beteiligt war.[24] Allerdings soll nicht nur die direkte Veräußerung des Bezugsrechts, sondern auch dessen unterlassene Einlösung, zu einer steuerpflichtigen Veräußerung einer Anwartschaft i.S.v. § 17 Abs. 1 S. 3 EStG führen.[25] Die Anschaffungskosten des Bezugsrechts sind dabei nach der Gesamtwertmethode[26] aus den Anschaffungskosten der Altanteile zu ermitteln.[27] Andere Literaturmeinungen[28] betrachten die Bezugsrechte hingegen als originär erworben. In diesem Fall wäre kein Anschaffungsvorgang gegeben und es wäre kein Teil der Altsubstanz auf das Bezugsrecht übergegangen.[29] Ein Veräußerungsgewinn i.S.v. § 17 EStG wäre damit ausgeschlossen. Dieser Auffassung ist der IV. Senat des BFH[30] nicht gefolgt.

Das verbundene Bezugsrecht ist ertragsteuerlich kein Wirtschaftsgut, wenn es mit dem Stammrecht verbunden ist, da die Selbständigkeit fehlt.[31] Es ist demnach ein Teil des Stammrechts. Ein Bezugsrecht selbst stellt also noch keine Beteiligung dar, sondern es bietet lediglich die Möglichkeit zum Erwerb einer derartigen Beteiligung.[32] Dagegen erfüllt das getrennte Bezugsrecht grundsätzlich alle Voraussetzungen eines Wirtschaftsgutes (selbständige Bewertbarkeit, Verwertbarkeit und Veräußerbarkeit).[33]

I.E. ist es unverständlich, dass einerseits bei einer (zufällig) gleichzeitigen Veräußerung von Stammrecht (Aktie bzw. Geschäftsanteil) und ausgeübtem Bezugsrecht auch der auf das Bezugsrecht entfallende Erlös steuerpflichtig ist[34], gleichzeitig andererseits aber bei einer gesonderten Veräußerung des Bezugsrechts der Erlös hierfür nicht steuerbar sein sollte. *Skibbe*[35] führt dazu aus, man könne geteilter Meinung darüber sein, ob ein Bezugsrecht als Anteil an einer Kapitalgesellschaft anzusehen sei. Ein Bezugsrecht lasse sich nicht praktikabel unter das Tatbestandsmerkmal der „wesentlichen Beteiligung" gem. § 17 EStG subsumieren.

---

23 So: *Eppler*, DStR 1988, 64; der von einer „entgeltlichen Nichtteilnahme an der Kapitalerhöhung" spricht.
24 BFH-Urteil v. 20.2.1975, BStBl. II 1975, 505, 508 und nicht veröffentlichtes Urteil des BFH v. 5.3.1986, I R 218/81.
25 *Eppler*, DStR 1988, 64; *Vogt*, DStR 1999, 1596, 1600.
26 BFH-Urteil v. 21.1.1999, FR 1999, 604, 605 f.
27 *Schmidt/Weber-Grellet*, EStG, § 17 Rz. 180.
28 Für viele: Stegmaier, FR 1955, 150.
29 Dazu: BFH-Urteil v. 21.1.1999, FR 1999, 604, 606.
30 BFH-Urteil v. 21.1.1999, FR 1999, 604, 606 f.
31 A.A.: *Milatz/Kuhlemann*, GmbHR 2001, 966, 967 m.w.N.
32 *Horn*, DB 1954, 805.
33 *Skibbe*, GmbHR 1963, 141.
34 So ausdrücklich: *Horn*, DB 1954, 805.
35 *Skibbe*, GmbHR 1963, 141,143.

Dennoch ist es, nach h.M.[36], mit dem Wortsinn des Ausdrucks „Anteil an einer Kapitalgesellschaft" durchaus vereinbar, zu diesen auch Bezugsrechte zu zählen.[37] Dies hat der BFH in seinem Urteil vom 20.2.1975[38] auch so entschieden. Der Begriff „Anteil an einer Kapitalgesellschaft" ist weder durch das Zivilrecht, das Steuerrecht, noch durch einen fest gefügten allgemeinen Sprachgebrauch geprägt, so dass es nicht ausgeschlossen ist, § 17 Abs. 1 S. 3 EStG in einer derartig umfassenden Weise zu verstehen.[39] Bezugsrechte auf neue GmbH-Geschäftsanteile oder Aktien gehören zu den Anteilen an einer Kapitalgesellschaft i.S.d. § 17 EStG, denn sie zählen zu den Anwartschaften gem. § 17 Abs. 1 S. 3 EStG.[40] Damit ist die Veräußerung derartiger Bezugsrechte einkommensteuerpflichtig.[41] I.E. ist das Bezugsrecht als praktisch wichtigster Fall einer Anwartschaft zu werten.[42]

Eine Steuerpflicht besteht demnach ausnahmsweise im Rahmen der Spekulationsgewinne nach § 23 EStG oder bei der Veräußerung eines Bezugsrechts durch einen „wesentlich" beteiligten Gesellschafter (§ 17 EStG).[43] Grundsätzlich liegt dem Bezugsrecht keine direkte Veräußerung von Anteilen zugrunde. Es handelt sich um einen schuldrechtlichen Anspruch auf die Übertragung von Junganteilen. Ein schuldrechtlicher Anspruch auf Übertragung der Anteile, so der BFH[44], reicht allerdings nicht aus, um wirtschaftliches Eigentum an Anteilen i.S.v. § 39 AO zu begründen. Somit würde im Falle der Veräußerung von Bezugsrechten § 17 EStG grundsätzlich nicht greifen.[45] Dieses steuerliche Ergebnis wird jedoch durch die explizite Erwähnung der Anwartschaften in § 17 Abs. 1 S. 3 EStG verhindert.

Heuer[46] argumentiert, dass das Bezugsrecht außer Betracht bleiben müsse, wenn die Wesentlichkeit des Anteils an der Kapitalgesellschaft berechnet wird. Erst wenn ohnehin eine „wesentliche Beteiligung" aufgrund von Aktien oder GmbH-Anteilen besteht, werde der Gewinn aus der Veräußerung eines Bezugsrechts steuerpflichtig. Auch nach Ansicht von *Weber-Grellet*[47] sind Bezugsrechte dem Grund- oder Stammkapital nicht hinzuzurechnen.[48] Es entstehen somit keine „ähnlichen Anteile" i.S.d. § 17 Abs. 1 S. 3 EStG. Dennoch ist ein sich ergebender Gewinn, bei der

[36] Zustimmend und als Anwartschaft qualifizierend: *Widmann* und *Krebs*, JbFSt 1990/91, 387, 429 f; *Döllerer*, StbJb 1981/82, 195, 208 f.

[37] Zuletzt: *Milatz/Kuhlemann*, GmbHR 2001, 966, 967.

[38] BStBl. II 1975, 505.

[39] BFH-Urteil v. 20.2.1975, BStBl. II 1975, 505, 508.

[40] *Boochs* in Dankmeyer/Giloy, EStG, § 17 Rz. 38; *Eppler*, DStR 1988, 64, 65; *Milatz/ Kuhlemann*, GmbHR 2001, 966, 967 f.

[41] BFH-Urteil v. 20.2.1975, BStBl. II 1975, 505, 506; a.A. noch: BFH-Beschluß v. 7.10.1969, BStBl. II 1970, 161, 166.

[42] *Frotscher*, EStG, § 17 Rn. 28.

[43] *Feddersen/Knauth*, Eigenkapitalbildung durch Genussscheine, S. 37; *Schweyer/Dannecker*, BB 1999, 1732, 1733.

[44] BFH-Urteil v. 10.3.1988, BStBl. II 1988, 832.

[45] So noch: *Züll*, Die Einkommensteuer bei der Veräußerung wesentlicher Beteiligungen, S. 42.

[46] *Heuer* in *Herrmann/Heuer/Raupach*, EStG, § 17 EStG, Anm. 6.

[47] *Schmidt/Weber-Grellet*, EStG, § 17 Rz. 45.

[48] *Strahl* in Korn/Carlé/Stahl/Strahl, EStG, § 17 Rz. 42.

Veräußerung der Bezugsrechte, nach § 17 EStG steuerpflichtig, wenn derjenige, dem das Bezugsrecht zusteht, bereits vorher wesentlich beteiligt war. I.E. stellen Anwartschaften zwar "Anteile an einer Kapitalgesellschaft", aber eben noch nicht "Kapital der Gesellschaft" i.S.v. Nominalkapital dar.[49]

Ergänzend sei erwähnt, dass neben Bezugsrechten auch Umwandlungsrechte zu den Anwartschaften i.S.d. § 17 Abs. 1 S. 3 EStG zählen. Eine Zwischenstellung zwischen Anwartschaft und vollgültiger Beteiligung – die auch in den Bereich des § 17 EStG fallen[50] – bilden die Zwischenscheine i.S.v. § 8 Abs. 6 AktG. Bei ihnen handelt es sich um vorläufige Wertpapiere, die die Mitberechtigung eines Aktionärs verbriefen, bevor die endgültigen Aktienurkunden ausgegeben werden können.[51] Offen ist aber, ob auch die Aussichten auf Eigentumsübertragungen, Stimmrechtsvollmachten oder getroffene Vereinbarungen zur gemeinsamen Verfügung über Anteile zu den Anwartschaftsrechten zählen.[52]

II. Eigene Sichtweise

Zu erwähnen ist, dass die Anwartschaften – neben den Genussrechten – eine Sonderstellung innerhalb des § 17 EStG einnehmen, da Anwartschaften grundsätzlich keine direkte Beteiligung am Nominalkapital der Kapitalgesellschaft gewähren. Insoweit müssen bei der steuerlichen Qualifikation von Bezugsrechten – als Unterfall der Anwartschaften i.S.d. § 17 EStG – andere Abgrenzungsmerkmale für die mögliche Subsumtion unter § 17 EStG gefunden werden. Bei der Veräußerung von Bezugsrechten könnte eine ähnliche Beteiligung i.S.v. § 17 Abs. 1 S. 3 EStG nur vorliegen, wenn durch die Bezugsrechte eine „ähnliche Anwartschaft" begründet wird. Eine mögliche weitreichende Einflussnahme des Bezugsrechtsinhabers auf die Geschäftspolitik oder eine Verlustteilhabe können für die steuerliche Einordnung gem. § 17 EStG keine Rolle spielen.

M.E. ist die Qualifikation von Bezugsrechten als Anwartschaft vollkommen richtig. Das Bezugsrecht beinhaltet alle Wesensmerkmale einer Anwartschaft und kann demnach bei dessen Veräußerung – gleichgültig ob im Zusammenhang mit dem Stammrecht oder alleine – unter § 17 EStG subsumiert werden. Ob man nun das Bezugsrecht als Paradebeispiel für eine Anwartschaft heranzieht, oder es als „ähnliche Anwartschaft" qualifiziert, macht materiell keinen Unterschied. M.M.n. können beide Begriffe verwendet werden. Klar ist, dass bei einer Veräußerung eines Bezugsrechts generell ein steuerpflichtiger Veräußerungsgewinn gem. § 17 EStG entstehen kann.

---

[49] *Schneider* in Kirchhof/Söhn, EStG, § 17 Rdnr. B132.

[50] So schon: *Züll*, Die Einkommensteuer bei der Veräußerung wesentlicher Beteiligungen, S. 26.

[51] *Frotscher*, EStG, § 17 Rn. 30 und 31.

[52] BFH-Beschluß v. 29.6.1977, BStBl. II 1977, 726, 728.

Meiner Ansicht nach muss der h.M.[53], dass ein steuerpflichtiger Veräußerungsgewinn nach § 17 EStG bei der Veräußerung von Bezugsrechten nur entsteht, wenn der Bezugsrechtsinhaber bereits vorher – also ohne Hinzurechnung des Bezugsrechts – „wesentlich" beteiligt war, gefolgt werden. Allerdings sind unmittelbare und mittelbare Beteiligungen gleichzustellen. In dem BFH-Urteil vom 13.7.1999[54] wurde sogar eine alleinige mittelbare Beteiligung unter § 17 EStG subsumiert, sofern diese selbst wesentlich war.[55] Mittelbar beteiligt i.S.d. § 17 Abs. 1 S. 4 EStG ist ein Veräußerer aber nur dann, soweit eine andere Kapital- oder Personengesellschaft, an der der Anteilseigner seinerseits unmittelbar beteiligt ist, Anteilseigner ist.[56] Bezugsrechte sind demnach keine mittelbaren Beteiligungen, so dass eine alleinige Subsumtion unter § 17 EStG nicht möglich ist. I.E. bedeutet dies, dass ein Bezugsrechtsinhaber, der nicht zu mindestens 1% an der Kapitalgesellschaft beteiligt ist und Bezugsrechte in Höhe von mindestens 1% der gesamten Bezugsrechte innehat und veräußert, keinen Veräußerungsgewinn i.S.v. § 17 EStG erzielt.

Für die Berechnung der Wesentlichkeitsgrenze ist grundsätzlich auf die Beteiligungshöhe am Nominalkapital abzustellen[57], wobei richtigerweise für die Berechnung der Wesentlichkeit der Beteiligung alle „Anteile" – also auch Anwartschaften auf Beteiligungen – herangezogen werden müssen. M.E. ist im Rahmen der Genussrechte und Anwartschaften demnach vom Grundsatz der Maßgeblichkeit der Nominalbeteiligung abzuweichen, da es ansonsten zu keinen vernünftigen steuerlichen Lösungen kommen würde. Erwähnt sei noch, dass dieses Abgrenzungsproblem nicht mehr existieren würde, wenn Genussrechte und Anwartschaften aus dem Anwendungsbereich des § 17 EStG herausgenommen würden und lediglich das Bezugsrecht als Ausnahme explizit geregelt würde.

---

[53] Für viele: *Schmidt/Weber-Grellet*, EStG, § 17 Rzn. 45 und 67, *Schweyer/Dannecker*, BB 1999, 1732, 1735; *Wacker*, NWB, Fach 3, 11251, 11270.

[54] BB 1999, 2335.

[55] So bereits: *Ring*, BB 1981, 419, 420.

[56] *Hörger* in *Littmann/Bitz/Pust*, EStG, § 17 RZ. 22; *Schmidt/Weber-Grellet*, EStG, § 17 Rz. 67; *Boochs* in Dankmeyer/Giloy, EStG, § 17 Rz. 670 ff.; allgemein: *Peltzer*, AG 1996, 307.

[57] *Schweyer/Dannecker*, BB 1999, 1732, 1736.

C. „Normale" Optionen (Warrants) als „ähnliche Anwartschaften"

I. Sichtweise von Literatur, Finanzverwaltung und Rechtsprechung

1. Zivilrechtliche Qualifikation

Eine Option – die zum Optionshandel zugelassen ist – ist das Recht[58], eine bestimmte Anzahl von Wertpapieren zu einem im voraus fest vereinbarten Preis jederzeit innerhalb einer festgelegten Frist zu kaufen oder verkaufen.[59] Während der Laufzeit ist es möglich, die Option auf Dritte zu übertragen. Erfolgt während der Laufzeit keine Ausübung, so verfällt die Option.[60]

Grundsätzlich kann in Call-Optionen (Recht zum Kauf der zugrunde liegenden Aktien zum Basispreis) und Put-Optionen (Recht zum Verkauf der zugrunde liegenden Aktien zum Basispreis) unterschieden werden.[61] Dabei kann in vier Grundpositionen unterschieden werden. Dies sind: der Kauf einer Kaufoption (long call) bzw. Verkaufsoption (long put) sowie der Verkauf einer Kaufoption (short call) bzw. Verkaufsoption (short put).[62, 63]

Optionen stellen Bezugsrechte auf Anteile oder andere Wirtschaftsgüter dar, welche bereits existieren (z.B. Altanteile) oder erst neu geschaffen werden (z.B. durch Kapitalerhöhung).[64] Nach § 187 Abs. 1 AktG sind Rechte auf den Bezug neuer Aktien – und das sind u.a. Optionen – immaterielle Wirtschaftsgüter.[65] Wird die Option ausgeübt oder verfällt sie nach Ablauf der Laufzeit wegen Nichtausübung[66], so geht das Wirtschaftsgut „Option" unter. Das durch die Option gewährte Recht auf den Erwerb von Aktien erlischt ebenfalls mithin bei Nichtausübung allein durch Zeitablauf.[67] Selten, aber dennoch zulässig ist die Einräumung von Optionen auf den Erwerb von GmbH-Anteilen.[68]

---

58 Und nicht die „Verpflichtung", so: *Delp*, INF 1998, 577, 578.

59 BMF-Schreiben v. 10.11.1994, BStBl. I 1994, 816.

60 *Grill/Perczynski*, Wirtschaftslehre des Kreditwesens, 1995, S. 382.

61 *Fleischmann*, Die einkommensteuerliche Behandlung börsennotierter Aktienoptionen aus Käufersicht, 1996, S. 33 f.

62 BMF v. 10.11.1994, BStBl. I 1994, 816; mit Kontraktpositionen und Darstellung der Gewinn- und Verlustmöglichkeiten: *Perridon/Steiner*, Finanzwirtschaft der Unternehmung, S. 316 ff.

63 *Kramarsch*, Aktienbasierte Managementvergütung, 2000, S. 80 ff.

64 *Fox/Hüttche/Lechner*, GmbHR 2000, 521, 533.

65 *Borggräve* in Haarmann u.a., StbJb 1998/99, 545, 603.

66 *Einem, von* in Haarmann, Hemmelrath & Partner (Hrsg.), Gestaltung und Analyse in der Rechts-, Wirtschafts- und Steuerberatung von Unternehmen, S. 389, 390; *Delp*, INF 1998, 577, 578.

67 *Fleischmann*, Die einkommensteuerliche Behandlung börsennotierter Aktienoptionen aus Käufersicht, S. 57 und 65.

68 *Herzig*, DB 1999, 1, 6 ff.; *Fox/Hüttche/Lechner*, GmbHR 2000, 521, 522.

2. Steuerrechtliche Qualifikation

Eine Option stellt ein selbständiges Wirtschaftsgut i.S.d. § 23 Abs. 1 Nr. 2 EStG dar, da es sich um ein durch ein Wertpapier verbrieftes Recht handelt, welches verkehrsfähig ist und einen messbaren Wert besitzt.[69] „Wirtschaftlich gesehen ist die Realisierung des Wertzuwachses der Aktie während der Optionsdauer im Wege der Veräußerung des Optionsscheines weitgehend gleichwertig zur Ausübung der Option."[70]

Geht man davon aus, dass die Optionen nicht einem Betriebsvermögen[71] zuzuordnen sind und somit eine Besteuerung nach § 15 EStG ausscheidet, so können – im Falle eines Privatanlegers – steuerliche Einkünfte nur aus Kapitalvermögen (§ 20 EStG) oder sonstigen Einkünften (§ 22 EStG) vorliegen.[72] Veräußerungsgewinne wären dann nur im Rahmen der §§ 17, 23 EStG steuerbar.

a) Kapitaleinkünfte gemäß § 20 EStG

Eventuell anfallende Erträge aus dem Innehaben von Optionen könnten im Rahmen der § 2 Abs. 1 S. 1 Nr. 5 EStG i.V.m. § 20 EStG als Einkünfte aus Kapitalvermögen der Besteuerung unterliegen. Diese Einkunftsart erfasst Erträge aus der entgeltlichen Überlassung von Kapital. Nicht miteinander kombinierte Aktienoptionsgeschäfte aus Call- oder Put-Optionen werfen keinen Ertrag im Sinne eines Zinses ab. Es findet auch keine zeitlich beschränkte Überlassung von Kapital statt, sondern ein Erwerb von Wirtschaftsgütern in Form von Optionen.[73]

Der Optionsinhaber spekuliert grundsätzlich auf eine Wertsteigerung der Option. Eine solche Wertsteigerung des Papiers wird ganz offensichtlich nicht durch § 20 EStG erfasst. Nur wenn die Rückzahlung des Kapitalvermögens und/oder ein bestimmter Zins[74] zugesagt und gewährt wird, kann ein steuerpflichtiger Kapitalertrag gem. § 20 Abs. 1 Nr. 7 EStG vorliegen.[75] Die Vorschrift des § 20 Abs. 1 Nr. 7 EStG gilt dabei sowohl für laufend zufließende als auch für solche Kapitalerträge, die einem Ersterwerber bei Einlösung zufließen. Als Beispiel können Range warrants genannt werden, bei denen das überlassene Kapital in jedem Fall zurückbezahlt wird.[76] Etwas schwieriger ist die Abgrenzung bei den Capped warrants.[77] Abs. 2 des § 20 EStG betrifft dagegen Veräußerungsfälle sowie die

---

69 *Delp*, INF 1998, 577, 578.
70 *Bredow*, DStR 1996, 2033, 2034 mit Beispiel.
71 Dazu: *Fleischmann*, Die einkommensteuerliche Behandlung börsennotierter Aktienoptionen aus Käufersicht, S. 141 ff.
72 *Fleischmann*, Die einkommensteuerliche Behandlung börsennotierter Aktienoptionen aus Käufersicht, S. 47.
73 *Harenberg/Irmer*, NWB, Fach 3, 8967, 8981.
74 Zur Problematik der "Marktrendite" und § 23 EStG: *Delp*, INF 1998, 577, 578.
75 *Delp*, INF 1998, 577; *Perridon/Steiner*, Finanzwirtschaft der Unternehmung, S. 335.
76 *Delp*, INF 1998, 577, 579.
77 BMF v. 10.11.1994, BStBl. I 1994, 816, 818; *Delp*, INF 1998, 577, 579.

Einlösung durch einen Zweit- oder weiteren Erwerber.[78] Ein Kapitalertrag i.S.v. § 20 Abs. 1 Nr. 7 EStG kann ausnahmsweise auch dann vorliegen, wenn eine sog. Glattstellung der Option erfolgt (gleichzeitiges gegenläufiges Geschäft aus einem Put und einem Call).[79]

I.E. liegen daher nur in Ausnahmefällen steuerpflichtige Einkünfte aus Kapitalvermögen gem. § 20 EStG vor. Steuerpflichtige Einkünfte können sich des weiteren nur im Rahmen der Ausübung bzw. Veräußerung von Optionen ergeben.

b) Spekulationsgewinne i.S.d. § 22 Nr. 2 EStG i.V.m. § 23 Abs. 1 S. 1 Nr. 2 EStG

Das Optionsrecht gehört beim privaten Anleger grundsätzlich zur einkommensteuerlich unbeachtlichen Vermögenssphäre. Wird das Optionsrecht nach seinem Erwerb innerhalb von einem Jahr veräußert, kann sich ein Spekulationsgewinn bzw. –verlust i.S.d. § 22 Nr. 2 EStG und § 23 Abs. 1 S. 1 Nr. 2 EStG ergeben.[80] Die Spekulationsgewinne zählen zu den sonstigen Einkünften.[81] Diese steuerliche Qualifikation gilt für den Erst-, Zweit- und jeden weiteren Erwerber gleichermaßen. Wird die Option hingegen ausgeübt, so ist dies ein Vorgang, der der steuerlich unbeachtlichen Vermögenssphäre zuzuordnen ist.[82] Zu beachten ist, dass die Veräußerung der über die Option erworbenen Aktien oder anderen Basiswerte innerhalb der Spekulationsfrist des § 23 EStG ebenfalls steuerpflichtig ist.[83] Ein erworbener Barausgleich bei Optionsgeschäften auf Namensaktien oder den DAX ist hingegen kein steuerpflichtiges Spekulationsgeschäft.[84] Der Verkauf der Option oder erworbenen Aktien nach Ablauf der Spekulationsfrist von einem Jahr ist steuerlich unbeachtlich.[85]

Als Anschaffungskosten ist der Basispreis anzusetzen, der um das Entgelt für das Optionsrecht (Optionswert) zu erhöhen ist.[86] Dabei ist für die Berechnung der Spekulationsfrist auf die Zeitpunkte der obligatorischen Anschaffungs- bzw. Veräußerungsgeschäfte abzustellen, da das Gesetz dazu insoweit keine Aussage macht.[87] Lässt der Inhaber der Option diese verfallen, so kann die gezahlte Optionsprämie steuerlich keine Berücksichtigung als Werbungskosten finden.[88]

---

78 *Harenberg/Irmer*, NWB, Fach 3, 8967, 8969; *Delp*, INF 1998, 577, 578.

79 Dazu: *Fleischmann*, Die einkommensteuerliche Behandlung börsennotierter Aktienoptionen aus Käufersicht, S. 91 ff.; *Harenberg/Irmer*, NWB, Fach 3, 8967, 898.

80 *Schmidt/Heinicke*, EStG § 23 Rz. 9.

81 *Delp*, INF 1998, 577.

82 *Harenberg/Irmer*, NWB, Fach 3, 8967, 8981.

83 BMF v. 10.11.1994, BStBl. I 1994, 816, 817; *Knoll*, DStZ 1999, 242, 243

84 BFH-Urteil v. 25.8.1987, BStBl. II 1988, 248.

85 *Delp*, INF 1998, 577, 578.

86 *Harenberg/Irmer*, NWB, Fach 3, 9235 und 10221, 10227.

87 *Crezelius* in Kirchhof/Söhn, EStG, § 23 Rdnr. B61; *Delp*, INF 1998, 577.

88 BMF v. 10.11.1994, BStBl. I 1994, 816, 817.

c) „Differenzgeschäft" nach § 22 Nr. 2 EStG i.V.m. § 23 Abs. 1 Nr. 4 S. 2 EStG

Eine Legaldefinition von Differenz- oder Termingeschäften besteht nicht. Es wird lediglich auf die in § 2 Abs. 2 WpHG und § 1 Abs. 1 DepotG üblichen Begriffsdefinitionen verwiesen. Ausdrücklich werden in § 23 EStG nur bestimmte Zertifikate und Optionsscheine erwähnt, bei denen die zivilrechtliche Termingeschäftseigenschaft umstritten ist.[89] Differenzgeschäfte sind grundsätzlich alle Geschäfte, die lediglich die Differenz zwischen Börsen- und Marktpreis eines Basiswerts zu bestimmten Stichtagen betreffen. Sie beinhalten gerade nicht eine entsprechende Lieferung von Wirtschaftsgütern.[90]

Zum Teil wird die Auffassung vertreten, dass neben der Ausübung von Optionen und bestimmten Zertifikaten auch deren Verfall sowie korrespondierende An- und Verkäufe durch § 23 Abs. 1 S. 1 Nr. 4 EStG gedeckt sind. Dieser Auffassung folgt *Schlüter*[91] nicht, da es sich bei An- und Verkäufen um Geschäfte auf einem Sekundärmarkt handelt, die dem geforderten Differenzausgleich nicht entsprechen. Solche Veräußerungsgeschäfte fallen bereits unter den § 23 Abs. 1 S. 1 Nr. 2 EStG. Aufgrund der im Jahressteuergesetz 1999 neu eingefügten Nr. 4 des § 23 Abs. 1 EStG könnte daher der Schluss gezogen werden, dass es sich bei Optionsscheinen um ähnliche Beteiligungen gem. § 17 Abs. 1 S. 3 EStG handelt, da Optionsscheine und Zertifikate – die Aktien vertreten – in einem Satz genannt werden.[92] Daher wäre es möglich, auch Optionen als „Aktienersatz" zu betrachten.

Dieser Schluss ist m.M.n. nicht richtig, da die §§ 17 und 23 EStG in keinem unmittelbaren Bezug zueinander stehen, sondern nur im Rahmen der Durchbrechung der Quellentheorie und bei der Veräußerung von Wertpapieren innerhalb der Spekulationsfrist in Zusammenhang gebracht werden. Optionen können auch aufgrund ihrer „Termingeschäftseigenschaft" nicht als ähnliche Beteiligung i.S.v. § 17 Abs. 1 S. 3 EStG qualifiziert werden. Sie stellen keine direkte Beteiligung am Nominalkapital der Gesellschaft dar, sondern eben nur eine „Option" auf eine Beteiligung. Des weiteren kann es zu einer ähnlichen Beteiligung nur noch kommen, wenn Optionen als „ähnliche Anwartschaft" i.S.v. § 17 Abs. 1 S. 3 EStG zu qualifizieren wären.

d) Optionen als „ähnliche Anwartschaften"

Von der Literatur[93] wird die Besteuerungsmöglichkeit nach § 17 EStG grundsätzlich vernachlässigt und lediglich auf § 23 EStG verwiesen. Der Begriff der „Anwartschaft" ist ein unbestimmter Rechtsbegriff. Grundsätzlich ist es die begründete Aussicht auf den Erwerb einer rechtlichen oder tatsächlichen Position.

---

89 *Schlüter*, DStR 2000, 226.

90 *Schmidt/Heinicke*, EStG § 23 Rz. 10c.

91 *Schlüter*, DStR 2000, 226, 230.

92 OFD Frankfurt v. 28.3.2000, DStR 2000, 1008.

93 Für viele: *Schmidt/Heinicke*, EStG § 23 Rz. 9.

Unter den Begriff der Anwartschaften in § 17 Abs. 1 EStG können sicherlich alle Fälle subsumiert werden, bei denen der Inhaber eine ausreichend begründete Aussicht auf den Erwerb von Anteilen hat. Diese Aussicht muss bei wirtschaftlicher Betrachtungsweise als anteilsähnliche Beteiligung an der Kapitalgesellschaft, d.h. Beteiligung an der Vermögenssubstanz, qualifiziert werden können.[94]

Unter den Begriff der Anwartschaften i.S.d. § 17 Abs. 1 S. 3 EStG fallen auch sog. Wandlungs- oder Optionsrechte. Ihr Veräußerungsgewinn bzw. –verlust fällt unter § 17 EStG, wenn die Veräußerung vor der Ausübung erfolgt.[95] Folgerichtig ist der Schluss, dass es sich bei Optionen um ein Anwartschaftsrecht auf den Bezug von Anteilen an der Kapitalgesellschaft handelt.[96] Allerdings fallen Optionen dann nicht unter § 17 EStG, wenn der Optionspreis von den Verhältnissen bei Ausübung der Option, und nicht von denen bei Gewährung des Optionsrechts, abhängt.[97] Dies ist m.E. richtig, da eine „ähnliche Anwartschaft" nur dann vorliegen kann, wenn sie von vornherein eine gesicherte Position bietet und zudem die Vermögensteilhabe gesichert ist.

Nach Ansicht von *Hörger*[98] sind schuldrechtliche Ansprüche eines Gesellschafters, wie z.B. Optionsrechte, keine Anwartschaften.[99] Dies ergibt sich aus dem Begriff der Anwartschaften, da sich diese gegen die Gesellschaft selbst richten müssen. Optionen gewähren hingegen auch Ansprüche gegenüber Dritten, d.h. auf Einräumung der Aktien oder GmbH-Anteile.

II. Eigene Sichtweise

Wie bereits diskutiert, nehmen Anwartschaften eine Sonderstellung innerhalb des § 17 EStG ein, da sie keine direkte Beteiligung am Nominalkapital der Kapitalgesellschaft gewähren. Dadurch kann im Falle der Anwartschaften von einem Spezialfall der ähnlichen Beteiligungen ausgegangen werden, der in § 17 Abs. 1 S. 3 EStG gesetzlich geregelt wurde. Bei der steuerlichen Beurteilung von „normalen" Optionen im Rahmen des § 17 EStG müssen, wie bei den Genussrechten, andere Abgrenzungsmerkmale herangezogen werden. Bei der Veräußerung von Optionen könnte eine ähnliche Beteiligung i.S.v. § 17 Abs. 1 S. 3 EStG nur vorliegen, wenn durch die Option eine sog. „ähnliche Anwartschaft" (anwartschaftsähnliche Position) begründet wird. Eine mögliche weitreichende Einflussnahme des Optionsinhabers auf die Geschäftspolitik oder eine Verlustteilhabe sind für die Annahme einer „wesentlichen Beteiligung" i.S.v. § 17 EStG nicht entscheidend.

---

[94] *Frotscher*, EStG, § 17 Rn. 27.

[95] *Schmidt/Weber-Grellet*, EStG, § 17 Rz. 29.

[96] *Ebling* in Blümich, EStG, § 17 Rz. 79; *Jäschke* in Lademann/Söffing/Brockhoff, EStG, § 17 Rz. 74; *Morsbach* in Bordewin/Brandt, EStG, § 17 Rz. 39; *Harenberg/Irmer*, NWB, Fach 3, 10221.

[97] *Frotscher*, EStG, § 17 Rn. 32.

[98] *Hörger* in *Littmann/Bitz/Meincke*, EStG, 1985, § 17 Rz. 13.

[99] Ebenso: *Frotscher*, EStG, § 17 Rn. 27.

Genau wie Bezugsrechte sind „normale" Optionen zwar einzeln veräußerbar, jedoch stellen sie keine unmittelbare Beteiligung am Nenn- oder Stammkapital der Gesellschaft dar. Grundsätzlich wären sie damit ihrer Art nach nicht unter § 17 EStG subsumierbar. Meiner Ansicht nach sind sie jedoch als ähnliche Anwartschaft i.S.v. § 17 Abs. 1 S. 3 EStG zu qualifizieren, da Optionen im Normalfall eine stark gesicherte rechtliche Position garantieren, durch die der Optionsinhaber – ohne Einschränkungen – in der Lage ist, eine unmittelbare Beteiligung zu erwerben. Normalerweise bestehen auch keine Verfügungsbeschränkungen über das Optionsrecht. Der Optionsinhaber ist somit frei in der Entscheidung, ob er die Option ausüben oder veräußern möchte, denn der Stillhalter muss die Aktien oder GmbH-Anteile jeder Zeit beschaffen können. Dies kann i.E. wohl als eine gesicherte Position betrachtet werden.[100] Die explizite Erwähnung der Anwartschaften in § 17 Abs. 1 S. 3 EStG begründet damit die steuerliche Erfassung „normaler" Optionen unter diese Vorschrift.

Auch wenn *Frotscher*[101] die Qualifikation von Optionen als ähnliche Anwartschaft verneint, obwohl sie eigentlich laut seiner eigenen Definition darunter fallen würden, muss der h.M.[102] gefolgt werden, die Optionsrechte als ähnliche Anteile qualifiziert; allerdings nur, wenn neben der Option eine „wesentliche Beteiligung" existiert. Dies ist entscheidend, da „normale" Optionen alleine weder eine unmittelbare noch eine mittelbare Beteiligung i.S.v. § 17 Abs. 1 S. 4 EStG darstellen und diese somit selbst nicht unter § 17 EStG subsumierbar wären, da sie noch keine den Aktien oder GmbH-Anteilen vergleichbaren Rechte gegenüber der Gesellschaft vermitteln.

Da es sich bei Optionen m.E. um ähnliche Anwartschaften auf den Erwerb von Aktien oder GmbH-Anteilen i.S.v. § 17 Abs. 1 S. 3 EStG handelt, sind sie i.E. unter dem Tatbestand des § 17 EStG zu erfassen, sofern sie nicht einen festen Rückzahlungsbetrag oder Zins garantieren. Liegt bei Optionen eine ähnliche Anwartschaft vor, so sind diese auch für die Ermittlung der „Wesentlichkeitsgrenze" mit heranzuziehen.[103]

---

[100] *Schmidt/Weber-Grellet*, EStG, § 17 Rz. 29; *Ebling* in Blümich, EStG, § 17 Rz. 79; *Jäschke* in Lademann/Söffing/Brockhoff, EStG, § 17 Rz. 74; *Morsbach* in Bordewin/Brandt, EStG, § 17 Rz. 39.

[101] *Frotscher*, EStG, § 17 Rn. 27.

[102] Für viele: *Schmidt/Weber-Grellet*, EStG, § 17 Rz. 29; ebenso: *Schweyer/Dannecker*, BB 1999, 1732, 1733.

[103] Offen bei *Ebling* in Blümich, EStG, § 17 Rz. 88; verneinend: *Boochs* in Dankmeyer/Giloy, EStG, § 17 Rz. 67; *Heuer* in *Herrmann/Heuer/Raupach*, EStG, § 17 EStG, Anm. 13.

D. Arbeitnehmer-Optionen (Stock Options) als „ähnliche Anwartschaften"

I. Zivilrecht

Stock Options sind üblicherweise ähnlich den „amerikanischen Kaufoptionen"[104] ausgestaltet[105], wobei sich dieses Entlohnungssystem mittlerweile auch in Deutschland, Österreich und der Schweiz etabliert hat.[106] Ihre Inhaber besitzen das Recht, nach der Zuteilung, bis spätestens zum Verfallstag, Aktien oder GmbH-Anteile einer bestimmten Gesellschaft, zumeist vom eigenen Unternehmen, zu einem festgelegten Preis (Basis- oder Bezugspreis)[107] zu beziehen.[108] Dabei können entweder spezielle Aktienoptionspläne für Mitarbeiter eingeführt werden oder es können standardisierte, bereits (an der DTB bzw. mittlerweile EUREX[109]) gehandelte Optionen ausgegeben werden.[110] Die Begünstigten partizipieren so an Steigerungen des Aktienkurses, während sie Verluste aus einer negativen Kursentwicklung durch Verzicht auf die Optionsausübung vermeiden können.[111] Grundsätzlich besteht demnach keine Verpflichtung zur Ausübung einer Stock Option.

Aktienoptionen für Mitarbeiter unterscheiden sich dabei von den sog. selbständigen oder „normalen" Optionsrechten, auch „naked warrants"[112] genannt, dadurch, dass letztere nicht unmittelbar und begrenzt an Organe und Mitarbeiter der entsprechenden Kapitalgesellschaft ausgegeben, sondern auf dem Kapitalmarkt plaziert werden.[113] Beiden Beteiligungsformen gemeinsam ist hingegen der Umstand, dass sie ohne anfänglichen Kapitaleinsatz originäre Anwartschaften auf

---

104 Zum Vergleich mit den USA siehe: *Bogenschütz* in Haarmann u.a., StbJb 1998/99, 545, 546 ff.

105 *Hermann/Birkhan*, JbFSt 1999/2000, 703, 704.

106 *Knoll*, IStR 2002, 325 ff.

107 Kritisch: *Wenger/Knoll/Kaserer*, WiSt 1999, 35, 37.

108 *Knoll*, DStZ 1999, 242, 243; *Ettinger*, Stock Options, S. 7; *Baums* in Festschrift für Carsten Peter Claussen, S. 3 und 16; *Neyer*, BB 1999, 130; *Hermann/Birkhan*, JbFSt 1999/2000, 703, 704 f.; *Kessler/Strnad*, BB 2000, 641; *Eisolt/Wickinger*, BB 2001, 122, 123.

109 So: *Lampe/Strnad*, DStR 2000, 1117, 1118.

110 *Ettinger*, Stock Options, S. 125; zur unterschiedlichen Beschaffung der Aktien bei Einlösung: *Lorenz*, DStR 2000, 1579.

111 *Herzig*, DB 1999, 1 ff.; *Dautel*, INF 1999, 368, 369.

112 *Schild* in Haarmann u.a., StbJb 1998/99, 545, 597 f.; *Weiß*, Aktienoptionspläne für Führungskräfte, 1999, S. 158 ff.; *Kramarsch*, Aktienbasierte Managementvergütung, S. 52 ff.

113 *Baums* in Festschrift für Carsten Peter Claussen, S. 3 ff.; *Wenger/Knoll/Kaserer*, WiSt 1999, 35; *Eberhartinger/Engelsing*, Wpg 2001, 99 ff., *Einem, von* in Haarmann, Hemmelrath & Partner (Hrsg.), Gestaltung und Analyse in der Rechts-, Wirtschafts- und Steuerberatung von Unternehmen, S. 389, 397 f. mit verschiedenen zivilrechtlichen Aspekten; *Eckert*, DB 1999, 2490, 2491; *Dautel*, BB 2000, 1757, 1762, *Eschbach*, BB 1999, 2484, 2485; kritisch dazu: *Wenger/Knoll/Kaserer*, WiSt 1999, 35 f., *Ettinger*, Stock Options, S. 7; zur bilanziellen Behandlung: *Herzig*, DB 1999, 1, 6 ff:, *Fox/Hüttche/Lechner*, GmbHR 2000, 521, 522; zu generellen zivilrechtlichen Aspekten: *Jacobs* in Dörner/Menold/ (Hrsg.), Reform des Aktienrechts der Rechnungslegung und Prüfung, S. 101, 103 ff.

Anteile vermitteln.[114] Darin unterscheiden sie sich vom gegenwärtigen Zivilrecht, welches Optionsrechte nur im Zusammenhang mit Options- oder Wandelanleihen[115] zulässt.[116]

Mittlerweile wurde in § 192 AktG auch die Möglichkeit der Ausgabe von „nackten" Optionsscheinen (d.h. unabhängig von einer begleitenden Anleihe) geschaffen[117] und damit die Einräumung von Stock Options erleichtert.[118] Der Mitarbeiter steht ab dem Zeitpunkt der Ausgabe der Stock Option nicht nur in einer arbeitsrechtlichen, sondern auch in einer gesellschaftsrechtlichen Verbindung zu der Gesellschaft.[119] Auf eine Analyse von virtuellen Optionsprogrammen[120] (Blind Stocks, Stock Appreciation Rights)[121] wird innerhalb dieser Arbeit nicht näher eingegangen.[122]

Juristisch betrachtet stellen Stock Options Ankaufsrechte dar, durch die der Inhaber einen Anspruch gegen den Stillhalter – ähnlich einem short call – erwirbt[123], der darin besteht, vom Stillhalter Aktien zu einem festgesetzten Preis zu erwerben.[124] Damit stellen Aktienoptionen Bezugsrechte dar.[125]

Zu beachten ist allerdings, dass in § 192 Abs. 3 AktG eine Beschränkung der Ausgabe von Optionsrechten – zu mindestens für Aktiengesellschaften – getroffen wurde. Demnach darf das bedingte Kapital zur Bedienung von Optionsrechten 10% des Grundkapitals nicht überschreiten.[126] Früher – bei einer „Wesentlichkeitsgrenze" von 25% – war es somit rechtlich gar nicht möglich, eine ähnliche Beteiligung i.S.v. § 17 Abs. 1 S. 3 EStG zu begründen. Mit der heutigen „Wesentlichkeitsgrenze" von einem Prozent aufgrund des StSenkG ist diese Möglichkeit nun durchaus latent vorhanden.

---

[114] *Neyer*, BB 1999, 130, der von einer "generellen Übereinstimmung" spricht.
[115] Zur steuerlichen Problematik: *Harenberg*, NWB, Fach 3, 11515 ff.
[116] *Einem, von* in Haarmann, Hemmelrath & Partner (Hrsg.), Gestaltung und Analyse in der Rechts-, Wirtschafts- und Steuerberatung von Unternehmen, S. 389, 390; a.A. bereits: *Bredow*, DStR 1996, 2033, 2036.
[117] *Aha*, BB 1997, 2225; *Baums* in Festschrift für Carsten Peter Claussen, 1997, S. 3, 37 ff.; *Lorenz*, DStR 2000, 1579; *Schröer/Rogall*, Wpg 2002, 345, 347.
[118] *Seibert* in Dörner/Menold/Pfitzer (Hrsg.), Reform des Aktienrechts, der Rechnungslegung und Prüfung, 1999, S. 1, 21; *Eisolt/Wickinger*, BB 2001, 122; *Egner/Wildner*, FR 2001, 62, 72.
[119] *Kleindiek/Krempl* in Haarmann u.a., StbJb 1998/99, 545, 579.
[120] Dazu: *Pump*, StBp 2002, 51, 52.
[121] Dazu: *Feddersen*, ZHR 161 (1997), 283, 285 f.; *Kau/Leverenz*, BB 1998, 2269, 2271; *Einem, von* in Haarmann u.a., StbJb 1998/99, 545, 567 ff.; *Herzig*, DB 1999, 1 ff. m.w.N.; *Wenger/Knoll/Kaserer*, WiSt 1999, 35, 36; *Ettinger*, Stock Options, S. 11 f.
[122] Dazu ähnlich: *Thomas*, DStZ 1999, 710, 712; *Eberhartinger/Engelsing*, Wpg 2001, 99, 100; *Egner/Wildner*, FR 2001, 62, 72.
[123] *Eschbach*, BB 1999, 2484, 2489.
[124] *Eckert*, DB 1999, 2490.
[125] *Einem, von* in Haarmann, Hemmelrath & Partner (Hrsg.), Gestaltung und Analyse in der Rechts-, Wirtschafts- und Steuerberatung von Unternehmen, 1998, S. 389; *Kleindiek/Krempl* in Haarmann u.a., StbJb 1998/99, 545, 579; *Kessler/Strnad*, BB 2000, 641.
[126] *Kleindiek/Krempl* in Haarmann u.a., StbJb 1998/99, 545, 577.

II. Steuerrecht

1. Anfangs- versus Endbesteuerung

Grundsätzlich kann es bei der Einräumung von Aktienoptionen zu verschiedenen Besteuerungszeitpunkten kommen. Zum einen der Zeitpunkt, zu dem die Aktienoptionen eingeräumt wurden (Anfangsbesteuerung), zum zweiten der Zeitpunkt der erstmaligen Ausübungsmöglichkeit (Endbesteuerung i.e.S.) oder Zeitpunkt der tatsächlichen Ausübung (Endbesteuerung i.w.S.).[127] *Schröer/Rogall*[128] sprechen sich hingegen für keine weitere Besteuerung im Rahmen der Einräumung von Aktienoptionen aus, da diese bereits bei den „Altgesellschaftern" besteuert werden.

Arbeitslohn, d.h. Bezüge im Rahmen der Einkünfte aus nichtselbständiger Tätigkeit (§ 19 Abs. 1 EStG), sind alle Einnahmen, die einem Arbeitnehmer aus einem Dienstverhältnis zufließen[129], also durch dieses veranlasst sind (§ 2 Abs. 1 S. 1 LStDV).[130] Eine Einnahme liegt vor, wenn der Zufluss (§ 11 EStG) eines geldwerten Vorteils gegeben ist (§ 8 Abs. 1 EStG).[131] Demnach ist der Vorteil aus Aktienoptionsprogrammen, auch wenn er seine Veranlassung im Dienstverhältnis hat, als Arbeitslohn erst dann zu versteuern, wenn sich der Vorteil zu einer Einnahme verdichtet.[132]

I.E. liegen bei den zugewendeten Vorteilen aus Aktienoptionen Einkünfte aus nicht selbständiger Arbeit i.S.v. § 19 EStG vor[133], die bisher einheitlich im Ausübungszeitpunkt zu versteuern waren.[134] Zu beachten ist, dass durch die Einführung des Halbeinkünfteverfahrens weitere Probleme, wie z.B. die Definitivbelastung mit 25%, im Rahmen der Einräumung von Stock Options entstehen werden.[135]

Werden bereits an der DTB (heute: EUREX) gehandelte Optionen eingeräumt, so kommt lediglich eine Anfangsbesteuerung gem. der §§ 19, 19a EStG in Betracht.[136]

---

[127] *Eberhartinger/Engelsing*, Wpg 2001, 99, 100; *Egner/Wildner*, FR 2001, 62 ff. mit erläuternden Abbildungen; *Watrin*, NWB Fach 6, 4245.

[128] *Schröer/Rogall*, Wpg 2002, 345, 347.

[129] *Eberhartinger/Engelsing*, Wpg 2001, 99, 103 f.

[130] Heuer in Heuer/Herrmann/Raupach, EStG, § 19 Rz. 16; *Isensee*, DStR 1999, 143, 144; *Hermann/Birkhan*, JbFSt 1999/2000, 703, 705; *Eberhartinger/Engelsing*, Wpg 2001, 99, 101; *Portner*, DB 2002, 235.

[131] Weiterführend: *Crezelius*, BB 1981, 1589; *Thomas*, DStZ 1999, 710, 711; *Eberhartinger/Engelsing*, Wpg 2001, 99, 104 f.; zuletzt: *Portner*, DStR 2001, 1331, 1332.

[132] *Herzig*, DB 1999, 1, 2; *Portner*, DB 2002, 235.

[133] *Dautel*, INF 1999, 368, 369; *Eisolt/Wickinger*, BB 2001, 122, 123; *Schröer/Rogall*, Wpg 2002, 345, 350; *Pump*, StBp 2002, 51, 53.

[134] *Wenger/Knoll/Kaserer*, WiSt 1999, 35, 36.

[135] *Wagner*, DStR 2000, 1707, 1708.

[136] *Ettinger*, Stock Options, S. 125.

Bei speziellen Aktienoptionsprogrammen stellt sich hingegen die Frage nach der Einkunftsart sowie dem Zeitpunkt der Besteuerung.[137]

Nach Ansicht des FG Köln[138] ist es nicht zweifelhaft, dass die Einräumung von Optionsrechten auf den späteren Erwerb von Aktien zu einem Einkaufspreis – der nach den Zukunftserwartungen der Marktteilnehmer als lukrativ angesehen wird, d.h. verbilligt oder unentgeltlich – die Zuwendung eines geldwerten Vorteils darstellt.[139] Solche Vorteile fallen in den Bereich der nichtselbständigen Einkünfte gem. der §§ 19, 19a EStG.[140] Als Arbeitslohn im Rahmen der §§ 19, 19a EStG gelten sowohl direkte Leistungen des Arbeitgebers als auch Leistungen von Dritten, die dem Mitarbeiter einen Vorteil zuwenden.[141] Zudem muss dieser Vorteil ein Entgelt für eine im Rahmen des Arbeitsverhältnisses erbrachte Leistung darstellen.[142]

Es ist daher gem. der §§ 8, 19 EStG i.V.m. § 11 Abs. 1 S. 3 EStG zu bestimmen, wann es zum Bezug von Einnahmen aus Stock Options kommt.[143] Wären die unentgeltlich oder verbilligt eingeräumten Optionen[144] beim Begünstigten im Zeitpunkt der Einräumung zu besteuern, so wären sie als wirtschaftlicher Vorteil gem. der §§ 19, 19a EStG zu versteuern[145] und Wertsteigerungen in der Folgezeit blieben, wie bei sonstigen Wertpapieren im Privatvermögen, mit Ausnahmen von § 23 und § 17 EStG steuerfrei.[146]

Sind die Optionen hingegen im Zeitpunkt des Bezugs der Aktien zu versteuern, so würde die Differenz zwischen Ausübungskurs und aktuellem Börsenkurs (bei handelbaren Stock Options) bzw. der Wert nach dem „Stuttgarter Verfahren"[147] die steuerliche Bemessungsgrundlage[148] darstellen.[149] Die Problematik einer vorherigen Glattstellung der Option und die damit verbundenen steuerlichen Probleme werden hier nicht diskutiert.[150]

Einkünfte aus Kapitalvermögen i.S.v. § 20 EStG kommen nicht in Betracht, da es nicht um die Erzielung von laufenden „Früchten", sondern um die Steigerung des

---

137 *Jacobs* in Dörner/Menold /Pfitzer (Hrsg.), Reform des Aktienrechts, der Rechnungslegung und Prüfung, S. 101, 107.

138 FG Köln v. 9.9.1998, DStR 1999, 368, 369.

139 Ebenso: *Kroschel*, BB 2000, 176, 178.

140 *Eberhartinger/Engelsing*, Wpg 2001, 99, 100.

141 *Thomas*, DStZ 1999, 710, 714.

142 Dazu: *Egner/Wildner*, FR 2001, 62, 63 f.

143 *Thomas*, DStZ 1999, 710, 711; *Lampe/Strnad*, DStR 2000, 1117; *Eisolt/Wickinger*, BB 2001, 122, 123.

144 *Ettinger*, Stock Options, S. 7.

145 *Schmidt E.*, FR 1992, 401; *Feddersen*, ZHR 161 (1997), 269, 275.

146 *Schild* in Haarmann u.a., StbJb 1998/99, 545, 592.

147 Zur Bewertung siehe: *Einem, von* in Haarmann, Hemmelrath & Partner (Hrsg.), Gestaltung und Analyse in der Rechts-, Wirtschafts- und Steuerberatung von Unternehmen, S. 389, 400.

148 Allerdings offen laut: *Portner*, DStR 2001, 1331.

149 *Neyer*, BB 1999, 130, 133.

150 Siehe dazu: *Lampe/Strnad*, DStR 2000, 1117 ff.

Vermögens geht.[151] Zum Teil wird allerdings die Auffassung vertreten, es liegen keine Einkünfte aus einem Dienstverhältnis[152], sondern sonstige Einkünfte i.S.v. § 22 Nr. 3 EStG vor.[153]

„Der Zeitpunkt der Besteuerung ist entscheidend dafür, ob ein Wertzuwachs der Aktie steuerbar ist oder nicht."[154] Wenn eine Anfangsbesteuerung vorgenommen wird, endet die Beziehung zum Arbeitsverhältnis in diesem Moment. Die Option geht damit ins Privatvermögen des Arbeitnehmers über, der nun alle Chancen und Risiken trägt.[155] Demnach könnte im Falle einer späteren Veräußerung der Option ein Gewinn gem. der §§ 17, 23 EStG steuerbar sein.[156]

Für die Beurteilung, ob die Besteuerung eines geldwerten Vorteils bereits bei Optionseinräumung oder erst bei Ausübung bzw. Veräußerung der Option zu erfolgen hat, wurden bisher handelbare und nicht handelbare Optionen unterschieden.[157] Dabei wird zum Teil die Auffassung[158] vertreten, dass der Besteuerungszeitpunkt irrelevant sei und es zu keiner unterschiedlichen Steuerlast kommen würde.[159] Entscheidend ist die zutreffende Zuordnung dennoch für die Abschnittsbesteuerung gem. § 11 EStG.[160] Sind Aktienoptionen nach den ihnen zugrunde liegenden Optionsbedingungen frei verkehrsfähig und veräußerbar, so wird der darin liegende geldwerte Vorteil schon zum Zeitpunkt der Optionseinräumung besteuert (Anfangsbesteuerung). Bestehen dagegen Verfügungsbeschränkungen (nicht handelbare Stock Options), so findet eine Endbesteuerung zum Zeitpunkt der Ausübung der Option statt.[161, 162] Dies gilt gleichermaßen für Stock Options, die als isolierte Optionen gestaltet sind, wie für Optionen, die mit Wandelschuld-

[151] *Jacobs* in Dörner/Menold/Pfitzer (Hrsg.), Reform des Aktienrechts, der Rechnungslegung und Prüfung, S. 101, 116.

[152] *Schmidt E.*, FR 1992, 401; *Herzig* in Pellens (Hrsg.), Unternehmenswertorientierte Entlohnungssysteme, 1998, S. 161, 164; *Herzig*, DB 1999, 1, 2.

[153] Dazu: *Portner*, DStR 1997, 786, 787 f.; kritisch: *Kramarsch*, Aktienbasierte Managementvergütung, S. 70 f.; *Herzig* in Pellens (Hrsg.), Unternehmenswertorientierte Entlohnungssysteme, S. 161, 166 f.; *Isensee*, DStR 1999, 143, 146; *Jacobs* in Dörner/Menold/Pfitzer (Hrsg.), Reform des Aktienrechts, der Rechnungslegung und Prüfung, S. 101, 117; *Hermann/Birkhan*, JbFSt 1999/2000, 703, 706.

[154] *Hermann/Birkhan*, JbFSt 1999/2000, 703, 705.

[155] *Hermann/Birkhan*, JbFSt 1999/2000, 703, 715.

[156] *Eberhartinger/Engelsing*, Wpg 2001, 99, 108; *Portner*, DStR 2001, 1331, 1334.

[157] *Kau/Leverenz*, BB 1998, 2269, 2270; *Feddersen*, ZHR 161 (1997), 283, 298; *Wagner*, DStR 2000, 1707, 1708; *Eberhartinger/Engelsing*, Wpg 2001, 99, 104 ff.

[158] *Pump*, StBp 2002, 51; *Knoll*, StuW 1998, 133 ff.; *Thomas*, DStZ 1999, 710 f.; bzgl. der Relevanz des Besteuerungszeitpunktes: *Jacobs* in Dörner/Menold/Pfitzer (Hrsg.), Reform des Aktienrechts, der Rechnungslegung und Prüfung, S. 101, 108 ff.; *Dautel*, INF 1999, 368, 370.

[159] *Egner/Wildner*, FR 2001, 62, 63.

[160] *Thomas*, DStZ 1999, 710, 711.

[161] Zuletzt: FG München v. 24.10.2001, DStRE 2002, 498 ff.

[162] *Eberhartinger/Engelsing*, Wpg 2001, 99, 104 ff.; *Egner/Wildner*, FR 2001, 62, 64 f., allerdings kritisierend auf S. 71.

verschreibungen verbunden sind.[163] Die OFD Frankfurt am Main[164] stellt dabei auf den Zeitpunkt der Erfüllung des Anspruchs ab, d.h. auf den Tag der Ausbuchung der Aktien aus dem Depot des Überlassenden bzw. der Gutschrift im Depot des Empfängers.

a) Nicht handelbare Stock Options

Häufig knüpfen Optionspläne die Ausübung der Stock Option an den Ablauf einer bestimmten Frist (Sperrfrist)[165] und/oder bestimmte Bedingungen.[166] Die dadurch erreichte Verfügungsbeschränkung[167] führt zu einer nicht handelbaren Stock Option und zu einer Negierung der Wirtschaftsguteigenschaft.[168] Dennoch kommt es nach Auffassung von *Eckert*[169] für die Besteuerung allein auf den Zuflusszeitpunkt des geldwerten Vorteils[170] und eben nicht auf die Wirtschaftsguteigenschaft an, die den nicht handelbaren Stock Options fehlt. Der Zuflusszeitpunkt wird im Wesentlichen von den vereinbarten Verfügungsbeschränkungen bestimmt, wobei in persönliche, sachliche und zeitliche Verfügungsbeschränkungen unterschieden werden kann.[171]

In persönlicher Hinsicht könnten Verfügungsbeschränkungen dahingehend bestehen, dass der Optionsinhaber die Option weder an Dritte veräußern, noch vererben oder verschenken darf. Unschädlich sollte dabei sein, wenn die genannten Tatbestände zwar erlaubt sind, dies aber der Gesellschaft schriftlich mitzuteilen wäre. Zudem ist es möglich, die ausgegebenen Stock Options mit einem Vorkaufsrecht des eigenen Unternehmens auszustatten.[172]

Eine sachliche Verfügungsbeschränkung besteht hingegen, wenn z.B. die Möglichkeit der Ausübung an das Dienstverhältnis oder an die Erreichung einer bestimmten Aktienkurssteigerung[173] gekoppelt ist.[174] Des weiteren kann ein entschädigungspflichtiges Kündigungsrecht für den Fall einer vorzeitigen Kündigung des Arbeitnehmers vereinbart werden.[175] Eine weitere sachliche

---

[163] *Ettinger*, Stock Options, 1999, S. 118 ff. m.w.N.; a.A.: *Eisolt/Wickinger*, BB 2001, 122 ff.

[164] OFD Frankfurt am Main v. 4.7.2002, DB 2002, 1691.

[165] *Watrin*, NWB Fach 6, 4245, 4246.

[166] *Kessler/Strnad*, BB 2000, 641 m.w.N.; ähnlich: *Neyer*, BB 1999, 130.

[167] *Portner/Bödefeld*, DStR 1995, 629, 633; zu gestaffelten Ausübungsbeschränkungen siehe: *Eichstädt/Scharrer*, Capital 13/2000, 107, 117.

[168] *Bredow*, DStR 1996, 2033, 2035; *Schild* in Haarmann u.a., StbJb 1998/99, 545, 594; zu Verfügungsbeschränkungen in den USA siehe: *Weiß*, Aktienoptionspläne für Führungskräfte, S. 31; a.A.: *Feddersen*, ZHR 161 (1997), 269, 277 bei verbrieften Optionsrechten.

[169] *Eckert*, DB 1999, 2490.

[170] Ebenso: *Watrin*, NWB Fach 6, 4245, 4246.

[171] *Ettinger*, Stock Options, S. 121 ff.

[172] *Ettinger*, Stock Options, S. 121.

[173] *Baums* in Festschrift für Carsten Peter Claussen, S. 3, 7.

[174] *Schild* in Haarmann u.a., StbJb 1998/99, 545, 594.

[175] *Einem, von* in Haarmann, Hemmelrath & Partner (Hrsg.), Gestaltung und Analyse in der Rechts-, Wirtschafts- und Steuerberatung von Unternehmen, S. 389, 395; *Dautel*, INF 1999, 368, 370, der dieses als unschädlich für die Verkehrsfähigkeit betrachtet.

Verfügungsbeschränkung könnte darin bestehen, die Ausübungs- bzw. Veräußerungszeiträume an kurze Fristen nach der regelmäßigen Berichterstattung zu binden, damit Missbrauchsmöglichkeiten verhindert werden.[176]

Zeitliche Verfügungsbeschränkungen bestehen gem. § 192 Abs. 2 Nr. 4 AktG dahingehend, dass zwischen der Gewährung und der Ausübung der Option mindestens zwei Jahre vergangen sein müssen.[177] Danach können die Optionen innerhalb einer zum Zeitpunkt der Zusage bestimmten Frist ausgeübt bzw. die dem vereinbarten Bezugsverhältnis entsprechende Anzahl von Aktien gekauft werden. Daneben existiert eine Veräußerungsfrist der eingeräumten Mitarbeiterbeteiligungen von 6 Jahren gem. § 19a Abs. 1 S. 2 EStG. Dies ist allerdings für die sofortige Besteuerung als geldwerter Vorteil unschädlich.[178]

Einem[179] hingegen unterscheidet zwischen freier Übertragbarkeit der Stock Option und Zeitpunkt der frühesten Einlösungsmöglichkeit der Option. Ein Zufluss wird dabei erst mit der Erlangung der wirtschaftlichen Verfügungsmacht über ein Wirtschaftsgut angenommen.[180] Dies entspricht der freien Verfügbarkeit der Stock Option. Dabei ist das Recht, das geldwerte Gut veräußern zu können, keine zwingende Voraussetzung für die wirtschaftliche Verfügungsmöglichkeit.[181] Da es sich bei der Option noch nicht um die eigentliche Aktie oder den Geschäftsanteil handelt, liegt noch keine wirtschaftliche Verfügungsmacht und somit auch keine steuerpflichtigen Einkünfte vor.[182] Die Gründe hierfür liegen im Besitz aller Befugnisse.[183] Der zivilrechtliche Eigentümer von Aktien oder GmbH-Anteilen kann sein Stimmrecht ausüben, Dividenden oder Gewinne beziehen oder er kann sie beleihen oder verpfänden.[184] Dies kann ein Optionsinhaber in dieser umfassenden Weise nicht.

Die bestimmungsmäßige Nutzung einer Stock Option besteht darin, die Option für den Erhalt von Aktien auszuüben. Die wirtschaftliche Verfügungsmacht kann daher erst zum erstmalig möglichen Einlösungszeitpunkt erlangt werden[185], was normalerweise erst ab einem bestimmten zukünftigen Zeitpunkt möglich ist.[186] Unrichtig sei, nach Auffassung von *Eckert*[187], allerdings die Ansicht des FG Köln[188], dass nur handelbare verbriefte Optionen zu einem Zufluss beim Arbeitnehmer führen

---

[176] *Aha*, BB 1997, 2225, 2227.
[177] *Ettinger*, Stock Options, S. 123; *Dautel*, INF 1999, 368, 369.
[178] *Schild* in Haarmann u.a., StbJb 1998/99, 545, 595.
[179] *Einem, von* in Haarmann u.a., StbJb 1998/99, 545, 601.
[180] Ebenso: *Eberhartinger/Engelsing*, Wpg 2001, 99, 111.
[181] *Eckert*, DB 1999, 2490, 2491.
[182] BFH-Urteil v. 16.11.1984, BStBl. II 1985, 136, 137.
[183] Dazu kritisch: *Peltzer*, AG 1996, 307, 314.
[184] BFH-Urteil v. 16.11.1984, BStBl. II 1985, 136, 137.
[185] *Kroschel*, BB 2000, 176.
[186] *Eckert*, DB 1999, 2490, 2491.
[187] *Eckert*, DB 1999, 2490, 2492.
[188] FG Köln v. 9.9.1998, EFG 1998, 1634.

können. Auch unverbriefte Rechte, wie z.B. ein Geschäftsanteil an einer GmbH, können – z.B. durch Abtretung – einem anderen zufließen.[189] Insoweit kann es auf die Verbriefung der Rechte aus Stock Options nicht ankommen.

Folgt man i.E. der Finanzverwaltung[190], die für nicht handelbare Optionen eine Besteuerung bei Optionsausübung vornimmt, so wird die Differenz zwischen dem aktuellen Marktwert[191] der erworbenen Aktie und dem Ausübungspreis als geldwerter Vorteil in die lohnsteuerliche Bemessungsgrundlage nach § 19a EStG einbezogen.[192, 193] Die OFD Berlin hat dies 1999[194] bekräftigt und ergänzt. Nach ihrer Auffassung setze Marktgängigkeit die uneingeschränkte Veräußerbarkeit der Option an einem vorhandenen und für alle offenen Markt voraus. Daran fehle es, wenn für den Arbeitgeber (oder dritten Stillhalter) ein Vorkaufsrecht vereinbart sei.[195] Diese Regelung erging in Abstimmung mit den Finanzverwaltungen der anderen Länder und gibt daher die bundesweite Praxis wieder. Wird dem Arbeitnehmer im Rahmen seines Arbeitsverhältnisses ein Recht, d.h. eine nicht handelbare Option auf den späteren Erwerb von Gegenständen (z.B. Aktien oder GmbH-Anteilen) zu einem feststehenden Preis eingeräumt, so kommt eine vermögenswerte Sachzuwendung damit erst im Zeitpunkt der Ausübung des Ankaufsrechts in Betracht.[196] Ein steuerpflichtiger Veräußerungsgewinn gem. § 17 EStG kann demnach nicht vorliegen.[197] Positive Wertveränderungen, die z.B. allein auf die Entwicklungen des Marktes zurückzuführen sind, fließen somit in die Besteuerung gem. § 19 EStG mit ein.[198]

Die Einräumung eines nicht übertragbaren und damit nicht verkehrsfähigen Optionsrechtes ist nach bisheriger Auffassung[199] lediglich eine Chance[200, 201] auf den Erwerb von Vermögen und noch kein Arbeitslohn.[202] Dieser entsteht erst bei

---

[189] Ebenso: *Schmidt/Heinicke*, EStG § 11, Rz. 30.

[190] BMF-Schreiben v. 28.8.1998, IV B 6 – S 2332 – 29/98, NWB, Fach 1, S. 318; Koordinierter Ländererlass v. 19.5.1971; sowie: FinMin. Bremen v. 1.6.1971, S 2334 – 1 – St 41; FinMin. Bayern v. 19. 5. 1971 - S 2340 -16/3-23 479; praktisch gleichlautend: FinMin. Hessen v. 2. 6. 1971 - S 2232 A-32-II B 21, INF 1971, 510.

[191] Zur Problematik der Bewertung siehe: *Schild* in Haarmann u.a., StbJb 1998/99, 545, 595 ff.

[192] Offen allerdings im BFH-Urteil v. 20.6.2001, DStR 2001, 1341 ff.

[193] *Eschbach*, DStR 1999, 1869; *Dautel*, INF 1999, 368, 369; a.A.: *Herzig/Lochmann*, DB 2001, 1436, 1437.

[194] OFD Berlin v. 25.3.1999, DB 1999, 1241.

[195] Dazu ausführlich: *Herzig/Lochmann*, DB 2001, 1436, 1440.

[196] *Schmidt/Weber-Grellet*, EStG, § 17 Rz. 50 „Ankaufsrecht"; *Knoll*, DStZ 1999, 242, 243; *Hoffmann*, DStR 2001, 1789, 1790.

[197] Ähnlich: *Ettinger*, Stock Options, S. 141.

[198] *Portner*, DB 2002, 235.; ergänzend: *Simons/Knoll/Portner*, DB 2002, 2070 ff.

[199] *Eschbach*, BB 1999, 2484, 2485.; a.A. *Eckert*, DB 1999, 2490 und *Kroschel*, BB 2000, 176, die den Vergleich zu einem "Los" für nicht richtig halten.

[200] So zuletzt: BFH-Urteil v. 24.1.2001, BStBl. II 2001, 509 ff. m.w.N.

[201] Zu Beispielen und Kritik: *Peltzer*, AG 1996, 307, 314; *Thomas*, DStZ 1999, 710, 713; *Hoffmann*, DStR 2001, 1789, 1791; *Hagen*, FR 2001, 726.

[202] *Fox/Hüttche/Lechner*, GmbHR 2000, 521, 533.

Ausübung des Optionsrechtes im Rahmen der Zuflussbesteuerung nach § 11 EStG, da erst dann eine rechtlich gesicherte Position existiert.[203] Dies wurde auch in der aktuellsten Rechtsprechung des BFH[204] wiederum bestätigt. Demzufolge kommt es bei der Einräumung eines nicht handelbaren Optionsrechts – bei unentgeltlicher Überlassung[205] – erst im Zeitpunkt der Ausübung gem. der §§ 19, 19a EStG zur Besteuerung eines geldwerten Vorteils.[206, 207] Nicht entscheidend ist der Zeitpunkt des Wegfalls der Verfügungsbeschränkungen.[208]

Ein Veräußerungsgewinn im Rahmen des § 17 EStG kann bei nicht handelbaren Stock Options demnach nicht entstehen, da ein etwaiger Vermögenszuwachs bereits gem. der §§ 19, 19a EStG der Endbesteuerung unterliegt. Inwieweit solche Optionsrechte trotzdem als ähnliche Anwartschaft i.S.v. § 17 Abs. 1 S. 3 EStG zu qualifizieren sind, wird an späterer Stelle analysiert und geklärt. Darüber hinaus kann nur noch die Weiterveräußerung der verbilligt erworbenen Aktien einer erneuten Besteuerung unterliegen, falls diese innerhalb der einjährigen Spekulationsfrist des § 23 EStG erfolgt[209] oder eine „wesentliche Beteiligung" i.S.v. § 17 EStG erworben wird.

b) Handelbare Stock Options

Anders ist die Rechtslage, wenn es sich um in Optionsscheinen verbriefte, d.h. handelbare Stock Options handelt. Die Mitarbeiter können über die ihnen eingeräumten Aktienoptionen grundsätzlich – soweit keine Verfügungsbeschränkungen bestehen – frei verfügen, d.h. sie können sie also einlösen, veräußern, verschenken, vererben oder verfallen lassen.[210] Einem derartigen abstrakten, übertragbaren Optionsrecht lässt sich, auch wenn es nicht an der deutschen Terminbörse (ehemals DTB; jetzt EUREX) gehandelt wird, ein selbständiger Wert zuordnen.[211] Auch als handelbar werden Stock Options betrachtet, die nur auf einem „unternehmensinternen" Markt (unter Arbeitnehmern) gehandelt werden.[212]

Ein sofortiger Vermögenszufluss ist daher dann anzunehmen, wenn der Berechtigte völlig frei und ohne vorausgehende Erfüllung weiterer Bedingungen durch eine

---

203 *Thomas*, DStZ 1999, 710, 714.

204 BFH-Urteil v. 20.6.2001, DStR 2001, 1341 ff. m.w.N.

205 Zur "teilentgeltlichen Überlassung" siehe: *Kau/Leverenz*, BB 1998, 2269, 2270; *Herzig* in Pellens (Hrsg.), Unternehmenswertorientierte Entlohnungssysteme, S. 161, 177.

206 Zu den genauen Tatbeständen von § 19a EStG siehe: *Portner/Bödefeld*, DStR 1995, 629, 630.

207 FG Köln v. 9.9.1998, EFG 1998, 1634; bestätigt durch: FG Rheinland-Pfalz v. 7.6.1999, DStRE 2000, 185; zuletzt: FG München v. 24.10.2001, DStRE 2002, 498 ff.

208 *Portner*, DStR 2001, 1331, 1332 m.w.N.

209 *Bredow*, DStR 1996, 2033, 2034.

210 *Einem, von* in Haarmann, Hemmelrath & Partner (Hrsg.), Gestaltung und Analyse in der Rechts-, Wirtschafts- und Steuerberatung von Unternehmen, S. 389, 395.

211 *Feddersen*, ZHR 161 (1997), 269, 275.

212 *Schild/Ege* in Haarmann u.a., StbJb 1998/99, 545, 606 f; *Ettinger*, Stock Options, S. 124.

Übertragung unter Lebenden und von Todes wegen über das ihm eingeräumte Recht verfügen kann.[213] Dies entspricht der einhelligen Meinung in der Kommentarliteratur[214], die den sofortigen Zufluss von Arbeitslohn annimmt, wenn das Optionsrecht ein verkehrsfähiges Wirtschaftsgut ist[215], bzw. sie akzeptiert Arbeitslohn im Zeitpunkt der Ausgabe der Option, wenn der Arbeitnehmer die Option selbst veräußern kann.[216] *Schild*[217] spricht sogar von einer prinzipiellen „Gleichheit" von Aktien und Optionen, sofern sie übertragbar sind, wobei diese Sichtweise bis dato so nicht akzeptiert wurde.

Im Zeitpunkt der Gewährung der Option müsste die Differenz zwischen dem Marktwert (Börsenkurs)[218] und dem bezahlten, niedrigeren Kaufpreis (eventuell Euro 0 bei unentgeltlicher Einräumung) als geldwerter Vorteil der Besteuerung im Rahmen von § 19 EStG unterliegen.[219] Allerdings ist die steuerliche Bemessungsgrundlage nicht abschließend geklärt[220], wobei aber von einer „Fair-Value-Bewertung" ausgegangen wird.[221] Eine nachfolgend realisierte Wertsteigerung der Option gehört in den Bereich der privaten Vermögenssphäre. Eine weitere einkommensteuerliche Erfassung des Vermögenszuwachses käme dann nur noch im Rahmen der Veräußerung der Option bzw. Aktie innerhalb der Spekulationsfrist gem. § 23 EStG in Betracht.[222] Danach wären sie nur noch im Falle einer „wesentlichen Beteiligung" nach § 17 EStG steuerpflichtig. Eine weitere lohnsteuerliche Erfassung entfällt.[223]

---

213 *Einem, von* in Haarmann, Hemmelrath & Partner (Hrsg.), Gestaltung und Analyse in der Rechts-, Wirtschafts- und Steuerberatung von Unternehmen, S. 389, 399; kritisch: *Thomas*, DStZ 1999, 710, 713.

214 Blümich, EStG, § 19 Rn. 280 „Ankaufsrecht"; *Giloy* in Kirchhof/Söhn, EStG, RZ. B1000.

215 Kritisch wegen Zuflussprinzip: *Herzig/Lochmann*, DB 2001, 1436, 1439 m.w.N.

216 So auch: *Haas/Pötschan*, DB 1998, 2138, 2139; *Kramarsch*, Aktienbasierte Managementvergütung, S. 72; *Dautel*, INF 1999, 368, 369; *Eisolt/Wickinger*, BB 2001, 122, 123; *Herzig/Lochmann*, DB 2001, 1436, 1439 mit Bezugnahme auf die dazu offenen Urteile des BFH; ebenso: *Portner*, DStR 2001, 1331.

217 *Schild* in Haarmann u.a., StbJb 1998/99, 545, 600.

218 Zur Bewertungsproblematik siehe: *Baums* in Festschrift für Carsten Peter Claussen, S. 3, 7; *Knoll*, StuW 1998, 133, 135; *Haas/Pötschan*, DB 1998, 2138, 2139 f.; *Weiß*, Aktienoptionspläne für Führungskräfte, 1999, S. 66 ff.; *Herzig*, DB 1999, 1, 5.

219 *Einem, von* in Haarmann, Hemmelrath & Partner (Hrsg.), Gestaltung und Analyse in der Rechts-, Wirtschafts- und Steuerberatung von Unternehmen, S. 389, 400; *ders.* in Haarmann u.a., StbJb 1998/99, 545, 569; *Portner*, DB 2002, 235.

220 *Portner*, DStR 2001, 1331.

221 *Simons/Knoll/Portner*, DB 2002, 2070.

222 *Feddersen*, ZHR 161 (1997), 269, 276; *Herzig* in Pellens (Hrsg.), Unternehmenswertorientierte Entlohnungssysteme, S. 161, 179; *Knoll*, StuW 1998, 133; *Haas/Pötschan*, DB 1998, 2138, 2139; *Eschbach*, BB 1999, 2484, 2485; *Jacobs* in Dörner/Menold/Pfitzer (Hrsg.), Reform des Aktienrechts, der Rechnungslegung und Prüfung, S. 101, 119; so bereits für Belegschaftsaktien: *Crezelius*, BB 1981, 1589, 1592.

223 *Schild* in Haarmann u.a., StbJb 1998/99, 545, 592; *Herzig* in Pellens (Hrsg.), Unternehmenswertorientierte Entlohnungssysteme, S. 161, 178 f.; *Ettinger*, Stock Options, S. 140 f.

Nach Ansicht des FG Köln[224] würde ein etwaiger Veräußerungsgewinn bei der Ausübung des Optionsrechts steuerfrei bleiben, da er der privaten Vermögenssphäre des Arbeitgebers zuzurechnen sei. Genau an diesen Punkt muss angesetzt werden, wenn der Arbeitnehmer insgesamt an der Kapitalgesellschaft zu mindestens 1% beteiligt ist. Als Konsequenz aus der Anfangsbesteuerung folgt demnach, dass die spätere Optionsausübung bzw. Optionsveräußerung und ein dabei erzielter Gewinn als ein Vorgang im Privatvermögen des Mitarbeiters anzusehen ist. Daraus entstehende Vermögensvorteile hängen dann gerade nicht mehr ursächlich mit dem Arbeitsverhältnis zusammen und können demnach nicht als geldwerter Vorteil besteuert werden.[225] Darum kommt eine Besteuerung des Gewinns nur im Rahmen der §§ 17, 23 EStG in Betracht.[226]

Bei einer späteren Veräußerung der Optionsrechte wären weitere Wertsteigerungen möglich. Diese könnten, insoweit die weiteren Voraussetzungen des § 17 EStG erfüllt sind, dann als ähnliche Anwartschaft i.S.v. § 17 Abs. 1 S. 3 EStG zu einem steuerpflichtigen Veräußerungsgewinn führen. Ein erzielter Gewinn bei einer Beteiligung unter 1% müsste bei der Ausübung der Option allerdings steuerfrei bleiben, da er der privaten Vermögenssphäre des Arbeitnehmers zuzurechnen ist.[227] Dieser Möglichkeit wird weiter unten nachgegangen. Erwähnt werden muss allerdings noch, dass eine Anfangsbesteuerung zu erheblichen Nachteilen führen kann, wenn die Option nie ausgeübt wird. Dieser Fall könnte insbesondere bei einer Baisse an der Börse eintreten.[228]

2. Neuere Sichtweise von Literatur, Finanzverwaltung und Rechtsprechung

In jüngster Zeit mehren sich die Stimmen[229], die der Unterscheidung in handelbare und nicht handelbare Optionen kritisch gegenüber stehen.[230] Im Hinblick auf den stark ausgeweiteten Handel von Optionsrechten auch außerhalb der Börse, kann die bisherige Sichtweise der Rechtsprechung[231], dass der mit einem Aktienoptionsrecht gewährte Vermögensvorteil erst im Zeitpunkt der Ausübung realisiert wird, nicht

---

[224] FG Köln v. 9.9.1998, DStR 1999, 368, 370.

[225] *Portner/Bödefeld*, DStR 1995, 629, 634; *Einem, von* in Haarmann, Hemmelrath & Partner (Hrsg.), Gestaltung und Analyse in der Rechts-, Wirtschafts- und Steuerberatung von Unternehmen, S. 389, 400.

[226] Ähnlich: *Kau/Leverenz*, BB 1998, 2269, 2270, die nur § 23 EStG erwähnen.

[227] FG Köln v. 9.9.1998, EFG 1998, 1634, 1635 m.w.N.

[228] *Hoffmann*, DStR 2001, 1789 ff.; *Hagen*, FR 2001, 726, 728.

[229] *Portner/Bödefeld*, DStR 1995, 629 ff.; *Bredow*, DStR 1996, 2033, 2034; Pelzer, AG 1996, 307 ff.; Portner, DStR 1997, 786 ff.; Dies., 1876 ff.; *Kessler/Strnad*, BB 1999, 641, 647; *Isensee*, DStR 1999, 143, 146 f.; *Eckert*, DB 1999, 2490 ff.

[230] So: *Feddersen*, ZHR 161 (1997), 269, 279; *Herzig*, DB 1999, 1, 12; kritisch: BFH-Beschluß v. 23.7.1999, BStBl. II 1999, 684; ähnlich: *Fox/Hüttche/Lechner*, GmbHR 2000, 521, 533; nach wie vor der alten Sichtweise folgend: *Dautel*, BB 2000, 1757, 1762; *Hermann/Birkhan*, JbFSt 1999/2000, 703, 707 und 711.

[231] Zuletzt: BFH-Beschluß v. 23.7.1999, BStBl. II 1999, 684.

aufrecht erhalten werden.[232] Auch ist durch den Optionshandel („freie Verfügbarkeit") eine Bewertung der Option möglich.[233] Die Option ist der zugewendete und zu versteuernde Vermögenswert; sie hat einen Preis.[234] Dieser entsteht eben gerade nicht erst im Falle einer etwaigen späteren Ausübung.[235] Da Stock Options in der Regel nicht an der Börse gehandelt werden, bleibt letztlich nur die Schätzung des Optionspreises gem. R 31 Abs. 2 S. 7 LStR.[236] Eine solche Schätzung kann mit Hilfe von erprobten Optionsmodellen (z.B. Black-Scholes-Modell) ermittelt werden.[237] *Egner/Wildner*[238] machen hingegen eine sachgemäße Besteuerung von der konkreten Ausgestaltung der Ausübungs- und Veräußerungsbedingungen abhängig.

Der BFH hat in seinem Urteil vom 23.7.1999[239] lediglich die Rechtsfolgen des Fehlens der Handelbarkeit von Optionen geklärt. Offen hingegen sind die Fragen bezüglich der Existenz sowie der Abgrenzung der Handelbarkeit.[240] Auch nicht verkehrsfähige Optionen sind bewertbar.[241] Damit fließt der Vorteil grundsätzlich schon im Zeitpunkt der Einräumung zu, so dass eine sofortige Besteuerung in Betracht kommt.[242] *Bredow*[243] führt aus, dass die Handel- und die Bewertbarkeit von Optionen nicht von irgendwelchen Wartefristen abhängen. Es sollte vielmehr dem Mitarbeiter ein Wahlrecht zwischen der Besteuerung der ersparten Optionsprämie im Einräumungszeitpunkt und der Besteuerung des Ausübungsvorteils gewährt werden. Weiter geht auch die Auffassung von *Portner/Bödefeld*[244], welche eine Stock Option an sich, d.h. insbesondere unabhängig von etwaigen Verfügungsbeschränkungen, bereits als geldwertes Gut ansehen[245] und so immer für eine Anfangsversteuerung im Zeitpunkt der Einräumung der Option plädieren. Hierfür spricht, dass Optionen im Optionshandel ständig nach anerkannten Kriterien bewertet werden.

Grundsätzlich steht der sofortigen Besteuerung im Rahmen der Einräumung (Vermögenszufluss) demnach weder der Umstand im Wege, dass der Mitarbeiter verpflichtet ist, den Vorstand schriftlich über eine Veräußerung, Abtretung,

---

232 *Jacobs* in Dörner/Menold/Pfitzer (Hrsg.), Reform des Aktienrechts, der Rechnungslegung und Prüfung, S. 101, 120 ff.; *Eichstädt/Scharrer*, Capital 13/2000, 107, 117 mit Hinweis auf den Vorschlag einer Besteuerung der Gewinne bei Ausübung nur in halber Höhe.

233 *Kramarsch*, Aktienbasierte Managementvergütung, S. 74.

234 *Eisolt/Wickinger*, BB 2001, 122, 126 mit Bezug auf „Wandelschuldverschreibungen".

235 *Peltzer*, AG 1996, 307, 315; *Bredow*, DStR 1996, 2033, 2034; *Ettinger*, Stock Options, S. 126, mit Gestaltungsvariante „Zwischenschaltung einer Investmentbank".

236 *Egner/Wildner*, FR 2001, 62, 66.

237 *Hermann/Birkhan*, JbFSt 1999/2000, 703, 707 m.w.N.; *Eberhartinger/Engelsing*, Wpg 2001, 99, 102; *Hagen*, FR 2001, 726.

238 *Egner/Wildner*, FR 2001, 62 ff. m.w.N.

239 BStBl. II 1999, 684.

240 *Kessler/Strnad*, BB 1999, 641, 646.

241 *Eschbach*, BB 1999, 2484, 2485 m.w.N.

242 A.A.: FG Köln v. 9.9.1998, DStR 1999, 368, 370.

243 *Bredow*, Anmerkung zum Urteil v. FG Köln v. 9.9.1998, DStR 1999, 371.

244 *Portner/Bödefeld*, DStR 1995, 629, 635.

245 So auch: *Portner*, DB 2002, 235, 237.

Verpfändung oder sonstige Belastung von Optionsscheinrechten zu informieren, noch, dass die Gesellschaft ein Vorkaufsrecht hat oder eine Vereinbarung über ein entschädigungspflichtiges Sonderkündigungsrecht vereinbart wurde.[246] Die Besteuerung im Jahr der Einräumung führt zu wirtschaftlich sinnvollen und sachgerechten Ergebnissen.[247] Auch die zukünftige Änderung der Steuertarife oder das Absinken in eine niedrigere Progressionsstufe würden wirtschaftlich für eine Besteuerung im Zeitpunkt der Optionsausübung sprechen.

Hoffmann[248] kritisiert eine Abgrenzung bezüglich des Besteuerungszeitpunktes anhand einer möglichen vorhandenen Wertpapierkennnummer. Liegt eine solche vor, so soll die Besteuerung bei Begebung der Option erfolgen; falls nicht, erst im Zeitpunkt der Ausübung der Option.[249]

Nach Ansicht von *Kessler/Strnad*[250] kommt es lediglich auf die konkrete „liquide" Nutzbarkeit der Option an.[251] Diese ist wirtschaftlich zu bestimmen.[252] Die Handelbarkeit einer Option ist nur eines unter mehreren Unterkriterien. Ebenfalls nicht entscheidend ist das Kriterium der Wirtschaftsguteigenschaft.[253] Vorgeschlagen wird daher eine rechtliche Behandlung nach schweizerischem Vorbild[254], wobei in vielen europäischen Ländern eine Tendenz zur Anfangsbesteuerung besteht.[255] Diese Sichtweise wird von *Herzig/Lochmann*[256] kritisiert, da nach Ablauf der Sperrfrist zwar eine konkrete Verwertungsmöglichkeit besteht, diese allerdings einer aufschiebenden Bedingung, nämlich der tatsächlichen Ausübung, unterliegt. Somit ist zwar ein Wert bestimmbar, aber der Vorteil ist noch nicht liquide.[257]

I.E. ist weder der BFH-Meinung[258] mit der Besteuerung bei Optionsausübung[259], noch der vorherrschenden Literaturmeinung[260] mit der Besteuerung bei Optionsgewährung zu folgen. Vielmehr hat eine Besteuerung systematisch zu dem

---

[246] *Isensee*, DStR 1999, 143, 145; *Einem, von* in Haarmann, Hemmelrath & Partner (Hrsg.), Gestaltung und Analyse in der Rechts-, Wirtschafts- und Steuerberatung von Unternehmen, S. 389, 399.
[247] *Neyer*, BB 1999, 130, 133.
[248] DStR 2001, 1789, 1790.
[249] So: OFD Berlin v. 25.3.1999, DB 1999, 1241.
[250] *Kessler/Strnad*, BB 2000, 641, 647 mit Bezug auf die Schweiz auf den Seiten 643 f.
[251] Zustimmend: *Lampe/Strnad*, DStR 2000, 1117, 1121.
[252] Ebenso: *Isensee*, DStR 1999, 143, 145.
[253] BFH-Urteil v. 23.7.1999, DStR 1999, 1524, 1525.
[254] *Aha*, BB 1997, 2225, 2228.
[255] *Hermann/Birkhan*, JbFSt 1999/2000, 703, 714 ff.; *Eisolt/Wickinger*, BB 2001, 122, 127 mit Bezug auf "Wandelschuldverschreibungen".
[256] *Herzig/Lochmann*, DB 2001, 1436, 1438.
[257] Ebenso: *Portner*, DB 2002, 235 mit Bezug auf die Rechtsprechung.
[258] Zuletzt: BFH-Urteile v. 23.7.1999, BStBl. II 1999, 684 und BFH-Urteil v. 20.6.2001, DStR 2001, 1341 ff.
[259] So auch zuletzt auch: *Pump*, StBp 2002, 51; *Portner*, DB 2002, 235.
[260] *Portner/Bödefeld*, DStR 1995, 629; *Peltzer*, AG 1996, 307; *Portner*, DStR 1997, 786; *Neyer*, BB 1999, 130; a.A.: *Feddersen*, ZHR 161 (1997), 269; *Haas/Pötschan*, DB 1998, 2138.

Zeitpunkt zu erfolgen, in dem die wirtschaftliche Verfügungsmacht[261] über den Vermögensvorteil erlangt wurde[262] (erstmalige Ausübungsmöglichkeit)[263], denn nur so kann dem Zuflussprinzip gem. § 11 EStG Rechnung getragen werden.[264] Das Bundesministerium für Wirtschaft hat darum in einer Initiative vorgeschlagen, dem Arbeitnehmer ein Wahlrecht einzuräumen.[265] *Knoll*[266] geht davon aus, dass es für den BFH schwierig wird einen „Königsweg“ zu finden.

3. Eigene Sichtweise

M.M.n. ist auf den Zuflusszeitpunkt gem. § 11 EStG und nicht auf eine Wirtschaftsguteigenschaft bzw. eine Handelbarkeit der Stock Options abzustellen. Ab dem Zufluss besteht für den Arbeitnehmer eine konkrete Nutzungsmöglichkeit, die er grundsätzlich nach eigenem Willen verwerten kann. Inwieweit Verfügungsbeschränkungen diese Nutzungsmöglichkeit einschränken, ist im Einzelfall zu prüfen. Der Zufluss nach Ablauf der Beschränkungen richtet sich wiederum danach, ob die Option konkret genutzt werden kann. M.E. hat generell eine Besteuerung nach § 19 EStG im Zeitpunkt der Einräumung der Option zu erfolgen.

Der Ansicht, dass es sich nicht um Einkünfte aus nichtselbständiger Arbeit, sondern um sonstige Einkünfte gem. § 22 Nr. 3 EStG handelt, kann nicht gefolgt werden, da ein direkter Bezug zwischen Option und Arbeitsverhältnis hergestellt werden kann. Auch der Einwand des FG Köln[267], dass der Arbeitnehmer die Steuerlast bei Einräumung der Option nicht tragen könne, wird durch den Aspekt des Zuflusses korrigiert, da ab diesem Zeitpunkt der Optionsinhaber die Option verwerten kann.

I.E. kann es bei einer Anfangsbesteuerung zu weiteren steuerpflichtigen Veräußerungsgewinnen kommen, wobei insbesondere die §§ 17, 23 EStG in Betracht zu ziehen sind. Für diese Arbeit relevant und im folgenden weiter diskutiert ist allerdings nur eine mögliche Subsumtion der Stock Options unter § 17 EStG als ähnliche Anwartschaft i.S.v. § 17 Abs. 1 S. 3 EStG.

---

[261] So auch das BFH-Urteil v. 23.7.1999, DStR 1999, 1524, 1525, obwohl es eine Endbesteuerung befürwortet.

[262] *Kroschel*, BB 2000, 176, 181.

[263] *Hoffmann*, DStR 2001, 1789; *Hagen*, FR 2001, 726, 727 mit Kritik an den der BFH-Rechtsprechung; ebenso: *Herzig/Lochmann*, DB 2001, 1436, 1441.

[264] *Egner/Wildner*, FR 2001, 62, 65; *Watrin*, NWB Fach 6, 4245, 4247; *Herzig/Lochmann*, DB 2001, 1436.

[265] *Eisolt/Wickinger*, BB 2001, 122, 127 m.w.N.

[266] *Knoll*, IStR 2002, 325, 326.

[267] FG Köln v. 9.9.1998, EFG 1998, 1634.

III. Qualifikation als „ähnliche Anwartschaft"

1. Sichtweise von Literatur, Finanzverwaltung und Rechtsprechung

An die Frage des Besteuerungszeitpunkts schließen sich verschiedene Folgeprobleme an. Zum einen ist dies die Frage, ob sich der steuerpflichtige Mitarbeiter auf die Tarifbegünstigung des § 34 EStG berufen kann[268], zum anderen die Beurteilung des Spezialfalls einer in Abfindungs- bzw. Entschädigungsvereinbarungen getroffenen Regelung über Stock Options. Zudem muss die in Betracht kommende Anschlussbesteuerung gem. der §§ 17 und 23 EStG betrachtet werden.[269]

Liegen die Optionen in einem Betriebsvermögen, so sind jegliche realisierten Kursgewinne bzw. -verluste steuerwirksam.[270] Offen ist hingegen, ob die Veräußerung von „wesentlichen"[271] im Privatvermögen gehaltenen Stock Options zu steuerpflichtigen Einkünften nach § 17 EStG führen kann und ob die Stock Options bei der Ermittlung der Beteiligungshöhe mit einzubeziehen sind.[272] Die Literatur[273] übersieht dies zumeist und verweist nur auf die Ausnahmevorschrift des § 23 EStG.[274]

Folgt man dieser Betrachtungsweise, so könnte auch ein steuerpflichtiger Veräußerungsgewinn nach § 17 EStG vorliegen, wenn die Tatbestandsmerkmale des § 17 EStG erfüllt sind. Insbesondere müsste der Arbeitnehmer eine „wesentliche Beteiligung" von mindestens 1% am Nominalkapital der Kapitalgesellschaft besitzen. Ob Stock Options selbst allerdings eine „wesentliche Beteiligung" begründen können, ist fraglich.[275] Da es sich bei Stock Options nicht um eine direkte Form der Beteiligung an einer AG in Form von Aktien handelt, könnte es sich hierbei nur um eine den Aktien ähnliche Beteiligung handeln. Möglich ist daher ebenfalls, dass der Steuerpflichtige wesentlich im Sinne von § 17 EStG beteiligt ist und alle Veräußerungen der Beteiligung steuerpflichtig sind.[276]

Nach Auffassung von *Züll*[277] hat ein Inhaber einer Anwartschaft die Möglichkeit, die Übereignung eines Anteils zu verlangen. Er kann ebenfalls kraft dieser Rechtsposition bereits jetzt an der Entwicklung des Werts der Beteiligung teilhaben.

---

[268] *Knoll*, IStR 2002, 325, 326.

[269] *Ettinger*, Stock Options, S. 129; *Herzig*, DB 1999, 1, 5.

[270] *Knoll*, StuW 1998, 133, 137; *Egner/Wildner*, FR 2001, 62, 69.

[271] „Wesentlich" i.S.v. § 17 EStG heißt in diesem Fall zu mindestens an 1% des Optionskapitals beteiligt.

[272] Explizit offen gelassen bei: *Egner/Wildner*, FR 2001, 62, 71.

[273] Für alle: *Knoll*, DStZ 1999, 242, 243 m.w.N.

[274] *Herzig/Lochmann*, DB 2001, 1436, 1438; nicht so: *Ettinger*, Stock Options, S. 143.

[275] Indirekt verneinend: *Strahl* in Korn/Carlé/Stahl/Strahl, EStG, § 17 Rz. 34 und 42.

[276] *Herzig* in Pellens (Hrsg.), Unternehmenswertorientierte Entlohnungssysteme, S. 161, 179 in Fußnote 79.

[277] *Züll*, Die Einkommensteuer bei der Veräußerung wesentlicher Beteiligungen, S. 43 f.

Diese Tatbestandsmerkmale treffen auch auf Stock Options zu, so dass sie durchaus als ähnliche Anwartschaft i.S.v. § 17 Abs. 1 S. 3 EStG qualifiziert werden könnten. Auch die Sichtweise *Eblings*[278] trifft zu, der behauptet, dass sich der Anspruch auf den Erwerb des Vollrechts bezieht; womit die Anwartschaft lediglich eine Vorstufe zu diesem Vollrecht darstellt.

Diese Sichtweise verneint *Boochs*[279], denn nach seiner Auffassung gehören die schuldrechlichen Ansprüche gegen einen Gesellschafter auf Übertragung von Anteilen in Form eines bindenden Kaufangebotes, eines Vorkaufsrechts oder einer Verpflichtung zu einer gemeinsamen Verfügung über die Anteile nicht zu den Anwartschaften.

Stock Options belohnen die „Arbeit" eines Mitarbeiters in zwei Zeiträumen und eben gerade nicht nur vor der Zuteilung oder zwischen Zuteilung und Ausübung.[280] Aufgrund der Tatsache, dass das Bezugsrecht nach der Zuteilung grundsätzlich nicht mehr verloren geht, korrespondiert sein Wert zu diesem Zeitpunkt mit der Vergütung für die bis spätestens zu diesem Zeitpunkt geleistete Arbeit. Die „Mehrleistungen" hingegen schlagen sich ceteris paribus in einer Überperformance der Aktie und einem entsprechend höheren Wert des zugeteilten Rechts nieder.[281] Auch nach der Auffassung von *Bredow*[282] besitzen Stock Options eher eine Zukunftskomponente, als dass sie eine zusätzliche Vergütung für vergangene Leistung darstellen.[283] Diesem Aspekt wird durch die ermäßigte Besteuerung gem. § 34 Abs. 3 EStG Rechnung getragen.[284] Wirtschaftlich ist daher der Vermögenszuwachs dem Zeitraum zwischen Optionsgewährung und Optionsausübung zuzuordnen.[285] Darum erhalten die Optionen ihren Wertzuwachs erst nach Einräumung, was wiederum zu Wertsteigerungen im Privatvermögen führt. So argumentiert auch der BFH[286], der von einer zusätzlichen "Erfolgsmotivation für die Zukunft" spricht.

Genau diese Wertsteigerungen will § 17 EStG erfassen, wenn eine „wesentliche Beteiligung" vorhanden ist. Somit wird die Möglichkeit einer Besteuerung nach § 17 EStG eröffnet. Bei der Veräußerung von Optionsscheinen kommt es allerdings nur dann zu einem steuerpflichtigen Veräußerungsgewinn nach § 17 EStG, wenn der Veräußerer schon vor dem Verkauf „wesentlich" an der Kapitalgesellschaft beteiligt war. Liegt hingegen eine unwesentliche Beteiligung vor, so begründen die Optionsscheine keine ähnliche Anwartschaft i.S.d. § 17 Abs. 1 S. 3 EStG. Die unwesentliche Beteiligung wird somit nicht zu einer „wesentlichen Beteiligung" und

[278] *Ebling* in Blümich, EStG, § 17 Rz. 77.
[279] *Boochs* in Dankmeyer/Giloy, EStG, § 17 Rz. 55.
[280] Ähnlich: *Knoll*, DStZ 1999, 242, 245; offen bei: *Portner*, DStR 2001, 1331, 1336 m.w.N.
[281] *Knoll*, DStZ 1999, 242, 243.
[282] *Bredow*, Anmerkung zum Urteil v. FG Köln v. 9.9.1998, DStR 1999, 371, 372.
[283] *Simons/Knoll/Portner*, DB 2002, 2070, 2071.
[284] FG Rheinland Pfalz v. 7.6.1999, DStRE 2000, 185, 186 m.w.N.
[285] *Hagen*, FR 2001, 726, 728.
[286] BFH-Urteil v. 24.1.2001, BStBl. II 2001, 509 ff.

ein etwaiger Veräußerungsgewinn wäre steuerfrei. Eine andere Sichtweise vertritt *Züll*[287], der den verbindlichen Anspruch auf die Übertragung einer Beteiligung (entspricht der Stock Option als Anwartschaft) schon als mittelbare Beteiligung des Steuerpflichtigen innerhalb der „wesentlichen Beteiligung" berücksichtigen möchte.

Auch aufgrund der Tatsache, dass Stock Options Bezugsrechte auf Aktien darstellen[288], können sie unter den Begriff der Anwartschaften i.S.v. § 17 Abs. 1 S. 3 EStG subsumiert werden.[289] War eine Subsumtion unter § 17 EStG aufgrund der „Wesentlichkeitsgrenze" von 25% bzw. ab 1999 von 10% wohl noch selten, so könnte sich dies bei der heutigen „Wesentlichkeitsgrenze" von einem Prozent durchaus ändern.[290] Bisher war eine ähnliche Anwartschaft i.S.v. § 17 Abs. 1 S. 3 EStG nur bei kleinen Aktiengesellschaften oder in Management-Buy-Out-Strukturen[291] denkbar.[292]

Mit Blick über die Grenze muss festgestellt werden, dass gerade in den USA durch eine stringent durchgeführte Anfangsbesteuerung der Optionsprämie und einer ergänzenden Veräußerungsgewinnbesteuerung eine vollständige Erfassung der Vermögensmehrung aufgrund eines vollständigen Einkommensbegriffs möglich ist.[293]

2. Eigene Sichtweise

Um eine ähnliche Beteiligung i.S.v. § 17 Abs. 1 S. 3 EStG zu begründen, müssten Stock Options in den wesentlichen Merkmalen mit einem GmbH-Anteil, einer Aktie, einem Genussrecht oder einer Anwartschaft i.S.d. § 17 Abs. 1 S. 3 EStG übereinstimmen.[294] Genau wie bei der steuerlichen Beurteilung von „normalen" Optionen im Rahmen des § 17 EStG sind auch bei Stock Options andere Abgrenzungsmerkmale – als die Beteiligung am Nominalkapital – heranzuziehen. Bei der Veräußerung von Stock Options könnte eine ähnliche Beteiligung i.S.v. § 17 Abs. 1 S. 3 EStG nur vorliegen, wenn sie unter die „ähnlichen Anwartschaften" fallen.

---

[287] *Züll*, Die Einkommensteuer bei der Veräußerung wesentlicher Beteiligungen, S. 54.

[288] *Kleindiek/Krempl* in Haarmann u.a., StbJb 1998/99, 545, 575; *Ettinger*, Stock Options, S. 143 f.

[289] Ähnlich: *Schneider* in Kirchhof/Söhn, EStG, § 17 Rdnr. B300 mit der Verweisung von Optionsschein auf Optionsanleihe; a.A.: *Hörger* in *Littmann/Bitz/Pust*, EStG, § 17, RZ. 13; *Gosch* in Kirchhof, EStG § 17, Rn. 43.

[290] Durch das StSenkG erfolgt eine weitere Absenkung der Wesentlichkeitsschwelle auf mindestens 1 v.H.

[291] Die angestellten Manager des Unternehmens kaufen das eigene Unternehmen durch Anteilskauf auf.

[292] *Ettinger*, Stock Options, S. 143.

[293] Ausführlich dazu: *Egner/Wildner*, FR 2001, 62, 72; ähnlich: *Kanzler*, FR 2000, 1245, 1247.

[294] *Kleindiek/Krempl* in Haarmann u.a., StbJb 1998/99, 545, 575.

M.E. sind Stock Options grundsätzlich als „ähnliche Anwartschaft" i.S.v. § 17 Abs. 1 S. 3 EStG zu qualifizieren, da sie im Normalfall eine stark gesicherte rechtliche Position garantieren, durch die der Optionsinhaber – ohne weitreichende Einschränkungen des Optionsgewährenden – in der Lage ist, eine unmittelbare Beteiligung zu erwerben. Der Stillhalter muss die Aktien bzw. GmbH-Anteile jeder Zeit beschaffen können. Bestehen zudem keine Verfügungsbeschränkungen über das Optionsrecht und ist der Optionsinhaber frei in der Entscheidung, ob er die Option ausüben oder veräußern möchte, so kann dies wohl als eine ausreichend gesicherte Position betrachtet werden.[295] Die explizite Erwähnung der Anwartschaften in § 17 Abs. 1 S. 3 EStG begründet damit die steuerliche Erfassung von Stock Options unter dieser Vorschrift. I.E. sind Stock Options somit unter die ähnlichen Anwartschaften des § 17 Abs. 1 S. 3 EStG zu subsumieren, da es sich letztendlich um Bezugsrechte auf Anteile an der Kapitalgesellschaft handelt. Sie finden somit auch bei der Ermittlung der „Wesentlichkeitsgrenze" Berücksichtigung, da hierfür alle Anteilsarten gem. § 17 Abs. 1 S. 3 EStG zusammenzurechnen sind.[296]

Wertsteigerungen im Rahmen von Optionen werden durch § 17 EStG allerdings nur erfasst, wenn neben den Stock Options bereits eine „wesentliche Beteiligung" gem. § 17 EStG vorhanden ist. Demnach muss der h.M.[297] gefolgt werden, die Optionsrechte nur dann als ähnliche Anteile qualifizieren will, wenn daneben eine „wesentliche Beteiligung" existiert. Dies ist auch für Stock Options entscheidend, da sie selbst, genau wie „normale" Optionen, weder eine unmittelbare noch eine mittelbare Beteiligung am Kapital der Gesellschaft i.S.v. § 17 Abs. 1 S. 4 EStG repräsentieren, sondern lediglich auf eine solche zukünftige Beteiligung abzielen. I.E. sind Stock Options nicht alleine unter § 17 EStG subsumierbar.

Es ist ergänzend darauf hinzuweisen, dass im Falle des Verfallenlassens der Stock Options aufgrund einer negativen Kursentwicklung die Anfangsbesteuerung grundsätzlich zum Nachteil für den Arbeitnehmer wird, weil er Arbeitslohn versteuern musste, den er gar nicht erhalten hat. Dies ist grundsätzlich die Kehrseite der Medaille für die Steuerfreiheit der Veränderungen des Privatvermögens.[298] Ist der Arbeitnehmer allerdings wesentlich beteiligt, so kann er die Verluste aus dem Verfall der Stock Options im Rahmen des § 17 Abs. 2 S. 4 EStG geltend machen.

---

[295] So auch die restlichen Kommentarmeinungen: *Schmidt/Weber-Grellet*, EStG, § 17 Rz. 29; *Ebling* in Blümich, EStG, § 17 Rz. 79; *Jäschke* in Lademann/Söffing/Brockhoff, EStG, § 17 Rz. 74; *Morsbach* in Bordewin/Brandt, EStG, § 17 Rz. 39.

[296] Kritisch: *Ebling* in Blümich, EStG, § 17 Rz. 88.

[297] Für viele: *Hörger* in *Littmann/Bitz/Pust*, EStG, § 17 RZ. 22; *Schmidt/Weber-Grellet*, EStG, § 17 Rz. 29; ebenso: *Schweyer/Dannecker*, BB 1999, 1732, 1733.

[298] So: *Ettinger*, Stock Options, S. 145.

§ 7 Genussrechte als „ähnliche Anteile"

Die in § 17 Abs. 1 S. 3 EStG explizit geregelten Genussscheine stellen grundsätzlich einen Unterfall der ähnlichen Beteiligungen i.S.v. § 17 Abs. 1 S. 3 EStG dar. Genussscheine sind keine gesellschaftstypischen Mitgliedschaftsrechte, sondern allenfalls den Mitgliedschaftsrechten – wie Aktien oder GmbH-Anteilen – „ähnlich".[1] Grundsätzlich können aber nicht alle Genussscheine als ähnliche Beteiligung unter § 17 Abs. 1 S. 3 EStG subsumiert werden.[2] Es muss vielmehr eine einschränkende Auslegung dergestalt vorgenommen werden, dass unter § 17 EStG nur Genussscheine subsumiert werden können, die den Mitgliedschaftsrechten ähnlich sind.[3]

A. Zivilrechtliche Bestimmung

Bei Genussrechten handelt es sich um Gläubigerrechte mit Teilrechten[4], die üblicherweise nur den Eigentümern des ausgebenden Unternehmen zustehen.[5] Solche Teilrechte sind z.B. die Beteiligung am Liquidationserlös oder am Gewinn. Stimmrechte oder andere Mitverwaltungsrechte werden hingegen in der Regel nicht gewährt.[6] Die Genussscheine sind Wertpapiere und verbriefen die Genussrechte.[7] Genussrechte können in Form von Inhaber-, Namens- (bzw. Rekta-) oder Orderpapieren verbrieft werden.[8] Bei den meisten Genussscheinen wird die Verbriefung in Form von Inhaberpapieren vorgenommen, da sich diese relativ einfach durch Einigung und Übergabe übertragen lassen.[9]

In zivilrechtlicher Hinsicht fehlen Definitionen im HGB bzw. GmbHG.[10] Lediglich das AktG erwähnt den Begriff des Genussrechts. § 160 AktG fordert Angaben über ausgegebene Genussrechte in den Geschäftsbericht aufzunehmen. § 221 AktG regelt die Beteiligung an der Hauptversammlung und das Bezugsrecht der Aktionäre, falls Genussrechte ausgegeben worden sind.[11]

---

1 *Buyer*, DB 1988, 468, 471, mit Bezugnahme auf das verdeckte Nennkapital.

2 *Schmidt/Weber-Grellet*, EStG, § 17 Rz. 22.

3 *Frotscher*, EStG, § 17 Rn. 23a.

4 *Küting/Kessler*, BB 1994, 2103, 2110; *Schmidt/Weber-Grellet*, EStG, § 5 Rz. 550 „Genußrechte" und § 17 Rz. 22.

5 Dazu: *Dautel*, BB 2000, 1757, 1758 f.

6 *Rid-Niebler*, Genußrechte als Instrument zur Eigenkapitalbeschaffung über den organisierten Kapitalmarkt für die GmbH, S. 3; *Küting/Kessler*, BB 1994, 2103, 2110.

7 *Grill/Perczynski*, Wirtschaftslehre des Kreditwesens, S. 382; *Loritz*, DStR 2000, 77, 78.

8 *Pougin* in Festschrift für *Walter* Oppenhoff, 1985, S. 275, 278; *Zupancic*, Risikokapitalbeschaffung durch Genußscheine bei großen mittelständischen Unternehmen, 1989, S. 86 f.; *Angerer*, DStR 1994, 41, 42.

9 *Singer*, Genußscheine als Finanzierungsinstrument, 1991, S. 34.

10 *Sontheimer*, BB Beilage 19/1984 zu Heft 30/1984, 1; *Sarrazin*, StbJb 1985/86, 135, 144.

11 FG Köln v. 19.11.1991, EFG 1992, 684; ebenso: *Schmidt/Weber-Grellet*, EStG, § 17 Rz. 22.

Eine gesetzliche Definition von Genussrechten existiert demnach im deutschen Recht nicht.[12] Dennoch enthalten § 160 Abs. 6 und § 221 Abs. 3 und 4 AktG Vorschriften für Genussrechte.[13] Durch die Unbestimmtheit und die rechtliche bzw. wirtschaftliche Verwässerungsmöglichkeit der Genussrechte werfen sie sowohl im Zivil- als auch Steuerrecht zahlreiche Probleme auf.[14]

Die Erwähnung der Genussrechte – wenn auch nur im Aktienrecht – macht deutlich, dass ihre Ausgabe, neben den Anteilsrechten, zulässig ist.[15] In der Literatur[16] zum GmbH-Recht wird die Ausgabe von Genussrechten an einer GmbH trotz fehlender Regelungen als grundsätzlich für möglich erachtet. Der Gesetzgeber hat die Verankerung einer Definition bewusst nicht durchgeführt, um die Entwicklung am Markt nicht zu behindern.[17]

Fleck[18] weist daraufhin, dass Genussrechte ein schuldrechtliches Recht darstellen, das auf alle Vermögensrechte gerichtet sein kann, die auch Gegenstand eines Mitgliedschaftsrechts sein können. Dennoch gewähren Genussrechte keine Beteiligung, sondern stellen „nur" Forderungsrechte[19] dar.[20] Genussrechte sind keine gesellschaftsrechtlichen bzw. aktienrechtlichen Mitgliedschaftsrechte[21], denn ihnen fehlen wichtige Rechte wie das Stimm- oder das Anfechtungsrecht.[22] I.E. sind den Genussrechten Mitverwaltungsrechte wesensfremd[23] und es liegt eine

---

12 *Züll*, Die Einkommensteuer bei der Veräußerung wesentlicher Beteiligungen, S. 27; *Angerer*, DStR 1994, 41.

13 *Schwarze/Heuermann*, StBp 1983, 200, 202; *Pougin* in Festschrift für *Walter* Oppenhoff, S. 275; *Lutter*, DB 1993, 2441, 2442; *Lindberg*, Die Besteuerung der Kapitaleinkünfte, 1996, S. 67.

14 *Schneider* in Festschrift für Reinhard Goerdeler, 511, 530; *Singer*, Genußscheine als Finanzierungsinstrument, 18; *Zupancic*, Risikokapitalbeschaffung durch Genußscheine bei großen mittelständischen Unternehmen, S. 82 f., mit Hinweis auf die fehlende Definition auch im Steuerrecht.

15 *Sarrazin*, StbJb 1985/86, 135, 144.

16 *Hachenburg/Ulmer*, GmbHG, Rz. 14 ff.; so auch: *Bordt* in Wysocki/Schulze-Osterloh, Handbuch des Jahresabschlusses in Einzeldarstellungen, Band 2, Abt. III, Rz. 258.

17 *Sontheimer*, BB Beilage 19/1984 zu Heft 30/1984, 1 f.; *Schweitzer/Volpert*, BB 1994, 821, 826.

18 *Fleck* in *Crezelius* u.a., JbFSt 1985/86, 437, 440 ff.

19 *Haarmann* in Herzig (Hrsg.), Körperschaftsteuerguthaben bei grenzüberschreitenden Kooperationen, S. 71.

20 *Rid*, DStR 1995, 477, 478; *Ditges*, DStR 1986, 244; *Lindberg*, Die Besteuerung der Kapitaleinkünfte, S. 67; *Ettinger*, Stock Options, S. 10.

21 *Loritz*, DStR 2000, 77, 78; *Zupancic*, Risikokapitalbeschaffung durch Genußscheine bei großen mittelständischen Unternehmen, S. 84 ff.; *Einem, von* in Haarmann u.a., StbJb 1998/99, 545, 567.

22 *Sarrazin*, StbJb 1985/86, 135, 145; *Schneider* in Festschrift für Reinhard *Goerdeler*, 511, 519 m.w.N; *Bordt* in Wysocki/Schulze-Osterloh, Handbuch des Jahresabschlusses in Einzel darstellungen, Band 2, Abt. III, Rz. 256.

23 BFH-Urteil v. 4.7.1989, BStBl. II 1989, 927, 929; FG Köln v. 19.11.1991, EFG 1992, 684, 685; *Züll*, Die Einkommensteuer bei der Veräußerung wesentlicher Beteiligungen, S. 28.

Rechtsbeziehung der Kapitalgesellschaft wie mit fremden Dritten vor.[24] Zudem besteht kein Innenverhältnis wie bei Aktionären.[25] Der Genussberechtigte tritt gegenüber dem Emittenten immer als Dritter auf und nie als (Mit-) Gesellschafter.[26] Eine mitgliedschaftliche Stellung an einer Kapitalgesellschaft kann darum nur durch Aktien oder GmbH-Anteile, aber eben nicht durch Genussrechte erreicht werden.[27]

Das Begriffsmerkmal der in den Genussrechten enthaltenen Vermögensrechte darf nicht dahingehend verstanden werden, dass die im Genussschein verbrieften und gewährten Rechte genau so angelegt sind wie sie einem Aktionär eingeräumt werden müssten.[28] Dennoch handelt es sich um „Beteiligungsrechte", da sie eben ähnliche Rechte wie eine Beteiligung gewähren.[29]

Keinesfalls bezeichnet der „Nennbetrag des Genussrechts" einen ziffermäßigen Anteil am Nominalkapital der Gesellschaft, da die Kapitaleinlagen der Genussrechtberechtigten auch dann nicht zu einer Erhöhung des Grund- oder Stammkapital führen, wenn sie Eigenkapitalcharakter haben.[30]

Eine dogmatische Einordnung der Genussrechte gestaltet sich daher als schwierig, da sie sowohl aktientypische Eigenschaften als auch gläubigerrechtliche Züge aufweisen.[31] Aus diesem Grund soll das Genussrecht zunächst einmal mit anderen Formen der Beteiligung oder Finanzierung verglichen werden.[32]

---

[24] *Sontheimer*, BB Beilage 19/1984 zu Heft 30/1984, 1; *Rid-Niebler*, Genußrechte als Instrument zur Eigenkapitalbeschaffung über den organisierten Kapitalmarkt für die GmbH, S. 49; *Pougin* in Festschrift für *Walter* Oppenhoff, S. 275, 276.

[25] *Würdinger*, Aktien- und Konzernrecht, Hamburg 1973, S. 77 f.

[26] *Frantzen*, Genußscheine, 1993, S. 10 f. ; a.A.: *Würdinger*, Aktienrecht, S. 39 ff u. 77f.

[27] BGH-Urteil v. 5.10.1992, DB 1992, 2383, 2384.

[28] *Sontheimer*, BB Beilage 19/1984 zu Heft 30/1984, 2.

[29] BFH-Urteil v. 4.7.1989, BStBl. II 1989, 927, 930; ebenso: *Bula* in Haarmann, Hemmelrath & Partner (Hrsg.), Gestaltung und Analyse in der Rechts-, Wirtschafts- und Steuerberatung von Unternehmen, 1998, S. 121, 122, der von „Beteiligungskapital" spricht.

[30] *Rid-Niebler*, Genußrechte als Instrument zur Eigenkapitalbeschaffung über den organisierten Kapitalmarkt für die GmbH, S. 8.

[31] *Rid-Niebler*, Genußrechte als Instrument zur Eigenkapitalbeschaffung über den organisierten Kapitalmarkt für die GmbH, S. 11 m.w.N.

[32] Generell hierzu: *Rid-Niebler*, Genußrechte als Instrument zur Eigenkapitalbeschaffung über den organisierten Kapitalmarkt für die GmbH, S. 80 ff.

B. Vergleich mit verwandten, rechtlichen Gestaltungen[33]

Im Unterschied zum Genussrecht hat ein Vorzugsaktionär alle Verwaltungsrechte eines Aktionärs mit Ausnahme des Stimmrechts.[34] Des weiteren besteht ein Unterschied in der Verzinsung. Der Genussschein kann eine gewinnunabhängige Verzinsung enthalten, besitzt dafür aber nicht die Möglichkeit einer Vorabverzinsung vor den restlichen Aktionären.[35]

Gewinnschuldverschreibungen sind Obligationen, die zusätzlich zu einer festen Verzinsung einen Gewinnanspruch gewähren, der von der gezahlten Dividende abhängt[36] oder an den Bilanzgewinn gekoppelt ist. Eine Legaldefinition der Gewinnobligationen findet sich in § 43 Abs. 1 Nr. 2 EStG.[37] Die Grenze zwischen Genussschein und Gewinnschuldverschreibung ist nicht einfach zu ziehen. In der Literatur[38] wird der Genussschein zum Teil als Oberbegriff verwendet und die Gewinnschuldverschreibung daher als Unterart betrachtet.[39] Welcher Rechtscharakter im Einzelfall zutreffend sein wird, kommt auf die Ausgestaltungsmodalitäten zwischen Emittent und Gläubiger an.[40]

Die stille Gesellschaft wiederum repräsentiert eine Zweckgemeinschaft[41], wobei durchaus Mitgliedschaftsrechte eingeräumt werden können. Die Kontrollrechte des § 233 HGB verdeutlichen den Unterschied.[42] Beim Genussrechtsverhältnis fehlt es hingegen an der Absicht, eine Zweckgemeinschaft zu bilden.[43] Daneben soll auch an der Erreichung des Gesellschaftszwecks nicht mitgewirkt werden. Die Gesellschaftsziele sind dem Genussrechtsinhaber fremd und ohne Bedeutung. Das alleinige Ziel ist das Erreichen einer hohen Dividende.[44] Dennoch soll es auch Genussrechte mit „kooperationsrechtlichem Einschlag" geben, die der stillen Gesellschaft angenähert sind.[45] I.E. ist die dogmatische Einordnung des Genussrechts als stille Gesellschaft abzulehnen, denn die Annahme einer stillen

---

33 Dazu grundlegend: *Pougin* in Festschrift für *Walter* Oppenhoff, S. 275, 276 f.
34 *Schweitzer/Volpert*, BB 1994, 821, 823; *Bula* in Haarmann, Hemmelrath & Partner (Hrsg.), Gestaltung und Analyse in der Rechts-, Wirtschafts- und Steuerberatung von Unternehmen, S. 121; 122.
35 *Sontheimer*, BB Beilage 19/1984 zu Heft 30/1984, 2.
36 § 221 Abs. 1 AktG.
37 *Lindberg*, Die Besteuerung der Kapitaleinkünfte, S. 147.
38 *Ernst*, Der Genußschein im deutschen und schweizerischen Aktienrecht, 1963, S. 99; *Feddersen/Knauth*, Eigenkapitalbildung durch Genußscheine, S. 18 ff., *Lutter*, Kommentar zum AktG, § 221 Rz. 66.
39 *Lutter*, DB 1993, 2441.
40 *Ziebe*, DStR 1991, 1594.
41 Dazu: *Singer*, Genußscheine als Finanzierungsinstrument, S. 21.
42 *Sarrazin*, StbJb 1985/86, 135, 145; *Ziebe*, DStR 1991, 1594.
43 *Fox/Hüttche/Lechner*, GmbHR 2000, 521, 527 m.w.N.
44 *Feddersen/Knauth*, Eigenkapitalbildung durch Genußscheine, S. 19.
45 *Rid*, DStR 1995, 477, 478.

Gesellschaft bei Verlust- oder Gewinnteilnahme würde die Flexibilität des Genussrechts zu stark einschränken.[46]

Der Vergleich von Genussrechten und partiarischen Darlehen ergibt keine großen Unterschiede, denn beide verfolgen lediglich das Ziel einer Beteiligung am Gewinn und keine Zweckgemeinschaft. Im Vordergrund stehen die typischen Leistungen eines Darlehensgebers.[47] Ein partiarisches Darlehen vermittelt keine feste Verzinsung, sondern wie die Bezeichnung (Pars = Teil) bereits deutlich macht, einen Teil am wirtschaftlichen Erfolg des Unternehmens.[48] In der Beteiligung am Gewinn liegt aber auch genau der Unterschied zwischen den beiden. Zum einen könnte ein Genussrecht auch unentgeltlich gewährt werden, ohne dass es in seiner Rechtsnatur berührt wird, zum anderen können bei Genussrechten neben dem Gewinnanteil auch andere Vermögensrechte oder -pflichten, wie z.B. eine Beteiligung am Verlust, eingeräumt werden.[49] Räumt das zu begründende Rechtsverhältnis neben dem Gewinn noch weitere Rechte ein und sieht es insbesondere eine Beteiligung am Verlust der Gesellschaft vor, so spricht diese Tatsache für das Vorliegen eines Genussrechts.[50]

Die beschriebenen Abgrenzungen zu anderen Rechtsverhältnissen haben gezeigt, dass Genussrechte – je nach ihrer Ausgestaltung – theoretisch als partiarisches Darlehen oder als Gewinnobligation klassifiziert werden können. I.E. existieren genussrechtsähnliche Instrumente. Der Gesetzgeber sieht das Genussrecht als Beteiligungsform zwischen Aktie und Schuldverschreibung, wobei er auf eine ausdrückliche gesetzliche Definition verzichtet hat.[51] Das Genussrecht ist ein Vertrag sui generis, welcher auf ein Dauerschuldverhältnis angelegt ist.[52] Damit steht das Genussrecht zwischen Beteiligungs- und Gläubigerrecht und verknüpft die Ertragschance des Anteilspapiers mit der Sicherheit der Obligation.[53]

Das Genussscheinverhältnis stellt i.E. lediglich ein abstraktes Schuldversprechen i.S.d. § 780 BGB dar.[54] Dabei ist die Ausgabe von sog. Kapitalbeschaffungs-Genussscheinen oder sog. aktiengleichen Genussscheinen trotzdem zulässig.[55] Die Zulässigkeit von aktiengleichen Genussrechten stützt sich dabei auf die rechtsgeschäftliche Gestaltungsfreiheit von Genussrechten, welche durch die mangelnde gesetzliche Definition eröffnet wird. Die Ausgabe von Genussscheinen beeinträchtigt die bestehenden Beteiligungsverhältnisse nicht, d.h. die einfache oder qualifizierte Mehrheit oder die quotengleiche Beteiligung von Familienstämmen,

---

46 *Feddersen/Knauth*, Eigenkapitalbildung durch Genußscheine, S. 38; *Loritz*, DStR 2000, 77, 79.

47 A.A.: *Schwarze/Heuermann*, StBp 1983, 200, 202.

48 *Jestädt*, DStR 1993, 387, 389.

49 *Feddersen/Knauth*, Eigenkapitalbildung durch Genußscheine, S. 18.

50 *Ziebe*, DStR 1991, 1594, 1595.

51 Generell dazu: *Pougin*, Genußrechte, 1987, S. 4 f.; *Ziebe*, DStR 1991, 1594.

52 *Pougin* in Festschrift für Walter Oppenhoff, S. 275, 277; *Loritz*, DStR 2000, 77, 79.

53 *Pougin* in Festschrift für Walter Oppenhoff, S. 275.

54 *Schneider* in Festschrift für Reinhard *Goerdeler*, 511, 513.

55 *Frantzen*, Genußscheine, S. 292 m.w.N.

kann erhalten bleiben.[56] I.E. bleibt festzuhalten, dass die Ausgabe von aktiengleichen Genussrechten grundsätzlich zulässig ist.[57]

C. Qualifikation der Genussrechte als Eigen- oder Fremdkapital

I. Handelsbilanz

Das Genussrechtskapital, welches „Quasi-Eigenkapital" darstellt[58], wird dem Unternehmen als Fremdkapital zugeführt, wobei die Mittel in materieller Hinsicht, d.h. ihrer Funktion nach, dem Eigenkapital vergleichbar oder diesem zumindest ähnlich sind.[59] Sollen Genussrechte zum Zwecke der Eigenkapitalbeschaffung ausgegeben werden, so setzt dies voraus, dass das Kapital der Gesellschaft auf schuldrechtlicher Basis in einer Weise überlassen wird, die dem gesellschaftlichen Eigenkapital in wesentlichen Merkmalen entspricht.[60]

Nach dem HFA-Beschluß[61] und der HFA-Stellungnahme[62] darf Genusskapital nur dann als Eigenkapital ausgewiesen werden, wenn ein vertraglicher Ausschluss eines Rückforderungsanspruchs des Gläubigers vor dem Konkurs- bzw. Liquidationsfall vorliegt.[63, 64] Des weiteren darf die Rückzahlung erst nach Befriedigung aller anderen Gläubiger erfolgen und die Erfolgsabhängigkeit der Vergütung sowie die Teilnahme am Verlust bis zur vollen Höhe muss vereinbart worden sein.[65] Die Stellungnahme des HFA regelt allerdings nur die Bilanzierungsfragen von entgeltlich gewährten Genussrechten und nicht die Bilanzierung von unentgeltlichen Genussrechten, die zum Zwecke des Kapitalersatzes, wie z.B. bei Sanierungsmaßnahmen, ohne Mittelzufluss ausgegeben wurden.[66]

---

56 *Pougin* in Festschrift für Walter Oppenhoff, S. 275, 287.

57 *Hammen*, DB 1988 2549, 2553.

58 *Bordt* in Wysocki/Schulze-Osterloh, Handbuch des Jahresabschlusses in Einzeldarstellungen, Band 2, Abt. III, Rz. 249 ff.

59 *Küting/Kessler*, BB 1994, 2103, 2104 ff.; *Wengel*, DStR 2000, 395.

60 *Rid-Niebler*, Genußrechte als Instrument zur Eigenkapitalbeschaffung über den organisierten Kapitalmarkt für die GmbH, S. 87 f.

61 HFA-Beschluß, Wpg 1993, 446 ff.

62 HFA-Stellungnahme 1/1994, Wpg 1994, 419 ff.; dazu auch: *Küting/Kessler*, BB 1994, 2103, 2111 ff.

63 Erläuterungen zur HFA-Stellungnahme: *Bordt* in Wysocki/Schulze-Osterloh, Handbuch des Jahres-abschlusses in Einzeldarstellungen, Band 2, Abt. III, Rz. 303 ff.; *Küting*, BB 1996, Beilage 4, 5.

64 Zur Bilanzierungspraxis vor dem HFA-Beschluß: *Singer*, Genußscheine als Finanzierungs-instrument, S. 94 ff.; ebenso: *Bula* in Haarmann, Hemmelrath & Partner (Hrsg.), Gestaltung und Analyse in der Rechts-, Wirtschafts- und Steuerberatung von Unternehmen, S. 121.

65 *Ziebe*, DStR 1991, 1594, 1597; *Singer*, Genußscheine als Finanzierungsinstrument, S. 34; *Fox/Hüttche/Lechner*, GmbHR 2000, 521, 528.

66 *Bordt* in Wysocki/Schulze-Osterloh, Handbuch des Jahresabschlusses in Einzeldarstellungen, Band 2, Abt. III, Rz. 267.

Das Genussrechtskapital hat dann den Charakter von Eigenkapital, wenn es dem Unternehmen dauerhaft oder zu mindestens für einen gewissen Zeitraum zur Verfügung steht.[67] Die Möglichkeit der Kündigung oder des Abzugs muss verhindert werden können. Zudem muss dem Genussrechtsinhaber ein Recht am Liquidationserlös zustehen[68] und das Schicksal des Kapitals muss vom Unternehmen unmittelbar abhängen und damit untrennbar verbunden sein.[69]

Abb. 6: „Ausstattungsmöglichkeiten der Genussrechte gem. HFA 1/1994"[70]

Beurteilung der bilanzpolitischen Kapitalqualität unter Berücksichtigung der Ausgestaltungskriterien des Genussrechtsvertrags			
Kriterien der HFA-Stellungnahme 1/1994			Bilanzanalytisches Beurteilungsergebnis
Längerfristigkeit	Erfolgsabhängigkeit und Verlustteilnahme	Nachrangigkeit	
Ja	Ja	Ja	Eigenkapital
Ja	Ja	Nein	Eigenkapital
Ja	Nein	Ja	Fremdkapital
Nein	Ja	Ja	Fremdkapital
Nein	Nein	Nein	Fremdkapital
Nein	Nein	Ja	Fremdkapital
Ja	Nein	Nein	Fremdkapital
Nein	Ja	Nein	Fremdkapital

Im Ergebnis ist das Kriterium der Nachrangigkeit für den Bilanzausweis des Genussrechtskapitals unerheblich. Entscheidend allerdings sind die Längerfristigkeit der Kapitalüberlassung und die Verlustteilnahme, da sie eine Haftungs- und Garantiefunktion übernehmen. Beim Kriterium der Erfolgsbeteiligung ist darauf zu achten, dass die Gesellschaft nur Ausschüttungen vornimmt, die keinen Haftungssubstanzverlust zur Folge haben, damit das Genussrechtskapital als bilanzielles Eigenkapital behandelt werden kann.[71, 72]

---

[67] *Reuter* in Festschrift für Robert Fischer, 1979, S. 605; *Lutter*, DB 1993, 2441, 2443 ff. mit anderen Unterscheidungsmerkmalen; *Küting/Kessler*, BB 1994, 2103, 2106; *Groh*, BB 1995, 559, kritisch: *Lutter*, DB 1993, 2441, 2443 ff.

[68] *Zupancic*, Risikokapitalbeschaffung durch Genußscheine bei großen mittelständischen Unternehmen, S. 150 ff.

[69] Kriterien der HFA-Stellungnahme 1/1994, Wpg 1994, 419 ff.; ähnlich: *Loritz*, DStR 2000, 77, 78; *Bula* in Haarmann, Hemmelrath & Partner (Hrsg.), Gestaltung und Analyse in der Rechts-, Wirtschafts- und Steuerberatung von Unternehmen, S. 121, 122.

[70] *Wengel*, DStR 2000, 395, 397, wobei „Ja" für die Erfüllung und „Nein" für die Nichterfüllung des Kriteriums steht. Im Falle der Nachrangigkeit wird die Unternehmensfortführung unterstellt.

[71] *Wengel*, DStR 2000, 395, 399 und 400; grundsätzlich kritisch gegenüber dem „Eigenkapitalausweis": *Groh*, BB 1995, 559, 560.

[72] Mit einer empirischen Studie zum Eigenkapitalcharakter von Genussrechten: *Küting*, BB 1996, Beilage 4, 1 ff.

Alternativ können Genussrechte nur zur Fremdkapitalbeschaffung dienen.[73] In diesem Fall erhält der Genussrechtsinhaber eine feste Verzinsung, verbunden mit einer einhergehenden Rückkaufspflicht des Emittenten oder einer bevorzugten Rückzahlung im Konkurs- oder Liquidationsfall. Liegt ein solches Genussrecht vor, so wäre es unter einem eigenen Posten beim Fremdkapital auszuweisen.[74]

II. Steuerbilanz

Ob das Genussrechtskapital in der Steuerbilanz als Eigen- oder Fremdkapital auszuweisen ist, richtet sich erst einmal nach dem Maßgeblichkeitsgrundsatz des § 5 Abs. 1 EStG. Demnach müssen der Ausweis in der Steuerbilanz und in der Handelsbilanz deckungsgleich sein.[75]

Aufgrund der Tatsache, dass der Zufluss von Genussrechtskapital im steuerrechtlichen Vermögensvergleich nach § 4 Abs. 1 EStG durch die Berücksichtigung einer Verbindlichkeit sicherlich ausgeglichen werden muss, kann es sich im Handelsbilanzrecht aufgrund der umgekehrten Maßgeblichkeit (§ 5 Abs. 1 EStG) auch nur um eine Verbindlichkeit handeln und die Zuordnung zum Eigenkapital wäre falsch.[76] Steuerrechtliches Eigenkapital stellen Genussrechte dann dar, wenn sowohl ein Anteil am Gewinn als auch (und!) eine Beteiligung am Liquidationsgewinn gewährt wird.[77]

Körperschaftsteuerrechtlich werden Genussrechte wie Nennkapital behandelt, wenn durch sie eine Beteiligung am Gewinn und Liquidationserlös der Kapitalgesellschaft verbunden ist.[78] Auch wird das Genussrechtskapital weder in den §§ 29 ff. KStG erwähnt, noch gehört es zum verwendbaren Eigenkapital 04, welches aus Einlagen von Gesellschaftern stammt (seit dem 1.1.2001: § 27 KStG).[79]

Im Rahmen des Steuerbereinigungsgesetzes von 1985[80] wurde das Wort „Genussscheine" im § 8 Abs. 3 S. 2 KStG durch „Genussrechte" ersetzt. Dadurch sollte zum Ausdruck gebracht werden, dass nicht nur verbriefte Rechte darunter fallen.[81] Im § 17 Abs. 1 S. 3 EStG ist zwar nach wie vor von Genussscheinen die Rede, doch im Rahmen der dogmatischen Einheit des Steuerrechts gilt das für § 8 KStG zutreffende auch für § 17 EStG.[82] Nach Ansicht von *Weber–Grellet*[83] ist es

---

73 *Groh*, BB 1995, 559.
74 *Ziebe*, DStR 1991, 1594, 1597.
75 Ähnlich: *Groh*, BB 1995, 559 f.
76 *Groh*, BB 1995, 559; *Zupancic*, Risikokapitalbeschaffung durch Genußscheine bei großen mittelständischen Unternehmen, S. 180.
77 *Fox/Hüttche/Lechner*, GmbHR 2000, 521, 528.
78 BFH v. 19.1.1994, BStBl. II 1996, 77.
79 *Groh*, BB 1995, 559.
80 StBerG v. 14.12.1984, BGBl. I 1984, 1493.
81 *Pougin*, Genußrechte, S. 11.
82 So auch: *Wassermeyer* in *Crezelius*, Die GmbH und ihre Gesellschafter, S. 79.
83 *Schmidt/Weber-Grellet*, EStG, § 17 Rz. 22.

dabei gleichgültig, ob es sich um verbriefte oder unverbriefte Genussrechte handelt. Diese Unterscheidung spielt auch für die Einordnung in den § 17 EStG keine Rolle, da neben den Genussscheinen und Aktien in § 17 Abs. 1 S. 3 EStG ausdrücklich auch GmbH-Anteile erwähnt werden, welche nicht verbrieft sind. Es kann somit auf die Verbriefung nicht ankommen.[84]

D. Steuerliche Qualifikation der Genussrechte

Grundsätzlich differenziert der Wortlaut des § 17 EStG nicht zwischen verschieden ausgestalteten Genussscheinen, da der Zweck der § 17 EStG in der Erfassung des Vermögenszuwachses liegt.[85] Die in § 8 Abs. 3 S. 2 KStG für die steuerliche Anerkennung der Genussrechte definierten Voraussetzungen finden dennoch auch auf § 17 EStG Anwendung,[86] obwohl auch dort die gesellschaftsrechtliche Grundlage fehlt.[87] Aus der Fassung dieser Vorschrift kann man entnehmen, dass der Gesetzgeber hier die Genussrechte als Beteiligung an der Kapitalgesellschaft qualifiziert. Innerhalb dieser Grenzen hatte bereits der RFH[88] die Genussscheine den Anteilen gleichgestellt.[89] Im Zivilrecht besteht dagegen Einigkeit darüber, dass die Genussscheine – obwohl sie ein gesellschafterähnliches Verhältnis begründen – ihrer rechtlichen Natur nach nur Gläubigerrechte sind und den Inhaber keineswegs an der Kapitelgesellschaft beteiligen.[90]

Die Gewinnbeteiligung und die Beteiligung am Liquidationserlös sind auch für die Qualifikation als ähnliche Beteiligung i.S.v. § 17 Abs. 1 S. 3 EStG entscheidend.[91] Denn nur bei der Veräußerung von Genussscheinen – die eine Beteiligung am Liquidationserlös und am Gewinn gewähren – wird, wie bei der Beteiligung am Nominalkapital der Gesellschaft selbst, die Beteiligung an den bei der Gesellschaft angesammelten Gewinnen realisiert.[92,93]

---

[84] *Sontheimer*, BB Beilage 19/1984 zu Heft 30/1984, 2.

[85] *Sontheimer*, BB Beilage 19/1984 zu Heft 30/1984, 7.

[86] *Buyer*, DB 1988, 468.

[87] *Smith/Thalhammer*, Die Verbundaktie, 1997, S. 33.

[88] RFH-Urteil v. 29.11.1938, RStBl. 1939, 524.

[89] Ebenso: *Seuffert*, StuW 1941, Sp. 66, 68.

[90] *Hörger* in *Littmann/Bitz/Pust*, EStG, § 17, RZ. 11c; *Züll*, Die Einkommensteuer bei der Veräußerung wesentlicher Beteiligungen, S. 29.

[91] Der BFH hatte in seinem Urteil v. 27.1.1977, BFHE 122, 445, 448 ausdrücklich offen gelassen, ob und wie eine Beteiligung "am Kapital" gemäß § 17 EStG ermittelt werden muss.

[92] *Sontheimer*, BB Beilage 19/1984 zu Heft 30/1984, 7 m.w.N und 8.

[93] Niedersächsisches FG v. 16.7.2003, EFG 2004, 192.

I. Steuerlich entscheidende Kriterien

Da die Genussrechte generell frei in ihrer Ausgestaltung sind, kann auch die Beteiligung am Gewinn mannigfaltiger Natur sein.[94] So ist es möglich, die Ausschüttungen nach dem Ausweis des Reingewinns in der Handelsbilanz zu bemessen. Eine andere Form der Gewinnbeteiligung liegt darin, sich an der tatsächlich ausgeschütteten Dividende zu orientieren.[95]

Gerade im Falle einer festen Mindestverzinsung, die auf Grund von steigenden Unternehmensgewinnen mit ansteigt, ist es fraglich, ob eine **Beteiligung am Gewinn** vorliegt.[96] Eine Mindestverzinsung kann in Verlustjahren zum Problem werden und den Belastungsvergleich[97] zu Ungunsten der Genussrechte verlagern. Darum müsste bei einer alleinigen Mindestverzinsung die Beteiligung am Gewinn negiert werden. Besteht hingegen eine Mindestverzinsung gekoppelt mit einem Recht auf einen Gewinnanteil im selben Umfang wie bei Aktionären, so ist das Genussrecht als Beteiligung am Gewinn zu qualifizieren.

I.E. wird es nicht auf subjektive Absichten, wie die Herabsetzung des Aktienkapitals oder die Einzahlung von Kapital ankommen, sondern es muss vielmehr eine „Belastungsähnlichkeit" im Vergleich zu Aktien vorliegen. Kann die Verzinsung auf Dauer nicht aus Gewinnen bestritten werden oder ist der Zins so hoch, dass die Ausschüttung vom Geschäftsergebnis weitgehend unabhängig sein soll, so scheidet eine Gewinnbeteiligung aus.

Für die Entscheidung, ob eine **Beteiligung am Liquidationserlös** vorliegt, muss wiederum auf die „Belastungsähnlichkeit"[98] mit Aktien abgestellt werden.[99] Im Falle der Fälligkeit muss die Kapitalgesellschaft den Gegenwert der Genussscheine zurückbezahlen. Bei Aktienkapital tritt dieser Fall nur bei Liquidation der Gesellschaft ein. Daher belasten die Genussscheininhaber die Gesellschaft in dieser Hinsicht wirtschaftlich nicht.[100] Eine ähnliche Stellung für Genussscheininhaber ergibt sich aber, wenn bei Liquidation die Genussberechtigten nur aus dem Liquidationserlös abzufinden sind.[101]

---

94 Insbesondere dazu und zum weiteren: *Grieger*, WPM 1958, 914; *Singer*, Genußscheine als Finanzierungsinstrument, S. 53 ff.; *Schwarze/Heuermann*, StBp 1983, 200.

95 Generell dazu: *Ziebe*, DStR 1991, 1594, 1595; *Küting*, BB 1996, Beilage 4, 7 ff. mit den unterschiedlichsten „Vergütungsvarianten".

96 *Sarrazin*, StbJb 1985/86, 135, 145.

97 Siehe dazu: *Feddersen/Knauth*, Eigenkapitalbildung durch Genußscheine, S. 45 m.w.N.

98 *Schneider* in Kirchhof/Söhn, EStG, § 17 Rdnr. B100.

99 *Sarrazin*, StbJb 1985/86, 135, 147.

100 *Hammen*, DB 1988, 2549, 2550.

101 *Sontheimer*, BB Beilage 19/1984 zu Heft 30/1984, 5.

Die Beteiligung an den stillen Reserven oder am Nominalkapital ist für *Grieger*[102] nicht entscheidend und er geht genauso wie *Vollmer*[103] davon aus, dass es ausreicht, wenn bei der Abwicklung an die Genussberechtigten nur Beträge gezahlt werden, die unter den Gesellschaftern zu verteilen sind.[104]

Dem Belastungsvergleich[105] folgend, ist eine Beteiligung am Liquidationserlös selbst dann zu bejahen, wenn gar kein Kapital zurückfließt, da dies im Falle des Konkurses mangels Masse für die Aktionäre auch gelten würde. I.E. liegt eine Beteiligung am Liquidationserlös auch dann vor, wenn die Genussrechtsinhaber in demselben Umfang beteiligt sind, wie Aktionäre.[106] Keine Beteiligung am Liquidationserlös liegt allerdings vor, wenn die Rückzahlung zum Nennwert erfolgen soll, oder der Betrag im Rahmen der Abwicklung vollständig unabhängig vom Gesellschaftsvermögen ist.[107]

Aus dem Bedeutungszusammenhang, in dem der Begriff „Genussscheine" steht, ergibt sich, dass unter Genussscheinen i.S.d. § 17 Abs. 1 S. 3 EStG nur solche zu verstehen sind, die Beteiligungscharakter haben.[108] Dies ist dann der Fall, wenn mit ihnen das Recht auf Beteiligung am Liquidationserlös verbunden ist.[109] Nur bei solchen Genussrechten erfolgt, wie bei einer direkten Beteiligung am Nominalkapital, bei der Veräußerung derselben, eine Realisation an den bei der Gesellschaft angesammelten Gewinnen und stillen Reserven. Die gleichzeitige Beteiligung am Gewinn ist davon unabhängig.[110] Steuerlich erfasst werden auch Genussrechte, die ausländischem Recht unterliegen (z.B. Partizipationsscheine nach schweizerischem Recht, die regelmäßig ein Recht auf Beteiligung am Gewinn und am Liquiditätsgewinn der Körperschaft gewähren).[111] Eine bloße Beteiligung am Gewinn reicht nicht aus[112], da das Gesetz eine Beteiligung „am Kapital" der Gesellschaft fordert.[113]

Beim Vorhandensein von Genussrechten, die auch eine Beteiligung am Liquidationserlös gewähren, kommt es nach Meinung von *Weber-Grellet*[114], auf das Verhältnis an, in dem Gesellschafter und Genussscheininhaber am Gewinn und am Liquidationserlös teilhaben. Wenn der Liquidationserlös beispielsweise im

---

[102] *Grieger*, WPM 1958, 914, 918.
[103] *Vollmer*, ZGR 1983, 445, 454 f.
[104] *Schwarze/Heuermann*, StBp 1983, 200, 204.
[105] Siehe hierzu: *Knoppe*, BB 1966, 281, 283.
[106] *Sontheimer*, BB Beilage 19/1984 zu Heft 30/1984, 5.
[107] *Sontheimer*, BB Beilage 19/1984 zu Heft 30/1984, 5.
[108] *Ebling* in Blümich, EStG, § 17 Rz. 71.
[109] So auch: *Knoppe*, BB 1966, 281, 282; *Pougin* in Festschrift für *Walter* Oppenhoff, S. 275, 283.
[110] *Sontheimer*, BB Beilage 19/1984 zu Heft 30/1984, 7.
[111] *Lindberg*, Die Besteuerung der Kapitaleinkünfte, S. 67 m.w.N.
[112] So z.B. *Wüllenkemper*, FR 1992, 473, 478 m.w.N.
[113] *Pougin*, Genußrechte, S. 21.
[114] *Schmidt/Weber-Grellet*, EStG, § 17 EStG, Rz. 47; ebenso: *Ebling* in Blümich, EStG, § 17 Anm. 90.

Verhältnis 50 zu 50 auf Gesellschafter und Genussscheininhaber aufzuteilen ist[115], würde eine hälftige Beteiligung am Grund- oder Stammkapital keine Beteiligung von mehr als einem Viertel am Kapital (heute abzuändern auf zu mindestens 1 v.H.) der Gesellschaft ergeben, soweit der Gesellschafter nicht gleichzeitig Genussrechtsinhaber ist.[116] An der eigentlichen Beteiligungsstruktur verändert sich daher allerdings nichts.[117]

Das Genussrechte bei der Qualifizierung einer Beteiligung als „wesentlich" einzubeziehen sind, ergibt sich, so *Hörger*[118], aus dem Wortlaut des Gesetzes.[119] Nach § 17 Abs. 1 S. 1 EStG ist die Veräußerung von „Anteilen" steuerpflichtig. Unter den Begriff „Anteile" fallen die in Satz 3 aufgeführten Beispiele, die lediglich verschiedene Erscheinungsformen der Anteile darstellen. Insgesamt sind alle Formen unter den einheitlichen Begriff der „Anteile" zu subsumieren.[120] Sollen die Genussscheine zur Berechnung herangezogen werden, so wäre es methodisch folgerichtig, das Nennkapital um das Genussscheinkapital zu erhöhen. Man würde dann Anteile am Nennkapital plus Anteile am Genussscheinkapital ins Verhältnis zum Nennkapital plus Genussscheinkapital setzen.[121] Allerdings würde dann der Grundsatz durchbrochen, dass es für die Berechnung allein auf das zur Zeit der Anteilsveräußerung im Handelsregister eingetragene Grund- oder Stammkapital ankommt.[122]

II. Steuerliche Einordnung der Genussrechte

1. Steuerliche Qualifikation der laufenden Einkünfte

Generell sind die laufenden Einkünfte aus Genussrechten Einkünfte aus Kapitalvermögen i.S.d. § 20 EStG, sofern die Genussrechte nicht in einem Betriebsvermögen liegen.[123] Besteht eine Beteiligung am Gewinn und am Liquidationserlös, so fallen sie unter § 20 Abs. 1 Nr. 1 EStG[124], d.h. sie werden wie Dividenden von Aktien (dividendenähnliches Genussrecht) behandelt.[125] Die heutige Gesetzesformulierung des § 20 EStG gilt seit 1985, denn damals wurde der Begriff „Genussschein" durch „Genussrechte" ersetzt um damit zu verdeutlichen, dass nicht nur Erträge aus verbrieften Genussrechten, sondern auch Erträge aus unverbrieften Genussrechten steuerlich nach § 20 Abs. 1 Nr. 1 EStG als Einkünfte aus

[115] Dazu auch: *Boochs* in Dankmeyer/Giloy, EStG, § 17 Rz. 67.
[116] *Frotscher*, EStG, § 17 Rn. 34 und 39.
[117] *Bula* in Haarmann, Hemmelrath & Partner (Hrsg.), Gestaltung und Analyse in der Rechts-, Wirtschafts- und Steuerberatung von Unternehmen, S. 121, 122.
[118] *Hörger* in *Littmann/Bitz/Meincke*, EStG, § 17 EStG Anm. 16.
[119] A.A.: *Strahl* in Korn/Carlé/Stahl/Strahl, EStG, § 17 Rz. 31.
[120] *Gosch* in Kirchhof, EStG § 17, Rn. 52 f.; *Ebling* in Blümich, EStG, § 17 EStG Anm. 88.
[121] Ähnlich: *Feddersen/Knauth*, Eigenkapitalbildung durch Genußscheine, S. 37.
[122] Ähnlich: *Pougin* in Festschrift für Walter Oppenhoff, S. 275, 287.
[123] *Haarmann*, JbFSt 1985/86, 407, 413; *Lindberg*, Die Besteuerung der Kapitaleinkünfte, S. 67.
[124] *Schmidt/Heinicke*, EStG, § 20 Rz. 52; *Harenberg/Irmer*, NWB, Fach 3, 8967, 8982.
[125] *Pougin* in Festschrift für Walter Oppenhoff, S. 275, 281; *Ziebe*, DStR 1991, 1594, 1596.

Kapitalvermögen erfasst werden.[126] Liegt lediglich eine Beteiligung am Gewinn vor, so sind die Einkünfte unter § 20 Abs. 1 Nr. 7 EStG als sonstige Kapitalforderungen einzuordnen (zinsähnliches Genussrecht).[127] Diese Besteuerung der laufenden Einkünfte aus Genussrechten gilt auch für beschränkt Steuerpflichtige gem. § 49 Abs. 1 Nr. 5 S. 1 Buchstabe a EStG.[128]

2. Steuerliche Qualifikation der Veräußerung von Genussrechten

a) Sichtweise von Literatur, Finanzverwaltung und Rechtsprechung

Der Grund für die Einbeziehung der Genussscheine in den Bereich des § 17 EStG liegt vor allem darin, dass einem nicht „wesentlich" beteiligten Gesellschafter die Möglichkeit genommen werden soll, auf Genussscheine auszuweichen, um somit ein Überschreiten der Wesentlichkeitsschwelle zu verhindern.[129] Aufgrund der Tatsache, dass in § 17 Abs. 1 S. 3 EStG nur der Begriff des „Genussscheins" auftaucht und nicht generell auf Genussrechte abgestellt wird, ist die Frage zu klären, ob unverbriefte Genussrechte unter die ähnlichen Beteiligungen des § 17 Abs. 1 S. 3 EStG fallen. In anderen Paragraphen, wie z.B. in § 8 Abs. 3 S. 2 KStG, wurde das Wort „Genussschein" grundsätzlich durch den Begriff der „Genussrechte" ersetzt.[130] *Welter*[131] spricht in diesem Zusammenhang von einem „redaktionellen Versehen" bei der Formulierung des Steuerbereinigungsgesetzes von 1985[132].

Unter die Veräußerungsgewinne bzw. –verluste des § 17 EStG fallen de lege lata die Genussscheine.[133] Die Regelung für Genussscheine gilt nach h.M.[134] auch für unverbriefte Genussrechte[135], da unter § 17 EStG auch die grundsätzlich nicht verbrieften GmbH-Anteile fallen.[136] Aufgrund der oben erwähnten Unbestimmtheit von Genussrechten und der zusätzlichen Unbestimmtheit von ähnlichen Beteiligungen i.S.d. § 17 Abs. 1 S. 3 EStG ist zu klären, ob es genussrechtsähnliche Gestaltungen gibt, die unter den Begriff der ähnlichen Beteiligung fallen.

I.E. können Genussrechte als Anteile an einer Kapitalgesellschaft gem. § 17 Abs. 1 S. 3 EStG qualifiziert werden. Damit kann bei der Veräußerung von Genussrechten

---

[126] *Feddersen/Knauth*, Eigenkapitalbildung durch Genußscheine, S. 35.

[127] *Pougin*, Genußrechte, S. 11; *Ziebe*, DStR 1991, 1594, 1596; *Angerer*, DStR 1994, 41, 43; *Groh*, BB 1995, 559; *Ettinger*, Stock Options, S. 10; *Loritz*, DStR 2000, 77, 82; *Dautel*, BB 2000, 1757, 1759.

[128] *Schmidt/Heinicke*, EStG, § 49 Rz. 61.

[129] *Welter* in Bundschuh u.a., Recht und Praxis der Genußscheine, 1987, S. 54.

[130] *Haarmann*, JbFSt 1985/86, 407, 413.

[131] *Welter* in Bundschuh u.a., Recht und Praxis der Genußscheine, S. 54.

[132] StBerG v. 14.12.1984, BGBl. I 1984, 1493.

[133] *Feddersen/Knauth*, Eigenkapitalbildung durch Genußscheine, S. 32 f.

[134] *Strahl* in Korn/Carlé/Stahl/Strahl, EStG, § 17 Rz. 31 m.w.N.

[135] *Boochs* in Dankmeyer/Giloy, EStG, § 17 Rz. 55; *Züll*, Die Einkommensteuer bei der Veräußerung wesentlicher Beteiligungen, S. 40; *Frotscher*, EStG, § 17 Rn. 23a.

[136] *Sontheimer*, BB Beilage 19/1984 zu Heft 30/1984, 2.

ein steuerpflichtiger Veräußerungsgewinn oder –verlust entstehen.[137] Voraussetzung ist eine Beteiligung am Liquidationserlös der Kapitalgesellschaft.[138] Für die Ermittlung der „Wesentlichkeitsgrenze" muss grundsätzlich auf das Verhältnis zwischen Gesellschafter und Genussscheininhaber zur Teilhabe am Gewinn und Liquidationserlös abgestellt werden.[139]

b) Eigene Sichtweise

Grundsätzlich könnte ein steuerpflichtiger Gewinn bzw. Verlust im Rahmen der Veräußerung von Genussrechten als wesentliche bzw. ähnliche Beteiligung gem. § 17 Abs. 1 S. 3 EStG nur vorliegen, wenn durch Genussrechte ein Gesellschaftsverhältnis begründet wird und es somit zu einer Beteiligung kommt. Dafür müsste generell eine Beteiligung am Nominalkapital der Gesellschaft vorliegen. Eine mögliche weitreichende Einflussnahme des Genussrechtsinhabers auf die Geschäftspolitik bzw. eine Verlustteilhabe (an der Kapitalgesellschaft) sind eigentlich nicht entscheidend für eine „wesentliche Beteiligung" i.S.v. § 17 EStG. Die Genussscheine bzw. –rechte nehmen innerhalb des § 17 EStG allerdings eine Sonderstellung ein. Würde man – für die Subsumtion gem. § 17 EStG – konsequent an der Höhe der Beteiligung am Nominalkapital festhalten, so könnten Genussrechte nie in den Bereich des § 17 Abs. 1 S. 3 EStG gelangen. Die explizite Erwähnung in § 17 Abs. 1 S. 3 EStG eröffnet diese Möglichkeit.

M.E. muss im Falle der Genussrechte deshalb eine Ausnahme bezüglich der Beteiligungshöhe am Nominalkapital gemacht werden. Wie von der h.M.[140] ausgeführt, kann es damit ausnahmsweise zu einer wesentlichen Beteiligung i.S.v. § 17 EStG kommen, wenn die Genussrechte eine Beteiligung am Gewinn **und** am Liquidationserlös gewähren und insgesamt einen „wesentlichen" Anteil am Genussrechtskapital darstellen. Nur dann sind die Genussrechte beteiligungsähnlich ausgestaltet. Unerheblich ist dabei die Beurteilung, ob die Genussrechte in Handels- und Steuerbilanz als Eigen- bzw. Fremdkapital auszuweisen sind, denn die Beteiligung am Eigenkapital der Kapitalgesellschaft ist nicht ausschlaggebend.

Zu beachten ist, dass dies eine Durchbrechung des „Systems" innerhalb des § 17 EStG darstellt. Sie kann und darf grundsätzlich nicht auf andere Gestaltungen übertragen werden. Auch eine weitere Aushöhlung dieser Ausnahme sollte verhindert werden, wie dies auch bei den eigenkapitalersetzenden Darlehen und Bürgschaften geschehen ist. Meiner Meinung nach muss *Frotscher*[141] gefolgt

---

[137] *Feddersen/Knauth*, Eigenkapitalbildung durch Genußscheine, S. 37; *Lindberg*, Die Besteuerung der Kapitaleinkünfte, S. 68.

[138] *Schneider* in Kirchhof/Söhn, EStG, § 17 Rdnr. B99; *Seuffert*, StuW 1941, Sp. 66, 69 ff; *Frotscher*, EStG, § 17 Rn. 23a.

[139] *Ebling* in Blümich, EStG, § 17 Rz. 88; *Feddersen/Knauth*, Eigenkapitalbildung durch Genußscheine, S. 37.

[140] Für viele: *Schmidt/Weber-Grellet*, EStG, § 17 Rz. 22.

[141] *Frotscher*, EStG, § 17 Rn. 23 und 23a.

werden, der die Genussrechte selbst als Unterfall der ähnlichen Beteiligung betrachtet. Damit wird deutlich, dass andere Gestaltungsvarianten, als mit Genussrechten, grundsätzlich nicht an den Genussrechten, sondern immer an Aktien oder GmbH-Anteilen – und damit an der Nominalbeteiligung – zu messen sind.

Zusammenfassend kann m.E. gesagt werden, dass Genussrechte selbst einen Fall der ähnlichen Beteiligungen i.S.v. § 17 Abs. 1 S. 3 EStG darstellen, wenn sie beteiligungsähnlichen Charakter haben. Entscheidend dafür sind allein die Beteiligung am Liquidationsgewinn (stille Reserven) sowie die Gewinnbeteiligung. Die vom HFA geforderten Kriterien der Nachrangigkeit, d.h. der materielle Rücktritt hinter andere Gläubiger und die langfristige Hingabe des Kapitals sind nicht ausschlaggebend für die Qualifikation als ähnliche Beteiligung i.S.v. § 17 Abs. 1 S. 3 EStG. Sie dienen lediglich der Abgrenzung des Ausweises als Eigen- oder Fremdkapital.

Da in § 17 Abs. 1 S. 3 EStG nur die Genuss**scheine** namentlich erwähnt sind, könnten die nicht verbrieften Genuss**rechte** eventuell als ähnliche Gestaltung der Genussscheine qualifiziert werden. Es soll sich nach der Literaturmeinung indes um „einen redaktionellen Fehler" des Gesetzgebers handeln, da in anderen Paragraphen der Steuergesetze ein Austausch des Begriffes „Genussscheine" in „Genussrechte" erfolgt ist. Unverbriefte Genussrechte stellen demnach die Erweiterung der Genussscheine in § 17 Abs. 1 S. 3 EStG dar, womit sie schon direkt als ähnliche Beteiligung innerhalb des § 17 EStG erfasst werden.

Problematisch und offen ist die Konstellation einer Beteiligung am Genussrechtskapital unter 1% und einer gleichzeitigen Beteiligung am Liquidationserlös zu mehr als 1%. Ob ein steuerpflichtiger Veräußerungsgewinn gem. § 17 EStG auch in diesem Fall entstehen würde, wurde bis dato nicht geklärt. M.E. müsste in ähnlicher Art und Weise wie bei der „normalen" Ermittlung der Wesentlichkeit vorgegangen werden. Damit wäre ebenfalls die Beteiligung am Genussrechtskapital entscheidend. Anderweitige Rechte – wie die höhere Beteiligung am Liquidationserlös – können für die Subsumtion unter § 17 EStG keine Rolle spielen. I.E. muss für die Steuerpflicht i.S.v. § 17 EStG eine „wesentliche Beteiligung" am Genussrechtskapital der Gesellschaft vorliegen.

Erwähnt werden muss auch noch, dass Genussrechte für die Ermittlung der „Wesentlichkeitsgrenze" mit einzubeziehen sind, da sie unter den Tatbestand des § 17 EStG fallen und sich die „Wesentlichkeit" der Beteiligung aus der Zusammenfassung aller unter § 17 EStG subsumierbaren Anteile ergibt.

E. Spezialgestaltungen mit Genussrechten

Für die steuerliche Behandlung der Gestaltungen mit Genussrechten und ihrer Subsumtion unter § 17 EStG kommt es darauf an, dass sie eine Beteiligung am Gewinn und am Liquidationserlös der Gesellschaft vermitteln.[142] Es lässt sich grob nach beteiligungsähnlichen und obligationsähnlichen Genussrechten[143] differenzieren.[144] Letztendlich können nur die beteiligungsähnlichen Genussrechte als ähnliche Beteiligung unter § 17 Abs. 1 S. 3 EStG subsumiert werden.

Obligationsähnliche Genussrechte sehen generell weder ein Recht am Liquidationserlös noch ein Kapitalstammrecht vor.[145] Die laufenden Einkünfte können weder unter § 20 Abs. 1 Nr. 1 noch unter Nr. 7 EStG erfasst werden. Auch sind es keine besonderen Vorteile oder Entgelte i.S.d. § 20 Abs. 2 EStG. I.E. liegen bei obligationsähnlichen Genussrechten sonstige Einkünfte i.S.d. § 22 Nr. 1 EStG vor.[146] Für die Veräußerung obligationsähnlicher Genussrechte ist nach h.M.[147] § 17 EStG nicht zutreffend, da es sich hierbei nicht um eine ähnliche Beteiligung i.S.d. § 17 Abs. 1 S. 3 EStG handelt.

Im folgenden werden beispielhaft zwei Gestaltungsvarianten mit Genussrechten diskutiert, die in Zukunft wohl an Bedeutung gewinnen dürften und als beteiligungsähnliche Genussrechte qualifiziert werden können. Darüber hinaus sind durchaus andere Beteiligungsformen denkbar, die steuerlich dann in ähnlicher Art und Weise zu beurteilen sind.

I. „Tracking Stock" (Bereichsaktien) als beteiligungsähnliches Genussrecht

1. Grundsätzliches

„Mit Tracking Stocks bezeichnet man eine börsennotierte Gattung von Stammaktien, die – bei Gewährung der üblichen Aktionärsrechte an dem gesamten Gesellschaftsvermögen – die mit dem Eigentum an der Aktie verbundenen Vermögensrechte (insbesondere Gewinnbeteiligung, Liquidationserlös) auf einen Teilgeschäftsbereich oder eine Tochtergesellschaft des Emittenten beschränken."[148]

„Gerade bei Unternehmen mit unterschiedlich wachsenden Geschäftsbereichen wird häufig eine Gewinnverteilung über sog. ‚tracking units' oder ‚tracking stocks'

---

142 *Schmidt/Weber-Grellet*, EStG, § 17 Rz. 14d.
143 *Ditges*, DStR 1986, 244, der von „obligationsrechtlicher Lösung" spricht.
144 Ähnlich: BGH-Urteil v. 5.10.1992, DB 1992, 2383, 2384; *Singer*, Genußscheine als Finanzierungsinstrument, S. 44 ff. m.w.N.; *Angerer*, DStR 1994, 41, 43.
145 Ähnlich: *Müller R.*, WiB 1997, 57, 60.
146 *Haarmann*, JbFSt 1985/86, 407, 414 f. m.w.N.
147 Für viele: *Haarmann*, JbFSt 1985/86, 407, 415.
148 *Perridon/Steiner*, Finanzwirtschaft der Unternehmung, S. 370; ebenso: *Prinz/Schürner*, DStR 2001, 759; ähnlich: *Friedl*, BB 2002, 1157.

beabsichtigt. Dabei handelt es sich um eine besondere Art von Anteilsrechten, deren Gewinnbezugsrecht sich nicht auf das gesamte Unternehmen, sondern auf eine bestimmte Unternehmenssparte bezieht (d.h. regelmäßig auf den laufenden Gewinn sowie den Liquidationserlös der betreffenden Sparte)."[149]

Tonner[150] spricht von einer sinnvollen Alternative zur Spaltung diversifizierter Unternehmen.[151] Als Bezugsobjekte kommen somit eine Gruppe wirtschaftlich verbundener Aktiva oder auch ganze Tochterunternehmen in Betracht.[152] Rechtlich gesehen bleibt der Investor allerdings Anteilseigner des Gesamtunternehmens.[153] Es erfolgt demnach eine disproportionale Ausgestaltung der Gesellschafterrechte, wobei aus rechtlicher Sicht weiterhin das gesamte Unternehmen als juristische Einheit auftritt und gesamtheitlich für die Verbindlichkeiten haftet.[154] Das Unternehmen bleibt allerdings weiterhin ein Steuersubjekt, so dass wirtschaftlich nur eine besondere Art der Gewinnverteilung vorliegt.[155]

Aus ökonomischer Sicht ermöglicht die Einführung divisionalisierter Vermögensrechte eine größere Flexibilität im Bereich der Kapitalanlage und vor allem eine Vermeidung von Fehlbepreisungen durch die Allokation des Kapitals zu einem spezifischen Bereich des Unternehmens.[156] Der Begriff der Tracking Stocks bezieht sich auf „to track" bzw. „to target"[157] und bedeutet wörtlich „verfolgen", „nachführen" bzw. „anzielen". Damit soll zum Ausdruck gebracht werden, dass dieses Gestaltungsinstrument die Performance einer bestimmten Geschäftseinheit („Specified Unit") nachbildet oder die durch die Tracking Stocks verbrieften Rechte teilweise auf eine genau spezifizierte Einheit gerichtet sind.[158] In Folge sind die Aktionäre einer Tracking Stock-Klasse in aktienrechtlicher Hinsicht weiterhin Aktionäre der Obergesellschaft und nicht etwa nur der durch den Tracking Stock abgebildeten Geschäftseinheit.[159]

Als Bestandteil der „Tracking Stocks" können auch beteiligungsähnliche Genussrechte (auch alphabet stocks, letter stocks oder targeted stocks genannt[160])

---

[149] *Fox/Hüttche/Lechner*, GmbHR 2000, 521, 529; ebenso: *Jaeger*, Targeted Stock als Restrukturierungsinstrument, 1999, S. 6.
[150] *Tonner*, IStR 2002, 317.
[151] So auch: *Prinz/Schürner*, DStR 2003, 181.
[152] *Kessler/Schürner*, Wpg 2001, 1041, 1042.
[153] *Prinz*, FR 2001, 285.
[154] *Prinz/Schürner*, DStR 2001, 759.
[155] *Balmes/Graessner*, DStR 2002, 838.
[156] *Müller R.*, WiB 1997, 57.
[157] Zu Targeted Stocks im allgemeinen: *Jaeger*, Targeted Stock als Restrukturierungsinstrument, S. 1 ff.
[158] *Perridon/Steiner*, Finanzwirtschaft der Unternehmung, S. 370.
[159] *Balmes/Graessner*, DStR 2002, 838, 839; *Jaeger*, Targeted Stock als Restrukturierungsinstrument, S. 7; *Prinz*, FR 2001, 285; zur Ausgestaltung innerhalb der Bilanzpositionen: *Prinz/Schürner*, DStR 2001, 759, 766 f.; *Friedl*, BB 2002, 1157.
[160] *Jaeger*, Targeted Stock als Restrukturierungsinstrument, S. 15 ff. mit Abgrenzungen.

ausgegeben werden.[161] Insoweit ist der Begriff „Bereichs**aktie**" nicht immer wörtlich zu verstehen. Tracking Stocks stellen eine Finanzinnovation im Eigenkapitalbereich dar, wobei sich das Gewinnbezugsrecht nicht auf das gesamte Unternehmen erstreckt, sondern nur auf einen Geschäftsbereich.[162] Die Aktionäre sind zudem alle an dem gesamten Unternehmen beteiligt und haben keine direkten Ansprüche auf die Aktiva derjenigen Geschäftseinheiten, von denen sie die Tracking Stocks besitzen.[163]

Im Gegensatz zu den unten diskutierten Stapled-Stocks wird die disproportionale Ausgestaltung der Aktionärsrechte nicht durch eine förmliche Aufspaltung der Aktionärsrechte, sondern durch Einräumung einer Gewinnbeteiligung erreicht, die eben an die Profitabilität eines bestimmten Unternehmensteils gekoppelt ist.[164]

Die Zielsetzung der Ausgabe von Tracking Stocks liegt in der Steigerung des Shareholder-Value[165], der Flexibilisierung der Kapitalbeschaffung[166], Schaffung von Synergiepotentialen usw.[167] Steuerliche Gründe sind die steuerfreie Übertragung von im Wert gestiegenen Aktiva und die zusätzliche Nutzung von Synergien, wie z.B. die Verlustnutzung beim Bestehen als Einheit. Konkrete Aussagen lassen sich für den deutschen Raum bis dato noch nicht machen, da zur Zeit Tracking Stocks in ihrer Reinform als börsennotierte Aktiengattung hierzulande noch nicht realisiert worden sind.[168]

Die Anwendbarkeit des Modells von Tracking Stocks auf deutsche Unternehmen sollte dennoch möglich sein[169], da die Spartenorganisation auch in Deutschland seit langem bekannt ist und auch praktiziert wird.[170] Sowohl die Aktiengesellschaft[171] als auch die GmbH haben die Möglichkeit ihre Satzung so zu gestalten, dass Tracking Stocks gesellschaftsrechtlich zulässig sind.[172] Auch aus handelsrechtlicher und

---

[161] *Balmes/Graessner*, DStR 2002, 838, 839; *Müller R.*, WiB 1997, 57, 65, der v. „Tracking-Stock-Genußschein" spricht; *Perridon/Steiner*, Finanzwirtschaft der Unternehmung, S. 369.

[162] *Büschgen*, Das kleine Börsenlexikon, 1998, Stichwort: Tracking Stocks; *Müller R.*, WiB 1997, 57.

[163] *Natusch*, „Tracking Stock" als Instrument der Beteiligungsfinanzierung diversifizierter Unternehmen, 1995, S. 49 f.; *Bauer*, Targeted Stocks als Alternative zu Desinvestitionen, 1999, S. 1 ff.; ähnlich: *Jaeger*, Targeted Stock als Restrukturierungsinstrument, S. 77.

[164] *Kessler/Schürner*, Wpg 2001, 1041, 1042.

[165] *Kessler/Schürner*, Wpg 2001, 1041, 1044.

[166] *Prinz/Schürner*, DStR 2001, 759.

[167] *Friedl*, BB 2002, 1157, 1159 f. mit einem „Plädoyer" für Tracking Stocks; *Jaeger*, Targeted Stock als Restrukturierungsinstrument, S. 45 ff.

[168] *Natusch*, IStR 1999, 122, 125; zu empirischen Untersuchungen: *Bauer*, Targeted Stocks als Alternative zu Desinvestitionen, S. 1 ff.; *Tonner*, IStR 2002, 317 ff.

[169] *Brauer*, AG 1993, 324 ff.; *Prinz*, FR 2001, 285, 288; kritisch, da schon nicht direkt in die Schweiz übertragbar: *Bauer*, Targeted Stocks als Alternative zu Desinvestitionen, S. 1 ff.; *Friedl*, BB 2002, 1157, 1158.

[170] *Baums* in Festschrift für Karlheinz Boujong, S. 19, 27; mit Beispielen: *Friedl*, BB 2002, 1157 f.

[171] *Brauer*, AG 1993, 324, 334; *Jaeger*, Targeted Stock als Restrukturierungsinstrument, S. 219 ff.

[172] *Müller R.*, WiB 1997, 57, 58 ff.; *Jaeger*, Targeted Stock als Restrukturierungsinstrument, S. 207 ff.

steuerrechtlicher Sicht[173] ist es möglich, Tracking Stocks auszugeben, wobei dann umfangreiche Angabeverpflichtungen erfüllt werden müssen.[174] Die mittlerweile zugelassene Sachdividende gem. § 58 Abs. 5 AktG kann zur Implementierung einer Tracking-Stocks-Struktur eingesetzt werden. [175]

Abb. 7: „Tracking Stock"-Struktur[176]

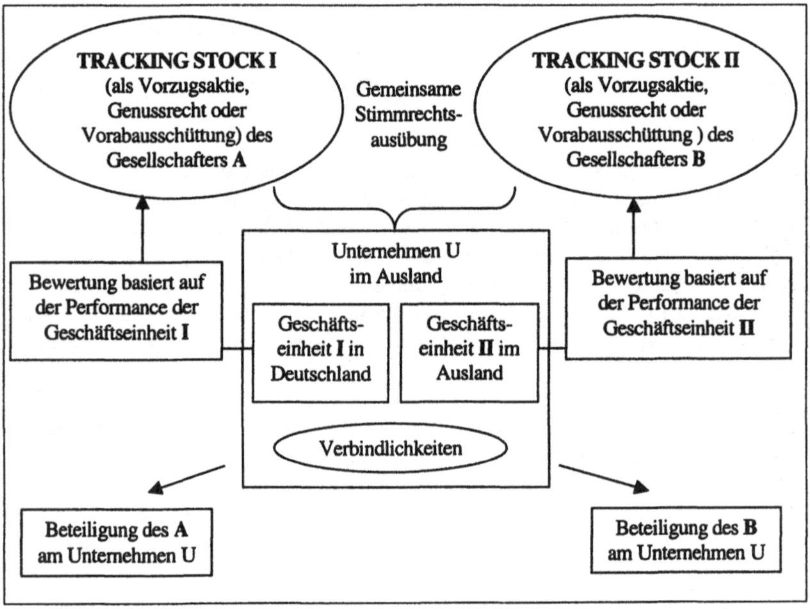

Abbildung 7 stellt die grundlegende Struktur der Ausgabe von Tracking Stocks dar. Typischerweise kommen Tracking Stocks in divisionalisierten Unternehmen (meistens eine Gestaltung über die Grenze[177]) zum Einsatz. Tracking Stocks verbriefen – wie eine reguläre Stammaktie – eine Mitgliedschaft in der Unternehmerträgergesellschaft.[178] Ein deutscher Anteilseigner, der am ausländischen Unternehmen **U** beteiligt ist, wird zudem an einem Geschäftsbereich **A** beteiligt (Tracking Stock), der in Deutschland angesiedelt ist und über die er die

[173] Dazu: *Tonner*, IStR 2002, 317.

[174] Ausführlich dazu: *Prinz/Schürner*, DStR 2001, 759, 762 ff.; *Friedl*, BB 2002, 1157, 1164.

[175] *Prinz/Schürner*, DStR 2003, 181, 189.

[176] *Natusch*, „Tracking Stock" als Instrument der Beteiligungsfinanzierung diversifizierter Unternehmen, S. 46 ff. mit ausführlichen Erläuterungen; ähnlich: *Prinz/Schürner*, DStR 2001, 759; *Kessler/Schürner*, Wpg 2001, 1041, 1043; *Balmes/Graessner*, DStR 2002, 838, 840 sowie *Prinz/Schürner*, DStR 2003, 181, 182.

[177] *Fox/Hüttche/Lechner*, GmbHR 2000, 521, 530, sprechen von einer Beteiligung am „Auslandsgeschäft".

[178] *Baums* in Festschrift für Karlheinz Boujong, 1996, S. 19 f.

Ausschüttungen auf seine Beteiligung erhält. Aus steuerlicher Sicht ist es dem Anteilseigner dadurch möglich, sich die von der Kapitalgesellschaft gezahlte Körperschaftsteuer voll anrechnen zu lassen.

Es ist darauf hinzuweisen, dass die Beteiligung in Form von Tracking Stocks an Bedeutung verlieren könnte, da das Halbeinkünfteverfahren durch das StSenkG[179] seit 1.1.2001 eingeführt worden ist und dadurch das Anrechnungsverfahren vollständig auslaufen wird.[180] Dennoch kann das Modell auf europäischer Ebene, wie z.B. in Frankreich oder Italien, auch weiterhin zur Ausnutzung von Körperschaftsteueranrechnungsguthaben genutzt werden.[181]

Problematisch könnte aktuell die Ausschüttung aus verschiedenen „EK-Töpfen" sein, da dann ein zeitlich gesteuerter Ausgleich erfolgen müsste.[182] Diese Problematik dürfte aber nur vorübergehender Natur sein, da es in Zukunft keine EK-Töpfe mehr geben wird.[183]

Die Frage, die sich bei einer derartigen Konstellation stellt ist, ob sich die Beteiligungsquote des Gesellschafters **A** am Unternehmen **U** durch die Gewährung der (zusätzlichen) Anteile[184] an der Geschäftseinheit erhöht. Wenn dies zu bejahen wäre, würde es sich um „echte" Anteile bei Ausgabe von Aktien oder Geschäftsanteilen und um „ähnliche Anteile" i.S.d. § 17 Abs. 1 S. 3 EStG bei der Ausgabe von Genussrechten handeln.

Der Gewinnanspruch gegenüber der Geschäftseinheit bezieht sich grundsätzlich auf die laufenden Gewinne und die Teilhabe am Liquidationserlös in bezug auf die betreffende Sparte.[185] Die gesellschaftliche Struktur des Unternehmens wird dabei nicht verändert[186], d.h. bezüglich der übrigen Aktionärsrechte, insbesondere des Stimmrechts, sind die jeweiligen Tracking Stock-Gattungen eines Emittenten miteinander verbunden und können nur gemeinsam ausgeübt werden.[187] *Tonner*[188] geht sogar noch einen Schritt weiter, indem er erklärt, dass keine zusätzlichen Tracking Stocks geschaffen werden, sondern die „normalen" Anteile im Falle einer solchen Gestaltung nun einfach als Tracking Stocks geführt werden. Des weiteren wären variable Stimmrechte erforderlich, die als flexibler Parameter den Börsenkurs der jeweiligen Geschäftsbereichsaktie widerspiegeln würden. Solche sind in Deutschland aber bisher de lege lata unzulässig.[189]

---

[179] BT-Drucks. 14/2683 und 14/3074, 10.
[180] *Prinz*, FR 2001, 285, 287.
[181] *Kessler/Schürner*, Wpg 2001, 1041, 1049.
[182] *Jaeger*, Targeted Stock als Restrukturierungsinstrument, S. 219.
[183] *Prinz*, FR 2001, 287.
[184] Zu den unterschiedlichen Formen: *Friedl*, BB 2002, 1157, 1164.
[185] *Flick*, IStR 1995, 231, 232.
[186] *Baums* in Festschrift für Karlheinz Boujong, S. 19, 23; ebenso: *Natusch*, IStR 1999, 122 m.w.N.
[187] *Natusch*, IStR 1997, 609, 610 m.w.N.
[188] *Tonner*, IStR 2002, 317.
[189] *Tonner*, IStR 2002, 317, 318 f.

2. Steuerrechtliche Folgen

a) Sichtweise von Literatur, Finanzverwaltung und Rechtsprechung

Noch nicht diskutiert, geschweige denn geklärt, wurden steuerrechtliche Probleme wie z.B., ob durch Tracking Stocks eine Beteiligung am Nominalkapital der Gesellschaft vorliegt sowie die Angemessenheit der Gewinnanteile abweichend von der Kapitalbeteiligung im Rahmen der Gewinnverwendung.[190] Sowohl die Finanzverwaltung und deren Gerichte, wie auch der BFH haben sich bisher zu Tracking Stocks nicht direkt geäußert, wobei *Balmer/Graessner*[191] auf die Rechtsprechung für die Möglichkeit der Schaffung von „getrackten Strukturen" hinweisen. Dies liegt u.a. daran, dass Tracking Stocks in Deutschland bisher nicht in Unternehmen oder am Markt aufgetaucht sind.

Eine steuerliche Klassifizierung von Tracking Stocks ist schwierig, weil bei ihnen eine vertikale Aufteilung der Rechte vorliegt (bestimmte Rechte sind nur auf Teile der emittierenden Gesellschaft gerichtet).[192] Im Gegensatz dazu erfolgt im Steuerrecht grundsätzlich eine horizontale Aufteilung der Rechte. Aus diesem Grund müssen zusätzliche Abgrenzungskriterien für die steuerliche Einordnung in die Klassen der Finanzierungsinstrumente herangezogen werden.[193]

Ein zentrales steuerliches Problem ist, ab wann das Tracking Stocks-Kapital als Stammkapital des Mutterunternehmens zu charakterisieren ist. Nach US-Steuerrecht kann diese Frage nur für den Einzelfall entschieden werden. Dabei wird auf die Performance von Tracking Stocks, den sog. tracked units (alle Geschäftseinheiten, auf die Tracking Stocks emittiert wurden), und die gegenseitige Bindung abgestellt.[194] Sollten die Bedingungen so gestaltet sein, dass eine Anerkennung der Tracking Stocks als Stammkapital des Mutterunternehmens zugelassen wird, so kommt es nach US-Steuerrecht zu einem steuerpflichtigen Veräußerungsgewinn oder –verlust, wenn ein Umtausch in konventionelle Stammaktien der Muttergesellschaft erfolgt. Die zur Zeit in den USA vorherrschende Meinung spricht sich für eine Qualifikation von Tracking Stock als Beteiligung am emittierenden Unternehmen aus, wenn der Anteilseigner die entsprechenden Rechte und Pflichten als sog. wirtschaftlicher Eigentümer inne hat.[195] Gleiches gilt, wenn nach einem steuerbefreiten Umtausch in eine andere Stock-Gattung die Aktien im Anschluss veräußert werden.[196]

---

[190] *Natusch*, DB 1997, 1141, 1148.
[191] *Balmes/Graessner*, DStR 2002, 838, 839 f.
[192] *Natusch*, „Tracking Stock" als Instrument der Beteiligungsfinanzierung diversifizierter Unternehmen, S. 236.
[193] *Natusch*, IStR 1997, 609, 610.
[194] *Natusch*, IStR 1997, 609, 611.
[195] *Kessler/Schürner*, Wpg 2001, 1041, 1047.
[196] *Natusch*, IStR 1997, 609, 611 f.

Tracking Stocks, die einen bedeutenden Unternehmensbereich der Muttergesellschaft abbilden oder die mit der Performance eines aktiven Geschäftsbereich verbunden sind, können als Stammkapital qualifiziert werden.[197] Einige amerikanische Autoren[198] behaupten, dass Tracking Stocks konventionellen Stammaktien eines Mutterunternehmen in nahezu jeglicher Hinsicht ähneln. Tracking Stocks stellen demnach Stammkapital dar, weil die Aktionäre über die drei Rechte verfügen, die als Kennzeichen („hallmark") für einen Anteil am Stammkapital entscheidend sind. Dabei handelt es sich um das Recht auf Anteil an Gewinnausschüttungen, das Recht auf Anteil am Liquidationserlös sowie um das Stimmrecht.[199] Bis auf die Tatsache, dass sich der Wert der Aktie nur an den Erwartungen des Teilbereiches orientiert, ist die Alphabetaktie (Tracking Stock) der normalen Aktie ähnlich.[200] Ein Gestaltungsmissbrauch i.S.v. § 42 AO dürfte in den meisten Fällen nicht gegeben sein, da durch spezielle Gewinnverteilungsabreden im Rahmen vom Mitarbeiterbeteiligungsmodellen keine Steuerminderung erreicht wird.[201]

Tracking-Stock-Genussscheine werden in aller Regel kumulativ eine Beteiligung am Gewinn und am Liquidationserlös der Kapitalgesellschaft beinhalten, so dass auch steuerlich von beteiligungsähnlichen Genussrechten ausgegangen werden kann.[202]

Ob die Gestaltungsvariante mit atypisch stillen Beteiligungen an einzelnen Geschäftsbereichen als hybride Geschäftsbereichsbeteiligung den „Tracking Stocks" hinreichend ähnlich ist, ist offen.[203] Als steuerliche Konsequenz würden die atypisch stillen Beteiligungen jeweils einzelne Gewerbebetriebe begründen.[204] Demnach könnte es aber aufgrund der Mitunternehmereigenschaft des atypisch Stillen nicht zu einer ähnlichen Beteiligung i.S.v. § 17 Abs. 1 S. 3 EStG kommen, da er gewerbliche Einkünfte erzielen würde und die Veräußerung dieser „Tracking Stock-ähnlichen" atypisch stillen Beteiligung gem. der §§ 16, 34 EStG versteuert werden müsste. Des weiteren kann auf die Ausführungen zur Veräußerung einer atypisch stillen Beteiligung innerhalb dieser Arbeit verwiesen werden.

---

197 *Natusch*, IStR 1997, 609, 616.

198 *Natusch*, IStR 1997, 609, 615 m.w.N. aber zugleich kritisch.

199 *Natusch*, „Tracking Stock" als Instrument der Beteiligungsfinanzierung diversifizierter Unternehmen, S. 92 f. m.w.N.

200 *Flick*, IStR 1995, 231, 232.

201 *Fox/Hüttche/Lechner*, GmbHR 2000, 521, 530.

202 *Müller R.*, WiB 1997, 57, 60.

203 Dazu: *Breuninger/Prinz*, DStR 1996, 1761, 1764.

204 *Breuninger/Prinz*, DStR 1996, 1761, 1764.

b) Eigene Sichtweise

Im Rahmen der Veräußerung von Tracking Stocks könnte ein steuerpflichtiger Veräußerungsgewinn bzw. –verlust aufgrund einer wesentlichen bzw. ähnlichen Beteiligung i.S.v. § 17 Abs. 1 S. 3 EStG nur dann vorliegen, wenn durch die Bereichsaktie ein Gesellschaftsverhältnis begründet wird, welches einem beteiligungsähnlichen Genussrecht entspricht. Zusätzlich muss geklärt werden, ob die Bereichsaktie für die Ermittlung der Beteiligungsquote heranzuziehen ist.

Wie schon erwähnt, muss m.E. im Falle der Genussrechte eine Ausnahme bezüglich der Beteiligungshöhe am Nominalkapital gemacht werden. Im Rahmen der Tracking Stocks kann es demnach zu einer Subsumtion unter § 17 EStG kommen, wenn das Tracking Stocks-Kapital dem Genussrechtskapital hinreichend ähnlich ist und Tracking Stocks den Kapitalgesellschaftsanteilen hinreichend ähnliche Rechte gewähren. Nur in einem solchen Fall sind Tracking Stocks beteiligungsähnlich ausgestaltet.

Werden beteiligungsähnliche Genussrechte veräußert, so liegt eine Veräußerung ähnlicher Anteile i.S.d. § 17 Abs. 1 S. 3 EStG vor, da sich der Begriff der „ähnlichen Beteiligung" auch auf die Genussscheine bezieht bzw. diese selbst eine ähnliche Beteiligung i.S.v. § 17 Abs. 1 S. 3 EStG darstellen. Für die steuerliche Qualifikation der Veräußerung von Tracking Stocks muss zwischen zwei steuerrelevanten Fällen unterschieden werden. Zum einen könnten Tracking Stocks (Bereichsaktien) selbst als ähnliche Anteile in den Bereich des § 17 EStG fallen, zum anderen stellt sich die Frage, ob die Tracking Stocks für die Ermittlung der Beteiligungsquote herangezogen werden können.

Ein Problem bei der steuerlichen Einordnung von Bereichsaktien ergibt sich aus der unscharfen Trennung von Stamm- und Eigenkapital der Muttergesellschaft. Für die Begründung einer ähnlichen Beteiligung i.S.d. § 17 Abs. 1 S. 3 EStG müsste es sich grundsätzlich um Stammkapital handeln. *Natusch*[205] verwendet die beiden Kapitalbegriffe abwechselnd, ohne erkennbare Differenzierung. Dennoch ist das Tracking Stocks-Kapital dem Genussrechtskapital ähnlich ausgestaltet, auch wenn dieses kein Nominalkapital der Gesellschaft ist. Zudem vermitteln Tracking Stocks ähnliche Rechte wie ein Genussrecht. Aufgrund der besonderen Ausgestaltung der Tracking Stocks (insbesondere mit Stimmrechten) liegen beteiligungsähnliche Genussrechte vor, da normale Genussrechte grundsätzlich kein Stimmrecht gewähren.

Zieht man die Tatsache heran, dass Tracking Stocks mehr Rechte verleihen als die Vorzugsaktie, so muss davon ausgegangen werden, dass es sich um einen aktienähnlichen Anteil an einer Kapitalgesellschaft handelt. Aus diesem Grund käme

[205] *Natusch*, „Tracking Stock" als Instrument der Beteiligungsfinanzierung diversifizierter Unternehmen, S. 53 f. beispielhaft (aber auch verteilt über das gesamte Buch).

es m.E. zu einer ähnlichen Beteiligung gem. § 17 Abs. 1 S. 3 EStG. I.E. führen Tracking Stocks zu ähnlichen Genussrechten i.S.d. § 17 Abs. 1 S. 3 EStG, die selbst wiederum eine ähnliche Beteiligung darstellen.

Zusätzlich sind Tracking Stocks als mittelbare Anteile am Mutterunternehmen für die Berechnung der Wesentlichkeitsschwelle entscheidend. Ist der Anteilseigner unwesentlich, d.h. zu unter 1% an der Geschäftseinheit beteiligt, so kann durch die Ausgabe von Tracking Stocks eine „wesentliche Beteiligung" dennoch begründet werden, da nach § 17 Abs. 1 S. 4 EStG auch mittelbare Beteiligungen für die Ermittlung der „Wesentlichkeitsgrenze" mit einzubeziehen sind.[206] Demnach müssen die unmittelbare Beteiligung (am Unternehmen U) und die mittelbare Beteiligung (über Geschäftseinheit an Unternehmen U) mindestens 1% des Nominalkapitals der Kapitalgesellschaft ausmachen.

Bsp.: Gesellschafter A ist zu 0,9% am Unternehmen U beteiligt und hält Tracking Stocks in Höhe von 5% an der Geschäftseinheit I in Deutschland. Die Geschäftseinheit I ist eine 100%-tige Tochtergesellschaft von U, wobei die Geschäftseinheit I 20% des Gesamtunternehmen U ausmacht. Der Gesellschafter A hält insgesamt also eine Beteiligung in Höhe von 0,9 + (5*0,2) = 1,9% , die eine „wesentliche Beteiligung" i.S.v. § 17 EStG darstellt.[207]

Insgesamt kann festgehalten werden, dass in beiden steuerrelevanten Fällen Tracking Stocks zu einer wesentlichen bzw. ähnlichen Beteiligung i.S.v. § 17 Abs. 1 S. 3 EStG führen können, da Tracking Stocks als beteiligungsähnliche Genussrechte qualifizierbar sind. Allerdings wurde dieses Thema weder in Rechtsprechung noch in der Literatur diskutiert, so dass die getroffenen Ergebnisse lediglich eine erste Stellungnahme repräsentieren können.

---

[206] *Schulte*, DB 2000, 1043, 1045.
[207] Ähnlich: *Schmidt/Weber-Grellet*, EStG, § 17 Rz. 67.

II. „Stapled Stock" (Verbundaktie) als beteiligungsähnliches Genussrecht

1. Grundsätzliches

Abb. 8: „Stapled Stock"-Struktur[208]

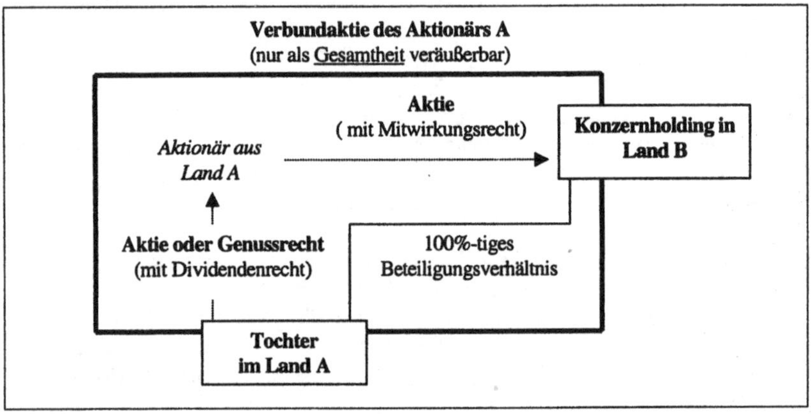

„Durch Stapled Stock-Strukturen sollen grenzüberschreitende Zusammenschlüsse ermöglicht werden, in dem die negativen steuerlichen Konsequenzen, die den Zusammenschluss ansonsten unmöglich machen würden, vermieden werden."[209] Einer der Grundgedanken einer Gestaltung mit Stapled Stocks ist, dass die Anteilseigner die Dividende aus einer Kapitalgesellschaft beziehen, die ihren Sitz im gleichen Land hat, in dem der Anteilseigner unbeschränkt steuerpflichtig ist. Dadurch kommt er – wie in der Gestaltung mit Tracking Stocks – in den Genuss des Anrechnungsverfahren.[210] Den Gesellschaftern sollen zudem auch stimmberechtigte Aktien an der Obergesellschaft gewährt werden, damit eine einheitliche Willensbildung im Konzern gesichert ist.[211] Die ökonomische Zielsetzung liegt vor allem in der Schärfung des lokalen Profils in ausländischen Märkten sowie der Erschließung neuer Finanzierungsquellen.[212]

---

[208] Ähnlich: *Burek*, Die Besteuerung der Holdinggesellschaft, 1998, S. 203; *Smith/Thalhammer*, Die Verbundaktie, S. 10; etwas anders: *Kessler/Schürner*, Wpg 2001, 1041.

[209] *Smith/Thalhammer*, Die Verbundaktie, S. 9; ebenso: *Müller-Dott* in Herzig (Hrsg.), Körperschaftsteuerguthaben bei grenzüberschreitenden Kooperationen, S. 1, 9.

[210] *Smith/Thalhammer*, Die Verbundaktie, S. 2; *Burek*, Die Besteuerung der Holdinggesellschaft, S. 203; offen gelassen: *Müller-Dott* in Herzig (Hrsg.), Körperschaftsteuerguthaben bei grenzüberschreitenden Kooperationen, S. 1, 11.

[211] *Burek*, Die Besteuerung der Holdinggesellschaft, S. 203.

[212] *Kessler/Schürner*, Wpg 2001, 1041, 1042.

Hinzuweisen ist auf die Abschaffung des Anrechnungsverfahren und die Einführung des sog. Halbeinkünfteverfahren, welches sowohl für Steuerinländer als auch – ausländer Gültigkeit hat. Diese seit dem 1.1.2001 – aufgrund des StSenkG[213] – veränderte Steuerlandschaft könnte die bisherigen Gründe für eine Gestaltung mit Stapled Stocks hinfällig werden lassen.[214] Dennoch kann das Modell auf europäischer Ebene, wie z.B. in Frankreich oder Italien, auch weiterhin zur Ausnutzung von Körperschaftsteueranrechnungsguthaben genutzt werden.[215]

Um eine einzelne Veräußerung der dividendenberechtigten Aktie von der stimmberechtigten Aktie zu vermeiden, müssen die beiden Wertpapiere miteinander verknüpft („stapled"; „Staple" = Heftklammer[216]) werden. Es soll erreicht werden, dass das zur Dividendenberechtigung führende Papier („Income Access Share") mit dem stimmberechtigten Papier so zusammenhängt, dass nur beide Papiere gemeinsam gehandelt werden können.[217]

Das Gewinnbezugsrecht eines Gesellschafters an der einen Gesellschaft ist bei der Ausgabe von Stapled Stocks in dem Maße reduziert, in dem er dasjenige der anderen Gesellschaft bereits geltend gemacht hat. Die Gesellschafter besitzen somit zweierlei Gesellschaftsrechte.[218] So könnte man an ein Wertpapier denken, auf das eine deutsche Aktie und eine ausländische Aktie gleichzeitig gedruckt sind. Mit einem derartigen Papier wird man aber wohl nicht viel erreichen, da der deutsche Aktionär einen Anspruch auf eine Aktie an seiner Gesellschaft entsprechend der Satzung hat. Ein solches einheitliches Wertpapier erfüllt den Anspruch des Aktionärs nicht.[219]

„Die bestmögliche Form der Verknüpfung scheint die Depotrechtliche zu sein, bei der lediglich Depot-Zertifikate gehandelt werden, die Miteigentum an zwei Rechten verschaffen, nämlich dem Stimmrechtspapier an der Muttergesellschaft und dem Dividendenpapier der Tochtergesellschaft, ohne dass ein Anspruch auf die zugrunde liegenden Aktien besteht. Danach werden am Markt nicht die Aktien der beiden Gesellschaften gehandelt, sondern lediglich Depot-Zertifikate. Ein Depot vermittelt danach Miteigentum an der gleichen Anzahl von Stimmrechtswertpapieren und Dividendenpapieren. Der Anspruch auf Auskehrung der jeweils zugrunde liegenden Aktien wird ausgeschlossen. Die Verknüpfung ist somit zwar nicht dinglich, wohl aber faktisch erzielt. Wird die beschriebene günstige Form der depotrechtlichen Verknüpfung gewählt, sind die Aktionäre unmittelbar an beiden Gesellschaften

[213] Dazu: *Dötsch/Pung*, DB 2000, Beilage Nr. 4/2000
[214] So bereits: *Burek*, Die Besteuerung der Holdinggesellschaft, S. 215 f.
[215] *Kessler/Schürner*, Wpg 2001, 1041, 1049.
[216] *Smith/Thalhammer*, Die Verbundaktie, S. 2 in Fußnote 7.
[217] *Burek*, Die Besteuerung der Holdinggesellschaft, S. 205; *Bogenschütz* in Haarmann, Finanzierungen, Ausschüttungen und Nutzungsüberlassungen im internationalen Steuerrecht, 1999, S. 53, 77 f.
[218] *Herzig* in Herzig (Hrsg.), Körperschaftsteuerguthaben bei grenzüberschreitenden Kooperationen, 1996, S. 85, 96 f.
[219] *Haarmann* in Herzig (Hrsg.), Körperschaftsteuerguthaben bei grenzüberschreitenden Kooperationen, S. 41, 49.

beteiligt."[220] Dadurch wird auch eine Börsennotierung des Wertpapierpaketes obsolet, welches zur Verhinderung von Nachteilen zwischen Stammaktionären und Genussschein bzw. Vorzugsaktienbesitzern nötig gewesen wäre.[221]

Das Problem bei Verbundaktien ist die zivilrechtliche Trennung von Gesellschaftsrechten und Dividendenfluss. Die Trennung ist wirtschaftlich ohne Substanz, da die beiden Rechtspositionen, welche die Gesellschaftsrechte und die Dividende verbriefen, jeweils nur zusammen erworben und veräußert werden können.[222] Es erfolgt somit eine unterschiedliche Zuordnung von Mitwirkungs- und Vermögensrechten.[223] Es müssen allerdings vertragliche Vorkehrungen getroffen werden, falls eine unterschiedliche Gewinnentwicklung der beiden Gesellschaften eintritt. Dieser Konflikt wird in der Regel dadurch gelöst, dass das Gewinnbezugsrecht gegenüber der Obergesellschaft wieder auflebt, wenn der Gewinn derjenigen Tochter, an der die Dividendenberechtigung besteht, einen bestimmten Prozentsatz des Gewinns der anderen Gesellschaft unterschreitet.[224]

Das Gestaltungsziel des Modells besteht in der unterschiedlichen Zuordnung von Mitwirkungs- und Vermögensrechten aus der kooperationsrechtlichen Mitgliedschaft. Die unterschiedlichen zivilrechtlichen Beteiligungsformen des § 17 Abs. 1 S. 3 EStG sind dabei in unterschiedlichem Ausmaß privatautonomer Disposition zugänglich und sollen kurz auf ihre Eignung für eine Stapled Stock-Gestaltung untersucht werden.

Aufgrund der Vielzahl aktienrechtlicher Regelungen im AktG ist es dinglich nicht möglich, die angestrebte Mitverkaufsverpflichtung von Stimmrechts- und Gewinnbezugsaktien in der Aktie selbst bzw. der Satzung als Nebenleistungsverpflichtung i.S.d. § 55 Abs. 1 AktG zu regeln. Denkbar wäre eine zusätzliche schuldrechtliche Vereinbarung, die aber abzulehnen ist, da eine schuldrechtliche Verpflichtung leicht durchbrochen werden kann und in Vollstreckungsfällen nicht zu beachten ist. Für GmbH-Anteile bestehen die geschilderten Probleme zwar nicht, dennoch werden die Anteile an einer GmbH häufig ausscheiden, da die geforderte Börsennotierung in diesem Fall nicht möglich ist.[225]

Als Alternative bietet sich wiederum die Ausgabe von Genussrechten an, da sie ein außerordentlich flexibles Instrument für die Gestaltung von Gewinnbezugsrechten

---

[220] *Herzig* in Herzig (Hrsg.), Körperschaftsteuerguthaben bei grenzüberschreitenden Kooperationen, S. 85, 98 f.; zu verschiedensten Gestaltungsvarianten siehe: *Smith/Thalhammer*, Die Verbundaktie, S. 10 ff. und 30 ff.; *Burek*, Die Besteuerung der Holdinggesellschaft, S. 204 f.

[221] *Smith/Thalhammer*, Die Verbundaktie, S. 18 f.

[222] *Thiel*, StbJb 1996/97, S. 79, 91.

[223] *Burek*, Die Besteuerung der Holdinggesellschaft, S. 205.

[224] *Kessler/Schürner*, Wpg 2001, 1041.

[225] *Haarmann* in Herzig (Hrsg.), Körperschaftsteuerguthaben bei grenzüberschreitenden Kooperationen, S. 41, 47.

darstellen.[226] Sie eignen sich insbesondere zur Schaffung von Verbundaktien, da durch sie keine Mitgliedschaftsrechte gewährt werden. Die Voraussetzung ist allerdings, dass die Tochtergesellschaft ihren Sitz in Deutschland hat, da nur in diesem Fall die Gewährung von Vermögensrechten ausreicht.[227] Im Falle, dass die Muttergesellschaft in Deutschland ansässig ist, müssen Stimmrechtsanteile, also Aktien oder GmbH-Anteile, ausgegeben werden.[228] Durch diese Gestaltungsmöglichkeit kann die „Verbund**aktie**" nicht immer wörtlich verstanden werden.

2. Steuerrechtliche Folgen

a) Sichtweise von Literatur, Finanzverwaltung und Rechtsprechung

Aus steuerlicher Sicht stellt sich unter anderem die interessante Frage, ob durch die Gewährung zusätzlicher Rechtspositionen an den Tochtergesellschaften ein eigentlich "unwesentlich" Beteiligter (zu weniger als 1% an der ausländischen Muttergesellschaft beteiligt) in die Position eines "wesentlich" beteiligten Gesellschafters geraten kann. Wäre dies der Fall, so könnte eine ähnliche Beteiligung i.S.d. § 17 Abs. 1 S. 3 EStG in Form des Stapled Stock vorliegen und ein etwaiger Veräußerungsgewinn bzw. –verlust wäre steuerbar.

Die steuerliche Zuordnung der Stapled Stocks hängt zunächst einmal von der zivilrechtlichen Ausgestaltung ab. Die Ausgestaltung mit Aktien oder GmbH-Anteilen bleibt außen vor, da sie, aufgrund der zu großen Problematik, für Stapled Stocks nicht geeignet sind.[229] Die steuerliche Zuordnung ist in den Fällen der Stapled Stock-Modelle noch nicht abschließend geklärt, weil das Stammrecht an der inländischen Gesellschaft nicht dem Dividendenberechtigten, sondern der Muttergesellschaft zusteht. Bei teleologischer Auslegung des § 20 Abs. 2 Buchst. a EStG kann sich allerdings wirtschaftliches Eigentum (§ 39 AO) des Dividendenberechtigten über die mittelbare Beteiligung an der inländischen Gesellschaft über die ausländische Muttergesellschaft begründen lassen.[230]

Da die entsprechenden Genussscheinbedingungen im Rahmen von Stapled Stocks vom typischen Bild der Genussrechte abweichen, wird es nicht möglich sein, die steuerlichen Grundsätze für Genussrechte als Gesamtheit auf den Fall der Verbundaktien zu übertragen.[231] Bei der Verbindung von Genussrechten und Verbundaktie kommt es zu einer unmittelbaren Beteiligung an beiden

---

[226] *Burek*, Die Besteuerung der Holdinggesellschaft, S. 208.
[227] *Haarmann* in Herzig (Hrsg.), Körperschaftsteuerguthaben bei grenzüberschreitenden Kooperationen, S. 41, 49; ähnlich: *Smith/Thalhammer*, Die Verbundaktie, S. 20 ff.
[228] *Burek*, Die Besteuerung der Holdinggesellschaft, S. 208.
[229] *Bogenschütz* in Haarmann, Finanzierungen, Ausschüttungen und Nutzungsüberlassungen im internationalen Steuerrecht, S. 53, 74 ff. mit weiteren Gestaltungsvarianten.
[230] *Müller-Dott* in Herzig (Hrsg.), Körperschaftsteuerguthaben bei grenzüberschreitenden Kooperationen, S. 1, 12; *Herzig* in Herzig (Hrsg.), Körperschaftsteuerguthaben bei grenzüberschreitenden Kooperationen, S. 85, 98 f.
[231] *Burek*, Die Besteuerung der Holdinggesellschaft, S. 213.

Gesellschaften. Sowohl die Aktie als auch der Genussschein sind selbständige Wertpapiere, deren Fortbestehen nicht – auch bei einer Verbundaktie – von der Existenz des anderen abhängig ist. Dennoch kann nur über die Gesamtheit verfügt werden.[232] Es liegt aufgrund der § 20 Abs. 2 Buchstabe a EStG i.V.m. § 39 AO eine unmittelbare Anteilseignerschaft vor.[233]

Typischerweise handelt es sich beim Genussschein um eine nachrangige Fremdkapitalüberlassung, die eine Beteiligung am Gewinn und Liquidationserlös gewährt und steuerlich als Eigenkapital behandelt wird.[234] Nachdem Genussrechte aufgrund der h.M.[235] als Gläubigerrecht sui generis – und eben nicht als Mitgliedschaftsrecht – eingeordnet werden, ist sicherzustellen, dass die die Funktion der „Income Access Shares" erfüllenden Genussrechte steuerlich als Eigenkapital behandelt werden. Dies setzt voraus, dass mit den Genussrechten das Recht am Gewinn und am Liquidationserlös der Gesellschaft verbunden ist. Es müssen demnach die Voraussetzungen des § 8 Abs. 3 S. 2 KStG erfüllt sein.[236]

Werden hingegen nur Gewinnbezugsrechte oder nur Stimmrechte ausgegeben, ist das zu wenig, um wirtschaftliches Eigentum im Sinne des § 20 Abs. 2 Buchstabe a EStG respektive § 39 AO zu erhalten. Es muss ein gewisses Stammrecht vorhanden sein. Das beinhaltet das Genussrecht nicht. Dennoch kann – wenn das Gesetz die Wertung vornimmt, dass eine Beteiligung am Gewinn und am Liquidationserlös ausreicht – durch Genussrechte wirtschaftliches Eigentum i.S.d. § 20 Abs. 2 Buchstabe a EStG an dem Recht erlangt werden, welches die Dividendenberechtigung und das Anrechnungsguthaben gewährt.[237] „Es wäre hilfreich, wenn durch eine Gesetzesänderung in die Bestimmung des § 20 Abs. 2 Buchstabe a EStG klärend eingefügt würde, dass eine unmittelbare und/oder mittelbare Zurechnung genügt. Das vorgestellte Modell dient nicht einer Manipulation, wie sie § 20 Abs. 2a EStG verhindern will; vielmehr soll es einen Verlust an rechtlicher Substanz verhindern. Deshalb steht einer solchen Interpretation bzw. Gesetzesklarstellung weder dogmatisch noch steuerpolitisch etwas entgegen."[238]

Fraglich ist, ob die Verwendung von Stapled Stocks eine missbräuchliche Nutzung zivilrechtlicher Gestaltungsformen darstellt, der die steuerrechtliche Anerkennung zu

---

[232] *Smith/Thalhammer*, Die Verbundaktie, S. 28 f.

[233] *Smith/Thalhammer*, Die Verbundaktie, S. 39; *Bogenschütz* in Haarmann, Finanzierungen, Ausschüttungen und Nutzungsüberlassungen im internationalen Steuerrecht, S. 53, 6.

[234] BFH-Urteil v. 19.1.1994, BStBl. II 1996, 77, 79; ebenso: *Burek*, Die Besteuerung der Holdinggesellschaft, S. 213.

[235] Für viele: *Bogenschütz* in Haarmann, Finanzierungen, Ausschüttungen und Nutzungsüberlassungen im internationalen Steuerrecht, S. 53, 81 f.

[236] *Smith/Thalhammer*, Die Verbundaktie, S. 33.

[237] *Haarmann* in Herzig (Hrsg.), Körperschaftsteuerguthaben bei grenzüberschreitenden Kooperationen, S. 59, 70 ff.

[238] *Müller-Dott* in Herzig (Hrsg.), Körperschaftsteuerguthaben bei grenzüberschreitenden Kooperationen, S. 1, 12.

versagen ist (§ 42 AO).[239] Aufgrund des nicht voll ausgereiften Anrechnungsverfahrens sind Stapled Stocks zwar ihrer Art nach eigentümlich, gleichwohl aber nicht rechtsmissbräuchlich[240], da sie nur dem (insoweit falsch konzipierten) Anrechnungsverfahren Rechnung tragen. I.E. wird ein Rechtsmissbrauch nicht gegeben sein[241], zumal das Anrechnungsverfahren zum 1.1.2001 durch das Halbeinkünfteverfahren ersetzt worden ist.

Haarmann[242] lässt offen, wie bei Veräußerungen von Stapled Stock die Zuordnung eines Veräußerungsgewinnes zu den Dividenden bzw. zum Stimmrechtsanteil erfolgt. Diese Thematik könnte auch für beschränkt steuerpflichtige Aktionäre bei der Veräußerung „wesentlicher Beteiligungen", wenn kein DBA-Schutz besteht, erheblich sein. I.E. gibt es bisher keine Sichtweisen von Rechtsprechung oder Literatur zur steuerlichen Behandlung der Veräußerung von Stapled Stocks im Privatvermögen. Daher wurde die mögliche Subsumtion unter § 17 EStG bisher auch nicht diskutiert.

b) Eigene Sichtweise

Im Rahmen der Veräußerung von Stapled Stocks, könnte ein steuerpflichtiger Veräußerungsgewinn bzw. –verlust aufgrund einer wesentlichen bzw. ähnlichen Beteiligung i.S.v. § 17 Abs. 1 S. 3 EStG nur dann vorliegen, wenn durch die Verbundaktie ein Gesellschaftsverhältnis begründet wird, welches einer Beteiligung an einer Kapitalgesellschaft entspricht oder wenn sie wie ein beteiligungsähnliches Genussrecht ausgestaltet ist. Hinzuweisen ist wiederum auf die Ausnahmestellung der Genussrechte innerhalb des § 17 EStG. Für die steuerliche Qualifikation der Veräußerung von Stapled Stocks muss zwischen verschiedenen steuerrelevanten Fällen unterschieden werden. Einerseits könnte das Genussrecht – als Teil der Stapled Stocks – als ähnlicher Anteil in den Bereich des § 17 Abs. 1 S. 3 EStG fallen, andererseits könnte die Veräußerung der Stapled Stocks selbst als ähnliche Beteiligung i.S.v. § 17 Abs. 1 S. 3 EStG qualifiziert werden. Zusätzlich muss geklärt werden, ob die Alternativen für die Ermittlung der Beteiligungsquote heranzuziehen sind.

Genussrechte, die einen Teil von Stapled Stocks repräsentieren, können m.E. nicht beteiligungsähnlich ausgestaltet sein, da sie lediglich ein dividendenberechtigtes Wertpapier darstellen. Daher fehlt es an der Voraussetzung der Beteiligung am Liquidationserlös. Genussrechte im Zusammenhang mit Stapled Stocks sind

---

[239] *Burek*, Die Besteuerung der Holdinggesellschaft, S. 210.
[240] *Smith/Thalhammer*, Die Verbundaktie, S. 42 f.
[241] *Bogenschütz* in Haarmann, Finanzierungen, Ausschüttungen und Nutzungsüberlassungen im internationalen Steuerrecht, S. 53, 69; *Müller-Dott* in Herzig (Hrsg.), Körperschaftsteuerguthaben bei grenzüberschreitenden Kooperationen, S. 1, 11; kritisch: *Thiel*, StbJb 1996/97, S. 79, 91.
[242] *Haarmann* in Herzig (Hrsg.), Körperschaftsteuerguthaben bei grenzüberschreitenden Kooperationen, S. 41, 56 f.

demnach nicht als ähnliche Beteiligung i.S.d. § 17 Abs. 1 S. 3 EStG zu qualifizieren. Auch eine alleinige Veräußerung der Genussrechte ist nicht möglich, da die Verbundaktie lediglich als Gesamtheit veräußerbar ist. I.E. handelt es sich bei Genussrechten – als Teil der Verbundaktie – um obligationsähnliche Genussrechte. Darum sind sie bei der Berechnung der Beteiligungsquote gem. § 17 EStG auch nicht mit einzubeziehen, da sie eben keine Beteiligung am Liquidationserlös gewähren.

Werden ausnahmsweise Aktien oder GmbH-Anteile – als Teil der Verbundaktie – an einer deutschen Tochterkapitalgesellschaft gewährt, so handelt es sich um „echte" Anteile und nicht um ähnliche Anteile i.S.v. § 17 Abs. 1 S. 3 EStG. Auch diese können nicht getrennt von den Aktien an der Obergesellschaft veräußert werden, denn eine Veräußerung kann nur im Verbund erfolgen. Da es sich aber um Anteile i.S.v. § 17 EStG handelt, sind sie bei der Ermittlung der „Wesentlichkeitsgrenze" zu berücksichtigen.

Stapled Stocks selbst gewähren hingegen sowohl einen Anteil am Nominalkapital der Obergesellschaft, als auch ein zusätzliches dividendenberechtigtes Wertpapier. Damit sind sie m.E. als ähnlicher Anteil i.S.v. § 17 Abs. 1 S. 3 EStG zu qualifizieren. Sie stellen allerdings kein beteiligungsähnliches Genussrecht dar, sondern sind eine den Aktien oder GmbH-Anteilen ähnliche Gestaltungsvariante. Zu beachten ist allerdings, dass die ausländische Obergesellschaft mit einer inländischen Kapitalgesellschaft vergleichbar sein muss, damit eine Subsumtion unter § 17 EStG möglich ist. Insoweit kann auf das Kapitel der „ausländischen Kapitalgesellschaften" mit dem hierfür entscheidenden Typenvergleich verwiesen werden.

Entsteht bei der Veräußerung einer Verbundaktie – an einer der deutschen ähnlichen Kapitalgesellschaft und einer deutschen Tochtergesellschaft – ein Veräußerungsgewinn bzw. –verlust, so ist dieser nach § 17 EStG steuerpflichtig. Meiner Meinung nach stellt eine Gestaltung in Form von Stapled Stocks keinen Missbrauchstatbestand des § 42 AO dar, da der Erhalt des Anrechnungsguthabens generell nicht als missbräuchliche Steuerumgehung qualifiziert werden kann. Insoweit ist *Bogenschütz*[243] Recht zu geben.

Es hat sich gezeigt, dass Stapled Stock-Modelle ein außerordentlich interessantes Gestaltungsinstrument darstellen, dessen zivil- und steuerrechtliche Fragen jedoch noch nicht abschließend geklärt werden konnten, und die sich nach Abschaffung des Anrechnungsverfahrens auch in einem neuen Licht präsentieren werden. Gerade die Besteuerung der Veräußerung von Verbundaktien, was in dieser Arbeit zum ersten Mal diskutiert wurde, stellt ein nicht gelöstes Problem dar. Dadurch ist es nicht möglich, sich auf eine gefestigte Rechtsprechung bzw. Literaturmeinung zu berufen.

---

[243] *Bogenschütz* in Haarmann, Finanzierungen, Ausschüttungen und Nutzungsüberlassungen im internationalen Steuerrecht, S. 53, 69; kritisch: *Thiel*, StbJb 1996/97, S. 79, 91.

§ 8 „Ähnliche Anteile" im Rahmen einer typisch/atypisch stillen Beteiligung

Die stille Gesellschaft ist im HGB nicht explizit geregelt.[1] Ihre Begriffsmerkmale ergeben sich aus den §§ 230 bis 237 HGB und aus den §§ 705 ff. BGB, wobei die stille Gesellschaft eine reine Innengesellschaft bürgerlichen Rechts ist.[2, 3] Damit ist sie als Personengesellschaft zu qualifizieren.[4] Der Begriff der Innengesellschaft ergibt sich bereits aus dem Begriff der „stillen" Beteiligung.[5] Stille Beteiligungen sind nicht nur am Handelsgewerbe eines Einzelkaufmanns oder einer Personengesellschaft, sondern auch an einer GmbH oder AG handels- und steuerrechtlich möglich. Das gilt selbst für den Fall, dass die Kapitalgesellschaft kein Handelsgewerbe betreibt.[6]

„Wesentliches Merkmal der stillen Gesellschaft ist auch, dass sich die Beteiligten zur Erreichung eines gemeinsamen Zweckes (Gesellschaftszweck) verbunden haben und dass daher der stille Gesellschafter einen klagbaren Anspruch darauf hat, dass der Gewerbebetrieb, an dem er sich beteiligt hat, fortgeführt wird und in seinen wesentlichen Grundlagen keine Änderung gegen seinen Willen erfährt."[7]

Nach § 335 HGB ist die Einlage eines stillen Gesellschafters so zu bewirken, dass sie in das Vermögen des Geschäftsinhabers übergeht.[8] „Von Bedeutung ist, dass sich der stille Gesellschafter nicht an der Kapitalgesellschaft selbst beteiligt, sondern an deren Handelsgewerbe."[9] Die stille Gesellschaft besitzt keine Rechts- oder Teilrechtsfähigkeit, wobei es dabei keinen Unterschied macht, ob es sich um eine typisch oder atypisch stille Beteiligung handelt.[10] Die aus der stillen Beteiligung an einer GmbH oder AG resultierenden Gesellschaftsrechte, wie Vermögens- oder Verwaltungsrechte, sind von den Rechten eines „normalen" Gesellschafters zu unterscheiden, weil die stille Beteiligung an der Kapitalgesellschaft keine Beteiligung an dieser selbst ist, sondern lediglich eine Beteiligung am Gewerbe der Kapitalgesellschaft.[11]

---

1 *Fox/Hüttche/Lechner*, GmbHR 2000, 521, 524 ff. m.w.N.
2 BFH-Urteil v. 23.2.2000, DB 2000, 2456, 2457.
3 *Gram/Federmann*, Handbuch der Bilanzierung, Kapitel 128, Rz. 1; *Bordt* in Wysocki/Schulze-Osterloh, Handbuch des Jahresabschlusses in Einzeldarstellungen, Band 2, Abt. III, Rz. 280 ff.; *Küting/Kessler*, BB 1994, 2103, 2113; *Ettinger*, Stock Options, S. 9; *Sterzenbach*, DStR 2000, 1669; ausführlich: Kessler/Reitsam, DStR 2003, Teil I, S. 269 ff.
4 OFD Rostock v. 19.12.1999, DStR 2000, 591.
5 *Jestädt*, DStR 1993, 387, 389; *Lienau/Lotz*, DStR 1991, 618.
6 *Horn/Maertins*, GmbHR 1994, 147, 148.
7 *Sterner*, DB 1985, 2316; ähnlich mit ausführlichen Motiven: *Rödel*, INF 2003, 140.
8 OFD Rostock v. 19.12.1999, DStR 2000, 591; *Ditges*, DStR 1986, 243 f.; *Stüttgen*, Die stille Beteiligung an der Familien-GmbH, S. 105.
9 *Blaurock*, BB 1992, 1969.
10 *Gaßner*, JbFSt 1985/86, 353, 354.
11 *Biber*, DStR 1984, 424, 425.

Eine Buchführungs- und Bilanzierungspflicht besteht weder bei der typisch stillen noch bei der atypisch stillen Gesellschaft.[12] „Die Geschäftsführungsbefugnis steht allein dem Geschäftsinhaber zu, der stille Gesellschafter hat lediglich Kontroll- und Widerspruchsrechte."[13]

Die stille Beteiligung unterscheidet sich von einem Darlehen dahingehend, dass die stille Gesellschaft eine Gesellschaft im Sinne des Handelsrechts ist.[14] Unentbehrliche Voraussetzung für das Vorliegen einer stillen Gesellschaft ist dabei die Beteiligung am Gewinn.[15] „Eine Beteiligung am Gewinn liegt vor, wenn der Anteil des stillen Gesellschafters von dem Ergebnis des Geschäftsbetriebs abhängig ist. Der stille Gesellschafter hat also die Gefahr, dass ein Gewinn erzielt wird, mitzutragen."[16] „Die Verlustbeteiligung kann gesellschaftsvertraglich ausgeschlossen werden; die Gewinnbeteiligung des stillen Gesellschafters hingegen ist unverzichtbares Wesensmerkmal der stillen Gesellschaft."[17] Eine Beteiligung am Verlust kann sowohl im Rahmen der typisch als auch atypisch stillen Gesellschaft gewährt werden.[18] Existiert eine Verlustbeteiligung, so ist der stille Gesellschafter der Position eines Kapitalgesellschafters angenähert.[19]

Aus gerade dieser Annäherung und der somit „ähnlichen" Stellung des stillen Beteiligten entsteht die theoretische Möglichkeit der ähnlichen Beteiligung i.S.d. § 17 Abs. 1 S. 3 EStG. Auch sei die Einlage eines stillen Gesellschafters kein Leih-, sondern verantwortliches Kapital[20], welches eine Subsumtion unter § 17 EStG möglich machen würde. Dennoch entsteht kein Gesellschaftsvermögen.[21]

Die stille Beteiligung an einer Kapitalgesellschaft umfasst nur die stille Beteiligung als solche. Andere Rechtsbeziehungen sind getrennt davon zu betrachten. Insbesondere müssen die stille Beteiligung und die Beteiligung an der GmbH im Falle der GmbH & Still als zwei getrennt zu beurteilende Wirtschaftsgüter des Privatvermögens (sofern es sich nicht um Betriebsvermögen handelt) betrachtet werden.[22] Aus diesem Grunde wird die typisch stille Einlage als ein qualifizierter Kredit betrachtet, der nicht dem Eigenkapital, sondern dem Fremdkapital zugeordnet

---

[12] OFD Rostock v. 19.12.1999, DStR 2000, 591; OFD Frankfurt am Main v. 14.9.2000, GmbHR 2000, 1276, 1277; *Gram/Federmann*, Handbuch der Bilanzierung, Kapitel 128, Rz. 25; *Sterzenbach*, DStR 2000, 1669.

[13] *Burmester* in Haarmann (Hrsg.), Unternehmensstrukturen und Rechtsformen im internationalen Steuerrecht, 1996, S. 125; Kessler/Reitsam, DStR 2003, Teil I, S. 269, 270.

[14] Dazu: *Dautel*, BB 2000, 1757, 1759.

[15] Grundlegend zu Definition, Gründung und Merkmale der stillen Gesellschaft: *Stüttgen*, Die stille Beteiligung an der gewerblichen Familien-GmbH, S. 96 ff.

[16] *Fu*, Die stille Gesellschaft im internationalen Steuerrecht aus deutscher Sicht, 1997, S. 26.

[17] *Blaurock*, BB 1992, 1969; ähnlich: *Rödel*, INF 2003, 140, 143 f.

[18] *Gram/Federmann*, Handbuch der Bilanzierung, Kapitel 128, Rz. 12.

[19] *Sarrazin*, StbJb 1985/86, 135, 142.

[20] *Reusch*, BB 1989, 2358, 2359.

[21] *Jestädt*, DStR 1993, 387, 389.

[22] *Stüttgen*, Die stille Beteiligung an der gewerblichen Familien-GmbH, 1988, S. 383 und 420.

wird.[23] *Küting/Kessler*[24] sind allerdings der Auffassung, dass die Grundsätze der HFA-Stellungnahme 1/1994[25] auch auf stille Beteiligungen übertragbar sind und dass es somit auch bei stillen Beteiligungen zu bilanziellem Eigenkapital kommen kann.

„Es ist auf folgende Gemeinsamkeiten beider Arten der stillen Gesellschaft hinzuweisen, die auch im Steuerrecht gelten: Sowohl die typisch als auch die atypisch stille Gesellschaft bleiben Innengesellschaften. Deshalb sind weder die typisch stille Gesellschaft als solche, noch die atypisch stille Gesellschaft selbständige Steuersubjekte. Steuersubjekte sind vielmehr die jeweiligen Beteiligten, also der Geschäftsinhaber und der stille Gesellschafter. Zudem besteht auch im Steuerrecht kein Gesellschaftsvermögen, da eine Einlage des stillen Gesellschafters in das Vermögen des Geschäftsinhabers übergehen muss."[26] Damit entsteht – entgegen der Ansicht *von Einem*[27] – keine gesellschaftsrechtliche Beteiligung.

A. Unterschiedliche Varianten der stillen Beteiligung

Sowohl das Steuerrecht als auch das Handelsrecht unterscheiden zwei Arten von stillen Gesellschaften.[28] Zum einen existiert die typisch stille Gesellschaft und zum anderen die atypisch stille Gesellschaft.[29] „Steuerlich kommt es für die Frage der stillen Beteiligung nicht auf die formelle Bezeichnung des Rechtsverhältnisses an, sondern auf den wirtschaftlichen Inhalt und die tatsächliche Ausgestaltung des Vertragsverhältnisses."[30]

Die typisch stille Gesellschaft spielt sich nur im Innenverhältnis zwischen Beteiligtem und Gesellschafter ab.[31] Es handelt sich um einen stillen Geldgeber, der eben nicht nach Außen in Erscheinung tritt und sich somit nur kapitalmäßig am Handelsgewerbe eines Dritten beteiligt.[32] Aus diesem Grund wird der Beteiligte kein Gesellschafter.[33] Er erzielt Kapitaleinkünfte, die im Rahmen des § 20 Abs. 1 Nr. 4 EStG zu versteuern sind.[34, 35] Die dem stillen Gesellschafter zustehenden Gewinnanteile gehören deshalb nicht zum Gewinn der Kapitalgesellschaft, sondern

23 *Schmidt* in Festschrift für Reinhard *Goerdeler*, 1987, S. 487, 491.
24 *Küting/Kessler*, BB 1994, 2103, 2114.
25 HFA-Stellungnahme, Wpg 1993, 446 ff.
26 *Fu*, Die stille Gesellschaft im internationalen Steuerrecht aus deutscher Sicht, S. 28.
27 *Einem, von* in Haarmann, Hemmelrath & Partner (Hrsg.), Gestaltung und Analyse in der Rechts-, Wirtschafts- und Steuerberatung von Unternehmen,1998, S. 389, 392; sich selbst einschränkend: *Einem, von* in Haarmann u.a., StbJb 1998/99, 545, 566.
28 Ausführlich zur Abgrenzung: Kessler/Reitsam, DStR 2003, Teil I, S. 269, 272 f.
29 *Fu*, Die stille Gesellschaft im internationalen Steuerrecht aus deutscher Sicht, S. 26.
30 *Schulze zur Wiesche*, BB 1982, 1974.
31 *Schmidt/Heinicke*, EStG, § 20 Rzn. 130 ff.
32 *Ehlers*, AktStR 1998, 307, 308.
33 Ähnlich: *Gram/Federmann*, Handbuch der Bilanzierung, Kapitel 128, Rz. 1.
34 OFD Frankfurt am Main v. 14.3.2001, DStZ 2001, 562.
35 *Blaurock*, BB 1992, 1969, 1972.

lediglich zu seinem eigenen Einkommen.[36] Laufende Verluste können bis zur Höhe seiner Einlage als Werbungskosten bei seinen Einkünften aus Kapitalvermögen geltend gemacht werden.[37, 38]

Bei der typisch stillen Gesellschaft gibt es kein Problem bei der Abgrenzung zum steuerlichen Eigenkapital, denn der Fremdfinanzierungscharakter ist eindeutig.[39] Es entsteht grundsätzlich kein „Quasi-Eigenkapital", da es sich lediglich um ein Forderungsrecht mit zusätzlichen Rechten handelt.[40] Aber auch die Annahme von funktionalem Eigenkapital in Ausnahmefällen[41] führt nicht zu einer Beteiligung am Nominalkapital, welches entscheidend für die Subsumtion unter § 17 EStG ist.

Entspricht die Stellung des stillen Gesellschafters mehr der eines Gesamthänders, was die vermögensmäßige Beteiligung anbelangt, und der eines Kommanditisten, was die Gesellschafterstellung im Innenverhältnis betrifft[42], handelt es sich um eine atypisch stille Gesellschaft mit der Folge, dass der stille Gesellschafter als Mitunternehmer des Handelsgewerbetreibenden anzusehen ist.[43] „Die atypisch stille Beteiligung entsteht handelsrechtlich durch eine Ausweitung der Rechte, die dem stillen Gesellschafter über den gesetzlich geregelten Grundtatbestand hinaus eingeräumt werden.[44] Ausnahmsweise kann auch das wirtschaftliche Gewicht der stillen Beteiligung zu einer atypisch stillen Beteiligung führen.[45] Dies wäre z.B. dann der Fall, wenn die Gesellschaft ohne die Einlage des Stillen nicht überlebensfähig wäre.[46]

Eine atypisch stille Beteiligung liegt vor, wenn der Beteiligte Mitunternehmerinitiative[47] zeigt und ein gewisses Mitunternehmerrisiko[48], welches sich grundsätzlich in der Beteiligung an den stillen Reserven ausdrückt, trägt.[49, 50] Entscheidend dafür sind die Vereinbarungen im Gesellschaftsvertrag.[51] Die beiden Merkmale können im Einzelfall stärker oder schwächer ausgeprägt sein, denn sie

---

[36] *Stüttgen*, Die stille Beteiligung an der gewerblichen Familien-GmbH, 1988, S. 381.

[37] BFH-Urteil v. 23.7.2002, DStZ 2002, 792 ff.

[38] *Steinhauff*, NWB, Fach 3, 10323, 10325 m.w.N.; *Dautel*, BB 2000, 1757, 1760.

[39] *Reusch*, BB 1989, 2358, 2359.

[40] *Jestädt*, DStR 1993, 387, 390.

[41] Für die Ausnahmefälle siehe: *Reusch*, BB 1989, 2358, 2360.

[42] OFD Frankfurt am Main v. 14.3.2001, DStZ 2001, 562, 563.

[43] *Schulze zur Wiesche*, BB 1982, 1974, 1976; *Ditges*, DStR 1986, 243 f.; *Küting/Kessler*, BB 1994, 2103, 2113; *Schmidt/Schmidt*, EStG, § 15 Rz. 341 m.w.N.

[44] Ähnlich: *Kreft*, Steuerrecht schnell erfasst, S. 135.

[45] Zur Abgrenzung: BFH-Urteil v. 9.12.2002, BFH/NV 2003, 601.

[46] *Sterzenbach*, DStR 2000, 1669, 1670.

[47] Dazu: *Rödel*, INF 2003, 140, 141.

[48] Näheres zu den beiden Begriffen: *Weber*, DB 1992, 546 ff; *Blaurock*, BB 1969, 1975 ff.

[49] FG Münster v. 25.1.2001, 415 ff.; BFH-Urteil v. 9.12.2002, BFH/NV 2003, 601.

[50] Dazu auch: H 138 Abs. 1 EStR, Sichtworte: „Mitunternehmerinitiative" und „Mitunternehmerrisiko" sowie: OFD Rostock v. 28.10.1996, S. 2241 – St. 231.

[51] *Ehlers*, AktStR 1998, 307, 309; *Gram/Federmann*, Handbuch der Bilanzierung, Kapitel 128, Rz. 11.

sind bedingt kompensierbar.[52] Dennoch müssen die Merkmale zwingend vorliegen.[53] Daneben hat die OFD Frankfurt am Main mit ihrer Verfügung vom 14.9.2000[54] festgestellt, dass eine Gesamtbetrachtung unter Berücksichtigung aller Umstände des Einzelfalls entscheidend ist[55], wobei aber eine faktische Möglichkeit des Einflusses nicht ausreicht.[56]

Liegt eine atypische Ausgestaltung der stillen Gesellschaft vor, so besteht eine Mitunternehmerschaft, die nicht nur das Innenverhältnis betrifft.[57, 58] Demnach existiert eine „andere Gesellschaft" gem. § 15 Abs. 1 Nr. 2 EStG, bei der die Gesellschafter als Mitunternehmer zu qualifizieren sind.[59, 60] Dies ergibt sich aus § 20 Abs. 1 Nr. 4 S. 1 EStG. Als Konsequenz muss eine gesonderte Gewinnfeststellung nach § 180 Abs. 2 AO vorgenommen werden.[61] Der atypisch stille Gesellschafter, der am Geschäftsvermögen des Inhabers des Handelsgeschäfts schuldrechtlich beteiligt ist, wird einkommensteuerrechtlich wie ein Kommanditist behandelt. Das Wesen der stillen Gesellschaft wird dadurch handelsrechtlich jedoch nicht berührt. Auch auf die atypisch stille Gesellschaft werden die §§ 230 ff. HGB angewandt.[62] Wirtschaftlich betrachtet entspricht die Stellung des atypisch stillen Gesellschafters der eines Kommanditisten.[63] Der atypisch stille Gesellschafter ist allerdings dennoch nicht dinglich, sondern nur schuldrechtlich am Betriebsvermögen des Inhabers beteiligt.[64]

Ein, an einer ausschließlich vermögensverwaltenden Kapitalgesellschaft, atypisch still Beteiligter erzielt nach aktuellster Auffassung des BFH[65] Einkünfte aus Gewerbebetrieb. Der BFH nimmt an, dass es sich bei der Beteiligung an der Kapitalgesellschaft als stiller Gesellschafter um eine die Merkmale einer Mitunternehmerschaft i.S.v. § 15 Abs. 1 Satz 1 Nr. 2 EStG erfüllende atypisch stille

---

52 *Steinacker*, Die GmbH & atypisch Still im Steuerrecht,1993, S. 8; *Gram/Federmann*, Handbuch der Bilanzierung, Kapitel 128, Rz. 15.

53 *Einem, von* in Haarmann, Hemmelrath & Partner (Hrsg.), Gestaltung und Analyse in der Rechts-, Wirtschafts- und Steuerberatung von Unternehmen, S. 389, 392.

54 GmbHR 2000, 1276.

55 Ebenso: OFD München v. 2.4.2001, DStR 2001, 1032 ff.; OFD Frankfurt am Main v. 14.3.2001, DStZ 2001, 562 ff. und auch FG Münster v. 25.1.2001, 415 ff.

56 FG Münster v. 25.1.2001, 415, 417.

57 FG Nürnberg v. 13.9.2000, GmbH-Steuerpraxis 2002, 106.

58 *Stüttgen*, Die stille Beteiligung an der gewerblichen Familien-GmbH, 1988, S. 381; *Weber*, DB 1992, 546.

59 BFH-Urteil v. 6.5.1986, BStBl. II 1986, 891, 893 und BFH-Urteil v. 21.4.1988, BStBl. II 1989, 722, 724; ebenso: OFD Frankfurt am Main v. 14.9.2000, GmbHR 2000, 1276, 1277 m.w.N.

60 *Gram/Federmann*, Handbuch der Bilanzierung, Kapitel 128, Rz. 7.

61 *Gram/Federmann*, Handbuch der Bilanzierung, Kapitel 128, Rz. 17; *Horn/Maertins*, GmbHR 1994, 147, 150; a.A.: *Döllerer*, DStR 1985, 295, 302 m.w.N.; *Horn/Maertins*, GmbHR 1994, 147, 148; *Neu/Lühn*, GmbH-StB 2002, 1229, 232.

62 *Horn/Maertins*, GmbHR 1994, 147; ähnlich: *Pyszka*, IStR 1999, 577.

63 *Weber*, DB 1992, 546, 548.

64 *Gram/Federmann*, Handbuch der Bilanzierung, Kapitel 128, Rz. 4.

65 BFH-Urteil v. 15.10.1998, DStRE 1999, 81, 82.

Gesellschaft handelt, die ungeachtet der lediglich vermögensverwaltenden Tätigkeit der Kapitalgesellschaft gewerbliche Einkünfte erzielt. Eine atypisch stille Gesellschaft kann i.S.v. § 15 Abs. 3 Nr. 2 EStG durch den tätigen Gesellschafter gewerblich geprägt werden. Der tätige Gesellschafter steht dem in dieser Vorschrift genannten zur Geschäftsführung befugten „persönlich haftenden Gesellschafter" gleich. Er kann zwar im Außenverhältnis keine „Gesellschaftsverbindlichkeiten" begründen. Es genügt, wenn die Verbindlichkeiten des tätigen Gesellschafters im Innenverhältnis allen Gesellschaftern entsprechend ihrem Beteiligungsverhältnis zugerechnet werden.

B. Auflösung oder Veräußerung der typisch stillen Beteiligung

I. Sichtweise von Literatur, Finanzverwaltung und Rechtsprechung

Ertragsteuerlich ist zwischen laufenden Einkünften und Vermögensgewinnen bzw. -verlusten zu unterscheiden.[66] Die laufenden Einkünfte aus einer typisch stillen Beteiligung sind Kapitaleinkünfte im Rahmen des § 20 Abs. 1 Nr. 4 EStG.[67] Bei den Vermögenseinkünften müssen zwei unterschiedliche Fälle voneinander abgegrenzt werden. Auch die laufenden Einkünfte aus echten stillen Beteiligungen von Steuerausländern sind abkommensrechtlich Dividenden und Zinsen.[68]

Die stille Beteiligung muss bei der Berechnung der Beteiligungsquote außer Betracht bleiben, weil sie keine ähnliche Beteiligung i.S.v. § 17 Abs. 1 S. 3 EStG ist. Eine solche setzt nämlich voraus, dass ihre essentiellen Merkmale denen des Geschäftsanteils an einer GmbH entsprechen. Sie muss vergleichbare Gesellschafterrechte und -pflichten begründen.[69] Dies trifft bei einer stillen Beteiligung selbst dann nicht zu, wenn die Vermögenseinlage des Stillen kapitalersetzenden Charakter hat.[70] Aus § 17 EStG ergibt sich darüber hinaus, dass eine ähnliche Beteiligung nur dann vorliegen kann, wenn sie dem Anteil des Mitunternehmers einer Personengesellschaft und damit dessen Einflussmöglichkeit auf die Betriebsführung der Gesellschaft vergleichbar ist. Ein typisch stiller Gesellschafter hat in diesem Sinne keine vergleichbare Stellung (vgl. § 20 Abs. 1 Nr. 4 EStG). Die Kapitalbindung nach den Regeln des Kapitalersatzrechts hat lediglich – temporär und partiell – haftungsrechtliche Folgen im Interesse der Gesellschaftsgläubiger; auf das Innenrecht der Gesellschaft hat sie – von hier nicht vorliegenden Ausnahmen abgesehen – keine Auswirkungen.[71,72]

---

66 *Ehlers*, AktStR 1998, 307, 317.
67 *Gram/Federmann*, Handbuch der Bilanzierung, Kapitel 128, Rz. 17.
68 BMF-Schreiben v. 28.12.1999, DStR 2000, 245.
69 *Strahl* in Korn/Carlé/Stahl/Strahl, EStG, § 17 Rz. 32.
70 FG Baden-Württemberg v. 18.1.1996, EFG 1997, 67.
71 BFH-Urteil v. 28.5.1997, BStBl. II 1997, 724 = DStR 1997, 1604 = DStZ 1998, 59.
72 *Gosch* zum BFH-Urteil v. 29.7.1997, StBp 1998, 25.

Zwar kann nach der ständigen Rechtsprechung des BFH[73] die Überlassung eines Wirtschaftsguts durch einen Gesellschafter an „seine" Gesellschaft nach den für die Betriebsaufspaltung geltenden Regeln unter besonderen Umständen auch dann zu Einkünften aus Gewerbebetrieb führen, wenn der beherrschende Einfluss des (Besitz-) Gesellschafters auf die (Betriebs-) Gesellschaft nicht oder nicht allein auf gesellschaftsrechtlicher Grundlage beruht; in diesem Fall können auch der Verlust des zur Nutzung überlassenen Wirtschaftsguts und gegebenenfalls auch der Verlust einer betrieblich veranlassten stillen Einlage des Gesellschafters steuerrechtlich berücksichtigt werden. Diese Grundsätze können jedoch nicht ohne weiteres auf Vermögensverluste eines "wesentlich" beteiligten Gesellschafters i.S.v. § 17 EStG übertragen werden.

Selbst wenn die Umgestaltung von Darlehensforderungen in eine stille Einlage handelsrechtlich möglich ist, bleibt sie steuerrechtlich unbeachtlich, wenn dadurch nur außerhalb des Einkünftebereichs erlittene Vermögensverluste bzw. sich abzeichnende Verlustrisiken in den Einkünftebereich verlagert werden. Eine wertlose Einlageforderung schließt eine Verlustberücksichtigung nach § 20 Abs. 1 Nr. 4 EStG von vornherein aus.[74]

Auch auf die wirtschaftliche Betrachtungsweise kann sich nicht berufen werden, denn dagegen sprechen nicht nur rechtliche, sondern auch praktische Erwägungen. Zum einen können die Beteiligungsverhältnisse sich mit der finanziellen Situation der Gesellschaft schnell ändern, was zu Unsicherheiten unter den Gesellschaftern führen könnte, zum anderen könnten sich die Beteiligungen ändern, ohne dass dies den Beteiligten bekannt werden müsste.[75]

Als Konsequenz kann mittels einer lediglich typisch stillen Beteiligung eine „wesentliche Beteiligung" gem. § 17 EStG „umgangen" werden. Zugleich lässt sich der Verlustabzug als „Wohltat" der Wesentlichkeit nicht erreichen.[76]

1. Auflösung oder Beendigung der typisch stillen Beteiligung

Die Gesellschaft endet, wenn der vereinbarte Zweck der stillen Gesellschaft erreicht wurde oder dieser unmöglich geworden ist. Durch die Auflösung der Kapitalgesellschaft oder den Tod des stillen Gesellschafters hingegen löst sich die stille Gesellschaft nicht auf. Die Eröffnung des Konkurses beendet die stille Gesellschaft.[77]

Wird die stille Gesellschaft aufgelöst, so ist die Rückzahlung der Einlage nicht einkommensteuerpflichtig, da lediglich Vermögen umgeschichtet wird. Auch die erst

---

73 BFH-Urteil v. 28.5.1997, BStBl. II 1997, 724 = DStR 1997, 1604 = DStZ 1998, 59 m.w.N.
74 FG München v. 15.1.1992, EFG 1992, 463, 464.
75 FG Baden-Württemberg v. 18.1.1996, EFG 1997, 67, 68.
76 *Gosch* zum BFH-Urteil v. 29.7.1997, StBp 1998, 25, 26.
77 *Fichtelmann*, GmbH & Still im Steuerrecht, S. 37 f.

jetzt ausgezahlten Gewinnanteile sind nicht zu versteuern, da sie schon zum Zeitpunkt der Einlagenerhöhung zu versteuern waren (ab diesem Zeitpunkt waren sie dem Stillen gem. § 11 EStG zugeflossen).[78]

Zu versteuern sind allerdings die den Nennbetrag der Einlage übersteigenden Beträge, denn hier liegt eine steuerpflichtige Einnahme entweder i.S.d. § 20 Abs. 1 Nr. 4 EStG[79] oder ein besonderer Vorteil aus der stillen Beteiligung nach § 20 Abs. 2 Nr. 1 EStG vor.[80] Es handelt sich nicht um einen steuerlich unbeachtlichen Vorteil in der Vermögenssphäre, sondern um eine Abfindung für die Bereitstellung des Kapitals.[81]

Erfolgt also eine vorzeitige Auflösung der stillen Gesellschaft und wird ein Betrag gezahlt, welcher über der Einlage liegt, so wird der Mehrbetrag als Abfindung für entgehende Gewinnanteile qualifiziert. Dieser wäre nach § 24 Abs. 2 Nr. 1 EStG zu versteuern. Dabei wirkt die Steuerermäßigung des § 34 EStG.[82] Da die Anwendung des § 34 EStG auf diesen Fall beschränkt ist, wird eine typisch stille Gesellschaft bei der Auflösung insoweit steuerlich ungünstiger behandelt als die atypisch Stille. Anders als bei Auflösung einer typischen stillen Gesellschaft ist ein gegebenenfalls entstehender Veräußerungsgewinn des atypisch stillen Gesellschafters nach §§ 16, 34 EStG begünstigt.[83]

Geht die zum Privatvermögen gehörende Einlage des Stillen infolge eines Konkurses oder Vergleiches der Kapitalgesellschaft ganz oder teilweise verloren, so ist zu differenzieren, ob der Stille vertraglich am Verlust beteiligt ist oder nicht.[84] Sofern er eine eventuell rückständige Einlage bis zur Deckung seines Anteils am Verlust leisten muss, stellt der Betrag für ihn Werbungskosten dar (§ 9 Abs. 1 EStG). Dagegen handelt es sich bei dem Verlust der Einlage um einen steuerlich irrelevanten Vermögensverlust, wenn die Verlustbeteiligung ausgeschlossen ist: Dieser Vermögensverlust geht dann – ebenso wie etwa der Verlust einer privaten Darlehensforderung – steuerrechtlich ins Leere, d.h. er kann nicht als Werbungskosten berücksichtigt werden.[85]

I.E. kommt es laut BFH vom 14.2.1984[86] nicht auf die Bezeichnung der Erträge an. Vielmehr sind alle Vermögensmehrungen steuerpflichtig. Sie fallen somit generell unter § 20 EStG. Der den Nominalbetrag der stillen Beteiligung übersteigende Betrag ist in drei Teile aufzuspalten. Es könnte sich um einen Gewinnanteil des

[78] *Fleischer/Thierfeld*, Stille Gesellschaft im Steuerrecht, S. 89.
[79] *Sterner*, DB 1985, 2316, 2317.
[80] *Sterner*, DB 1985, 2316, 2317.
[81] *Herrmann/Heuer/Raupach*, EStG, § 20 Rz. 173.
[82] BFH-Urteil v. 14.2.1984, BStBl. II 1984, 580; zum Fall der Liquidation siehe: *Steinhauff*, NWB, Fach 3, 10323, 10327 f.
[83] *Fleischer/Thierfeld*, Stille Gesellschaft im Steuerrecht, S. 92 f.
[84] *Sterner*, DB 1985, 2316, 2317.
[85] *Stüttgen*, Die stille Beteiligung an der gewerblichen Familien-GmbH, S. 410.
[86] BStBl. II 1984, 580 ff.

stillen Gesellschafters im laufenden (Rumpf-) Wirtschaftsjahr, um einen Gewinnanteil aus einem schon abgelaufenen Wirtschaftsjahr oder um zusätzliches Entgelt handeln.

Den völligen oder teilweisen Verlust der Vermögenseinlage muss der stille Gesellschafter – wenn keine Verlustbeteiligung besteht – hinnehmen, ohne ihn einkommensteuerlich geltend machen zu können. Als Konkursforderung kann er den gesamten Betrag der Vermögenseinlage anmelden. Erhält er hierauf eine Quote, so stellt diese eine steuerfreie (Teil-) Rückzahlung der Vermögenseinlage dar.[87]

Crezelius [88] sieht darin einen Widerspruch zum System des Einkommensteuerrechts und rät zu einem Halten der Beteiligung im Betriebsvermögen. Der Grund hierfür liegt in der Gewährung des ermäßigten Steuersatzes des § 34 EStG, der bei Einkünften gem. § 20 EStG nicht einschlägig wäre.

2. Veräußerung der typisch stillen Beteiligung

Ein ertragsteuerlicher Vorteil könnte sich ebenfalls ergeben, wenn die typisch stille Beteiligung veräußert wird. „Zu beachten ist, dass die Übertragung einer stillen Beteiligung an einen Dritten zivilrechtlich nur zulässig ist, wenn eine entsprechende gesellschaftsvertragliche Vereinbarung getroffen ist oder die Zustimmung des Geschäftsinhabers vorliegt."[89]

Nach Auffassung der Rechtsprechung[90] handelt es sich um einen sich in der Vermögenssphäre abspielenden Vorgang, von dem Einkünfte nicht betroffen werden. Grundsätzlich ist der Mehrerlös daher nicht steuerpflichtig. Er gehört auch nicht zu den besonderen Entgelten oder Vorteilen im Sinne des § 20 Abs. 1 Nr. 2 EStG.[91] Der Vorgang spielt sich allerdings dann nicht mehr in der Vermögenssphäre ab, wenn der Mehrbetrag Gewinnanteile aus einem schon abgelaufenen Wirtschaftsjahr enthält. Erlöst der Veräußerer weniger als den Nominalbetrag der Einlage, stellt der Minderbetrag keinen steuerlich zu berücksichtigenden Verlust dar, da auch insoweit nur ein Vorgang der Vermögenssphäre gegeben ist.[92]

„Aus der Qualifikation der typisch stillen Beteiligung als Privatvermögen ergibt sich auch, dass Wertsteigerungen, die mit der Veräußerung der stillen Beteiligung an einen fremden Dritten realisiert werden, nur im Rahmen von § 22 Nr. 2 EStG i.V.m. § 23 Abs. 1 Nr. 2 EStG besteuert werden, sofern es sich bei dem erzielten Mehrerlös

---

[87] *Sterner*, DB 1985, 2316, 2318.
[88] *Crezelius*, JbFSt 1985/86, 437, 456.
[89] *Schoor*, Die GmbH & Still im Steuerrecht, 1992, S. 97.
[90] RFH-Urteil v. 14.3.1934, RStBl. 1934, 711.
[91] BFH-Urteil v. 11.2.1981, BStBl. II 1981, 465; z.B. mit Gestaltungshinweisen: *Söffing*, DStR 1984, 268.
[92] *Fichtelmann*, GmbH & Still im Steuerrecht, 1990, S. 92-96; *Schoor*, Die GmbH & Still im Steuerrecht, S 98.

um Gewinnanteile aus einem abgelaufenen Wirtschaftsjahr handelt."[93, 94]

Unter § 20 EStG fällt nicht der Mehr- oder Mindererlös[95] aus der Veräußerung der stillen Beteiligung, da der typisch still Beteiligte diesen Erlös für die Übertragung seiner rechtlichen Position erhalten hat und nicht im Zusammenhang mit der Nutzungsüberlassung seiner Einlage.[96] „Insoweit fehlt es an einem Steuertatbestand, der den Mehrerlös aus der Übertragung einer privat gehaltenen stillen Beteiligung der Steuer unterworfen hätte. Insbesondere sind in dem Mehrerlös keine ‚Einkünfte aus der Beteiligung an einem Handelsgewerbe als stiller Gesellschafter' im Sinne des § 20 Abs. 1 Nr. 4 EStG zu sehen. Auch lägen keine besonderen Entgelte und Vorteile im Sinne des § 20 Abs. 2 Nr. 1 EStG vor. Der Mehrerlös stelle vielmehr einen (steuerfreien) Gewinn aus der Verwertung der Kapitaleinlage dar."[97]

Ein Mehr- oder Mindererlös liegt in der nichtsteuerbaren Vermögenssphäre und hat daher keine ertragsteuerlichen Auswirkungen[98, 99], soweit es sich nicht um Betriebsvermögen handelt.[100] Ein anderes Ergebnis tritt ein, wenn die typisch stille Beteiligung zwar nicht veräußert wird, der Stille aber bei Beendigung der Beteiligung eine Abfindung erhält.[101] In diesem Fall würden, wie schon oben erwähnt, steuerpflichtige Einkünfte nach § 20 Abs. 2 Nr. 1 EStG vorliegen.[102] Die Differenzierung im Vergleich zu einer Veräußerung an einen Dritten begründet der BFH[103] damit, dass bei Veräußerung an einen Dritten die Mehrzahlung nicht von demjenigen geleistet wird, dem das Kapital zur Nutzung überlassen wird. Hinzuweisen ist auf die fehlenden Ausführungen, dass für die Steuerfreiheit in dem Mehrerlös keine Gewinnanteile aus bereits abgelaufenen Wirtschaftsjahren enthalten sein dürfen.[104]

Nach allgemeiner Ansicht[105] ist zu unterscheiden, ob sich ein Gewinn oder Verlust auf die Beteiligung am laufenden Geschäftsbetrieb (an den laufenden Geschäften) gründet oder auf die Einlage bezieht. Nur die auf die Beteiligung am laufenden

---

93 *Stüttgen*, Die stille Beteiligung an der gewerblichen Familien-GmbH, S. 383.
94 Mit Bezug auf das BFH-Urteil v. 11.2.1981: *Schulze zur Wiesche*, BB 1982, 1974, 1976.
95 *Lienau/Lotz*, DStR 1991, 618, 621 mit Bezugnahme auf die Vergleichbarkeit zum partiarischen Darlehen.
96 BFH-Urteil v. 11.2.1981, BStBl. II 1981, 465 f.
97 *Sterner*, BB 1983, 2176.
98 BFH-Urteil v. 23.2.2000, DB 2000, 2456.
99 *Schoor*, Die GmbH & Still im Steuerrecht, S. 97.
100 *Lienau/Lotz*, DStR 1991, 618, 621 m.w.N; *Fu*, Die stille Gesellschaft im internationalen Steuerrecht aus deutscher Sicht, S. 65; *Fichtelmann*, GmbH & Still im Steuerrecht, S. 91; ebenso: *Sterner*, BB 1983, 2176; *Gram/Federmann*, Handbuch der Bilanzierung, Kapitel 128, Rz. 23.
101 BFH-Urteil v. 14.2.1984, BStBl. II 1984, 580 ff.; ebenso: *Fichtelmann*, GmbH & Still im Steuerrecht, S. 93 m.w.N.
102 *Stüttgen*, Die stille Beteiligung an der gewerblichen Familien-GmbH, S. 384.
103 BFH-Urteil v. 14.2.1984, BStBl. II 1984, 580.
104 *Sterner*, BB 1983, 2176, 2177.
105 Für viele: *Söffing*, FR 1982, 445.

Verlust entfallenden Beträge sind steuerlich berücksichtigungsfähig. Der Verlust der Einlage (der Ausfall der Forderung gegen den Inhaber) liegt im Vermögensbereich und ist steuerlich ohne Auswirkung.[106] Entscheidend ist eben, wer den Mehrbetrag zahlt. Zahlt ein am stillen Gesellschaftsverhältnis nicht beteiligter Dritter, so zahlt dieser Dritte – wie bei der Veräußerung von Wertpapieren – auf den Wert der Beteiligung. Zahlt dagegen der Inhaber des Handelsgeschäftes den Mehrwert, so ist nach wirtschaftlicher Betrachtungsweise Kapitalertrag anzunehmen. Insofern ist das BFH-Urteil vom 11.2.1981[107] durchaus eindeutig.[108]

Bei einer typisch stillen Beteiligung handelt es sich nicht um die von der Rechtsprechung geforderte Anteilsbeteiligung mit entsprechendem Stimmrecht und der darauf beruhenden Einflussmöglichkeit auf die Geschicke des beherrschten Unternehmens. Eine typisch stille Beteiligung kann nicht mit einer Mitgliedschaft an einer Personen- oder Kapitalgesellschaft gleichgestellt werden. Die bei der Veräußerung erzielten Gewinne oder Verluste fallen demzufolge nicht in den Bereich des § 17 EStG, da es sich um eine rein vermögensmäßige Beteiligung handelt und die stille Beteiligung eben keine Beteiligung an den Gesellschaftsrechten vermittelt.[109] Unabhängig von den vorstehenden Ausführungen ist ein Veräußerungsgewinn stets steuerpflichtig, wenn die Voraussetzungen eines Spekulationsgeschäfts i.S.d. §§ 22 Nr. 2, 23 Abs. 1 Nr. 2 EStG erfüllt sind.[110, 111]

Eine weitere Gestaltungsvariante wäre die Wandlung der stillen Beteiligung in eine echte Beteiligung. Damit käme das bis 1999 gültige sog. Tauschgutachten[112] zur Anwendung.[113]

Der Gewinn aus der Veräußerung der stillen Beteiligung ist i.E. steuerfrei, sofern die stille Beteiligung nicht im Betriebsvermögen gehalten wird oder selbst Betriebsvermögen darstellt.[114]

Eine ähnliche Beteiligung i.S.d. § 17 Abs. 1 S. 3 EStG könnte des weiteren nur vorliegen, wenn sie dem Anteil eines Mitunternehmers an einer Personengesellschaft hinreichend ähnlich ist. Ein typisch stiller Gesellschafter hat nach Auffassung des BFH[115] keine i.d.S. vergleichbare Stellung. Erweiterte Gesellschafterbefugnisse vermag eine typisch stille Beteiligung – genauso wenig wie eigenkapitalersetzende

---

[106] *Post/Hoffmann*, Die stille Beteiligung am Unternehmen der Kapitalgesellschaft, S. 101.
[107] BFH-Urteil v. 11.2.1981, BStBl. II 1981, 465.
[108] So auch: *Sterner*, DB 1985, 2316, 2320.
[109] *Littmann/Bitz/Meincke*, EStG, § 17 Anm. 12; *Frotscher*, EStG, § 17 Rn. 25.
[110] BFH-Urteil v. 23.2.2000, DB 2000, 2456.
[111] *Schoor*, Die GmbH & Still im Steuerrecht, S. 98; ebenso: Post/*Hoffmann*, Die stille Beteiligung am Unternehmen der Kapitalgesellschaft, S. 99.
[112] Siehe hierzu: BFH-Urteile VI 68/57; IV R 223/72, BStBl. III 1959, 30.
[113] A.A.: BFH-Urteil v. 21.2.1973, BStBl. II 1973, 460 f., in dem die Einheitlichkeit des Vorgangs beim Tausch verneint wird.
[114] *Blaurock*, BB 1992, 1969, 1971.
[115] BFH-Urteil v. 28.5.1997, BStBl. II 1997, 724.

Leistungen – nicht zu vermitteln.[116] Die Regeln des Kapitalersatzrechts haben letztendlich nur haftungsrechtliche Auswirkungen. Ein Innenverhältnis wird weder verändert noch begründet.[117]

II. Eigene Sichtweise

Bei der Veräußerung einer typisch stillen Beteiligung könnte eine wesentliche bzw. ähnliche Beteiligung gem. § 17 Abs. 1 S. 3 EStG nur vorliegen, wenn durch die stille Beteiligung ein Gesellschaftsverhältnis begründet wird und es somit zu einer Beteiligung kommen würde. Eine mögliche weitreichende Einflussnahme des Stillen auf die Geschäftspolitik oder eine Verlustteilhabe sind nicht entscheidend für eine „wesentliche Beteiligung" i.S.v. § 17 EStG. Es kommt allein auf die Beteiligung am Nominalkapital der Gesellschaft an.

Die typisch stille Beteiligung begründet kein Beteiligungsverhältnis i.S.v. § 17 EStG, da lediglich eine sog. Innengesellschaft besteht. Damit kommt es nicht zu einer Beteiligung am Nominalkapital der Gesellschaft, da die Einlage nicht in das Gesamthandsvermögen übergeht, sondern lediglich in das Vermögen des Geschäftsinhabers. Eine wesentliche oder ähnliche Beteiligung i.S.v. § 17 Abs. 1 S. 3 EStG kann durch eine typisch stille Beteiligung weder begründet noch erhöht werden. Die Veräußerung bzw. Aufgabe oder Auflösung einer typisch stillen Beteiligung ist regelmäßig ein Vorgang, welcher auf der privaten Vermögensebene stattfindet. Dies trifft zwar auch für den Veräußerungstatbestand des § 17 EStG zu, denn hier kommt es grundsätzlich nicht zu ertragsteuerlichen Auswirkungen, da die Voraussetzungen des § 17 EStG gerade eben nicht erfüllt sind. Damit kann eine typisch stille Beteiligung auch nicht in die Ermittlung der „Wesentlichkeitsgrenze" einbezogen werden.

Zu unterscheiden sind die Gewinne bzw. Verluste des stillen Gesellschafters, die sich auf die Bereitstellung von Kapital oder auf eine Entschädigung für entgehende Gewinne beziehen, von den eigentlichen Vermögensgewinnen bzw. -verlusten. Letztere treffen klar die Privatsphäre, welche im Rahmen der Überschusseinkünfte außerhalb der §§ 17, 23 EStG nicht steuerbar sind. Gewinne oder Verluste aus der laufenden oder vergangenen Geschäftstätigkeit eines stillen Gesellschafters gehören allerdings zu seinen Einkünften aus Kapitalvermögen gem. § 20 EStG.

Insoweit ist den Lösungen von Literatur und Rechtsprechung zuzustimmen, da sie im Rahmen des Verhältnisses von typisch stiller Beteiligung und „wesentlicher Beteiligung" konsequent auf das fehlende Gesellschaftsverhältnis abstellen. Allein nicht ganz klar begründet ist die unterschiedliche Erfassung des Mehrbetrags aus der Veräußerung der stillen Beteiligung an einen Dritten oder den Geschäftsinhaber. M.E. zahlt nicht nur der Dritte den Wert der stillen Beteiligung, sondern auch der Geschäftsinhaber möchte den Wert der stillen Beteiligung zurück, damit er von nun

[116] *Steinhauff*, NWB, Fach 3, 10323, 10324.

[117] *Priester*, DB 1991, 1917, 1922; *Ehlers*, AktStR 1998, 307, 312.

an wieder allein über das Geschäft verfügen kann. Somit macht eine grundsätzlich unterschiedliche steuerliche Behandlung dieser zwei Sachverhalte meiner Ansicht nach keinen Sinn. Es wäre im Einzelfall zu prüfen, ob wirklich ein besonderer Vorteil oder ein besonderes Entgelt, welcher (s) nach § 20 EStG zu versteuern wäre, vorliegt.

Verwunderlich ist auch, dass die Auffassung vertreten wird, die Veräußerung einer stillen Beteiligung falle in den Bereich der Spekulationsgeschäfte i.S.v. § 22 Nr. 2 i.V.m. § 23 EStG, ohne dies näher zu begründen. Eine nähere Untersuchung, ob bei der Veräußerung einer stillen Beteiligung die Voraussetzungen eines Spekulationsgeschäfts überhaupt vorliegen, unterbleibt im Rahmen dieser Arbeit. Richtig ist wohl, dass eine stille Beteiligung als Wirtschaftsgut im Sinne des Steuerrechts zu werten ist, da sie grundsätzlich sowohl selbständig bewertbar als auch veräußerbar sein dürfte. Aus diesem Grund ist die Anwendbarkeit des § 23 EStG gerechtfertigt. M.E. falsch ist allerdings die Bezugnahme auf den Begriff der „Beteiligung"[118], denn eine typisch stille Beteiligung stellt eben keine „echte" Beteiligung dar.

C. Auflösung oder Veräußerung der atypisch stillen Beteiligung

I. Sichtweise von Literatur, Finanzverwaltung und Rechtsprechung

1. Auflösung oder Beendigung der atypisch stillen Beteiligung

Die Gesellschaft endet, wenn der vereinbarte Zweck der stillen Gesellschaft erreicht wurde, dieser unmöglich geworden ist oder die atypisch stille Gesellschaft gekündigt wird.[119] Durch die Auflösung der Kapitalgesellschaft oder den Tod des stillen Gesellschafters löst sich die stille Gesellschaft hingegen nicht auf. Die Eröffnung des Konkurses beendet die stille Gesellschaft.[120]

„Da der atypisch stille Gesellschafter schuldrechtlich am Betriebsvermögen beteiligt ist, erhält er in der Regel einen Betrag ausgezahlt, der über den Buchwert seines Einlagekontos hinausgeht und das Entgelt für die in dem Unternehmen vorhandenen stillen Reserven oder den Geschäftswert darstellt."[121] Die Auflösung und Beendigung der stillen Beteiligung an einer Kapitalgesellschaft führt demnach, falls eine atypisch stille Beteiligung vorlag, zu einem nach § 16 Abs. 1 Nr. 2, Abs. 3 i.V.m. § 34 Abs. 1 und 2 Nr. 1 EStG begünstigten Veräußerungs- bzw. Aufgabegewinn.[122, 123] I.E. handelt es sich um die Veräußerung eines Mitunter-

---

[118] So: *Schoor*, Die GmbH & Still im Steuerrecht, S. 98.
[119] *Langholz/Vahle*, DStR 2000, 763.
[120] *Fichtelmann*, GmbH & Still im Steuerrecht, S. 37 f.
[121] *Langholz/Vahle*, DStR 2000, 763, 764.
[122] Zuletzt: BFH-Urteil v. 15.10.1998, DStRE 1999, 81, 82; ebenso: *Fichtelmann*, GmbH & Still im Steuerrecht, S. 93 m.w.N.
[123] Zu alternativen Möglichkeiten: FG Nürnberg v. 13.9.2000, GmbH-Steuerpraxis 2002, 106, 107.

nehmeranteils[124], auch wenn theoretisch eine ähnliche Beteiligung i.S.d. § 17 Abs. 1 S. 3 EStG vorgelegen haben könnte.[125] „Der atypische stille Gesellschafter ist nach dem Gesellschaftsvertrag im Falle der Beendigung der stillen Gesellschaft an den stillen Reserven und am Geschäftswert des Unternehmens anteilsmäßig beteiligt und muss diesen Anteil eines Tages nach § 16 EStG versteuern."[126] Im Falle eines Verlustes ist § 15a EStG zu beachten.[127, 128]

Die eintretenden steuerlichen Folgen sind insoweit erheblich günstiger als bei der typisch stillen Gesellschaft. Bei der typisch stillen Gesellschaft wird der ermäßigte Steuersatz des § 34 EStG nur bei Entschädigungen gem. § 24 Nr. 1 EStG gewährt. Des weiteren ergeben sich keine weiteren Besonderheiten gegenüber der Veräußerung eines Mitunternehmeranteils.[129]

Liegt nun eine atypisch stille Beteiligung zu mindestens 1% vor, so ist weiterhin zu klären, ob es sich um eine ähnliche Beteiligung i.S.d. § 17 Abs. 1 S. 3 EStG handeln könnte. Letzteres ist weiterhin zu verneinen, denn es liegt keine unmittelbare Beteiligung am Vermögen des Geschäftsinhabers vor.[130] Zwar begründen die schuldrechtlichen Ansprüche gegen den Geschäftsinhaber eine Stellung, als wäre er unmittelbar beteiligt, doch führt diese nicht zur direkten Beteiligung am Nominalkapital.[131]

2. Veräußerung der atypisch stillen Beteiligung

Neben der Auflösung und Beendigung kommt auch die Veräußerung der atypisch stillen Beteiligung an einen Dritten in Betracht, wenn die Zustimmung der Kapitalgesellschaft erfolgt ist.[132] Übertragen wird dabei kein Anteil an den Wirtschaftsgütern des Betriebsvermögens der Kapitalgesellschaft, sondern ein schuldrechtlicher Anspruch gegenüber der Kapitalgesellschaft. Dieser beinhaltet die Auszahlung des Anteils am Gewinn und den stillen Reserven.[133] I.E. handelt es sich auch hier um die Veräußerung eines Mitunternehmeranteils, die nach den §§ 16, 34 EStG steuerpflichtig ist.[134]

---

[124] So auch: *Fischer*, Sacheinlagen im Gesellschafts- und Steuerrecht der GmbH, S. 183; *Steinacker*, Die GmbH & atypisch Still im Steuerrecht, S. 80 f.

[125] Offen bei: *Ebling* in Blümich, EStG, § 17 Rz. 74; *Jäschke* in Lademann/Söffing/Brockhoff, EStG, § 17 Rz. 67; verneinend: *Boochs* in Dankmeyer/Giloy, EStG, § 17 Rz. 55; *Kessler/Reitsam*, DStR 2003, Teil II, 315, 319.

[126] *Döllerer*, DStR 1985, 295, 297; ebenso: *Langholz/Vahle*, DStR 2000, 763.

[127] BFH-Urteil v. 23.7.2002, DStZ 2002, 792, 794.

[128] *Neu/Lühn*, GmbH-StB 2002, 1229, 233.

[129] *Fleischer/Thierfeld*, Stille Gesellschaft im Steuerrecht, S. 181.

[130] A.A. aus zivilrechtlicher Sicht: *Seicht*, Beteiligungen, S. 24.

[131] *Walter*, DStZ 1994, 113, 114.

[132] *Schmidt/Schmidt*, EStG, § 17 Rz. 76.

[133] *Steinacker*, Die GmbH & atypisch Still im Steuerrecht, S. 81 f.

[134] *Frotscher*, EStG, § 17 Rn. 25.

„Gewinne aus der Veräußerung der Anteile an der Kapitalgesellschaft gehören zu den Einkünften aus Gewerbebetrieb und unterliegen der Einkommensteuer. Veräußerungsverluste stellen negative Einkünfte aus Gewerbebetrieb dar."[135] Demnach finden auch hier die §§ 16 und 34 EStG Anwendung, denn es kommt alleine auf die Mitunternehmereigenschaft des atypisch Beteiligten an.[136] Aus dieser Eigenschaft ist abzuleiten, dass dazu auch der Gewinn oder Verlust aus der Veräußerung der Beteiligung zählt. Nicht entscheidend ist dabei, ob es sich um eine Beteiligung an einer Gesamthandsgesellschaft mit dinglicher Mitberechtigung oder lediglich um eine mitunternehmerische Beteiligung auf einfacher schuldrechtlicher Basis handelt.[137] Für einen Steuerausländer findet § 49 Abs. 1 Nr. 2a EStG Anwendung, was letztendlich auch zu Einkünften aus Gewerbebetrieb führt.[138]

Hinsichtlich der Verlustbeteiligung des atypisch stillen Gesellschafters gelten im Wesentlichen die gleichen Grundsätze wie bei der typisch stillen Gesellschaft. Davon abweichend sind jedoch grundsätzlich alle Verluste, auch die der Einlage, steuerlich im Rahmen der einkommensteuerlichen Vorschriften zu berücksichtigen. Zu beachten sind die Besonderheiten des § 15a EStG.[139]

„Grundsätzlich kann nunmehr davon ausgegangen werden, dass die Anwendung des § 15a EStG auch für die atypisch stille Gesellschaft gilt. Bei Beendigung der atypisch stillen Gesellschaft kann ein verrechenbarer Verlust nicht mehr festgestellt werden, weil dieser zukünftige Gewinne nicht mehr mindern kann. Ein Aufgabegewinn ist nur dann zu ermitteln und zu erklären, wenn der Stille entweder zum Ausgleich der Verluste nicht verpflichtet ist, oder aber zum Ausgleich nicht in der Lage ist. Erfüllt der ausscheidende Stille seine Ausgleichsverpflichtung durch Zahlung, wird aus dem verrechenbaren Verlust ein ausgleichsfähiger Verlust. Offen bleibt demnach nur die Frage, wie zu verfahren ist, wenn der Inhaber des Handelsgewerbes und der ausscheidende Stille keine Vereinbarung treffen und der Inhaber den Ausgleichsanspruch lediglich aktiviert und damit keine Schuldausgleich geschaffen wird."[140]

Nicht ausreichend diskutiert wurde bisher die Veräußerungsgewinnbesteuerung eines atypisch Stillen, der an einer rein vermögensverwaltenden Kapitalgesellschaft beteiligt ist. Streitig und strittig waren bisher immer nur die laufenden Einkünfte des atypisch still Beteiligten an einer rein vermögensverwaltenden Kapitalgesellschaft. Der BFH hat in seiner aktuellsten Entscheidung vom 15.10.1998[141] die „Abfärberegelung" des § 15 Abs. 3 Nr. 2 EStG für zutreffend erklärt und damit –

[135] Post/*Hoffmann*, Die stille Beteiligung am Unternehmen der Kapitalgesellschaft, S. 132.
[136] *Fichtelmann*, GmbH & Still im Steuerrecht, S. 92.
[137] *Schmidt/Schmidt*, EStG, § 16 Rz. 2; *Stuhrmann* in Blümich, EStG, § 16 Rz. 2.
[138] BMF-Schreiben v. 28.12.1999, DStR 2000, 245, 246.
[139] *Stüttgen*, Die stille Beteiligung an der gewerblichen Familien-GmbH, S. 413; *Kessler/Reitsam*, DStR 2003, Teil II, 315.
[140] *Hitzemann*, DStR 1998, 1708, 1709.
[141] DStRE 1999, 81.

entgegen anderer Auffassungen[142] – Einkünfte aus Gewerbebetrieb angenommen. Eine Stellungnahme zu den Veräußerungsgewinnen wurde dabei bisher nur für den Fall der Annahme gewerblicher Einkünfte im Rahmen der §§ 16, 34 EStG vorgenommen.[143]

Ergänzend sei auch noch auf die Möglichkeit der Koppelung einer atypisch stillen Beteiligung mit einem Wandlungsrecht für eine spätere Wandlung in eine gesellschaftsrechtliche Beteiligung hingewiesen.[144] Ob sich hierbei eine andere Besteuerung und eventuell eine ähnliche Beteiligung i.S.v. § 17 Abs. 1 S. 3 EStG aufgrund des Wandlungsrechts ergibt, muss offen bleiben.

II. Eigene Sichtweise

Im Rahmen der atypisch stillen Beteiligung könnte eine wesentliche bzw. ähnliche Beteiligung i.S.v. § 17 Abs. 1 S. 3 EStG nur vorliegen, wenn durch die atypisch stille Beteiligung ein Gesellschaftsverhältnis begründet wird und es somit zu einer Beteiligung kommen würde. Zudem müsste es sich um Privatvermögen handeln, wobei eine mögliche weitreichende Einflussnahme des atypisch Stillen auf die Geschäftspolitik oder eine Verlustteilhabe für eine „wesentliche Beteiligung" i.S.v. § 17 EStG nicht entscheidend sind. Es kommt allein auf die Beteiligung am Nominalkapital der Gesellschaft an.

Die atypisch stille Gesellschaft kann durch verschiedenste Vereinbarungen ihren Ausdruck finden, z.B., dass dem stillen Gesellschafter eine Mitwirkung bei der Geschäftsführung oder sogar die alleinige Geschäftsführung eingeräumt wird. Mit der Vereinbarung einer Vermögensbeteiligung im Innenverhältnis ist vielfach ein erweitertes Kontroll- und Auskunftsrecht verbunden. Bei Einräumung der Geschäftsführungsbefugnis ergibt sich die atypisch stille Beteiligung meist schon aus dieser Tatsache. Ein erhöhtes Kontrollrecht allein reicht im allgemeinen zur Anerkennung einer atypisch stillen Gesellschaft nicht aus. Widerspruchs- oder Zustimmungsrechte können im Einzelfall eine atypisch stille Gesellschaft begründen. Die vertragsmäßige Gleichstellung des atypisch stillen Gesellschafters mit einem Kommanditisten führt dazu, dass sich die Einlage von einer Fremdkapitalforderung in haftendes Kapital wandelt. Ohne Auswirkung auf die Bilanz der Kapitalgesellschaft ist der Umstand, dass die atypisch stille Gesellschaft steuerlich eine Mitunternehmerschaft darstellt und die Einlage des stillen Gesellschafters als Eigenkapital zu behandeln ist. Handelsrecht und Steuerrecht weichen in diesem Punkt voneinander ab.

Eine Mitunternehmerschaft i.S.d. § 15 Abs. 1 Nr. 2 EStG wird bei einer atypisch stillen Beteiligung, aufgrund der Mitunternehmerinitiative und des Mitunternehmerrisikos immer angenommen. Dies gilt unabhängig davon, ob die atypisch stille

[142] *Fichtelmann*, GmbH & Still im Steuerrecht, S. 82 f.
[143] BFH-Urteil v. 15.10.1998, DStRE 1999, 81, 82.
[144] *Fox/Hüttche/Lechner*, GmbHR 2000, 521, 527.

Beteiligung an einer Personen- oder Kapitalgesellschaft vorliegt. Im Gegensatz zur typisch stillen Gesellschaft sind atypisch stille Gesellschaften, auch wenn die stille Beteiligung an einer Kapitalgesellschaft besteht, demzufolge nach den Grundsätzen der Mitunternehmerschaft zu behandeln. Die Mitunternehmerschaft des atypisch still Beteiligten führt zu gewerblichen Einkünften i.S.d. § 15 EStG. Die Veräußerung der Mitunternehmeranteile fällt demnach in den Bereich des § 16 EStG.

Es kann sich somit weder um eine wesentliche noch um eine ähnliche Beteiligung gem. § 17 Abs. 1 S. 3 EStG handeln, auch wenn eine Umqualifikation von Überschuss- in Gewinneinkünfte vorgenommen wird und § 17 EStG gewerbliche Einkünfte fingiert. Dieses bedeutet nicht zugleich, dass auch originäre gewerbliche Einkünfte existieren müssen. Eine Subsumtion des atypisch Stillen unter § 17 EStG aufgrund seiner wesentlichen Einflussnahme und seiner Ähnlichkeit (Identität!) zu einem Mitunternehmer kann nicht erfolgen. Die Fiktion der Einkünfte aus § 17 EStG als gewerbliche Einkünfte muss m.E. sowieso aufgegeben werden, so dass dieses Tatbestandsmerkmal nicht mehr greift. Wie bereits geklärt, kommt es im Bereich von § 17 EStG allein auf die Beteiligung am Nominalkapital der Gesellschaft und dem Halten der Beteiligung im Privatvermögen an. Beides trifft aufgrund der Qualifikation des atypisch Stillen als Mitunternehmer per definitione nicht zu. I.E. kann für die Berechnung der „Wesentlichkeitsgrenze" des § 17 EStG eine atypisch stille Beteiligung ebenfalls nicht herangezogen werden.

Ist der atypisch still Beteiligte an einer lediglich vermögensverwaltenden Kapitalgesellschaft beteiligt, so erzielt er m.E. keine Einkünfte aus Gewerbebetrieb, sondern Überschusseinkünfte i.S.d. §§ 20, 21 EStG. Die Mitunternehmereigenschaft müsste verneint werden, da Einkünfte aus Gewerbebetrieb gem. § 15 EStG nicht mehr vorliegen würden. Der aktuellsten BFH-Rechtsprechung[145] kann demnach nicht gefolgt werden, da das Argument der persönlichen Haftung aufgrund der Zurechnung der Verbindlichkeiten recht schwach ist und nicht ausreichen kann. Stichhaltiger sind m.E. die Argumente der Nichtexistenz von Gesamthandsvermögen sowie die – für die Qualifikation gewerblicher Einkünfte – nicht ausreichende Regel des § 8 Abs. 2 KStG. In diesem Fall wäre eine Subsumtion unter § 17 EStG grundsätzlich möglich, auch wenn § 17 EStG gewerbliche Einkünfte fingiert, da sich die Beteiligung nun im Privatvermögen befindet.

Die Veräußerung einer atypisch stillen Beteiligung an einer vermögensverwaltenden Kapitalgesellschaft fällt dennoch nicht in den Bereich von § 17 EStG. Der Veräußerungsgewinn eines atypisch Stillen ist in diesem Fall genauso zu behandeln, wie ein Veräußerungsgewinn eines typisch still Beteiligten. Somit liegt dieser in der privaten, nichtsteuerbaren Vermögenssphäre und ist außerhalb des § 23 EStG nicht steuerpflichtig. Für eine detailliertere Analyse kann auf die Veräußerungsgewinnbesteuerung eines typisch still Beteiligten verwiesen werden.

---

[145] BFH-Urteil v. 15.10.1998, DStRE 1999, 81, 82.

Insgesamt führt die Regelung des § 16 EStG hinsichtlich eines Veräußerungsgewinns eines atypisch Stillen normalerweise zu einer steuerlichen Mehrbelastung gegenüber der typisch stillen Beteiligung, bei der ein Veräußerungsgewinn nur in Ausnahmefällen steuerpflichtig ist. Andererseits ergibt sich für die atypisch stille Beteiligung hinsichtlich eines eventuellen Verlustes der Vermögenseinlage selbst (Vergleich, Konkurs), ihrer Aufgabe (Abfindung unter Nominalwert des Kapitalkontos) oder Veräußerung eine entsprechend günstigere Regelung, da es sich um negative Einkünfte aus Gewerbebetrieb handelt, für die § 10d EStG im normalen Umfang gilt, wobei allerdings die Einschränkungen des § 15a EStG zu beachten sind. § 23 Abs. 3 S. 8 und 9 EStG beinhaltet hingegen eine klare Einschränkung bezüglich einer Verlustverrechnung.

D. GmbH & Still

Die Rechtsprechung[146] geht grundsätzlich davon aus, dass auch ein Gesellschafter einer GmbH mit dieser wie ein fremder Dritter in Rechtsbeziehungen treten kann. Demzufolge können sich der oder die Gesellschafter einer GmbH handels- und steuerrechtlich wirksam an der eigenen GmbH in typischer und/oder atypischer Form beteiligen.[147]

Auch die GmbH & Still stellt sich als reine Innengesellschaft dar.[148] Nach außen tritt lediglich die GmbH auf. Nur der Teil der Einlage, der auf die GmbH entfällt, wird beschränkt haftendes Stammkapital. Die restliche Einlage wird grundsätzlich als Fremdkapital auf die stille Beteiligung „gebucht". Aufgrund des „Trennungsprinzips" für die verschiedenen Einkünfte einer natürlichen Person sind die GmbH-Beteiligung und die stille Beteiligung getrennt voneinander zu behandeln.[149] Die stille Beteiligung – gleichgültig ob typisch oder atypisch – wird wiederum als Personengesellschaft qualifiziert. I.E. muss streng zwischen dem Subjekt der Gewinnerzielung und dem Subjekt des Steuerschuldners unterschieden werden.[150]

Die GmbH & Still verbindet Elemente von Personengesellschaften mit körperschaftlichen Strukturen und ist sowohl handels- als auch steuerrechtlich anerkannt.[151] Wiederum stellt sich die Problematik der Abgrenzung von typisch und atypisch stiller Beteiligung.[152] Der BFH[153] hatte häufig in Fällen der GmbH & Still keine atypisch stille Beteiligung angenommen. Eine solche müsste sich bereits

[146] BFH-Urteile 21.6.1983, BStBl. II 1983, 563, 565.
[147] *Sterzenbach*, DStR 2000, 1669 ff. mit einer Favorisierung für Familienunternehmen.
[148] *Ros*, DStR 2001, 1592, 1595.
[149] *Crezelius* in Schmidt/Uhlenbruck, S. 242.
[150] *Ros*, DStR 2001, 1592, 1595.
[151] *Paulick*, GmbHR 1982, 237; zu den Motiven: *Ott*, INF 2002, 493 ff.
[152] *Lienau/Lotz*, DStR 1991, 618, 621 in Fußnote 61.
[153] A.A.: *Paulick*, GmbHR 1982, 237.

alleine aus der stillen Beteiligung ergeben und nicht durch andere danebenstehende Rechtsverhältnisse.[154]

I. GmbH & typisch Still

1. Sichtweise von Literatur, Finanzverwaltung und Rechtsprechung

Ein Gesellschafter einer GmbH kann sich zusätzlich an dieser still beteiligen. Die beiden Rechtsgestaltungen stehen grundsätzlich unabhängig nebeneinander. Demnach hat der Gesellschafter zum einen ein „echtes" Beteiligungsverhältnis und zum anderen ein Vermögensverhältnis in Form einer Personengesellschaft, welches als typisch stille Beteiligung mit nur eingeschränkten Rechten und Pflichten versehen ist. Eine GmbH & typisch Still bietet sich u.a. deswegen an, da – neben anderen Vorteilen[155] – sowohl die GmbH-Anteile als auch die stille Beteiligung Privatvermögen und somit Veräußerungsgewinne bzw. –verluste außerhalb der §§ 17, 23 EStG nicht steuerbar sind.

Die laufenden Einkünfte aus einer GmbH & typisch Still fallen in der Regel in den Bereich der Kapitaleinkünfte gem. § 20 EStG.[156] Ein steuerbarer Gewinn i.S.d. § 17 EStG ergibt sich aus der Auflösung der GmbH oder der Veräußerung der gehaltenen Anteile, falls eine „wesentliche Beteiligung" vorliegt. Bei einer gleichzeitigen stillen Beteiligung entfällt ein Teil des Veräußerungsvorganges sicherlich auch auf die stille Beteiligung. Der auf diesen Teil entfallende Gewinn wäre allerdings nicht steuerbar.[157] Ein solches Ergebnis tritt allerdings nur dann ein, wenn die stille Beteiligung nicht in einem Betriebsvermögen liegt oder selbst Betriebsvermögen darstellt, wie das bei der atypisch stillen Beteiligung der Fall wäre.[158]

Lienau/Lotz[159] vertreten die Ansicht, dass ein Veräußerungsgewinn aus einer typisch stillen Beteiligung, die zum Privatvermögen gehört, ebenso wie ein GmbH-Anteil im Rahmen der §§ 17, 23 EStG zu versteuern wäre. Eine Begründung für die gleichgerichtete Besteuerung wie bei einem GmbH-Anteil wird allerdings nicht geliefert.

I.E. liegt in beiden Fälle keine ähnliche Beteiligung i.S.d. § 17 Abs. 1 S. 3 EStG vor. Bei der Veräußerung der GmbH-Anteile liegen „echte" Anteile an einer Kapitalgesellschaft vor, die schon explizit im § 17 Abs. 1 S. 3 EStG erwähnt werden. Bei der Veräußerung der typisch stillen Beteiligung handelt es sich um die

---

[154] *Lienau/Lotz*, DStR 1991, 618, 621; *Weber*, DB 1992, 546, 549.
[155] Generell hierzu: *Fleischer/Thierfeld*, Stille Gesellschaft im Steuerrecht, S. 112 ff.
[156] *Sterzenbach*, DStR 2000, 1669, 1670.
[157] BFH-Urteil v. 11.2.1981, BStBl. II 1981, 465.
[158] *Fleischer/Thierfeld*, Stille Gesellschaft im Steuerrecht, S. 114.
[159] *Lienau/Lotz*, DStR 1991, 618, 622.

nichtsteuerbare Privatvermögenssphäre, denn der typisch Stille war nur vermögensmäßig beteiligt und erzielte Überschusseinkünfte.[160]

2. Eigene Sichtweise

Die Veräußerungsgewinnbesteuerung einer GmbH & typisch Still auf Ebene des Gesellschafters bzw. des typisch Stillen stellt sich als unproblematisch dar. Werden die GmbH-Anteile veräußert, so richtet sich die Besteuerung danach, ob Privat- oder Betriebsvermögen vorliegt. Im Falle von Betriebsvermögen sind immer die §§ 16, 34 EStG einschlägig. Werden die Anteile im Privatvermögen gehalten, muss zwischen einer wesentlichen und unwesentlichen Beteiligung gem. § 17 EStG unterschieden werden. Auch muss auf die Spekulationsbesteuerung nach § 23 EStG geachtet werden. Wird eine unwesentliche GmbH-Beteiligung veräußert, so liegt ein nicht steuerbarer Gewinn bzw. Verlust der Privatvermögenssphäre vor. Wird hingegen eine „wesentliche Beteiligung" veräußert, so muss der Gewinn gem. § 17 EStG versteuert werden. Allerdings handelt es sich hierbei nicht – wie von Literatur und Rechtsprechung richtig dargelegt – um eine ähnliche Beteiligung i.S.d. § 17 Abs. 1 S. 3 EStG, sondern um „echte" Anteile an einer Kapitalgesellschaft i.S.d. § 17 Abs. 1 S. 3 EStG. Insoweit ist das vorgefundene Ergebnis m.E. richtig.

Die Veräußerung der stillen Beteiligung fällt grundsätzlich nicht in den Bereich des § 17 EStG. Es wird auch keine ähnliche Beteiligung i.S.v. § 17 EStG begründet. Die Besteuerungssituation ändert sich darum, im Vergleich zu der Veräußerung eines „nur" typisch still Beteiligten, nicht. Insoweit kann auf die Ausführungen zur Veräußerung einer typisch stillen Beteiligung verwiesen werden. Das BFH-Urteil vom 28.5.1997[161] trifft auch in diesem Fall zu und ist in sich stimmig.

Zusammenfassend kann gesagt werden, dass die „echten" Anteile an der GmbH in die Bemessungsgrundlage zur Ermittlung der „Wesentlichkeitsgrenze" mit einfließen, die stille Beteiligung hingen nicht für § 17 EStG herangezogen werden kann.

[160] *Schwedhelm*, Die GmbH & Still als Mitunternehmerschaft, S. 101.
[161] BStBl. II 1997, 724.

II. GmbH & atypisch Still

1. Sichtweise von Literatur, Finanzverwaltung und Rechtsprechung

Neben der Konstellation der reinen atypisch stillen Beteiligung, kann es auch zu dem Fall kommen, dass sich ein Gesellschafter zusätzlich an der Kapitalgesellschaft atypisch still beteiligt (GmbH & atypisch Still).[162] Beteiligt sich ein Gesellschafter zusätzlich an der Kapitalgesellschaft atypisch still, so fällt er in den Bereich des § 15 Abs. 1 Nr. 2 EStG, da er dazu Mitunternehmerinitiative zeigen muss und auch Mitunternehmerrisiko trägt.[163, 164] Dies hat zum einen die Konsequenz des Vorliegens von Sonderbetriebsvermögen (SBV) II des atypisch Stillen in Form der Gesellschaftsanteile[165] und zum anderen die Deklaration der dem atypisch Stillen zufließenden Vergütungen als Sondervergütungen.[166]

Wie oben schon diskutiert unterscheidet sich die einkommensteuerliche Behandlung der atypisch stillen Gesellschaft von der typisch stillen Gesellschaft in wesentlichen Punkten. I.E. liegt eine Mitunternehmerschaft vor[167], so dass laufende Einkünfte im Rahmen des § 15 EStG zu versteuern sind und es daher auch nicht auf den Zufluss nach § 11 EStG ankommt.[168] Dabei wird von der Bilanz des Geschäftsinhabers ausgegangen und der Gewinn auf die Gesellschafter verteilt.[169] Des weiteren wird auch das Gehalt als Geschäftsführer der GmbH nicht in Form von Arbeitnehmereinkünften berücksichtigt, sondern als gewerbliche Einkünfte i.S.v. § 15 Abs. 1 S. 1 Nr. 2 EStG qualifiziert.[170] Erwähnt werden muss, dass bei dieser Beteiligungsform, durch die Verschärfung des § 15a Abs. 4 EStG, Verluste aus solch einer Mitunternehmerschaft nur noch begrenzt ausgleichsfähig sind.[171]

Nun kann es zur Veräußerung von zwei verschiedenen Beteiligungsformen kommen. Zum einen kann wiederum die atypisch stille Beteiligung beendet oder veräußert werden, zum anderen können alleine die Gesellschaftsanteile veräußert werden. Wird beides gleichzeitig veräußert, so ändert sich an den folgenden Ergebnissen nichts. Ob sich aus den verschiedenen Beteiligungsformen eine steuerliche Korrelation bei der Veräußerung ergibt, ist nun zu klären. I.E. liegt die Besteuerung der GmbH & atypisch Still bei Veräußerungsvorgängen wiederum auf zwei Ebenen.

---

[162] *Lienau/Lotz*, DStR 1991, 618; *Ros*, DStR 2001, 1592 ff.
[163] FG Münster v. 25.1.2001, 415 ff.
[164] *Sterzenbach*, DStR 2000, 1669, 1670.
[165] OFD Rostock v. 19.12.1999, DStR 2000, 591, 593; OFD München v. 2.4.2001, DStR 2001, 1032.
[166] *Wehrheim*, DStR 1998, 1533, 1534.
[167] *Ros*, DStR 2001, 1592, 1593.
[168] *Fleischer/Thierfeld*, Stille Gesellschaft im Steuerrecht, S. 102; *Ott*, INF 2002, 493.
[169] *Döllerer*, DStR 1985, 295; durch steuerlichen Handhabung und Veranlagung siehe: *Ros*, DStR 2001, 1592, 1593 ff.
[170] *Sterzenbach*, DStR 2000, 1669, 1670.
[171] Ausführlich hierzu: *Schulze zur Wiesche*, BB 2003, 713 f.

a) Veräußerung der atypisch stillen Beteiligung

Die Veräußerung der atypisch stillen Beteiligung ist aufgrund der Mitunternehmerschaft nach den §§ 16, 34 EStG zu versteuern.[172] Eine ähnliche Beteiligung i.S.d. § 17 Abs. 1 S. 3 EStG kann nicht existieren, da es sich bei der GmbH & atypisch Still zwar um eine reine Innengesellschaft handelt, die aber gem. § 15 Abs. 1 Nr. 2 EStG besteuert wird. Damit kommt bei einer Veräußerung § 16 EStG zum Zuge, so dass eine Subsumtion unter § 17 EStG unmöglich ist.[173] Vermeidungsstrategien zur Vermeidung eines Veräußerungsgewinns gem. § 16 EStG finden sich bei *Ott*[174].

b) Veräußerung der Gesellschaftsanteile

Für die steuerliche Qualifikation der Veräußerung der Gesellschaftsanteile an der GmbH ist entscheidend, ob die Anteile Privatvermögen oder SBV bzw. Betriebsvermögen sind. Mitunternehmerschaften ohne Gesamthandsvermögen, d.h. ohne Betriebsvermögen, können trotzdem Wirtschaftsgüter im SBV haben.

Nach ständiger Rechtsprechung des BFH[175] zählen gem. §§ 4 Abs. 1, 5 EStG i.V.m. § 95 Abs. 1 BewG Wirtschaftsgüter, die einem Mitunternehmer gehören, die jedoch geeignet und bestimmt sind, dem Betrieb der Personengesellschaft (SBV I) oder der Beteiligung des Mitunternehmers (SBV II) zu dienen, zum SBV einer Personengesellschaft.[176] Das SBV des stillen Gesellschafters ist dadurch gekennzeichnet, dass es nicht Gesellschaftsvermögen, sondern Gesellschaftervermögen darstellt.[177]

Blaurock[178] macht die Existenz von SBV von dem Verhältnis der Einlage zum Eigenkapital der Gesellschaft abhängig. Wenn das wirtschaftliche Schwergewicht der kapitalmäßigen Beteiligung beim atypisch stillen Gesellschafter liegt, so wäre es als SBV zu qualifizieren. Vermeidet man, dass die stille Einlage das anteilige Eigenkapital überschreitet, dann wird nach dieser Auffassung SBV bezüglich der GmbH-Anteile vermieden.

Nach Auffassung von *Walter*[179] ist für die Gesellschafterstruktur der atypisch stillen Gesellschaft nur die Sichtweise des BFH[180] zutreffend, wodurch er sogleich den

---

[172] *Lienau/Lotz*, DStR 1991, 618, 622; *Ott*, INF 2002, 493, 495 mit Bezugnahme auch auf die „Auflösung".

[173] Ähnlich: *Wehrheim*, DStR 1998, 1533, 1534.

[174] *Ott*, INF 2002, 493, 497 f.

[175] BFH-Urteil v. 31.10.1989, BStBl. II 1990, 677, 678.

[176] *Burmester* in Haarmann (Hrsg.), Unternehmensstrukturen und Rechtsformen im internationalen Steuerrecht, S. 140.

[177] *Stüttgen*, Die stille Beteiligung an der Familien-GmbH, S. 391.

[178] *Blaurock*, BB 1992, 1969, 1977.

[179] *Walter*, DStZ 1994, 113, 115.

[180] BStBl. II 1984, 820.

Ansatz von *Blaurock* verwirft. Der BFH[181] nahm SBV in einem atypisch stillen Verhältnis nur dann an, wenn Wirtschaftsgüter zur Nutzung überlassen wurden (sog. SBV I). Eine etwaige Gleichstellung mit Personengesellschaften beschränkte sich auf die laufenden Einkünfte. Die in den Anteilen des Stillen ruhenden stillen Reserven waren demzufolge steuerlich nicht gebunden, da es sich um Privatvermögen handelte.[182]

Die gleiche Meinung vertritt auch *Steinacker*[183], der auf den Betrieb der Kapitalgesellschaft abstellt. Dort werden die Rechte ausgeübt und der Gewinn erwirtschaftet. Zwar besitzt der atypisch still Beteiligte diese Rechte, aber es ist ihm nicht möglich, sie im Rahmen der stillen Gesellschaft einzusetzen, da diese keinen Betrieb hat.[184] Damit ist der atypisch stille Gesellschafter nicht anders gestellt als ein „normaler" Gesellschafter, der seine Mitgliedschaftsrechte eben nur im Betrieb der Kapitalgesellschaft ausübt.

Folgt man den soeben geschilderten Betrachtungsweisen, so wäre ein Veräußerungs- oder Aufgabegewinn generell nicht steuerverstrickt und demnach nicht nach den §§ 16, 34 EStG zu versteuern. Es würde sich nach der steuerrechtlichen Systematik um Privatvermögen handeln, welches außerhalb der §§ 17, 23 EStG nicht steuerverstrickt wäre. Ein Veräußerungsgewinn würde im Falle einer „wesentlichen Beteiligung" im Privatvermögen unter § 17 EStG fallen. Es würden dennoch keine ähnlichen Beteiligungen i.S.v. § 17 Abs. 1 S. 3 EStG vorliegen, da GmbH-Anteile im § 17 EStG ausdrücklich erwähnt werden.

Diesen Ausführungen ist die neuere Rechtsprechung des BFH[185] zuletzt nicht mehr gefolgt. Der BFH hat entschieden, dass es sich stets um die Veräußerung von SBV II handelt.[186] SBV liegt nur vor, soweit die Kapitalgesellschaft keiner anderen Geschäftstätigkeit nachgeht oder diese nur von untergeordneter Bedeutung ist.[187, 188] Die Rechtsprechung hat allerdings eine nähere Erläuterung des Begriffes „andere Geschäftstätigkeit" unterlassen. Das FG München[189] hat ausgeführt, dass die Merkmale der geringen Bedeutung der Geschäftsbeziehungen[190] und eine anderweitige erhebliche Tätigkeit[191] der Personengesellschaft kumulativ vorliegen

[181] BStBl. II 1984, 820.

[182] So auch: *Stüttgen*, Die stille Beteiligung an der Familien-GmbH, S. 396 m.w.N. und *Schwedhelm*, Die GmbH & Still als Mitunternehmerschaft, S. 104.

[183] *Steinacker*, Die GmbH & atypisch Still im Steuerrecht, S. 37.

[184] So auch: BFH-Urteil v. 15.10.1998, DStRE 1999, 81, 83.

[185] BFH-Urteil v. 15.10.1998, DStRE 1999, 81 ff.

[186] Dazu auch: *Sterzenbach*, DStR 2000, 1669, 1671.

[187] Bestätigt durch FG München v. 27.7.1999, DStRE 2000, 283 = GmbHR 2000, 497.

[188] OFD München v. 2.4.2001, DStR 2001, 1032.

[189] FG München v. 27.7.1999, DStRE 2000, 283 = GmbHR 2000, 497, mit Bezug auf das BFH-Urteil v. 7.7.1992, BStBl. II 1993, 328, 329 f.

[190] Keine wesentliche Einflussnahme bzw. finanzielle oder organisatorische Eingliederung der GmbH im Falle einer GmbH & Co.

[191] Geschäfte mit fremden Dritten zu mehr als 25% des Gesamtumsatzes.

müssen.[192] Eine enge wirtschaftliche Verflechtung entfällt bereits dann – und damit auch die Qualifikation als SBV – wenn eines der beiden Merkmale erfüllt ist. „Bei der atypischen GmbH & Still gehört der GmbH-Anteil des atypischen stillen Gesellschafters zu dessen SBV."[193] Gleiches muss gelten, wenn die atypisch stille Gesellschaft nicht an einer inländischen, sondern an einer ausländischen Kapitalgesellschaft besteht.[194]

SBV II beinhaltet Wirtschaftsgüter, die der Mitunternehmerschaft dienen. Auch die Beteiligung an einer Kapitalgesellschaft kommt hierfür in Betracht, wenn sie unmittelbar zur Begründung oder Stärkung der Beteiligung des Gesellschafters an der Mitunternehmerschaft eingesetzt wird.[195]

Auch der oben beschriebenen Ansicht, dass es auf das Verhältnis von Einlage und Eigenkapital der Kapitalgesellschaft ankommt, kann nicht beigepflichtet werden. Die beiden Größen unterliegen regelmäßigen Schwankungen, so dass es in unterschiedlichen Wirtschaftsjahren wechselweise entweder zu Privatvermögen oder zu Betriebsvermögen kommen könnte.

Im Ergebnis fällt die Veräußerung der GmbH-Anteile unter die §§ 16, 34 EStG, da es sich um die Veräußerung von SBV II handelt.[196] Die Ausführungen zeigen, dass es auch im Rahmen der GmbH & atypisch Still nicht zu ähnlichen Beteiligungen i.S.d. § 17 Abs. 1 S. 3 EStG kommen kann.

Der BFH[197] hat auch für den Fall einer rein vermögensverwaltenden GmbH & atypisch Still die GmbH-Anteile als SBV qualifiziert. Demnach ändert sich an der Besteuerungssituation im Vergleich zu einer „normal" gewerbetreibenden GmbH nichts. Wären die Einkünfte der GmbH & atypisch Still allerdings solche aus Vermietung und Verpachtung und würde lediglich für die GmbH eine Umqualifizierung in gewerbliche Einkünfte (§ 8 Abs. 2 KStG) erfolgen, so könnten die GmbH-Anteile der stillen Gesellschafter kein (Sonder-) Betriebsvermögen im Rahmen der GmbH & atypisch Still sein, sondern gehörten zu deren Privatvermögen. Die Veräußerung der GmbH-Anteile des atypisch Stillen wäre als Vorgang in der privaten Vermögenssphäre grundsätzlich nicht einkommensteuerrelevant. Im Falle einer „wesentlichen Beteiligung" wäre allerdings § 17 EStG einschlägig. Allerdings würde keine ähnliche Beteiligung i.S.d. § 17 Abs. 1 S. 3 EStG, sondern ein „echter" GmbH-Anteil existieren, welcher im Gesetzestext des § 17 EStG explizit genannt ist.

---

[192] Dazu auch: *Wehrheim*, DStR 1998, 1533, 1534.
[193] *Schulze zur Wiesche*, GmbHR 1985, 160.
[194] *Pyszka*, IStR 1999, 577, 581.
[195] FG München v. 27.7.1999, DStRE 2000, 283 und für den Fall der GmbH & Co. KG: BFH-Urteil v. 31.10.1989, BStBl. II 1990, 677.
[196] OFD Frankfurt am Main v. 14.9.2000, GmbHR 2000, 1276, 1278.
[197] BFH-Urteil v. 15.10.1998, DStRE 1999, 81.

Ist der einbringende atypisch stille Gesellschafter nicht wesentlich an der GmbH beteiligt, findet die Sonderregelung des § 6 Abs. 1 Nr. 5 Buchstabe b EStG[198] keine Anwendung. Verluste im Privatbereich können in diesem Falle nicht berücksichtigt werden, weil die Verluste nicht, wie im Fall der „wesentlichen Beteiligung", mit einer möglichen Einkunftsart im Zusammenhang stehen.[199] Dies gilt sowohl für die normale GmbH & atypisch Still, als auch für die rein vermögensverwaltende GmbH & atypisch Still.

2. Eigene Sichtweise

Im Rahmen einer GmbH & atypisch Still könnte eine wesentliche bzw. ähnliche Beteiligung i.S.v. § 17 Abs. 1 S. 3 EStG nur vorliegen, wenn durch die atypisch stille Beteiligung ein Gesellschaftsverhältnis begründet wird und es somit zu einer Beteiligung kommen würde, welche als Privatvermögen qualifiziert würde, oder wenn die GmbH-Beteiligung veräußert wird.

Die Veräußerung von GmbH-Anteilen fällt grundsätzlich in den Bereich des § 17 EStG, wenn sie im Privatvermögen liegen. Dennoch würde keine ähnliche Beteiligung i.S.d. § 17 Abs. 1 S. 3 EStG vorliegen, da Anteile an einer GmbH in § 17 EStG explizit geregelt sind. Im Falle einer GmbH & atypisch Still stellen die GmbH-Anteile immer (auch bei einer rein vermögensverwaltenden GmbH; Ausnahme: übermäßige andere Geschäftstätigkeit der GmbH) SBV II dar. Auch die Existenz eines „eigenen Betriebs" im Rahmen der atypisch stillen Beteiligung spricht für die Qualifikation als SBV II, da der Betrieb durch die atypisch stille Beteiligung grundsätzlich „gestärkt" wird. Die Veräußerung von SBV gehört auch zu den Einkünften aus Gewerbebetrieb und ist gem. der §§ 16, 34 EStG steuerpflichtig.

Die Veräußerung der atypisch stillen Beteiligung wird als Veräußerung eines Mitunternehmeranteils im Sinne eines Umkehrschlusses aus § 20 Abs. 1 S. 1 Nr. 4 EStG qualifiziert. Ein etwaiger Veräußerungsgewinn bzw. –verlust ist nach den §§ 16, 34 EStG zu versteuern. Eine Subsumtion unter § 17 EStG ist demnach grundsätzlich nicht möglich, so dass auch eine Qualifikation als ähnliche Beteiligung i.S.d. § 17 Abs. 1 S. 3 EStG ausscheidet.

Die Besteuerungsfolgen der Veräußerung einer atypisch stillen Beteiligung bzw. der GmbH-Anteile im Rahmen einer GmbH & atypisch Still sind m.E. von Literatur und Rechtsprechung zutreffend beurteilt worden. Insoweit kann auch in dieser Arbeit kein anderer Lösungsweg gefunden werden.

---

[198] Dazu generell: *Knobbe-Keuk* in Herzig (Hrsg.), Betriebswirtschaftliche Steuerlehre und Steuerberatung, S. 153 ff.

[199] *Schulze zur Wiesche*, GmbHR 1985, 160, 162.

E. Kapitalersetzende stille Beteiligung als „ähnliche Beteiligung"

I. Sichtweise von Literatur, Finanzverwaltung und Rechtsprechung

„Grundsätzlich ist die Forderung aus der Einlage als stiller Gesellschafter eine Fremdkapitalforderung und nicht Eigenkapital der Gesellschaft. Können die Gesellschafter aber erst nach Befriedigung aller Gläubiger ihre stille Einlage zurückfordern, so haben sie ihre Einlage dem haftenden Kapital gleichgestellt. Dies kann zum einen durch die Behandlung der stillen Beteiligung im Innenverhältnis als Gesamthandsvermögen erfolgen, oder zum anderen durch eine Rangrücktrittserklärung [200]des stillen Gesellschafters, mit der er seine Einlage den Grundsätzen über kapitalersetzende Fremdmittel unterstellt. Daneben kann die stille Einlage noch unter den Voraussetzungen des § 32a Abs. 3 GmbHG und § 172a HGB dem haftenden Kapital gleichgestellt werden. Der stille Gesellschafter steht dann mit seiner Forderung aus der Einlage nicht nur zivilrechtlich hinter den übrigen Gläubigern zurück, sondern wird unter Haftungsgesichtspunkten den übrigen Gesellschaftern gleichgestellt. Für den so beteiligten stillen Gesellschafter muss damit eine steuerliche Umqualifizierung der stillen Einlage in verdecktes Nennkapital abgelehnt werden, da seine Einlage schon zivilrechtlich als Eigenkapital behandelt wird."[201]

Nach einer weit verbreiteten Ansicht[202] verfällt die stille Einlage – genauso wie die Stammeinlage – im Konkursfall zugunsten der Konkursmasse. Aus diesem Grunde wäre die stille Beteiligung nach Konkurseröffnung steuerrechtlich als verdecktes Nominalkapital der Kapitalgesellschaft zu sehen. Seitens des Steuerrechts bestehen aber keine Gründe, die stille Einlage in verdecktes Nennkapital umzuqualifizieren. Letztendlich bleibt es für die stille Beteiligung bei dem Charakter der Verbindlichkeit, da aus der zivilrechtlichen Gleichstellung der stillen Einlage mit Haftkapital keine steuerrechtlichen Folgen abzuleiten sind. I.E. ist eine stille Beteiligung nach der Umqualifizierung gem. § 32a GmbHG steuerrechtlich dennoch kein verdecktes Nominalkapital.[203] Der stille Gesellschafter ist an der Kapitalgesellschaft nicht direkt beteiligt, so dass er regelmäßig nicht verpflichtet ist, deren Stamm- oder Nennkapital zu erhalten. Dieser Grundsatz gilt jedoch nur für die typisch stille Gesellschaft uneingeschränkt.

Die gleichzeitige stille Beteiligung eines Gesellschafters kann als kapitalersetzende Einlage i.S.d. § 32a GmbHG zu qualifizieren sein, soweit der Gesellschafter der Kapitalgesellschaft die stille Beteiligung zu einem Zeitpunkt begründet hat, in dem ein ordentlicher Kaufmann Eigenkapital zugeführt hätte. Fraglich ist daher, ob durch den Eigenkapitalersatz der stillen Beteiligung die Beteiligungsquote des

---

[200] Dazu: *Dörner*, INF 2001, 494, 496 f.

[201] *Stüttgen*, Die stille Beteiligung an der gewerblichen Familien-GmbH, S. 278 f.

[202] *Paulick*, GmbHR 1982, 237, 239; *Stüttgen*, Die stille Beteiligung an der gewerblichen Familien-GmbH, S. 285; *Schwedhelm*, Die GmbH & Still als Mitunternehmerschaft, S. 35.

[203] *Steinacker*, Die GmbH & Still im Steuerrecht, S. 17.

Gesellschafters an der Kapitalgesellschaft erhöht wird. Die Bewertung der stillen Einlage als eigenkapitalersetzendes Darlehen bleibt vor der Krise grundsätzlich ohne Bedeutung.[204] Steuerrechtliche Wertungen aus der kapitalersetzenden stillen Beteiligung können auch nur für den Zeitraum nach der Konkurseröffnung vorgenommen werden.[205]

Nach h.M.[206] ist die stille Einlage durch ihre kapitalersetzende Funktion im Konkursfall dem verdecktem Eigenkapital und den daraus resultierenden Rechtsfolgen gleichzustellen.[207] Als verdecktes Eigenkapital ist die stille Einlage deshalb zu werten, da sie – wie die Anteile – zugunsten der Konkursmasse verfällt und § 32a GmbHG den Gesellschafter ausschließlich als Mitglied der GmbH qualifiziert.[208] Erst durch die Eröffnung des Konkurs- oder Vergleichsverfahren über das Vermögen der GmbH tritt als Rechtsfolge der Verlust des Rückforderungsrechts der stillen Beteiligung ein.[209]

Die Umdeutung einer stillen Beteiligung in verdecktes Stammkapital kommt selbst dann nicht in Betracht, wenn sich der einzige Gesellschafter einer Kapitalgesellschaft am „eigenen" Unternehmen still beteiligt oder wenn sich mehrere Gesellschafter still an „ihrer" Kapitalgesellschaft beteiligen und das Stamm- bzw. Nennkapital noch nicht voll eingezahlt ist. Eine Umqualifizierung wird damit nur noch in Ausnahmefällen vorgenommen.[210]

Die kapitalersetzende stille Beteiligung eines Gesellschafters kann weder vor, noch nach der Konkurseröffnung zu einer ähnlichen Beteiligung i.S.d. § 17 Abs. 1 S. 3 EStG führen, denn – genau wie im Falle der anderen kapitalersetzenden Leistungen – liegt trotz des Eigenkapitalersatzes keine Beteiligung am Nominalkapital vor. Auch wird eine vorhandene unwesentliche Beteiligung in ihrem Bestand nicht verändert und somit nicht zu einer „wesentlichen Beteiligung".[211] Sie vermittelt dem Gesellschafter einer GmbH oder AG ebenfalls keine erweiterten Gesellschafterbefugnisse, wie beispielsweise eigenkapitalersetzende Leistungen.[212]

---

[204] *Schwedhelm*, Die GmbH & Still als Mitunternehmerschaft, S. 32.
[205] *Biber*, DStR 1984, 424, 427.
[206] Für viele: *Paulick*, GmbHR 1982, 239; *Schwedhelm*, Die GmbH & Still als Mitunternehmerschaft, S. 35.
[207] Ähnlich: *Stüttgen*, Die stille Beteiligung an der gewerblichen Familien-GmbH, S. 276 ff.
[208] *Schwedhelm*, Die GmbH & Still als Mitunternehmerschaft, S. 35.
[209] *Biber*, DStR 1984, 424, 427; ebenso: *Schwedhelm*, Die GmbH & Still als Mitunternehmerschaft, S. 32 m.w.N.
[210] *Stüttgen*, Die stille Beteiligung an der gewerblichen Familien-GmbH, S. 277.
[211] FG Baden-Württemberg v. 18.1.1996, GmbHR 1997, 366, 367.
[212] BFH-Urteil v. 28.5.1997, BStBl. II 1997, 724.

II. Eigene Sichtweise

Auch im Falle von kapitalersetzenden stillen Beteiligungen ist m.E. das gefundene Ergebnis zur Besteuerungssystematik korrekt. Der Kapitalersatz im Rahmen einer Krise der Gesellschaft vermag vielleicht eine Umqualifizierung von Fremd- in Eigenkapital zur Folge haben, doch dadurch wird letztendlich kein Nominalkapital begründet oder erhöht. Die verwendete Bezeichnung des „verdeckten Stamm- bzw. Nennkapitals" ist irreführend. Treffender ist die Bezeichnung „verdecktes Eigenkapital". Dabei wird deutlich, dass das Eigenkapital eben nicht entscheidend für die Beteiligungshöhe im Rahmen des § 17 EStG ist. Es kommt allein auf die Beteiligung am Nominalkapital der Gesellschaft an.

Eine kapitalersetzende typisch stille Beteiligung kann demnach eine ähnliche Beteiligung i.S.v. § 17 Abs. 1 S. 3 EStG weder begründen noch erhöhen. Liegt eine kapitalersetzende atypisch stille Beteiligung vor, so hat dies ebenfalls keine Auswirkungen auf die Besteuerungssituation. Die atypisch stille Beteiligung wird nach wie vor als Mitunternehmerschaft gewertet, so dass hierbei § 17 EStG subsidiär ist. I.E. sind beide Varianten auch für die Ermittlung der „Wesentlichkeitsgrenze" irrelevant.

F. Genussscheininhaber als stiller Beteiligter und damit „ähnlich Beteiligter"

I. Sichtweise der Literatur

In der Literatur[213] wurde im Jahre 1989 diskutiert, ob die Einräumung von Genussscheinen nicht gleichzeitig als stille Gesellschaft an dem Unternehmen zu qualifizieren sei. Im folgenden soll nun geklärt werden, ob sich durch eine mögliche differenzierte Qualifikation der Gestaltungsvariante ebenfalls Unterschiede für die Subsumtion unter § 17 EStG und damit für die Begründung oder Erhöhung einer ähnlichen Beteiligung i.S.v. § 17 Abs. 1 S. 3 EStG ergeben.

„Im Zuge einer Herabsetzung des Grundkapitals der Gesellschaft würde in gleichem Umfang das Genusskapital herabgesetzt. Ein durch die Herabsetzung eingetretener Verlust kann der Genussscheininhaber – so *Meilicke*[214] – bei seinen Einkünften aus Kapitalvermögen geltend machen, da das Rechtsverhältnis der Genussscheine eine stille Gesellschaft im Sinne der §§ 230 ff. HGB darstelle. Gegen diese Beurteilung bestehen erhebliche Bedenken, die dargelegt werden sollen. Das Rechtsverhältnis der Genussscheine ist gesetzlich nicht geregelt. Es ist deshalb notwendigerweise auf das Rechtsverhältnis im Einzelfall abzustellen."[215]

[213] *Meilicke*, BB 1989, 465 ff.; gegenteiliger Auffassung: *Fichtelmann*, BB 1989, 1461 f.
[214] *Meilicke*, BB 1989, 465 ff.
[215] *Fichtelmann*, BB 1989, 1461.

„Ob eine stille Gesellschaft vorliegt, ist nach dem Inhalt des Vertrags (der Genussschein-Bedingungen) zu entscheiden. Die von den Vertragsparteien für ihr Rechtsverhältnis gewählte Bezeichnung ist nicht maßgebend. Die Bezeichnung als Genussschein steht der Qualifikation als stille Gesellschaft nicht entgegen. Insoweit ist *Meilicke*[216] zu folgen. Die Beteiligung am Gewinn ist unabdingbare Voraussetzung einer stillen Gesellschaft (§ 231 Abs. 2 Halbsatz 2 HGB). Eine Beteiligung anderer Art (z.B. am Umsatz) kann eine stille Gesellschaft nicht begründen. Die Garantie einer Mindestverzinsung steht der Annahme einer stillen Gesellschaft nicht entgegen. Insoweit können die Voraussetzungen einer stillen Gesellschaft als gegeben angenommen werden. Es handelt sich um Gesellschaftsrechte mit gänzlich verschiedenen Inhalten, so dass Analogieschlüsse dieser Art nicht erlaubt sind."[217]

„Die Beteiligung am Verlust ist nicht Wesensmerkmal der stillen Gesellschaft. Die Verlustbeteiligung kann ausgeschlossen werden (§ 231 Abs. 2 Halbsatz 1 HGB). Nun ist allerdings nicht zu bestreiten, dass die Genussscheininhaber im Falle einer Kapitalherabsetzung tatsächlich einen Verlust erlitten haben. Zu fragen ist, wodurch sie diesen erlitten haben. Mit der Herabsetzung des Grundkapitals und der in deren Gefolge stehenden Herabsetzung des Genusskapitals ist kein Verlust entstanden. Es wurden lediglich die Nominalwerte dem durch Verluste der Gesellschaft gesunkenen tatsächlichen Vermögensstand angepasst. Auch ohne Herabsetzung des Genusskapitals wären vermutlich die Genussscheininhaber mit ihren Forderungen gegen die Gesellschaft leer ausgegangen. Ist das so, dann liegt der Verlust in der Vermögenssphäre, der auch bei einer stillen Gesellschaft nicht zu negativen Einkünften führt. Unter dem Gesichtspunkt der Abzugsfähigkeit des Verlustes aus der Herabsetzung des Genusskapitals kann es letztlich dahingestellt bleiben, ob eine stille Gesellschaft vorliegt. Der durch die Herabsetzung des Genusskapitals sichtbar gewordene Verlust ist in der Vermögenssphäre begründet und deshalb auch bei Annahme einer stillen Gesellschaft steuerlich nicht abzugsfähig."[218]

II. Eigene Sichtweise

Letztendlich wird auf die Genussscheinproblematik im Rahmen des § 17 EStG gar nicht eingegangen. *Fichtelmann*[219] behauptet sogar, dass der Verlust aus der Herabsetzung des Genussscheinkapitals steuerlich nicht geltend gemacht werden kann. Die beschriebenen Auffassungen sollen nun mit Blick auf § 17 EStG und die ähnlichen Beteiligungen i.S.v. § 17 Abs. 1 S. 3 EStG ergänzt werden.

Genussscheine sind in § 17 Abs. 1 S. 3 EStG explizit geregelt. Wie bereits oben geklärt wurde, stellen Genussrechte eine Ausnahme innerhalb des § 17 EStG dar, da es in diesem Fall nicht allein auf die Beteiligung am Nominalkapital der Gesellschaft

[216] *Meilicke*, BB 1989, 465 ff.
[217] *Fichtelmann*, BB 1989, 1461 f.
[218] *Fichtelmann*, BB 1989, 1461 f.
[219] *Fichtelmann*, BB 1989, 1461, 1462.

ankommt, sondern Genussscheine ebenfalls unter § 17 EStG subsumierbar sind, wenn durch sie eine Beteiligung am Liquidationserlös und/oder Gewinn vermittelt wird.

Wenn man nun, wie im obigen Streit, annimmt, dass derartige Genussrechte als stille Beteiligung zu werten sind, so könnte es sich allerdings nicht um eine originäre „wesentliche Beteiligung", sondern um eine ähnliche Beteiligung gem. § 17 Abs. 1 S. 3 EStG handeln, da m.E. die Genussrechte selbst als ähnliche Beteiligung i.S.v. § 17 Abs. 1 S. 3 EStG zu werten sind.[220] Die Begründung hierfür liegt in der Sonderkonstellation der Genussrechte innerhalb des § 17 EStG, da bei ihnen nicht auf das grundsätzlich entscheidende Tatbestandsmerkmal mit der Beteiligung am Nominalkapital der Gesellschaft abgestellt werden kann.

Meiner Ansicht nach muss zwischen einer typisch und atypisch stillen Gesellschaft unterschieden werden, wenn ein Vergleich zu Genussrechten hergestellt werden soll. Die typisch stille Gesellschaft vermittelt eine reine Kapitalgeberfunktion. Die atypisch stille Gesellschaft stellt hingegen eine Mitunternehmerschaft dar, wodurch es auch zu einem Mitunternehmerrisiko kommt. Grundsätzlich können, je nach Ausgestaltung des Genussrechts, auch Merkmale einer stillen Gesellschaft vorliegen, die eine Einordnung schwierig erscheinen lassen. Letztendlich muss der Streit[221] darüber, ob Genussrechte auch stille Beteiligungen sein können, offen bleiben.

Die Begründung oder Erhöhung einer ähnlichen Beteiligung i.S.v. § 17 EStG ist unabhängig davon, ob ein Tatbestand **auch** unter eine andere Rechtskonstellation subsumiert werden könnte. Allerdings wäre die Konstellation sowohl bei Einordnung als typisch stille als auch atypisch stille Gesellschaft kein Anwendungsfall des § 17 EStG. Bezüglich der Einzelheiten kann auf die oben getroffenen Ergebnisse verwiesen werden.

Wenn die Gestaltungsvariante i.E. allerdings als Genussrechte zu qualifizieren wäre, so würde sie explizit unter den Bereich der ähnlichen Beteiligungen des § 17 Abs. 1 S. 3 EStG fallen. Dieses Ergebnis macht bereits jetzt deutlich, dass es hier zu Unstimmigkeiten bezüglich der Einordnung von Gestaltungsmaßnahmen im Rahmen des § 17 EStG kommt. Grundsätzlich wären sowohl die stille Gesellschaft als auch die Genussrechte außerhalb des Anwendungsbereichs von § 17 EStG anzusiedeln, damit eine Gesetzessystematik eingehalten werden könnte.

---

[220] So auch: *Frotscher*, EStG, § 17 Rn. 23 und 23a.

[221] Dazu auch: *Feddersen/Knauth*, Eigenkapitalbildung durch Genußscheine, 1992, S. 16 und *Pougin*, Genußrechte, S. 4.

§ 9 Veräußerungen im Rahmen einer GbR-Beteiligung als „ähnliche Anteile"

Ist eine Gesellschaft bürgerlichen Rechts durch den Abschluss eines entsprechenden Vertrages zwischen den Gesellschaftern gegründet worden, so kommen die gesetzlichen Vorschriften der §§ 705 bis 740 BGB zur Anwendung.[1] Diese Vorschriften sind allerdings nur teilweise zwingend anzuwenden. Zum größten Teil stellen sie lediglich die rechtliche Grundlage dar.[2]

Nachfolgend werden verschiedene Veräußerungsmöglichkeiten einer „wesentlichen Beteiligung" im Rahmen einer GbR-Beteiligung untersucht.

Abb. 9: „Veräußerungsmöglichkeiten einer ‚wesentlichen Beteiligung' im Rahmen einer GbR-Beteiligung"

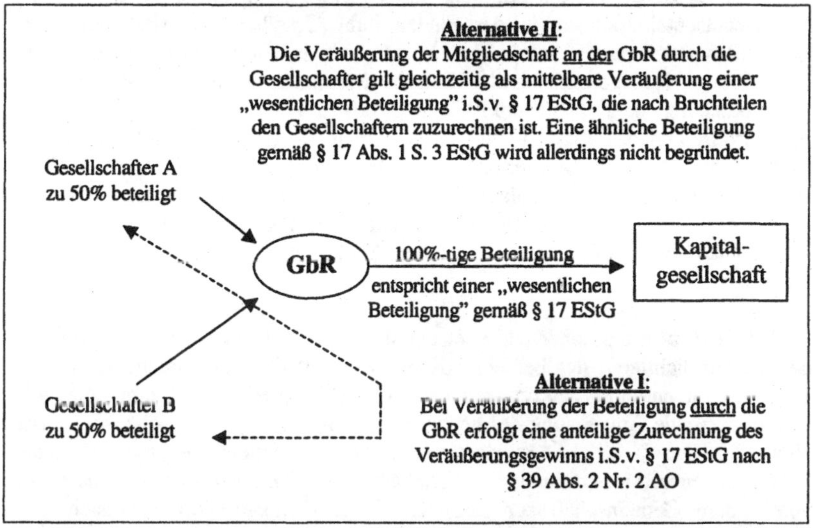

Eine GbR kann in ihrem Vermögen u.a. eine „wesentliche Beteiligung" an einer Kapitalgesellschaft i.S.d. § 17 EStG halten. Demnach kann zum einen die Beteiligung an der Kapitalgesellschaft durch die GbR veräußert werden (**Alternative I**). Im Rahmen der Alternative I sind sowohl A als auch B an der Kapitalgesellschaft mittelbar zu 50% beteiligt, so dass ihnen ein Veräußerungsgewinn gem. § 17 EStG zuzuordnen ist. Dies liegt daran, weil die Gesellschafter einer Personengesellschaft juristisch an dem Vermögen zur gesamten Hand beteiligt sind und dies auch für das

---

1 Siehe dazu: *Hadding* in Soergel, BGB, § 705 Rz 1 ff.; *Ulmer* in Münchener Kommentar zum BGB, Vor § 705 Rz. 1 ff., *Keßler* in Staudingers Kommentar zum Bürgerlichen Gesetzbuch, § 705 Rz. 7 ff.

2 *Eicker*, Die Gesellschaft bürgerlichen Rechts im Prozeß und in der Zwangsvollstreckung, 1991, S. 7.

Steuerrecht gilt. Wahlweise können die Mitglieder A und B ihre Anteile an der GbR veräußern (**Alternative II**). Falls die Mitgliedschaft verkauft werden soll und die GbR wesentlich an einer Kapitalgesellschaft beteiligt ist, könnte sich ebenfalls ein Veräußerungsgewinn i.S.d. § 17 EStG ergeben.[3] Diese Alternative II ist innerhalb dieser Arbeit zu problematisieren. Beide Veräußerungsalternativen werden nun genauer analysiert.

A. Anteilige Zurechnung bei Veräußerung durch die GbR

Die unmittelbare Veräußerung der „wesentlichen Beteiligung" durch die GbR wird beim GbR-Gesellschafter nach § 17 EStG besteuert, der über seine Vermögensbeteiligung in der GbR „wesentlich" an der Kapitalgesellschaft beteiligt ist. Nach dem sog. Gepräge-Beschluss des BFH vom 25.6.1984[4] ist eine Personengesellschaft für die Einkommensteuer (oder Körperschaftsteuer) insoweit Steuerrechtsubjekt, als sie in der Einheit ihrer Gesellschafter Merkmale eines Besteuerungstatbestandes verwirklicht[5], welche den Gesellschaftern für deren Besteuerung zuzurechnen sind.[6] Solche Merkmale sind insbesondere die Verwirklichung oder Nichtverwirklichung des Tatbestandes einer bestimmten Einkunftsart und das Erzielen von Gewinn oder Überschuss im Rahmen dieser Einkunftsart. Dies gilt gleichermaßen für alle in § 2 Abs. 1 Nr. 1 bis 7 EStG aufgeführten und nach §§ 13 bis 24 EStG zu bestimmenden Einkunftsarten, soweit sie bei der Tätigkeit oder Vermögensnutzung einer Personengesellschaft anfallen können.[7] Dies ist auch – nach Aufgabe der Geprägerechtsprechung[8] – auf die GbR übertragbar.[9]

Im Hinblick auf die besondere Zielsetzung des § 17 EStG, Gewinne bzw. Verluste des Steuerpflichtigen, der bei einer Kapitalgesellschaft mitunternehmerähnlichen Einfluss ausüben kann[10], zu erfassen, hat der BFH in seinem Urteil vom 7.4.1976[11] eine umfassende Anwendung des heutigen § 39 Abs. 2 Nr. 2 AO befürwortet. Die Vorschrift des § 17 EStG erfasst ausdrücklich unmittelbare und mittelbare Beteiligungen und bringt damit zum Ausdruck, dass eine Personengesellschaft oder eine andere Gemeinschaft zur gesamten Hand, in deren Vermögen sich eine „wesentliche Beteiligung" befindet, kein Hindernis darstellt, um für die Besteuerung

---

[3] *Wohlschlegel*, DStR 1997, 1589; *Fox/Hüttche/Lechner*, GmbHR 2000, 521, 529, sprechen v. "GbR-Modell".

[4] GrS v. 25.6.1984, BStBl. II 1984, 751.

[5] *Strahl*, KÖSDI 2001, 12802.

[6] *Groh*, JbFSt 1979/80, 209, 232; *Niemann* in Festschrift für Ludwig Schmidt, S. 127, 137 f.; *Hahn*, DStZ 1992, 161, 162; zur alten Ansicht noch: *Züll*, Die Einkommensteuer bei der Veräußerung wesentlicher Beteiligungen, S. 51 f.

[7] *Märkle*, StbJb 1993/94, 207, 215.

[8] *Schellenberger*, DStR 1985, 163.

[9] *Groh*, JbFSt 1979/80, 209, 252; *Hailer*, Steuerrechtlicher Pflichtenkreis der Gesellschaft bürgerlichen Rechts aus materiell- und verfahrensrechtlicher Sicht, 1988, S. 36.

[10] So: *Fröhling*, Zur Frage der Verfassungswidrigkeit des § 17 EStG, S. 6.

[11] BStBl. II 1976, 557.

nach § 17 EStG auf den einzelnen Gesellschafter abzustellen.[12] Die Annahme einer partiellen Rechtsfähigkeit der Personengesellschaft findet mit anderen Worten dort ihre Grenze, wo Merkmale in Frage stehen, die (wie beispielsweise die Qualifikation für eine freiberufliche Tätigkeit gem. § 18 EStG, der für die Annahme einer Betriebsaufspaltung erforderliche einheitliche geschäftliche Betätigungswille oder die für § 17 EStG maßgebliche Frage nach einer „wesentlichen Beteiligung") mit Rücksicht auf die persönlichen Umstände des Steuerpflichtigen zu beurteilen sind.[13]

§ 39 Abs. 2 Nr. 2 AO kann allerdings auch anders beurteilt werden, und zwar so, dass nur die rechnerische Aufteilung des Gesamthandvermögens ermöglicht werden soll. Bei Beurteilung der Besteuerungstatbestände darf hingegen die Gesamthand nicht geleugnet werden. Diese vom BFH[14] und einem beachtlichen Teil des Schrifttums[15] vertretene Auffassung ist durchaus zutreffend. Sie fügt sich gut in die Struktur der Gesamthandsgesellschaft. Die Gesellschaft besteht nicht nur aus Gesellschaftsvermögen, sondern auch aus einer mehr oder minder handlungsfähigen Organisation.[16]

Innerhalb dieser Organisation entfaltet die Personengemeinschaft ihr rechtliches und wirtschaftliches Leben. Es ist nicht Ziel und Aufgabe des § 39 Abs. 2 Nr. 2 AO diese Gemeinschaft zu zerschlagen. Er beschäftigt sich ausschließlich mit dem Gesamthandsvermögen, das er für Besteuerungszwecke aus der Gesamthand herauslöst und rechnerisch den Gesellschaftern zuweist. Wenn man das Ergebnis der Gesellschaft berechnen will, muss zunächst Klarheit über die Einkunftsart gewonnen werden. Diese könnte theoretisch sowohl nach den Verhältnissen der Gesellschaft als auch nach den Gesellschaftern bestimmt werden. Tatsächlich ist schon in der Vergangenheit ungeachtet aller Bilanzbündeltheorien[17] die Einkunftsart nach den Verhältnissen der Gesellschaft bestimmt worden.[18] Dies erfolgte in der Weise, als würde die Gesellschaftstätigkeit von einer natürlichen Person ausgeübt, oder als wäre die Gesellschaft selbst einkommensteuerpflichtig. Ob § 17 EStG mit der erwähnten BFH-Entscheidung[19] tatsächlich eine abweichende Beurteilung erfordert, ist offen.

---

[12] *Groh*, JbFSt 1979/80, 207, 222 mit Gleichstellung von GbR (BGB-Gesellschaft) und den anderen Personengesellschaften; *Niemann* in Festschrift für Ludwig Schmidt, S. 127, 133.

[13] *Wacker/Franz*, BB 1993, Beilage 5, S. 32; ebenso: *Märkle*, StbJb 1993/94, 207, 216 f.

[14] BFH-Urteil v. 4.4.1974, BStBl. II 1974, 598.

[15] Für viele: *Creutzfeldt*, Entwicklung und Kritik der Lehren v. Rechtsubjekt – zugleich ein Beitrag zur Rechtsstellung der GbR, 1992, S. 1 ff.

[16] *Groh*, JbFSt 1979/80, 209, 222 f.; *Creutzfeldt*, Entwicklung und Kritik der Lehre v. Rechtsubjekt – zugleich ein Beitrag zur Rechtsstellung der GbR, 1992, S. 1 ff.

[17] Dazu: *Raupach*, FR 1976, 233 ff.

[18] *Hailer*, Steuerrechtlicher Pflichtenkreis der Gesellschaft bürgerlichen Rechts aus materiell- und verfahrensrechtlicher Sicht, S. 41 ff.; *Strahl*, KÖSDI 2001, 12802.

[19] BFH-Urteil v. 7.4.1976, BStBl. II 1976, 557.

Die Vorschrift des § 39 Abs. 2 Nr. 2 AO begründet diesen Durchgriff.[20] Demnach ist die Veräußerung der Anteile an der Kapitalgesellschaft durch die Gesamthand eine gleichzeitige, aber getrennte Veräußerung der den Mitberechtigten anteilig zuzurechnenden Beteiligung der GbR an der Kapitalgesellschaft.[21] Bei einer gesamthänderischen Beteiligung ist das Vermögen der Gesellschaft – hier die „wesentliche Beteiligung" – den Gesellschaftern anteilig zuzurechnen.[22] Diese sog. **Bruchteilsbetrachtung**[23, 24] führt zu dem Ergebnis, dass die Veräußerungsgewinne der GbR nach § 17 EStG den Gesellschaftern anteilig, d.h. so zuzurechnen sind, als ob sie an den Anteilsrechten zu Bruchteilen berechtigt wären.[25, 26] Dennoch existieren Stimmen[27], die für eine **Einheitsbetrachtung** aufgrund der Teilrechtsfähigkeit der Personengesellschaft plädieren, und zwar, wenn nur die GbR, nicht aber die Gesellschafter in Bruchteilsbetrachtung über eine „wesentliche Beteiligung" i.S.d. § 17 EStG verfügen.[28] Demzufolge käme es darauf an, dass die Personengesellschaft selbst wesentlich an der Kapitalgesellschaft beteiligt ist.[29]

§ 39 AO, welches eine Zurechnungsvorschrift für den „wirtschaftlichen Eigentümer" ist, tritt hinter eine speziellere Vorschrift zurück, wenn etwas anderes bestimmt ist. § 17 EStG bestimmt aber gerade nichts Abweichendes, sondern spricht in Absatz 1 Satz 4 ausdrücklich von unmittelbaren und mittelbaren Beteiligungen, wobei auf den wirtschaftlichen Eigentümer abgestellt wird.[30, 31] Damit wird zum Ausdruck gebracht, dass eine Gesamthand, in deren Vermögen sich eine „wesentliche Beteiligung" befindet, kein Hindernis für die Besteuerung der einzelnen Gesellschafter gem. § 17 EStG ist.[32]

---

[20] *Strahl* in Korn/Carlé/Stahl/Strahl, EStG, § 17 Rz. 45; *Ebling* in Blümich, EStG, § 17 Rz. 97; *Niemann* in Festschrift für Ludwig Schmidt, 1993, S. 127 ff.; *Bornheim*, DB 2001, 162, 169.

[21] *Döllerer*, StbJb 1981/82, 195, 201.

[22] *Ebling* in Blümich, EStG, § 17 Rz. 97 m.w.N.

[23] BFH-Urteil v. 13.7.1999, GmbHR 1999, 1208, 1209; BFH-Urteil v. 9.5.2000, DStR 2000, 1553; zuletzt: FG Baden-Württemberg v. 28.2.2002, EFG 2002, 838.

[24] *Schmidt/Weber-Grellet*, EStG, § 17 Rz. 54; *Hörger* in *Littmann/Bitz/Pust*, EStG, § 17, RZ. 20; *Boochs* in Dankmeyer/Giloy, EStG, § 17 Rz. 62; *Gosch* in Kirchhof, EStG § 17, Rn. 61; *Strahl*, KÖSDI 2001, 12802.

[25] BVerfG Beschluss v. 25.9.2002, DStZ 2002, 837.

[26] Kritisch: *Wacker*, NWB, Fach 3, 11251, 11268; *Gail/Düll/Fuhrmann/Grupp/ Eberhard*, DB 2000 Beilage 15/2000, S. 6 f.

[27] *Knobbe-Keuk*, Bilanz- und Unternehmenssteuerrecht, S. 917; *Groh* JbFSt 1979/80, 209, 225 f.

[28] *Strahl*, KÖSDI 2000, 12260, 12265.

[29] Durch das BFH-Urteil v. 9.5.2000, DStR 2000, 1553 ff., mit Bezug auf BFH-Urteil v. 13.7.1999, BStBl. II 1999, 820, negiert.

[30] BFH-Urteil v. 7.4.1976, BStBl. II 1976, 557, 558.

[31] *Schmidt/Weber-Grellet*, EStG, § 17 Rz. 65 ff.

[32] *Niemann* in Festschrift für Ludwig Schmidt, S. 133; *Märkle*, StbJb 1993/94, 207, 214.

Es ist demnach davon auszugehen, dass entsprechend der Grundregel des § 39 Abs. 2 Nr. 2 AO die zum Privatvermögen der GbR gehörende „wesentliche Beteiligung" den Gesellschaftern anteilig zuzurechnen ist.[33, 34] Dabei werden zunächst die Einkünfte auf Ebene der Personenmehrheit ermittelt und sodann auf die Gesellschafter bzw. die Gemeinschafter verteilt.[35] Der BFH hat dies zuletzt mit Urteil vom 9.5.2000[36] bestätigt und auf die gleichgerichtete Besteuerung im Rahmen der sog. Zebragesellschaft[37] sowie der „Drei-Objekt-Grenze" verwiesen.[38] Dieses Ergebnis gebietet sich nach Auffassung von *Wacker*[39] auch aufgrund der Systematik und dem Gesetzeszweck des § 17 EStG. Dies liegt daran, dass § 17 EStG auch auf die finanzielle Leistungsfähigkeit abstellt und es daher systematisch nicht richtig wäre, wenn bereits auf Ebene der GbR eine Beteiligung als „wesentlich" qualifiziert werden würde.[40]

B. Veräußerung der Mitgliedschaft als „ähnliche Beteiligung"

I. Sichtweise von Literatur, Finanzverwaltung und Rechtsprechung

1. GbR als „ähnliche Kapitalgesellschaft"

Das Ergebnis vorwegnehmend löst die Veräußerung der Mitgliedschaft nach einhelliger Meinung von Finanzverwaltung[41] und Schrifttum[42] beim Gesellschafter einen Veräußerungsgewinn aus, da er über seine Quote in der GbR an der Kapitalgesellschaft „wesentlich" beteiligt ist. Es erfolgt keine Besteuerung gem. § 16 i.V.m. § 34 EStG, da das Gesamthandsvermögen einer GbR kein Betriebsvermögen darstellt. Es ist vielmehr als Privatvermögen zu qualifizieren, welches außerhalb der §§ 17, 23 EStG nicht steuerpflichtig ist.[43]

Es wird demnach die Auffassung[44] vertreten, dass die Veräußerung von Gesellschaftsrechten an einer GbR jedenfalls dann als Veräußerung der im Gesellschaftsvermögen der GbR befindlichen Beteiligung an einer Kapital-

---

33 A.A. noch: BFH-Urteil v. 4.10.1990, BStBl. II 1992, 211.

34 *Schmidt/Weber-Grellet*, EStG, § 17 Rz. 10; *Wacker/Franz*, BB 1993, Beilage 5, S. 31; BMF-Schreiben v. 11.1.1993, BStBl. I 1993, 62, 68 mit alleinigem Bezug auf den Realteilungsfall; *Hailer*, Steuerrechtlicher Pflichtenkreis der Gesellschaft bürgerlichen Rechts aus materiell- und verfahrensrechtlicher Sicht, S. 41; *Strahl*, KÖSDI 2001, 12802, 12803.

35 *Schmidt/Drenseck*, EStG, § 21 Rz. 21 m.w.N.

36 DStR 2000, 1553, 1556.

37 *Strahl*, KÖSDI 2001, 12802, 12803, 12810 m.w.N.

38 Dazu auch: *Seibt*, DStR 2000, 2061, 2063.

39 *Wacker*, Anmerkung zum BFH-Urteil v. 9.5.2000, BB 2000, 1976, 1980.

40 *Strahl*, KÖSDI 2001, 12802, 12803.

41 R 140 Abs. 2 S. 10 EStR.

42 Für viele: *Schmidt/Weber-Grellet*, EStG, § 17 Rz. 55 m.w.N.; *Schaumburg*, Internationales Steuerrecht, S. 205.

43 BFH-Urteil v. 7.4.1976, BStBl. II 1976, 557, 558.

44 *Hörger* in *Littmann/Bitz/Pust*, EStG, § 17 Rz. 20; *Schmidt/Weber-Grellet*, EStG, § 17 Rz. 51; *Ebling* in Blümich, EStG, § 17 Rz. 97 ff.

gesellschaft i.S.d. § 17 Abs. 1 S. 3 EStG zu betrachten sei, wenn die GbR selbst nicht am wirtschaftlichen Verkehr teilnehme und dementsprechend nicht über Betriebsvermögen verfüge.[45] Damit darf die Personengemeinschaft nicht im Rahmen der Gewinneinkünfte tätig sein.[46] Es kann zwar Gesamthandsvermögen existieren, welches aber zugleich nicht Betriebsvermögen sein darf.[47] Diese Lösung soll aber nur bei einer Veräußerung von Gesellschaftsrechten an einer GbR zutreffend sein. Für den Fall der Veräußerung einer „wesentlichen Beteiligung" durch die GbR ergibt sich – nach Auffassung von *Wohlschlegel*[48] – ein anderes Ergebnis. Diese Betrachtungsweisen sollen im folgenden noch näher untersucht werden.

Ein GbR-Anteil ist – nach Ansicht des FG Köln[49] – zivilrechtlich einem Anteil an einer AG oder GmbH nicht hinreichend ähnlich, so dass die Subsumtion unter § 17 EStG nicht möglich ist. Das FG Köln nimmt auf ein Urteil des BFH[50] zu § 23 EStG Bezug, worin dieser auf die grundsätzliche Maßgeblichkeit der privatrechtlichen Ausgestaltung des Rechts, auf das sich die Veräußerung bezieht (GbR-Anteil und nicht Kapitalgesellschaftsanteil), abgestellt hatte. Grundsätzlich ist das Steuerrecht zwar unabhängig vom Zivilrecht in Fragen der Interpretation, doch muss eine abweichende steuerliche Beurteilung sachlich gerechtfertigt sein. Deswegen könne auch bei der Interpretation des Begriffes „Anteil an einer Kapitalgesellschaft" i.S.v. § 17 EStG nicht von einer vom Zivilrecht abweichenden Interpretation ausgegangen werden. Insoweit könne die Veräußerung von Anteilen an einer vermögensverwaltenden GbR nicht in den Bereich des § 17 EStG fallen.

Das Element der „ähnlichen Kapitalgesellschaft" i.S.d. § 17 Abs. 1 S. 3 EStG trifft vornehmlich auf Vorgesellschaften bzw. ausländische Kapitalgesellschaften zu, wenn diese einen Anteil – ähnlich dem einer Aktie oder eines GmbH-Anteils – gewähren.[51] Aus zivilrechtlicher Sicht ist eine GbR einer Kapitalgesellschaft nicht ähnlich.[52] Eine GbR ist eine Gesellschaft bürgerlichen Rechts, die in den §§ 705 ff. BGB geregelt ist.[53] Sie zählt daher nicht zu den Kapitalgesellschaften im Sinne des HGB. Die GbR ist demzufolge keine einer Kapitalgesellschaft ähnliche Gesellschaft.[54]

Auch die Tatsache, dass die GbR als Gesamthandsvermögen eventuell nur oder nahezu ausschließlich Anteile an einer Kapitalgesellschaft besitzt, kann bei der Veräußerung der Gesellschaftsrechte an einer vermögensverwaltenden GbR nicht zu

---

45 *Ebling* in Blümich, EStG, § 17 Rz. 99; a.A.: *Schaumburg*, Internationales Steuerrecht, S. 205.
46 *Frotscher*, EStG, § 17 Rn. 19.
47 *Schaumburg*, Internationales Steuerrecht, S. 205.
48 *Wohlschlegel*, DStR 1997, 1589 ff.
49 FG Köln v. 14.10.1998, DStRE 1999, 59, 60.
50 BFH-Urteil v. 10.7.1996, BStBl. II 1997, 678.
51 *Wohlschlegel*, DStR 1997, 1589, 1591.
52 FG Köln v. 14.10.1998, EFG 1999, 65 ff.
53 *Hadding* in Soergel, BGB, § 705 Rz 1 ff.; *Ulmer* in Münchener Kommentar zum BGB, Vor § 705 Rz. 1 ff., *Keßler* in Staudingers Kommentar zum Bürgerlichen Gesetzbuch, § 705 Rz. 7 ff.
54 *Wohlschlegel*, DStR 1997, 1589, 1591.

einer Veräußerung einer ähnlichen Beteiligung i.S.d. § 17 Abs. 1 S. 3 EStG führen, da auch dadurch keine „ähnliche Kapitalgesellschaft" begründet wird.[55] Demnach kann bei einer Veräußerung der Gesellschaftsrechte an einer GbR keine Veräußerung von Anteilen an einer „ähnlichen Kapitalgesellschaft" im Sinne des § 17 EStG vorliegen.

I.E. bedeutet dies, dass § 17 EStG nie einschlägig wäre, wenn ein Gesamthänder seinen Gesellschaftsanteil veräußert, da zivilrechtlich in diesem Falle Gegenstand der Veräußerung kein „Anteil an einer Kapitalgesellschaft" ist.[56] Es handelt sich dabei um die Veräußerung eines Wirtschaftsguts des Betriebsvermögens oder einer Mitunternehmerschaft.[57] Dennoch kann die Veräußerung der Geschäftsanteile an der vermögensverwaltenden GbR nach § 17 EStG steuerbar sein.[58]

2. Gesellschaftsrechte an einer GbR als „ähnliche Anteile"

Eine weitere Möglichkeit, in den Bereich des § 17 EStG zu gelangen, bestünde darin, die Gesellschaftsrechte an der GbR als „ähnliche Anteile" zu definieren. Dabei gilt es zu klären, ob die Veräußerung einer mittelbaren Beteiligung an einer Kapitalgesellschaft durch die Veräußerung des Anteils an einer vermögensverwaltenden Gesamthandsgemeinschaft der Veräußerung einer unmittelbaren Beteiligung an einer Kapitalgesellschaft hinreichend ähnlich ist.

Aus der unmittelbaren Anbindung an das Zivilrecht folgt, dass Anteile an einer GmbH i.S.d. Vorschrift nur die Geschäftsanteile gem. der §§ 5 und 14 GmbHG sind. Ähnliches gilt für Aktien.[59] Für eine Vergleichbarkeit (Ähnlichkeit) kommt es insbesondere auf vergleichbare Gesellschaftsrechte und –pflichten an.[60] Die Anteile an einer vermögensverwaltenden GbR vermitteln keine vergleichbaren Gesellschaftsrechte und –pflichten.[61] Auch stellen sie keine „Anwartschaft auf eine Beteiligung" dar, da ein Gesellschafter beim Ausscheiden oder bei Auflösung der GbR keinen Anspruch auf Zuteilung oder auf reale Teilung des Vermögens hat. Er besitzt lediglich einen Anspruch auf wertmäßige Beteiligung (§§ 731, 733 Abs. 1, 738 BGB).[62]

Im Urteilsfall des FG Köln[63] wurde die Frage, ob die Veräußerung einer mittelbaren Beteiligung an einer Kapitalgesellschaft durch die Veräußerung des Anteils an einer vermögensverwaltenden Gesamthandsgemeinschaft der Veräußerung einer unmittel-

---

55 FG Köln v. 14.10.1998, DStRE 1999, 59.
56 Schmidt, Anmerkung zum BFH-Urteil v. 4.10.1990, FR 1991, 15, 16.
57 BFH-Urteil v. 10.2.1982, BStBl. II 1982, 392, 393.
58 BFH-Urteil v. 13.7.1999, GmbHR 1999, 1208.
59 FG Köln v. 14.10.1998, DStRE 1999, 59, 62.
60 *Strahl* in Korn/Carlé/Stahl/Strahl, EStG, § 17 Rz. 32.
61 *Gail/Düll/Fuhrmann/Grupp*, DB 1999, Beilage 14/99, S. 10; zur zivilrechtlichen Abgrenzung: *Eicker*, Die Gesellschaft bürgerlichen Rechts im Prozeß und in der Zwangsvollstreckung, S. 13 f.
62 *Wohlschlegel*, DStR 1997, 1589, 1591.
63 FG Köln v. 14.10.1998, GmbHR 1998, 1246.

baren Beteiligung an einer Kapitalgesellschaft hinreichend ähnlich sein können, verneint. Nach dem Zweck des § 17 EStG können den Anteilen an einer Kapitalgesellschaft „ähnlich" nur solche Beteiligungen sein, die in wesentlichen Merkmalen mit den Anteilen an der Kapitalgesellschaft übereinstimmen. Zwar könnte die Wertung als „wesentliche Beteiligung" i.S.v. § 17 Abs. 1 S. 3 EStG dafür sprechen, einen nur mittelbaren Anteil an der Kapitalgesellschaft ausreichen zulassen, wenn der Veräußerer zu mindestens 1% unmittelbar oder mittelbar beteiligt ist, eine mittelbare Beteiligung kann steuerliche Relevanz allerdings nur dann erlangen, wenn auch eine unmittelbare Beteiligung an der Kapitalgesellschaft bestanden hat.[64]

Aus dem Zweck des § 17 EStG ergibt sich, dass eine ähnliche Beteiligung nur dann vorliegen kann, wenn sie mit dem Anteil eines Mitunternehmers einer Personengesellschaft und damit dessen Einflussmöglichkeit auf die Betriebsführung der Kapitalgesellschaft vergleichbar ist.[65] Generell ist der Einfluss, den ein Gesellschafter der GbR auf eine Kapitalgesellschaft – an der die GbR beteiligt ist – ausüben kann, der sich aus einer unmittelbaren Beteiligung an einer Kapitalgesellschaft ergebenden Einflussmöglichkeit nicht hinreichend ähnlich. Letztendlich kann der Gesellschafter der GbR nur mittelbaren Einfluss auf die Geschäftspolitik ausüben. Im Falle einer 100%-tigen Beteiligung der GbR sieht das Ergebnis ein bisschen anders aus, dennoch existiert keine direkte Einflussmöglichkeit. Auch hier würde das – grundsätzlich geltende – Einstimmigkeitsprinzip die Gleichheit zu einer direkten Beteiligung verhindern. I.E. kann ein Anteil an einer Personengesellschaft keine ähnliche Beteiligung bzw. ähnliche Anteile im Sinne des § 17 Abs. 1 Satz 3 EStG darstellen.[66]

3. Durchgriff auf die Gesellschafter nach § 39 Abs. 2 Nr. 2 AO

Eine GbR ist weder einkommensteuerpflichtig noch vermögensteuerpflichtig, wohl aber ihre Gesellschafter. Deshalb ist bezüglich dieser Steuerarten grundsätzlich eine getrennte Zurechnung nach Bruchteilen erforderlich.[67] Der Gewinn einer GbR tritt demnach nur transitorisch im Gesamthandsvermögen in Erscheinung und wird nach seiner Konkretisierung in der Bilanz Bestandteil des Vermögens des Gesellschafters.[68] Allerdings haben die Vorschriften über die Ermittlung der Einkünfte (§§ 4 ff. EStG) Vorrang.[69] Subjektiv steuerpflichtig ist also die Vielheit der Gesellschafter; bei der objektiven Steuerpflicht steht dagegen der Einheitsgedanke im Vordergrund. Dies bedarf einer näheren Begründung: Für die

---

[64] *Schmidt/Weber-Grellet*, EStG, § 17 Rz. 67; *Hörger* in *Littmann/Bitz/Pust*, EStG, § 17 RZ. 23 m.w.N; a.A.: *Schulte*, DB 2000, 1043, 1045.

[65] FG Köln v. 14.10.1998, DStRE 1999, 59, 62.

[66] *Brune*, StStud 1996, 260, 261; *Gail/Düll/Fuhrmann/Grupp*, DB 1999, Beilage 14/99, S. 10.

[67] *Wacker*, Anmerkung zum BFH-Urteil v. 9.5.2000, BB 2000, 1976, 1980.

[68] *Hahn*, DStZ 1992, 161, 168.

[69] *Niemann* in Festschrift für Ludwig Schmidt, S. 127, 142.

persönlichen Voraussetzungen von Steuervergünstigungen[70] muss es – da der einzelne Gesellschafter Träger der Steuerpflicht ist – auf die Verhältnisse des Gesellschafters ankommen. Hingegen kann der Gewinn der Gesellschaft nur auf Ebene der Gesellschaft ermittelt werden, da normalerweise nur diese die Bücher führt.[71]

„Im Zweifel ist für die Zurechnung von Beteiligungen an Kapitalgesellschaften das wirtschaftliche Eigentum entscheidend, das zivilrechtliche Eigentum ist bei einem Auseinanderfallen von wirtschaftlichem und zivilrechtlichem Eigentum unerheblich. Es kann nicht zu einer Doppelberücksichtigung von Beteiligungen (also beim zivilrechtlichen und beim wirtschaftlichen Eigentümer) kommen."[72]

Die Steuerpflicht gem. § 17 EStG erfasst – nach Ansicht von *Wohlschlegel*[73] – nur Gewinne oder Verluste aus der Veräußerung unmittelbarer Anteile. Die Veräußerung einer alleinigen mittelbaren Beteiligung erfasst § 17 EStG nicht.[74] Lediglich bei der Prüfung der Frage, ob der Veräußerer an der Kapitalgesellschaft „wesentlich" beteiligt war, ist nicht nur eine unmittelbare, sondern auch eine mittelbare Beteiligung zu berücksichtigen.[75]

Die Veräußerer von Anteilen im Gesamthandsvermögen sind die gemeinsam verfügenden Gesamthänder. Personenmehrheiten, wie die GbR, können weder aus den Vorschriften des BGB noch aus den Vorschriften des HGB eine eigene Rechtspersönlichkeit ableiten[76], wie das bei Kapitalgesellschaften der Fall ist.[77] Es tritt daher in Diskussionen[78] immer wieder die Frage auf, ob an die Einheit der Gesellschaft oder die Vielheit der Gesellschafter anzuknüpfen ist. *Wallis*[79] betont für die zivilrechtliche Entscheidung die Einheit der Organisation, stellt jedoch bei der steuerlich entscheidenden Frage nach der Rechtsträgerschaft auf die Vielheit der Gesellschafter ab.[80]

Eine anteilige Zurechnung von Wirtschaftsgütern i.S.d. § 39 Abs. 2 Nr. 2 AO ist nur erforderlich, wenn die Gesamthand selbst, die nicht Schuldnerin der Einkommen-

---

70 auch: *Fischer* in Hübschmann/Hepp/Spitaler, § 39 AO Rz. 196; *Niemann* in Festschrift für Ludwig Schmidt, S. 127, 142.
71 *Raupach*, FR 1976, 233, 236.
72 *Schweyer/Dannecker*, BB 1999, 1732, 1733.
73 *Wohlschlegel*, DStR 1997, 1589, 1592.
74 A.A.: BFH-Urteil v. 13.7.1999, DStR 1999, 1808, 1809.
75 BFH-Urteil v. 12.6.1980, BStBl. II 1980, 646, 647.
76 *Hahn*, DStZ 1992, 161, 168, der von einem „teilrechtsfähigen Gebilde" spricht.
77 *Niemann* in Festschrift für Ludwig Schmidt, S. 127, 144.
78 *Raupach*, FR 1976, 233; *Niemann* in Festschrift für Ludwig Schmidt, S. 127 ff.; *Geissler*, Gewinnrealisierung am Ende eines Unternehmens, S. 41.
79 *Wallis* in Festschrift für Robert Fischer, 1979, S. 814.
80 Zur zivilrechtlichen Abgrenzung: *Eicker*, Die Gesellschaft bürgerlichen Rechts im Prozeß und in der Zwangsvollstreckung, S. 8 f.

steuer ist, den Besteuerungstatbestand erfüllt.[81] Bei Veräußerungsvorgängen, die von einzelnen Gesellschaftern verwirklicht werden, ist dagegen die Zurechnung nach Bruchteilen nicht erforderlich. Der Gesellschaftsanteil an einer GbR ist zivilrechtlich kein Gesamthandsvermögen der GbR.[82]

Wird der Anteil veräußert, ist zivilrechtlich die Mitgliedschaft in der GbR Gegenstand der Veräußerung und nicht das Gesamthandsvermögen oder eine hieran bestehende Beteiligung des Gesellschafters.[83] Dieses Ergebnis kann nicht unter Inanspruchnahme von § 39 Abs. 2 Nr. 2 AO unterlaufen werden, indem die Veräußerung der Mitgliedschaft in der GbR in die Veräußerung von Anteilen an den im Gesellschaftsvermögen befindlichen Wirtschaftsgütern umfunktioniert wird.[84]

In dieser Weise hatte auch das FG Köln[85] entschieden. Die Veräußerung von Anteilen an einer GbR, die eine „wesentliche Beteiligung" an einer Kapitalgesellschaft im Gesamthandsvermögen hält, könne in der Regel nicht im Wege einer Durchgriffsbesteuerung als Veräußerung der im Gesamthandsvermögen befindlichen Anteile behandelt werden. § 39 AO biete lediglich eine steuerliche Zuordnung in persönlicher Sicht, eine gesetzliche Grundlage, die objektive Seite steuerrechtlicher Tatbestandsverwirklichung umzugestalten, hingegen nicht. Aus diesem Grunde hat der Gesetzgeber den Tatbestand des § 23 EStG in Abs. 1 Satz 2 um die Fiktion ergänzt, dass die Anschaffung oder Veräußerung der Beteiligung an einer Personengesellschaft auch für Zwecke des § 23 EStG als Anschaffung oder Veräußerung der anteiligen Wirtschaftsgüter gilt.[86] Dies geschah im Rahmen der Vorschrift des § 17 EStG nicht. Das hat zur Folge, dass die Veräußerung von Gesellschaftsrechten an einer vermögensverwaltenden GbR, deren Gesellschaftsvermögen nahezu ausschließlich aus den Anteilen an einer Kapitalgesellschaft besteht, weder über eine solche besondere Fiktion noch über die Anwendung des § 39 Abs. 2 Nr. 2 AO als Veräußerung anteilig zuzurechnender Kapitalgesellschaftsanteile angesehen werden kann.[87]

Diese Auffassung ist überholt, denn der BFH hat mit Urteil vom 13.7.1999[88] die Entscheidung des FG Köln[89] aufgehoben. Zwar ist die GbR – in Anlehnung an die Wertungen des Zivilrechts[90] – in zunehmendem Maße als Einheit zu betrachten,

---

[81] *Schneider* in Kirchhof/Söhn, EStG, § 17 Rdnr. B200 ff.

[82] *Creutzfeldt*, Entwicklung und Kritik der Lehren v. Rechtsubjekt – zugleich ein Beitrag zur Rechtsstellung der GbR, S. 198 f.

[83] *Hadding* in Soergel, BGB, § 741 Rz 1 ff.; *Ulmer* in Münchener Kommentar zum BGB, § 741 Rz. 1 ff.; *Keßler* in Staudingers Kommentar zum Bürgerlichen Gesetzbuch, § 741 Rz. 7 ff.

[84] *Wohlschlegel*, DStR 1997, 1589, 1590.

[85] FG Köln v. 14.10.1998, DStRE 1999, 59.

[86] Dazu auch: *Gail/Düll/Fuhrmann/Grupp*, DB 1999, Beilage 14/99, S. 10, *Gail/Düll/Fuhrmann/Grupp/ Eberhard*, DB 2000 Beilage 15/2000, S. 6.

[87] *Schneider* in Kirchhof/Söhn, EStG, § 17 Rdnr. B206.

[88] DStR 1999, 1808 ff.

[89] FG Köln v. 14.10.1998, DStRE 1999, 59.

[90] *Niemann* in Festschrift für Ludwig Schmidt, S. 127, 133.

doch muss die Einheitsbetrachtung, sprich die Rechtsfähigkeit der GbR, hinter die Bruchteilsbetrachtung zurücktreten.[91] Nur die Gültigkeit der Zurechnungsgrundsätze des § 39 Abs. 2 Nr. 2 AO kann eine sachlich zutreffende Besteuerung sicherstellen.[92] Der Anteil an einer Personengesellschaft ist zwar kein Wirtschaftsgut, doch verkörpert er die Summe aller Anteile an den zum Gesamthandsvermögen gehörenden Wirtschaftsgütern.[93]

Der BFH[94] vertritt die gleiche Ansicht – wie bei der kodifizierten Fiktion in § 23 EStG – im Rahmen der Gewinnbesteuerung i.S.v. § 17 EStG. Auch hier beruht die Zurechnung der gesamthänderisch gebundenen Beteiligungen nach den Grundsätzen des § 39 AO nicht auf einer Missachtung des Zivilrechts, sondern auf einer sowohl durch Sinn und Zweck der Vorschrift als auch durch ihren systematischen Regelungszusammenhang zu § 16 EStG bestimmten Auslegung des § 17 EStG. Dies folgt aus der Gesetzesbegründung zu § 17 im Rahmen des EStG 1925 mit der Anlehnung an die Mitunternehmerstellung. Nur so kann eine sachgerechte Besteuerung sichergestellt werden. Aufgrund der Zuordnungsvorschrift des § 39 AO ist die Beteiligung einer Gesamthandsgemeinschaft an einer Kapitalgesellschaft als unmittelbare Beteiligung des Gesellschafters der Gesamthandsgemeinschaft auszulegen.[95]

Aus dem Wortlaut des § 17 Abs. 1 S. 4 EStG ergibt sich außerdem, dass der Begriff der „mittelbaren" Beteiligung genau auf diejenigen Sachverhalte abzielt, bei denen eine zwischengeschaltete Gesellschaft ihrerseits an der Kapitalgesellschaft beteiligt ist.[96] Auch mit Blick auf § 23 Abs. 1 S. 4 EStG wird deutlich, dass grundsätzlich bei der Veräußerung der Anteile an einer Personengesellschaft ein Durchgriff auf die einzelnen Wirtschaftsgüter erfolgt.[97] Schließlich ist es aufgrund des Wortlautes, wie er vom BFH[98] interpretiert wird, durchaus denkbar, dass es zu einem Veräußerungsgewinn nach § 17 EStG sogar dann kommen kann, wenn der Steuerpflichtige ausschließlich mittelbar an der Kapitalgesellschaft beteiligt ist.[99] Diese Sichtweise wurde mittlerweile durch den VIII. Senat des BFH[100] bestätigt: Gehören Anteile an einer Kapitalgesellschaft zum Gesamthandsvermögen einer Personengesellschaft, die – sieht man vom Besteuerungstatbestand des § 17 EStG ab – keine Gewinneinkünfte erzielt (vermögensverwaltende Personengesellschaft), so sind – angesichts der Gleichstellung von unmittelbaren und mittelbaren Beteiligungen – die Anteilsrechte für Zwecke der Besteuerung von Veräußerungs-

---

91 Laut *Wacker*, Anmerkung zum BFH-Urteil v. 9.5.2000, BB 2000, 1976, 1980, ist dies nun passiert.
92 *Gail/Düll/Fuhrmann/Grupp*, DB 1999, Beilage 14/99, S. 10.
93 Ständige Rechtsprechung des BFH; zuletzt: BFH-Beschluß v. 25.2.1991, BStBl. II 1991, 691.
94 BFH-Urteil v. 13.7.1999, GmbHR 1999, 1208,1209.
95 *Frotscher*, EStG, § 17 Rn. 48.
96 *Ring*, BB 1981, 419, 420.
97 *Märkle*, StbJb 1993/94, 207, 213.
98 BFH-Urteil v. 7.4.1976, BStBl. II 1976, 557.
99 *Ring*, BB 1981, 419, 420.
100 BFH-Urteil v. 13.7.1999, GmbHR 1999, 1208, 1209.

gewinnen gem. § 17 EStG den Gesellschaftern nach § 39 Abs. 2 Nr. 2 AO anteilig zuzurechnen, d.h. so, als ob sie an den Anteilsrechten zu Bruchteilen berechtigt wären.

I.E. liegt bei der Veräußerung von Gesellschaftsanteilen an einer vermögensverwaltenden Personengesellschaft, welche wesentliche Anteile an einer Kapitalgesellschaft hält, ein steuerpflichtiger Veräußerungsvorgang gem. § 17 EStG vor. Eine ähnliche Beteiligung i.S.v. § 17 Abs. 1 S. 3 EStG wird nicht begründet.[101] Es handelt sich um die steuerpflichtige Veräußerung einer mittelbaren Beteiligung. Die anzuerkennende Bruchteilsbetrachtung[102] gem. § 39 Abs. 2 Nr. 2 AO hat nicht nur zur Folge, dass sämtliche Größen, die den Veräußerungsgewinn bestimmen (Anschaffungs- und Veräußerungskosten, Veräußerungspreis) anteilig dem Gesellschafter zuzurechnen sind,[103] sondern dass sowohl die Veräußerung der Kapitalgesellschaftsanteile **durch** die GbR als auch die entgeltliche Übertragung der Mitgliedschaftsrechte **an** der GbR, und damit verbunden eine anteilige Veräußerung der „wesentlichen Beteiligung", der Steuerpflicht des § 17 EStG unterliegen.[104, 105]

Offen[106] bleibt allerdings, ob die anteilige Zurechnung der Wirtschaftsgüter des Gesamthandsvermögens auch im Hinblick auf die Frage, ob der Veräußerer (einzelner Gesellschafter der GbR) am Kapital der Gesellschaft wesentlich beteiligt war, Gültigkeit besitzt[107], oder ob alternativ – zur Bestimmung der Beteiligungsquote – die Grundsätze der Einheitsbetrachtung zwingend anzuwenden sind.[108] In diesem Fall wäre auch bei der Veräußerung von GbR-Anteilen auf die Beteiligungsquote der GbR an der Kapitalgesellschaft abzustellen.[109]

---

[101] *Gail/Düll/Fuhrmann/Grupp*, DB 1999, Beilage 14/99, S. 10.

[102] So schon: BFH-Urteil v. 7.4.1976, BStBl. II 1976, 557; ebenso: *Wacker*, Anmerkung zum BFH-Urteil v. 9.5.2000, BB 2000, 1976, 1980.

[103] *Hörger* in *Littmann/Bitz/Meincke*, EStG, § 17 Rz. 23; *Ebling* in Blümich, EStG, § 17 Rz. 97.

[104] BFH-Urteil v. 13.7.1999, BB 1999, 2335, 2336.

[105] *Prinz/Ommerborn*, FR 2001, 977, 985.

[106] *Groh*, JbFSt 1979/80, 209, 222.

[107] So: *Döllerer*, StbJb 1981/82, 195, 201; *Niemann* in Festschrift für Ludwig Schmidt, S. 127, 144; ebenso: *Gail/Düll/Fuhrmann/Grupp*, DB 1999, Beilage 14/99, S. 10.

[108] *Niemann* in Festschrift für Ludwig Schmidt, S. 127, 128.

[109] *Wacker*, NWB, Fach 3, 11251, 11269 m.w.N.

4. Ergebnis

Die veraltete Ansicht, dass die Veräußerung der Mitgliedschaft an einer vermögensverwaltenden GbR, die eine „wesentliche Beteiligung" an einer GmbH oder AG hält, nicht den Tatbestand des § 17 EStG erfüllt, wurde vom BFH[110] kassiert. Bei der Veräußerung von GbR-Anteilen, handelt es sich um die anteilige Veräußerung einer wesentlichen mittelbaren[111] Beteiligung gem. § 17 EStG, wenn diese zum Gesamthandsvermögen der GbR gehört.[112]

Eine ähnliche Beteiligung i.S.d. § 17 Abs. 1 S. 3 EStG wird allerdings nicht begründet, da weder eine GbR eine „ähnliche Kapitalgesellschaft" noch die GbR-Anteile einen „ähnlichen Anteil" repräsentieren.[113] I.E. ist sowohl die Veräußerung des Anteils an der vermögensverwaltenden Personengesellschaft als auch die entgeltliche Übertragung der Anteilsrechte an einer Kapitalgesellschaft durch die Gesamthand ertragsteuerrechtlich als anteilige Veräußerung der Beteiligung an der Kapitalgesellschaft durch die Gesellschafter der Personengesellschaft zu werten. Damit ergibt sich ein einheitliches Besteuerungsbild gem. § 17 EStG für die **Alternativen I und II** (siehe Abbildung 9).

„Für die Praxis erlangt das Bekenntnis zur Bruchteilsbetrachtung (betr. § 17 EStG) vor allem Bedeutung für die Vergangenheit. D.h., je höher die ‚Wesentlichkeitsgrenze' (...) um so häufiger divergieren – tendenziell, d.h. bezogen auf die Masse der Besteuerungsfälle – die Ergebnisse von Bruchteils- und Einheitsbetrachtung."[114] Dennoch wird es auch nach der Absenkung der Wesentlichkeitsgrenze auf 1 v.H. aufgrund des StSenkG[115] bei dieser steuerlichen Beurteilung bleiben.[116]

II. Eigene Sichtweise

Im Rahmen der Veräußerung von Anteilen an einer GbR, die selbst eine „wesentliche Beteiligung" hält, könnte ein steuerpflichtiger Veräußerungsgewinn bzw. –verlust aufgrund einer wesentlichen bzw. ähnlichen Beteiligung i.S.v. § 17 Abs. 1 S. 3 EStG nur dann vorliegen, wenn durch die GbR ein Gesellschaftsverhältnis begründet wird, welches einer Beteiligung an einer Kapitalgesellschaft entsprechen würde oder wenn dem Gesellschafter die „wesentliche Beteiligung" gem. § 39 AO anteilig zuzurechnen ist. Eine mögliche weitreichende Einflussnahme

---

[110] BFH-Urteil v. 13.7.1999, GmbHR 1999, 1208.

[111] *Zimmermann/Schreiner* in Bordewin/Brandt, EStG, § 17 Rz. 81, die sogar von einer „unmittelbaren" Beteiligung sprechen.

[112] Bestätigt durch: BVerfG Beschluss v. 25.9.2002, DStZ 2002, 837.

[113] Gegenteilig noch: FG Köln v. 14.10.1998, DStRE 1999, 59, 61; *Gail/Düll/Fuhrmann/Grupp*, DB 1999, Beilage 14/99, S. 10.

[114] *Wacker*, Anmerkung zum BFH-Urteil v. 9.5.2000, BB 2000, 1976, 1980.

[115] BT-Drucks. 14/2683 und 14/3074, 10.

[116] *Wacker*, Anmerkung zum BFH-Urteil v. 9.5.2000, BB 2000, 1976, 1980.

des Gesellschafters bzw. der GbR auf die Geschäftspolitik der Kapitalgesellschaft oder eine Verlustteilhabe (an der Kapitalgesellschaft) sind nicht entscheidend für die Begründung einer ähnlichen Beteiligung i.S.v. § 17 Abs. 1 S. 3 EStG.

Festzuhalten bleibt, dass die vom BFH[117] – zu Gunsten des § 17 EStG – getroffene Entscheidung richtig ist, allerdings müsste sie bezüglich der Begründungen (siehe unten) überdacht werden. Richtig ist i.E. auch, dass es nicht zu einer ähnlichen Beteiligung i.S.d. § 17 Abs. 1 S. 3 EStG kommt. Die sowohl vom FG Köln[118] als auch vom BFH[119] erklärte Auffassung, dass die Veräußerung von Mitgliedschaftsrechten einer GbR – die fast ausschließlich Anteile an Kapitalgesellschaften hält – nicht zu einer ähnlichen Beteiligung i.S.d. § 17 Abs. 1 S. 3 EStG führt, ist m.E. richtig und konsequent entschieden. Eine GbR stellt weder eine ähnliche Kapitalgesellschaft dar, noch sind die Mitgliedschaftsrechte an einer GbR als ähnliche Anteile zu qualifizieren. Die vorgetragenen Gründe sind zutreffend. Somit können die GbR-Anteile für die Ermittlung der „Wesentlichkeitsgrenze" auch nicht herangezogen werden, wenn die GbR lediglich eine unwesentliche Beteiligung an einer Kapitalgesellschaft in ihrem Vermögen hätte.

Dennoch ist die Veräußerung von Mitgliedschaftsrechten einer GbR ein Fall des § 17 EStG, wenn die GbR fast ausschließlich Kapitalgesellschaftsanteile hält. Dies folgt aus der Gleichstellung von mittelbarer und unmittelbarer Beteiligung gem. § 17 Abs. 1 S. 4 EStG. Aufgrund der gesetzlichen Regelung ist die Gleichstellung in dieser Fallkonstellation vom BFH meiner Meinung nach zurecht angenommen worden. Letztendlich sind dem Gesellschafter die Anteile an der Kapitalgesellschaft gem. § 39 Abs. 2 S. 2 AO anteilig zuzurechnen. Liegt eine „wesentliche Beteiligung" vor, so kann dies zu einem steuerpflichtigen Veräußerungsgewinn bzw. –verlust gem. § 17 EStG führen.

Kritisch ist die Ansicht des BFH[120] zu beurteilen, wenn er die Zurechnung der gesamthänderisch gebundenen Beteiligungen nach den Grundsätzen des § 39 AO nicht auf einer Missachtung des Zivilrechts, sondern auf einer sowohl durch Sinn und Zweck der Vorschrift als auch durch ihren systematischen Regelungszusammenhang zu § 16 EStG bestimmten Auslegung des § 17 EStG betrachtet. Dies folge nach Auffassung des BFH aus der Gesetzesbegründung zu § 30 Abs. 3 EStG 1925 mit der Anlehnung an die Mitunternehmerstellung. M.E. kann die Vergleichbarkeit zum Mitunternehmer heute kein geeignetes Qualifikationskriterium mehr sein. Richtigerweise dürfte – für die Rechtfertigung des Greifens der Zurechnungsvorschrift des § 39 Abs. 2 S. 2 AO – lediglich auf die Gleichstellung von mittelbarer und unmittelbarer Beteiligung abgestellt werden.

[117] BFH-Urteil v. 13.7.1999, DStR 1999, 1808.
[118] FG Köln v. 14.10.1998, DStRE 1999, 59.
[119] BFH-Urteil v. 13.7.1999, GmbHR 1999, 1208.
[120] BFH-Urteil v. 13.7.1999, GmbHR 1999, 1208.

Schwach und nicht richtig rechtssystematisch durchdacht ist auch die Sichtweise des BFH[121], dass nicht nur der Blick auf die Besteuerung des Veräußerers, sondern auch die Beurteilung auf der Seite des Erwerbers des Gesellschaftsanteils an einer fortbestehenden Personengesellschaft, eine Bruchteilseigentumbesteuerung erfordert. Würde man – wie vom FG Köln[122] angenommen – aus der Einheitsbetrachtung ableiten, dass die Übertragung des Gesamthandsanteils ertragsteuerrechtlich nicht als Veräußerung der Summe der Wirtschaftsgüter der Gesamthand und damit – insgesamt oder anteilig – nicht als Veräußerung von, wenn auch gesamthänderisch gebundenen, wesentlichen Anteilen an Kapitalgesellschaften zu qualifizieren wäre, so würde dies nicht nur beim Veräußerer dem an der Behandlung der Übertragung von Mitunternehmeranteilen orientierten Belastungsgedanken des § 17 EStG widersprechen. Diese Betrachtungsweise wäre vielmehr auch auf den Erwerber zu übertragen, da dieser – würde man der ertragsteuerlichen Bewertung des Übertragungsvorgangs die zivilrechtliche Unterscheidung von Gesellschaftsanteil und Gesamthandsvermögen der Gesellschaft zugrunde legen – im Falle einer späteren Veräußerung der Kapitalanteilsrechte durch die Personengesellschaft seine Erwerbsaufwendungen für den Gesellschaftsanteil nicht in die Berechnung des Gewinnanteils nach § 17 EStG einstellen könnte.

Ebenfalls kritisch zu würdigen ist die Argumentation des FG Köln[123] zur mittelbaren/unmittelbaren „Einflussnahme" des Gesellschafters der GbR auf die Kapitalgesellschaft. Letztendlich kann es dahingestellt bleiben, ob der Gesellschafter einen ausreichenden Einfluss auf die Kapitalgesellschaft – gleichgültig, ob mittel- oder unmittelbar – ausüben kann, denn dies ist nicht entscheidend für die Begründung einer wesentlichen bzw. ähnlichen Beteiligung i.S.d. § 17 Abs. 1 S. 3 EStG. Entscheidend ist allein die Beteiligung am Nominalkapital der Gesellschaft.

---

[121] BFH-Urteil v. 13.7.1999, BB 1999, 2335, 2337; so auch: *Frotscher*, EStG, § 17 Rn. 19.
[122] FG Köln v. 14.10.1998, DStRE 1999, 59.
[123] FG Köln v. 14.10.1998, GmbHR 1998, 1246.

§ 10 „Ähnliche Anteile" aufgrund von Mehrfachstimmrechtsanteilen

A. Sichtweise von Literatur, Finanzverwaltung und Rechtsprechung

Vorweg geschickt werden muss, dass durch die Einführung des § 12 Abs. 2 AktG aufgrund des Gesetzes zur Kontrolle und Transparenz im Unternehmensbereich (KonTraG) vom 27.4.1998[1] Mehrfachstimmrechte für die Aktiengesellschaft nicht mehr zulässig sind.[2] Bei einer GmbH könnten hingegen theoretisch weiterhin Mehrfachstimmrechtsanteile ausgegeben werden.[3] Zwar wurde für das GmbH-Recht eine entsprechende Regelung nicht eingefügt, doch kann im Rahmen der Rechtsauslegung davon ausgegangen werden, dass § 12 Abs. 2 AktG auch für die Beteiligung an einer GmbH gilt.[4] Für die folgende Diskussion hat diese Beurteilung aber nur klarstellenden Charakter, denn bis zur Einführung dieser Regelung waren Mehrfachstimmrechte erlaubt[5] und sind es auch noch für eine gewisse Übergangszeit.[6] Darum muss der Frage, ob es durch Mehrfachstimmrechte zu einer ähnlichen Beteiligung kommen kann, trotzdem nachgegangen werden.

Gesellschaftsrechtlich war es den Gesellschaftern einer Kapitalgesellschaft bisher freigestellt, von den Nennbeteiligungen abweichende Gewinnverteilungen (§ 60 Abs. 3 AktG, § 29 Abs. 3 GmbHG) oder Stimmrechte vorzusehen. Die Mehrstimmrechtsaktie erlaubt im Verhältnis zum Aktiennennbetrag ein bevorrechtigtes Stimmrecht.[7] Es gibt keinen Grund für das Steuerrecht, dem nicht zu folgen. Ob die Gewährung von Mehrfachstimmrechten zu einer ähnlichen Beteiligung i.S.d. § 17 Abs. 1 S. 3 EStG kommen kann, wird nun diskutiert.

I. § 36a EStG und § 39 AO als Maßstäbe für eine „ähnliche Beteiligung"

§ 36a EStG unterscheidet zwischen einem „Anteilseigner mit wesentlichem Einfluss" und einem „wesentlich beteiligten Anteilseigner ohne beherrschenden Einfluss". Damit macht das Gesetz deutlich, dass es von einem Begriff des „wesentlich Beteiligten" ausgeht, für den der beherrschende Einfluss nicht entscheidend ist. Auf der anderen Seite wird gleichzeitig ein Anteilseigner mit wesentlichem Einfluss dem wesentlich Beteiligten ohne Einfluss gleichgestellt

---

1 BGBl. I 1998, 786.

2 Dazu: *Seibert* in Dörner/Menold/Pfitzer (Hrsg.), Reform des Aktienrechts, der Rechnungslegung und Prüfung, S. 1, 17 f.; *Marsch-Barner* in Dörner/Menold/Pfitzer (Hrsg.), Reform des Aktienrechts der Rechnungslegung und Prüfung, S. 283, 286 ff. mit historischer Entwicklung.

3 *Schäfer*, GmbHR 1998, 113, 117.

4 Offen bei: *Bogenschütz* in Haarmann, Finanzierungen, Ausschüttungen und Nutzungsüberlassungen im internationalen Steuerrecht, S. 53, 54.

5 Ähnlich: *Bezzenberger*, Vorzugsaktien ohne Stimmrecht, 1991, S. 7.

6 *Seibert* in Dörner/Menold/Pfitzer (Hrsg.), Reform des Aktienrechts, der Rechnungslegung und Prüfung, S. 1, 18; *Marsch-Barner* in Dörner/Menold/Pfitzer (Hrsg.), Reform des Aktienrechts, der Rechnungslegung und Prüfung, S. 283, 287 ff.

7 *Bezzenberger*, Vorzugsaktien ohne Stimmrecht, S. 87 und 90.

(§ 36a Abs. 1 S. 2 EStG). Letztendlich wird diese „Gleichheit" nicht verifiziert[8], so dass keine Aussagen darüber machbar sind. Da die Kommentarmeinungen[9] auch keinen direkten Bezug zwischen § 17 EStG und § 36a EStG herstellen, sollte es nicht möglich sein, die „Gleichheit" auch auf § 17 EStG zu übertragen. Grundsätzlich verfolgt § 36a EStG einen anderen Zweck als § 17 EStG.[10]

Eine kapitalmäßige Beteiligung von mehr als 50 v.H., verbunden mit einer entsprechenden Stimmenmehrheit, wird i.d.R. als beherrschende Gesellschafterstellung anzusehen sein. Verlangte man jedoch eine Beteiligung von mehr als 50 v.H., wäre dieses Tatbestandsmerkmal gegenüber der „wesentlichen Beteiligung" ohne rechten Sinn, da § 17 EStG früher von einer Beteiligungsquote von mehr als 25% ausging.

Es wird deshalb zunächst auf die Stimmenmehrheit ankommen. Maßgeblich ist, in welchem Umfang nach den tatsächlichen Verhältnissen des einzelnen Falles ein Einfluss auf die Beschlüsse der Gesellschaft ausgeübt werden kann. In der Praxis sieht es häufig hingegen so aus, dass eine Beteiligung zu mindestens 1% einen beherrschenden Einfluss gewährleistet und eine Beteiligung von weniger als 1% diesen ausschließt.[11] I.E. ist die „Steuerbefangenheit" von im Privatvermögen gehaltenen Anteilen unabhängig davon, ob und in welchem Umfang die Anteile im Einzelfall Einfluss auf die Gesellschaft vermitteln.[12]

Fleck[13] erklärt, dass das Stimmrecht als Ausfluss der Mitgliedschaft von deren Bestand abhängig ist. Daher kann es nicht dauerhaft von der Aktie oder vom GmbH-Anteil gelöst werden. Es kann somit auch nicht ohne Bindung an einen anderen Anteil an einer Kapitalgesellschaft weiter übertragen oder selbständig für einen Nichtgesellschafter begründet werden. Es gibt nur wenig Fälle, in denen mehr Stimmrechte gewährt werden, als eigentlich Anteile erworben wurden. Da dies nicht von Dauer sein kann, ist es auch nicht möglich, eine unwesentliche in eine „wesentliche Beteiligung" i.S.v. § 17 EStG zu wandeln.

Letztendlich scheitert eine Vorbildfunktion des § 36a Abs. 1 EStG für § 17 EStG daran, dass § 17 EStG selbst eine Vorbildfunktion für § 36a Abs. 1 EStG hat. *Heinicke*[14] und *Conradi*[15] verweisen aus diesem Grunde im Kommentar zu § 36a EStG auch auf § 17 EStG und nicht umgekehrt. Auch wurde in § 36a Abs. 2 S. 2 EStG die „Wesentlichkeitsgrenze" nicht abgesenkt, so dass diese weiterhin bei 25

---

8 Zimmermann in Lademann/Söffing/Brockhoff, EStG, § 36a Rz. 17, wo die „Gleichstellung" lediglich erwähnt wird.

9 *Krebs* in *Herrmann/Heuer/Raupach*, EStG, § 36a Erläuterungen zum Begriff der wesentlichen Beteiligung; Kirchhof/Söhn, EStG, § 36a Anm. B 27.

10 Dazu: BT-Drucks. 7/1470, 301.

11 BFH-Urteil v. 12.6.1980, BStBl. II 1980, 646, 647.

12 Anders noch: *Fröhling*, Zur Frage der Verfassungswidrigkeit des § 17 EStG, S. 6.

13 *Fleck* in Festschrift für Robert *Fischer*, 1979, S. 128.

14 *Schmidt/Heinicke*, EStG, § 36a Anm. 2.

15 *Conradi* in *Littmann/Bitz/Pust*, EStG, § 36a Rz. 7.

v.H. liegt.[16] Zu erwähnen ist noch, dass im Rahmen von § 36a Abs. 1 S. 2 EStG für die „wesentliche Beteiligung" auch auf den nominellen Anteil an dem in der Satzung festgelegten Grund- bzw. Stammkapital abgestellt wird.[17] M.E. ist damit eine direkte Vergleichbarkeit zu einem unwesentlichen Anteilseigner mit wesentlichem Einfluss eigentlich ausgeschlossen.

Würden einem Gesellschafter mit einer unwesentlichen Beteiligung i.S.v. § 17 EStG Mehrfachstimmrechte gewährt, so stellt sich die Frage, ob durch § 39 AO eine wesentliche bzw. ähnliche Beteiligung begründet werden könnte, da ihm wirtschaftlich eine höhere Beteiligung zuzurechnen wäre. Eine solche Zurechnung über § 39 AO könnte aufgrund der Gesetzesbegründung zu § 17 EStG, dass ein Gesellschafter durch eine „wesentliche Beteiligung" einen greifbaren und qualifizierten Einfluss auf die Gesellschaft hat, erfolgen.[18] Durch die Mehrfachstimmrechte könnte es auch bei einer unwesentlichen Beteiligung zu einem wesentlichen Einfluss kommen.

Eine Subsumtion unter § 17 EStG erfolgt, wenn ein Anteil eine „wesentliche Beteiligung" am Kapital vermittelt. § 39 AO kann die entscheidende Frage, ob eine „wesentliche Beteiligung" vorliegt, nicht lösen. Dies obliegt ausschließlich § 17 EStG.[19] Über die Beteiligung „am Kapital" macht § 39 AO keine Aussage, da die Vorschrift keine Grundlage zur Beurteilung der objektiven Seite der steuerrechtlichen Tatbestandsverwirklichung anderer Vorschriften darstellt.[20] § 39 AO regelt lediglich die Zurechnung in persönlicher Hinsicht und kommt nur in Betracht, wenn die entsprechende Person an der Kapitalgesellschaft gar nicht beteiligt ist. § 39 AO kann allerdings keine Mehrfachstimmrechte begründen.

I.E. kann § 39 AO daher bei einer Gestaltung mit Mehrfachstimmrechtsanteilen überhaupt keine Geltung erlangen, da die Vorschrift im Falle von Mehrfachstimmrechtsanteilen nicht zutreffend ist. Darum kann eine ähnliche Beteiligung i.S.v. § 17 Abs. 1 S. 3 EStG hieraus nicht abgeleitet werden. Erwähnt werden muss auch noch, dass eine ähnliche Beteiligung auch dann nicht vorliegen würde, wenn § 39 AO eine andere wirtschaftliche Zuordnung der Anteile vornehmen würde, da es für § 17 EStG nicht auf einen wesentlichen Einfluss ankommen kann. Entscheidend ist allein die nominelle Beteiligung am Kapital der Gesellschaft.

---

[16] Ebenso: *Krebs* in *Herrmann/Heuer/Raupach*, EStG, § 36a Erläuterungen zum Begriff der wesentlichen Beteiligung; Scholtz in Bordewin/Brandt, EStG, § 36a Rz. 6; *Selchert*, DB 1984, 1002 in Fußnote 5.

[17] *Conradi* in *Littmann/Bitz/Pust*, EStG, § 36a Rz. 7.

[18] Dazu: *Schneider* in Kirchhof/Söhn, EStG, § 17 Rdnr. A520 ff.

[19] *Wendt*, AktStR 1998, 301, 304.

[20] BFH-Urteil v. 4.10.1990, BStBl. II 1992, 211.

II. Anzahl der Stimmrechte nicht entscheidend für eine „ähnliche Beteiligung"

Ähnliche Beteiligungen i.S.v. § 17 Abs. 1 S. 3 EStG können nur solche Rechtsverhältnisse sein, die wie Anteile an einer Kapitalgesellschaft auch eine (erweiterte) Beteiligung an den Gesellschaftsrechten zum Inhalt haben.[21] Eventuell[22] kann es zur Beurteilung, ob eine Beteiligung wesentlich ist, nicht nur auf den nominellen Anteil am Kapital ankommen, sondern bei atypischen Ausgestaltungen einer Beteiligung sind vielleicht zusätzliche Kriterien heranzuziehen. Mittlerweile hat der BFH[23] diese Ansicht zurückgewiesen. Für den BFH[24] ist das alleinige Kriterium die Beteiligung am Nominalkapital. Daher laufen Regelungen über Stimmrechte oder die Verteilung von Gewinnen und/oder Liquidationserlösen, die von entsprechenden dispositiven Vorschriften des GmbHG oder AktG abweichen, für § 17 EStG ins Leere. Die rein kapitalmäßige Beteiligung werde dadurch nicht verändert. Auf diese komme es jedoch unter allen Umständen an, selbst dann, wenn sie regelmäßig keinen Einfluss auf die Gesellschaft vermittele, wie beispielsweise bei nur ganz kurzen Überschreitungen der „Wesentlichkeitsgrenze" von einem Zehntel des Nominalkapitals.[25]

Auf die Anzahl der Stimmrechte, d.h. den Einfluss auf die Gesellschaft, kann es demnach nicht ankommen[26], da es für die Annahme einer unmittelbaren wesentlichen Beteiligung i.S.d. § 17 EStG schon ausreicht, wenn die „wesentliche Beteiligung" wenigstens für eine „logische Sekunde"[27] bestanden hat, ohne dass der Beteiligte sie zur Einflussnahme „nutzen" konnte. Damit war der Veräußerer innerhalb der letzen fünf Jahre zu irgendeinem Zeitpunkt wesentlich beteiligt. Nur darauf kommt es an.[28] In dieser Zeit war es nicht möglich, einen wesentlichen Einfluss auf die Gesellschaft auszuüben.[29] Angesichts des eindeutigen Wortlauts in § 17 Abs. 1 S. 1 EStG kommt es nicht darauf an, ob der Steuerpflichtige während seiner kurzzeitigen wesentlichen Beteiligung tatsächlich von seinen vermehrten Einflussmöglichkeiten Gebrauch machen konnte.[30] Die Wesentlichkeit einer Beteiligung i.S.d. § 17 EStG bestimmt sich rein rechnerisch nach dem Anteil am Nominalkapital, unabhängig davon, ob ein wirtschaftlicher oder gesellschaftsrechtlicher Einfluss auf die Gesellschaft gegeben ist.[31]

---

21 *Schmidt/Weber-Grellet*, EStG, § 17 Anm. 26.
22 Das BFH-Urteil v. 27.1.1977, BFHE 122, 445, 448 hatte dies noch ausdrücklich offen gelassen.
23 BFH-Urteil v. 25.11.1997, BStBl. II 1998, 257.
24 So auch: BFH-Urteile v. 25.11.1997, BFH/NV 1998, 691 und BFH-Urteile v. 25.11.1997, BFH/NV 1998, 694.
25 *Gosch*, StBp 1998, 165, 166.
26 So bereits: *Gericke*, FR 1961, 287, der umgekehrt über den „Stimmrechtsausschluss" argumentiert; *Reuter* in Festschrift für Hans Flick, S. 519, 526.
27 Das BFH-Urteil v. 16.5.1995, BStBl. II 1995, 870, 871, spricht von einer „juristischen Sekunde"; *Frotscher*, EStG, § 17 Rn. 33 und 50.
28 BFH-Beschluß v. 18.1.1999, DStR 1999, 538.
29 Ähnlich: *Schmidt/Weber-Grellet*, EStG, § 17 Anm. 38.
30 BFH-Urteil v. 16.5.1995, BStBl. II 1995, 870, 872.
31 FG Niedersachsen v. 13.12.1995, EFG 1996, 1032.

Vorzugsaktien ohne Stimmrechte können eine „wesentliche Beteiligung" begründen.[32] Mehrfachstimmrechtsaktien führen demgegenüber nur aufgrund der Stimmrechte nicht zu einer „wesentlichen Beteiligung".[33] Abweichende Stimmrechtsregelungen haben daher keinen Einfluss auf die Anwendung des § 17 EStG.[34]

III. Zuwachs an Leistungsfähigkeit unabhängig von Einflussnahme

Gegen die Begründung einer ähnlichen Beteiligung i.S.d. § 17 Abs. 1 S. 3 EStG durch mehr als 1% der Stimmrechte und weniger als 1% am Nominalkapital spricht auch der Gesetzeszweck des § 17 EStG.[35] Die Norm soll den aufgrund der Veräußerung des Geschäftsanteils eintretenden Zuwachs an finanzieller Leistungsfähigkeit erfassen.[36, 37]

Der entstandene Zuwachs an Leistungsfähigkeit ist unabhängig davon besteuerungswürdig, ob dieser durch Einflussnahme des Gesellschafters auf die Kapitalgesellschaft erreicht wurde.[38] Entscheidend für die Besteuerung des Veräußerungsgewinns sind allein die Ansprüche des Gesellschafters an der Substanz der Gesellschaft. Es genügt, wenn sich das Vermögen der Kapitalgesellschaft und damit auch die Leistungsfähigkeit des Steuerpflichtigen in dem Zeitraum zwischen Anschaffung und Veräußerung des Anteils verändert hat.[39] Aus diesem Grunde hatte der BFH[40] schon früher eine „wesentliche Beteiligung" auch dann angenommen, wenn der Veräußerer nur kurzfristig an der Kapitalgesellschaft zu mehr als einem Viertel beteiligt war und deshalb in aller Regel keinen Einfluss auf die Gesellschaft ausüben konnte. Insbesondere eine disproportionale, inkongruente oder gespaltene Stimmrechtsverteilung, die den unwesentlich Beteiligten im größeren Umfang an den Entscheidungen der Gesellschaft beteiligt sein lässt, ist nicht geeignet, an der Wesentlichkeit bzw. Unwesentlichkeit der Beteiligung etwas zu ändern.[41]

Ein „weitreichender Einfluss" auf die Geschäftsleitung reicht nicht aus, um eine unwesentliche Beteiligung zu einer wesentlichen Beteiligung werden zu lassen.[42] Die Stellung eines solchen Gesellschafters sei zwar „ähnlich" der eines

---

32 *Ebling* in Blümich, EStG, § 17 Rz. 84a; *Reuter* in Festschrift für Hans Flick, S. 519, 526.
33 *Döllerer*, StbJb 1981/82, 195, 198.
34 *Frotscher*, EStG, § 17 Rn. 33; *Reuter* in Festschrift für Hans Flick, S. 519, 526.
35 Siehe hierzu ausführlich: *Wolff-Diepenbrock* in Festschrift für Franz Klein, 1994, S. 875.
36 BFH-Urteil v. 16.5.1995, BStBl. II 1995, 870 m.w.N; BFH-Urteil v. 25.11.1997, BFH/NV 1998, 694, 695; BFH-Urteil v. 9.5.2000, DStR 2000, 1553, 1555.
37 *Schmidt/Weber-Grellet*, EStG, § 17 Rz. 3.
38 BFH-Urteil v. 25.11.1997, BFH/NV 1998, 694, 695; so schon: BFH-Beschluss v. 7.10.1969, BStBl. II 1970, 160, 165.
39 BFH-Urteil v. 25.11.1997, BStBl. II 1998, 257, 259.
40 BFH-Urteil v. 16.5.1995, BStBl. II 1995, 870.
41 Zustimmend: *Gosch*, StBp 1998, 165, 166 m.w.N. zu gegenteiligen Auffassungen.
42 BFH-Urteil v. 10.12.1969, BFHE 98, 30, 33.

Mitunternehmers[43] an einer Personengesellschaft, doch stellt der § 17 EStG auf die „Beteiligung am Kapital" ab.[44] Ist diese nicht ausreichend für eine „wesentliche Beteiligung", so ist ein Veräußerungsgewinn oder -verlust im Privatvermögen – außerhalb des § 23 EStG und § 21 UmwStG – nicht steuerbar.

IV. Anteil am Nominalkapital entscheidend für „wesentliche Beteiligung"

Aus der Anbindung des § 17 Abs. 1 S. 3 EStG an die zivilrechtlichen Regelungen des GmbHG und des AktG folgt, dass sich steuerrechtlich die Höhe des Anteils an einer GmbH oder AG ebenfalls aus der übernommenen Stammeinlage bzw. aus dem Aktienkapital errechnet.[45] Dies gilt auch dann, wenn in der Satzung der Kapitalgesellschaft die Stimmrechte oder die Verteilung des Gewinns sowie des Liquidationserlöses abweichend von der Norm geregelt sind.[46, 47]

Die Höhe des Nennbetrages des Geschäftsanteils bzw. der Aktie ist normalerweise entscheidend für die Gewinnrechte und die Rechte am Liquidationserlös und nicht umgekehrt. Da die Gewährung generell im selben Verhältnis erfolgt, ist es nur sachgerecht, dass § 17 Abs. 1 EStG typisierend an die Höhe der nominellen Beteiligung anknüpft.[48] Der Wortlaut des § 17 EStG legt es demnach nahe, den Begriff der wesentlichen Beteiligung allein kapitalmäßig zu bestimmen.[49] Demzufolge können auch Vorzugsaktien ohne Stimmrecht eine „wesentliche Beteiligung" begründen; umgekehrt stellen Mehrstimmrechtsanteile, die eine weniger als 1%-tige Kapitalbeteiligung beinhalten, keine „wesentliche Beteiligung" dar.[50]

Aus diesem Grund kann es nicht auf die Anzahl der Stimmrechte und somit auch nicht auf den Einfluss an der Kapitalgesellschaft ankommen.[51] Stimmrechte oder auf sonstigen Gründen beruhende Machtpositionen können nicht die Beteiligungsquote eines einflusslosen oder einflussschwachen beteiligten Gesellschafters mindern. Umgekehrt kann die Quote eines einflussstarken Beteiligten dadurch nicht erhöht werden.[52] I.E. können mehr als 1%-tige Stimmrechte eine unwesentliche Beteiligung von unter einem Prozent nicht zu einer wesentlichen, d.h. ähnlichen Beteiligung i.S.d. § 17 Abs. 1 S. 3 EStG machen. Unter Hinweis auf das BFH-Urteil vom 25.11.1997[53] können künftig für unwesentliche Beteiligungen in der Satzung

---

43 Zum Zweck des § 17 EStG: BFH-Urteil v. 20.12.1995, BFH/NV 1996, 468.
44 FG Rheinland-Pfalz v. 26.3.1996, EFG 1997, 745.
45 *Frotscher*, EStG, § 17 Rn. 33.
46 BFH-Urteil v. 25.11.1997, BStBl. II 1998, 257, 259.
47 *Boochs* in Dankmeyer/Giloy, EStG, § 17 Rz. 64.
48 FG Niedersachsen v. 13.12.1995 , EFG 1996, S. 1032.
49 BFH-Urteil v. 25.11.1997, BStBl. II 1998, 257, 259; schon früher: BFH-Urteil v. 28.6.1978, BStBl. II 1978, 590 m.w.N.
50 *Hörger* in *Littmann/Bitz/Pust*, EStG, § 17, RZ. 14; *Schmidt/Weber-Grellet*, EStG, § 17 Anm. 38.
51 So auch: *Döllerer*, StbJb 1981/82, 195, 198.
52 BFH-Urteil v. 25.11.1997, BStBl. II 1998, 257, 258.
53 BStBl. II 1998, 257, 259.

durchaus höhere Gewinnbeteiligungen vereinbart werden, ohne dass dies zu einer Beteiligung gem. § 17 EStG aufgrund einer ähnlichen Beteiligung führt.[54]

B. Eigene Sichtweise

Im Rahmen von Mehrfachstimmrechtsanteilen könnte eine wesentliche bzw. ähnliche Beteiligung gem. § 17 Abs. 1 S. 3 EStG nur vorliegen, wenn durch die Gewährung von Mehrfachstimmrechten sich auch die Höhe der Beteiligungsquote ändern würde. Eine mögliche weitreichende Einflussnahme des Gesellschafters auf die Geschäftspolitik oder eine Verlustteilhabe sind aber gerade nicht entscheidend für eine „wesentliche Beteiligung" i.S.v. § 17 EStG. Es kommt allein auf die Beteiligung am Nominalkapital der Gesellschaft an.

Überträgt man dieses Ergebnis auf die Gestaltungen mit Mehrfachstimmrechtsanteilen, so wird schnell deutlich, dass es hierbei nicht zu einer wesentlichen oder ähnlichen Beteiligung gem. § 17 Abs. 1 S. 3 EStG kommen kann, wenn nicht schon von Grund auf eine „wesentliche Beteiligung" besteht. Dazu müsste – unabhängig von der Anzahl der Stimmrechte – eine Beteiligung am Kapital der Gesellschaft zu mindestens 1% bestehen. Demnach sind Mehrfachstimmrechte auch nur mit dem jeweiligen Bruchteilsbetrag für die Berechnung einer „Wesentlichkeitsgrenze" relevant.

Insoweit spielt die Ausgestaltung des Anteils mit besonderen Rechten oder Pflichten keine Rolle, da letztendlich die Beteiligung am Nominalkapital durch solche Maßnahmen nicht aufgestockt wird bzw. werden kann. Auch ein Vergleich zu anderen Normen führt zu keinem anderen Ergebnis, da weder die §§ 39, 42 AO noch § 36a EStG eine Umqualifikation einer unwesentlichen in eine wesentliche bzw. ähnliche Beteiligung i.S.d. § 17 Abs. 1 S. 3 EStG ermöglichen.

§ 39 AO kann bei Mehrfachstimmrechten aufgrund einer anderen Zurechnung aus einer unwesentlichen keine „wesentliche Beteiligung" i.S.v. § 17 EStG begründen. Zum einen liegt die tatsächliche Herrschaft über die Anteile nicht bei einem anderen Anteilseigner als dem rechtlichen Besitzer, auch wenn ein anderer Mehrfachstimmrechte besitzt, zum anderen kommt es eben gerade nicht auf den Einfluss an der Gesellschaft an, sondern lediglich auf die Nominalbeteiligung, und diese ändert sich durch § 39 AO nicht. I.E. findet § 39 AO bei einer Gestaltung mit Mehrfachstimmrechtsanteilen insofern keine Anwendung, als dadurch eine Subsumtion unter § 17 EStG in Frage käme.

Letztendlich stellt § 36a EStG zwar einen „wesentlich Beteiligten" und einen Anteilseigner mit beherrschendem Einfluss gleich, doch kann dieser Vergleich nicht direkt auf § 17 EStG übertragen werden. § 36a EStG hat i.E. eine komplett andere Zielsetzung als § 17 EStG.[55] Eindeutig entschieden ist mittlerweile, dass es im

[54] *Grune*, StStud 1999, 212, 218.
[55] Dazu: BT-Drucks. 7/1470, 301.

Rahmen von § 17 EStG allein auf die Nominalbeteiligung an der Kapitalgesellschaft ankommt. Dieser Auffassung ist meiner Meinung nach zu folgen, so dass ein beherrschender Einfluss keine Rolle spielen kann. Damit kann es letztendlich auch offen bleiben, ob die Gleichstellung in § 36a EStG auch für § 17 EStG Gültigkeit haben könnte.

Die Sichtweisen von BFH und Literatur sind m.E. sowohl bezüglich der Entscheidung als auch bezüglich der Argumentation und Begründung als richtig einzustufen. Es lassen sich daher keine anderen Anhaltspunkte, geschweige denn ein anderer Lösungsweg für Gestaltungen mit Mehrfachstimmrechtsanteilen finden. I.E. können besondere Rechte, die zusätzlich zu einer unwesentlichen Beteiligung i.S.d. § 17 EStG gewährt werden, eine wesentliche bzw. ähnliche Beteiligung i.S.v. § 17 Abs. 1 S. 3 EStG nicht begründen.

§ 11 Eigenkapitalersetzende Leistungen als „ähnliche Anteile"

Zu den folgenden Ausführungen lässt sich vorab sagen, dass die Gesellschafter der Gesellschaft häufig kein neues Kapital, sondern Kredite zur Verfügung stellen, um das Bilanzbild[1] der Gesellschaft zu verändern[2] oder eine Überschuldung zu vermeiden.[3] Diese Vorgehensweise ist aufgrund der zunehmenden Zahl von Insolvenzen weiterhin aktuell.[4] Gesellschafter sind in ihrer Finanzierungsentscheidung daher grundsätzlich nicht gebunden.[5] Auch dürften die Fälle, in denen Arbeitnehmer ihrem Arbeitgeber finanziell helfen – gerade in Zeiten hoher Arbeitslosigkeit – so selten nicht sein.[6] Maßgebend für das Bereitstellen von vordergründigem Fremdkapital sind u.a. die schnellere und flexiblere Handhabung von Krediten, steuerliche Vorteile aufgrund des Fremdfinanzierungscharakters sowie die mögliche Quotenbefriedigung im Falle eines Konkurses.[7]

Eigenkapitalersetzende Leistungen entstehen, wenn sich die Gesellschaft in einer finanziellen Krise befindet und die der Gesellschaft überlassenen Mittel durch das Gesellschaftsverhältnis[8] veranlasst sind. Dabei tritt bei einem nicht beteiligten Gesellschafter erst einmal die Frage auf, ob sein Darlehensengagement ihn möglicherweise in eine gesellschafterähnliche Position bringt. Die Überlegung ist folgende: Begründet die Gewährung des Darlehens eine „wesentliche Beteiligung" des zuvor nicht beteiligten Gesellschafters, so könnte der Verlust der Leistung im Falle eines Konkurses oder der Liquidation der Gesellschaft sich über § 17 EStG steuerlich auswirken.

A. Sichtweise von Literatur, Finanzverwaltung und Rechtsprechung

I. Zivilrechtliche Beurteilung

Den Rechtsprechungsgrundsätzen[9] über Darlehen folgend, können zunächst alle Nutzungsüberlassungen an eine Kapitalgesellschaft Eigenkapitalcharakter haben, da grundsätzlich Finanzierungsfreiheit[10] besteht.[11] Im speziellen soll es sich um Eigenkapitalersatz handeln, wenn ein vernünftiger, an Bonitätskriterien orientierter

---

[1] Zur bilanziellen Behandlung: *Fleck* in Festschrift für Georg Döllerer, S. 109 ff.; *Bullinger*, DStR 1993, 225, 226.

[2] Ähnlich: *Schmidt* in Schmidt/Uhlenbruck, S. 51.

[3] *Kohlhaas*, GmbHR 2001, 556; *Schlagheck*, GmbHR 2000, 363.

[4] *Ostermayer/Erhart*, DB 2003, 449.

[5] *Tillmann*, GmbHR 1981, 17.

[6] *Olbing*, GmbH-StB 2002, 175., 176.

[7] Grundlegend dazu: *Lutter* in Festschrift für Stefan Riesenfeld, S. 165, 180 f.; *Dautel*, BB 2000, 1757.

[8] Dazu: *Schmidt/Weber-Grellet*, EStG, § 17 Rz. 132 mit Kritik.

[9] Ausführlich dazu: *Lutter/Hommelhoff*, GmbH-Gesetz, §§ 32a/b Rzn. 1 ff.

[10] Zum Gleichklang mit dem Steuerrecht: *Crezelius*, DB 2002, 1124.

[11] *Haack*, NWB, Fach 18, 3837.

Dritter, einen Anlagegegenstand der Gesellschaft nicht mehr überlassen hätte.[12] Zivilrechtlich ist demnach eine Kreditsicherheit dann als eigenkapitalersetzend zu qualifizieren, wenn die Gesellschaft im Zeitpunkt der Sicherheitenbestellung kreditunfähig oder bereits insolvenzreif war.[13] Eine Gesellschaft befindet sich in der Krise, wenn sie entweder konkurs- bzw. insolvenzreif ist, oder ein fremder Dritter im Sinne eines ordentlichen und gewissenhaften Kaufmanns keine Verpflichtung mehr eingegangen wäre.[14]

Diese Wertung hat ihre Gültigkeit auch im Steuerrecht. Dabei muss der Kreditgeber die Mittel mit Rücksicht auf die Besicherung stehen lassen.[15] Das „Stehenlassen" der Mittel kann durch eine Prolongation, Stundung oder Unterlassung der Kündigung vollzogen werden.[16] Um den Fremdvergleich zu gewährleisten, muss es sich um vergleichbare Sachverhalte handeln, die anhand des Kriteriums „ordentlicher Kaufmann" überprüft werden.[17] Liegen unterschiedliche Fallkonstellationen - wie z.B. bei der Einräumung einer Avalprovision - vor, so ist ein Fremdvergleich nicht möglich.[18]

In der Vergangenheit stellte der im Zeitpunkt der Kreditunwürdigkeit gewährte Gesellschafterkredit zivilrechtlich kein Darlehen, sondern eine Beteiligung dar.[19] Zum einen konnte der Gesellschafter das Risiko nicht mehr auf Drittgläubiger abwälzen und zum anderen hätte im Normalfall eine Kapitalerhöhung vorgenommen werden müssen. Die Kapitalerhöhung hätte eine Einzahlung auf das Stammkapital zur Folge gehabt.[20]

Die Rechtsentwicklung im Bereich des Aktien- und GmbH-Rechts ist allerdings nicht bei den ursprünglichen Kapitalerhaltungsregeln (§ 57 AktG, § 30 GmbHG) stehengeblieben, sondern hat mittels der Rechtsfigur der eigenkapitalersetzenden Gesellschafterleistungen diese Art der Finanzierungsentscheidung als das qualifiziert, was sie in Wahrheit sind, nämlich Gesellschaftereinlagen. Der Gesetzgeber hat die richterliche Rechtsfortbildung aufgenommen und im Rahmen

---

12 *Crezelius* in 17. Deutscher Steuerberatertag 1994 in Dresden, S. 330.

13 Zu dieser Problematik: *Haas*, Anmerkung zum Urteil des OLG Frankfurt a.M. v. 22.12.1999, DStR 2000, 1576 f.

14 *Wacker*, NWB, Fach 3, 11251, 11260; *Haack*, NWB, Fach 18, 3837, 3842 mit weiteren „Indizien".

15 *Haack*, NWB, Fach 18, 3837, 3843.

16 *Wolter*, Gesellschafterfremdfinanzierung, S. 153; *Esser*, Insolvenzschutz durch Dynamisierung des Stammkapitals bei der GmbH, 1989, S. 57 ff.; ähnlich: *Eilers/Wienands*, GmbHR 1998, 618, 619; zuletzt: OFD Kiel v. 14.12.1999, FR 2000, 161, 164.

17 *Esser*, Insolvenzschutz durch Dynamisierung des Stammkapitals bei der GmbH, S. 94 ff.; zur Problematik der Beweislast: *Haas*, Anmerkung zum Urteil des OLG Frankfurt a.M. v. 22.12.1999, DStR 2000, 1576.

18 *Gaßner*, JbFSt 1990/91, 387, 416.

19 Kritisch: *Priester* in Festschrift für Georg Döllerer, S. 475, 487.

20 *Hommelhoff/Kleindiek* in Festschrift 100 Jahre GmbH-Gesetz, S. 421, 426.

der GmbH-Reform 1980 die §§ 32a, 32b GmbHG ergänzend hinzugefügt.[21] Die besagten Paragraphen wurden zuletzt in einer wenig überzeugenden und häufig kritisierten Weise eingeengt.[22] Die Regeln gelten allerdings nicht nur für die GmbH, sondern sind analog auch auf Aktiengesellschaften anwendbar.[23]

Nach § 32a Abs. 1 GmbHG (Novellen-Regeln) ist ein Gesellschafterdarlehen als eigenkapitalersetzend zu qualifizieren, wenn die Hingabe zu einem Zeitpunkt erfolgte „in dem ihr die Gesellschafter als ordentliche Kaufleute Eigenkapital zugeführt hätten".[24] Der Vergleich mit einem ordentlichen Kaufmann gilt als maßgebliches Kriterium zur Umqualifizierung von Fremdkapital hin zum Eigenkapitalersatz.[25] Darum erfolgt im Zivilrecht eine Ermittlung der Kreditunfähigkeit der Gesellschaft im Zeitpunkt der Darlehenshingabe, wobei – im Gegensatz zu den Rechtsprechungsregeln – grundsätzlich von einer Fortdauer der Kreditunwürdigkeit ausgegangen wird.[26] Es wird demnach geprüft, ob ein unbeteiligter Dritter noch bereit gewesen wäre, der Gesellschaft ein Darlehen zu gewähren.[27] Auch die am 1.1.1999 in Kraft getretene Insolvenzordnung bezieht eigenkapitalersetzende Darlehen in das Insolvenzverfahren mit ein, so dass der Gesellschafter nachrangiger Insolvenzgläubiger wird.[28]

Durch das KapAEG vom 20.4.1998[29] wurde in § 32a Abs. 3 Satz 2 GmbHG mit Wirkung vom 24.4.1998 die Regelung eingefügt, wonach die Regeln über den Eigenkapitalersatz für den Gesellschafter einer GmbH, der mit 10% oder weniger am Stammkapital beteiligt ist, keine Geltung haben.[30] § 17 Abs. 1 S. 3 EStG definiert allerdings die „wesentliche Beteiligung" ab einer Grenze von mindestens 1% am Nominalkapital der Gesellschaft. Hier kann es nun zu Ungereimtheiten kommen.[31] Für Gesellschafter einer GmbH mit einer Beteiligungsquote von exakt 10% folgt daraus, dass Verluste aus kapitalersetzenden Finanzierungsmaßnahmen bei diesen steuerlich nicht berücksichtigungsfähig sind, obwohl diese Gesellschafter nach § 17 EStG eine steuerverhaftete Beteiligung halten.[32] Diese Sichtweise verstößt allerdings gegen das Nettoprinzip, wie der BFH in seinem Beschluss vom 16.5.2001[33] ausführte. Es sei auf die Steuerverstrickung der Anteile, und nicht auf die den

[21] Dazu: *Küting/Kessler*, BB 1994, 2103, 2106; grundlegend: *Schmidt* in Schmidt/Uhlenbruck, S. 52 ff.
[22] *Bayer*, DStR 1999, 1815, 1820 m.w.N.
[23] *Buyer*, DB 1988, 468, 470.
[24] Näheres hierzu: *Tillmann*, GmbHR 1981, 17, 18 ff.; *Sarrazin*, StbJb 1985/86, 135, 151; *Fleck* in Festschrift für Georg Döllerer, S. 109, 113; *Haack*, NWB, Fach 18, 3837, 3841.
[25] *Küting/Kessler*, BB 1994, 2103, 2107; *Westermann* in Festschrift für *Walter* Oppenhoff, S. 540.
[26] *Haas*, Anmerkung zum Urteil des OLG Frankfurt a.M. v. 22.12.1999, DStR 2000, 1576, 1577.
[27] *Wolter*, Gesellschafterfremdfinanzierung, S. 145.
[28] *Vogt*, DStR 2001, 1881.
[29] BGBl. I 1998, 786.
[30] OFD Kiel v. 14.12.1999, FR 2000, 161, 168.
[31] *Bayer*, DStR 1999, 1815, 1821.
[32] Dazu ausführlich: *Vogt*, DStR 2001, 1881, 1882.
[33] DStR 2001, 1431 ff.

Gläubiger schützenden Eigenkapitalersatzregeln abzustellen. Bei einer Beteiligung von weniger als 10% bleiben dagegen Darlehensverluste und Bürgschaftsinanspruchnahmen ohnehin unberücksichtigt.[34] Bedauerlich ist es, laut *Gschwendtner*[35], dass durch die Anhebung der gesellschaftsrechtlichen und die Herabsetzung der einkommensteuerrechtlichen Schwelle des § 17 EStG auf 1 v.H. keine vollständige Harmonisierung der Verstrickungsvoraussetzungen geschaffen wurde.

Des weiteren wurde durch Art. 10 Nr. 2 des KonTraG vom 27.4.1998[36] in § 32a Abs. 3 GmbHG ein zusätzlicher dritter Satz eingefügt.[37] Demnach finden für einen Gesellschafter, der während der Krise der Gesellschaft neue Anteile hinzu erwirbt, für seine bestehenden oder neugewährten Kredite die Regeln des Eigenkapitalersatzrechts keine Anwendung.[38] Aufgrund der Orientierung des Steuerrechts am Zivilrecht kommen nachträgliche Anschaffungskosten, bei Vorgängen, die nach Inkrafttreten dieses Gesetzes eingetreten sind, also nicht mehr in Betracht.[39]

„Schließlich ist darauf hinzuweisen, dass eine dem § 32a Abs. 3 GmbHG entsprechende Regelung im Aktienrecht fehlt. Daraus folgt, dass bei der AG das Kapitalersatzrecht erst anwendbar ist, wenn ein Aktionär mit einer Sperrminorität von mehr als 25% beteiligt ist.[40] Aufgrund der Anknüpfung an die gesellschaftsrechtlichen Kapitalersatzregeln können daher Verluste aus dem insolvenzbedingten Ausfall von Finanzierungshilfen wegen der fehlenden Veranlassung durch das Gesellschaftsverhältnis[41] auch steuerlich erst dann zu nachträglichen Anschaffungskosten führen, wenn eine Beteiligung von mehr als 25% vorliegt. In den Fällen, in denen ein Gesellschafter zwischen 10% und 25% am Grundkapital einer AG beteiligt ist, wird dieser (steuerlich) grundsätzlich wie jeder Drittgläubiger behandelt. Nur in dem Ausnahmefall, dass eine unter der Sperrminorität liegende Beteiligung zusammen mit anderen Umständen einen Einfluss auf die Unternehmensleitung sichert und ein entsprechendes unternehmerisches Interesse des Gesellschafters erkennbar ist, kann ein Gesellschafterdarlehen als haftendes Kapital einzustufen sein und damit steuerlich zu nachträglichen Anschaffungskosten führen."[42]

---

34 *Gschwendtner*, DStR 1999, Beihefter zu Heft 32/1999, S. 20; ebenso: *Ott*, StuB 2000, 277, 280.
35 *Gschwendtner*, DStR 1999, Beihefter zu Heft 32/1999, S. 20 m.w.N.
36 BGBl. I 1998, 786.
37 *Wacker*, NWB, Fach 3, 11251, 11259 f.
38 *Lutter/Hommelhoff*, GmbH-Gesetz, § 32a/b, Rz. 6.
39 OFD Kiel v. 14.12.1999, FR 2000, 161, 168.
40 Senator für Finanzen Bremen v. 8.11.2002, DStZ 2003, 89, 90.
41 Dazu: *Strahl* in Korn/Carlé/Stahl/Strahl, EStG, § 17 Rz. 86.
42 *Ott*, StuB 2000, 277, 281; zustimmend: *Gschwendtner*, DStR 1999, Beihefter zu Heft 32/1999, S. 20 m.w.N.; ebenso: OFD Kiel v. 14.12.1999, FR 2000, 161, 168.

II. Steuerrechtliche Beurteilung

Das Steuerrecht geht grundsätzlich von der zivilrechtlichen Abgrenzung aus und nimmt die Rechtsprechungs- und Novellendarlehen als Grundlage für die steuerliche Beurteilung.[43] Dennoch kommt es seit dem BFH-Urteil vom 27.10.1992[44] allein auf die – später zu diskutierende – gesellschaftsrechtliche Veranlassung[45] an.[46] Ein gutes Prüfschema für den gesamten Bereich der eigenkapitalersetzenden Leistungen hat die OFD Kiel[47] entwickelt. *Crezelius*[48] hingegen befasst sich ausführlich mit der steuerbilanziellen Behandlung von eigenkapitalersetzenden Leistungen, sowohl auf Gesellschafts- als auch auf Gesellschafterebene.[49]

Im einzelnen können aus steuerlicher Sicht folgende Fallgruppen unterschieden werden:[50] die Hingabe eines Darlehens vor der Krise mit der ausdrücklichen Bestimmung zur Krisenfinanzierung bzw. einem Stehenlassen in der Krise. Des weiteren die Hingabe eines Darlehens während bzw. in einer Krise oder die Gewährung eines sog. Finanzplandarlehens.[51] Zusätzlich können auch Bürgschaften des Gesellschafters eigenkapitalersetzend wirken.[52] Daneben sind auch noch Gesellschafterleistungen mit Rangrücktrittsvereinbarungen sowie von nahen Angehörigen zu untersuchen. Auch der BFH hat sich mit Urteil vom 13.7.1999[53] dieser Unterscheidung angeschlossen.[54] Betrachtet werden hier nur Anteile, die im Privatvermögen gehalten werden, denn § 17 EStG ist nur bei Privatvermögen einschlägig. Eine komplette Darstellung auch im Zusammenhang mit Betriebsvermögensanteilen findet sich bei *Olbing*[55].[56]

Eigenkapitalersetzende Leistungen können bei der jeweiligen Fallgruppe steuerlich in verschiedenster Form Berücksichtigung finden.[57] Grundsätzlich wäre es möglich, dass eigenkapitalersetzende Leistungen steuerlich überhaupt keine Auswirkungen haben. Des weiteren ist denkbar, dass sie als Werbungskosten oder Betriebsausgaben berücksichtigt werden können.[58] Auch Anschaffungskosten auf die Beteiligung oder

---

[43] *Widmann*, StbJb 1993/94, 303, 304.
[44] BStBl. 1993, 340.
[45] Zuletzt dazu: FG Düsseldorf v. 21.6.2000, DStRE 2000, 1070 f.
[46] *Ebling* in Blümich, § 17 EStG, Rz. 214b; *Strahl* in Korn/Carlé/Stahl/Strahl, EStG, § 17 Rz. 86; *Wolff-Diepenbrock*, DB 1994, 1539; *Kurth/Delhaes*, DB 2000, 2577, 2582.
[47] OFD Kiel v. 14.12.1999, FR 2000, 161 ff.
[48] *Crezelius* in Schmidt/Uhlenbruck, S. 244 ff.
[49] Ebenso: *Olbing*, GmbH-StB 2002, 175, 180 f.
[50] *Boochs* in Dankmeyer/Giloy, EStG, § 17 Rz. 101; *Siewert*, DB 1999, 2231, 2233; *Wacker*, NWB, Fach 3, 11251, 11257; ähnlich: *Dörner*, INF 2001, 494, 495.
[51] Zuletzt ähnlich: *Ostermayer/Erhart*, DB 2003, 449 ff.
[52] *Gail/Düll/Fuhrmann/Grupp*, DB 1999, Beilage 14/99, S. 7 m.w.N.
[53] DStRE 1999, 779.
[54] Dazu: *Jülicher*, DStR 1994, 305.
[55] *Olbing*, GmbH-StB 2002, 175 ff.
[56] Ebenso: *Schmidt/Hageböke*, DStR 2002, 1202, 1204.
[57] Ausführlich: *Strahl* in Korn/Carlé/Stahl/Strahl, EStG, § 17 Rz. 88 ff.
[58] Dazu: *Olbing*, GmbH-StB 2002, 175, 178 f.

eine Qualifikation als „ähnliche Beteiligung" kommen in Betracht.[59] Diese unterschiedlichen steuerlichen Qualifikationsaspekte werden nun für die entsprechende eigenkapitalersetzende Leistung diskutiert. Die Voraussetzungen, unter denen ein Gesellschafterdarlehen zu funktionalem Eigenkapital[60] – und im Rahmen des § 17 EStG steuerlich relevant – wird, lassen sich mit zwei Tatbestandsmerkmalen umschreiben: Der „Krise" (objektives Tatbestandsmerkmal) und der „Finanzierungsentscheidung" (subjektives Tatbestandsmerkmal). Sie müssen grundsätzlich beide erfüllt sein. Die Krisenbestimmtheit bzw. die Finanzierungsentscheidung einer Finanzierungshilfe ergibt sich regelmäßig durch Auslegung der getroffenen Vereinbarungen; gegebenenfalls ist sie anhand der erkennbaren Umstände festzustellen.[61]

1. Darlehen vor der Krise der Kapitalgesellschaft

Tritt der Gesellschafter der Gesellschaft nur als Darlehensgeber gegenüber (das ist insbesondere dann der Fall, wenn er der Gesellschaft das Darlehen nur gewährt, um die vereinbarten Zinsen zu erlangen), handelt es sich um ein privat veranlasstes Darlehen. Dies wird insbesondere zu Zeiten passieren, in denen es der Gesellschaft gut geht. Die Folge ist u.a., dass der Verlust der Darlehensvaluta, d.h. ihr vollständiger oder teilweiser Ausfall oder etwaige Wertminderungen, unberücksichtigt bleibt. Es handelt sich um einen einkommensteuerrechtlich unbeachtlichen Vorgang außerhalb der Erwerbssphäre des Steuerpflichtigen.[62] Problematisch sind Fälle, in denen ein Steuerpflichtiger zunächst ein Darlehen gewährt, und erst danach durch den Kauf von Anteilen Gesellschafter wird. Hier findet das Eigenkapitalersatzrecht weder für das vorherige noch für später gewährte Darlehen Anwendung.[63]

2. Darlehen während der Krise der Kapitalgesellschaft

Die Krise einer Gesellschaft wird dadurch konkretisiert, dass man den Zeitpunkt annimmt, in dem die Gesellschaft entweder überschuldet, zahlungsunfähig oder kreditunwürdig ist.[64, 65] Als Indiz kann der Verlust von mehr als der Hälfte des Nominalkapitals angesehen werden.[66] Gesellschafterleistungen erlangen generell eigenkapitalersetzenden Charakter, wenn sie in einem Zeitpunkt gewährt werden, in dem ein ordentlicher Kaufmann der Gesellschaft Eigenkapital zugeführt hätte[67], oder wenn eine Leistung krisenbestimmt ist bzw. im Rahmen eines Finanzplans

---

[59] Zu den beiden bis dahin genannten Möglichkeiten: *Wolff-Diepenbrock*, DB 1994, 1539, 1540.
[60] Ähnlich: *Döllerer*, FR 1992, 233.
[61] *Gschwendtner*, DStR 1999, Beihefter zu Heft 32/1999, S. 9; *Neu/Lühn*, GmbH-StB 2002, 1229, 1231.
[62] *Gschwendtner*, DStR 1999, Beihefter zu Heft 32/1999, S. 3.
[63] Senator für Finanzen Bremen v. 8.11.2002, DStZ 2003, 89 f.
[64] Ausführlich dazu: OLG Karlsruhe v. 19.2.2000, DStR 2000, 1529.
[65] *Strahl* in Korn/Carlé/Stahl/Strahl, EStG, § 17 Rz. 89; *Dörner*, INF 2001, 494 ff.
[66] BFH-Urteil v. 31.10.2000, DStRE 2001, 859, 861.
[67] *Küting/Kessler*, BB 1994, 2103, 2106.

Einlagecharakter annimmt.[68] Das OLG Karlsruhe[69] hat dies konkretisiert und kommt zu dem Schluss, dass das Vorliegen einer Unterbilanz nicht ausreicht, sondern es zu einer negativen Fortführungsprognose kommen muss. An eine positive Fortführungsprognose sind allerdings strenge Maßstäbe zu legen, so dass Hoffnungen, Wünsche sowie Ideenplanung als nicht ausreichend gewertet werden.[70]

Ob das reine **„Stehenlassen" eines Darlehens** in einer Krise zu einer eigenkapitalersetzenden Leistung führt, ist umstritten.[71] Fraglich ist z.B., ob ein aktives Zutun des Gesellschafters nötig ist, oder ob ein passives Handeln genügt, damit ein vor der Krise gewährtes Darlehen durch „Stehenlassen" als Eigenkapitalersatz zu werten ist.[72] Nach Auffassung von *Wolter*[73] darf aufgrund der erwähnten Überdehnung des § 32a GmbHG ein schlichtes Unterlassen nicht zu einem Eigenkapitalersatz führen.[74] M.E. sollte auch ein passives Verhalten zum Eigenkapitalersatz führen, da sich anbahnende Krisen zum Teil erst recht spät erkennen lassen und der Gesellschafter zudem nur beschränkte Kontrollmöglichkeiten hat. Ankommen kann es in Zukunft weiterhin nur auf die Erkennbarkeit der Krise und auf die Gesellschafterstellung, nicht hingegen auf eine besondere Motivation für die Kreditgewährung.[75]

Einzelne Gesellschafterkredite lassen sich nicht einfach in Abhängigkeit des Zeitpunktes der Hingabe in „gute" oder „böse" Kredite unterscheiden, da ein ständiger Wechsel je nach Grad der Überschuldung nicht mit der Rechtssicherheit vereinbar wäre.[76, 77] Die Gefahr einer Spekulation der Gesellschafter zu Ungunsten der Gläubiger wäre, gerade im Zusammenhang mit der Übernahme von Anteilen, die Folge.[78]

I.E. sind „stehengelassene" Darlehen in der Krise und „krisenbestimmte" Darlehen gleich zu behandeln.[79] Dabei ist für die steuerliche Berücksichtigung von Darlehensverlusten maßgeblich, ob die Darlehensgewährung durch das Gesellschaftsverhältnis veranlasst ist.[80] Im Steuerrecht wurden für die

---

68 *Esser*, Insolvenzschutz durch Dynamisierung des Stammkapitals bei der GmbH, S. 109 ff.; *Gschwendtner*, DStR 1999, Beihefter zu Heft 32/1999, S. 10 f.

69 OLG Karlsruhe v. 19.2.2000, DStR 2000, 1529.

70 Haas, Anmerkung zum Urteil v. OLG Karlsruhe v. 19.2.2000, DStR 2000, 1529.

71 *Wassermeyer* in *Crezelius*, Die GmbH und ihre Gesellschafter, S. 81; a.A.: *Hoffmann*, GmbHR 1997, 1140.

72 Siehe hierzu: *Bilsdorfer/Engel*, INF 1994, 321, 327.

73 *Wolter*, Gesellschafterfremdfinanzierung, S. 148.

74 A.A.: *Westerfelhaus*, DB 1990, 2035, 2036, mit Bezug auf die BGH-Rechtsprechung.

75 *Pentz*, GmbHR 1999, 437, 440; *Wacker*, NWB, Fach 3, 11251, 11262.

76 FG München v. 18.5.1990, EFG 1990, 632.

77 *Hörger* in *Littmann/Bitz/Pust*, EStG, § 17, RZ. 12.

78 *Pentz*, GmbHR 1999, 437, 441.

79 *Bullinger*, DStR 1993, 225, 226; *Gschwendtner*, DStR 1999, Beihefter zu Heft 32/1999, S. 13 m.w.N.

80 FG Düsseldorf v. 12.5.1998, EFG 1998, 1257, 1258; *Döllerer*, FR 1992, 233, 236; *Wolff-Diepenbrock*, DB 1994, 1539, 1540; *Hock*, Gesellschafter-Fremdfinanzierung der GmbH, S. 192.

gesellschaftsrechtliche Veranlassung keine eigenständigen Kriterien herausgearbeitet, sondern es wird auf die zivilrechtliche Rechtsprechung zurückgegriffen.[81, 82]

Aufbauend auf die an den Mitunternehmer anlehnende Besteuerung des § 17 EStG hat der BFH[83] die Belastungsentscheidung des Gesetzgebers im Falle der eigenkapitalersetzenden Leistungen des wesentlich beteiligten Gesellschafters dahin konkretisiert, dass nach dem (objektiven) Nettoprinzip der Begriff der Anschaffungskosten i.S.d. § 17 Abs. 2 EStG normspezifisch weit auszulegen sei.[84] Bei einem stehengelassenen Darlehen kommen nachträgliche Anschaffungskosten allerdings nur in Höhe des gemeinen Werts[85] im Zeitpunkt des Kriseneintritts in Betracht.[86] Nach Auffassung des FG Düsseldorf[87] sind hingegen nachträgliche Anschaffungskosten in Höhe des Nennwerts des Darlehens anzusetzen.[88] Laut *Roser*[89] geht der BFH[90] davon aus, dass für nachträgliche Anschaffungskosten i.S.d. § 17 Abs. 2 EStG die bloße Wertlosigkeit des Darlehens ausreicht, so dass es auf einen ausdrücklichen Verzicht gem. § 397 BGB – zivilrechtlich ist der Erlassantrag allerdings von Nöten[91] – nicht ankommt. Keine steuerlichen Vorteile ergeben sich allerdings für den nicht wesentlich Beteiligten, da es nicht zu einer ähnlichen Beteiligung i.S.d. § 17 Abs. 1 S. 3 EStG kommt.[92]

Maßgebend für den Schutz außenstehender Gläubiger vor einer Überwälzung des Finanzierungsrisikos ist die Entscheidung der Gesellschafter zur Weiterfinanzierung ihrer an sich nicht mehr überlebensfähigen und damit liquidationsreifen Gesellschaft, denn nur so lassen sich **krisenbestimmte oder in der Krise gewährte Darlehen** begründen.[93] Die Regeln über eigenkapitalersetzende Finanzierungshilfen stellen grundsätzlich eine Regelung von letztendlich erzwungenem „Quasi-Eigenkapital" dar.[94] Mit der Entscheidung des BFH vom 5.2.1992[95] ist mittlerweile klargestellt worden, dass eine Umdeutung von Fremdkapital in verdecktes Eigenkapital aus steuerlicher Sicht aufgrund allgemeiner Regeln und der typisierenden

81 FG Düsseldorf v. 21.6.2000, DStRE 2000, 1070.
82 *Wacker*, NWB, Fach 3, 11251, 11257; kritisch: *Frotscher*, EStG, § 17 Rn. 103.
83 BFH-Urteil v. 10.11.1998, BStBl. II 1999, 348.
84 *Wolff-Diepenbrock*, DB 1994, 1539 ff.; *Gschwendtner*, DStR 1999, Beihefter zu Heft 32/1999, S. 2 f.; *Bornheim*, DB 2001, 162; *Scholl*, NWB, Heft 16/2001, Blickpunkt Steuern 4/2001, S. 2.
85 OFD Kiel v. 14.12.1999, FR 2000, 161, 166, mit weiteren Hinweisen auf die aktuelle BFH-Rechtsprechung.
86 *Apitz*, FR 1992, 124, 127; *Eilers/Wienands*, GmbHR 1998, 618, 621 f.; *Gail/Düll/Fuhrmann/Grupp*, DB 1999, Beilage 14/99, S. 7.
87 FG Düsseldorf v. 12.5.1998, EFG 1998, 1257, 1258.
88 A.A.: BFH-Urteil v. 24.4.1997, BFH/NV 1998, 102.
89 *Roser*, GmbHR 1999, 1211, 1212; ähnlich: *Jülicher*, DStR 1994, 305, 306.
90 BFH-Beschluß v. 4.8.1999, GmbHR 1999, 1211.
91 *Schlagheck*, GmbHR 2000, 363.
92 Ähnlich: *Apitz*, FR 1992, 124, 130.
93 *Dorner*, INF 2001, 494.
94 *Pyszka*, BB 1999, 665, 667.
95 BStBl. II 1992, 532.

Betrachtungsweise ausscheidet.[96] Dies wurde mit Beschluss des BFH vom 16.5.2001[97] bestätigt.

Vorher hatte der BFH[98] die Umqualifizierung in „verdecktes Stammkapital" in Ausnahmefällen noch für möglich erachtet.[99] *Kamprad*[100] hingegen erachtet diese veraltete Auffassung des BFH als richtig. Demnach sei das verdeckte Kapital dem nominellen Kapital gleichzustellen und bei der Berechnung der Wesentlichkeitsquote i.S.d. § 17 Abs. 1 EStG zu berücksichtigen. Strittig war deshalb im Schrifttum[101], ob eine ähnliche Beteiligung i.S.d. § 17 Abs. 1 S. 3 EStG nicht auch dann anzunehmen ist, wenn etwa ein Darlehen körperschaft- und einkommensteuerrechtlich wie verdecktes Stamm- oder Eigenkapital zu werten ist.[102] Dieser Ansicht kann m.E. nicht gefolgt werden. Eine verdeckte Einlage[103], etwa in Form von eigenkapitalersetzenden Darlehen oder Bürgschaften, vermittelt dem Gewährenden keine gesellschaftsrechtlichen Mitgliedschaftsrechte, auch wenn die zivilrechtliche Eigenkapitaleigenschaft zu einer steuerrechtlich, gesellschaftsrechtlichen Einlage führt.[104] Es erfolgt lediglich hinsichtlich der Anschaffungskosten eine Gleichstellung mit Einlagen[105], d.h. sie führt zu nachträglichen Anschaffungskosten auf die Beteiligung.[106]

Ob kapitalersetzende Maßnahmen des Gesellschafters zur Begründung oder Erhöhung einer ähnlichen Beteiligung i.S.d. § 17 Abs. 1 S. 3 EStG führen können, war innerhalb der Rechtsprechung[107] streitig. Das FG München hatte am 18.5.1990[108] entschieden, dass eigenkapitalersetzende Gesellschafterleistungen bei der Berechnung der wesentlichen Beteiligung im Sinne des § 17 EStG nicht zu berücksichtigen sind.

---

[96] So auch: *Vogt*, DStR 2001, 1881; *Meermann*, StBp 1988, 110, 114; *Crezelius* in Kölner Schrift zur Insolvenzordnung, S. 1037; *Hoffmann*, GmbHR 1997, 1140, 1142; a.A. noch: *Esser*, Insolvenzschutz durch Dynamisierung des Stammkapitals bei der GmbH, S. 170; einschränkend bereits: *Tillmann*, GmbHR 1981, 17, 20.

[97] DStR 2001, 1431 ff.

[98] BFH-Urteil v. 10.12.1975, BStBl. II 1976, 226.

[99] Zur Irrelevanz für § 17 EStG: *Kühr* (Hrsg.), Handbuch des Steuerrechts, § 17 Anm. 3.

[100] *Kamprad*, Gesellschafterdarlehen an die GmbH und GmbH & Co., S. 74.

[101] Für viele: *Buyer*, DB 1988, 468, 469 m.w.N., mit Bezugnahme auf die Genussscheine innerhalb des § 17 EStG.

[102] So: *Buyer*, DB 1987, 1959, 1963; *Widmann*, JbFSt 1990/91, 387, 427 mit Bezug auf das (damalige) überwiegende Schrifttum.

[103] *Mathiak*, StuW 1985, 273, 274; *Jülicher*, DStR 1994, 305 f. m.w.N.; *Kurth/Delhaes*, DB 2000, 2577, 2582.

[104] *Sarrazin*, StbJb 1985/86, 135, 153; *Crezelius* in Schmidt/Uhlenbruck, S. 567.

[105] BFH-Urteil v. 7.7.1992, BStBl. II 1993, 334.

[106] FG Münster v. 11.9.2003, EFG 2004, 262.

[107] BFH-Urteil v. 19.5.1992, NJW 1993, 415, 416.

[108] EFG 1990, 632; gleicher Ansicht: FG Schleswig-Holstein v. 4.12.1986, EFG 1987, 178.

Der BFH[109] hatte dies bis 1992 nicht entschieden, sondern nur den Eigenkapitalcharakter von eigenkapitalersetzenden Leistungen verneint. Mit Urteil vom 19.5.1992[110] hat der BFH klargestellt, dass eigenkapitalersetzende Maßnahmen keinen Einfluss auf die Höhe der Beteiligung haben.[111] Er verneint die Erhöhung des Anteils durch kapitalersetzende Maßnahmen. Eine „wesentliche Beteiligung" liegt trotz zusätzlicher schuldrechtlicher Leistungen nicht vor, da nach der Legaldefinition des § 17 Abs. 1 S. 4 EStG eine Beteiligung von mehr als 25% am Nominalkapital nötig ist.[112] Entsprechend dem Mangel an Gesellschaftsrechten wird dadurch auch keine ähnliche Beteiligung i.S.d. § 17 Abs. 1 S. 3 EStG begründet oder erhöht[113], es können allenfalls nachträgliche Anschaffungskosten auf die Beteiligung geltend gemacht werden, wenn die Beteiligung bereits vorher als wesentlich i.S.v. § 17 Abs. 1 S. 1 EStG zu qualifizieren war.[114] Auch die schon beschriebene Änderung der Beteiligungsverhältnisse, aufgrund der unterschiedlichen finanziellen Situation der Gesellschaft, spricht gegen die Berücksichtigung von eigenkapitalersetzenden Maßnahmen als ähnliche Beteiligung.[115]

Eine einkommensteuerliche Berücksichtigung des Darlehens außerhalb der nachträglichen Anschaffungskosten, insbesondere als ähnliche Beteiligungen i.S.v. § 17 Abs. 1 S. 3 EStG, hat der BFH[116] i.E. stets abgelehnt. Die Darlehensgewährung kommt nicht dem Beteiligungsverhältnis zugute, sondern erhöht lediglich den inneren Wert der Beteiligung. Dadurch ist es nicht möglich, eine ähnliche Beteiligung zu begründen.[117] Aus der Anbindung an das Zivilrecht folgt, so der VIII. Senat des BFH[118], dass sich die Höhe des Anteils an einer Kapitalgesellschaft nur unter den Voraussetzungen ändert, unter denen sich auch die Höhe des Geschäftsanteils am Nominalkapital ändert. Maßnahmen, wie die Gewährung von Darlehen oder Zahlungen aufgrund von Bürgschaftsverpflichtungen, hätten sowohl zivil- als auch steuerrechtlich auch dann keinen Einfluss auf die Höhe des Geschäftsanteils, wenn sie kapitalersetzend sein sollten.[119] Durch die Gewährung derartiger Darlehen kann daher nicht aus einer unwesentlichen eine „wesentliche Beteiligung" werden.[120] Es entstehen lediglich nachträgliche Anschaffungskosten auf eine etwaige schon vorher bestehende „wesentliche Beteiligung".[121] Anderenfalls liegt der

---

[109] BFH-Urteil v. 19.5.1992, DStR 1992, 1275, 1276 mit Verweis auf die entsprechenden Urteile.

[110] BStBl. II 1992, 902; zustimmend: FG Münster v. 19.10.1999, DStRE 2000, 562, 563.

[111] Dazu ausführlich: *Crezelius* in Schmidt/Uhlenbruck, S. 567.

[112] *Crezelius* in Festschrift für Karlheinz Boujong, S. 47, 51.

[113] Zustimmend: FG München v. 18.5.1990, EFG 1990, 632; FG Münster v. 19.10.1999, DStRE 2000, 562, 563; so auch: *Frotscher*, EStG, § 17 Rn. 25; *Jülicher*, DStR 1994, 305, 306.

[114] *Steinhauff*, NWB, Fach 3, 10323, 10324.

[115] BFH-Urteil v. 19.5.1992, DStR 1992, 1275, 1276.

[116] BFH-Urteil v. 19.5.1992, BStBl. II 1992, 902.

[117] *Strahl* in Korn/Carlé/Stahl/Strahl, EStG, § 17 Rz. 32; *Jülicher*, DStR 1994, 305, 306 ff.; *Crezelius u.a.*, Stbg 1998, 252, 258.

[118] BFH-Beschluß v. 14.8.1991, BStBl. II 1991, 935; Urteil des BFH v. 5.2.1992, BB 1992, 676.

[119] *Gram/Federmann*, Handbuch der Bilanzierung, Kapitel 30, Rz. 42 ff.

[120] *Schacht* in Beck'sches Handbuch der GmbH, 1995, S. 447.

[121] *Fischer*, Sacheinlagen im Gesellschafts- und Steuerrecht der GmbH, S. 184 und 278.

Vorgang in der Privatsphäre. Vermögensänderungen im Privatvermögen sind steuerlich irrelevant. Dies trifft zu, wenn keine „wesentliche Beteiligung" bestanden hat.[122]

Bilsdorfer/Engel[123] beziehen sich auf die aktuelle Rechtsprechung vom 19.5.1992[124] und stimmen dem BFH zu, dass ein „Hochschrauben" der Beteiligung durch Darlehensverluste nicht möglich ist. Ein Verlust des Darlehens kann, wenn der Gesellschafter nicht schon vorher wesentlich beteiligt war, keine Berücksichtigung finden, da wiederum rein formell auf die nominelle Beteiligung abzustellen ist.[125] Die weitergehende Gewährung von Sicherheiten oder Darlehensgewährungen sind im Rahmen des § 17 EStG für die Beteiligungshöhe nicht zu berücksichtigen.[126] Dieses Ergebnis ist auch nach Auffassung von *Crezelius*[127] zutreffend, denn die Gleichbehandlung von unternehmerischen Beteiligungen an Kapitalgesellschaften und Mitunternehmeranteilen – auf die der § 17 EStG abstellt – stellt klar, dass ähnliche Beteiligungen nur solche sein können, die in ihren wesentlichen Merkmalen einer gesellschaftsrechtlichen Stellung gleichkommen. Um dies zu gewährleisten, müssen vor allem Mitspracherechte vermittelt werden.

Eine andere Rechtsfolge, d.h. eine Berücksichtigung des eigenkapitalersetzenden Darlehens als ähnliche Beteiligung i.S.v. § 17 Abs. 1 S. 3 EStG, tritt nach Auffassung von *Ebling*[128] nur ein, wenn das eigenkapitalersetzende Darlehen gem. § 56 GmbHG als Sacheinlage[129] eingebracht wird. Durch eine Sacheinlage wird ein Teil oder der Gesamtbetrag der zu leistenden Stammeinlage bewirkt. Damit können durch Sacheinlagen Anteile an einer GmbH erworben werden. Forderungen von Gesellschaftern oder Dritten gegenüber der Kapitalgesellschaft sind – unabhängig davon, worauf sie gerichtet sind (Geld- oder Sachleistung) – einlagefähige Gegenstände. Auch Forderungen aus Gesellschafterdarlehen i.S.v. §§ 32a/b GmbHG bzw. der Rechtsprechung können in der Krise der Gesellschaft auf das Kapital eingebracht werden und erlöschen durch Aufrechnung bzw. Verrechnung.[130] M.E. ist diese Konstellation zwar rechtens, dennoch übernimmt der Gesellschafter im Anschluss an die Sacheinlage „echte" Anteile an der Kapitalgesellschaft und keine ähnliche Beteiligung. Lediglich die Art des Erwerbs der Kapitalgesellschaftsanteile ist eine besondere. Dies wirkt sich aber auf die Art der Anteile als solche nicht aus.

Kühr[131] ist der Auffassung, dass eine ähnliche Beteiligung i.S.v. § 17 Abs. 1 S. 3 EStG ausnahmsweise dann in Betracht zu ziehen ist, wenn von allen Gesellschaftern

[122] *Heidemann*, INF1998, 716, 718 m.w.N.; *Ott*, StuB 2000, 277, 278.
[123] *Bilsdorfer/Engel*, INF 1994, 321.
[124] DStR 1992, 1275.
[125] *Bilsdorfer/Engel*, INF 1994, 321, 326.
[126] A.A. noch: FG München v. 18.5.1990, EFG 1998, 632.
[127] *Crezelius* in Festschrift für Karlheinz Boujong, S. 51; *Crezelius* in Schmidt/Uhlenbruck, S. 567.
[128] *Ebling* in Blümich, EStG, § 17 Rz. 74.
[129] Generell zur Sacheinlage: *Crezelius*, DB 1990, 2458 ff.
[130] *Lutter/Hommelhoff*, GmbH-Gesetz, § 56 Rz. 9 f.
[131] *Kühr* (Hrsg.), Handbuch des Steuerrechts, § 17 Anm. 3.

beteiligungsproportionale Darlehen gewährt werden oder wenn ein Einmann-Gesellschafter ein Darlehen gewährt. Meiner Ansicht nach kann diese Sichtweise nicht zutreffend sein, denn durch eine solche Maßnahme könnten sich zwar die Beteiligungsstrukturen verändern[132], dennoch würde keine Erhöhung des (Zufuhr zum) Nominalkapitals stattfinden. Auf die Beteiligung am Stamm- bzw. Nennkapital der Gesellschaft kommt es aber gerade im Rahmen des § 17 EStG entscheidend an. I.E. bleibt festzuhalten, dass egal in welcher Weise eigenkapitalersetzende Leistungen gewährt werden, eine Erhöhung des Nominalkapitals nicht erfolgt und somit auch keine ähnliche Beteiligung i.S.v. § 17 Abs. 1 S. 3 EStG begründet oder erhöht werden kann.

Zusammenfassend kann gesagt werden, dass eine „wesentliche Beteiligung" i.S.v. § 17 EStG trotz zusätzlicher schuldrechtlicher Leistungen i.E. nur dann vorliegen kann, wenn sie einen Anteil von mindestens 1% am Nominalkapital vermittelt. Die Rechtsprechung des BFH[133] klammert sich dabei an die zivilrechtliche Definition des Festkapitals. Auch im Urteil vom 10.12.1975[134] hatte der BFH entschieden, dass weder aus zivilrechtlichen noch aus schuldrechtlichen Erwägungen heraus, die Gesellschafterdarlehen an einer überschuldeten GmbH dem Stammkapital gleichgestellt werden können.

Selbst wenn eigenkapitalersetzende Leistungen nicht als ähnliche Beteiligung i.S.v. § 17 Abs. 1 S. 3 EStG einzustufen sind, so kann es, wie *Döllerer*[135] dargestellt hat, bei der folgenden Entscheidung des BFH[136] bleiben: der Verlust eines kapitalersetzenden Darlehens kann als nachträgliche Anschaffungskosten einer „wesentlichen Beteiligung" nach § 17 EStG Berücksichtigung finden.[137] Der Beschluss des großen Senats des BFH vom 26.10.1987[138] steht dem nicht entgegen. Auch die Finanzverwaltung[139] hält das Urteil des BFH vom 2.10.1984[140] für weiter anwendbar.[141]

---

[132] So das BFH-Urteil v. 19.5.1992, BFHE 168, 170.
[133] BFH-Urteil v. 19.5.1992, BStBl. II 1992, 902.
[134] BStBl. II 1976, 226.
[135] *Döllerer*, DStR 1989, 331, 336 f.
[136] BFH-Urteil v. 2.10.1984, BStBl. II 1985, 320.
[137] Ebenso: *Crezelius/Sarrazin u.a.*, Stbg 1998, 252, 259.
[138] BStBl. II 1988, 348.
[139] Verfügung der OFD Düsseldorf v. 1.2.1989, IDW-Fachnachrichten 1989, 133.
[140] BStBl. II 1985, 320.
[141] Ausführlich zu den einzelnen Folgen: *Ostermayer/Erhart*, DB 2003, 449, 450 ff.

Zivilrechtlich sind Anschaffungskosten gem. § 255 Abs. 1 HGB die Aufwendungen, die geleistet werden, um einen Gegenstand zu erwerben und ihn in einen betriebsbereiten Zustand zu versetzen.[142] Dazu zählen auch die nachträglichen Anschaffungskosten, soweit sie dem Vermögensgegenstand zuzuordnen sind. Von diesem Anschaffungskostenbegriff weicht der BFH[143] im Rahmen des § 17 EStG erheblich ab. Aufwendungen, die zur Werterhöhung der Anteile vorgenommen werden, stehen mit der eigentlichen Anschaffung nicht im Zusammenhang.[144] Es können nur solche Aufwendungen als nachträgliche Anschaffungskosten berücksichtigt werden, die gesellschaftsrechtlich veranlasst sind.[145, 146] Das Steuerrecht übernimmt für die Abgrenzung der gesellschaftsrechtlichen Veranlassung[147] die Definitionen des zivilrechtlichen Kapitalersatzrechts.[148] Dabei ist ein Darlehen durch das Gesellschaftsverhältnis u.a. dann veranlasst, wenn im Zeitpunkt seiner Gewährung die Gesellschaft bereits konkursreif war oder die finanzielle Situation sich so darstellte, dass ein ordentlicher Kaufmann dieses Risiko nicht mehr eingegangen wäre.[149]

Eine gesellschaftsrechtliche Veranlassung bezieht sich grundsätzlich auf eine bestimmte Verhaltensweise des Gesellschafters in Bezug auf seine Gesellschafterstellung.[150] Eine pauschale Abgrenzung dieses Tatbestandsmerkmals ist nicht möglich. Es kommt auf den spezifischen Zusammenhang an, den das Merkmal jeweils zu erfüllen hat.[151] Grundsätzlich ist ein Gesellschafterdarlehen gesellschaftsrechtlich veranlasst, wenn es kapitalersetzenden Charakter hat. Eine solche Abgrenzung ist durch einen Fremdvergleich mit der Krediterlangung zu marktüblichen Konditionen zu überprüfen.[152] Diese Beschränkung beruht auf der Gleichstellung von Anschaffungskosten und Einlagen im Rahmen des § 17 EStG[153], wobei sie weder der historischen Entwicklung, noch der gesetzlichen Systematik des § 17 EStG entspricht.[154] Zu den Anschaffungskosten der wesentlichen Beteiligung gehören u.a. die gesellschaftsrechtlichen Einlagen. Zu diesen Einlagen zählen die Pflichteinlagen sowie Zuzahlungen der Gesellschafter.[155]

---

142 Dazu auch: *Schmidt/Weber-Grellet*, EStG, § 17 Rz. 156 ff.

143 BFH-Urteil v. 10.11.1998, DB 1999, 778, 779.

144 *Döllerer*, FR 1992, 233, 234.

145 FG Düsseldorf v. 21.6.2000, DStRE 2000, 1070 f; BFH-Urteil v. 31.10.2000, DStRE 2001, 859, 861.

146 *Apitz*, FR 1992, 124, 127; *Döllerer*, FR 1992, 233, 235; *Schmidt L.*, DStR 1996, 300, 301.

147 *Schneider* in Kirchhof/Söhn, EStG, § 17 Rdnr. A338 ff.

148 Dazu: *Gschwendtner*, DStR 1999, Beihefter zu Heft 32/1999, S. 4 ff.

149 BFH-Urteil v. 10.11.1998, DB 1999, 778, 779.

150 *Widmann*, StbJb 1993/94, 303, 306, der auf die Ursache in der Beteiligung abstellt.

151 *Weber-Grellet*, DStR 1998, 1617, 1620.

152 *Mathiak*, StuW 1985, 273, 274; *Apitz*, FR 1992, 124, 128; *Eilers/Wienands*, GmbHR 1998, 618, 620; *Gschwendtner*, DStR 1999, Beihefter zu Heft 32/1999, S. 6 f.

153 *Döllerer*, FR 1992, 233, 234, mit Hinweis auf die differenzierte Betrachtung des BFH.

154 *Weber-Grellet*, DStR 1998, 1617, 1621.

155 *Döllerer*, StbJb 1981/82, 195, 200.

Nachträgliche Anschaffungskosten kommen aber auch nur dann in Betracht, soweit die Voraussetzungen für den Werbungskostenabzug nicht vorlagen. Dies ist insbesondere regelmäßig bei Anschaffungs- und Veräußerungskosten der Fall.[156] I.E. können kapitalersetzende Darlehen nachträgliche Anschaffungskosten auf die Beteiligung darstellen[157], wenn der Gesellschafter „wesentlich" i.S.v. § 17 EStG an der Kapitalgesellschaft beteiligt ist.[158] Dies hat der BFH[159] in seiner aktuellen Rechtsprechung bestätigt. Nach dem weiterführenden BFH-Urteil vom 24.4.1997[160] sind sowohl Darlehen als auch Bürgschaften durch das Gesellschaftsverhältnis veranlasst, wenn sie eigenkapitalersetzend sind. Ist dem nicht so, so liegt ein in der Privatvermögenssphäre eingetretener steuerirrelevanter Verlust vor.[161]

Für die Höhe[162] der nachträglichen Anschaffungskosten ist zwischen einem werthaltigen und einem nicht mehr werthaltigen Darlehen zu unterscheiden[163], wobei es auf den Zeitpunkt ankommt, in dem das Darlehen eigenkapitalersetzend wird.[164] Beim werthaltigen Darlehen kann der volle Nennbetrag[165] des Darlehen als nachträgliche Anschaffungskosten auf die Beteiligung geltend gemacht werden.[166] Dies kommt allerdings nur in Betracht, wenn die Wertminderung erst nach Begründung der „wesentlichen Beteiligung" erfolgt ist.[167] Im Gegensatz dazu können bei einem nicht mehr werthaltigen Darlehen nachträgliche Anschaffungskosten nur in Höhe des Teilwerts[168] bzw. gemeinen Werts[169] angesetzt werden[170], der im Einzelfall auch Euro 0 betragen kann.[171]

---

[156] BFH-Urteil v. 2.5.2001, HFR 2001, 851, 852.

[157] *Boochs* in Dankmeyer/Giloy, EStG, § 17 Rz. 94; offen bei: *Crezelius u.a.*, Stbg 1998, 252, 258.

[158] *Schmidt/Weber-Grellet*, EStG, § 17 Rz. 170 ff.; *Ebling* in Blümich, § 17 EStG, Rz. 212 ff.; *Widmann*, StbJb 1993/94, 303, 305; *Jülicher*, DStR 1994, 305; *Hock*, Gesellschafter-Fremdfinanzierung der GmbH, S. 207; *Weber-Grellet*, DStR 1998, 1617, 1618.

[159] BFH-Urteil v. 16.4.1991, BStBl. II 1992, 234; BFH-Urteil v. 7.7.1992, BStBl. II 1993, 333.

[160] DStR 1997, 1807.

[161] *Streck*, KStG, ABC, „Steuergünstige Gestaltungen"; *Crezelius/Runge u.a.*, Stbg 1998, 252, 260; *Gail/Düll/Fuhrmann/Grupp*, DB 1999, Beilage 14/99, S. 7; *Gschwendtner*, DStR 1999, Beihefter zu Heft 32/1999, S. 6.

[162] Zu weiteren Bewertungsproblemen bei unterschiedlicher Fallkonstellation siehe: *Widmann*, StbJb 1993/94, 303, 309 ff.

[163] Grundsätzlich zu Bewertungsfragen siehe: *Gschwendtner*, DStR 1999, Beihefter zu Heft 32/1999, S. 17 ff.; *Wacker*, NWB, Fach 3, 11251, 11256.

[164] *Widmann*, StbJb 1993/94, 303, 305; *Eilers/Wienands*, GmbHR 1998, 618, 625; *Crezelius* in Schmidt/Uhlenbruck, S. 268; zuletzt: *Dörner*, INF 2001, 494, 495 ff. mit einer Übersicht; *Vogt*, DStR 2001, 1881, 1882 m.w.N.

[165] BFH-Urteil v. 24.4.1997, BFH/NV 1998, 102.

[166] *Bullinger*, DStR 1993, 225, 229; kritisch: *Widmann*, StbJb 1993/94, 303, 308 ff.; *Schmidt/Hageböke*, DStR 2002, 1202, 1204.

[167] BFH-Urteil v. 20.4.2004, NWB Fach 1 2002, 180.

[168] Beschluss des GrS v. 9.6.1997, BStBl. II 1998, 307.

[169] *Brinkmeier*, GmbH-StB 2002, 274.

[170] *Heidemann*, INF 1998, 746, 748 m.w.N.; *Schlagheck*, GmbHR 2000, 363, 371; *Kurth/Delhaes*, DB 2000, 2577, 2583.

[171] Nicht Anwendungserlass des BdF v. 14.4.1994, BB 1994, 844; ebenso: *Hartmann*, DStZ 1998, 270, 272; *Wacker*, NWB, Fach 3, 11251, 11258; *Kurth/Delhaes*, DB 2000, 2577, 2584.

Handelt es sich um ein **Darlehen mit Rangrücktritt**[172], dann dient dieses Rechtsinstitut in erster Linie dazu, eine Passivierung der entsprechenden Verbindlichkeit im Überschuldungsstatus der Kapitalgesellschaft zu vermeiden.[173] Dadurch soll eine drohende Überschuldung verhindert oder beseitigt werden.[174] Früher wurde in der Abrede der Darlehensforderung des Gesellschafters keine Rangrücktrittsvereinbarung, sondern ein Forderungsverzicht mit Besserungsklausel gesehen. *Eppler*[175] geht hingegen davon aus, dass ein Forderungsverzicht mit Besserungsklausel nur eine besondere Form des Rangrücktritts darstellt.[176]

Nach Ansicht des BFH[177] ist es für die Qualifikation als nachträgliche Anschaffungskosten notwendig, dass sich der Gesellschafter dahingehend gegenüber der Gesellschaft rechtlich bindet, dass er auf sein ordentliches und außerordentliches Kündigungsrecht im Zeitpunkt der Krise verzichtet. Zweifellos nicht ausreichend ist ein Verzicht für den Fall der Konkursreife. Es ist also darauf zu achten, dass entsprechende Rangrücktrittsvereinbarungen[178] diesen Anforderungen entsprechen. Andernfalls fällt das Darlehen in die steuerlich ungünstigere Gruppe stehengelassener Darlehen, was bedeutet, dass nachträgliche Anschaffungskosten nur in Höhe des gemeinen Werts im Zeitpunkt des Kriseneintritts geltend gemacht werden können. Alternativ kann auch ein unbedingter Darlehensverzicht erfolgen[179], wobei ein Besserungsschein ausgegeben werden kann, damit der Gesellschafter sein Darlehen nicht komplett an die Gesellschaft verliert.[180]

Auf der Ebene des Gesellschafters stellt das eigenkapitalersetzende Darlehen, auch wenn es mit einem Rangrücktritt versehen ist, keine ähnliche Beteiligung i.S.d. § 17 Abs. 1 S. 3 EStG dar.[181] Hierunter sind eben nur solche Rechtsverhältnisse zu verstehen, die, wie Anteile an Kapitalgesellschaften, auch eine Beteiligung an den Gesellschaftsrechten zum Inhalt haben.[182] Auch das Darlehen mit Rangrücktrittsvereinbarung kann im Falle einer Krise der Gesellschaft zu nachträglichen Anschaffungskosten auf die Beteiligung führen, wenn der Gesellschafter ohnehin wesentlich nach § 17 EStG beteiligt war.[183]

---

172 Dazu ausführlich: *Dörner*, INF 2001, 494, 496 f.
173 *Crezelius u.a.*, Stbg 1998, 252, 258; ebenso: *Fleck* in Festschrift für Georg Döllerer, S. 109, 125; *Crezelius* in Schmidt/Uhlenbruck, S. 264.
174 *Bullinger*, DStR 1993, 225, 229.
175 *Eppler*, DB 1991, 195.
176 Ähnlich: *Crezelius* in Schmidt/Uhlenbruck, S. 270 m.w.N.
177 BFH-Urteil v. 17.3.1999, DStRE 1999, 779.
178 Dazu: *Dörner*, INF 2001, 494, 496.
179 *Dörner*, INF 2001, 494, 497.
180 *Dörner*, INF 2001, 523 ff.
181 *Boochs* in Dankmeyer/Giloy, EStG, § 17 Rz. 55.
182 *Wassermeyer* in *Crezelius*, Die GmbH und ihre Gesellschafter, S. 76.
183 *Strahl*, KÖSDI 2000, 12260, 12267.

3. Ausfall eines Finanzplandarlehens

Bei Finanzplankrediten[184] handelt es sich um Mittel, die durch die Gesellschafter der Gesellschaft zusätzlich zu ihrer Einlage zur Verfügung gestellt werden, weil die Gesellschaft für die Erreichung ihres Unternehmenszwecks auf diese Kredite nach ihrer finanziellen Planung dringend angewiesen ist.[185] Die Finanzplankredite unterscheiden sich von den „krisenbestimmten" Darlehen darin, dass die Finanzplankredite von vornherein in die Finanzplanung des Unternehmens mit einbezogen werden.[186] Die Gewährung von Finanzplankrediten kommt sowohl in der Startphase der Gesellschaft als auch bei angestrebten Investitionen für Erweiterungen oder Innovationen, d.h. in allen Stadien der Entwicklung der Gesellschaft[187], in Betracht.[188] Finanzplankredite sind qualifiziert gebunden und können solange nicht zurückgefordert werden, bis alle anderen vorrangigen Gesellschaftsgläubiger befriedigt sind. Des weiteren kann die fest zugesagte aber noch nicht ausgezahlte Valuta im Konkursfall eingefordert werden, soweit sie zur Befriedigung von Gläubigern notwendig ist.[189]

Obwohl das GmbHG eine Anerkennung nur in Krisensituationen zulässt und sich das Zivilrecht in dieser Sache lediglich als „Notrecht" versteht, geht das Steuerrecht auch im Rahmen der Finanzplankredite seinen eigenen Weg. Im Rahmen der wirtschaftlichen Betrachtungsweise auf der Grundlage des Einlagetatbestandes[190] kommt es im Steuerrecht gerade auf deren wirtschaftliche Funktion als Eigenkapitalersatz an.[191]

Die planmäßige Gesellschafterfinanzierung muss sich aus der Gesamtwürdigung von Gesellschaftsvertrag und/oder Darlehensvertrag ergeben. Zudem müssen zum Zeitpunkt des Vertragsabschlusses die vorhandenen Indizien überprüft werden. Als Indizien[192] kommen die Unentbehrlichkeit des Darlehens für die Erreichung des Gesellschaftsziels sowie der Mangel an externen Kreditgebern in Frage. Weitere Anhaltspunkte können die marktunüblichen Konditionen[193], spätere Rangrücktrittsvereinbarungen oder der nicht nur vorübergehende Geldbedarf sein.[194] Dagegen

---

[184] Zur Abgrenzung: FG Rheinland-Pfalz v. 24.11.2003, Haufe-Index 1118388.
[185] *Bordt* in Wysocki/Schulze-Osterloh, Handbuch des Jahresabschlusses in Einzeldarstellungen, Band 2,
Abt. III, Rz. 299 ff.
[186] OFD Kiel v. 14.12.1999, FR 2000, 161, 165; ebenso: *Gschwendtner*, DStR 1999, Beihefter zu Heft 32/1999, S. 14.
[187] OFD Kiel v. 14.12.1999, FR 2000, 161, 165.
[188] *Hommelhoff/Kleindiek* in Festschrift 100 Jahre GmbH-Gesetz, S. 421, 439.
[189] BGH-Urteil v. 21.3.1988, BGHZ 104, 33 ff.
[190] *Hommelhoff/Kleindiek* in Festschrift 100 Jahre GmbH-Gesetz, S. 421, 439 m.w.N.
[191] BFH-Urteil v. 4.11.1997, INF 1998, 88, 89; ebenso: *Wolter*, Gesellschafterfremdfinanzierung, S. 162.
[192] BFH-Urteil v. 4.11.1997, INF 1998, 88, 89; OFD Kiel v. 14.12.1999, FR 2000, 161, 167.
[193] *Westermann* in Festschrift für *Walter* Oppenhoff, S. 539.
[194] *Heidemann*, INF1998, 716, 719 f.

spricht z.B., wenn eine gleichförmige, ratenweise Tilgung vereinbart wurde.[195] Finanzplankredite, die von vornherein Eigenkapital der Gesellschaft darstellen, sind durch das Gesellschaftsverhältnis veranlasst. Dadurch kann ein „wesentlich Beteiligter" im Falle eines Konkurses den Nennwert der Darlehen als nachträgliche Anschaffungskosten auf die Beteiligung geltend machen.[196]

Der VIII Senat des BFH[197] hat entschieden, dass der Ausfall eines Finanzplankredits in Höhe des Nennwerts zu nachträglichen Anschaffungskosten auf eine „wesentliche Beteiligung" führt. Dabei war entscheidend, dass der Kredit von vornherein in die Finanzplanung der Gesellschaft mit einbezogen war.[198] Eine ähnliche Beteiligung i.S.d. § 17 Abs. 1 S. 3 EStG wird allerdings wiederum weder begründet noch erhöht.

Zu beachten ist, dass durch das Urteil des BGH vom 28.6.1999[199] Finanzplandarlehen zivilrechtlich nicht mehr anerkannt werden. Dadurch kann es in Zukunft auch im Bereich des Steuerrechts zu Problemen mit der Anerkennung als nachträgliche Anschaffungskosten kommen.[200]

4. Inanspruchnahme aus Bürgschaften

Bürgschaften eines Gesellschafters werden insbesondere dann eingeräumt, wenn der Gesellschafter nicht über die Mittel verfügt, ein Darlehen zu gewähren.[201] In der Literatur[202] wird – ähnlich den Darlehen – eine Unterscheidung in Bürgschaften im Rahmen eines Finanzplans, Bürgschaftsübernahmen während einer Krise sowie Bürgschaften für den Fall der Verschlechterung getroffen. Aufgrund der Ähnlichkeit von Darlehen und Bürgschaften sollten sie auch gleich behandelt werden.[203] Die Kapitalersatzregeln, die für das Gesellschafterdarlehen als gültig anerkannt werden, sind demnach auch auf die Gesellschafter-Bürgschaften anzuwenden.[204] Bürgschaftsaufwendungen sind dabei, als nachträgliche Anschaffungskosten den Anteilen zuzuordnen, die der Steuerpflichtige in dem Zeitpunkt innehielt, in dem die Bürgschaft eigenkapitalersetzend geworden ist.[205]

---

[195] FG Rheinland-Pfalz v. 24.11.2003, Haufe-Index 1118388.
[196] BFH-Urteil v. 4.11.1997, DStR 1998, 73; BFH-Urteil v. 26.1.1999, BFH/NV 1999, 1269.
[197] BFH-Urteil v. 4.11.1997, DStR 1998, 73; zuletzt: BFH-Urteil v. 26.1.1999, BFH/NV 1999, 1269 = GmbHR 1999, 730.
[198] *Gschwendtner*, DStR 1999, Beihefter zu Heft 32/1999, S. 19 f.
[199] DB 1999, 1647 ff.
[200] *Kurth/Delhaes*, DB 2000, 2577, 2585.
[201] *Bilsdorfer*, NWB, Fach 3, 10859.
[202] Für einige: *Gail/Düll/Fuhrmann/Grupp*, DB 1999, Beilage 14/99, S. 7.
[203] BFH-Urteil v. 26.1.1999, BFH/NV 1999, 1269, 1270; ebenso: *Bilsdorfer/Engel*, INF 1994, 321, 325; *Siewert*, DB 1999, 2231, 2235.
[204] *Hoffmann*, GmbHR 1997, 1140.
[205] FG Schleswig-Holstein v. 16.4.2003, DStRE 2004, 558.

Übernimmt ein Gesellschafter eine Bürgschaft, so bewirkt allein die Übernahme steuerlich noch nichts.[206] Auch die Unentgeltlichkeit der Bürgschaftsübernahme ist noch nicht ausreichend, um zu nachträglichen Anschaffungskosten zu gelangen.[207] Von steuerlicher Bedeutung ist erst die Inanspruchnahme, d.h. die Realisierung des Bürgschaftsrisikos.[208] Nach ständiger Rechtsprechung des BFH[209] dürfen Gesellschafter, die eine Bürgschaft aufgrund ihrer gesellschaftsrechtlichen Stellung übernommen haben, die Inanspruchnahme aus dieser Bürgschaft als nachträgliche Anschaffungskosten auf ihre Beteiligung geltend machen.[210] Dabei wird der Rückgriff auf das Zivilrecht vollzogen.[211] Auch die Finanzverwaltung[212] ist dieser Auffassung. Wenn ein Nichtgesellschafter unter der Beachtung des ordentlichen Kaufmannes eine Bürgschaft nicht eingeräumt hätte, so liegt zwischen Gesellschafter und Gesellschaft keine schuldrechtliche, sondern eine gesellschaftsrechtliche Beziehung vor.[213]

Die Inanspruchnahme aus Bürgschaften kann bei einem „wesentlich" beteiligten Gesellschafter i.S.d. § 17 EStG nur dann zu nachträglichen Anschaffungskosten führen, wenn die Ursache für die Bürgschaft im Gesellschaftsverhältnis begründet ist.[214] Die OFD München[215] hat die Rechtsprechung dahingehend präzisiert, dass die Ursache immer dann im Gesellschaftsverhältnis liegt, wenn ein Gesellschafter unentgeltlich ohne Sicherheitsleistung und ohne gesicherte Rückgriffsmöglichkeit[216] eine zeitlich und in der Höhe (bezogen auf die Kreditlinie) unbegrenzte Bürgschaft in einem Zeitpunkt übernimmt, in dem die Gesellschaft „gesund" ist[217] bzw. ein fremder Dritter bereit gewesen wäre, zu den selben Bedingungen die Bürgschaft zu übernehmen.[218]

Nachträgliche Anschaffungskosten kommen allerdings – nach Auffassung von Literatur[219] und Finanzverwaltung[220] – dann nicht in Frage, wenn feststeht, dass der Gesellschafter seine Bürgschaftsverpflichtung aufgrund von Zahlungsunfähigkeit nicht erfüllen kann.[221]

---

[206] *Bilsdorfer*, NWB, Fach 3, 10859, 10861.
[207] BFH-Urteil v. 6.7.1999, DStR 1999, 1897, 1898; a.A.: FG Köln v. 9.10.1997, EFG 1998, 738; FG Münster v. 21.1.1998, EFG 1998, 285.
[208] *Bilsdorfer/Engel*, INF 1994, 321, 324.
[209] BFH-Urteil v. 6.7.1999, DStR 1999, 1897, 1898; BFH-Urteil v. 12.12.2000, DB 2001, 680, 682.
[210] *Mathiak*, StuW 1985, 273; siehe auch: *Wassermeyer* in *Crezelius*, Die GmbH und ihre Gesellschafter, S. 81.
[211] *Reis*, INF 2001, 390, 391.
[212] OFD Cottbus v. 26.3.1999, FR 1999, 478.
[213] *Klauser*, BB 1980, 1574, 1575; ebenso: *Heidemann*, INF 1998, 716, 720.
[214] *Bilsdorfer*, NWB, Fach 3, 10859, 10861; *Ott*, StuB 2000, 277.
[215] OFD München v. 30.4.1996, FR 1996, 431.
[216] *Boochs* in Dankmeyer/Giloy, EStG, § 17 Rz. 96.
[217] FG Münster v. 21.1.1998, EFG 1998, 285; so auch: *Heidemann*, INF1998, 716, 720.
[218] FG Köln v. 9.10.1997, EFG 1998, 738, 739.
[219] Für viele: *Heidemann*, INF 1998, 716, 720.
[220] OFD Cottbus v. 26.3.1999, GmbHR 1999, 502.
[221] *Braun*, GmbHR 1995, 211, 215.

Nach Auffassung des FG Köln[222] kommen nachträgliche Anschaffungskosten auch bei einer wertlosen Rückgriffsforderung (§ 774 BGB)[223] gegen die Gesellschaft in Betracht.[224] Tilgt der Gesellschafter eine Bürgschaftsschuld, die er für die Kapitalgesellschaft in der Krise oder für den Fall einer Krise übernommen hat, durch Ratenzahlungen, so sind die nachträglichen Anschaffungskosten auf die Beteiligung durch Abzinsung der Bürgschaftsschuld zu ermitteln.[225]

I.E. können Zahlungen aus Bürgschaften nur im Rahmen nachträglicher Anschaffungskosten in den Geltungsbereich des § 17 EStG gelangen[226], wobei für die Höhe der nachträglichen Anschaffungskosten die gleichen Grundsätze wie für die Darlehen gelten.[227] „Offen ist derzeit lediglich noch die Behandlung von sog. stehengelassenen Bürgschaften.[228] Hierzu hat sich die Finanzverwaltung[229] bereits in der Vergangenheit dahingehend geäußert, dass die Übernahme einer Bürgschaft vor Eintritt der Krise zumindest dann gesellschaftsrechtlich veranlasst ist, wenn sie der Gesellschafter unentgeltlich, ohne Sicherheitsleistung und ohne gesicherte Rückgriffsmöglichkeit, zeitlich unbeschränkt und der Höhe nach unbegrenzt übernimmt."[230] *Reis*[231] spricht sich im Fall der Fälle für nachträgliche Anschaffungskosten in Höhe des gemeinen Wertes aus.

Für die Geltendmachung von nachträglichen Anschaffungskosten ist entscheidend, ob der Gesellschafter bereits vorher eine „wesentliche Beteiligung" i.S.d. § 17 EStG innehatte.[232] Eine solche „wesentliche Beteiligung" wird durch die Inanspruchnahme aus der Bürgschaft allerdings weder begründet noch erhöht.[233] Letztendlich ist es gleich, ob es sich bei Bürgschaften und Darlehen um Einlagen oder wenigstens um kapitalersetzende Maßnahmen handelt. Selbst wenn die eine oder andere Alternative zutreffen würde, ändert sich damit die Höhe der Beteiligung im Sinne des § 17 Abs. 1 EStG nicht. Wie bereits geklärt, kann eine „wesentliche Beteiligung" nach § 17 Abs. 1 S. 1 EStG nur vorliegen, falls es sich um Anteile, eine ähnliche Beteiligung

---

[222] FG Köln v. 23.11.1993, GmbHR 1994, 640.
[223] *Apitz*, FR 1992, 124, 128; *Bilsdorfer*, NWB, Fach 3, 10859, 10861; OFD Kiel v. 14.12.1999, FR 2000, 161, 167.
[224] *Steemann*, DStR 1984, 507, 509; *Gail/Düll/Fuhrmann/Grupp*, DB 1999, Beilage 14/99, S. 7; *Dörner*, INF 1999, 612, 613; kritisch: *Braun*, GmbHR 1995, 211, 214 f.
[225] BFH-Urteil v. 26.1.1999, GmbHR 1999, 728.
[226] *Gram/Federmann*, Handbuch der Bilanzierung, Kapitel 59, Rz. 57.
[227] *Brinkmeier*, GmbH-StB 2002, 274.
[228] *Meermann*, StBp 1988, 110, 112; *Bilsdorfer*, NWB, Fach 3, 10859, 10861; bereits bejahend: *Klauser*, BB 1980, 1574, 1576.
[229] OFD München v. 30.4.1996, FR 1996, 431.
[230] *Gail/Düll/Fuhrmann/Grupp*, DB 1999, Beilage 14/99, S. 8; ebenso: *Schmidt/Weber-Grellet*, EStG, § 17 Rz. 175; aktueller Stand: *Gail/Düll/Fuhrmann/Grupp/ Eberhard*, DB 2000 Beilage 15/2000, S. 6.
[231] *Reis*, INF 2001, 390, 391.
[232] *Heidemann*, INF 1998, 746, 748.
[233] *Ebling* in Blümich, EStG, § 17 Rz. 75.

an einer Kapitalgesellschaft oder um Anwartschaften auf solche Beteiligungen handelt.[234] Dies muss in beiden Fällen verneint werden.[235]

5. Darlehen oder Bürgschaften von nahen Angehörigen

In der Praxis finden sich häufig Fälle, in denen nahe Angehörige von Gesellschaftern Darlehen oder Bürgschaftsversprechen geben.[236] Grundsätzlich können Vermögensverluste im Privatvermögen steuerlich keine Berücksichtigung finden. Dies gilt grundsätzlich auch für erlittene Darlehens- oder Bürgschaftsverluste von nahen Angehörigen der Gesellschafter.[237] Insbesondere muss dies allerdings für Darlehens- oder Bürgschaftsverluste naher Angehöriger von Nichtgesellschaftern gelten, da hier ein Bezug zu steuerrelevanten Einkünften fehlt.[238]

Bei Darlehen oder Bürgschaften von nahen Angehörigen wird häufig verallgemeinernd von mittelbaren Leistungen gesprochen[239], da der Gesellschafter aufgrund des Leistungsfähigkeitsprinzips nur solche Leistungen und Aufwendungen zu versteuern hat, für die er auch verantwortlich ist.[240] § 17 Abs. 1 S. 4 EStG stellt die mittelbare Beteiligung an einer Kapitalgesellschaft einer unmittelbaren Beteiligung gleich.[241] Dadurch wäre es denkbar, dass einem Gesellschafter durch kapitalersetzende Leistungen seiner nahen Angehörigen eine ähnliche Beteiligung gem. § 17 Abs. 1 S. 3 EStG zuzurechnen wäre.

Wie bereits geklärt, führen eigenkapitalersetzende Maßnahmen allerdings nicht zu einer ähnlichen Beteiligung. Sie erhöhen eine solche auch nicht. Auch wären ein Darlehen oder eine Bürgschaft eines nahen Angehörigen nicht als mittelbar i.S.v. § 17 Abs. 1 S. 4 EStG zu qualifizieren, da eine mittelbare Beteiligung nur über die Zwischenschaltung einer weiteren Gesellschaft, an der der Gesellschafter wiederum direkt beteiligt ist, entstehen kann. Dies ist allerdings nicht der Fall, wenn ein Angehöriger des Gesellschafters für die gleiche Gesellschaft eine Leistung erbringt.

Verzichtet ein Angehöriger aus persönlichen Gründen zum Gesellschafter auf die Forderung, so treten die gleichen Rechtsfolgen ein, als hätte der Gesellschafter auf eine eigene Forderung gegenüber seiner Kapitalgesellschaft verzichtet.[242] Der BFH[243] bzw. das FG Münster[244] sprechen auch von der „Abkürzung des

[234] NJW 1993, Heft 6, 415.
[235] So bereits: FG München v. 18.5.1990, EFG 1990, 632.
[236] Dazu: *Reis*, INF 2001, 390, 391; zur zivilrechtlichen Beurteilung: *Haack*, NWB, Fach 18, 3837, 3846 ff.
[237] *Heidemann*, INF 1998, 716, 720.
[238] OFD Erfurt v. 30.7.2001, GmbH-Steuerpraxis 2002, 19, 20.
[239] *Dörner*, INF 1999, 612.
[240] *Scholl*, NWB, Heft 16/2001, Blickpunkt Steuern 4/2001, S. 2
[241] Für viele: *Döllerer*, StbJb 1981/82, 195, 197; *Schulte*, DB 2000, 1043, 1045.
[242] BGH-Urteil v. 26.6.2000, DStR 2000, 1524.
[243] BFH-Urteil v. 12.12.2000, DB 2001, 680, 682 f.
[244] FG Münster v. 11.9.2003, EFG 2004, 262.

Zahlungsweges".[245] Des weiteren kommt ein „verkürzter Vertragsweg" und die mittelbar verdeckte Einlage"[246] als unschädlich in Betracht.[247] Nachträgliche Anschaffungskosten kommen allerdings auch bei einer gesamtschuldnerischen Haftung für ein Darlehen in Frage.[248] I.E. können Darlehensverluste oder Aufwendungen aus der Inanspruchnahme von Bürgschaften als Aufwendungen Dritter „nur" zu nachträglichen Anschaffungskosten des Gesellschafters führen.[249, 250] Es handelt sich hierbei um eine mittelbare verdeckte Einlage[251], die zu nachträglichen Anschaffungskosten führen kann, da aufgrund des Nettoprinzips der Begriff der nachträglichen Anschaffungskosten weit auszulegen ist.[252]

Dem Gesellschafter entstehen nach der hier vertretenen Auffassung allerdings nur dann nachträgliche Anschaffungskosten auf seine Beteiligung, wenn der Vorgang als mittelbare verdeckte Einlage von Geldmitteln gesehen wird.[253] Andernfalls sind die Bürgschaftszahlungen als Drittaufwand steuerlich nicht verwertbar[254], denn dann wurde die persönliche Leistungsfähigkeit des Gesellschafters nicht gemindert.[255]

Diese Sichtweise vertritt auch das FG Düsseldorf[256], welches Drittaufwendungen als nachträgliche Anschaffungskosten auf die Beteiligung ablehnt.[257, 258] I.E. muss der Steuerpflichtige also selbst in seiner finanziellen Leistungsfähigkeit getroffen und die Leistung durch das Gesellschaftsverhältnis begründet sein, damit nachträgliche Anschaffungskosten in Betracht kommen.[259]

Wie bei einer unmittelbaren Bürgschaft, so erhöht auch eine mittelbare Bürgschaftsverpflichtung als solche die Anschaffungskosten noch nicht. Erst bei Wertlosigkeit des Ersatzanspruchs gegen die Kapitalgesellschaft führt die

---

[245] *Strahl* in Korn/Carlé/Stahl/Strahl, EStG, § 17 Rz. 94; *Scholl*, NWB, Heft 16/2001, Blickpunkt Steuern 4/2001, S. 3.

[246] Dazu ausführlich: OFD Erfurt v. 30.7.2001, GmbH-Steuerpraxis 2002, 19, 21.

[247] OFD Erfurt v. 30.7.2001, GmbH-Steuerpraxis 2002, 19, 20; OFD Düsseldorf v. 17.12.2001, GmbH-StB 2002, 41 mit anschaulicher Übersicht.

[248] OFD Erfurt v. 30.7.2001, GmbH-Steuerpraxis 2002, 19, 20.

[249] FG München v. 26.4.1994, EFG 1994, 967; ebenso: *Döllerer*, StbJb 1981/82, 195, 206; kritisch: *Hartmann*, DStZ 1998, 270, 272.

[250] Zuletzt verneinend: BFH-Urteil v. 12.12.2000, BB 2001, 506 ff.

[251] FG München v. 26.4.1994, EFG 1994, 967; zuletzt: BFH-Urteil v. 12.12.2000, DStR 2001, 430 und BFH-Urteil v. 12.12.2000, DB 2001, 680, 684 f.

[252] BFH-Urteil v. 12.12.2000, DStR 2001, 430; ebenso in der Literatur: *Apitz*, FR 1992, 124, 126; *Dörner*, INF 1999, 612, 615 f.; *Scholl*, NWB, Heft 16/2001, Blickpunkt Steuern 4/2001, S. 2.

[253] *Schmidt/Weber-Grellet*, EStG, § 17 Rz. 177; *Reis*, INF 2001, 390, 392 f.

[254] *Dörner*, INF 1999, 646, 648 f. mit Beispielen und BFH-Urteilen; ebenso: *Küffner/Haberstock*, DStR 2000, 1672 ff.

[255] OFD Düsseldorf v. 17.12.2001, GmbH-StB 2002, 41.

[256] FG Düsseldorf v. 14.5.1993, DATEV LEXInform Dok. 108144 (nicht rechtskräftig).

[257] So auch zuletzt: BFH-Urteil v. 12.12.2000, DB 2001, 680 ff.

[258] Zustimmend: *Scholl*, NWB, Heft 16/2001, Blickpunkt Steuern 4/2001, S. 1 ff.

[259] *Kohlhaas*, GmbHR 2001, 556 ff. mit Verweis auf die aktuelle BFH-Rechtsprechung.

Inanspruchnahme aus einer Bürgschaft zu nachträglichen Anschaffungskosten.[260] M.E. muss der Ansatz von nachträglichen Anschaffungskosten konsequenterweise zugelassen werden, da ein ähnlicher Sachverhalt[261] zugrunde liegt, wie, wenn der Gesellschafter selbst eine eigenkapitalersetzende Leistung erbracht hätte. Gem. § 15 AO sind ihm die Leistungen seiner Angehörigen zuzurechnen. Eine ähnliche Beteiligung i.S.d. § 17 Abs. 1 S. 3 EStG wird auch hier wiederum nicht begründet oder erhöht.

B. Eigene Sichtweise

Durch den Vergleich der Rechtsinstitute des Zivil- und Steuerrechts hat sich gezeigt, dass die Voraussetzungen für die Annahme eigenkapitalersetzender Leistungen in den Fällen der Krisenfinanzierung übereinstimmen. Dabei ist bei beiden Rechtsmaterien der tatsächliche wirtschaftliche Tatbestand zugrunde zu legen. I.E. kommt es bei der steuerrechtlichen Beurteilung allein auf die Übertragbarkeit der zivilrechtlichen Voraussetzungen der eigenkapitalersetzenden Gesellschafterleistungen an. Als entscheidendes Kriterium hat sich die gesellschaftsrechtliche Veranlassung herausgebildet.[262] Eine gesellschaftsrechtliche Veranlassung sollte meiner Meinung nach grundsätzlich gegeben sein, da ein Gesellschafter eigenkapitalersetzende Leistungen wohl nur einräumen wird, wenn er dadurch seine Beteiligung an der Kapitalgesellschaft erhalten kann. Auch würde ein fremder Dritter, der nicht an der Gesellschaft beteiligt ist, im Normalfall eine Leistung nicht unter diesen besonderen Konditionen gewähren. Insoweit kann der Rechtsprechung und Literatur mit ihrer Sichtweise Recht gegeben werden.

Im Rahmen eigenkapitalersetzender Leistungen könnte eine wesentliche bzw. ähnliche Beteiligung i.S.v. § 17 Abs. 1 S. 3 EStG nur vorliegen, wenn durch Darlehen, Bürgschaften oder Ähnliches ein Gesellschaftsverhältnis begründet wird und es somit zu einer Beteiligung kommen würde. Eine mögliche weitreichende Einflussnahme auf die Geschäftspolitik oder eine Verlustteilhabe aufgrund der eigenkapitalersetzenden Leistung sind nicht entscheidend für eine „wesentliche Beteiligung" i.S.v. § 17 EStG. Es kommt allein auf die Beteiligung am Nominalkapital der Gesellschaft an.

Zwar kann es sich bei eigenkapitalersetzenden Leistungen im Einzelfall durchaus um Eigenkapital der Gesellschaft handeln, doch ist bei einer wesentlichen Beteiligung im Rahmen des § 17 EStG nicht auf das Eigenkapital, sondern nur auf das in der Satzung fest geschriebene Nominalkapital abzustellen. Eine Zuordnung von kapitalersetzenden Darlehen zum Nennkapital ist demnach nicht möglich. Legt man das m.E. entscheidende Kriterium der Beteiligung am Nominalkapital zugrunde, so ist der aktuellen BFH-Rechtsprechung zuzustimmen, dass eigenkapitalersetzende

260 *Dörner*, INF 1999, 612, 617.
261 Zur Abgrenzung siehe: *Schlagheck*, GmbHR 2000, 363, 367.
262 Zuletzt: FG Düsseldorf v. 21.6.2000, DStRE 2000, 1070 f.

Leistungen, gleich welcher Art, eine „wesentliche Beteiligung" i.S.v. § 17 EStG weder begründen noch erhöhen können.

Sie stellen auch keine ähnliche Beteiligung i.S.d. § 17 Abs. 1 S. 3 EStG dar, weil eigenkapitalersetzende Leistungen nicht dem Stamm- oder Grundkapital zugerechnet werden können. Eigenkapitalersetzende Leistungen stehen mit der Beteiligung nur indirekt in einem Zusammenhang. Dieser reicht jedoch für die Begründung einer ähnlichen Beteiligung i.S.v. § 17 Abs. 1 S. 3 EStG nicht aus. Eine ähnliche Beteiligung muss vergleichbare Vermögens- und Mitverwaltungsrechte wie eine Aktie oder ein GmbH-Anteil gewähren. Eigenkapitalersetzende Leistungen bleiben hingegen grundsätzlich Fremdkapital und beinhalten auch keine weitergehenden Rechte an der Kapitalgesellschaft. Normalerweise wird lediglich eine Verzinsung des eingesetzten Vermögens eingeräumt. Insoweit ist es nicht möglich, eigenkapitalersetzende Leistungen in die Nähe von Anteilen an Kapitalgesellschaften zu rücken.

Nicht zu folgen ist m.E. der Auffassung von *Crezelius*[263], der die eigenkapitalersetzenden Leistungen allein aus dem Grund nicht unter den Bereich der ähnlichen Beteiligungen i.S.v. § 17 Abs. S. 3 EStG erfassen möchte, weil sie keine Stimmrechte gewähren. Stimmrechte bilden zwar als Mitverwaltungsrecht ein sehr wichtiges Tatbestandsmerkmal, um die Ähnlichkeit zu Aktien oder GmbH-Anteilen herzustellen. Dennoch kann die Gewährung von Stimmrechten nicht der ausschlaggebende Grund sein, denn die bereits behandelten Mehrfachstimmrechtsaktien begründen ebenfalls keine ähnliche Beteiligung. Entscheidend, mit Ausnahme der Genussrechte und Anwartschaften, kann daher nur die Beteiligung am Nominalkapital der Gesellschaft sein. Eine solche entsteht durch eigenkapitalersetzende Leistungen aber gerade nicht. Ebenfalls kritisch zu beurteilen ist die Aussage von *Crezelius*[264] zur Gleichstellung mit mitunternehmerischen Beteiligungen, da aufgrund der künftigen Herabsetzung der „Wesentlichkeitsgrenze" auf mindestens 1 v.H. aufgrund des StSenkG[265] eine angenäherte Gleichstellung von Mitunternehmer und wesentlich Beteiligtem wohl nicht mehr erfolgen kann.

Grundsätzlich wäre es denkbar, auch bei eigenkapitalersetzenden Leistungen eine Ausnahme vom Grundsatz der Beteiligung am Nominalkapital der Gesellschaft zu machen, wie dies bei den bereits diskutierten Anwartschaften und Genussrechten der Fall ist. Doch scheitert auch eine Vergleichbarkeit zu diesen beteiligungsähnlichen Konstrukten, da eigenkapitalersetzende Leistungen weder darauf angelegt sind, Anteile zu einem späteren Zeitpunkt zu erwerben noch Vermögensrechte zu gewähren. I.E. kann auch durch einen derartigen Vergleich zu den Ausnahmetatbeständen des § 17 EStG keine ähnliche Beteiligung i.S.v. § 17 Abs. 1 S. 3 EStG begründet oder erhöht werden.

[263] *Crezelius u.a.*, Stbg 1998, 252, 258.
[264] *Crezelius* in Festschrift für Karlheinz Boujong, S. 51; *Crezelius* in Schmidt/Uhlenbruck, S. 567.
[265] BT-Drucks. 14/2683 und 14/3074, 10.

Gegen die Berücksichtigung von kapitalersetzenden Maßnahmen als ähnliche Beteiligung i.S.v. § 17 Abs. 1 S. 3 EStG sprechen auch praktische Überlegungen, denn als stichhaltig ist das Argument der Rechtssicherheit zu werten. Unter Rechtssicherheit ist das Vertrauen eines Gesellschafters zu verstehen, der darauf vertraut, dass er objektiv und ohne großen Aufwand seine Beteiligungsverhältnisse überblicken und errechnen kann und er diese auch nicht jeden Tag aufs Neue überprüfen muss.[266] Diese Tatsachen sprechen i.E. gegen eine Einbeziehung solcher Maßnahmen in den Katalog des § 17 EStG.[267]

Letztendlich sind die von Rechtsprechung und Literatur getroffenen Ergebnisse und Entscheidungen zu eigenkapitalersetzenden Leistungen innerhalb dieser Arbeit zu befürworten. Es kann insoweit keine andere zutreffendere Besteuerung gefunden werden. Eigenkapitalersetzende Leistungen können also weder selbst eine ähnliche Beteiligung i.S.v. § 17 Abs. 1 S. 3 EStG darstellen, noch sind sie bei der Ermittlung der „Wesentlichkeitsgrenze" in die Berechnung mit einzubeziehen.

Eigenkapitalersetzende Leistungen können allerdings in Form von nachträglichen Anschaffungskosten in den Geltungsbereich des § 17 EStG gelangen, da aufgrund des Nettoprinzips der Anschaffungskostenbegriff weit auszulegen ist.[268] Entsteht dem Steuerpflichtigen durch die Hingabe einer eigenkapitalersetzenden Leistung ein Verlust, so kann er diesen als nachträgliche Anschaffungskosten auf seine bisherige („wesentliche"!) Beteiligung gem. § 17 Abs. 2 S. 1 EStG geltend machen. Dies ist m.E. vollkommen richtig, da das Nettoprinzip Anwendung finden muss, damit dem Gedanken der Leistungsfähigkeit Rechnung getragen werden kann. Das Leistungsfähigkeitsprinzip ist im Sinn und Zweck des § 17 EStG verankert.[269] Auf die mögliche Anerkennung als Werbungskosten gem. der §§ 19 oder 20 EStG soll hier nicht weiter eingegangen werden, da dies zu weit abführt vom eigentlichen Thema.

Nachträgliche Anschaffungskosten entstehen allerdings erst mit Eintritt einer Krise bzw. der Liquidation der Gesellschaft. Vorher spielen Darlehen und andere kapitalersetzende Leistungen steuerlich, außer der Betrachtung als Einkunftsquelle, keine Rolle. In der Frage nachträglicher Anschaffungskosten auf die Beteiligung an einer Kapitalgesellschaft gem. § 17 Abs. 2 S. 1 EStG durch eigenkapitalersetzende Leistungen aufgrund des zugrunde liegenden Gesellschafterverhältnisses kommt es maßgeblich auf das Kriterium der Kreditunwürdigkeit der Gesellschaft an. Nachträgliche Anschaffungskosten kommen dabei im Rahmen aller denkbaren eigenkapitalersetzenden Gestaltungen in Betracht, wobei auf die unterschiedlichen Bewertungsprobleme geachtet werden muss. Auch hier hat sich eine gefestigte

---

[266] BFH-Urteil v. 10.12.1975, BStBl. II 1976, 226; bestätigt durch: FG München v. 18.5.1990, EFG 1990, 632; sowie: BFH-Urteil v. 19.5.1992, BStBl. II 1992, 902 .

[267] FG Baden-Württemberg v. 18.1.1996, GmbHR 1997, 366, 367.

[268] BFH-Urteil v. 12.12.2000, DStR 2001, 430 ff.

[269] *Schmidt/Weber-Grellet*, EStG, § 17 Rz. 3 und 35; *Kanzler*, FR 2000, 1245, 1253; aber kritisch hinsichtlich der Verlustbeschränkungsregelung des § 17 Abs. 2 S. 4 EStG.

Rechtsprechung herauskristallisiert, der m.E. zuzustimmen ist. Grundsätzlich kommt es auf eine Einzelfallprüfung an, um den aktuellen Wert der eigenkapitalersetzenden Leistung zum Zeitpunkt der Krise feststellen zu können.

Eigenkapitalersetzende Darlehen können – m.E. richtigerweise –nur bei einer bereits vorhandenen wesentlichen Beteiligung als nachträgliche Anschaffungskosten Berücksichtigung finden. Ist ein Gesellschafter hingegen nur unwesentlich, d.h. zu unter 1% am Kapital der Gesellschaft beteiligt, so liegt ein steuerlich irrelevanter Vermögensverlust in der Privatsphäre des Gesellschafters vor. Ein Verlust aus eigenkapitalersetzenden Leistungen könnte steuerlich nicht geltend gemacht werden. I.E. sollte daher schon bei der „Geburt" einer Kapitalgesellschaft an deren „Tod" gedacht werden, denn die bei Gründung – und später nicht veränderte – getroffene Weichenstellung hinsichtlich der Beteiligungsverhältnisse, wirkt sich insbesondere bei Auflösung der Kapitalgesellschaft aus.

„Bleibt abschließend noch der Hinweis, dass die Rechtsprechung des BFH zu § 17 EStG einen ständigen Blick über den Zaun des Einkommensteuerrechts auf die Rechtsprechung des BGH zum Kapitalersatzrecht erforderlich macht. Jede Änderung des Kapitalersatzrechts – in dem für das Einkommensteuerrecht relevanten Rahmen – wirkt sich notwendigerweise auf die Abziehbarkeit von Verlusten aus, die ein Gesellschafter infolge der von ihm gewährten Finanzierungshilfen erleidet."[270] Umgekehrt wird aber auch die weitere Herabsetzung der „Wesentlichkeitsgrenze" des § 17 EStG auf mindestens 1 v.H. aufgrund des StSenkG[271] Konsequenzen für das Kapitalersatzrecht haben müssen, damit ein Gleichlauf der Rechtsgebiete gesichert bleibt und Unstimmigkeiten vermieden werden können.

[270] *Gschwendtner*, DStR 1999, Beihefter zu Heft 32/1999, S. 20.
[271] StSenkG v. 23.10.2000, BGBl. I 2000, 1433 ff.

§ 12 Erträge nach Beteiligungsveräußerung als „ähnliche Anteile"

A. Sichtweise von Literatur, Finanzverwaltung und Rechtsprechung

Werden Anteile an Kapitalgesellschaften veräußert, treffen die Vertragsparteien zumeist auch Vereinbarungen darüber, wer von ihnen die auf diese Anteile entfallenden Gewinnausschüttungen beziehen soll. Die einkommensteuerlichen Konsequenzen hieraus sind umstritten[1], da die Gewinnverwendungsbeschlüsse und damit die Dividendeneinnahmen häufig erst nach der Veräußerung zufließen.

I. Zivilrechtliche Betrachtung

Der Gewinnanspruch vermittelt dem Gesellschafter zwei Rechtspositionen: Zum einen ein Mitgliedschaftsrecht und zum anderen ein Gläubigerrecht. Das Verhältnis dieser beiden Gewinnansprüche zueinander lässt sich in dem Sinne bestimmen, dass das mitgliedschaftliche Gewinnrecht ein dauerhaftes Recht des Gesellschafters darstellt, unabhängig davon, ob in einem Geschäftsjahr tatsächlich von der Gesellschaft ein Jahresüberschuss erwirtschaftet worden ist.

Aus diesem mitgliedschaftlichen Gewinnanspruch entwickelt sich im Verlaufe des Geschäftsjahres – im Falle einer Ausschüttung – ein schuldrechtlicher Anspruch auf Ausschüttung des Gewinns, der erst mit dem Gewinnverwendungsbeschluss entsteht.[2] Dieses noch nicht entstandene Forderungsrecht kann von dem Anteil an der Gesellschaft und damit auch von dem mitgliedschaftlichen Gewinnanspruch abgespalten und getrennt veräußert sowie verpfändet oder gepfändet werden.[3] Hingegen kann das mitgliedschaftliche Gewinnbezugsrecht gesellschaftsrechtlich nicht vom zu übertragenden Anteil getrennt werden.[4]

Da der Gewinnausschüttungsanspruch als Gläubigerrecht eine Zwischenstellung zwischen dem reinen Mitgliedschaftsrecht und dem schuldrechtlichen Anspruch des Gesellschafters einnimmt, kann die Frage der Auswirkungen einer Anteilsveräußerung unterschiedlich zu beantworten sein. Hierfür gewinnt auch die Entstehung dieses Gläubigerrechts an Bedeutung.

Will der Veräußerer den Gewinnausschüttungsanspruch behalten, so kann er ihn entweder zurückbehalten oder den Ausgleichsanspruch nach § 101 Nr. 2 BGB wahrnehmen.[5] Im Falle des Zurückbehaltens wird der Anspruch dennoch zunächst übertragen und dann zurück übertragen. Dabei wird der Altgesellschafter lediglich

---

1 *Schmidt/Heinicke*, EStG, § 17 Rz. 172 m.w.N.

2 Mit Bezug auf BGH-Urteil: BFH-Urteil v. 21.5.1986, BStBl. II 1986, 794, 797.

3 *Voß*, Die Veräußerung von Anteilen an einer Kapitalgesellschaft und deren Auswirkungen auf die steuerliche Behandlung des Gewinnanspruchs der Gesellschafter, S. 9 f.

4 *Voß*, Die Veräußerung von Anteilen an einer Kapitalgesellschaft und deren Auswirkungen auf die steuerliche Behandlung des Gewinnanspruchs der Gesellschafter, S. 182.

5 BFH-Urteil v. 14.12.1999, BB 2000, 756, 757.

zivilrechtlicher Gläubiger.[6]

II. Steuerrechtliche Betrachtung

Wird anlässlich einer Anteilsveräußerung über den noch nicht entstandenen Gewinnausschüttungsanspruch keine Vereinbarung getroffen, so geht dieser Anspruch ohne weiteres auf den Anteilserwerber über. Er ist nun berechtigt, die auf den erworbenen Anteil entfallende Gewinnausschüttung in vollem Umfang zu vereinnahmen. Der Anteilserwerber erzielt daher mit Zufluss der Ausschüttung Einkünfte aus Kapitalvermögen gem. § 20 Abs. 1 Nr. 1 EStG und keinen, um die Gewinnausschüttung erhöhten, Veräußerungsgewinn gem. § 17 EStG.[7]

Diese Grundkonstellation ist unproblematisch. Anders sieht es in den Fällen aus, wo der Gewinnausschüttungsanspruch getrennt oder gar nicht veräußert wird. Hierbei entsteht Klärungsbedarf hinsichtlich der Zurechnung der Einkünfte zum Veräußerer oder Erwerber und hinsichtlich der vorliegenden Einkunftsart. Zwischen dem Anspruch auf die Dividende gegen die Gesellschaft (Außenverhältnis) und einem etwaigen Ausgleichsanspruch zwischen Alt- und Neugesellschafter (Innenverhältnis) wird streng unterschieden.[8]

Entscheidend für den Dividendenanspruch ist das Innehaben der Gesellschafterposition im Zeitpunkt der Entstehung des Dividendenanspruchs.[9] Für eine steuerrechtliche Zurechnung der Gewinnanteile an den bisherigen Gesellschafter bis zum Tage des Gesellschafterwechsels und an den neuen Gesellschafter von diesem Tag an, spricht zunächst § 101 Nr. 2 Halbsatz 2 BGB. Nach dieser Vorschrift „gebühren" die Gewinnanteile den Gesellschaftern entsprechend der Dauer ihrer Berechtigung. Die Praxis war daher dankbar dafür, dass der BFH in seinem Urteil[10] von der Regel des § 101 Nr. 2 Halbsatz 2 BGB abweichende Vereinbarungen für steuerrechtlich ebenso maßgeblich erklärt hat, wie die Regel selbst. Früher[11] wurde eher die Ansicht vertreten, dass nur die Regel des § 101 Nr. 2 Halbsatz 2 BGB – Aufteilung pro rata temporis – steuerrechtlich verbindlich war. Die 1993 eingeführte Regelung des § 20 Abs. 2 Buchstabe a EStG enthält eine von § 101 Nr. 2 Halbsatz 2 BGB abweichende Regelung.[12] Der BFH[13] hat zuletzt entschieden, dass der zivilrechtliche Anspruch aus § 101 BGB hinter die

---

6 Zu den unterschiedlichen Fallgestaltungen siehe: *Voß*, Die Veräußerung von Anteilen an einer Kapitalgesellschaft und deren Auswirkungen auf die steuerliche Behandlung des Gewinnanspruchs der Gesellschafter, S. 20 f.

7 BFH-Urteil v. 14.12.1999, BB 2000, 756.

8 Dazu: *Sommer*, GmbHR 1985, 224.

9 *Schmidt/Heinicke*, EStG, § 17 Rz. 172.

10 BFH-Urteil v. 9.3.1982, BStBl. II 1982, 540.

11 Zum Meinungsstand bis 1993 und danach: BFH-Urteil v. 14.12.1999, BB 2000, 756 f.

12 BFH-Urteil v. 14.12.1999, BB 2000, 756.

13 BFH-Urteil v. 14.9.1999, BFH/NV 2000, 631; früher noch gegenteiliger Auffassung, aber bereits einschränkend: BFH-Urteil v. 22.5.1984, BStBl. II 1984, 746.

steuerrechtliche Norm des § 20 Abs. 2 Buchstabe a EStG zurücktritt.[14] Demnach ist der Dividendenanspruch demjenigen zuzurechnen, der im Zeitpunkt des Gewinnverteilungsbeschlusses der wirtschaftliche Eigentümer der Anteile gem. § 39 Abs. 1 S. 1 AO war.[15] Dies ist demnach grundsätzlich der Anteilseigner im gesellschaftsrechtlichen Sinne.[16]

I.E. zählen die Dividendeneinkünfte zu der Einkunftsart des wirtschaftlichen Eigentümers, die er zum Zeitpunkt des Gewinnverteilungsbeschlusses grundsätzlich im Rahmen dieser Einkunftsquelle erzielt hat.[17]

Für die Veräußerungsfälle, die im Privatvermögen sowohl des Veräußerers als auch des Anteilserwerbers stattfanden, entschied der BFH im Urteil vom 22.5.1984[18] entsprechend der herrschenden Auffassung[19] und rechnete die später an den Erwerber vorgenommene Gewinnausschüttung in vollem Umfang diesem als Einkünfte aus Kapitalvermögen gem. § 20 EStG zu. Das negative Tatbestandsmerkmal (keine Mitveräußerung des Geschäftsanteils) i.S.v. § 20 Abs. 2 S. 1 Nr. 2 Buchstabe a EStG ist nur dann erfüllt, wenn zwischen der Veräußerung von Gewinnansprüchen und Geschäftsanteil kein zeitlicher und wirtschaftlicher Zusammenhang besteht.

Aus § 20 Abs. 2 S. 1 Nr. 2 Buchstabe a EStG ist der Schluss zu ziehen, dass bei Anteilen an Kapitalgesellschaften – die sich nicht im Betriebsvermögen, sondern im Privatvermögen befinden – das Gewinnbezugsrecht nur dann verselbständigt wird, wenn es ohne die dazugehörige Beteiligung veräußert oder bei Veräußerung der Beteiligung zurückbehalten wird. Daher gehört auch ein anteiliger Kaufpreis für das Gewinnbezugsrecht zu den Anschaffungskosten der Beteiligung i.S.d. § 17 Abs. 2 EStG.[20] Ebenso zu den Anschaffungskosten gem. § 17 Abs. 2 EStG zählt ein etwaiger Anspruch des Veräußerers aus § 101 Nr. 2 BGB, wobei gleichzeitig die Wirtschaftsguteigenschaft des Gewinnbezugsrechts verneint wird.[21] § 17 Abs. 2 EStG fordert, dass jede nach der Veräußerung eintretende Veränderung beim ursprünglich vereinbarten Veräußerungspreis oder beim Veräußerungstatbestand so lange und so weit auf den Zeitpunkt der Veräußerung zurückzubeziehen ist, als der Erwerber seine Verpflichtung zur Zahlung des Kaufpreises nicht erfüllt. Es ist ohne

---

14 So schon: *Schmidt/Heinicke*, EStG 1994, § 20 Anm. 46.

15 *Schmidt/Weber-Grellet*, EStG, § 17 Rz. 50; zur Problematik bei PersG: *Crezelius* in Festschrift für Carsten Peter Claussen, S. 621, 622.

16 *Crezelius* in Festschrift für Carsten Peter Claussen, S. 621, 629.

17 BFH-Urteil v. 14.9.1999, BFH/NV 2000, 631; a.A.: FG Münster v. 4.3.1999, DStRE 1999, 828; Revision wurde vom BFH als nicht begründet zurückgewiesen und nicht veröffentlicht: VIII R 24/99, mit Verneinung der Gesellschafterstellung als entscheidendes Kriterium für die Zurechnung.

18 BStBl. II 1984, 746.

19 Dazu: *Voß*, Die Veräußerung von Anteilen an einer Kapitalgesellschaft und deren Auswirkungen auf die steuerliche Behandlung des Gewinnanspruchs der Gesellschafter, 1989, S. 1.

20 BFH-Urteil v. 22.5.1984, BStBl. II 1984, 746, 747

21 BMF-Schreiben v. 18.3.1980, BB 1980, 453; ebenso: Slomma, BB 1980, 712; de, FR 1979, 507.

Bedeutung, ob er seine Leistung aus tatsächlichen Gründen nicht erbringen kann oder sie aus rechtlichen Gründen nicht (mehr) zu erbringen braucht.[22]

Nicht geklärt ist die Frage, ob auch nachträgliche Einnahmen aus Dividenden im Umkehrschluss als nachträgliche Erhöhung des Veräußerungsgewinns i.S.d. § 17 EStG einer „wesentlichen Beteiligung" zu betrachten sind. Gem. § 17 Abs. 2 S. 1 EStG könnten zum Veräußerungspreis auch die Einnahmen aus dem Dividendenanspruch zählen, da das mitgliedschaftliche Gewinnbezugsrecht zivilrechtlich nicht vom Stammrecht gelöst werden kann.

Die Frage, die sich hiernach stellt, ist, ob nachträgliche Einnahmen aus einer ehemaligen „wesentlichen" Beteiligung eine unwesentliche Beteiligung darstellen, so dass die Einnahmen als weiterer Veräußerungsgewinn gem. § 17 EStG zu behandeln wären. Dies hat das FG Münster[23] verneint. Erhält der Steuerpflichtige nach Verkauf seiner Kapitalgesellschaftsanteile noch Gewinnausschüttungen, die ihm zeitanteilig zustehen, gehören diese nicht zum Veräußerungsgewinn gem. § 17 EStG, sondern sind Einnahmen aus Kapitalvermögen gem. § 20 EStG im Jahr des Zuflusses (§ 11 EStG). Für die Zurechnung der Dividenden kommt es nicht auf die Gesellschafterstellung an.

Wenn sich die Beteiligten darüber einig sind, dass neben dem Anteil noch ein besonderes Wirtschaftsgut in Form einer selbständig bewertbaren Anwartschaft veräußert wird, so kann man nach Ansicht von *Littmann*[24] wohl nicht beim Erwerber den Ansatz eines solchen gesonderten Wirtschaftsgutes fordern, aber beim Veräußerer davon ausgehen, dass ein solches besonderes Wirtschaftsgut nicht bestanden habe. Es ist beim Veräußerer zwar nicht bilanziert, aber es bleibt ein selbständig bewertbares Wirtschaftsgut auch bei ihm. Man muss insgesamt davon ausgehen, dass wenn der Inhaber einer Beteiligung diese zusammen mit bereits entstandenen Gewinnansprüchen veräußert, er zwei Wirtschaftsgüter veräußert, und zwar einmal das Stammrecht und ferner den Gewinnanspruch. Entscheidend in dieser Aussage von *Littmann* ist nicht die Tatsache der Veräußerung zweier Wirtschaftsgüter, sondern die Qualifikation des Gewinnanspruchs als **Anwartschaft**. Geht man demnach von einer Anwartschaft aus, so könnte sich eine Möglichkeit der Besteuerung gem. § 17 Abs. 1 S. 3 EStG als ähnliche Beteiligung ergeben, da die Anwartschaften in § 17 EStG geregelt sind. Diese Thematik wurde bisher allerdings weder von der Rechtsprechung noch von der Literatur weiterführend diskutiert.

22 BFH-Urteil v. 21.12.1993, BB 1994, 1485, 1486.
23 FG Münster v. 4.3.1999, DStRE 1999, 828.
24 *Littmann*, DStR 1981, 588, 589.

B. Eigene Sichtweise

Im Rahmen nachträglicher Erträge aus einer (ehemaligen) wesentlichen Beteiligungsveräußerung könnte eine wesentliche bzw. ähnliche Beteiligung gem. § 17 Abs. 1 S. 3 EStG nur vorliegen, wenn durch die Erträge ein Gesellschaftsverhältnis begründet wird oder das vorherige noch nicht erloschen ist und somit eine Beteiligung existiert. Dabei kommt es für eine „wesentliche Beteiligung" i.S.v. § 17 EStG allein auf die Beteiligung am Nominalkapital der Gesellschaft an.

Nimmt man diese Feststellung und legt den Sachverhalt nachträglicher Einnahmen nach der Beteiligungsveräußerung zugrunde, so kann weder eine wesentliche noch eine ähnliche Beteiligung i.S.d. § 17 Abs. 1 S. 3 EStG vorliegen. Die nachträglichen Einnahmen können somit auch nicht für die Berechnung einer „Wesentlichkeitsgrenze" herangezogen werden, wenn der Steuerpflichtige kurze Zeit später doch wieder eine Beteiligung an einer Kapitalgesellschaft erwirbt. Nachträgliche Einnahmen nach Veräußerung der Beteiligung können lediglich zu Kapitaleinkünften gem. § 20 Abs. 1 Nr. 1 und Abs. 2 Buchstabe a i.V.m. § 24 Nr. 2 EStG[25] führen. Der herrschenden Meinung ist insoweit zuzustimmen.

Eine wesentliche bzw. ähnliche Beteiligung i.S.v. § 17 Abs. 1 S. 3 EStG kann weder durch das Argument der nachträglichen Anschaffungskosten auf Käuferseite, noch durch die Fünfjahresfrist begründet werden. Auch die Argumentation *Littmanns*[26] hinsichtlich der Qualifikation des Dividendenanspruchs als Anwartschaft kann nicht zu einem anderen Ergebnis führen. M.E. liegt nach Beteiligungsveräußerung eine Beteiligung am Nominalkapital der Gesellschaft nicht mehr vor. Demnach besteht keine Möglichkeit, die nachträglichen Einkünfte unter § 17 EStG zu subsumieren. I.E. liegt auch keine Anwartschaft auf eine Beteiligung i.S.d. § 17 Abs. 1 S. 3 EStG vor, da mit den nachträglichen Einkünften letztendlich kein Anteil erworben werden soll. Es liegt lediglich eine Anwartschaft auf den Bezug der Erträge vor. Auch liegt bei nachträglichen Dividendeneinkünften keine mittelbare Beteiligung vor, die über die Fünfjahresfrist aufgrund einer vorherigen „wesentlichen" Beteiligung zu einem Veräußerungsgewinn gem. § 17 EStG führen könnte. Die nachträglichen Einkünfte sind gem. der §§ 20, 24 EStG als Einkünfte aus Kapitalvermögen zu versteuern.

---

25 BFH-Urteil v. 14.12.1999, BB 2000, 756.

26 *Littmann*, DStR 1981, 588, 589.

Vierter Teil: Schlussbetrachtung und Vorschlag zur Neupositionierung der privaten Veräußerungsgewinnbesteuerung

§ 13 Zusammenfassung der Ergebnisse

Im Ergebnis liefert die Arbeit einen systematischen Überblick zum Bereich der ähnlichen Beteiligungen i.S.d. § 17 Abs. 1 S. 3 EStG. Dabei wurde eine konsequente Unterscheidung hinsichtlich „ähnlicher Kapitalgesellschaften" und „ähnlicher Anteile" vorgenommen. Festzustellen ist, dass ähnliche Beteiligungen i.S.d. § 17 Abs. 1 S. 3 EStG sowohl für eine direkte Subsumtion unter § 17 EStG relevant sind, falls die ähnliche Beteiligung unmittelbar mindestens 1 v.H. am Kapital der Gesellschaft ausmacht. Zum anderen finden ähnliche Beteiligungen auch bei der Berechnung der „Wesentlichkeitsgrenze" Berücksichtigung.

Des weiteren wird eine systematische und wissenschaftlich fundierte Gesamtübersicht über den Beteiligungsbegriff der „ähnlichen Beteiligungen" präsentiert. Für den Bereich der **ähnlichen Kapitalgesellschaften** ist festzuhalten, dass für die Subsumtion unter § 17 EStG eine Kapitalgesellschaft i.S.v. § 1 Abs. 1 Nr. 1 KStG vorliegen muss. Als einheitliches Tatbestandsmerkmal und Abgrenzungskriterium im Bereich der **ähnlichen Anteile** wurde die „Beteiligung am Nominalkapital der Gesellschaft" herausgearbeitet. Demnach ist es unerheblich, ob dem Gesellschafter Vermögensrechte, Mehrfachstimmrechte oder ähnliches zustehen, denn diese erhöhen den Anteil am Nominalkapital nicht. Da der Gesetzgeber den Begriff des „Kapitals" im Gegensatz zu den „Anteilen" nicht erläutert, musste diesbezüglich zunächst einmal eine Abgrenzung vorgenommen werden. Unter dem Kapital der Gesellschaft i.S.d. § 17 Abs. 1 S. 1 EStG versteht man die Beteiligung am Grund- bzw. Stammkapital. Weder das sog. „verdeckte Eigenkapital" noch das restliche Eigenkapital spielen für die Bestimmung der „Wesentlichkeitsgrenze" i.S.d. § 17 EStG eine Rolle.

Das für die jeweilige Kategorie genannte Entscheidungsmerkmal kann nun in Zukunft auf alle denkbaren Gestaltungsvarianten konsequent angewendet werden. Durch die umfassende Darstellung und Analyse der Abgrenzungsproblematik von ähnlichen Beteiligungen konnte so die steuerliche Lücke – die in der Literatur und Rechtsprechung durchaus vorherrschte – geschlossen werden, so dass es in Zukunft zu einer einheitlichen Meinungsbildung kommen kann.

Mögliche zukünftige Gestaltungen müssen sich demnach in der Folgezeit am Tatbestandsmerkmal der Beteiligung am Nominalkapital der Gesellschaft messen lassen, da eine anderweitige Abgrenzung nicht zulässig ist. Aus diesem Grund können stille Beteiligungen, kapitalersetzende Darlehen und Ähnliches keine ähnlichen Beteiligungen i.S.d. § 17 Abs. 1 S. 3 EStG darstellen. Insoweit wurde dies konsequent auf alle in dieser Arbeit behandelten Gestaltungsvarianten angewendet. Die einzigen Ausnahmen davon bleiben die Genussrechte und Anwartschaften, die grundsätzlich nicht in den Bereich des § 17 EStG gehören, aber aufgrund der expliziten Erwähnung in § 17 Abs. 1 S. 3 EStG dennoch erfasst werden müssen.

Die Sonderstellung der Genussscheine und Anwartschaften in § 17 Abs. 1 S. 3 EStG rechtfertigt allerdings kein grundsätzliches Abweichen vom Tatbestandsmerkmal „Beteiligung am Nominalkapital der Kapitalgesellschaft". Im Rahmen der Genussrechte reicht eine Beteiligung am Gewinn und Liquidationserlös aus, obwohl das Genussrechtskapital nicht mit dem normalen Nenn- oder Stammkapital korreliert. Auch Anwartschaften beinhalten lediglich eine gesicherte rechtliche Position auf den Erwerb von Anteilen, aber bis dato noch keine Beteiligung am Nominalkapital. Die Übertragung dieser Sachverhalte auf andere mögliche Gestaltungsvarianten, wie z.B. die stille Gesellschaft, ist dennoch ausgeschlossen.

Die Dissertation informiert auch hinreichend detailliert über wesentliche Einzelfragen in den Teilgebieten, die mit der praktischen Handhabung der Struktur des § 17 EStG verbunden sind. Zu nennen sind hier insbesondere die Anerkennung eigenkapitalersetzender Leistungen als nachträgliche Anschaffungskosten i.S.v. § 17 Abs. 2 S. 1 EStG, die Anfangs- bzw. Endbesteuerung bei den Stock Options sowie die Problematik von Tracking und Stapled Stocks im Rahmen der Genussrechte.

Es soll an dieser Stelle allerdings nicht nur zum wissenschaftlichen Erkenntnisfortschritt beigetragen werden, sondern die Untersuchung ist zugleich geeignet, einen wesentlichen Beitrag zur Transformation wissenschaftlicher Erkenntnisse in die praktische Anwendung zu leisten. Dadurch lassen sich zukünftige Problemvarianten einordnen und lösen. Will z.B. ein Steuerpflichtiger seinen nominellen Anteil an einer Kapitalgesellschaft erhöhen, so sollte er dies nicht über Darlehen oder stille Beteiligungen tun, da der Verlust im Regelfall steuerlich keine Berücksichtigung findet. Statt dessen sollten ihm m.E. lieber Genussrechte oder Stock Options eingeräumt werden, da sie zu einem unter Beachtung der Verlustbeschränkung des § 17 Abs. 2 S. 4 EStG steuerlich relevanten Verlust führen können. Im Bereich der Optionen muss neben der Option allerdings eine „wesentliche Beteiligung" bereits bestehen, damit eine steuerliche Anerkennung gem. § 17 EStG erfolgen kann. Geht man tiefer ins Detail, so liefert die Arbeit konkrete Hinweise für die Beteiligung an Vorgesellschaften bzw. ausländischen Kapitalgesellschaften. Auch werden Hinweise für die Ausgestaltung von Stock Options, Genussrechten und eigenkapitalersetzenden Leistungen gegeben, so dass die zuletzt genannten z.B. als nachträgliche Anschaffungskosten gem. § 17 Abs. 2 S. 1 EStG eine steuerliche Berücksichtigung erfahren können.

Weitere wesentliche Einzelaussagen und Erkenntnisse aus den behandelten Kapiteln sind:

I. **Ähnlichkeit** bedeutet weder im Zivil- noch im Steuerrecht Gleichheit bzw. Identität. Es müssen vielmehr Übereinstimmungen in den wichtigsten Abgrenzungsmerkmalen vorliegen. Aus steuerlicher Sicht muss dabei immer der Gleichbehandlungsgrundsatz des Art. 3 GG beachtet werden, da nur ähnliche Sachverhalte gleich besteuert werden dürfen, wohingegen unterschiedliche Tatbestände eine differenzierte Besteuerung benötigen.

II. Der Begriff der **Beteiligung** hat sowohl im Zivil- als auch im Steuerrecht den gleichen Inhalt und umschließt sowohl die Anteile an einer Kapital- als auch an einer Personengesellschaft. Der Begriff „Beteiligung" wird im Ertragsteuerrecht nicht definiert. Demnach ist auf die handelsrechtliche Definition abzustellen, wobei im Steuerrecht zusätzlich auch das als Beteiligung definiert wird, was aufgrund einer wirtschaftlichen Betrachtungsweise als Beteiligung zu werten ist. Entscheidend für die Subsumtion unter § 17 EStG ist die **„wesentliche Beteiligung"** an einer Kapitalgesellschaft. Dieser Begriff entfällt allerdings ab dem Jahr 2001 aufgrund des StSenkG. Eine „wesentliche Beteiligung" sollte früher bei 25% vorgelegen haben und sollte damit qualitativ mit dem Anteil eines Mitunternehmers vergleichbar gewesen sein. Dadurch war die gesonderte Besteuerung durch § 17 EStG gerechtfertigt worden. Dennoch kam es nicht auf die Möglichkeit einer Einflussnahme des Gesellschafters an, sondern es wurde (wird) allein auf die Beteiligung am Nominalkapital der Gesellschaft abgestellt.

III. „Kapital" i.S.d. § 17 Abs. 1 S. 1 EStG ist die maßgebliche Bezugsgröße für die Antwort auf die Frage, ob ein Gesellschafter – unmittelbar oder mittelbar – „wesentlich", d.h. zu mindestens 1 v.H., am Kapital der Gesellschaft beteiligt ist. Diese Abgrenzung ist auch für die **ähnliche Beteiligung** i.S.v. § 17 Abs. 1 S. 3 EStG relevant. Dabei bilden Anteile das in Bruchteile zerlegte Grund- oder Stammkapital der Gesellschaft, wobei sich die Nennbeträge des Kapitals und die Summe der Nennbeträge der Anteile decken müssen. **Verdecktes Eigenkapital** kann zwar die Situation eines Gesellschafters beeinflussen, macht aber aus einem nicht wesentlich beteiligten Gesellschafter keinen wesentlich Beteiligten, denn verdecktes Eigenkapital vermittelt keine gesellschaftsrechtlichen Mitgliedschaftsrechte.

IV. Bei der „Kapitalgesellschaft" i.S.d. § 17 EStG muss es sich um eine juristische Person oder um ein steuerlich wie eine Kapitalgesellschaft zu behandelndes Gebilde handeln. Des weiteren muss die Beteiligung Gesellschafterrechte wie an einer deutschen voll errichteten Kapitalgesellschaft vermitteln, damit eine **ähnliche Kapitalgesellschaft** und somit auch eine ähnliche Beteiligung i.S.v. § 17 Abs. 1 S. 3 EStG vorliegt. Dieses

Ergebnis trifft im Regelfall sowohl für die **echte Vorgesellschaft** als auch die **ausländische Kapitalgesellschaft** aufgrund des Typenvergleichs zu. Die unechte Vorgesellschaft ist hingegen als Personengesellschaft und somit Mitunternehmerschaft zu qualifizieren, so dass sie aus dem Anwendungsbereich des § 17 EStG hinaus fällt.

V. Die **Anwartschaften** sind in § 17 Abs. 1 S. 3 EStG ausdrücklich erwähnt, so dass sie grundsätzlich nicht unter den Begriff der ähnlichen Beteiligungen fallen würden. Jedoch kann bei den Anwartschaften von einem Spezialfall der ähnlichen Beteiligungen ausgegangen werden, der in § 17 Abs. 1 S. 3 EStG gesetzlich geregelt wurde, da es auch hier nicht zu einer Beteiligung am Nominalkapital der Gesellschaft kommt. Insgesamt können m.M.n. **Bezugsrechte, „normale" Optionen** und **Stock Options** unter den Tatbestand des § 17 EStG fallen. Ob diese nun direkt unter den Begriff der Anwartschaft subsumiert werden, oder ob sie als ähnliche Anwartschaften qualifiziert werden, macht materiell keinen Unterschied. Im Bereich der Stock Options muss noch darauf hingewiesen werden, dass man mittlerweile aufgrund der allgemeinen Handelbarkeit zu einer grundsätzlichen Anfangsbesteuerung gekommen ist, so dass der Anwendungsbereich des § 17 EStG weiterhin nicht ausgeschlossen ist. Dies war der Fall, wenn die in den Stock Options enthaltenen stillen Reserven im Rahmen einer Endbesteuerung als geldwerter Vorteil gem. der §§ 19, 19a EStG versteuert worden wären.

VI. **Genussrechte** und das diesen entsprechende Kapital sind einzubeziehen, obwohl sie keine Beteiligung am Nominalkapital der Gesellschaft vermitteln. Dies ergibt sich aus der expliziten Erwähnung der Genussrechte in § 17 Abs. 1 S. 3 EStG. Damit durchbrechen sie, genau wie die Anwartschaften, die von mir vorgelegte Systematik mit der Beteiligung am Nominalkapital. Grundsätzlich wären sie deshalb aus dem Anwendungsbereich des § 17 EStG herauszunehmen. Der Gesetzgeber wollte durch die gesetzliche Regelung Missbrauchsgestaltungen verhindern, und so sind die Genussrechte als Ausnahme innerhalb des § 17 EStG festzuhalten. Grundsätzlich sind in § 17 EStG nur Genuss**scheine** namentlich erwähnt und somit könnten die nicht verbrieften Genuss**rechte** aus dem Anwendungsbereich herausfallen. Es soll sich allerdings nur um „einen redaktionellen Fehler" des Gesetzgebers handeln, da in anderen Paragraphen der Steuergesetze ein Austausch des Begriffes „Genussscheine" in „Genussrechte" erfolgt ist. Im Rahmen von **Tracking oder Stapled Stocks** spielt die Gestaltung mit Genussrechten eine wichtige Rolle. Dabei kann es m.E. zur Subsumtion unter § 17 EStG und somit zu einer ähnlichen Beteiligung i.S.v. § 17 Abs. 1 S. 3 EStG kommen, wenn die Tracking bzw. Stapled Stocks beteiligungsähnliche Genussrechte gewähren und das dazugehörige Kapital ähnlich dem Nominalkapital wirkt. Aufgrund der Tatsache, dass diese Gesichtspunkte bisher keinen Eingang in die steuerliche Literatur bzw. Rechtsprechung gefunden haben, kann diese Einordnung nicht abschließend geklärt werden.

VII. Weder die typisch noch die atypisch stille Beteiligung können eine ähnliche Beteiligung i.S.v. § 17 Abs. 1 S. 3 EStG begründen oder erhöhen. Die **atypisch stille Beteiligung** ist aufgrund der Mitunternehmerinitiative und des Mitunternehmerrisikos als Mitunternehmerschaft gem. § 15 Abs. 1 S. 1 Nr. 2 EStG zu qualifizieren. Dadurch fällt sie aus dem Anwendungsbereich des § 17 EStG heraus, da die Veräußerung derselben gem. § 16 EStG zu versteuern wäre. Die **typisch stille Beteiligung** wird hingegen als Kapitalverhältnis beurteilt, so dass eine Anwendung des § 17 EStG grundsätzlich nicht ausgeschlossen wäre. Die stille Beteiligung begründet allerdings kein Gesellschaftsverhältnis, so dass auch keine Beteiligung am Nominalkapital der Gesellschaft entsteht, da die Einlage nicht in das Gesamthandsvermögen übergeht, sondern lediglich in das Vermögen des Geschäftsinhabers. In den besonderen Fällen der **GmbH & typisch bzw. atypisch Still** ergeben sich keine steuerlichen Unterschiede für die Behandlung der Veräußerung der Anteile. Die Veräußerung der GmbH-Beteiligung richtet sich bei der GmbH & typisch Still danach, ob Betriebsvermögen (§ 16 EStG) oder Privatvermögen (§§ 17, 23 EStG bzw. nicht steuerbar) vorliegt. Die Veräußerung der GmbH-Beteiligung aus einer GmbH & atypisch Still ist aufgrund der Sonderbetriebsvermögenseigenschaft (SBV II) der Anteile gem. § 16 EStG zu versteuern.

VIII. Im Rahmen der **Veräußerung von GbR-Anteilen** kommt es zwar nicht zur Begründung einer ähnlichen Beteiligung, dennoch ist § 17 EStG einschlägig, wenn eine „wesentliche Beteiligung" an einer Kapitalgesellschaft Veräußerungsgegenstand ist, die sich im Vermögen der GbR befunden hat. Grundsätzlich können zwei Fälle unterschieden werden, die i.E. allerdings gleich besteuert werden. Bei Veräußerung der wesentlichen Beteiligung <u>durch</u> die GbR erfolgt eine anteilige Zurechnung des Veräußerungsgewinns zu den Gesellschaftern i.S.v. § 17 EStG nach § 39 Abs. 2 Nr. 2 AO. Wird alternativ die Mitgliedschaft <u>an der</u> GbR veräußert, so gilt dies gleichzeitig als mittelbare Veräußerung einer wesentlichen Beteiligung i.S.v. § 17 EStG, die nach Bruchteilen den Gesellschaftern zuzurechnen ist. Diese Sichtweise beruht auf der gesetzlich festgelegten Gleichstellung von mittelbaren und unmittelbaren wesentlichen Beteiligungen gem. § 17 Abs. 1 S. 4 EStG.

IX. Nach § 17 Abs. 1 EStG S. 1 EStG kommt es allein auf die Höhe der Beteiligung an. Nicht entscheidend ist, ob der Gesellschafter über die Sperrminorität hinaus Einfluss ausüben kann. Der Begriff der wesentlichen Beteiligung i.S.d. § 17 EStG ist als rechnerische Größe zu interpretieren, so dass **Mehrfachstimmrechtsanteile** nicht als ähnliche Beteiligung i.S.v. § 17 Abs. 1 S. 3 EStG gewertet werden können. Sie fallen gänzlich aus dem Anwendungsbereich des § 17 EStG hinaus, wenn der Anteil selbst keine Beteiligung am Nominalkapital der Gesellschaft in Höhe von mindestens 1 v.H. gewährt. Angemerkt werden muss noch, dass durch die Einführung des § 12 Abs. 2 AktG aufgrund des Gesetzes zur Kontrolle und Transparenz im

Unternehmensbereich (KonTraG) vom 27.4.1998 Mehrfachstimmrechte für die Aktiengesellschaft nicht mehr zulässig sind. Dennoch kann es eine Zeitlang noch zu Altfällen kommen.

X. **Eigenkapitalersetzende Leistungen** gleich welcher Art erhöhen oder begründen keine ähnliche Beteiligung i.S.v. § 17 Abs. 1 S. 3 EStG, da sie keine Beteiligung am Nominalkapital vermitteln. Sie stellen lediglich ein eigenkapitalähnliches Kapital dar, welches sich nach einer überwundenen Krise allerdings wieder in Fremdkapital wandelt. Gerät die Kapitalgesellschaft allerdings in Konkurs und muss sie eventuell auch liquidiert werden, so können die eigenkapitalersetzenden Leistungen als nachträgliche Anschaffungskosten i.S.v. § 17 Abs. 2 EStG geltend gemacht werden. Dies ist wiederum konsequent, da diese Aufwendungen nur getätigt wurden, um das Gesellschaftsverhältnis zu stärken. Dadurch ist ein Veranlassungszusammenhang gegeben, der für die Anerkennung als nachträgliche Anschaffungskosten von Nöten ist. Damit es allerdings zu einer Anerkennung kommen kann, muss der Gesellschafter i.S.d. § 17 EStG „wesentlich" beteiligt sein, da der Verlust der eigenkapitalersetzenden Leistung ansonsten im steuerirrelevanten Privatvermögensbereich liegen würde.

XI. Eingehende **Erträge nach der Veräußerung einer wesentlichen Beteiligung** können keine ähnliche Beteiligung i.S.v. § 17 Abs. 1 S. 3 EStG darstellen, da grundsätzlich keine Beteiligung mehr vorhanden ist und auch der Grundsatz der Fünfjahresfrist nicht greifen kann, da solche Erträge eben keine Beteiligung am Nominalkapital der Gesellschaft vermitteln. Auch liegt eine Anwartschaft lediglich bezogen auf den Dividendenanspruch vor, nicht aber bezüglich eines Anteils an der Kapitalgesellschaft. Letztendlich liegen bei solchen nachträglich Erträgen Einkünfte aus Kapitalvermögen gem. § 20 Abs. 2 S. 1 Nr. 2a EStG vor. Bei einer über den Betrag vereinbarten Summe sind die Erträge dagegen als Kapitaleinkünfte gem. § 20 Abs. 1 Nr. 1 i.V.m. § 24 Nr. 2 EStG zu qualifizieren.

Hervorzuheben ist nicht zuletzt die Praxisrelevanz der Arbeit, denn gerade nach dem Absenken der Beteiligungsgrenze von zunächst 25 v.H. auf mindestens 10 v.H. und im Zuge des StSenkG sogar auf mindestens 1 v.H. dürften private Anteilseigner nun häufiger in den „Genuss" des § 17 EStG gelangen. Dies wird auch durch die neugefasste Überschrift des § 17 EStG „Veräußerung von Anteilen an Kapitalgesellschaften" und die damit verbundene Streichung des Begriffs „wesentliche Beteiligung" dokumentiert. Somit werden sich in Zukunft mehr Steuerpflichtige mit diesem Thema auseinandersetzen dürfen, als dies bisher der Fall war.

Will man mit der ständigen Rechtsprechung des BFH und dessen Festhalten am Nominalkapital Ernst machen, so müsste der Hinweis „der wesentlich Beteiligte steht einem Mitunternehmer gleich" verschwinden. Damit würden sich dann auch die Widersprüche bezüglich einflussstarker unwesentlich Beteiligter, und umgekehrt, in Wohlgefallen auflösen. Eine Konsequenz davon wäre, dass § 17 EStG einen anderen Platz im EStG einnehmen müsste, damit das System gewahrt bleibt. Auf die steuerlichen Auswirkungen der Änderung aufgrund des StSenkG sowie auf eine mögliche veränderte Stellung des § 17 EStG innerhalb des Einkommensteuerrechts wird im folgenden Kapitel eingegangen.

Das oftmals systemlos anmutende Herumstochern des Gesetzgebers führte auch bei § 17 EStG nicht zu einer Vereinfachung des Steuerrechts, sondern endete in einer heillosen Kasuistik, welche einen Rattenschwanz von Auslegungsproblemen nach sich zieht. Somit sind die zahlreichen Entscheidungen der Finanzgerichte und des BFH nicht verwunderlich.[1] Da dies u.a. auch für den Bereich der ähnlichen Beteiligungen i.S.d. § 17 Abs. 1 S. 3 EStG galt, ist mit dieser Arbeit versucht worden, einen Teil der Probleme zu lösen und die einkommensteuerliche Systematik wieder mehr in den Vordergrund zu stellen.

Insgesamt wäre der Rechtsprechung zu § 17 EStG vielleicht etwas mehr Mut zu wünschen, weg von der reinen Wortlautinterpretation, weg von dem in der Norm zum Ausdruck kommenden „ängstlichen Fiskalimus" und hin zu einer systemgerechten Interpretation des § 17 EStG. Angesichts der besonderen Stellung des § 17 EStG an der Nahtstelle des Einkünftedualismus ist diese Aufgabe sicherlich nicht leicht zu lösen. Genau aus diesem Grund muss aber der speziellen Konzeption und Systematik des § 17 EStG in besonderer Weise Rechnung getragen werden.

---

1 *Schneider* in Kirchhof/Söhn, EStG, § 17 Rdnr. A283 ff.; *Niehus/Wilke*, StuW 1997, 35.

§ 14 Ausblick

Auf die weitere Absenkung der „Wesentlichkeitsgrenze" auf mindestens 1 v.H., die Nichtgewährung des § 34 EStG sowie die Besteuerung nach dem Halbeinkünfteverfahren wurde bereits hingewiesen. Die Herabsetzung der Beteiligungsgrenze für steuerbare Veräußerungsgewinne bei Anteilen an Kapitalgesellschaften auf ein Prozent durchbricht dabei – nach Ansicht von *Schulte*[1] – die systemtragende Unterscheidung von betrieblichem und privatem Vermögen weitreichender als jemals zuvor.

Erhebliche Probleme wird es in Zukunft in verstärktem Maße auch im Rahmen der Schenkung oder Vererbung von wesentlichen Anteilen an Kapitalgesellschaften geben.[2] Der Gesetzgeber hat es versäumt, die Beteiligungsschwelle in § 13a Abs. 4 Nr. 3 ErbStG entsprechend mit abzusenken[3], was dazu führt, dass die Rechtslage hierdurch noch uneinsichtiger geworden ist.[4] Im Gegensatz zu § 17 EStG werden der sachliche Freibetrag von Euro 256.000 nach § 13a Abs. 1 ErbStG und der Bewertungsabschlag von 40% nach § 13a Abs. 2 ErbStG sowie die Tarifbegrenzung nach § 19a Abs. 2 Nr. 3 ErbStG bei Anteilen an inländischen Kapitalgesellschaften nur dann gewährt, wenn der Erblasser oder Schenker am Nennkapital dieser Gesellschaft zu mehr als 25 v.H. unmittelbar beteiligt war.[5] § 13a Abs. 4 Nr. 3 ErbStG knüpft allerdings erkennbar an § 17 Abs. 1 Satz 4 EStG 1997 an[6], so dass eine Anpassung nötig gewesen wäre.[7] Auch macht die Beschränkung auf inländische Kapitalgesellschaften innerhalb des § 19a ErbStG keinen Sinn, so dass es auch hier – genau wie in § 17 EStG – zu einer Ausdehnung auf ausländische Kapitalgesellschaften kommen sollte, damit die Rechtsnormenkette schlüssig erhalten bleibt.

Weiteren Diskussionsstoff wird die Ermittlung des Veräußerungsgewinns liefern, denn § 3 Nr. 40 Buchstabe c EStG bestimmt insoweit, dass der Veräußerungspreis[8] oder der gemeine Wert im Sinne des § 17 Abs. 2 EStG nur zur Hälfte steuerpflichtig ist.[9] § 3c Abs. 2 EStG enthält korrespondierend hierzu ein hälftiges Abzugsverbot für Veräußerungskosten u.ä.[10, 11] Problematisch ist in diesem Zusammenhang das Konkurrenzverhältnis zwischen § 17 Abs. 3 EStG sowie §§ 3 Nr. 40 Buchstabe c, 3c

---

1 *Schulte*, DB 2000, 1043.
2 *Schulte*, DB 2000, 1043.
3 *Prinz/Ommerborn*, FR 2001, 977, 978.
4 *Vogt*, DStR 1999, 1596, 1603; *Erle/Sauter*, Reform der Unternehmensbesteuerung, Art. 1, § 17 EStG; *Oppenhoff & Rädler*, Reform der Unternehmensbesteuerung, S. 79.
5 *Landsittel/Haug*, BB 1999, 2218, 2220; *Crezelius* in Festschrift für Siegfried Widmann, S. 241, 253.
6 *Crezelius*, Unternehmenserbrecht, Rdnrn. 203 und 204.
7 *Vogt*, DStR 1999, 1596, 1603.
8 *Strahl* in Korn/Carlé/Stahl/Strahl, EStG, § 17 Rz. 70 ff.
9 *Schmidt/Weber-Grellet*, EStG, § 17 Rz. 190.
10 FG München v. 10.12.2001, GmbH-Stp 2003, 29,30.
11 *Boochs* in Dankmeyer/Giloy, EStG, § 17 Rz. 5.

Abs. 2 EStG und damit die Frage, wie sich das neue Halbeinkünfteverfahren auf den Ansatz des Freibetrages in Höhe von Euro 10.300 (ab Euro 41.000 eingeschränkt) auswirkt. Zum einen ist daran zu denken, dass die spezielle Vorschrift des § 17 Abs. 2 und 3 EStG dem § 3 Nr. 40 EStG vorgeht. Das würde bedeuten, dass zunächst der Veräußerungsgewinn gem. § 17 Abs. 2 EStG zu bestimmen ist, auf diesen dann der Freibetrag des § 17 Abs. 3 EStG anzuwenden und schließlich das Ergebnis dem Halbeinkünfteverfahren zu unterwerfen ist. Denkbar wäre aber auch, als Veräußerungsgewinn i.S.d. § 17 Abs. 3 EStG den gem. §§ 3 Nr. 40, 3c EStG modifizierten Gewinn anzusetzen."[12]

Weitere Steuervermeidungsstrategien im Rahmen des § 17 EStG liegen in den unterschiedlichen Arten der Veräußerungsmöglichkeiten.[13] Zum einen könnte die Beteiligung einfach veräußert werden. Würde dabei ein Verlust entstehen, würde es sich empfehlen, diesen noch in 2001 zu realisieren. Bei einem Veräußerungsgewinn wäre es ratsam, auf die Anwendbarkeit des Halbeinkünfteverfahrens zu warten.[14]

Des weiteren stehen als steuergünstige Alternativen auch die Möglichkeit der Einbringung in ein Betriebsvermögen[15] sowie die sog. Deferred-Sale-Struktur zur Verfügung.[16] Die letzt genannte Möglichkeit kann durch verschiedene Varianten gelöst werden, wobei diese hier nur kurz erwähnt werden sollen.[17] Es kann zum einen ein sog. Terminkauf bzw. -verkauf erfolgen, wobei der schuldrechtliche Vertrag über den Verkauf der Beteiligung bereits in 2001 erfolgen muss. Zum zweiten kann auch ein joint venture-Modell durchgeführt werden, wobei die Zielgesellschaft, an der die Beteiligung veräußert werden soll, eine entsprechende Kapitalerhöhung durchführt und diese Mittel interimistisch dem zukünftigen Veräußerer über ein Darlehen zur Verfügung stellt.[18]

---

[12] *Erle/Sauter*, Reform der Unternehmensbesteuerung, Art. 1, § 17 EStG.
[13] Dazu ausführlich: *Slabon*, DStR 2001, 2133, 2134 ff.
[14] *Prinz/Ommerborn*, FR 2001, 977, 992.
[15] *Prinz/Ommerborn*, FR 2001, 977, 985.
[16] Näheres hierzu: *Mainczyk*, Stbg 2001, 445, 446 ff.
[17] Ausführlich hierzu: *Prinz/Ommerborn*, FR 2001, 977, 983 ff.
[18] *Slabon*, DStR 2001, 2133, 2134 mit Beispiel an einer „NewCo".

§ 15 Mögliche Neupositionierung der §§ 17, 23 EStG sowie des § 21 UmwStG

A. Bisherige Stellung der Paragraphen in ihren Steuergesetzen

Der Grund für die Besteuerung von Veräußerungsgewinnen im Privatvermögen – beschränkt auf die Tatbestände der §§ 17, 23 EStG sowie § 21 UmwStG[1] – wird darin gesehen, dass die Erfassung aller privaten Veräußerungsgewinne eigentlich dem im Einkommensteuerrecht immanenten Prinzip der wirtschaftlichen Leistungsfähigkeit[2] entsprechen würde, welches jedoch aufgrund des anfallenden Verwaltungsaufwandes praktisch nicht vollständig durchführbar ist.[3] I.E. sollen aber wenigstens die privaten Vermögensmehrungen steuerlich erfasst werden, die einigermaßen greifbar gemacht werden können.[4] Im Zusammenhang mit § 17 EStG müssen auch die § 23 EStG und § 21 UmwStG betrachtet werden, denn eine Besteuerung ohne Subsidiaritätsklauseln kann in diesem Rahmen nicht erfolgen.[5]

Das heute gültige EStG hat die Besteuerung von Veräußerungstatbeständen in einzelne Paragraphen aufgespalten. In den §§ 16, 17 und 23 EStG befinden sich die unterschiedlichen Formen der Veräußerungsgewinnbesteuerung im Rahmen des Einkommensteuerrechts. Die §§ 16 und 23 EStG stehen ohne Zweifel an der richtigen Stelle des Gesetzes. § 16 EStG beinhaltet die Besteuerung von Veräußerungsgewinnen und -verlusten aus Betriebsvermögen. Dies betrifft die Gewinneinkunftsarten der §§ 13, 15 und 18 EStG. Deshalb wäre § 16 EStG grundsätzlich hinter § 18 EStG anzusiedeln, doch aufgrund der Verweisungsvorschriften der §§ 14 und 18 Abs. 3 EStG ist die Stellung des § 16 EStG innerhalb des Einkommensteuersystems in Ordnung. § 23 EStG regelt die Besteuerung von privaten Veräußerungsgeschäften im Privatvermögen und ist somit folgerichtig hinter den Paragraphen der Überschusseinkunftsarten angesiedelt.[6]

Anders sieht es hingegen bei der Stellung von § 17 EStG im Rahmen des Einkommensteuersystems aus. Dieser regelt die Besteuerung von Veräußerungsgewinnen oder -verlusten aus „wesentlichen Beteiligungen" an Kapitalgesellschaften, die im **Privatvermögen**[7] gehalten werden. Einkünfte aus Privatvermögen können grundsätzlich nur im Rahmen von Überschusseinkunftsarten

---

1 *Eilers/Wienands*, GmbHR 2000, 405.

2 Dazu generell: *Lang* in Gewinnrealisierung im Steuerrecht, hrsg. im Auftrag der Deutschen Steuerjuristischen Gesellschaft e.V. von Hans Georg Ruppe, 1981, S. 46 ff.

3 BT-Drucks. 7/1470, S. 263.

4 *Bornheim*, DB 2001, 162.

5 Siehe hierzu: *Wassermeyer* in *Crezelius*, Die GmbH und ihre Gesellschafter, S. 78 f.

6 Grundsätzlich kritisch dazu: *Fuisting*, Die Einkommensbesteuerung der Zukunft in Anknüpfung an das preußische Einkommensteuergesetz, S. 23 ff.

7 *Züll*, Die Einkommensteuer bei der Veräußerung wesentlicher Beteiligungen, S. 11; ebenso: *Uhländer*, Vermögensverluste im Privatvermögen, 1996, S. 96; *Crezelius*, Unternehmenserbrecht, Rdnr. 171; *Steinhauff*, NWB, Fach 3, 10323, 10324; *Schweyer/Dannecker*, BB 1999, 1732; ähnlich: *Gschwendtner*, DStR 1999, Beihefter zu Heft 32/1999, S. 4; *Kreft*, Steuerrecht schnell erfaßt, S. 119.

erzielt werden. § 17 EStG befindet sich, im Anschluss an § 16 EStG, allerdings im Bereich der Gewinneinkunftsarten.[8] Die Rechtfertigung für diese Einordnung des § 17 EStG lag damals nicht etwa in der höheren Leistungsfähigkeit des Steuerpflichtigen, sondern allein in der besonderen Qualität des Anteilsbesitzes (nämlich der mitunternehmerischen Qualität).[9] Mit dieser Sichtweise wurde eine Wertentscheidung zum Mitunternehmer getroffen, wobei sich im Hinblick auf einzelne Tatbestandsmerkmale nur in typisierender Weise an die Besteuerung von Mitunternehmeranteilen angelehnt wurde.[10] Es wird letztendlich nicht das Vorhandenseins eines Gewerbebetriebs fingiert, sondern lediglich die Art des Veräußerungsgewinns bestimmt.[11]

I. § 23 EStG und § 21 UmwStG

1. § 23 EStG

Private Veräußerungsgeschäfte (früher: Spekulationsgeschäfte) sind gesetzlich in § 22 Nr. 2 EStG i.V.m. § 23 EStG fixiert. Es ist anzumerken, dass es sich nicht um eine Spekulation im gebräuchlichen Sinne handelt. Daher ist es im Steuerrecht auch ohne Bedeutung, ob ein Steuerpflichtiger mit oder ohne Spekulationsabsicht tätig geworden ist. Bei der Beurteilung, ob es sich um ein Spekulationsgeschäft handelt, ist auf den Zeitraum zwischen Anschaffung und Veräußerung abzustellen.[12] Es kommt deshalb allein auf die Veräußerung innerhalb der Fristen an. Eine gewollte Spekulation außerhalb der Frist bleibt aus diesem Grunde steuerlich unbeachtlich. Spekulationsgeschäfte sind Veräußerungsgeschäfte über Wirtschaftsgüter, wobei eine entgeltliche Übertragung des entsprechenden Wirtschaftsgutes auf eine andere Person erfolgen muss. Maßgeblich für die Anschaffung und die Veräußerung sind dabei die schuldrechtlichen Verträge.

Gem. der §§ 22 Nr. 2, 23 EStG ist – als Ausnahme zur Quellentheorie – die „Quelle" zu versteuern, wenn sie innerhalb einer gewissen Frist wieder veräußert wird. Mit der sog. Spekulationsbesteuerung sollen missbräuchliche Gestaltungen von schnellen Zukäufen und Verkäufen und damit schnell realisierten steuerfreien Wertsteigerungen verhindert werden. Damit soll dem Motiv der „Spekulationsabsicht" eine Steuerbarkeit zugrunde gelegt werden.[13] Tritt dieses Motiv allerdings hinter die Überschusserzielungsabsicht (Verwertung der „Früchte") in den Hintergrund (nach Ablauf der Fristen des § 23 EStG), so sind die Gewinne bei Veräußerung der Quelle nicht mehr steuerbar. Auf die Problematik der Veräußerung einer „wesentlichen Beteiligung" innerhalb der Spekulationsfrist wurde bereits oben

8 *Schneider* in Kirchhof/Söhn, EStG, § 17 Rdnr. A66.
9 Heute genau anders: *Schmidt/Weber-Grellet*, EStG, § 17 Rz. 3.
10 Dazu: *Schulte*, DB 2000, 1043, 1044.
11 *Ebling* in Blümich, EStG, § 17 Rz. 56.
12 *Crezelius*, Steuerrecht II, S. 110 f.
13 *Perridon/Steiner*, Finanzwirtschaft der Unternehmung, S. 335 und 338, die die § 17 EStG und § 21 UmwStG ganz vernachlässigen.

näher eingegangen, wobei § 23 Abs. 1 Nr. 2 EStG Vorrang erhält.[14]

2. § 21 UmwStG

Die Einbringung eines Betriebs, Teilbetriebs oder Mitunternehmeranteils in eine Kapitalgesellschaft[15] kann zu einem Gewinnrealisierungstatbestand führen[16], wenn als Gegenleistung zur Einbringung Gesellschaftsrechte gewährt[17] und durch die Einbringung nicht alle stillen Reserven aufgedeckt werden.[18] Dies begründet eine Sachgründung oder eine Sachkapitalerhöhung. Grundsätzlich sind die stillen Reserven, welche in dem eingebrachten Betriebsvermögen enthalten sind, bei einer Veräußerung aufzudecken. Dennoch enthält § 20 UmwStG ein Wahlrecht für den Wertansatz[19], der die entscheidende Voraussetzung für das Vorliegen eines einbringungsgeborenen Anteils darstellt.[20] Die Merkmale der Besteuerung sind anschließend in § 21 UmwStG geregelt[21], welcher sich dabei ausschließlich auf die Besteuerung der Substanz der Anteile beschränkt.[22] Eine Besteuerung des Veräußerungsgewinns erfolgt nach § 16 EStG i.V.m. § 34 Abs. 1 EStG[23], wobei die ermäßigte Besteuerung nach § 34 EStG nur bei einem Teilwertansatz erfolgen darf, da nur dann alle stillen Reserven aufgedeckt worden sind.[24] Bei einem Zwischenwertansatz tritt eine Besteuerung nach dem normalen Steuertarif ein.[25]

Die Veräußerung von einbringungsgeborenen Anteilen (§ 21 UmwStG) und die damit verbundene Besteuerung eines Veräußerungsgewinns stellt somit die dritte Ausnahme der Besteuerung von Privatvermögen dar[26], auch wenn die Veräußerung solcher Anteile stets steuerpflichtig ist. Dies gilt unabhängig davon, ob die Anteile im Betriebs- oder Privatvermögen liegen und unabhängig von den Beteiligungsquoten.[27] Bei einer steuerrechtlichen Einbringung einer Personengesellschaft oder eines Einzelunternehmens in eine Kapitalgesellschaft (sog. Sacheinlage)[28] darf das eingebrachte Vermögen unter anderem zum Buchwert

---

[14] *Schmidt/Weber-Grellet*, EStG, § 17 Rz. 14.

[15] Ausführlich zum Einbringungsgegenstand: *Friederichs* in Haritz/Benkert, Umwandlungsteuergesetz, § 20 Anm. 37 ff.

[16] *Schneider* in Kirchhof/Söhn, EStG, § 17 Rdnr. A106; *Hörger* in *Littmann/Bitz/Pust*, EStG, § 17, RZ. 7.

[17] Zum persönlichen Geltungsbereich des § 21 UmwStG: *Haritz* in Haritz/Benkert, Umwandlungsteuergesetz, § 21 Anm. 10 ff.; *Pauka*, NWB, Fach 18, 3719, 3721 f.

[18] *Widmann/Mayer*, Umwandlungsrecht, § 21 UmwStG, Rdn. 6; *Gosch* in Kirchhof, EStG § 17, Rn. 27; *Meichelbeck/Vollath*, DStR 2001, 2189.

[19] Dazu ausführlich: *Friederichs* in Haritz/Benkert, Umwandlungsteuergesetz, § 20 Anm. 108 ff.

[20] *Haritz* in Haritz/Benkert, Umwandlungsteuergesetz, § 21 Anm. 1.

[21] *Wacker*, NWB, Fach 18, 3601, 3605.

[22] *Widmann/Mayer*, Umwandlungsrecht, § 21 UmwStG, Rdn. 4.

[23] *Strahl*, KÖSDI 2001, 12734, 12735.

[24] *Haritz* in Haritz/Benkert, Umwandlungsteuergesetz, § 21 Anm. 240 ff.

[25] *Crezelius*, Steuerrecht II, S. 77.

[26] Generell dazu: *Frotscher*, EStG, § 17 Rn. 15; *Crezelius*, Steuerrecht II, S. 77.

[27] *Widmann/Mayer*, Umwandlungsrecht, § 21 UmwStG, Rdn. 7; *Haritz* in Haritz/Benkert, Umwandlungsteuergesetz, § 21 Anm. 2; *Haritz*, DStR 2000, 1537.

[28] *Haritz*, DStR 2000, 1537 ff. mit weiteren Beispielen; *Wacker*, NWB, Fach 18, 3601, 3605.

angesetzt werden. Wählt die übernehmende Kapitalgesellschaft nicht den Teilwert, so sind die Anteile an der Kapitalgesellschaft – unabhängig von § 17 EStG[29] – als sog. einbringungsgeborene Anteile steuerverstrickt, da nicht alle stillen Reserven aufgedeckt worden sind.[30] Bei der Veräußerung der Anteile oder bei gem. § 21 Abs. 2 S. 1 UmwStG gleichgestellten Sachverhalten müssen die aufgedeckten stillen Reserven dann versteuert werden.[31] Eine Abspaltung stiller Reserven erfolgt daher nur, wenn der Erwerb unter dem Teilwert lag.[32] Bei dieser Fallgestaltung wird von einbringungsgeborenen Anteilen gesprochen.[33]

Liegen die Voraussetzungen sowohl von § 21 UmwStG als auch von § 17 EStG vor, so wird § 17 EStG durch § 21 UmwStG als Spezialvorschrift verdrängt.[34] § 17 EStG erfasst keine Anteile des Privatvermögens, die durch die Einbringung eines Betriebs, Teilbetriebs oder Mitunternehmeranteils in eine Kapitalgesellschaft erworben worden sind.[35] Eine Ausnahme dieses Grundsatzes, d.h. die Vorrangigkeit des § 17 EStG zu § 21 UmwStG, liegt vor, wenn die Einbringung der Anteile zum Teilwert erfolgt ist[36], denn dann sind alle vor der Einbringung existierenden stillen Reserven bereits aufgedeckt worden.[37] I.E. ist eine kapitalgesellschaftsrechtliche Beteiligung unabhängig von der Beteiligungsquote des § 17 Abs. 1 S. 4 EStG steuerverstrickt, wenn noch nicht die gesamten stillen Reserven aufgedeckt worden sind.[38] Dies hat zur Folge, dass im Falle eines Realisierungstatbestandes des § 21 UmwStG sowohl die während der Existenz der Mitunternehmerschaft als auch während der Dauer der Beteiligung an der Kapitalgesellschaft aufgelaufenen stillen Reserven erfasst werden.[39] Zudem hat § 21 UmwStG auch Vorrang vor § 23 EStG, d.h. auch eine Veräußerung innerhalb der Spekulationsfrist zieht eine Besteuerung gem. § 21 UmwStG nach sich.[40]

---

[29] *Schmidt/Weber-Grellet*, EStG, § 17 Rz. 12 f.

[30] *Frotscher*, EStG, § 17 Rn. 15; *Haritz*, DStR 2000, 1537 ff.

[31] *Pauka*, NWB, Fach 18, 3719, 3721; *Crezelius* in Festschrift für Karlheinz Boujong, S. 47, 49 m.w.N.; *Crezelius*, DB 1997, 195.

[32] *Gram/Federmann*, Handbuch der Bilanzierung, Kapitel 59, Rz. 60.

[33] *Crezelius* in Festschrift für Siegfried Widmann, S. 241, 246; näheres hierzu: *Haritz*, DStR 2000, 1537 ff.

[34] *Boochs* in Dankmeyer/Giloy, EStG, § 17 Rz. 12; *Frotscher*, EStG, § 17 Rn. 15; *Widmann/Mayer*, Umwandlungsrecht, § 21 UmwStG, Rdn. 12; *Vogt*, DStR 1999, 1596, 1597.

[35] *Wassermeyer* in *Crezelius*, Die GmbH und ihre Gesellschafter, S. 76; ebenso: Gratz/Müller, DStR 1996, 281.

[36] *Boochs* in Dankmeyer/Giloy, EStG, § 17 Rz. 31.

[37] *Frotscher*, EStG, § 17 Rn. 15; *Schmidt/Weber-Grellet*, EStG, § 17 Rz. 13.

[38] *Crezelius* in Festschrift für Siegfried Widmann, S. 241, 247.

[39] *Crezelius* in Festschrift für Siegfried Widmann, S. 241, 257, der dieses aufgrund der freien Entscheidungsmöglichkeit des Steuerpflichtigen bei Einbringung nicht für sachwidrig erachtet.

[40] *Biergans*, Einkommensteuer und Steuerbilanz, S. 713.

Das seit 1.1.2001 geltende StSenkG enthält nun allerdings einige Sonderregeln für einbringungsgeborene Anteile i.S.d. § 21 UmwStG[41], wobei folgende Grundsätze hervorzuheben sind.[42] Gem. § 8b Abs. 2 KStG n.F. wird in Zukunft der Verkauf von Anteilen an Kapitalgesellschaften **durch Kapitalgesellschaften** steuerfrei gestellt.[43] Dies gilt auch für einbringungsgeborene Anteile, jedenfalls nach Ablauf der Siebenjahresfrist (§ 8b Abs. 4 S. 2 KStG n.F.) zwischen dem Entstehen der einbringungsgeborenen Anteile und dem Veräußerungszeitpunkt.[44] Die Steuerfreiheit i.S.d. § 8b Abs. 2 KStG gilt allerdings nicht für den Gewinn, der aufgrund einer Antragsstellung gem. § 21 Abs. 2 S. 1 Nr. 1 UmwStG entsteht.[45]

Zudem wird der Verkauf von Anteilen an Kapitalgesellschaften **durch natürliche Personen und Personengesellschaften** durch das Halbeinkünfteverfahren teilweise steuerfrei gestellt, da die Veräußerung von Anteilen i.S.d. § 21 UmwStG stets als Gewinne i.S.d. § 16 Abs. 2 EStG behandelt werden; allerdings auch wiederum erst nach Ablauf von sieben Jahren (§ 3 Nr. 40 S. 4 EStG n.F.).[46] Zu beachten ist allerdings, dass das Halbeinkünfteverfahren zur Zeit nur zum Tragen kommt, wenn die Einbringung in eine inländische Kapitalgesellschaft erfolgt ist.

Bei ausländischen Gesellschaften verweist § 21 UmwStG auf § 23 Abs. 4 UmwStG[47], welcher in § 3 Nr. 40 Abs. 3 EStG n.F. nicht erwähnt ist, wobei dies von der Literatur[48] wiederum als redaktioneller Fehler betrachtet wird, der noch behoben bzw. im Rahmen einer analogen Anwendung verhindert werden soll.[49] Die gleiche Problematik besteht für Veräußerungen durch Kapitalgesellschaften i.S.d. § 8b KStG.[50] Die Veräußerungssperrfrist von 7 Jahren hat der Gesetzgeber eingeführt, damit eine missbräuchliche Nutzung des Halbeinkünfteverfahrens verhindert werden kann.[51]

Problematisch ist die Veräußerung der einbringungsgeborenen Anteile vor Ablauf der Siebenjahresfrist, denn in diesem Fall soll weder die steuerliche Freistellung der Veräußerung der Anteile i.S.d. § 8b KStG n.F. noch das Halbeinkünfteverfahren

---

41 Dazu: *Meichelbeck/Vollath*, DStR 2001, 2189 ff.

42 *Lishaut/Förster*, GmbHR 2000, 1121, 1125; *Crezelius*, DB 2001, 221, 228; *Rieger*, Unternehmens(ver)kauf nach der Unternehmenssteuerreform, 2001, S. 15.

43 *Kanzler*, FR 2000, 1245, 1250.

44 *Widmann/Mayer*, Umwandlungsrecht, § 21 UmwStG, Ergänzende Kommentierung, Rdn. 3; *Seibt*, DStR 2000, 2061 ff.; *Haritz*, DStR 2000, 1537, 1542; *Rieger*, Unternehmens(ver)kauf nach der Unternehmenssteuerreform, S. 60 ff.; *Kanzler*, FR 2000, 1245, 1250.

45 *Widmann/Mayer*, Umwandlungsrecht, § 21 UmwStG, Ergänzende Kommentierung, Rdn. 10.

46 *Haritz*, DStR 2000, 1537, 1542 ff.; *Strahl*, KÖSDI 2001, 12734, 12739; *Rieger*, Unternehmens(ver)kauf nach der Unternehmenssteuerreform, S. 37; *Meichelbeck/Vollath*, DStR 2001, 2189, 2191.

47 *Widmann/Mayer*, Umwandlungsrecht, § 21 UmwStG, Rdn. 17; *Haritz* in Haritz/Benkert, Umwandlungsteuergesetz, § 21 Anm. 11 ff.

48 Für viele: *Strahl*, KÖSDI 2001, 12734, 12738 m.w.N.

49 So: *Lishaut/Förster*, GmbHR 2000, 1121, 1126 f. mit Gestaltungsmöglichkeit.

50 Ausführlich: *Rieger*, Unternehmens(ver)kauf nach der Unternehmenssteuerreform, S. 70 ff.

51 Dazu: *Seibt*, DStR 2000, 2061, 2063; *Strahl*, KÖSDI 2001, 12734.

Geltung erlangen.[52] *Crezelius*[53] wirft allerdings die Frage auf, ob eine Kapitalgesellschaft, die per se Betriebsvermögen hat, überhaupt einbringungsgeborene Anteile i.S.d. § 21 UmwStG halten kann, da § 21 UmwStG eine Sonderregel zu § 17 EStG darstellt, welche lediglich für Anteile im Privatvermögen zutreffend ist. I.E. lässt er dies aber mit Verweis auf *Widmann/Mayer*[54] offen.

Die Unübersichtlichkeit der Vorschrift des § 8b Abs. 4 KStG n.F. erfordert demzufolge drei Prüfschritte, um festzustellen, ob die Anteile auch wirklich steuerfrei veräußert werden können.[55] § 8b Abs. 4 S. 1 Nr. 1 und 2 KStG n.F. stellen zunächst einmal eine Durchbrechung der Steuerbefreiung des § 8b Abs. 2 KStG n.F. dar.[56] In § 8b Abs. 4 S. 2 Nr. 1 und 2 erster Halbsatz KStG n.F. befinden sich Rückausnahmen von der vorher genannten Durchbrechung der Steuerfreiheit, so dass hiernach die steuerfreie Veräußerung wiederum möglich wäre. Allerdings wird in § 8b Abs. 4 S. 2 zweiter Halbsatz KStG n.F. die Rückausnahme des § 8b Abs. 4 S. 2 erster Halbsatz KStG n.F wieder aufgehoben.[57] Ebenfalls problematisch ist die steuerliche Berücksichtung eines Verlustes innerhalb der Siebenjahresfrist.[58]

Nach Auffassung von *Korn/Strahl*[59] liegen im Fall der Veräußerung der einbringungsgeborenen Anteile vor Ablauf der Siebenjahresfrist durch natürliche Personen bzw. Personengesellschaften außerordentliche Einkünfte i.S.d. § 34 Abs. 2 Nr. 1 EStG vor.[60] Dies ergibt sich zum einen daraus, dass in § 21 Abs. 1 Satz 1 UmwStG nach wie vor geregelt ist, dass die Veräußerung einbringungsgeborener Anteile zu einem Veräußerungsgewinn i.S.d. § 16 EStG führt, und zum anderen die Anwendung von § 34 EStG in § 21 UmwStG nicht ausgeschlossen wird, auch wenn der bisherige Satz 2 in § 21 UmwStG aufgehoben worden ist.[61] Zudem ist zu berücksichtigen, dass in § 34 Abs. 2 Nr. 1 EStG n.F. nur derjenige Teil der begünstigten Veräußerungsgewinne ausgenommen wird, der nach § 3 Nr. 40 Buchstabe b) EStG n.F. i.V.m. § 3c Abs. 2 EStG n.F. teilweise steuerbefreit ist. Dies sind mit Bezug auf einbringungsgeborene Anteile nur Veräußerungen nach Ablauf der Siebenjahresfrist.[62]

---

52 *Crezelius*, DB 2001, 221, 228; *Haritz*, DStR 2000, 1537; *Seibt*, DStR 2000, 2061, 2063 f.; *Lishaut/Förster*, GmbHR 2000, 1121, 1125 ff.

53 *Crezelius*, DB 2001, 221, 229.

54 *Widmann/Mayer*, Umwandlungsrecht, § 21 UmwStG, Rdn. 18.

55 *Rieger*, Unternehmens(ver)kauf nach der Unternehmenssteuerreform, S. 17 und mit ausführlichen Beispielen ab S. 60 ff.

56 *Lishaut/Förster*, GmbHR 2000, 1121, 1127; *Strahl*, KÖSDI 2001, 12734, 12735 f.

57 *Lishaut/Förster*, GmbHR 2000, 1121, 1127; *Strahl*, KÖSDI 2001, 12734, 12736 f.

58 *Widmann/Mayer*, Umwandlungsrecht, § 21 UmwStG, Ergänzende Kommentierung, Rdn. 14 ff.; *Haritz*, DStR 2000, 1537, 1542 ff.

59 *Korn/Strahl*, NWB, Fach 2, 7443, 7456.

60 Ebenso: *Strahl*, KÖSDI 2001, 12734, 12739; a.A.: *Oppenhoff & Rädler*, Reform der Unternehmensbesteuerung, S. 370 f.

61 *Widmann/Mayer*, Umwandlungsrecht, § 21 UmwStG, Ergänzende Kommentierung, Rdn. 19; *Strahl*, KÖSDI 2001, 12734, 12740.

62 Ähnlich: *Meichelbeck/Vollath*, DStR 2001, 2189, 2191 f.

Handelt es sich um einen einbringungsgeborenen Anteil i.S.v. § 21 Abs. 1 S. 1 UmwStG und sind die Tatbestandsvoraussetzungen des § 3 Nr. 40 S. 4 EStG n.F. nicht erfüllt, so findet das Halbeinkünfteverfahren keine Anwendung. Demnach ist der gesamte Veräußerungserlös bei der Ermittlung mit einzubeziehen. Die Frage, ob und inwieweit auch die gesamten Anschaffungskosten zu berücksichtigen sind, richtet sich nach § 3c Abs. 2 S. 1 Halbsatz 2 EStG n.F. Danach dürfen die Anschaffungskosten für die Beteiligung bei der Ermittlung der Einkünfte nur zur Hälfte abgezogen werden. Etwas anderes würde nur dann gelten, wenn der Anwendungsbereich von § 3c Abs. 2 EStG n.F. und § 3 Nr. 40 EStG n.F. deckungsgleich wäre. Dies ist jedoch ausweislich des § 3c Abs. 2 S. 2 EStG n.F. ausdrücklich nicht der Fall.[63] Die Regelung des § 3c Abs. 2 S. 1 EStG n.F. findet danach m.E. vielmehr gerade auch in den Fällen des § 3 Nr. 40 S. 3 EStG n.F. Anwendung, wenn das Halbeinkünfteverfahren gem. § 3 Nr. 40 EStG n.F. nicht zur Anwendung kommt, weil es sich bei den veräußerten Anteilen um einbringungsgeborene Anteile i.S.v. § 21 UmwStG handelt.[64] Diese Ungereimtheiten treten auch im Veräußerungsfall durch eine Kapitalgesellschaft i.S.d. § 8b KStG auf.[65] Eine zusammenfassende Darstellung der Veräußerung von einbringungsgeborenen Anteilen findet sich bei *Meichelbeck/Vollath*[66].

Als **Exkurs** ist zu erwähnen, dass ähnliche Anteile im Rahmen des § 21 UmwStG wohl nur im Falle der Einbringung (§ 20 UmwStG) in eine Vorgesellschaft auftreten können.[67] Alle anderen Konstellationen sind ausgeschlossen, da § 21 UmwStG auf § 20 UmwStG verweist, in dem geregelt ist: „Wird ein Betrieb oder Teilbetrieb oder Mitunternehmeranteil in eine **unbeschränkt körperschaftsteuerpflichtige Kapitalgesellschaft** (§ 1 Abs. 1 Nr. 1 des Körperschaftsteuergesetzes) eingebracht und erhält der Einbringende dafür **neue Anteile** an der Gesellschaft (Sacheinlage)..." (*Fettgedrucktes durch Verfasser*).

Eine ausländische Kapitalgesellschaft kann zwar durch den Typenvergleich als Kapitalgesellschaft i.S.d. § 1 Abs. 1 Nr. 1 KStG qualifiziert werden, jedoch verweist § 21 UmwStG i.V.m. § 20 Abs. 1 S. 1 UmwStG auf eine unbeschränkt steuerpflichtige Kapitalgesellschaft[68], in die eingebracht werden soll, und das dürfte eine ausländische Gesellschaft im Regelfall in Deutschland nicht sein.[69] Eine atypisch stille Gesellschaft kann Einbringungsgegenstand sein und wird auch als Mitunternehmerschaft qualifiziert[70], doch würden auch die im Falle der Einbringung

---

63 *Rieger*, Unternehmens(ver)kauf nach der Unternehmenssteuerreform, S. 43 f.

64 Dazu auch: *Crezelius*, DB 2001, 221, 229.

65 Dazu: *Widmann/Mayer*, Umwandlungsrecht, § 21 UmwStG, Ergänzende Kommentierung, Rdn. 13.

66 *Meichelbeck/Vollath*, DStR 2001, 2189, 2193.

67 *Schneider* in Kirchhof/Söhn, EStG, § 17 Rdnr. A106.

68 *Friederichs* in Haritz/Benkert, Umwandlungsteuergesetz, § 20 Anm. 6.

69 Einbringungsgegenstand hingegen kann auch eine beschränkt steuerpflichtige Kapitalgesellschaft sein; so: *Friederichs* in Haritz/Benkert, Umwandlungsteuergesetz, § 20 Anm. 83; dies ändert allerdings nichts am Recht der Kapitalgesellschaft, welche nach der Einbringung besteht.

70 *Friederichs* in Haritz/Benkert, Umwandlungsteuergesetz, § 20 Anm. 64.

i.S.d. §§ 20 ff. UmwStG gewährten Anteile wohl als echte einbringungsgeborene Anteile behandelt werden. Damit käme es zu echten einbringungsgeborenen Anteilen und nicht zu ähnlichen Anteilen. Aufgrund der Tatsache, dass § 20 Abs. 1 S. 1 UmwStG von der Gewährung „neuer Anteile" spricht, § 21 UmwStG auf § 20 UmwStG verweist und eben gerade keine Erwähnung weiterer „Anteilsarten" – wie in § 17 EStG – erfolgt, können innerhalb des § 21 UmwStG i.V.m. § 20 UmwStG die restlichen Gestaltungen mit Genussrechten, Anwartschaften, eigenkapitalersetzenden Leistungen und typisch stillen Gesellschaften zu keiner ähnlichen Beteiligung i.S.d. § 21 UmwStG führen. I.E. kann es sich bei den „neuen Anteilen" nur um Gesellschaftsanteile in Form von Aktien oder GmbH-Anteilen handeln.[71]

§ 21 UmwStG ist innerhalb des UmwStG sicherlich richtig hinter § 20 UmwStG eingereiht worden. Insoweit ist das System stimmig. Man könnte allerdings der Meinung sein, dass es sich nicht mehr um den Einbringungsvorgang als solchen handelt, sondern um die Besteuerung der Anteilseigner und die unterfallen im Regelfall dem EStG bzw. dem KStG. Aufgrund der Tatsache, dass § 21 UmwStG – ebenso wie die §§ 17, 23 EStG – eine Sonderrolle im Rahmen der Durchbrechung der Quellentheorie einnimmt, wäre es auch denkbar, § 21 UmwStG mit in das Einkommensteuerrecht einzubeziehen. Auf diese Möglichkeit wird weiter unten noch näher eingegangen.

II. § 17 EStG

Zum Aufbau, zur Systematik und auch zur Stellung des § 17 EStG wurde innerhalb dieser Arbeit bereits[72] alles Wesentliche gesagt. Darum soll hier nur noch einmal ein kurzer kritischer Aufriss der wichtigsten Argumente für die aktuelle Position des § 17 EStG innerhalb des Einkommensteuerrechts erfolgen.

Bei den Versuchen, § 17 EStG auszulegen, stellte sich immer wieder die Frage nach dessen Zweck und Einordnung bezüglich der anderen Vorschriften des Einkommensteuergesetzes. Trotz seines Umfangs mit einer Vielzahl von Einzelregelungen lässt § 17 EStG diese Frage offen; auch die Nähe zu den Vorschriften über die gewerblichen Einkünfte gem. der §§ 15 und 16 EStG ist insofern wenig hilfreich.[73] Gerade wenn man die Besteuerung der gewerblichen Erträge – insbesondere die Erträge aus Anteilen an einer Mitunternehmerschaft – als vergleichbaren Tatbestand bei der Auslegung des § 17 EStG heranzieht, erscheinen dessen Regelungen in mancher Hinsicht ungereimt. Warum bleibt z.B. die Beteiligung gem. § 17 EStG im Privatvermögen, wenn sie dem Mitunternehmeranteil doch so ähnlich ist? Oder warum erfolgt eine Beschränkung auf eine Beteiligung mit 1 v.H.? Selbst Erträge aus Zwerganteilen des Kommanditisten

[71] *Widmann/Mayer*, Umwandlungsrecht, § 21 UmwStG, Rdn. 6913; *Friederichs* in Haritz/Benkert, Umwandlungsteuergesetz, § 20 Anm. 94.
[72] Siehe hierzu: § 1, § 2 und § 4, B, II. und III.
[73] So bereits: *Strutz*, Kommentar zum EStG 1925, § 30 Anm. 2, als die §§ 16 und 17 EStG sogar noch in einem einzigen Paragraphen vereinigt waren (§ 30 EStG 1925).

führen zu gewerblichen Einkünften, obwohl hier Mitunternehmerinitiative und -risiko in der Regel sehr reduziert sein dürften. Andererseits könnte z.B. der Gesellschafter einer GmbH oder AG bereits dann dem Kommanditisten vergleichbare Rechte haben, wenn seine Beteiligung 1 v.H. nicht überschreitet.[74]

Bereits *Becker*[75] führte zu § 30 Abs. 3 EStG 1925, dem Vorläufer des § 17 EStG, aus: „Es werde in den Fällen des § 30 Abs. 3 EStG 1925 ein Gewerbebetrieb fingiert, obgleich zweifellos kein Gewerbebetrieb bestanden habe. Dabei lasse die Vorschrift, weil sie auch die Veräußerung bloßer Anwartschaften auf Beteiligungen treffe, die Absicht möglichst umfassender Anwendung erkennen."[76]

Mit der (heutigen) Anknüpfung an das Grund- bzw. Stammkapital wurde im Interesse der einfachen Handhabung der Vorschrift eine fast „feste Grenze" vorgegeben, damit keine allzu großen Ermessensspielräume entstehen.[77] Geht man von dieser m.E. konsequenten und richtigen Betrachtungsweise aus, so kann die Stellung von § 17 EStG in der Nähe der gewerbliche Einkünfte nicht mehr gerechtfertigt werden.[78]

B. Kritische Würdigung und Lösungsansätze der Literatur

Die Durchbrechungen der Quellentheorie sind durchaus vielschichtig und sehr bedeutend. Auch besitzt die Quellentheorie, welche für die Überschusseinkunftsarten i.S.d. § 2 Abs. 1 Nr. 3 bis 7 EStG maßgebend ist, durchaus große Schwächen. Durch die §§ 17 und 23 EStG sowie § 21 UmwStG wurde versucht, die Schwächen der Quellentheorie zu korrigieren. Dies ist nur zum Teil gelungen, denn es lassen sich noch deutliche Problemfelder, wie z.B. die Länge der Spekulationsfristen, erkennen. Auch im Umwandlungssteuerrecht bestehen Problemfelder, wozu allerdings aufgrund der Tatsache, dass das Umwandlungssteuerrecht ständigen Veränderungen unterworfen ist, aktuell keine endgültigen Aussagen getroffen werden können.[79]

M.E. sind Wesen und Zweck der §§ 17 und 23 EStG sowie des § 21 UmwStG dahingehend zu verstehen, dass die bisher gültige Quellentheorie, aufgrund der sich geänderten auftretenden Fälle in der Praxis nicht mehr ohne Veränderungen Bestand haben konnte. Eine Anpassung an die heute auftretenden Geschäftsvorfälle hatte man bis dato mit eben diesen Ergänzungen (Durchbrechungen) versucht. Doch muss für die Zukunft über eine Reform der Quellentheorie und ihrer Anwendbarkeit bei den Überschusseinkunftsarten nachgedacht werden.

---

74 *Wolff-Diepenbrock* in Festschrift Franz Klein, S. 875 f.
75 *Becker*, StuW 1931, Sp. 1283, 1303.
76 Dazu auch: *Crezelius*, DB 2003, 230, 231.
77 *Schweyer/Dannecker*, BB 1999, 1732 f., mit Bezug auf die amtliche Begründung zu § 30 EStG 1925.
78 Ebenso: *Schulte*, DB 2000, 1043, 1044.
79 *Schneider* in Kirchhof/Söhn, EStG, § 17 Rdnr. A510 ff.

Die beschriebene Situation zeigt daher den möglichen Konflikt zwischen einem an sich schlüssigen System und Einzelfallregelungen auf.[80] Wie das Wort „Steuersystem" schon sagt, sollte ein klares und strukturell logisches System vorherrschend sein. Auch der Begriff „Gesetz über die Einkommensteuer bzw. Umwandlungsteuer" verlangt ein derart richtiges System.[81] Nun mag sich manch einer der Leser denken, dass dieses „System" - angesichts der Vielzahl von einzelfallspezifischen gesetzlichen Neuregelungen und unüberlegten Steuerreformen - längst abhanden gekommen ist[82] und heute eher ein „chaotisches Steuerrecht"[83] existiert[84], welches häufig pro fiskalisch angelegt ist.[85]

Doch sollte all dies nicht zur Resignation verleiten, sondern es sollte vielmehr weiterhin – neben den grundlegenden Veränderungen im Rahmen der Steuerreform und des Steuersenkungsgesetzes auf Basis der sog. „Brühler Empfehlungen"[86] – auf eine Erneuerung des Steuersystems gedrängt werden.[87] *Crezelius*[88] spricht sich dabei für mehr „Fairness im Steuerrecht" sowohl auf Seiten von Legislative und Exekutive sowie auf Seiten der steuerlichen Berater aus.

Im Rahmen dieser Arbeit ist es allerdings nicht möglich, sich grundsätzliche Gedanken zu einem vernünftigen allumfassenden Steuersystem zu machen. Die entwickelten Ideen werden sich demzufolge allein auf die systematische Einordnung der §§ 17, 23 EStG sowie § 21 UmwStG beschränken. Die größten Probleme im Rahmen des § 17 EStG ergeben sich dabei durch seine „Zwitterstellung" zwischen den Einkünften aus Gewerbebetrieb und Kapitalvermögen. Genau aus diesem Grund war eine systematische Einordnung bisher schwierig und führte bei Abgrenzungsfragen, so z.B. bei der Nichtanwendung des Zuflussprinzips (§ 11 EStG), häufig zu Schwierigkeiten.[89]

---

[80] *Schneider* in Kirchhof/Söhn, EStG, § 17 Rdnr. A511.

[81] Ähnlich schon: *Fuisting*, Die Einkommensbesteuerung der Zukunft in Anknüpfung an das preußische Einkommensteuergesetz, S. 270 ff. und insbesondere S. 276; ebenso: *Schellenberger*, DStR 1985, 163, 169.

[82] *Inzelmann/van Lengerich*, DStR 2002, 705, 709, die von „mangelnder Qualität" sprechen.

[83] *Knoll*, IStR 2002, 325, 326.

[84] So: *Crezelius*, Stbg 2001, Editorial.

[85] *Crezelius*, BB 2002, 1121, 1123.

[86] Brühler Empfehlungen zur Reform der Unternehmensbesteuerung v. 30.4.1999, GmbHR 1999, 598 ff.

[87] Z.B. Kirchhof mit dem „Karlsruher Entwurf zur Reform des Einkommensteuergesetzes", DStR 2001, 917 ff.

[88] *Crezelius*, Stbg 2001, Editorial.

[89] Ähnlich: *Züll*, Die Einkommensteuer bei der Veräußerung wesentlicher Beteiligungen, S. 125.

In den folgenden kritischen Würdigungen wird ausschließlich auf § 17 EStG eingegangen, da § 23 EStG und § 21 UmwStG im Steuersystem grundsätzlich nicht falsch eingeordnet wurden und es daher lediglich einer neuen Gesamtkonzeption bezüglich der drei Paragraphen bedarf.

Zur Begründung von § 30 Abs. 3 EStG 1925, der Vorgängervorschrift des heutigen § 17 EStG, dienten im Wesentlichen zwei Aspekte: Zum einen sollte die Möglichkeit der teilweisen steuerfreien Entstrickung von Mitunternehmeranteilen durch vorausgehende Umwandlung in eine Kapitalgesellschaft verhindert werden.[90] Zum anderen wird ausgeführt, dass Kapitalgesellschaften wirtschaftlich Einzelbetrieben, offenen Handelsgesellschaften oder Kommanditgesellschaften sehr nahe stehen, wenn sich die Anteile an der Gesellschaft insgesamt oder zu großen Teilen in den Händen einer oder weniger Personen befinden und die entsprechende Möglichkeit der Einflussnahme auf Ausschüttungs- oder Rücklagenpolitik besteht.[91] Bereits § 30 Abs. 3 EStG 1925 enthielt eine 2%-ige Freigrenze bei der Veräußerung von Kapitalgesellschaftsanteilen.

Dem Gesetzgeber muss klar gewesen sein, dass der tatsächlich erzielte Veräußerungsgewinnbetrag unter der 2% Freigrenze bei großen Kapitalgesellschaften durchaus wesentlich höher sein konnte, als der Veräußerungserlös einer „wesentlichen" Beteiligung an einer kleinen Gesellschaft. Auch dies belegt, dass es von der Konzeption her nicht um die Besteuerung privater Wertzuwächse ging, sondern ausschließlich um eine gleichlaufende Besteuerung der Veräußerungsgewinne aus mitunternehmerischen Beteiligungen und wesentlichem Anteilsbesitz. Die Veräußerungsfreigrenze wurde mit Wirkung ab 1934 auf 1% gesenkt, mit Wirkung ab dem Veranlagungszeitraum 1996 vollständig abgeschafft.[92] In der damaligen Gesetzesbegründung zum EStG von 1925 wurde u.a. auch vom „Ersatz für die laufende Vermögenszuwachssteuer" mit gleichzeitiger Aushebelung dieser gesprochen.[93]

„Auf Grund der wirtschaftlichen Ähnlichkeit mit Gewinnen aus Veräußerungen von Mitunternehmeranteilen werden die Gewinne oder Verluste aus der Veräußerung wesentlicher Anteile an Kapitalgesellschaften gem. § 17 EStG zu den Einkünften aus Gewerbebetrieb gezählt. Die 25%-Grenze sollte Auseinandersetzungen darüber verhindern, wann eine Beteiligung wesentlich ist und wann sie demzufolge wirtschaftlich gesehen einem Mitunternehmeranteil ähnlich ist. Unter der Beteiligung an einer Kapitalgesellschaft ist eine solche an deren Nennkapital zu verstehen."[94] Die Steuerreformkommission[95] hatte sich 1971 dafür ausgesprochen,

---

[90] *Ebling* in Blümich, EStG, § 17 Rz. 5; *Schulte*, DB 2000, 1043 f.

[91] *Ebling* in Blümich, EStG, § 17 Rz. 5.

[92] *Kröner*, StbJb 1997/98, S. 193, 195 f.; ähnlich: *Brune*, StStud 1996, 260, 261 m.w.N.

[93] *Strutz*, Kommentar zum EStG 1925, § 30, Anm. 2.

[94] *Mihatsch*, Veräußerung von wesentlichen Beteiligungen an Kapitalgesellschaften und Mitunternehmeranteilen, S. 39 und 58.

[95] *Gutachten der Steuerreformkommission 1971*, S. 88.

die Folgen des § 17 EStG bereits bei einem Beteiligungssatz von mehr als 10 v.H. eintreten zu lassen[96], denn eine Beteiligung in dieser Höhe könne – anders als beispielsweise eine Beteiligung von 5 v.H.[97] – ebenfalls als „quasi gewerblich" angesehen werden.

§ 17 EStG gehört zu den sog. Fiskalzwecknormen, die verfassungsrechtlich anhand des allgemeinen Gleichheitssatzes zu prüfen sind. Zwar ist der Gesetzgeber bei der Erschließung von Steuerquellen im Grundsatz frei, er hat hier aber die Grenzen des Gleichheitssatzes und der Willkürfreiheit zu beachten. Der Überprüfung durch das BVerfG[98] unterliegt dabei lediglich die Willkürgrenze. Die dem Gesetzgeber gezogene Willkürgrenze, und damit verbunden der Gleichheitssatz[99], gilt dann als verletzt, wenn eine Gruppe von Normadressaten im Vergleich zu anderen Normadressaten anders behandelt wird, obwohl zwischen beiden Gruppen keine Unterschiede von solcher Art und solchem Gewicht bestehen, dass sie die ungleiche Behandlung rechtfertigen könnten. Mit *Friauf* [100] ist mit Blick auf § 17 EStG zu konstatieren, dass der wohl einzige verfassungsrechtlich tragbare Differenzierungsgrund zur selektiven Erfassung privater Veräußerungsgewinne nur bei „wesentlichen Beteiligungen" an Kapitalgesellschaften bei mehr als 25% Beteiligungsbesitz in der unternehmerischen Qualität der Beteiligung besteht und dem damit verbundenen Einfluss auf die Ausschüttungspolitik und wesentliche Strukturmaßnahmen.[101]

Die Vorschrift des § 17 EStG ist deswegen in verfassungsmäßiger Hinsicht mehrfach angezweifelt worden.[102] Es wurde darauf hingewiesen, dass das System des Einkommensteuerrechts infolge der Erfassung von Wertzuwächsen auf privater Vermögensebene durchbrochen werde. Andererseits sei § 17 EStG auch im Hinblick auf den Gleichheitsgrundsatz von Art. 3 GG bedenklich, weil lediglich bei Anteilseignern mit „wesentlichen Beteiligungen" Veräußerungsgewinne erfasst werden.[103] Das BVerfG hat jedoch mit Beschluss vom 7.10.1969[104], gemessen am Leistungsfähigkeitsprinzip[105], § 17 EStG i.E. für verfassungsmäßig erklärt.[106] Dazu

[96] Dazu: *Ebling* in Blümich, EStG, § 17 Rz. 13.

[97] So aber: *Schneider* in Kirchhof/Söhn, EStG, § 17 Rdnr. A531.

[98] BVerfG v. 7.10.1969, BStBl. II 1970, 160, 165.

[99] Dazu im Hinblick auf § 8b Abs. 2 KStG n.F.: *Kanzler*, FR 2000, 1245, 1251.

[100] *Friauf*, DB 1995, Beilage 8, S. 7.

[101] *Kröner*, StbJb 1997/98, S. 193, 200 f.; ebenso: *Landsittel/Haug*, BB 1999, 2218, 2220.

[102] Für viele: *Gosch* in Kirchhof, EStG § 17, Rn. 5; *Strickrodt*, Veräußerung wesentlicher Beteiligungen aus privater Hand, S. 1 ff.

[103] Für eine generelle Steuerpflicht privater Veräußerungsgewinne: Reformentwurf des BMF, *Gutachten der Steuerreformkommission 1971*, S. 83; *Schneider*, StuW 1971, 326; kritisch: *Durchlaub*, Zur Steuerpflicht der Gewinne aus der Veräußerung von Privatvermögen, S. 35 ff.; *Schulte*, DB 2000, 1043, 1047.

[104] BVerfG v. 7.10.1969, BStBl. II 1970, 160.

[105] Zur Problematik der Abgrenzung der Leistungsfähigkeit und dem damit verbundenen Einkommensbegriff: *Schneider*, StuW 1971, 326, 327 und 329.

[106] *Schneider* in Kirchhof/Söhn, EStG, § 17 Rdnr. A282

hat das BVerfG[107] ausgeführt, die „Nähe einer Beteiligung zur Geschäftsführung der Gesellschaft, ihr möglicher Einfluss auf die Ausschüttungs- und Rücklagenpolitik ... und damit die Möglichkeit, die Voraussetzungen für die Entstehung von Veräußerungsgewinnen planmäßig herbeizuführen oder doch hierbei entscheidend mitzuwirken, könne bereits als ausreichender Grund dafür angesehen werden, Veräußerungsgewinne bei Beteiligungen von bestimmter Höhe als ‚wesentlicher' und ‚steuerwürdiger' zu erklären", denn die steuerrechtliche Wesentlichkeit von einer Beteiligung, die eine Sperrminorität vermittle, werde im Steuerrecht auch sonst anerkannt (so z.B. in § 11 Abs. 3 BewG).[108]

Die Sperrminorität, welche für die mitunternehmerähnliche Stellung entscheidend war[109], ist nach dem Absenken der „Wesentlichkeitsgrenze" auf mindestens 1% nicht mehr vorhanden.[110] Damit kann die vergleichbare Stellung zu einem Kommanditisten nicht aufrecht erhalten werden, da ein nur zu einem Prozent beteiligter Gesellschafter wohl keinen ausreichenden Einfluss auf die Kapitalgesellschaft ausüben kann.[111] Zudem stehen einem zu 1% beteiligten Gesellschafter an einer Kapitalgesellschaft lediglich die Minderheitsrechte nach § 50 GmbHG bzw. § 122 Abs. 1 AktG zu.[112] Auch sollte der Hinweis der Gleichstellung von Mitunternehmer und „wesentlich" Beteiligtem nur der Rechtfertigung einer Besteuerung der Gewinne aus der Veräußerung „wesentlicher Beteiligungen" dienen; eine weitergehende Bedeutung kam dem Hinweis nicht zu.[113]

Die Finanzverwaltung[114] ist ebenfalls der Auffassung, dass bei einem Anteilsbesitz zwischen 10 v.H. und 25 v.H. des Nominalkapitals an einer Kapitalgesellschaft nur ausnahmsweise von einem hierdurch vermittelten Einfluss auf die Geschäftsführung ausgegangen werden kann. Bei einer Beteiligung von 1 v.H. wird die Einflussnahme wohl ganz zu verneinen sein. Mit Blick über die Grenze, d.h. in die Niederlande, wo eine „wesentliche Beteiligung" bereits ab 7 v.H. am Nominalkapital vorliegt, ist auch dort zu konstatieren, dass ein unternehmerisches Engagement hinter die reine Kapitalanlage zurücktritt, da ein solches bei einer 7%-tigen Beteiligung kaum vorliegen dürfte.[115]

---

[107] BVerfG v. 7.10.1969, BStBl. II 1970, 160.

[108] *Boochs* in Dankmeyer/Giloy, EStG, § 17 Rz. 9.

[109] So noch: FG Köln v. 26.6.1996, EFG 1996, 1031, 1032 mit Bezugnahme auf die Gesetzesbegründung zum EStG 1925; zuletzt: FG Köln v. 14.10.1998, DStRE 1999, 59, 62.

[110] *Schneider* in Kirchhof/Söhn, EStG, § 17 Rdnr. A579.

[111] Siehe hierzu: *Wolff-Diepenbrock* in Festschrift Franz Klein, S. 875, 876 ff. mit Verweisen auf die unterschiedlichsten Gesetzesbegründungen und Rechtsprechungsgrundsätze.

[112] *Schneider* in Kirchhof/Söhn, EStG, § 17 Rdnr. A530 ff.; *Landsittel/Haug*, BB 1999, 2218, 2221; *Schulte*, DB 2000, 1043, 1046.

[113] *Braun*, GmbHR 1995, 211, 214; *Gschwendtner*, DStR 1999, Beihefter zu Heft 32/1999, S. 5.

[114] R 101 Abs. 1 ErbStR.

[115] *Saß*, DB 2000, 1252.

Auch kann das Motiv[116] für die Einführung des früheren § 30 Abs. 3 EStG 1925, dass sich in manchen Fällen große Anteile an Kapitalgesellschaften in wenigen Händen befinden[117], heute nicht mehr gelten.[118] Durch die Herabsetzung der „Wesentlichkeitsgrenze" war man von der früher genutzten „Kleeblatt-Lösung"[119, 120] zur „Elftelungs-Lösung"[121] übergegangen. Bei einer „Wesentlichkeitsgrenze" von nur noch einem Prozent seit dem 1.1.2002[122] machen diese Gestaltungen[123] allerdings überhaupt keinen Sinn mehr.[124]

Mehrfachstimmrechte haben – wie oben diskutiert – auf § 17 EStG ebenfalls keine Auswirkungen. Gegen die Vergleichbarkeit eines „wesentlich Beteiligten" mit einem Mitunternehmer sprechen auch die Unterschiede bei Ausschüttungen, Teilwertabschreibungen[125], die Auslegung des Begriffs der „Anschaffungskosten" sowie die Qualifikation als Betriebs- bzw. Privatvermögen.[126]

Nicht gefolgt werden kann m.E. der Auffassung *Schiffers*[127], der die Herabsetzung der „Wesentlichkeitsgrenze" begrüßt[128], weil dadurch die endgültige Annäherung der steuerlichen Erfassung von Wertzuwächsen bei Anteilseignern einer Kapitalgesellschaft zu Mitunternehmern erfolgt. Dies muss zwar als richtig testiert werden, doch stellt § 17 EStG nach wie vor eine Ausnahme der Besteuerung von **Privatvermögen** dar. Da aber bis dato von einer Änderung des Grundsatzes der Quellentheorie für die Überschusseinkünfte nichts bekannt ist, kann eine generelle Angleichung eines Beteiligten i.S.d. § 17 EStG mit einem Mitunternehmer nicht gewollt sein, denn ansonsten müssten auch die laufenden Einkünfte aus einer „wesentlichen Beteiligung" als gewerbliche Einkünfte gem. § 15 EStG qualifiziert

---

[116] *Schneider* in Kirchhof/Söhn, EStG, § 17 Rdnr. A189.

[117] *Strutz*, EStG 1925, § 30 Anm. 2; *Züll*, Die Einkommensteuer bei der Veräußerung wesentlicher Beteiligungen, S. 9.

[118] Kritisch dazu: *Ebling* in Blümich, EStG, § 17 Rz. 5; *Barth*, FR 1962, 226, 227; *Strickrodt*, Veräußerung wesentlicher Beteiligungen aus privater Hand, S. 55 f.

[119] Vier Gesellschafter, die je zu 25% beteiligt sind.

[120] *Ebling* in Blümich, EStG, § 17 Rz. 6; *Thiel*, StbJb 1996/97, 79, 82; ebenso: *Schweyer/ Dannecker*, BB 1999, 2375, 2380; *Siegle*, StStud 1999, 567, 568; *Oppenhoff & Rädler*, Reform der Unternehmensbesteuerung, S. 79.

[121] Elf Gesellschafter, die je zu 9,09% beteiligt sind.

[122] *Slabon*, DStR 2001, 2133.

[123] Mit Hinweis auf die „Anteilsrotationen" und § 50c Abs. 11 EStG: *Strahl* in Korn/Carlé/ Stahl/Strahl, EStG, § 17 Rzn. 10 und 19; *Lishaut*, DB 1997, 2190, 2193.

[124] *Eilers/Wienands*, GmbHR 2000, 405, 414; gegenteilige Auffassung: *Mihatsch*, Veräußerung von wesentlichen Beteiligungen an Kapitalgesellschaften und Mitunternehmeranteilen, S. 18 f. m.w.N.; *Thiel* in Festschrift für Siegfried Widmann, S. 567, 577, mit Bezugnahme auf die sog. „Anteilsrotation".

[125] *Strahl* in Korn/Carlé/Stahl/Strahl, EStG, § 17 Rz. 6; *Schneider* in Kirchhof/Söhn, EStG, § 17 Rdnr. A59; *Ebling* in Blümich, EStG, § 17 Rz. 56; *Thiel* in Festschrift für Siegfried Widmann, S. 567, 577.

[126] *Schulte*, DB 2000, 1043, 1044 f.

[127] *Schiffers*, GmbHR 2000, 205, 212.

[128] Ähnlich: *Kanzler*, FR 2000, 1245, 1255.

werden.[129] *Micker*[130] spricht hingegen von einem „Paradigmenwechsel“, da die Besteuerung des Privatvermögens erheblich ausgeweitet wurde.

So argumentiert auch *Wolff-Diepenbrock*[131]: „Während die Regierungsbegründung ausführlich zu rechtfertigen versucht, warum die Veräußerungsgewinne bei gewerblichem Vermögen zu erfassen sind, verwendet sie auf die Erfassung des Veräußerungsgewinns bei privaten Beteiligungen relativ wenig Worte. Konsequenterweise hätte man derartige Kapitalbeteiligungen nicht dem Privat-, sondern dem Betriebsvermögen zurechnen können, mit der Folge, dass auch die laufenden Erträge aus der Beteiligung zu Einkünften aus Gewerbebetrieb geführt hätten. Die Besonderheiten der Besteuerung bei einer wesentlichen Beteiligung gegenüber der Besteuerung des Mitunternehmeranteils lassen darauf schließen, dass die Ähnlichkeit dieser Beteiligungen nicht oder jedenfalls nicht allein maßgebend für die Regelung des § 17 EStG bzw. seiner Vorgängervorschrift war. Ein Blick auf die Entstehungsgeschichte bestätigt das.”

Demzufolge kann *Strutz*[132] nicht beigepflichtet werden, der die Erfassung von Veräußerungsgewinnen aus „wesentlichen Beteiligungen” als gewerbliche Einkünfte im Rahmen des § 30 EStG 1925 für richtig erachtet. Die Privilegierung Gewerbetreibender durch den Betriebsvermögensvergleich trifft im Rahmen von § 17 EStG (damals: § 30 Abs. 3 EStG 1925) seiner Ansicht nach zu. Eine „wesentliche Beteiligung”, die unter § 17 EStG zu subsumieren ist, muss hingegen der Auffassung *Strutz* im Privatvermögen liegen und unterliegt – wie oben geklärt – einer stichtagsbezogenen Bewertung. Auch liefert die Aussage, dass „§ 30 EStG 1925 ein gewisser Ersatz für die außer Kraft gesetzte Vermögenszuwachssteuer” sein sollte, lediglich eine Rechtfertigung, aber eben keinen dem Steuersystem dienenden Grund.

Letztendlich kann in dem Vergleich zu § 16 EStG nur noch das Motiv zur damaligen Einführung des § 17 EStG liegen.[133] Die in § 17 EStG getroffene Regelung ist schwer in das System des Einkommensteuerrechts einzuordnen, da mittlerweile[134] die Vergleichbarkeit mit der Mitunternehmerstellung nicht mehr richtig zu erklären ist.[135] Die Ähnlichkeit der Beteiligungsformen liegt heute lediglich noch in dem gleichartigen (punktuellen) einmaligen Vorgang der Veräußerung.[136] Demnach scheint es gerechtfertigt, im Rahmen der §§ 16 und 17 EStG die Begriffe

[129] *Bornheim*, DB 2001, 162, 163.
[130] *Micker*, BB 2002, 120.
[131] *Wolff-Diepenbrock* in Festschrift Franz Klein, S. 875 ff.
[132] *Strutz*, EStG 1925, § 30 Anm. 2.
[133] A.A.: *Bornheim*, DB 2001, 162, 164.
[134] Bereits für damals kritisiert: *Züll*, Die Einkommensteuer bei der Veräußerung wesentlicher Beteiligungen, S. 126; *Barth*, FR 1962, 226, 227.
[135] *Frotscher*, EStG, § 17 Rn. 2; *Schneider* in Kirchhof/Söhn, EStG, § 17 Rdnr. A579; *Schulte*, DB 2000, 1043, 1044; ebenfalls zweifelnd: *Wacker*, Anmerkung zum BFH-Urteil v. 9.5.2000, BB 2000, 1976, 1980; *Oppenhoff & Rädler*, Reform der Unternehmensbesteuerung, S. 80.
[136] *Schulte*, DB 2000, 1043, 1044.

„Veräußerung" und „Veräußerungsgewinn" und den Zeitpunkt der Gewinnrealisierung im Wesentlichen nach gleichen Grundsätzen zu bestimmen.[137] Dennoch ist unter der Beteiligung an einer Kapitalgesellschaft i.S.d. § 17 EStG lediglich eine solche an deren Nennkapital zu verstehen. Auch die Ausnahmeposition des § 17 EStG innerhalb der Einkünfte aus Gewerbebetrieb, wie z.B. die fehlende Gewerbesteuerpflicht[138] und Tarifbegrenzung des § 32c EStG 1997[139], verdeutlicht, dass § 17 EStG nicht zu den Einkünften aus Gewerbebetrieb zu zählen ist.

Weitere Bedenken werden von *Wenger*[140] hinsichtlich der Steuerfreiheit von Veräußerungsgewinnen gem. § 8b Abs. 2 KStG n.F. und der hälftigen Besteuerung des Veräußerungsgewinns i.S.v. § 17 EStG vorgetragen. *Wenger* bezeichnet die unterschiedliche Behandlung als systemwidrig. Nimmt man die generell nicht so begünstigte Steuerpflicht von Veräußerungsgewinnen aus Personengesellschaften hinzu, so kommen für eine gerechte Besteuerung nur zwei Möglichkeiten in Betracht: Entweder sind Gewinne aus der Veräußerung von Anteilen an Kapitalgesellschaften generell steuerfrei zu stellen oder generell zu besteuern. Dabei spricht er sich für eine generelle Steuerfreiheit auf Gesellschafterebene und eine Einheitsbesteuerung auf Unternehmensebene aus.[141]

Heute soll der Schwerpunkt für die Rechtfertigung des § 17 EStG in dem durch die Veräußerung des Geschäftsanteils eingetretenen Zuwachs der finanziellen Leistungsfähigkeit bestehen.[142, 143] Obwohl der Gewinn gem. § 17 EStG (bisher) den gewerblichen Einkünften zugeordnet wird, bleibt die Beteiligung dennoch Privatvermögen.[144] „Die Zuordnung zu den Einkünften aus Gewerbebetrieb ist wegen des Privatvermögenscharakters der Beteiligung widersprüchlich und verfehlt."[145] Der dieser Arbeit zugrunde liegende Gedanke und die daran orientierten Lösungen, dass eine „wesentliche Beteiligung" i.S.v. § 17 EStG allein durch die Beteiligung am Nominalkapital beurteilt werden kann[146], ist konsequent und richtig. Daher ist der Aspekt der mitunternehmerähnlichen Position zu vernachlässigen und

---

[137] BFH-Urteil v. 20.4.1999, DStR 1999, 929, 931.

[138] *Schneider* in Kirchhof/Söhn, EStG, § 17 Rdnr. A85.

[139] BT-Drucks. 13/7480, S. 199.

[140] *Wenger*, StuW 2000, 177 ff.

[141] Ebenso: *Lishaut*, StuW 2000, 182, 189 ff.; gegenteiliger Auffassung: *Züll*, Die Einkommensteuer bei der Veräußerung wesentlicher Beteiligungen, S. 126.

[142] BFH-Urteil v. 16.5.1995, BStBl. II 1995, 870, 872; BFH-Urteil v. 9.5.2000, DStR 2000, 1553, 1555.

[143] *Schmidt/Weber-Grellet*, EStG, § 17 Rz. 3; so schon: *Fuisting*, Die Einkommensbesteuerung der Zukunft in Anknüpfung an das preußische Einkommensteuergesetz, S. 14 und 23, wobei er die Besteuerung nach der Leistungsfähigkeit auch als die einzig durchführbare Möglichkeit erachtet; ebenso zuletzt: *Kanzler*, FR 2000, 1245, 1253; kritisch: *Schulte*, DB 2000, 1043, 1045.

[144] *Schmidt/Weber-Grellet*, EStG, § 17 Rz. 12.

[145] *Tipke/Lang*, Steuerrecht, § 9 Rz. 592.

[146] *Mihatsch*, Veräußerung von wesentlichen Beteiligungen an Kapitalgesellschaften und Mitunternehmeranteilen, S. 57 f.

nicht entscheidend.[147, 148] Dies ist m.E. auch mit der Herabsenkung der Wesentlichkeitsschwelle von mehr als 25 v.H. auf zunächst mindestens 10 v.H. – seit dem Veranlagungsjahr 2002 sogar auf mindestens 1 v.H.[149] – zu begründen.[150]

Betrachtet man die in dieser Arbeit entwickelten Lösungen i.E. als richtig, so kann die aktuelle gesetzliche Position des § 17 EStG hinter den gewerblichen Einkünften nicht mehr überzeugen.[151] Zwar werden (bisher) bei den Veräußerungsgewinnen gem. § 17 EStG gewerbliche Einkünfte fingiert, dennoch handelt es sich aufgrund des Privatvermögens nicht um echte gewerbliche Einkünfte.[152] Die oben ausgeführten Gesichtspunkte sollten eine Neupositionierung des § 17 EStG innerhalb des Einkommensteuersystems ermöglichen, damit in Zukunft auch die Problematik der ähnlichen Beteiligungen i.S.d. § 17 Abs. 1 S. 3 EStG gelöst werden kann.

§ 30 Abs. 3 EStG 1925 beinhaltete bereits die wesentlichen Merkmale des heutigen § 17 EStG.[153] Zur Vereinfachung sollten damals die unterschiedlichen Vorschriften über die Besteuerung von Veräußerungsgewinnen in einem gesonderten Paragraphen vereinheitlicht werden. Nimmt man § 30 des EStG von 1925 zum Anlass – worin die heutigen §§ 16 und 17 EStG zusammengefasst waren – so lässt sich argumentieren, dass es damals zwar richtig war, die gewerblichen Veräußerungsgewinne von den Veräußerungsgewinnen aus Privatvermögen zu separieren und die §§ 16 und 17 EStG einzuführen, allerdings fehlte m.E. der zweite Schritt, die privaten Veräußerungsgewinne in einem Paragraphen zu vereinen. Der damalige § 30 Abs. 3 EStG 1925 (heutiger § 17 EStG) sowie § 42 EStG 1925 (heutiger § 23 EStG) wurden dogmatisch nicht zusammengefasst. Dieser Schritt könnte nun nachgeholt werden, wobei die Trennung von § 16 und § 17 EStG allerdings erhalten bleiben sollte.

Bereits *Fröhling*[154] hatte daher die Frage aufgeworfen, ob es wirklich sinnvoll ist, § 17 EStG mit seiner Zweckrichtung zwischen die §§ 16 und 18 EStG einzuordnen. Systematisch würde die Bestimmung vielmehr hinter § 20 EStG gehören[155], da innerhalb des § 17 EStG der Werbungskostenbegriff und der Verlustausgleich eher den Regeln der Einkünfte aus Kapitalvermögen entspricht. *Tipke/Lang*[156] sprechen sich für einen § 20a EStG aus, damit die einmaligen Einkünfte des § 17 EStG das Schicksal der laufenden Einkünfte (§ 20 EStG) teilen können.

---

[147] So mittlerweile auch andeutungsweise der BFH in seinem Urteil v. 20.4.1999, DStR 1999, 929, 931.
[148] *Strahl* in Korn/Carlé/Stahl/Strahl, EStG, § 17 Rz. 2.
[149] *Fox*, GmbHR 2000, 342.
[150] So zuletzt: *Crezelius*, DB 2001, 221, 222.
[151] So auch: *Kanzler*, FR 2000, 1245, 1253.
[152] *Crezelius*, Unternehmenserbrecht, Rdnr. 171.
[153] *Strahl* in Korn/Carlé/Stahl/Strahl, EStG, § 17 Rz. 5.
[154] *Fröhling*, Zur Frage der Verfassungswidrigkeit des § 17 EStG, S. 15 und 21 m.w.N.
[155] So auch: *Wacker*, Anmerkung zum BFH-Urteil v. 9.5.2000, BB 2000, 1976, 1980.
[156] *Tipke/Lang*, Steuerrecht, 1991, § 9 S. 239 und 367.

Das BMF[157] hat darauf hingewiesen, dass laufende Einkünfte aus im Privatvermögen gehaltenen Beteiligungen als Einkünfte aus Kapitalvermögen zu versteuern sind. Somit zeige sich, so das BMF, dass § 17 EStG eine Gleichstellung des „wesentlich Beteiligten“ mit einem Mitunternehmer gerade nicht vollziehe und Veräußerungsgewinne in systematischer Hinsicht eher zu den sonstigen Einkünften (§ 22 EStG) gehören, da im Rahmen der Überschusseinkünfte nicht anhand des Tatbestandsmerkmals der „Gewinnerzielungsabsicht" abgegrenzt werden kann. Die Auffassung des BMF – die Stellung des § 17 EStG unter der Überschrift „Gewerbebetrieb" sei in systematischer Hinsicht verfehlt – enthält eine rechtspolitische Kritik. Dieser Kritik hat der BFH[158] entgegnet, dass er bei der Rechtsanwendung der Auffassung des BMF nicht Rechnung tragen kann und hat die Problematik somit auf die Legislative abgewälzt. M.E. hat der BFH damit zugegeben, dass die Einordnung von § 17 EStG zu den gewerblichen Einkünften falsch ist, wobei er dieses Problem in streitigen Sachverhalten bisher allerdings nicht zu diskutieren hatte.

Ähnlich argumentiert auch *Kröner*[159]: „besonders hervorzuheben sei (als steuersystematische Änderung!), dass die Einkünfte aus der Veräußerung wesentlicher Beteiligungen an Kapitalgesellschaften künftig zusammen mit den Einkünften aus privaten Veräußerungsgeschäften zu den sonstigen Einkünften gem. § 22 Nr. 2 EStG gehören sollten.[160] Die Umgliederung der Vorschrift in die sonstigen Einkünfte, wo die Veräußerungsgewinne aus wesentlichen Beteiligungen in einer privaten Einkunftsart zusammen mit Renten und Spekulationsgewinnen geregelt werden, macht die verfassungsrechtlich gebotene Differenzierungsprüfung nur noch deutlicher."[161] Nicht konsequent genug geht dabei *Kröner*[162] in seinen Ausführungen zur Neuordnung des § 17 EStG vor, da er lediglich die Verweisung auf die Einkünfte aus Gewerbebetrieb, welche sich eingangs in Satz 1 der Vorschrift befindet, in „zu den sonstigen Einkünfte gehörend" (§ 22 Nr. 2 EStG) „umtaufen" möchte. Die Stellung des § 17 EStG im Einkommensteuersystem wird dadurch nicht verändert und eine Neupositionierung wird zudem auch nicht geschaffen.

Einen etwas anderen Weg verfolgt *Züll*[163], der die Einkünfte aus Kapitalvermögen (§ 20 EStG) um die Veräußerungsgewinne des § 17 EStG ergänzen möchte.[164] M.E. wäre es im Rahmen der Neuordnung des Einkommensteuergesetzes allerdings besser, den bisherigen § 17 EStG den sonstigen Einkünften zuzuordnen, da § 20 EStG letztlich nur die „Frucht" und nicht die „Quelle" besteuern will.

---

157 BMF-Schreiben v. 15.4.1993, BStBl. I 1993, 300, mit Hinweis auf die nicht zu zahlende Gewerbesteuer.

158 BFH-Urteil v. 4.11.1992, BStBl. II 1993, 292, 294 f.

159 *Kröner*, StbJb 1997/98, S. 193, 201.

160 Ebenso: *Gosch* in Kirchhof, EStG § 17, Rn. 5 ff.

161 Dazu auch: *Schneider* in Kirchhof/Söhn, EStG, § 17 Rdnr. A561 m.w.N.

162 *Kröner*, StbJb 1997/98, S. 193, 218.

163 *Züll*, Die Einkommensteuer bei der Veräußerung wesentlicher Beteiligungen, S. 127.

164 So auch: *Wacker*, Anmerkung zum BFH-Urteil v. 9.5.2000, BB 2000, 1976, 1980.

Eine Zuordnung der Veräußerungsgewinne aus „wesentlichen Beteiligungen" an Kapitalgesellschaften i.S.v. § 17 EStG zu den sonstigen Einkünften i.S.d. §§ 22 Nr. 2, 23 EStG wäre i.E. rechtsdogmatisch richtig[165], auch wenn dann die Spekulationsfristen der Norm fragwürdig würden.[166] Diese Veräußerungsgewinne lassen sich weder den gewerblichen Einkünften noch einer anderen speziellen Einkunftsart des § 2 Abs. 1 EStG zuordnen. Will der Gesetzgeber diese Einkünfte dennoch als steuerpflichtig qualifizieren, so bleibt lediglich § 22 Nr. 2 EStG[167], auch wenn § 22 EStG i.V.m. § 23 EStG grundsätzlich keinen Auffangtatbestand darstellt. Eine sinnvolle Neuordnung des § 17 EStG könnte zum einen die Unstimmigkeiten[168] innerhalb des Paragraphen – zumindest zu einem Teil – lösen und zum anderen die Durchbrechungen der Quellentheorie in einem etwas anderen Licht darstellen.[169]

Eine Begradigung der Unebenheiten in Form der kompletten Abschaffung der §§ 17[170], 23 EStG[171] sowie § 21 UmwStG – wie von *Durchlaub*[172] gefordert – ist in absehbarer Zeit wohl nicht in Sicht.[173] Genau gegenteilig, d.h. für eine gänzliche Abschaffung einer „Wesentlichkeitsgrenze" und eine damit verbundene generelle Besteuerung von Veräußerungsgewinnen, spricht sich *Züll*[174] aus. *Ebling*[175] und *Förster*[176] argumentieren hingegen für eine vollständige Gleichbehandlung von Veräußerungsgewinnen.[177] Auch der amerikanische Weg einer kompletten Besteuerung der „capital gains"[178] soll nicht verfolgt werden.[179] Allerdings enthält der von *Kirchhof*[180] vorgestellte „Karlsruher Entwurf zur Reform des Einkommensteuergesetzes" Tendenzen in diese Richtung.

---

[165] Ähnlich bereits: *Strickrodt*, Veräußerung wesentlicher Beteiligungen aus privater Hand, S. 10.
[166] *Kanzler*, FR 2000, 1245, 1253.
[167] Ähnlich, aber mit anderem Bezug: *Schnieder*, IStR 1997, 715, 716.
[168] Einen Katalog von Unstimmigkeiten, **die durch meinen Vorschlag zum Teil gelöst werden könnten**, liefert: *Wolff-Diepenbrock* in Festschrift Franz Klein, S. 875 f.
[169] *Löhr*, StuW 2000, 33, 44, der sich für eine generelle Reduktion der sieben auf drei Einkunftsarten ausspricht.
[170] *Züll*, Die Einkommensteuer bei der Veräußerung wesentlicher Beteiligungen, S. 126; *Spital-Frenking*, DB 1961, 754, 756; *Strickrodt*, Veräußerung wesentlicher Beteiligungen aus privater Hand, S. 61; *Lishaut*, DB 1997, 2190, 2194 mit Hinweis auf die Streichung weiterer Paragraphen.
[171] So auch gefordert von: Loos, DB 1976, 1882; der genau die Gründe für die heutige Herabsetzung der Wesentlichkeitsgrenze anführt.
[172] *Durchlaub*, Zur Steuerpflicht der Gewinne aus der Veräußerung von Privatvermögen, S. 141 m.w.N.
[173] A.A. mit gänzlicher Erweiterung der Steuerpflicht von Veräußerungsgewinnen: Gutachten der Steuerreformkommission 1971, S. 72 und 87.
[174] *Züll*, Die Einkommensteuer bei der Veräußerung wesentlicher Beteiligungen, S. 126.
[175] *Ebling* in Festschrift für Hans Flick, S. 679, 682.
[176] *Förster* in Festschrift für Hans Flick, S. 721, 733 ff., aber auch durchaus kritisch.
[177] Ebenso bereits: *Tipke/Lang*, Steuerrecht, 1991, § 9 S. 370.
[178] Dazu: *Prinz/Ommerborn*, FR 2001, 977, 981.
[179] Dazu: *Schneider* in Kirchhof/Söhn, EStG, § 17 Rdnr. A550; *Portner*, DB 2002, 235, 236 f.
[180] DStR 2001, 917 ff.

Im folgenden soll jedoch keine abschließende Lösung präsentiert werden, da verschiedene Alternativen denkbar sind. Es soll lediglich versucht werden, alle Durchbrechungen der Quellentheorie, d.h. die §§ 17, 23 EStG sowie § 21 UmwStG, als ein einheitliches System darzustellen.

C. Neuordnung der Paragraphen

I. Vorschlag einer kombinierten Lösung aus § 17 EStG und § 21 UmwStG

Die §§ 17, 23 EStG und § 21 UmwStG könnten entweder in einen – aus allen drei Paragraphen – kombinierten bereits bestehenden § 23 EStG eingegliedert oder hinter § 23 EStG im Rahmen der Überschusseinkünfte, z.B. als § 23a EStG, separat – bestehend aus § 17 EStG und § 21 UmwStG – geführt werden.

Mein folgender Vorschlag ergänzt das Einkommensteuergesetz um einen § 23a EStG *eigener Fassung*, bestehend aus § 17 EStG und § 21 UmwStG[181] dergestalt, dass im Einkommensteuersystem letztendlich nur noch zwei Paragraphen für „private Veräußerungsgeschäfte" existieren, die die Quellentheorie durchbrechen. Ein einheitlicher § 23a EStG aus dem ehemaligen § 17 EStG und § 21 UmwStG wäre allerdings nicht durchgängig systemimmanent, da § 17 EStG wesentlich kürzer greift. Dies wird dadurch verdeutlicht, dass die Veräußerung von einbringungsgeborenen Anteilen (§ 21 UmwStG) und die damit verbundene Besteuerung eines Veräußerungsgewinns eine Ausnahme der Besteuerung von Privatvermögen darstellt, auch wenn die Veräußerung solcher Anteile stets steuerpflichtig ist, gleichgültig, ob sie im Betriebs- oder Privatvermögen liegen und unabhängig von Beteiligungsquoten.

§ 17 EStG und § 21 UmwStG werden ersatzlos gestrichen. Dafür erfolgt der Verweis „(weggefallen)" an den Stellen des ehemaligen § 17 EStG und § 21 UmwStG innerhalb ihrer Steuergesetze. Der Gesetzestext des § 23a EStG *eigener Fassung* hätte folgenden Wortlaut:

---

[181] Beide in der Fassung des UntStFG, BGBl. I 2001, 3858 ff.

§ 23a Veräußerung von Anteilen an Kapitalgesellschaften (*eigene Fassung*)

(1) [1]Steuerpflichtig ist auch der Gewinn aus der Veräußerung von Anteilen an einer Kapitalgesellschaft, wenn der Veräußerer innerhalb der letzten fünf Jahre am Kapital der Gesellschaft unmittelbar oder mittelbar zu mindestens 1 v.H. beteiligt war. [2]Die verdeckte Einlage von Anteilen an einer Kapitalgesellschaft in eine Kapitalgesellschaft steht der Veräußerung der Anteile gleich. [3]Anteile an einer Kapitalgesellschaft sind Aktien, Anteile an einer Gesellschaft mit beschränkter Haftung, Genussscheine oder ähnliche Beteiligungen und Anwartschaften auf solche Beteiligungen. [4]Hat der Veräußerer den veräußerten Anteil innerhalb der letzten fünf Jahre vor der Veräußerung unentgeltlich erworben, so gilt Satz 1 entsprechend, wenn der Veräußerer zwar nicht selbst, aber der Rechtsvorgänger oder, sofern der Anteil nacheinander unentgeltlich übertragen worden ist, einer der Rechtsvorgänger innerhalb der letzten fünf Jahre im Sinne von Satz 1 beteiligt war. [5]Absatz 1 tritt hinter Abs. 2 zurück, soweit es sich um einbringungsgeborene Anteile des Abs. 2 handelt und die Einbringung nicht zum Teilwert erfolgt ist.

(2) [1]Werden Anteile an einer Kapitalgesellschaft veräußert, die der Veräußerer durch eine Sacheinlage (§ 20 Abs. 1 und § 23 Abs. 1 bis 4 des Umwandlungsteuergesetzes) unter dem Teilwert erworben hat (einbringungsgeborene Anteile), so ist der Veräußerungsgewinn steuerpflichtig. [2]Absatz 1 Satz 2 und 4 gilt entsprechend. [3]Die Rechtsfolgen des Satzes 1 treten auch ohne Veräußerung der Anteile an, wenn der Anteilseigner dies beantragt. [4]Ist der Veräußerer oder Eigner von Anteilen im Sinne von Satz 1

1. eine juristische Person des öffentlichen Rechts, so gilt der Veräußerungsgewinn als Gewinn aus einem Betrieb gewerblicher Art dieser Körperschaft,
2. von der Körperschaftsteuer befreit, so gilt der Veräußerungsgewinn als in einem wirtschaftlichen Geschäftsbetrieb dieser Körperschaft entstanden.

(3) [1]Veräußerungsgewinn im Sinne des Absatzes 1 ist der Betrag, um den der Veräußerungspreis nach Abzug der Veräußerungskosten die Anschaffungskosten übersteigt. [2]Als Veräußerungsgewinn im Sinne des Absatzes 2 gilt der Betrag, um den der Veräußerungspreis nach Abzug der Veräußerungskosten die Anschaffungskosten gem. § 20 Abs. 4 des Umwandlungsteuergesetzes übersteigt. [3]In den Fällen der Absätze 1 Satz 2 und 2 Satz 3 tritt an die Stelle des Veräußerungspreises der Anteile ihr gemeiner Wert. [4]Hat der Veräußerer den veräußerten Anteil unentgeltlich erworben, so sind als Anschaffungskosten des Anteils die Anschaffungskosten des Rechtsvorgängers maßgebend, der den Anteil zuletzt, entgeltlich erworben hat. [5]Werden Anteile an einer Kapitalgesellschaft in ein Betriebsvermögen eingelegt, so sind sie mit ihren Anschaffungskosten anzusetzen. [6]Ist der Teilwert im Zeitpunkt der Einlage niedriger, so ist dieser anzusetzen; der Unterschiedsbetrag zwischen den Anschaffungskosten und dem niedrigeren Teilwert ist außerhalb der Bilanz vom Gewinn abzusetzen.

(4) [1]Der Veräußerungsgewinn im Sinne der Absätze 1 bis 3 wird zur Einkommensteuer nur herangezogen, soweit er den Teil von Euro 10 300 übersteigt, der dem veräußerten Anteil an der Kapitalgesellschaft entspricht. [2]Der Freibetrag ermäßigt sich um den Betrag, um den der Veräußerungsgewinn den Teil von Euro 41 000 übersteigt, der dem veräußerten Anteil an der Kapitalgesellschaft entspricht. [3]In den Fällen der Absätze 1 Satz 2 und 2 Satz 3 kann die auf den Veräußerungsgewinn entfallende Einkommen- oder Körperschaftsteuer in jährlichen Teilbeträgen von mindestens je einem Fünftel entrichtet werden, wenn die Entrichtung der Teilbeträge sichergestellt ist. [4]Stundungszinsen werden nicht erhoben. [5]Bei einer Veräußerung von Anteilen während des Stundungszeitraums endet die Stundung mit dem Zeitpunkt der Veräußerung. [6]Satz 3 gilt entsprechend, wenn während des Stundungszeitraums die Kapitalgesellschaft, an der die Anteile bestehen, aufgelöst und abgewickelt wird oder das Kapital dieser Gesellschaft herabgesetzt und an die Anteilseigner zurückgezahlt wird oder wenn eine Umwandlung im Sinne des zweiten oder des vierten Teils des Umwandlungsteuergesetzes erfolgt ist.

(5) [1]Die Absätze 1 bis 4 sind entsprechend anzuwenden, wenn eine Kapitalgesellschaft aufgelöst wird oder wenn ihr Kapital herabgesetzt und zurückgezahlt wird oder wenn Eigenkapital im Sinne des § 27 des Körperschaftsteuergesetzes ausgeschüttet oder zurückgezahlt wird. [2]In diesen Fällen ist als Veräußerungspreis der gemeine Wert des dem Steuerpflichtigen zugeteilten oder zurückgezahlten Vermögens der Kapitalgesellschaft anzusehen. [3]Satz 1 gilt nicht, soweit die Bezüge nach § 20 Abs. 1 Nr. 1 oder Nr. 2 zu den Einnahmen aus Kapitalvermögen gehören. [4]Absatz 4 Sätze 3 bis 6 gelten entsprechend.

II. Erläuterungen zur vorgeschlagenen Lösung

1. Generelle Erläuterungen zu § 23a EStG *eigener Fassung*

Angemerkt werden muss vorab, dass, falls § 21 UmwStG in den Bereich des Einkommensteuerrechts verlagert wird, auch die anderen Normen, die die Besteuerung der Anteilseignerebene betreffen, systemimmanent aus dem Anwendungsbereich des UmwStG herausgenommen werden und in den Bereich des EStG eingegliedert werden müssten.

An dieser Stelle soll nun kurz auch auf generelle Rechtsfolgenänderungen innerhalb des EStG eingegangen werden. In § 2 Abs. 1 und 2 EStG müsste eine Anpassung hinsichtlich der neuen Einkunftsarten erfolgen und in § 3 Nr. 40 EStG der Buchtstabe c) gestrichen und dafür ein neuer Buchstabe k) eingeführt werden, der dann auf § 23a EStG *eigener Fassung* verweist, damit auch hier wiederum das Halbeinkünfteverfahren Gültigkeit erlangt.

Des weiteren müsste in § 23 Abs. 2 S. 2 EStG der Verweis auf § 17 EStG durch den Verweis auf § 23a EStG *eigener Fassung* ersetzt werden, damit die Vorrangsregelung des § 23 EStG weiterhin greifen kann. Insoweit gilt dies aber auch für den Abs. 2 des § 23a EStG *eigener Fassung*, was zur Folge hätte, dass auch einbringungsgeborene Anteile bei einer Veräußerung innerhalb eines Jahres dem § 23 EStG unterliegen würden; es käme insoweit zu einer beschränkten Verlustnutzung.

Hinzuweisen ist auf die in § 17 EStG und § 21 UmwStG enthaltene „Gewinnermittlungsvorschrift eigener Art". [182] Die Gewinnermittlung nach § 17 Abs. 2 EStG bzw. § 21 Abs. 1 S. 1 UmwStG stellt keine laufende Besteuerung nach den §§ 4 Abs. 1, 5 EStG im Wege des Bestandsvergleichs dar. Vielmehr wird lediglich eine nach den Grundsätzen ordnungsgemäßer Buchführung stichtagsbezogene Bewertung[183] vorgenommen, die sich dabei auf die Gewinnermittlungsvorschriften der §§ 4 Abs. 1, 5 EStG stützt.[184]

Normalerweise wäre bei beiden die Gewinnermittlungsvorschrift der Überschusseinkünfte anzuwenden. Aufgrund der Tatsache, dass § 17 EStG und § 21 UmwStG Durchbrechungen der Quellentheorie darstellen und gewerbliche Einkünfte fingiert wurden, erfolgte eine Stichtagsbewertung auf den Zeitpunkt der Veräußerung.[185] Es war demnach nicht nach dem Zuflussprinzip des § 11 EStG vorzugehen.[186]

Richtigerweise müsste für den Zeitpunkt der Entstehung des Veräußerungsgewinns allerdings der Zufluss gem. § 11 EStG entscheidend sein, da das Zuflussprinzip einerseits auch auf § 23 EStG anzuwenden ist[187] und andererseits dies nur konsequent wäre, da es sich um die Veräußerung von Privatvermögen handelt, welches grundsätzlich der Quellentheorie und somit auch dem Zuflussprinzip unterliegt. Zwar liegt den beiden Paragraphen die Durchbrechung der Quellentheorie zugrunde, doch trifft dies auch auf § 23 EStG zu, bei dem trotzdem nach dem Zufluss gem. § 11 EStG besteuert wird.[188] Demnach müsste im Falle der Umsetzung des kombinierten § 23a EStG *eigener Fassung* in Zukunft auch für den ehemaligen § 17 EStG sowie § 21 UmwStG das Zuflussprinzip gem. § 11 EStG gelten.

§ 34 EStG findet zur Vermeidung einer Doppelbegünstigung (so die Begründung des Gesetzentwurfes zum StSenkG) zukünftig für § 17 EStG und § 21 UmwStG keine Anwendung mehr.[189] Bei der Besteuerungssituationen aufgrund von Veräußerungs-

---

[182] *Schmidt/Weber-Grellet*, EStG, § 17 Rz. 131; *Strahl* in Korn/Carlé/Stahl/Strahl, EStG, § 17 Rz. 69; *Steinhauff*, NWB, Fach 3, 10323, 10324; für § 21 UmwStG: *Haritz* in Haritz/Benkert, Umwandlungsteuergesetz, § 21 Anm. 150 und 170 ff.

[183] *Schmidt/Hageböke*, DStR 2002, 1202, 1204.

[184] *Schwer*, GmbH-Steuerpraxis 2002, 17.

[185] *Bilsdorfer*, NWB, Fach 3, 10859, 10862.

[186] *Buyer*, DB 1987, 1959, 1962.

[187] *Schmidt/Heinicke*, EStG § 23, Rz. 56.

[188] Zustimmend, aber kritisch: *Grotherr*, BB 2000, 849, 857, mit Bezugnahme auf die „Gleichstellung" von Veräußerung und Ausschüttung.

[189] BT-Drucks. 14/2683 und 14/3074, 10; ebenso: *Strahl* in Korn/Carlé/Stahl/Strahl, EStG, § 17 Rz. 52; *Dötsch/Pung*, DB 2000, Beilage Nr. 4/2000, 4 und 11.

erlösen gem. § 17 EStG würde eine Belastung eintreten, die in etwa der bei Anwendung des bis 1998 geltenden halben Steuersatzes nach § 34 EStG entsprechen würde. Gleiches gilt für § 21 UmwStG, da der alte Satz 2 des § 21 Abs. 1 UmwStG bereits zum 1.1.2001 gestrichen wurde. Auch hier soll sicherlich an das Halbeinkünfteverfahren angeknüpft werden. Insgesamt wird somit dem gesamten § 23a EStG *eigener Fassung* die Anwendung des § 34 EStG verwehrt; dieser dafür aber in das Halbeinkünfteverfahren miteinbezogen.

Die zukünftige Verweigerung des § 34 EStG ist m.E. nur zum Teil schlüssig. Die neue hälftige Steuerfreistellung des Veräußerungsgewinns aufgrund des Halbeinkünfteverfahrens ist systemgerecht, da dadurch missbräuchliche Thesaurierungen, die dann steuerfrei veräußert werden könnten, verhindert werden. Insoweit liegt allerdings keine Begünstigung vor. § 34 EStG hat eine andere Zielsetzung, denn es sollen Progressionsnachteile durch eine zusammengeballte Versteuerung verhindert werden, was bei Veräußerungsgewinnen regelmäßig auch bei hälftiger Steuerfreistellung gegeben ist.[190] Zudem bewirkt § 34 EStG seit Neuregelung im Rahmen des StEntlG 1999/2000/2002[191] regelmäßig keine so starke Entlastung mehr, so dass § 34 EStG zur Abmilderung der Progression weiterhin gewährt werden sollte. Meiner Ansicht nach sollte dies dann allerdings für den gesamten § 23a EStG *eigener Fassung* gelten, so dass der Gleichlauf der Besteuerung von privaten Veräußerungsgewinnen wieder sichergestellt wäre, denn die soeben beschriebene Problematik stellt sich sowohl für den ehemaligen § 17 EStG als auch für § 21 UmwStG.

Alternativ wäre es denkbar, § 34 EStG weiterhin zu versagen, dafür aber § 23a EStG *eigener Fassung* aus dem Anwendungsbereich des § 3c Abs. 2 EStG herauszunehmen, so dass dann wiederum die vollen Anschaffungskosten den „hälftigen" Veräußerungspreis mindern würden und es somit zu einer Progressionsmilderung kommen würde.[192] Insgesamt wäre diese Lösung allerdings nicht in dem Maße systemgerecht, wie die Wiedergewährung des § 34 EStG.

2. Besonderheiten des § 23a EStG *eigener Fassung*

Die folgenden Erläuterungen orientieren sich an den fünf Absätzen des § 23a EStG *eigener Fassung*. Die einzelnen Absätze werden demnach auf ihre strukturelle Logik und ihre Besonderheiten untersucht.

Absatz 1 des § 23a EStG *eigener Fassung* entspricht im Wesentlichen dem ehemaligen § 17 Abs. 1 EStG, wobei die „lex-specialis-Regelung" des ehemaligen § 21 UmwStG nun in Satz 5 des Absatzes 1 explizit eingegliedert wurde. Der Begriff der „wesentlichen Beteiligung" in § 17 EStG ist gesetzlich seit 1.1.2001 gestrichen worden und wurde durch die „Veräußerung von Anteilen an Kapitalgesellschaften"

---

190 *PwC* (Hrsg.), Unternehmenssteuerreform 2001, S. 62.

191 BGBl. I 1999, 402.

192 Ähnlich mit anderem Bezug: *Crezelius*, DB 2002, 1124, 1125.

ersetzt.[193] Dies wurde durch die am 4.7.2000[194] verabschiedeten Empfehlungen des Finanzausschusses des Bundestages vom 18.5.2000 festgelegt[195], ohne dabei eine Begründung für die Streichung zu liefern.[196] Dadurch kommt eine nunmehr geänderte Zielsetzung des § 17 EStG zum Ausdruck.[197] Da durch diese geänderte Zielsetzung kein Bezug mehr zu den Einkünften aus Gewerbebetrieb hergestellt werden kann[198], wird dieser Passus in § 23a Abs. 1 S. 1 und Abs. 2 S. 1 EStG *eigener Fassung* fehlen. Weitere Besonderheiten ergeben sich aus § 23a Abs. 1 EStG *eigener Fassung* nicht.

Abs. 2 des § 23a Abs. 1 EStG *eigener Fassung* beinhaltet den Grundtatbestand des alten § 21 UmwStG. Allerdings war der alte Absatz 2 des § 21 UmwStG mit den Ersatzentstrickungstatbeständen in dieser Form nicht mehr nötig. Letztendlich blieb nur noch der Antrag auf Entstrickung in § 23a Abs. 2 S. 4 EStG *eigener Fassung*, der explizit geregelt werden musste. Im Wege der Auslegung muss klar sein, dass nach dem Entstrickungsantrag keine einbringungsgeborenen Anteile gem. § 23a Abs. 2 S. 1 EStG *eigener Fassung* mehr bestehen können. Steuerverstrickt könnten die Anteile dann nur noch innerhalb eines Jahres gem. § 23 Abs. 2 S. 3 EStG oder nach § 23a Abs. 1 S. 1 EStG *eigener Fassung* sein.[199]

Über § 6 AStG erfolgte bereits für den alten § 17 EStG die Sicherung der stillen Reserven, so dass dies nun für den kompletten § 23a EStG *eigener Fassung* gilt. Andererseits werden die verdeckte Einlage, der unentgeltliche Erwerb und die Ausschüttungen bzw. die Liquidation der Kapitalgesellschaft bereits in § 23a Abs. 1 S. 2, Abs. 1 S. 4 und in Abs. 5 EStG *eigener Fassung* erfasst, so dass eine Doppelnennung nicht erforderlich ist. Insoweit kann in § 23a Abs. 2 S. 2 EStG *eigener Fassung* auf Abs. 1 S. 2 und 4 verwiesen werden. Der Fall der Ausschüttung bzw. Liquidation der Kapitalgesellschaft ist in Abs. 5 geregelt. § 23a Abs. 2 S. 4 EStG *eigener Fassung* entspricht exakt dem Wortlaut des ehemaligen § 21 Abs. 3 UmwStG, wobei dieser Passus nur klarstellende Bedeutung für den persönlichen Geltungsbereich des § 23a Abs. 2 EStG *eigener Fassung* besitzt.

In § 23a Abs. 3 EStG *eigener Fassung* werden die Begrifflichkeiten für den Veräußerungsgewinn sowohl für § 17 EStG als auch für § 21 UmwStG geregelt. Dabei wird in Abs. 3 S. 3 auch auf den gemeinen Wert verwiesen. Die im Rahmen des Jahressteuergesetzes 1996 eingeführte Verlustbeschränkung des 17 Abs. 2 S. 4 EStG[200] sollte verhindern, dass durch entsprechende kurzfristige Zukäufe die

[193] *BDI/Ernst & Young* (Hrsg.), Die Unternehmenssteuerreform, S. 123 und 189; *Jakobs/Wittmann*, GmbHR 2000, 910, 915.
[194] BT-Drucks. 14/3760.
[195] BT-Drucks. 14/2683 und 14/3074, 5.
[196] *Schneider* in Kirchhof/Söhn, EStG, § 17 Rdnr. A579.
[197] *Bornheim*, DB 2001, 162 und 165.
[198] So noch: *Bouchs* in Dankmeyer/Gilloy, EStG, § 17 Rz. 131.
[199] So bereits für die „früheren" Paragraphen: *Strahl* in Korn/Carlé/Stahl/Strahl, EStG, § 17 Rz. 15.
[200] Dazu: *Bender*, Verlustverrechnungsbeschränkungen im EStG, S. 242.

„frühere" Wesentlichkeitsschwelle von 25% zwar überschritten werden konnte, aber Verluste steuerlich nicht abzugsfähig wurden.[201,202]

Mit der heutigen Schwelle von 1 v.H. werden solche Missbrauchgestaltungen wohl kaum noch vorkommen. Aus diesem Grunde wurde die Verlustbeschränkung in meinem Reformvorschlag auch gestrichen. Darum sollten im Rahmen einer einheitlichen Verlustsystematik im EStG sowohl die Verluste aus Spekulationen (§ 23 EStG) als auch die Verluste aus der Veräußerung von „wesentlichen Beteiligungen" (§ 17 EStG) voll anerkannt werden, da es in § 21 UmwStG gerade keine Beschränkung für Verluste[203] gibt. Zumindest letzteres wurde im Rahmen meines Vorschlags berücksichtigt, so dass Verluste, ebenso wie Gewinne, steuerlich voll berücksichtigt werden.

Des weiteren wurde in § 23a Abs. 3 S. 5 und 6 EStG *eigener Fassung* der alte Abs. 4 des § 21 UmwStG eingearbeitet, so dass der komplette Bereich über den Veräußerungspreis sowie die Anschaffungskosten in § 23a Abs. 3 EStG *eigener Fassung* geregelt ist. Allerdings gilt diese Regelung nun auch für „§ 17er-Anteile", so dass eine steuerneutrale „offene" Einlage in ein Betriebsvermögen möglich ist. Dies macht auch Sinn, da die Anteile an der Kapitalgesellschaft dann sowieso steuerverstrickt sind.

§ 23a Abs. 4 EStG *eigener Fassung* regelt den Freibetrag, die Ratenzahlung sowie Stundungsregelung des ehemaligen § 21 Abs. 2 S. 3 bis 6 UmwStG. § 21 UmwStG hatte keine Freibetrags- oder -grenzenregelung vorgesehen. M.E. sollte aber ein Freibetrag gewährt werden, damit auch in Zukunft zum Ausdruck kommt, dass es sich immer noch um Privatvermögen handelt, welches generell nicht steuerverstrickt ist. Letztendlich wurde der alte Abs. 3 des § 17 EStG beibehalten, da dieser von den Betragssummen eher denen für Überschusseinkünfte (siehe § 23 Abs. 3 EStG) entspricht, als § 16 Abs. 4 EStG. In § 23 Abs. 4 EStG *eigener Fassung* wurde somit auch das Spezialproblem der unterschiedlichen Freibeträge bzw. -grenzen gelöst.[204] Anzumerken ist, dass auf den hälftigen Veräußerungsgewinn der „volle" Freibetrag anzuwenden ist, da dieser nicht gekürzt worden ist. Insoweit kommt es faktisch zu einer „Verdoppelung" des Freibetrags.[205]

Die Spezialregelungen über Teilbetragszahlungen und Stundungszeiträume wurden ebenfalls beibehalten (§ 23a Abs. 4 S. 3 bis 6 EStG *eigener Fassung*) und gelten nun auch für die besonderen Fälle des § 17 EStG (verdeckte Einlage und Auflösung bzw. Liquidation der Gesellschaft). Meiner Auffassung nach ist diese gesetzliche

---

201 Zuletzt: FG Niedersachsen v. 23.10.2001, DStRE 2002, 490 und FG Niedersachsen v. 31.10.2001, EFG 2002, 552 ff.

202 Ausführlich: *Boochs* in Dankmeer/Giloy, EStG, § 17 Rz. 132a; *Strahl* in Korn/Carlé/Stahl/Strahl, EStG, § 17 Rz. 100 ff.

203 *Haritz* in Haritz/Benkert, Umwandlungsteuergesetz, § 21 Anm. 183.

204 Zu den Unterschieden: *Brune*, StStud 1996, 260.

205 *Strahl* in Korn/Carlé/Stahl/Strahl, EStG, § 17 Rz. 110.1.

Regelung gerecht, da hier Ausnahmetatbestände des Ausnahmetatbestandes von § 23a EStG *eigener Fassung* geregelt werden, die nochmals einer besonderen Besteuerung bedürfen.
Der letzte Absatz des § 23a EStG *eigener Fassung* beinhaltet im Wesentlichen den ehemaligen Abs. 4 des § 17 EStG, wobei dieser auch für einbringungsgeborene Anteile Anwendung findet. Als einzige Besonderheit wird in § 23a Abs. 5 S. 4 EStG *eigener Fassung* ebenfalls die Teilbetrags- und Stundungsregelung des § 23a Abs. 4 S. 3 bis 6 EStG *eigener Fassung* gewährt. Insoweit sind diese Einkünfte, soweit sie aus „§ 17er-Anteilen" stammen, begünstigter als vor meinem Vorschlag.

III. Zusammenfassende Darstellung

Die in der folgenden **Abbildung 10** beschriebenen Anteilsverhältnisse sind nur beispielhaft und können in der Realität anders ausgestaltet sein. Es soll in Anlehnung an **Abbildung 1** noch einmal dargestellt werden, wie die Veräußerungsgewinne aus unterschiedlichen Vermögen steuerlich behandelt werden, und was sich durch die Einführung des § 23a EStG *eigener Fassung* ändern würde. Zusätzlich wird in Abbildung 10 auch auf Verlustverrechnungsmöglichkeiten, die Anwendung des § 34 EStG sowie mögliche Freigrenzen und Freibeträge eingegangen.

Abb. 10: „Auswirkungen von § 23a EStG *eigener Fassung* auf Anteilsveräußerungen"

Kapitalgesellschaft

A	B	C	D
Beteiligung von 80% im Betriebsvermögen	Beteiligung von 9,5% im Privatvermögen	Beteiligung von 0,5% im Privatvermögen	Beteiligung von 10% im Privatvermögen (*einbringungsgeborene Anteile*)
Besteuerung der Veräußerungs- bzw. Aufgabegewinne gem. § 16 EStG	Besteuerung der Veräußerungsgewinne gem. § 23 Abs. 1 S. 1 Nr. 2 EStG, wenn die Veräußerung innerhalb eines Jahres erfolgt (Vorrangsregelung des § 23 Abs. 2 S. 2 EStG); **ansonsten:** Besteuerung gem. § 23a Abs. 1 EStG *eigener Fassung*	Besteuerung der Veräußerungsgewinne allein gem. § 23 Abs. 1 S. 1 Nr. 2 EStG innerhalb eines Jahres; **danach**: steuerfrei	Besteuerung der Veräußerungsgewinne gem. § 23a Abs. 2 EStG *eigener Fassung*, wenn die Veräußerung nach einem Jahr erfolgt (Vorrangsregelung des § 23 Abs. 2 S. 2 EStG) oder falls Anteile i.S.d. § 23a Abs. 1 EStG *eigener Fassung* vorliegen die unter dem Teilwert eingebracht wurden; **Ausnahmen:**. nach Entstrickung nur noch § 23 EStG innerhalb eines Jahres, danach § 23a Abs. 1 EStG *eigener Fassung*, falls die Anteile 1 v.H. ausmachen; ansonsten steuerfrei
Komplette Verlustverrechnung gem. § 10d EStG		Eingeschränkte Nutzung des § 10d EStG	Komplette Verlustverrechnung gem. § 10d EStG
Anwendung des § 34 EStG	Keine Anwendung des § 34 EStG[1], sondern: Halbeinkünfteverfahren		
Einmaliger Freibetrag von Euro 45 000; er ermäßigt sich allerdings um den Betrag, um den der Veräußerungsgewinn den Teil von Euro 136 000 übersteigt.	Freibetrag von Euro 9 060; er ermäßigt sich allerdings um den Betrag, um den der Veräußerungsgewinn den Teil von Euro 36 100 übersteigt.	Freigrenze von Euro 512	Freibetrag von Euro 9 060; er ermäßigt sich allerdings um den Betrag, um den der Veräußerungsgewinn den Teil von Euro 36 100 übersteigt.

1) § 34 EStG war für § 17 EStG und § 21 UmwStG noch im Jahre 2001 anwendbar, so dass der neue „alte" halbe Steuersatz für ein Jahr eingegriffen hat (*Maier/Dal Bosco*, DStR 2000, 1763).

Nach § 23a EStG *eigener Fassung* stellen ähnliche Beteiligungen i.S.d. § 23a Abs. 1 S. 3 EStG *eigener Fassung* nun kaum noch ein Problem dar. Sie sind nun deutlich im Bereich der Überschusseinkünfte angesiedelt, was vernünftig erscheint, da es sich bei einer Beteiligung an einer Kapitalgesellschaft i.S.d. § 17 EStG sowie § 21 UmwStG immer um **Privatvermögen**[1] handelt. Die Nähe zum Mitunternehmer wurde genommen.[2] Dadurch ist es möglich, ähnliche Beteiligungen in Zukunft allein an der Beteiligung am Nominalkapital der Gesellschaft zu messen. Mitunternehmerähnliche Positionen, mögliche Rechte oder anderweitige Konstellationen können dann eine ähnliche Beteiligung nicht mehr begründen oder erhöhen. Dies ist systemkonform mit der Zusammenlegung des ehemaligen § 21 UmwStG, denn hier können auch nur „echte" Anteile als einbringungsgeborene Anteile ausgegeben werden.

Problematisch bleibt die Besteuerung von Genussrechten und Anwartschaften im Rahmen des § 23a EStG *eigener Fassung*, denn hier kann die in dieser Arbeit erarbeitete Systematik nicht angewendet werden, da kein Nominalkapital gebunden wird.[3] Für Genussrechte soll es ausreichen, wenn diese eine Beteiligung am Liquidationserlös und evtl. zusätzlich am Gewinn enthalten.[4] Für den Bereich der Anwartschaften kommt es auf die rechtlich gesicherte Position zum Erwerb von Anteilen an. Diese Merkmale sind ansonsten nicht entscheidend.[5] Nun wäre es möglich, die Genussrechte und Anwartschaften grundsätzlich aus dem Anwendungsbereich des § 23a EStG *eigener Fassung* herauszunehmen, um damit Abgrenzungsschwierigkeiten[6] zu vermeiden. Dadurch würde man Steuerumgehungsstrategien letztlich wieder eine Plattform bieten. Die bessere Alternative ist, die Genussrechte und Anwartschaften „als Ausnahme von der Regel" zu betrachten und die Ausnahmen eben auf diese beiden Anwendungsfälle gesetzlich zu begrenzen.

Die Lösung aller Problembereiche innerhalb des § 17 EStG war nicht die Aufgabe dieser Arbeit und würde die Dissertation auch über das Maß hinaus ausweiten. Mit § 23a EStG *eigener Fassung* sollen vorwiegend Probleme gelöst werden, die im Rahmen der ähnlichen Beteiligung gem. § 17 Abs. 1 S. 3 EStG auftreten. Dazu zählen die „Beteiligung am Kapital der Gesellschaft" als entscheidendes Kriterium sowie die Definition der Besteuerung von Veräußerungsgewinnen aus „Beteiligungen an Kapitalgesellschaften" als Überschusseinkünfte. Diese Probleme werden

---

[1] So bereits: *Züll*, Die Einkommensteuer bei der Veräußerung wesentlicher Beteiligungen, S. 11; ebenso: *Strahl* in Korn/Carlé/Stahl/Strahl, EStG, § 17 Rz. 4; *Uhländer*, Vermögensverluste im Privatvermögen, 1996, S. 96; *Crezelius*, Unternehmenserbrecht, Rdnr. 171; *Steinhauff*, NWB, Fach 3, 10323, 10324; *Schweyer/Dannecker*, BB 1999, 1732; ähnlich: *Gschwendtner*, DStR 1999, Beihefter zu Heft 32/1999, S. 4; *Kreft*, Steuerrecht schnell erfaßt, S. 119.

[2] So auch, aber ohne Begründung: *Kratzer*, NWB, Fach 5, 1491, 1494.

[3] Hierzu: *Buyer*, DB 1988, 468 f.; *Mihatsch*, Veräußerung von wesentlichen Beteiligungen an Kapitalgesellschaften und Mitunternehmeranteilen, S. 52.

[4] *Strahl* in Korn/Carlé/Stahl/Strahl, EStG, § 17 Rz. 31.

[5] *Schmidt/Weber-Grellet*, EStG, § 17 Anm. 40.

[6] Dazu: *Buyer*, DB 1988, 468 f., der auf die Problematik zum verdeckten Nennkapital eingeht.

m.E. mit einer derartigen Neuordnung des § 17 EStG im Einkommensteuersystem und in Kombination mit § 21 UmwStG gelöst. Die vom BFH in seiner Rechtsprechung entwickelte – meiner Meinung nach richtige – Lösung zur Thematik der ähnlichen Beteiligungen, nämlich die Höhe des Anteils am Nominalkapital der Kapitalgesellschaft als Entscheidungskriterium, kann damit konsequent umgesetzt werden.

Literaturverzeichnis

Verfasser	Titel
A	
Adler/ Düring/ Schmaltz	Rechnungslegung und Prüfung der Unternehmen, 6. Auflage, Stuttgart 1997.
Aha, Christoph	Ausgewählte Gestaltungsmöglichkeiten bei Aktienoptionsplänen, BB 1997, S. 2225 – 2228.
Althoff, Klaus-Dieter u.a.	Workshop: Ähnlichkeit von Fällen beim fallbasierten Schließen, Kaiserslautern 1992.
Altmeppen, Holger	Parteifähigkeit, Sitztheorie und „Centros", DStR 2000, S. 1061 – 1063.
Angerer, H.-Peter	Genussrechte bzw. Genussscheine als Finanzierungsinstrument, DStR 1994, S. 41 – 45.
Apitz, Wilfried	Darlehensforderungen eines Gesellschafters als Verluste bei wesentlicher Beteiligung, FR 1992, S. 124 – 130.
B	
Balmes, Frank	Spekulationsverluste: Praxisprobleme und Musterlösungen für Veranlagungszeiträume bis 1998, DStR 2000, S. 1047 – 1048.
Balmes, Frank/ Graessner, Hans-Christoph	Steuerrechtliche Behandlung von tracking stocks, DStR 2002, S. 838 – 841.
Baranowski, Karl-Heinz	Die Kapitalgesellschaft im Spektrum des internationalen Steuerrechts, in: Festschrift für Helmut Debatin, München 1997, S. 1 – 24.
Bareis, Peter	Anmerkungen zur Unternehmenssteuerreform 2001, in: Poll, Jens (Hrsg.), Festschrift für Herbert Brönner, Stuttgart 2000, S. 1 – 16.
Barth, Kuno	Kritik zur Besteuerung der Vermögensgewinne für Anteile an Kapitalgesellschaften, FR 1962, S. 226 – 230.
Bauer, Manuel	Targeted Stocks als Alternative zu Desinvestitionen, Bern 1999.
Baumbach, Adolf/ Hopt, Klaus	Handelsgesetzbuch, 30. Auflage, München 2000.
Baumgartner, Dietmar	Die Vorgesellschaft der Aktiengesellschaft im Steuerrecht, Nürnberg 1972.

Baums, Theodor	Spartenorganisation, „Tracking Stock" und deutsches Aktienrecht, in: Festschrift für Karlheinz Boujong, München 1996, S. 19 – 35.
Ders.	Aktienoptionen für Vorstandsmitglieder, in: Festschrift für Carsten Peter Claussen, Köln 1997, S. 3 – 48.
BDI/ Ernst & Young (Hrsg.)	Die Unternehmenssteuerreform, 2. Auflage, Bonn 2000.
Becker, Enno	Zur Rechtsprechung, A. Zum Einkommensteuergesetz, StuW 1931, Spn. 1283 – 1318.
Beger, Wolf D.	Methodenlehre und Klausurentechnik im Steuerrecht, 3. Auflage, Stuttgart 1997.
Beisse, Heinrich	Gewinnrealisierung – Ein systematischer Überblick über Rechtsgrundlagen, Grundtatbestände und grundsätzliche Streitfragen, in: Gewinnrealisierung im Steuerrecht, hrsg. im Auftrag der Deutschen Steuerjuristischen Gesellschaft e.V. von Hans Georg Ruppe, Köln 1981, S. 13 – 43.
Bender, Timo	Verlustverrechnungsbeschränkungen im EStG, Frankfurt am Main 2002.
Bergemann, Achim	Unternehmenssteuerreform 2001: Schwerpunkte des Steuergesetzes, DStR 2000, S. 1410 – 1419.
Bernstorff, Christoph Graf von	Das Unternehmensrecht in Europa, EWS 1998, Teil I: S. 397 – 405, Teil II: S. 433 – 439.
Bezzenberger, Tilmann	Vorzugsaktien ohne Stimmrecht, Köln 1991.
Biber, Renate	Kapitalersetzende „typische" stille Beteiligung eines Gesellschafters an seiner unterkapitalisierten GmbH – Qualifizierung als Mitunternehmerschaft?, DStR 1984, S. 424 – 428.
Bilsdorfer, Peter	Haftungsfragen bei Steuerschulden einer Vor-GmbH, GmbHR 1980, S. 300 – 304.
Ders.	Steuerliche Auswirkungen von Bürgschaften eines GmbH-Geschäftsführers, NWB, Fach 3, S. 10859 – 10864.
Bilsdorfer, Peter/ Engel, Stephan	Darlehens- und Bürgschaftsverluste von GmbH-Gesellschaftern und –Geschäftsführern, INF 1994, S. 321 – 329.
Blaas, Ulrich	Darstellung und Kritik der Spiegelbildtheorie bei der Bilanzierung von Beteiligungen an Personengesellschaften im Bilanzsteuerrecht, Köln 1989.
Blaurock, Uwe	Die GmbH & Still im Steuerrecht, BB 1992, S. 1969 – 1977.

Bogenschütz, Eugen	Erhaltung des Anrechnungsguthabens für Gesellschaften bei grenzüberschreitenden Verschmelzungen und Joint-Ventures durch Verknüpfung von Beteiligungen (Stapled Stock), in: Haarmann (Hrsg.), Finanzierungen, Ausschüttungen und Nutzungsüberlassungen im internationalen Steuerrecht, Köln 1999.
Ders.	Umwandlung einer Kapitalgesellschaft in eine KGaA, in: Festschrift für Siegfried Widmann, Bonn 2000, S. 163 – 184.
Boles, Ernest P./ Walz, Rainer	Kriterien der Körperschaftsteuersubjektivität im Vergleich von deutschem und US-amerikanischem Recht, GmbHR 1986, S. 435 – 442.
Bordewin, Arno/ Brandt, Jürgen (Hrsg.)	Kommentar zum Einkommensteuergesetz, Heidelberg 2000, Loseblatt, Stand: September 2003.
Bornheim, Wolfgang	Die Erweiterung der Besteuerung nach § 17 Abs. 1 EStG durch das StSenkG, DB 2001, S. 162 – 170.
Brandt Ulrich/ Scheifele, Mathias	Die Europäische Aktiengesellschaft und das anwendbare Recht, DStR 2002, S. 547 – 555.
Brauer, Ulrich	Die Zulässigkeit der Ausgabe von sog. „Tracking Stocks" durch Aktiengesellschaften nach deutschem Aktienrecht, AG 1993, S. 324 – 334.
Braun, Rainer	Die wertlose Bürgschaftsverpflichtung – Anschaffungskosten im Rahmen des § 17 EStG?, GmbHR 1995, S. 211 – 215.
Bredow, Günther	Steuergünstige Gestaltung von Aktienoptionen für leitende Angestellte („stock options"), DStR 1996, S. 2033 – 2036.
Ders.	Anmerkung zum FG-Urteil Köln vom 9.9.1998, DStR 1999, S. 368 – 372.
Breuer, Claudia	Beteiligungen an Personengesellschaften in der Handelsbilanz, Düsseldorf 1994.
Breuninger, Gottfried/ Prinz, Ulrich	DStR-Fachliteratur-Auswertung: Besteuerung von Personen-gesellschaften, DStR 1996, S. 1761 – 1764.
Brinkmeier, Thomas	Bürgschaftsverluste bei wesentlichen Beteiligungen, GmbH-StB 2002, S. 274.
Brönner, Herbert/ Bareis, Peter	Die Bilanz nach Handel- und Steuerrecht, 9. Auflage, Stuttgart 1991.
Brune, Alfons	Die Veräußerung von Anteilen an Kapitalgesellschaften bei wesentlicher Beteiligung nach § 17 EStG, StStud 1996, S. 260 – 264.

Bula, Thomas	Genussrechte – steuerlicher Abzug der Ausschüttungen bei handelsrechtlichem Ausweis als Eigenkapital, in: Haarmann, Hemmelrath & Partner (Hrsg.), Gestaltungen und Analyse in der Rechts-, Wirtschafts- und Steuerberatung von Unternehmen, Köln 1998, S. 121 – 131.
Bullinger, Michael	Steuerliche Fragen von Gesellschafterdarlehen an die GmbH, DStR 1993, S. 225 – 229.
Bundesministerium für Wirtschaft und Finanzen (Hrsg.)	Gutachten der Steuerreformkommission, Bonn 1971.
Bundschuh, Karl Dietrich (Hrsg.)	Recht und Praxis der Genussscheine, Frankfurt am Main 1987.
Bungert, Hartwin/ Beier, Constantin H.	Die Europäische Aktiengesellschaft, EWS 2002, S. 1 – 12.
Burek, Detlef	Die Besteuerung der Holdinggesellschaft, Darmstadt 1998.
Burmester, Gabriele	Ausgewählte international-steuerrechtliche Probleme der stillen Gesellschaft, in: Haarmann (Hrsg.), Unternehmensstrukturen und Rechtsformen im Internationalen Steuerrecht, Köln 1996, S. 122 – 134.
Buyer, Christoph	Mantelkauf: Das neue Sparmodell?, DB 1987, S. 1959 – 1963.
Ders.	Nochmals: Mantelkauf – Ein Argument für das verdeckte Nennkapital, DB 1988, S. 468 – 472.
Ders.	Die „Repatriierung" ausländischer beschränkt steuerpflichtiger Kapitalgesellschaften durch Sitzverlegung ins Inland, DB 1990, S. 1682 – 1693.

C

Carl, Dieter	Die unentgeltliche „Veräußerung" von Anteilen an Kapitalgesellschaften (§ 17 EStG), FR 1992, S. 431 – 437.
Creutzfeldt, Dieter	Entwicklung und Kritik der Lehren vom Rechtsubjekt – zugleich ein Beitrag zur Rechtsstellung der GbR, Koblenz 1992.
Crezelius, Georg	Geldwerter Vorteil und Einkommensteuersystem, BB 1981, S. 1589 – 1592.
Ders.	Steuerrechtliche Rechtsanwendung und allgemeine Rechtsordnung, Herne/Berlin 1983.
Ders.	Die werdende GmbH – Gesellschaftsrechtliche Grundlagen, bilanz- und steuerrechtliche Konsequenzen, DStR 1987, S. 743 – 750.
Crezelius, Georg	Zu den Rechtsfolgen verdeckter Sacheinlagen im GmbH-Recht, DB 1990, S. 2458 – 2460.

Crezelius, Georg | Steuerrecht II, Die speziellen Steuerarten, 2. Auflage, München 1994.

Ders. | Kodifizierte und rechtsprechungstypisierte Umgehungen, StuW 1995, S. 313 – 325.

Ders. | Die Übertragung von GmbH-Beteiligungen – Zivilrecht, Steuerrecht, in: Festschrift für Karlheinz Boujong, München 1996, S. 47 – 70.

Ders. | Der Verstrickungswert bei § 17 EStG, DB 1997, S. 195 – 201.

Ders. | Identitätswahrende Sitzverlegung und wesentliche Beteiligung, DStR 1997, S. 1712 – 1716.

Ders. | Steuerrechtsfolgen der Liquidation der Kapitalgesellschaft, in: Kölner Schrift zur Insolvenzordnung, Köln 1997, S. 1031 – 1040.

Ders. | Gesamthandsbilanz und Körperschaftsteuersystem, in: Festschrift für Carsten Peter Claussen, Köln 1997, S. 621 – 637.

Ders. | Unternehmenserbrecht, München 1998.

Ders. | Überlegungen zu einem Allgemeinen Teil des Umwand-lungssteuerrechts, in: Festschrift für Siegfried Widmann, Bonn 2000, S. 241 – 263.

Ders. | Dogmatische Grundstrukturen der Unternehmenssteuerreform, DB 2001, S. 221 – 229.

Ders. | Neuregelung des § 42 AO? – Vom Missbrauch des Missbrauchs, DB 2001, S. 2214 – 2215.

Ders. | Fairness im Steuerrecht, Stbg 2001, Editorial.

Ders. | Grenzüberschreitungen bei steuerrechtlichen Dokumentationspflichten, BB 2002, S. 1121 – 1123.

Ders. | Finanzierungsaufwendungen in der Betriebsaufspaltung, DB 2002, S. 1124 – 1127.

Ders. | Die Rückbezüglichkeit in § 17 Abs. 1 Satz 1 EStG, DB 2003, S. 230 – 234.

Ders. | Gewährung von Gesellschaftsrechten bei § 6 Abs. 5 EStG, §§ 20, 24 UmwStG, DB 2004, S. 397 – 401.

Crezelius u.a. | Fallbesprechungen zu Unternehmensfinanzierungen, JbFSt 1985/86, S. 437 – 485.

Crezelius u.a. | Unternehmenssicherung – Unternehmensgestaltung durch Gesellschafterwechsel, Bonn 1995.

Crezelius u.a. | Die GmbH und ihre Gesellschafter, Bonn 1997.

Crezelius u.a. | Ertragsteuerliche Praxisprobleme – Lösungsvorschläge, Stbg 1998, Teil I, S. 202 – 208, Teil II, S. 252 – 260.

D

Dankmeyer, Udo/ Gilo, Jörg	Kommentar zur Einkommensteuer, Neuwied 2001, Loseblatt, Stand: Dezember 2003.
Dautel, Ralph	Steueroptimale Gestaltung von Mitarbeiter-Aktienoptionen, INF 1999, S. 368 – 371.
Ders.	Besteuerung von Mitarbeiterbeteiligungen, BB 2000, S. 1757 – 1763.
Debatin, Helmut	Subjektfähigkeit ausländischer Wirtschaftsgebilde im deutschen Steuerrecht, BB 1988, S. 1155 – 1160.
Ders.	Zum Steuerstatus ausländischer Kapitalgesellschaften, BB 1990, S. 1457 – 1460.
Ders.	Die grenzüberschreitende Sitzverlegung von Kapitalgesellschaften, GmbHR 1991, S. 164 – 170.
Delp, Udo A.	Kapitalertrag, Spekulationsgewinn oder Steuerfreiheit?, INF 1998, S. 577 – 582.
Digel, Werner (Hrsg.)	Meyers Grosses Taschenlexikon, Mannheim 1992.
Ditges, Thomas	Genussrechte und Mitarbeiterbeteiligung, DStR 1986, S. 243 – 245.
Döllerer, Georg	Die wesentliche Beteiligung im Ertragsteuerrecht, StbJb 1981/82, S. 195 – 222.
Ders.	Die atypisch stille Gesellschaft – gelöste und ungelöste Probleme, DStR 1985, S. 295 – 303.
Ders.	Verdeckte Gewinnausschüttungen, verdeckte Einlagen – neue Rechtsprechung, neue Fragen, DStR 1989, S. 331 – 338.
Ders.	Verlust eines eigenkapitalersetzenden Gesellschafterdarlehens als nachträgliche Anschaffungskosten einer wesentlichen Beteiligung, FR 1992, S. 233 – 236.
Dörner, Bernhard M.	Die Neuregelung der Gesellschafter-Fremdfinanzierung, Teil I, INF 1993, S. 409 – 414.
Ders.	Die Inanspruchnahme von Gesellschaftern und nahe stehenden Personen aus unmittelbaren und mittelbaren Bürgschaften zugunsten der GmbH, INF 1999, Teil I: S. 612 – 617; Teil II: S. 646 – 649.
Ders.	Gestaltungsmöglichkeiten mit Gesellschafterdarlehen in der Krise der GmbH, INF 2001, Teil I: S, 494 – 498; Teil II: S. 523 – 527.
Dötsch, Ewald	Körperschaftsteuerliche Behandlung der Verlegung des Sitzes bzw. der Geschäftsleitung einer Kapitalgesellschaft über die Grenze, DB 1989, S. 2296 – 2303.
Dötsch, Ewald/ Pung, Alexandra	Die geplante Reform der Unternehmensbesteuerung, DB 2000, Beilage Nr. 4/2000.

Dötsch, Ewald/ Pung, Alexandra — Erstmalige Anwendung des Halbeinkünfteverfahrens und letztmalige Anwendung des Anrechnungsverfahren auf Auflösungsgewinne/-verluste i.S.v. § 17 Abs. 4 EStG, DB 2002, S. 173 – 177.

Dötsch, Ewald/ Eversberg, Horst/ Jost, Werner/ Witt, Georg (Hrsg.) — Die Körperschaftsteuer, Kommentar, Stuttgart, Stand: August 2003.

Durchlaub, Thomas — Zur Steuerpflicht der Gewinne aus der Veräußerung von Privatvermögen, Berlin 1993.

E

Ebenroth, Carsten Thomas/ Boujong Karlheinz/ Joost, Detlef — Handelsgesetzbuch, München 2001.

Eberhartinger, Eva/ Engelsing, Lutz — Zur steuerrechtlichen Behandlung von Aktienoptionen bei den optionsberechtigten Führungskräften, Wpg 2001, S. 99 – 114.

Ebling, Klaus — Steuerrechtliche Aspekte der Veräußerung von Anteilen an einer ausländischen Kapitalgesellschaft bei wesentlicher Beteiligung (§ 17 EStG), in: Festschrift für Hans Flick, Köln 1997, S. 679 – 696.

Ebling, Klaus (Hrsg.) — Blümich, EStG KStG GewStG Kommentar, München 2000, Loseblatt, Stand: Februar 2003.

Eckert, Ralf — Besteuerung von Stock Options, DB 1999, S. 2490 – 2493.

Egner, Thomas/ Wildner, Stephan — Besteuerung von Stock Options – Überbesteuerung oder Besteuerungslücke?, FR 2001, S. 62 – 74.

Ehlers, Ernst-August — Ähnliche Beteiligung im Sinne von § 17 Abs. 1 EStG Verluste aus typischer stiller Beteiligung als Werbungskosten, Aktuelles Steuerrecht 2/1998, S. 307 – 317.

Eichstädt, Kai/ Scharrer, Jürgen — Doping für Manager, Capital 13/2000, S. 107 – 118.

Eicker, Bernd — Die Gesellschaft bürgerlichen Rechts im Prozeß und in der Zwangsvollstreckung, Gießen 1991.

Eilers, Stephan/ Wienands, Hans-Gerd — Zur steuerlichen Behandlung von eigenkapitalersetzenden Gesellschafterdarlehen und Gesellschaftersicherheiten auf der Ebene des Gesellschafters, GmbHR 1998, S. 618 – 625.

Dies. — Neue steuerliche und gesellschaftsrechtliche Aspekte der Doppelansässigkeit von Kapitalgesellschaften nach der EuGH-Entscheidung vom 9.3.1999, IStR 1999, S. 289 – 296.

Eilers, Stephan/ Wienands, Hans-Gerd — Die Veräußerung von GmbH-Anteilen nach Maßgabe der geänderten §§ 17, 22 Nr. 2, 23 EStG, GmbHR 1999, S. 505 – 510.

Dies. — Gestaltungsüberlegungen und Fallbeispiel zur Veräußerung von GmbH-Anteilen – Erneute Verschärfung des § 17 EStG durch den Gesetzentwurf eines „StSenkG", GmbHR 2000, S. 405 – 414.

Einem, Christoph von — Stock-Options: Eine aktuelle Gestaltungsform der Mitarbeiterbeteiligung für Wachstumsunternehmen, in: Haarmann, Hemmelrath & Partner (Hrsg.), Gestaltung und Analyse in der Rechts-, Wirtschafts- und Steuerberatung von Unternehmen, Köln 1998, S. 389 – 402.

Eisolt, Dirk/ Wickinger, Solveig — Mitarbeiterbeteiligungen: Endbesteuerung auch im Fall von Wandelschuldverschreibungen?, BB 2001, S. 122 – 127.

Eppler, Gerold — Die entgeltliche Nichtteilnahme an einer Kapitalerhöhung als Veräußerung einer Anwartschaft, DStR 1988, S. 64 – 65.

Ders. — Das Quasi-Eigenkapital bei der GmbH als steuerrechtliches Problem, DB 1991, S. 195 – 198.

Erle, Bernd/ Sauter, Thomas (hrsg. durch die KPMG) — Reform der Unternehmensbesteuerung, Kommentar zum Steuersenkungsgesetz, Köln 2000.

Eschbach, Werner — Management Buy-Out und Ausgabe von Stock Options, BB 1999, S. 2484 – 2490.

Esser, Carsten — Insolvenzschutz durch Dynamisierung des Stammkapitals bei der GmbH, Köln 1989.

Ettinger, Jochen — Stock-Options, Köln 1999.

F

Fasolt, Volker — Das deutsche Steuerrecht zu Beginn des 21. Jahrhunderts – Notwendige Reformen aus Sicht des steuerberatenden Berufsstandes, DStR 2000, S. 7 – 10.

Feddersen, Dieter — Aktienoptionsprogramme für Führungskräfte aus kapitalmarktrechtlicher Sicht und steuerlicher Sicht, ZHR 161 (1997), S. 269 – 299.

Feddersen, Dieter/ Knauth, Klaus-Wilhelm — Eigenkapitalbildung durch Genussscheine, 2., überarbeitete und erweiterte Auflage, Frankfurt am Main 1992.

Felix, Günther/ Strahl, Martin — Ausschüttungen aus dem EK 04 bei wesentlicher Beteiligung i.S. des § 17 EStG oder Beteiligung im Betriebsvermögen, DStR 1996, S. 1514 – 1517.

Fichtelmann, Helmar — Steuerliche Abzugsfähigkeit von Verlusten der Genußscheininhaber, BB 1989, S. 1461 – 1462.

Fichtelmann, Helmar — GmbH & Still im Steuerrecht, 3. Auflage, Heidelberg 1990.

Fischer, Michael — Sacheinlagen im Gesellschafts- und Steuerrecht der GmbH, Herne/Berlin 1997.

Fleck, Hans-Joachim — Stimmrechtsabspaltung in der GmbH, in: Festschrift für Robert Fischer, Berlin 1979, S. 107 – 129.

Ders. — Die Bilanzierung kapitalersetzender Gesellschafterdarlehen in der GmbH, in: Handels- und Steuerrecht, Festschrift für Georg Döllerer, Düsseldorf 1988, S. 109 – 131.

Fleischer, Erich/ Thierfeld, Rainer — Stille Gesellschaft im Steuerrecht, 7.Auflage, Bremen 1998.

Fleischmann, Michael S. — Die einkommensteuerliche Behandlung börsennotierter Aktienoptionen aus Käufersicht, Frankfurt am Main 1996.

Flick, Hans F.W. — Tracking Stock: Einfache Lösung für komplizierte Probleme, IStR 1995, S. 231 – 232.

Förster, Guido/ Lange, Carsten — Steuerliche Aspekte der Gründung einer Europäischen Aktiengesellschaft (SE), DB 2002, S. 288 – 294.

Förster, Jutta — Veräußerungsgewinnbesteuerung, in: Festschrift für Hans Flick, Köln 1997, S. 721 – 736.

Forsthoff, Ulrich — Abschied von der Sitztheorie, BB 2002, S. 318 – 321.

Fox, Thomas — Der GmbHR-Kommentar, GmbHR 2000, S. 342 – 343.

Fox, Thomas/ Hüttche, Tobias/ Lechner, Florian — Mitarbeiterbeteiligungen an der GmbH, GmbHR 2000, S. 521 – 534.

Frantzen, Christopher — Genussscheine, Köln 1993.

Friauf, Karl Heinrich — Die Wesentlichkeitsschwelle in § 17 EStG als steuerpolitische Manövriermasse?, DB 1995, Beilage Nr. 8/95.

Friedl, Markus J. — Ein Plädoyer für Tracking Stocks, BB 2002, S. 1157 – 1164.

Fröhling, Dieter W. — Zur Frage der Verfassungswidrigkeit des § 17 EStG, Köln 1963.

Frotscher, Gerrit — Kommentar zum Einkommensteuergesetz, Freiburg im Breisgau, Loseblatt, Stand: 88. Ergänzungslieferung, 4/99.

Frotscher, Gerrit/ Maas, Ernst — Kommentar zum KStG/UmwStG, Freiburg 1999, Stand: August 2003.

Fu, Reiner — Die stille Gesellschaft im Internationalen Steuerrecht aus deutscher Sicht, Frankfurt am Main 1997.

Fuisting, Bernhard — Die Einkommensbesteuerung der Zukunft in Anknüpfung an das preußische Einkommensteuergesetz, Berlin 1903.

Füllsack, Markus — Anmerkung zum Beschluss des FG Baden-Württembergs vom 8.12.2000, DStR 2001, S. 120 - 121.

G

Gabler Verlag — Gabler Wirtschafts-Lexikon, 12. Auflage, Wiesbaden 1988.

Gail, Winfried/ Düll, Alexander/ Fuhrmann, Gerd/ Grupp, Siegfried — Aktuelle Entwicklungen des Unternehmenssteuerrechts, DB 1999, Beilage Nr. 14/99.

Gail, Winfried/ Düll, Alexander/ Fuhrmann, Gerd/ Grupp, Siegfried/ Eberhard, Manfred — Aktuelle Entwicklungen des Unternehmenssteuerrechts – Steuerliche Überlegungen zum Jahresende 2000, DB 2000, Beilage Nr. 15/2000.

Geissler, Michael — Gewinnrealisierung am Ende eines Unternehmens, Boorberg 1999.

Gericke, W. — FR-Lexikon, „wesentliche Beteiligung", FR 1961, S. 287 – 288.

Gerkan, Hartwin von/ Hommelhoff, Peter — Kapitalersatz im Gesellschafts- und Insolvenzrecht, 2. Auflage, Köln 1988.

Glanegger, Peter/ Güroff, Georg/ Niedner, Hans Jochen/ Peuker, Monika/ Ruß, Werner/ Stuhlfelner, Ulrich — Heidelberger Kommentar zum Handelsgesetzbuch, 5., neu-bearbeitete Auflage, Heidelberg 1999.

Gosch, Dietmar — Zum Abzug von Verlusten aus der Veräußerung wesentlicher Beteiligungen i.S. von § 17 EStG, StBp 1998, S. 25 – 27.

Ders. — Zur Ermittlung der Wesentlichkeit einer Kapitalbeteiligung nach § 17 EStG – Anmerkung zum BFH-Urteil vom 25.11.1997, StBp 1998, S. 165 – 167.

Gratz, Kurt/ Müller, Rolf — Die nicht wesentliche Beteiligung an Kapitalgesellschaften – ein Auslaufmodell?, DStR 1996, S. 281 - 288.

Groh, Manfred — Die nichtgewerbliche Personengesellschaft, JbFSt 1979/80, S. 209 – 254.

Ders. — Genussrechtskapital und Maßgeblichkeitsgrundsatz, BB 1995, S. 559 – 560.

Grotherr, Siegfried — Das neue Körperschaftsteuersystem mit Anteilseignerentlastung bei der Besteuerung von Einkünften aus Beteiligungen, BB 2000, S. 849 – 861.

Grune, Jörg — Steuerentlastungsgesetz 1999/2000/2002, StStud 1999, S. 212 – 224.

Gschrei, Michael Jean — Beteiligungen im Jahresabschluß und im Konzernabschluß, Heidelberg 1990.

Gschwendtner, Hubertus — Darlehensverluste eines wesentlich an einer Kapitalgesellschaft beteiligten Gesellschafters in der Rechtsprechung des BFH, DStR 1999, Beihefter zu Heft 32/1999.

H

Haack, Hansjörg — Eigenkapital ersetzende Gesellschafterdarlehen, NWB Fach 18, S. 3837 – 3850.

Ders. — Die Gesellschaft mit beschränkter Haftung, NWB Fach 18, S. 3961 – 3980.

Haarmann, Wilhelm — Finanzierung von Kapitalgesellschaften, JbFSt 1985/86, S. 407 – 417.

Ders. — Verknüpfung von Beteiligungen zur Sicherung des Anrechnungsguthabens (Stapled Stock), in: Herzig (Hrsg.), Körperschaftsteuerguthaben bei grenzüberschreitenden Kooperationen, Köln 1996, S. 41 – 57.

Ders. (Hrsg.) — Finanzierungen, Ausschüttungen und Nutzungsüberlassungen im internationalen Steuerrecht, Köln 1999.

Haarmann, Wilhelm u.a. — Stock Options und ähnliche Mitarbeiterbeteiligungsstrukturen im deutschen Steuer-, Gesellschafts-, Bilanz- und Arbeitsrecht, StbJb 1998/99, S. 545 – 645.

Haas, Werner/ Pötschan, Hermann — Ausgabe von Aktienoptionen an Arbeitnehmer und deren lohnsteuerliche Behandlung, DB 1998, S. 2138 – 2141.

Habich, Jürgen — Die Entscheidungen des Bundesfinanzhofes zur gemischten Schenkung im Rahmen der §§ 16, 17 EStG – ein Widerspruch?, FR 1988, S. 16 – 18.

Hagen, Christiane — Besteuerung von Aktienoptionen als Arbeitslohn bei einem unbeschränkt Steuerpflichtigen, FR 2001, S. 726 – 729.

Hahn, Hartmut — Offene und verdeckte zivilrechtliche Prämissen im Beschluss des BFH vom 25. Februar 1991 zur sog. doppelstöckigen GmbH & Co. KG, DStZ 1992, S. 161 – 169.

Hailer, Horst Peter — Steuerrechtlicher Pflichtenkreis der Gesellschaft bürgerlichen Rechts aus materiell- und verfahrensechtlicher Sicht, Bochum 1988.

Hakelmacher, Sebastian — Hakelmachers ABC der Finanzen und Bilanzen, Köln 1995.

Halen von, Curt Christian — Der Streit um die Sitztheorie vor der Entscheidung?, EWS 2002, S. 107 – 115.

Hammen, Horst — Unzulässigkeit von aktiengleichen Genussrechten?, DB 1988, S. 2549 – 2552.

Harenberg, Friedrich	Kehrtwende des Bundesfinanzministeriums bei der Besteuerung von Aktienanleihen, NWB, Fach 3, S. 11515 – 11518.
Harenberg, Friedrich/ Irmer, Gisbert	Die Besteuerung privater Kapitaleinkünfte nach dem StMBG, NWB, Fach 3, S. 8967 – 8984.
Dies.	Besteuerung privater DTB-Geschäfte und sonstiger Finanzinstrumente, NWB, Fach 3, S. 9229 – 9238.
Dies.	Einkommensteuerliche Behandlung von Optionsanleihen, NWB, Fach 3, S. 10221 – 10230.
Haritz, Detlef	Unternehmenssteuerreform 2001: Begünstigte Veräußerungs-gewinne bei einbringungsgeborenen Anteilen, DStR 2000, S. 1537 – 1546.
Haritz, Detlef/ Benkert, Manfred (Hrsg.)	Kommentar zum Umwandlungssteuergesetz, München 1996.
Hartmann, Winfried	Kapitalersetzende Finanzierungsmaßnahmen als Anschaffungskosten eines Gesellschafters auf seine Beteiligung, DStZ 1998, S. 270 – 272.
Haug, Wolfgang	Gesellschafterdarlehen als verdecktes Nennkapital, DStZ 1987, S. 287 – 291.
Heckmann, Arno	Der Beginn der Körperschaftsteuerpflicht bei Kapitalgesellschaften, DB 1976, S. 980 – 983.
Henkel, Udo W.	Subjektfähigkeit grenzüberschreitender Kapitalgesellschaften, RIW 1991, S. 565 – 570.
Hergarten, Lothar	Besteuerung nach der Leistungsfähigkeit – ein ausgehöhltes Prinzip?, DStR 2001, S. 1876 – 1880.
Hermann, Josef	Besteuerung von Stock Options (Passivierung beim Arbeitgeber/ Arbeitnehmerbesteuerung), JbFSt 1999/ 2000, S. 703 – 718.
Herrmann, Carl/ Heuer, Gerhard/ Raupach, Arndt	Einkommen- und Körperschaftsteuerkommentar 2001, 21. Auflage, Köln 1996, Loseblatt, Stand: November/ Dezember 2003.
Dies.	Einkommensteuerkommentar 2001, Loseblatt, Stand: November/ Dezember 2003.
Dies.	Einkommen- und Körperschaftsteuerkommentar, Steuerreform 1999/2000/2002, Loseblatt, Stand: April 2003.
Herzig, Norbert	Anteilsrotation bei laufender Geschäftstätigkeit, BB 1981, S. 109 – 113.
Ders.	Die Neuordnung der Besteuerung außerordentlicher Einkünfte: Gestaltungsmaßnahmen bei Beteiligungen und Veräußerungen, in: IDW, Bericht über die Steuerfachtagung \`88, Düsseldorf 1988, S. 39 – 65.

Herzig, Norbert	Steuerliche Konsequenzen von Aktienoptionsplänen (Stock Options), in: Bernhard Pellens (Hrsg.), Unternehmenswertorientierte Entlohnungssyteme, Stuttgart 1998, S. 161 – 187.
Ders.	Steuerliche und bilanzielle Probleme bei Stock Options und Stock Appreciation Rights, DB 1999, S. 1 – 12.
Ders.	Das Ende des Tauschgutachtens?, in: Festschrift für Siegfried Widmann, Bonn 2000, S. 393 – 413.
Ders. (Hrsg.)	Körperschaftsteuerguthaben bei grenzüberschreitenden Kooperationen, Köln 1996.
Herzig, Norbert/ Lochmann, Uwe	Der Besteuerungszeitpunkt von Stock Options, DB 2001, S. 1436 – 1441.
Hey, Friedrich	Stellung der US (Delaware) Limited Liability Company im internationalen Steuerrecht, in: Festschrift für Helmut Debatin, München 1997, S. 121 – 151.
Hey, Johanna	Die rückwirkende Abschaffung der Sonderabschreibungen auf Schiffsbeteiligungen, BB 1998, S. 1444 – 1451.
Hintzen, Lothar	Die Anerkennung ausländischer Personengesellschaften als Kapitalgesellschaften nach deutschem Steuerrecht, DStR 1971, S. 327 – 334.
Hitzemann, Gebhard	Die atypisch stille Gesellschaft und § 15a EStG, DStR 1998, S. 1708 – 1710.
Hock, Burkhard	Gesellschafter-Fremdfinanzierung der GmbH, Wiesbaden 1995.
Hofbauer, Max	Zur Abgrenzung des bilanzrechtlichen Beteiligungsbegriffes, BB 1976, S. 1343 - 1349.
Hoffmann, Wolf-Dieter	Nachträgliche Anschaffungskosten bei Forderungsverlusten des Gesellschafters im Rahmen des § 17 EStG, GmbHR 1997, S. 1140 – 1143.
Ders.	Zur Lohnbesteuerung von Stock Options in der Baisse, DStR 2001, S. 1789 – 1791.
Hommelhoff, Peter/ Kleindiek, Detlef	Flexible Finanzierungsinstrumente im GmbH-Recht, in: Lutter, Marcus/Ulmer, Peter/Zöllner, Wolfgang (Hrsg.), Festschrift 100 Jahre GmbH-Gesetz, Köln 1992, S. 421 – 445.
Hörger, Helmut/ Mentel, Thomas/ Schulz, Andreas	Ausgewählte Fragen zum Steuerentlastungsgesetz 1999/2000/2002, DStR 1999, S. 565 – 576.
Horn, Günther	Die Gewährung und Veräußerung von Bezugsrechten, DB 1954, S. 805 – 806 .
Horn, Wilhelm/ Maertins, Jan	Die steuerliche atypische stille Beteiligung an der GmbH, GmbHR 1994, S. 147 – 152.
Huber, Ulrich	Die Vorgesellschaft mit beschränkter Haftung, in: Festschrift für Robert Fischer, Berlin 1979, S. 263 – 296.

Hübschmann, Walter/ Hepp, Ernst/ Spitaler, Armin (Hrsg.)	Kommentar zur Abgabenordnung und Finanzgerichtsordnung, 10. Auflage 1995, Stand: November 1999.
Hueck, Götz	Vorgesellschaft, in: Lutter, Marcus/Ulmer, Peter/Zöllner, Wolfgang (Hrsg.), Festschrift 100 Jahre GmbH-Gesetz, Köln 1992, S. 127 – 158.
Hüffer, Uwe	AktG – Aktiengesetz, München 1993.
Hülsmann, Christoph	Zum Besteuerungszeitpunkt i.S. des § 17 EStG beim Gesellschafteraustritt aus der GmbH, DStR 2003, S. 49 – 54.

I

Isensee, Tobias	Mitarbeiteraktienoptionen – mehr als eine steuerliche Gewinnchance, DStR 1999, S. 143 – 147.
Inzelmann, Rainer/ van Lengerich, Johann Rotger	Veräußerung von Auslandsbeteiligungen in 2001 – 1%-Grenze des § 17 EStG Abs. 1 EStG verfassungskonform?, DStR 2002, S. 705 – 709.

J

Jacobs, Otto H.	Internationale Unternehmensbesteuerung, 4., neubearbeitete und erweiterte Auflage, München 1999.
Ders.	Das KonTraG und die steuerliche Behandlung von Stock Options Plans, in: Dörner, Dietrich/Menold, Dieter/Pfitzer, Norbert (Hrsg.), Reform des Aktienrechts, der Rechnungslegung und Prüfung, Stuttgart 1999, S. 101 – 138.
Jaeger, Christopher	Targeted Stock als Restrukturierungsinstrument, Wiesbaden 1999.
Jakobs, Norbert/ Wittmann, Hans-Jörg	Steuersenkungsgesetz: Besteuerung von Anteilsveräußerungen, GmbHR 2000, S. 910 – 921.
Jestädt, Gottfried	Partiarisches Darlehen oder Stille Gesellschaft?, DStR 1993, S. 387 – 390.
Jülicher, Marc	Steuerliche Behandlung von im Konkurs verlorenen Gesellschafterdarlehen beim Privatvermögen nach § 17 EStG, DStR 1994, S. 305 – 310.

K

Kamprad, Balduin	Gesellschafterdarlehen an die GmbH, 2. Auflage, Köln 1981.
Kanzler, Hans-Joachim	Problematik der steuerlichen Behandlung von Veräußerungs-gewinnen, FR 2000, S. 1245 – 1255.
Kau, Wolfgang M./ Leverenz, Niklas	Mitarbeiterbeteiligung und leistungsgerechte Vergütung durch Aktien-Options-Pläne, BB 1998, S. 2269 – 2276.

Kessler, Manfred/ Strnad, Oliver — Der Besteuerungszeitpunkt bei Stock Options – nächste Runde, BB 2000, S. 641 – 647.

Kessler, Wolfgang/ Schürner, Carl Thomas — Stapled Stock und Tracking Stock im US-Steuerrecht , Wpg 2001, S. 1041 – 1049.

Kessler, Wolfgang/ Reitsam, Michael — Die typisch stille Beteiligung als Alternative zur Organschaft, DStR 2003, Teil I: S. 269 – 273; Teil II: S. 315 – 319.

Keune, Peter/ Timmer, Dirk — Zur verfassungskonformen Auslegung des § 17 Abs. 1 Satz 1 EStG – Bestehen einer wesentlichen Beteiligung i.S. des § 17 EStG im Fünfjahreszeitraum, NWB Nr. 51 v. 16.12.2002, Blickpunkt Steuern 12/2002, S. 1 – 3.

Kirchhof, Paul — Steuergleichheit, StuW 1984, S. 297 – 314.

Ders. — Rückwirkung von Steuergesetzen, StuW 2000, S. 221 – 231.

Ders. (Hrsg.) — EStG KompaktKommentar, 4. Aufl., Heidelberg 2004.

Kirchhof, Paul/ Söhn, Hartmut (Hrsg.) — Einkommensteuergesetz Kommentar, Heidelberg 2000, Loseblatt, Stand: Oktober 2003.

Klauser, Werner — Steuerliche Berücksichtigung von Bürgschaftsverlusten, BB 1980, S. 1574 – 1577.

Klose, Jörg W. — Die Gründung der GmbH zwischen Gesellschafts- und Steuerrecht, Ammersbek 1995.

Knoll, Leonhard — Besteuerung von Stock options – Anmerkungen zu einer juristischen Frontlinie im ökonomischen Niemandsland, StuW 1998, S. 133 – 137.

Ders. — Stock options vor den Schranken deutscher Gerichtsbarkeit, DStZ 1999, S. 242 – 245.

Ders. — Arbeitnehmerseitig Besteuerung von Stock Options im deutsch-sprachigen Raum, IStR 2002, S. 325 – 329.

Knobbe-Keuk, Brigitte — Gesellschaftsanteile in Handels- und Steuerbilanz, AG 1979, S. 293 – 306.

Dies. — Die verdeckte Einlage von wesentlichen Beteiligungen, in: Norbert Herzig (Hrsg.), Betriebswirtschaftliche Steuerlehre und Steuerberatung, Wiesbaden 1991, S. 153 – 163.

Dies. — Bilanz- und Unternehmenssteuerrecht, 9. Auflage, Köln 1993.

Knoppe, Helmut — Der Genußschein, seine wirtschaftliche und steuerliche Bedeutung, BB 1966, S. 281 – 284.

Kohlhaas, Karl-Fr. — Nachträgliche Anschaffungskosten auf eine GmbH-Beteiligung und wirtschaftliche Leistungsfähigkeit, GmbHR 2001, S. 556 – 560.

Korezkij, Leonid — Einkommensteuerliche Behandlung von Veräußerungsvorgängen i.S.d. § 17 EStG nach dem Entwurf des StSenkG, BB 2000, S. 1273 – 1277.

Korn, Klaus/ Strahl, Martin — Steuern und steuerliche Gewinnermittlung zum Jahreswechsel 2000/2001, NWB, Fach 2, S. 7443 – 7518.

Korn, Klaus/ Carlé, Dieter/ Stahl, Rudolf/ Strahl, Martin — Einkommensteuergesetz Kommentar, Bonn 2000, Loseblatt, Stand: Oktober 2003.

Kramarsch, Michael H. — Aktienbasierte Managementvergütung, Stuttgart 2000.

Kratzer, Walter — Gewerbesteuererklärung, NWB, Fach 5, S. 1491 – 1506.

Kreft, Volker — Steuerrecht schnell erfasst, 3., vollständig überarbeitete Auflage, Berlin 2000.

Kröner, Michael — Ausweitung der Besteuerung privater Veräußerungsgewinne bei Beteiligungen an Kapitalgesellschaften, StbJb 1997/98, S. 193 – 228.

Kroschel, Jörg — Zum Zeitpunkt der Besteuerung von Arbeitnehmer-Aktienoptionen, BB 2000, S. 176 – 181.

Küffner, Thomas/ Haberstock, Gerhard — „Drittaufwand": Eine Reise ins Ungewisse, DStR 2000, S. 1672 – 1680.

Kühr Christian (Hrsg.) — Handbuch des Steuerrechts, Neuwied 1963, Loseblatt, Stand: November 1996.

Kurth, Thomas/ Delhaes, Wolfgang — Die Entsperrung kapitalersetzender Darlehen, DB 2000, S. 2577 – 2585.

Küting, Karlheinz — Genussrechtskapital in der Bilanzierungspraxis, BB 1996, Beilage 4 zu Heft 8/1996.

Küting, Karlheinz/ Kessler, Harald — Eigenkapitalähnliche Mittel in der Handelsbilanz und im Überschuldungsstatus, BB 1994, S. 2103 – 2114.

L

Lademann, Fritz (Hrsg.) — Kommentar zum Einkommensteuergesetz, 4. Auflage, Stuttgart 1997, Loseblatt, Stand: Januar 2003.

Lampe, Holger/ Strnad, Oliver — Stock Options: Besteuerung, Glattstellung und „gehedgter Arbeitslohn", DStR 2000, S. 1117 – 1121.

Landsittel, Ralph/ Haug, André — Die verfassungswidrige Absenkung der wesentlichen Beteiligung an Kapitalgesellschaften nach § 17 Abs. 1 EStG 1999, BB 1999, S. 2218 – 2223.

Lang, Joachim — Gewinnrealisierung – Rechtsgrundlagen, Grundtatbestände und Prinzipien im Rahmen des Betriebsvermögensvergleichs nach § 4 Abs. 1 EStG, in: Gewinnrealisierung im Steuerrecht, hrsg. im Auftrag der Deutschen Steuerjuristischen Gesellschaft e.V. von Hans Georg Ruppe, Köln 1981, S. 45 – 96.

Lange, Joachim/ Grützner, Dieter/ Kussmann, Manfred/ Reiß, Wolfram — Personengesellschaft im Steuerrecht, 5. Auflage, Berlin 1998.

Langholz, Hans-Georg/ Vahle, Peter — Handels- und steuerrechtliche Behandlung des Abfindungs-guthabens des ausscheidenden atypisch stillen Gesellschafters für einen Geschäfts- oder Firmenwert, DStR 2000, S. 763 – 765.

Larenz, Karl — Methodenlehre der Rechtswissenschaft, Berlin, 1995.

Lienau, Alexander/ Lotz, Thomas — Die Abgrenzung zwischen stiller Gesellschaft und partiarischem Darlehen und die steuerlichen Konsequenzen, DStR 1991, S. 618 – 622.

Lindberg, Klaus — Die Besteuerung der Kapitaleinkünfte, München 1996.

Lindwurm, Christof — Gewinnverteilung und Gewinnfeststellung bei der Kumulation von stillen Gesellschaften, DStR 2000, S. 53 – 60.

Lishaut, Ingo van — Gesetz zur Fortsetzung der Unternehmenssteuerreform: Der neue Absatz 11 des § 50c EStG, DB 1997, S. 2190 – 2196.

Ders. — Die Reform der Unternehmensbesteuerung aus Gesellschaftersicht, StuW 2000, S. 182 – 196.

Lishaut, Ingo van/ Förster, Guido — Steuersenkungsgesetz: Anteilsveräußerungen im neuen Recht, GmbHR 2000, S. 1121 – 1128.

Dies. — Steuerliche Folgen der Umwandlung einer Kapitalgesellschaft in ein Personenunternehmen nach neuem Umwandlungsteuerrecht, FR 2000, S. 1189 – 1199.

Littmann, Eberhard — Veräußerung von Anteilen mit Gewinnansprüchen – Besteuerung des Kapitalvermögens, DStR 1981, S. 588 – 589.

Littmann, Eberhard/ Bitz, Horst/ Pust, Hartmut (Hrsg.) — Kommentar zum Einkommensteuergesetz, 15. Auflage, Stuttgart 2000, Loseblatt, Stand: Februar 2001.

Lohr, Jörg-Andreas — Die Besteuerung ausländischer Investmentfonds bei privaten Kapitalanlegern, Düsseldorf 1996.

Löhr, Dirk — Die Brühler Empfehlungen für eine Systemreform der Unternehmensbesteuerung, StuW 2000, S. 33 – 44.

Lorenz, Christoph — Rückstellungsbildung bei Stock Options, DStR 2000, S. 1579 – 1580.

Loritz, Karl-Georg — Die Immobilien-Aktiengesellschaft mit Genusschein, DStR 2000, S. 77 – 82.

Lutter, Marcus — Zur Bilanzierung von Genussrechten, DB 1993, S. 2441 – 2446.

Ders. — „Überseering“ und die Folgen, BB 2003, S. 7 – 10.

Lutter, Marcus/ Hommelhoff, Peter — GmbH-Gesetz Kommentar, 15. neubearbeitete und erweiterte Auflage, Köln 2000.

Lutz, Hans-Dieter — Die Bewertung von Beteiligungen bei der Besteuerung des Einkommens unter besonderer Berücksichtigung des Teilwerts nicht notierter Anteile, Erlangen/ Nürnberg 1963.

M

Maier, Günter/ Dal Bosco, Peter — Unternehmenssteuerreform 2001: Veräußerung von Anteilen an Kapitalgesellschaften durch natürliche Personen im Ver-anlagungszeitraum 2001, DStR 2000, S. 1763.

Mainczyk, Andreas — Gestaltungsmöglichkeiten im Rahmen der Herabsetzung der Beteiligungsgrenze des § 17 EStG, Stbg 2001, S. 445 – 448.

Märkle, Rudi — Anteile an Kapital- und Personengesellschaften im Nachlaß, StbJb 1993/94, S. 207 – 235.

Marsch-Barner, Reinhard — Die Abschaffung von Mehrfachstimmrechten und Stimm-rechtsbeschränkungen, in: Dörner, Dietrich/ Menold, Dieter/ Pfitzer, Norbert (Hrsg.), Reform des Aktienrechts, der Rechnungslegung und Prüfung, Stuttgart 1999, S. 283 – 296.

Mathiak, Walter — Zum Bilanzsteuerrecht, StuW 1985, S. 273 – 279.

Meermann, Albert Matthias — Kapitalersetzende Darlehen und Bürgschaften des GmbH-Gesellschafters, StBp 1988, S. 110 – 115.

Meichelbeck, Hugo/ Vollath, Stefan — Veräußerung einbringungsgeborener Anteile durch natürliche Personen und Personengesellschaften mit natürlichen Personen als Anteilseigner, DStR 2001, S. 2189 – 2193.

Meilicke, Heinz — Inwieweit können Verluste aus Genußscheinen steuerlich geltend gemacht werden?, BB 1989, S. 465 – 466.

Meilicke, Wienand — Sitztheorie und EWG-Vertrag nach Handels- und Steuerrecht, RIW 1990, S. 449 – 452.

Ders. — Zur Vereinbarkeit der Sitztheorie mit der europäischen Menschenrechtskonvention und anderem höherrangigem Recht, BB 1995, Beilage 9 zu Heft 31.

Ders. — Sitztheorie versus Niederlassungsfreiheit?, GmbHR 2000, S. 693 – 698.

Meyer-Koppitz, Dirk — Schuldzinsen als nachträgliche Werbungskosten insbesondere bei wesentlichen Beteiligungen an Kapitalgesellschaften, DStR 1999, S. 2053 – 2057.

Meyer-Scharenberg, Dirk/ Fleischmann, Hans Gunnar — Das Anwendungsschreiben des BMF zu § 2 b EStG, DStR 2000, S. 1373 – 1383.

Micker, Klaus — Rückwirkungsfragen im Bereich der Besteuerung von Wert-zuwächsen des Privatvermögens, BB 2002, S. 120 – 124.

Mihatsch, Günther — Veräußerung von wesentlichen Beteiligungen an Kapital-gesellschaften und Mitunternehmeranteilen, Berlin 1980.

Milatz, Jürgen/ Kuhlemann, Markus — Zeitpunkt der wesentlichen Beteiligung i.S.d. § 17 EStG am Beispiel einer Kapitalerhöhung, GmbHR 2001, S. 996 – 969.

Mössner, Manfred — Rechtsprechungsreport Internationales Steuerrecht, Berlin 1991.

Mössner, Manfred (Hrsg.) u.a. — Steuerrecht international tätiger Unternehmen, 2., völlig überarbeitete und erweiterte Auflage, Köln 1998.

Müller, Rolf — „Tracking Stock" und seine Realisierbarkeit im deutschen Gesellschaftsrecht, WiB 1997, S. 57 – 65.

Müller, Welf/ Hense, Burkhard (Hrsg.) — Beck'sches Handbuch der GmbH, München 1999.

Müller-Dott, Johannes Peter — Kooperationshemmnisse aus dem körperschaftsteuerlichen Anrechnungsverfahren bei internationalen Verflechtungen, in: Herzig (Hrsg.), Körperschaftsteuerguthaben bei grenzüberschreitenden Kooperationen, Köln 1996, S. 1 – 12.

Mutscher, Axel/ Inzelmann, Rainer — Veräußerung von Auslandsbeteiligungen in 2001 – Verstößt die 1%-Grenze des § 17 Abs. 1 EStG gegen Europarecht?, IStR 2002, S. 723 – 726.

N

Natusch, Ingo — „Tracking Stock" als Instrument der Beteiligungsfinanzierung diversifizierter Unternehmen, Köln 1995.

Ders. — „Tracking Stocks" aus Sicht des US-Steuerrechts, IStR 1997, S. 609 – 617.

Ders. — Neue Wege der Beteiligungsfinanzierung deutscher Unternehmen durch die Ausgabe von „Tracking Stocks"?, DB 1997, S. 1141 – 1148.

Ders. — Empirische Analyse zur Beteiligungsfinanzierung mit „Tracking Stocks": Ein Überblick, IStR 1999, S. 122 – 125.

Neu, Norbert/ Lühn, Andreas — Steueroptimierte GmbH-Finanzierung, GmbH-StB 2002, S. 229 – 233.

Neyer, Wolfgang — Steuerliche Behandlung von Arbeitnehmer-Aktienoptionen, BB 1999, S. 130 – 135.

Neyer, Wolfgang/ Gürzenich-Schmidt, Adrienne — Liquidation einer ausländischen Kapitalgesellschaft: Deutsche Besteuerung unbeschränkt steuerpflichtiger Anteilseigner, IStR 2000, S. 295 – 300.

Niehus, Ulrich/ Wilke, Helmuth — Reformüberlegungen zu § 17 EStG i.d.F. des JStG 1996, StuW 1997, S. 35 – 41.

Niemann, Ursula — Der Mitunternehmer und der wesentlich Beteiligte im Sinne des § 17 EStG, DStZ 1992, S. 679 – 684.

Niemann, Ursula — Die Bagatellgrenze des § 17 EStG bei Nennkapitaländerungen innerhalb eines Veranlagungszeitraums, Institut „Finanzen und Steuern" e.V. (Hrsg.), Bonn 1992.

Dies. — Veräußerung von Anteilen an Kapitalgesellschaften i.S.d. § 17 EStG durch nicht gewerbliche Personenmehrheiten, in: Festschrift für Ludwig Schmidt, München 1993, S. 127 – 144.

O

Olbing, Klaus — Gesellschafterdarlehen in der Krise, GmbH-StB 2002, S. 175 – 181.

Oppenhoff & Rädler/ Linklaters & Alliance — Reform der Unternehmenssteuerreform – Steuersenkungsgesetz, Stuttgart 2000.

Ostermayer, Franz/ Erhart, Gabriele — Kapitalersetzende Gesellschafterdarlehen: BFH harmonisiert Darlehensausfall und Darlehensverzicht, BB 2003, S. 449 – 454.

Ott, Hans — Wesentliche Beteiligung: Sonderfragen zu Darlehensverlusten und zur Inanspruchnahme aus Bürgschaften, StuB 2000, S. 277 – 281.

Ders. — Möglichkeiten der steuerneutralen Beendigung der atypisch stillen Gesellschaft mit einer GmbH, INF 2002, S. 493 – 498.

P

Paulick, Dieter — Die Einmann-GmbH Stille Gesellschaft (StG) im Steuerrecht, GmbHR 1982, S. 237 – 242.

Pauka, Dietmar — Änderungen des Umwandlungsteuergesetzes durch das Steuerbereinigungsgesetz 1999, NWB, Fach 18, S. 3719 – 3722.

Ders. — Änderungen des Körperschaftsteuergesetzes und des Umwandlungsgesetzes durch das Steuersenkungsgesetz, NWB, Fach 4, S. 4375 – 4392.

Ders. — Die Körperschaftsteuer, NWB Fach 4, S. 4467 – 4531.

Paus, Bernhard — Zeitpunkt der Erfassung von Verlusten wesentlich beteiligter Gesellschafter aus der Liquidation einer GmbH und Gestaltungsmöglichkeiten, INF 2003, S. 185 – 190.

Peetz, Carsten — Kommentar zum Urteil des FG Berlin vom 29.5.2000, GmbHR 2000, S. 837 – 838.

Ders. — Die Ertragsbesteuerung der Vor-GmbH, GmbHR 2000, S. 1083 – 1088.

Peltzer, Martin — Steuer- und Rechtsfragen bei der Mitarbeiterbeteiligung und der Einräumung von Aktienoptionen (Stock Options), AG 1996, S. 307 – 315.

Pentz, Andreas	Änderungen und Ergänzungen der Kapitalersatzregeln im GmbH-Gesetz, GmbHR 1999, S. 437 – 451.
Perridon, Louis/ Steiner, Manfred	Finanzwirtschaft der Unternehmung, 10., überarbeitete Auflage, München 1999.
Portner, Rosemarie	Mitarbeiter-Optionen (Stock Options): Gesellschaftsrechtliche Grundlagen und Besteuerung, DStR 1997, S. 786 – 788.
Dies.	Neueste Rechtsprechung des BFH zur Besteuerung von Arbeit-nehmer-Aktienoptionen – sind damit die steuerlichen Fragen beantwortet?, DStR 2001, S. 1331 – 1336.
Dies.	Besteuerung von Stock Options – Zeitpunkt der Bewertung des Sachbezugs, DB 2002, S. 235 – 237.
Portner, Rosemarie/ Bödefeld, Axel	Besteuerung von Arbeitnehmer-Aktienoptionen, DStR 1995, S. 629 – 635.
Post, Manfried/ Hoffmann, Günther	Die stille Beteiligung am Unternehmen der Kapitalgesellschaft, 2. überarbeitete Auflage, Bielefeld 1984.
Pougin, Erwin	Genussrechte, in: Festschrift für Walter Oppenhoff, München 1985, S. 275 – 290.
Ders.	Genussrechte, Stuttgart 1987.
PricewaterhouseCoopers (Hrsg.)	Unternehmenssteuerreform 2001, Freiburg 2000.
Priester, Hans-Joachim	Die Erhöhung des Stammkapitals mit kapitalersetzenden Leistungen, in: Handels- und Steuerrecht, Festschrift für Georg Döllerer, Düsseldorf 1988, S. 475 – 493.
Ders.	Das Gesellschaftsverhältnis im Vorgründungsstadium – Einheit oder Dualismus?, GmbHR 1995, S. 481 – 486.
Ders.	Heilung verdeckter Kapitalerhöhungen aus Gesellschaftsmitteln, GmbHR 1998, S. 861 – 865.
Prinz, Ulrich	Verbesserte steuerliche Rahmenbedingungen für Tracking Stock Strukturen nach der Unternehmenssteuerreform 2001, FR 2001, S. 285 – 288.
Prinz, Ulrich/ Schürner Carl Thomas	Rechnungslegung bei Tracking Stock-Strukturen in Deutschland, DStR 2001, S. 759 – 768.
Dies.	Tracking Stocks und Sachdividenden – ein neues Gestaltungsinstrument für spartenbezogene Gesellschaftsrechte?, DStR 2003, S. 181 – 189.
Prinz, Ulrich/ Ommerborn, Frank	Aktuelle Rechtsfragen und Gestaltungsüberlegungen zu § 17, 23 EStG bei privater Vermögensverwaltung, FR 2001, S. 977 – 992.
Pump, Hermann	Die Besteuerung von Mitarbeiterbeteiligungsmodellen (Aktien-optionen) bei Mitarbeitern und Unternehmen in Deutschland – Ein Überblick –, StBp 2002, S. 51 – 55.

Pyszka, Tillmann — Aktuelle Fragen zur atypischen stillen Gesellschaft im internationalen Steuerrecht, IStR 1999, S. 577 – 583.

Ders. — Finanzplankredite und § 15a EStG, BB 1999, S. 665 – 668.

R

Raupach, Arndt — Die Personengesellschaft im Einkommensteuerrecht: Einheit der Gesellschaft oder Vielheit von Gesellschaftern, FR 1976, S. 233 – 239.

Ders. — Steuerliche Folgen der Doppelansässigkeit, in: Haarmann (Hrsg.), Unternehmensstrukturen und Rechtsformen im Internationalen Steuerrecht, Köln 1996, S. 28 – 45.

Rebmann, Kurt/ Säcker, Franz Jürgen — Münchener Kommentar zum Bürgerlichen Gesetzbuch, 2. Auflage, München 1986.

Reis, Monique — Bürgschaftsinanspruchnahme eines wesentlich beteiligten GmbH-Gesellschafters und einer nahestehenden Person, INF 2001, S. 390 – 393.

Reusch, Peter — Eigenkapital und Eigenkapitalersatz im Rahmen der stillen Gesellschaft, BB 1989, S. 2358 – 2365.

Reuter, Dieter — Der Partizipationsschein als Form der Mitarbeiterbeteiligung, in: Festschrift für Robert Fischer, Berlin 1979, S. 605 – 625.

Reuter, Hans-Peter — Steuerliche Bedeutung der Gesellschafterstimmrechte, in: Festschrift für Hans Flick, Köln 1997, S. 519 – 527.

Rid, Max — Probleme des gespaltenen Vermögensteuersatzes ab 1995, DStR 1995, S. 477 – 479.

Rid-Niebler, Eva-Maria — Genussrechte als Instrument zur Eigenkapitalbeschaffung über den organisierten Kapitalmarkt für die GmbH, Köln 1989.

Rieger, Norbert — Unternehmens(ver)kauf nach der Unternehmenssteuerreform – Grundzüge und Gestaltungsüberlegungen, Vortrags- und Diskussionsveranstaltung der IDW Landesgruppe Bayern am 13. März 2001 in Nürnberg.

Ring, Harald — Ist § 17 Abs. 1 Satz 3 des Einkommensteuergesetzes verfassungsgemäß?, BB 1981, S. 419 – 423.

Rödel, Thomas — Die typisch stille Gesellschaft im Spiegel der Rechtsprechung, INF 2003, S. 140 – 144.

Ros, Bernhard — Die Veranlagung der GmbH & atypisch Still im Spiegel der Rechtsprechung des BFH, DStR 2001, 1592 – 1595.

Roser, Frank — Der GmbHR-Kommentar, GmbHR 1999, S. 1211 – 1212.

Ruhnke, Klaus/ Nerlich Christoph	Behandlung von Regelungslücken innerhalb der IFRS, DB 2004, S. 389 – 395.
Rund, Thomas	Zeitliche Verlagerung der Besteuerung von Anteilsveräußerungen i.S.d. § 17 EStG in das Halbeinkünfteverfahren, GmbHR 2001, S. 96 – 100.

S

Sarrazin, Viktor	Genussscheine und Gesellschafterdarlehen – steuerlich günstige Finanzierungen?, StbJb 1985/86, S. 135 – 156.
Saß, Gert	Verbotene Steuerdiskriminierung wesentlicher Beteiligungen in der EU, DB 2000, S. 1252 – 1253.
Schäfer, Carsten	Stimmrechtslose Anteile in der GmbH, GmbHR 1998, Teil 1: S. 113 – 119, Teil 2: S. 168 – 174.
Schaumburg, Harald	Internationales Steuerrecht, 2., völlig überarbeitete und erweiterte Auflage, Köln 1998.
Schellenberger, Heinz	Der Bundesfinanzhof-Beschluß vom 25.6.1984, GrS 4/82 – Folgen und Folgerungen, DStR 1985, S. 163 – 169.
Scherer, Thomas Bernhard	Die Änderung der Beteiligungsquote des § 17 Abs. 1 S. 4 EStG und die abkommensrechtlichen Auswirkungen bei der Wegzugsbesteuerung, IStR 2000, S. 142 – 144.
Schiebler, Gundel	Abschreibung auf Beteiligungen an Kapitalgesellschaften nach Handels- und Steuerrecht, Hamburg 1986.
Schiffers, Joachim	Die Besteuerung der Kapitalgesellschaften und deren Anteilseigner nach dem Regierungsentwurf eines „StSenkG", GmbHR 2000, S. 205 – 214.
Schlagheck, Markus	Verzicht des Gesellschafters auf eine wertgeminderte Forderung gegen seine GmbH, GmbHR 2000, S. 363 – 371.
Schlüter, Wulff	Der Anwendungsbereich des § 23 Abs. 1 Satz 1 Nr. 4 EStG bei der Besteuerung von Optionsgeschäften, DStR 2000, S. 226 – 230.
Schlütter, Egon	Personengesellschaft oder Körperschaft?, in: Vogel (Hrsg.), Grundfragen des Internationalen Steuerrechts, Köln 1985, S. 215 – 234.
Schmidt, Karsten	Theorie und Praxis der Vorgesellschaft, GmbHR 1987, S. 77 – 87.
Ders.	Quasi-Eigenkapital als haftungsrechtliches und als bilanzrechtliches Problem, in: Festschrift für Reinhard Goerdeler, Düsseldorf 1987, S. 487 – 509.
Schmidt, Karsten/ Uhlenbruck, Wilhelm (Hrsg.)	Die GmbH in Krise, Sanierung und Insolvenz, 2., völlig überarbeitete und erweiterte Auflage, Köln 1999.

Schmidt, Lutz/ Hageböke, Jens — Der verlust von eigenkapitalersetzenden Darlehen und § 8b Abs. 3 KStG, DStR 2002, S. 1202 – 1205.

Schmidt, Ludwig (Hrsg.) — Einkommensteuergesetz Kommentar, 22., völlig neubearbeitete Auflage, München 2003.

Schmidt, Richard/ Sedemund, Jan — Der ertragsteuerliche Status doppelansässiger Kapitalgesellschaften vor und dem „Centros"-Urteil des EuGH, DStR 1999, S. 2057 – 2064.

Schneeloch, Dieter — Verdecktes Nennkapital, DStR 1987, S. 458 – 463.

Schneider, Dieter — Messung des Eigenkapitals als Risikokapital, DB 1987, S. 185 – 191.

Schnieder, Ernst-August — Sind Gewinne aus der Veräußerung chinesischer Gesell-schaftsanteile Veräußerungsgewinne oder andere Einkünfte?, IStR 1997, S. 715 – 718.

Scholl, Alexander — Drittaufwand und Eigenkapitalersatzrecht, NWB, Heft 16/2001, Blickpunkt Steuern 4/2001.

Schön, Wolfgang — Zum Entwurf des Steuersenkungsgesetzes, StuW 2000, S. 151 – 159.

Schoor, Hans Walter — Die GmbH & Still im Steuerrecht, Herne/Berlin 1992.

Schröer, André/ Rogal, Mathias — Möglichkeiten der Besteuerung von Mitarbeiter-Aktienoptionen, Wpg 2002, S. 344 – 354.

Schulte, Wilfried — Die geplante Absenkung der Beteiligungsgrenze des § 17 EStG im System des Einkommensteuerrechts, DB 2000, S. 1043 – 1047.

Schultz, Wolfgang — Abschied vom Durchgangserwerb und der „logischen" Sekunde bei § 185 Abs. 2 Satz 1 Alternative 2 BGB im Steuerrecht, BB 1998, S. 75 – 77.

Schulz, Andreas/ Geismar, Bernhard — Die Europäische Aktiengesellschaft, DStR 2001, S. 1078 – 1086.

Schulze zur Wiesche, Dieter — Die stille Gesellschaft in der steuerlichen Rechtsprechung, BB 1982, S. 1974 – 1979.

Ders. — Die atypische GmbH & Still, GmbHR 1985, S. 160 – 164.

Ders. — Die GmbH & atypisch Still – ein großer Verlierer der neuen Steuergesetzgebung, BB 2003, S. 713 – 714.

Schüppen, Matthias/ Sanna, Thomas — Probleme beim Abschied von der wesentlichen Beteiligung, BB 2001, S. 2397 – 2407.

Schuster, Ferdinand — Die steuerliche Behandlung der Gründung von AG, GmbH und eingetragener Genossenschaft, Köln 1964.

Schwarze, Gerhard/ Heuermann, Friedo — Genussrechte, StBp 1983, S. 200 – 206.

Schwedhelm, Rolf — Die GmbH & Still als Mitunternehmerschaft, Köln 1987.

Schweitzer, Roger/ Volpert, Verena — Behandlung von Genussrechten im Jahresabschluß von Industrieemittenten, BB 1994, S. 821 – 826.

Schwer, Hans-Walther	Verlust-Konkretisierung, GmbH-Steuerpraxis 2002, S. 17 – 19.
Schweyer, Eckart/ Dannecker, Achim	§ 17 EStG: Anwartschaft und wesentliche Beteiligung, BB 1999, S. 1732 – 1736.
Dies.	Der neue § 17 EStG und das alte Problem mit der Rückwirkung, BB 1999, S. 2375 – 2381.
Seibert, Ulrich	Das Gesetz zu Kontrolle und Transparenz im Unternehmensbereich (KonTraG) – Die aktienrechtlichen Regelungen im Überblick, in: Dörner, Dietrich/ Menold, Dieter/ Pfitzer, Norbert (Hrsg.), Reform des Aktienrechts, der Rechnungslegung und Prüfung, Stuttgart 1999, S. 1 – 26.
Seibt, Christoph H.	Optionsmodell für Personengesellschaften – gesellschaftsvertragliche Regelungen tun Not!, DStR 2000, S. 825 – 834.
Ders.	Unternehmenskauf und -verkauf nach dem Steuersenkungsgesetz, DStR 2000, S. 2061 – 2076.
Seicht, Gerhard (Hrsg.)	Beteiligungen, Management Rechnungslegung, Wien 1990.
Selchert, F. W.	Fragwürdiger Ausschluss von der Körperschaftsteueranrechnung nach § 36a EStG, DB 1984, S. 1002 - 1003.
Seuffert, Walter	Über die Behandlung von Genussrechten und Gewinnlasten bei der Körperschaftsteuer, StuW 1941, Spalten 65 – 82.
Siebert, W. (Hrsg.)	Soergel, Bürgerliches Gesetzbuch, 11., neubearbeitete Auflage, Stuttgart 1985.
Siegle, Werner	Veräußerung von Anteilen an Kapitalgesellschaften, StStud 1999, S. 567 – 571.
Siewert, Wolfgang	Können eigenkapitalersetzende Maßnahmen eines Gesellschafter-Geschäftsführers einer GmbH zu Werbungskosten im Rahmen seiner Einkünfte aus nichtselbständiger Arbeit führen?, DB 1999, S. 2231 - 2235.
Simons, Dirk/ Knoll, Leonhard/ Portner, Rosemarie	Die Steuerbemessungsgrundlage bei der Überlassung von Stock Options, DB 2002, S. 2070 – 2072.
Singer, Uwe	Genussscheine als Finanzierungsinstrument, Pfaffenweiler 1991.
Skibbe, Manfred	Das Bezugsrecht der GmbH im Steuerrecht, GmbHR 1963, S. 141 – 144.
Slabon, Gerhard	Die verdeckte Einlage als Gestaltungsmittel zur Aufstockung stiller Reserven im Rahmen der Verschärfung des § 17 EStG, DStR 2001, S. 2133 – 2136.

Smith, Christopher/ Thalhammer, Birgit	Die Verbundaktie. Ein Praxisbeispiel von Stapled Stocks, Hefte zur Internationalen Besteuerung, Heft 113, Hamburg 1997.
Sommer, Michael	Die Behandlung von Dividenden im Zusammenhang mit der entgeltlichen Abtretung von GmbH-Geschäftsanteilen im Privatvermögen, GmbHR 1985, S. 224 – 232.
Sontheimer, Jürgen	Die steuerliche Behandlung von Genussrechten, BB 1984, Beilage 19 zu Heft 30/1984.
Spital-Frenking, E.	Fiktion des BFH bei der Veräußerung von Anteilen an Kapitalgesellschaften, DB 1961, S. 754 – 757.
Staudinger, Julius von	Kommentar zum Bürgerlichen Gesetzbuch, 12., neubearbeitete Auflage, Berlin 1991.
Steemann, Gisela	Auflösung einer Kapitalgesellschaft bei wesentlicher Beteiligung nach § 17 EStG: Geltendmachung eines Veräußerungsverlustes, DStR 1984, S. 507 – 510.
Stegmaier	Die Einkommensteuerpflicht von Bezugsrechten und ihrer Veräußerungserlöse, FR 1955, 150 – 151.
Steinacker, Jörg	Die GmbH & atypisch Still im Steuerrecht, Frankfurt am Main 1993.
Steinhauff, Dieter	Ähnliche Beteiligung im Sinne von § 17 Abs. 1 EStG – Laufende Verluste eines stillen Beteiligten als Werbungskosten, NWB, Fach 3, S. 10323 – 10328.
Sterner, Friedrich	Kapitaleinkünfte durch Veräußerung einer stillen Beteiligung, BB 1983, S. 2176 – 2178.
Ders.	Steuerfragen beim Ausscheiden eines typischen stillen Gesellschafters, DB 1985, S. 2316 – 2331.
Sterzenbach, Karl Heinz	GmbH & Still: Vorzüge einer beliebten Rechtsform und ihre steuerlichen Besonderheiten, DStR 2000, S. 1669 – 1671.
Steuerfachausschuß	Entwurf eines Steuerentlastungsgesetzes 1999/2000/2002, Wpg 1999, S. 26 – 36.
Strahl, Martin	Aktuelle Hinweise zu § 17 EStG, KÖSDI 2000, S. 12260 – 12271.
Ders.	Die Behandlung einbringungsgeborener Anteile nach dem StSenkG, KÖSDI 2001, S. 12734 – 12740.
Ders.	Vermögensverwaltende Personengesellschaften im Ertragsteuerrecht, KÖSDI 2001, S. 12802 – 12811.
Streck, Michael	KStG – Körperschaftsteuergesetz Kommentar, 5., völlig neubearbeitete Auflage, München 1997.
Strickrodt, Georg	Veräußerung wesentlicher Beteiligungen aus privater Hand, Institut „Finanzen und Steuern" e.V. (Hrsg.), Bonn 1964.
Stüttgen, Hans-Gerd	Die stille Beteiligung an der gewerblichen Familien-GmbH, Düsseldorf 1988.

Sureth, Caren — Die pauschale Besteuerung von Veräußerungsgewinnen und ihre Folgen für die relative Vorteilhaftigkeit von Beteiligungen an Personen- bzw. Kapitalgesellschaften, DB 2003, S. 742 – 746.

T

Teichmann, Michael — Die Bilanzierung von Beteiligungen im handelsrechtlichen Jahresabschluß der Kapitalgesellschaft, Aachen 1993.

Thiel, Jochen — Die Besteuerung der Gesellschafter – eine Crux des Körperschaftsteuer-Anrechnungsverfahrens, StbJb 1996/97, S. 79 – 97.

Ders. — Umwandlungssteuerrecht im Wandel – Vom Anrechnungsverfahren zum Halbeinkünfteverfahren, in: Festschrift für Siegfried Widmann, Bonn 2000, S. 567 – 581.

Thomas, Michael-Ingo — Lohnsteuerliche Aspekte bei Aktienoptionen, DStZ 1999, S. 710 – 714.

Tillmann, Bert — Eigenkapital ersetzende Gesellschafterdarlehen und verdecktes Stammkapital, GmbHR 1981, S. 17 – 20.

Tipke, Klaus/ Kruse, Heinrich Wilhelm — Kommentar zur Abgabenordnung und Finanzgerichtsordnung, 16. Auflage 1996, Stand: Oktober 1999.

Tipke, Klaus/ Lang, Joachim — Steuerrecht, 16. Auflage, Köln 1998.

Töben, Thomas — Ertragsteuerliche Auswirkung der Auskehrung von Vermögen restitutionsberechtiger Kapitalgesellschaften an Privatpersonen, DStR 1995, S. 828 – 836.

Tonner, Martin — Zulässigkeit und Gestaltungsmöglichkeiten von Tracking Stocks nach deutschem Aktienrecht, IStR 2002, S. 317 – 324.

Tschesche, Frank — Die Übertragung wirtschaftlichen Eigentums an Anteilen von Kapitalgesellschaften, Wpg 2002, S. 965 – 972.

U

Uhländer, Christoph — Vermögensverluste im Privatvermögen, Berlin 1996.

V

Vogel, Klaus (Hrsg.) — Grundfragen des Internationalen Steuerrechts, Köln 1985.

Vogt, Gabriele — Die Änderungen des § 17 EStG und ihre Auswirkungen auf Veräußerungen von Anteilen an Kapitalgesellschaften, DStR 1999, S. 1596 – 1603.

Vogt, Gabriele — Steuerliche Behandlung des Verzichts auf eigenkapitalersetzende Darlehen, DStR 2001, S. 1881 – 1882.

Voß, Jörg-Peter — Die Veräußerung von Anteilen an einer Kapitalgesellschaft und deren Auswirkung auf die steuerliche Behandlung des Gewinnanspruchs der Gesellschafter, Frankfurt am Main 1989.

W

Wacker, Roland — Wesentliche Beteiligungen gem. § 17 EStG, NWB, Fach 3, S. 11251 – 11272.

Ders. — Die Einbringungstatbestände der §§ 20 ff. UmwStG, NWB, Fach 18, S. 3601 – 3624.

Ders. — Anmerkung zum BFH-Urteil vom 9.5.2000, BB 2000, S. 1976 – 1980.

Wacker, Roland/ Franz, Roland — Zur ertragsteuerrechtlichen Behandlung der Erbengemeinschaft und ihrer Auseinandersetzung, BB 1993, Beilage 5/1993.

Wagner, Klaus R. — Innovative Wege der Mitarbeiterbeteiligung, DStR 2000, S. 1707 – 1712.

Wallis, Hugo von — Die OHG und die Besteuerung ihres Gewinns, in: Festschrift für Robert Fischer, Berlin 1979, S. 809 – 819.

Wallner, Franz — Die Liquidatoren der Vor-GmbH i.L., GmbHR 1998, S. 1168 – 1173.

Walter, Wolfgang — § 8a KStG und die GmbH & atypisch Still, DStZ 1994, S. 113 – 115.

Wassermeyer, Franz — Kann eine ausländische Kapitalgesellschaft im Inland unbeschränkt steuerpflichtig sein?, DB 1990, S. 244 – 245.

Ders. — Tausch und Einlage von Anteilen an Kapitalgesellschaften über die Grenze, DB 1990, S. 855 – 859.

Wassermeyer, Franz/ Mayer, Dieter/ Rieger, Norbert (Hrsg.) — Umwandlungen im Zivil- und Steuerrecht, Festschrift für Siegfried Widmann, Bonn 2000.

Wassermeyer, Wolf — Die Vorgesellschaft im Körperschaftsteuerrecht, DStR 1991, S. 734 – 737.

Watrin, Christoph — Der Besteuerungszeitpunkt von Stock Options, NWB Fach 6, S. 4245 – 4248.

Weber, Eberhard — Grundsätze ordnungsgemäßer Bilanzierung für Beteiligungen, Düsseldorf 1980.

Weber, Klaus — Ende der typisch stillen Beteiligung bei beherrschendem Einfluss?, DB 1992, S. 546 – 549.

Weber-Grellet, Heinrich — Anschaffungskosten und Beteiligungskosten im Rahmen des § 17 EStG, DStR 1998, S. 1617 – 1622.

Wehrheim, Michael — Die einkommensteuerliche Qualifikation der Einkünfte des atypisch stillen Gesellschafters einer GmbH & Still, DStR 1998, S. 1533 – 1535.

Weiß, Daniel M. — Aktienoptionspläne für Führungskräfte, Köln 1999.

Wendt, Karl Friedrich — Wesentliche Beteiligung an einer GmbH; Bedeutung der Erweiterung von Einflussmöglichkeiten und des Anteils am Gewinn, Aktuelles Steuerrecht 2/1998, S. 301 – 306.

Wendt, Michael — Steuerentlastungsgesetz 1999/2000/2002, FR 1999, S. 333 – 355.

Wengel, Torsten — Genussrechte im Rahmen der Bilanzanalyse, DStR 2000, S. 395 – 399.

Wenger, Ekkehard — Die Steuerfreiheit von Veräußerungsgewinnen: System-widrigkeiten und systematische Notwendigkeiten, StuW 2000, S. 177 – 181.

Wenger, Ekkehard/ Knoll, Leonhard/ Kaserer, Christoph — Stock options, WiSt 1999, S. 35 – 38.

Westerfelhaus, Herwarth — Verdecktes Stammkapital wieder aktuell, DB 1986, S. 713 – 719.

Ders. — Neue BFH-Rechtsprechung zum verdeckten Eigenkapital, DB 1990, S. 2035 – 2037.

Westermann, Harm Peter — Kapitalersetzende Darlehen eines GmbH-Gesellschafters als Gegenstand von Verrechnungsabreden, in: Festschrift für Walter Oppenhoff, München 1985, S. 535 – 554.

wfr. — Zum Begriff der wesentlichen Beteiligung i.S. des § 17 EStG Abs. 1 Satz 3 EStG, DB 1988, 84.

Widmann, Siegfried — Besteuerung kapitalersetzender Darlehen bei GmbH und Gesellschafter, StbJb 1993/94, S. 303 – 342.

Ders. (Hrsg.) — Besteuerung der GmbH und ihrer Gesellschafter, Köln 1997.

Widmann, Siegfried/ Mayer, Dieter (Hrsg.) — Umwandlungsrecht, Berlin 2001, 57. Ergänzungslieferung, Stand: Dezember 2000.

Wiedmann, Harald — Bilanzrecht, Kommentar zu den §§ 238 bis 342a HGB, München 1999.

Wittgen, Robert/ Eilenberger, Guido — Zur Objektivierung des Beteiligungsbegriffs in Bankbilanzen, BB 1978, S. 489 – 494.

Wöhe, Günter u.a. (Hrsg.) — Handwörterbuch des Steuerrechts, 2. Auflage, München 1981.

Wohlschlegel, Hanspeter — Vermögensverwaltende GbR und wesentliche Beteiligung im Einkommen- und Erbschaftsteuerrecht, DStR 1997, S. 1589 – 1593.

Wolff-Diepenbrock, J. — Zur Dauer der wesentlichen Beteiligung bei § 17 EStG, DStZ 1993, S. 188 – 120.

Wolff-Diepenbrock, J.	Zur Entstehung und Systematik des § 17 EStG des Einkommensteuergesetzes, in: Festschrift für Franz Klein, Köln 1994, S. 875 – 887.
Ders.	Verlust eines Darlehens als Anschaffungskosten bei § 17 EStG – Änderung des Anschaffungskostenbegriffs?, DB 1994, S. 1539 – 1542.
Wolter, Claudia E.	Gesellschafterfremdfinanzierung – verdeckte Einlagen, verdecktes Stammkapital, Drittaufwandseinlage, Berlin 1997.
Wünnenberg, Hans	Der Geschäftsanteil einer GmbH, Nürnberg 1961.
Wurster, Hans-Jürgen	Die Anerkennung ausländischer Körperschaften im deutschen Ertragsteuerrecht, FR 1980, S. 588 – 591.
Ders.	Die ausländische Basisgesellschaft, Frankfurt am Main 1984.
Wysocki, Klaus von/ Schulze-Osterloh, Joachim (Hrsg.)	Handbuch des Jahresabschlusses in Einzeldarstellungen, Köln 1992, Loseblatt, Stand: April 1999.

Z

Ziebe, Jürgen	Rechtsnatur und Ausgestaltung von Genussrechten, DStR 1991, S. 1594 – 1597.
Zimmer, Daniel	Wie es Euch gefällt? Offene Fragen nach dem Überseering-Urteil des EuGH, BB 2003, S. 1 – 7.
Zitzelsberger, Heribert	Das deutsche Steuerrecht zu Beginn des 21. Jahrhunderts – Notwendige Reformen aus Sicht der Finanzpolitik, DStR 2000, S. 2 – 7.
Züll, Helmut	Die Einkommensteuer bei der Veräußerung wesentlicher Beteiligungen (§ 17 EStG), Köln 1958.
Zupancic, Georg M.	Risikokapitalbeschaffung durch Genussscheine bei großen mittelständischen Unternehmungen, Köln 1989.

Rechtsquellenverzeichnis

(1) Gesetze

Abgabenordnung (AO)
Aktiengesetz (AktG)
Außensteuergesetz (AStG)
Bewertungsgesetz (BewG)
Bürgerliches Gesetzbuch (BGB)
Einkommensteuergesetz (EStG)
Erbschaftsteuergesetz (ErbStG)
Genossenschaftsgesetz (GenG)
Gesetz zur Kontrolle und Transparenz im Unternehmensbereich (KonTraG)
Gewerbesteuergesetz (GewStG)
GmbH-Gesetz (GmbHG)
Grundgesetz (GG)
Handelsgesetzbuch (HGB)
Körperschaftsteuergesetz (KStG)
Reichseinkommensteuergesetz (REStG)
Umwandlungsgesetz (UmwG)
Umwandlungssteuergesetz (UmwStG)
Umsatzsteuergesetz (UStG)
Versicherungssaufsichtsgesetz (VAG)

(2) Drucksachen

Bundesrats-Drucksache 289/00 vom 18.5.2000

Bundestags-Drucksache 7/1470
Bundestags-Drucksache 14/23 vom 9.11.1998
Bundestags-Drucksache 14/442 vom 2.3.1999
Bundestags-Drucksache 14/443 vom 3.3.1999
Bundestags-Drucksache 14/3366 vom 16.5.2000
Bundestags-Drucksache 14/2683 vom 18.5.2000
Bundestags-Drucksache 14/3074 vom 18.5.2000

(3) Gesetzesblätter

Bundesgesetzblatt Teil I 1955, S. 297 – 311; darin: Drittes D-Mark-Bilanzergänzungsgesetzes vom 21.6.1955
Bundesgesetzblatt Teil I 1965, S. 377 – 402; darin: Steueränderungsgesetz vom 14.5.1965
Bundesgesetzblatt Teil I 1967, S. 977 – 1012; darin: Kapitalerhaltungs-Steuergesetz (KapErhStG) vom 10.10.1967

Bundesgesetzblatt Teil I 1984, S. 1493 – 1513; darin: Steuerbereinigungsgesetz vom 14.12.1984

Bundesgesetzblatt Teil I 1998, S. 707 – 709, darin: Kapitalaufnahmeerleichterungsgesetz (KapAEG) vom 20.4.1998

Bundesgesetzblatt Teil I 1998, S. 786 – 794; darin: Gesetz zur Kontrolle und Transparenz im Unternehmensbereich (KonTraG) vom 27.4.1998

Bundesgesetzblatt Teil I 1998, S. 3779 – 3814, darin: Steuerentlastungsgesetz 1999 vom 19.12.1998

Bundesgesetzblatt Teil I 1998, S. 3816 – 3817, darin: Steueränderungsgesetz 1998 vom 19.12.1998

Bundesgesetzblatt Teil I 1999, S. 402 – 497, darin: Steuerentlastungsgesetz 1999/2000/2002 vom 24.3.1999

Bundesgesetzblatt Teil I 1999, S. 2601 – 2623, darin: Steuerbereinigungsgesetz 1999 vom 22.12.1999

Bundesgesetzblatt Teil I 2000, S. 1433 – 1512, darin: Gesetz zur Senkung der Steuersätze und zur Reform der Unternehmensbesteuerung (Steuersenkungsgesetz – StSenkG-E) vom 23.10.2000

Bundesgesetzblatt Teil I 2001, S. 3858 – 3878, darin: Gesetz zur Fortentwicklung des Unternehmenssteuerrechts (Unternehmensteuerfortentwicklungsgesetz – UntStFG)

(4) Steuerblätter

Reichssteuerblatt 1935, S. 33 – 60, darin: Begründung zum Einkommensteuergesetz vom 16.10.1934

Bundessteuerblatt I 1987, S. 373 – 374, darin: Verdecktes Nennkapital vom 16.3.1987

Bundessteuerblatt I 1994, S. 257, darin: Steuerliche Behandlung von Darlehen, die ein wesentlich Beteiligter Gesellschafter einer GmbH gewährt (§ 17 EStG) vom 14.4.1994

Bundessteuerblatt I 1994, S. 25 – 39, darin: Einkommensteuerliche Behandlung von Options- und Finanztermingeschäften an der deutschen Terminbörse (DTB) und von anderen als Optionsscheine bezeichneten Finanzinstrumente im Bereich der privaten Vermögensverwaltung vom 10.11.1994

Bundessteuerblatt I 1995, S. 816 – 818, darin: Gesellschafter-Fremdfinanzierung (§ 8a KStG) vom 17.11.1994

Bundessteuerblatt I 2000, S. 1148 – 1153, darin: Anwendungsschreiben zu § 2b EStG vom 15.5.2000

(5) Verfügungen

OFD Düsseldorf vom 1.2.1989, IDW-Fachnachrichten 1989, S. 133
OFD München vom 8.4.1999, Aktenzeichen: S 2117 – 4 St 41/42, darin: Steuerentlastungsgesetz 1999/2000/2002 (StEntlG)
OFD Frankfurt vom 28.3.2000, Aktenzeichen: S 2256 A – 2 – St II 27, darin: Einkommensteuerliche Behandlung von Options- und Finanztermingeschäften an der deutschen Terminbörse (DTB) und von anderen als Optionsscheine bezeichneten Finanzinstrumente im Bereich der privaten Vermögensverwaltung
OFD Berlin vom 25. 3. 1999, Aktenzeichen: St 423 – S2347 – 1/99, darin: Stock Options
OFD Kiel vom 14.12.1999, Aktenzeichen: S 2244 A – St 231, darin: Darlehensverluste/Inanspruchnahme aus Bürgschaftsverbindlichkeiten eines wesentlich i.S.d. § 17 EStG beteiligten Gesellschafters als nachträgliche Anschaffungskosten der Beteiligung gem. § 17 Abs. 2 EStG
OFD Frankfurt am Main vom 14.9.2000, Aktenzeichen: S 2241 A –37 – St II 21, darin: GmbH & Still: Ertragsteuerliche Behandlung der atypisch stillen Gesellschaft
OFD München vom 2.4.2001, Aktenzeichen: S 2134 – 4/6, darin: Ertragsteuerliche Behandlung von GmbH-Gesellschaftsanteilen bei Mitunternehmerschaften
OFD Frankfurt am Main vom 14.3.2001, Aktenzeichen: S 2241 A – 37 – St II 21, darin: Ertragsteuerliche Behandlung der atypischen stillen Gesellschaft
OFD Erfurt vom 30.7.2001, Aktenzeichen: S 22444 A – 03 – St 322, darin: Zur Problematik von Darlehensgewährungen bzw. Bürgschaftsübernahmen durch Angehörige von GmbH-Gesellschaftern
OFD Frankfurt am Main vom 20.9.2001, Aktenzeichen: S 1978 c A – 25 – St II 21, darin: Anwendbarkeit des Tauschgutachtens
OFD Frankfurt am Main vom 14.12.2001, Aktenzeichen: S 2256 A – 22 – St II 27, darin: Behandlung von geldwerten Vorteilen als Anschaffungskosten bei der Ermittlung des Gewinns bzw. Verlusts aus privaten Veräußerungsgeschäften i.S. von § 23 EStG
OFD Düsseldorf vom 17.12.2001, Aktenzeichen: S 2244 – 50 – St 122 K, darin: Drittaufwand als nachträgliche Anschaffungskosten einer Beteiligung i.S.d. § 17 EStG
OFD Münster vom 24.6.2002, Aktenzeichen: S 2244 – 73 – St 12 – 31, darin: Herabsetzung der Wesentlichkeitsgrenze (§ 17 Abs. 1 Satz 4 EStG) durch das StEntlG 1999/2000/2002
OFD Frankfurt am Main vom 4.7.2002, Aktenzeichen: S 2226 A – A 89 – St II 25, darin: Zuflusszeitpunkt bei Aktienoptionsplänen
Senator für Finanzen Bremen, Erlass v. 8.11.2002, Aktenzeichen: S 2244 – 4931 – 110, darin: Darlehensverlust eines wesentlich i.S.d. § 17 EStG beteiligten Gesellschafters als nachträgliche Anschaffungskosten der Beteiligung gemäß § 17 Abs. 2 EStG; gesetzliche Änderungen im Eigenkapitalersatzrecht

Rechtsprechungsverzeichnis

Gericht	Entscheidung	Datum	Aktenzeichen	Fundstelle
BFH	Urteil	8.4.1960	III 129/57	BStBl. III 1960, S. 319 – 320
BFH	Urteil	14.10.1964	II 175/61	BStBl. III 1964, S. 667 – 669
BFH	Urteil	17.7.1968	I 121/64	BStBl. III 1968, S. 695 – 697
BFH	Beschluss	7.10.1969	2 BvL 3/66, 2 BvR 701/64	BStBl. II 1970, S. 160 – 166
BFH	Urteil	10.12.1969	I R 43/67	BStBl. II 1970, S. 310 – 311 = BFHE 98, S. 30 – 34
BFH	Urteil	21.2.1973	I R 106/71	BStBl. II 1973, S. 460 – 461
BFH	Urteil	11.4.1973	I R 172/72	BStBl. II 1973, S. 568 – 570
BFH	Urteil	4.4.1974	III R 168/72	BStBl. II 1974, 598 – 601
BFH	Urteil	2.10.1974	II R 47/69	BStBl. II 1975, S. 228 – 230
BFH	Urteil	20.2.1975	IV R 15/71	BStBl. II 1975, S. 505 – 510
BFH	Urteil	10.12.1975	I R 135/74	BStBl. II 1976, S. 226 – 228
BFH	Urteil	7.4.1976	I R 75/73	BStBl. II 1976, 557 – 558
BFH	Urteil	27.1.1977	IV R 46/76	BStBl. II 1977, S. 754 – 758 = BFHE 122, S. 445 – 453.
BFH	Beschluss	29.6.1977	VIII S 15/76	BStBl. II 1977, S. 726 – 728
BFH	Urteil	28.6.1978	I R 90/76	BStBl. II 1978, S. 590 – 593
BFH	Urteil	28.3.1979	I R 194/78	BStBl. II 1979, S. 774 – 777
BFH	Urteil	12.6.1980	IV R 128/77	BStBl. II 1980, S. 646 – 648
BFH	Urteil	11.2.1981	I R 98/76	BStBl. II 1981, S. 465 – 466
BFH	Urteil	13.3.1981	III R 132/79	BStBl. II 1981, S. 600 – 601
BFH	Beschluss	10.2.1982	I B 39/81	BStBl. II 1982, S. 392 – 394
BFH	Urteil	9.3.1982	VIII R 160/81	BStBl. II 1982, S. 540 – 542
BFH	Urteil	20.10.1982	I R 118/78	BStBl. II 1983, S. 247 – 249
BFH	Urteil	21.6.1983	VIII R 237/80	BStBl. II 1983, S. 563 – 566
BFH	Urteil	30.6.1983	IV R 113/81	BStBl. II 1983, S. 640 – 642
BFH	Urteil	14.2.1984	VIII R 126/82	BStBl. II 1984, S. 580 – 584
BFH	Urteil	22.5.1984	VIII R 316/83	BStBl. II 1984, S. 746 – 747
BFH	Beschluss	25.6.1984	GrS 4/82	BStBl. II 1984, S. 751 – 771
BFH	Urteil	2.10.1984	VIII R 36/83	BStBl. II 1985, S. 320 – 323
BFH	Urteil	17.10.1984	I R 22/79	BStBl. II 1985, S. 69 – 73
BFH	Urteil	16.11.1984	VI R 39/80	BStBl. II 1985, S. 136 – 137
BFH	Urteil	27.11.1984	VIII R 73/82	BStBl. II 1985, S. 296 – 299
BFH	Urteil	8.10.1985	VIII R 234/84	BStBl. II 1986, S. 596 – 599
BFH	Urteil	6.5.1986	VIII R 300/82	BStBl. II 1986, S. 891 – 894
BFH	Urteil	21.5.1986	I R 199/84	BStBl. II 1986, S. 794 – 798
BFH	Urteil	29.10.1986	I R 202/82	BStBl. II 1987, S. 308 – 310
BFH	Urteil	25.8.1987	IX R 65/86	BStBl. II 1988, S. 248 – 249
BFH	Urteil	3.2.1988	I R 134/84	BStBl. II 1988, S. 588 – 590

BFH	Urteil	10.3.1988	IV R 226/85	BStBl. II 1988, S. 832 – 836
BFH	Urteil	27.7.1988	I R 147/83	BStBl. II 1989, S. 271 – 273
BFH	Urteil	22.2.1989	I R 11/85	BStBl. II 1989, S. 794 – 797 = BFHE 156, S. 170 – 176
BFH	Urteil	4.7.1989	VI R 73/86	BStBl. II 1989, S. 927 – 932
BFH	Beschluss	30.8.1989	I B 39/89	BFH/NV 1990, S. 161 – 163
BFH	Urteil	30.10.1989	VIII R 374/83	BStBl. II 1990, S. 677 – 679
BFH	Urteil	8.11.1989	I R 174/86	BStBl. II 1990, S. 91 – 92
BFH	Urteil	28.2.1990	I R 43/86	BStBl. II 1990, 615 – 618
BFH	Urteil	4.10.1990	X R 148/88	BStBl. II 1992, S. 211 – 212
BFH	Urteil	5.3.1991	VIII R 163/86	BStBl. II 1991, S. 630 – 631
BFH	Urteil	16.4.1991	VIII R 100/87	BStBl. II 1992, S. 234 – 237
BFH	Beschluss	14.8.1991	I B 240/90	BStBl. II 1991, S. 935 – 937
BFH	Urteil	5.2.1992	I R 127/90	BStBl. II 1992, S. 532 – 537
BFH	Beschluss	25.2.1991	GrS 7/89	BStBl. II 1991, S. 691 – 703
BFH	Urteil	19.5.1992	VIII R 16/88	BStBl. II 1992, S. 902 – 904 = BFHE 168, S. 170 – 174 = HFR 1992, S. 697 – 698 = NJW 1993, S. 415 – 416
BFH	Urteil	23.6.1992	IX R 182/87	BStBl. II 1992, S. 972 – 975
BFH	Urteil	7.7.1992	VIII R 54/88	BStBl. II 1993, S. 331 – 333
BFH	Urteil	7.7.1992	VIII R 24/90	BStBl. II 1993, S. 333 – 336
BFH	Urteil	4.11.1992	X R 33/90	BStBl. II 1993, S. 292 –296
BFH	Urteil	30.3.1993	VIII R 44/90	BFH/NV 1993, S. 597 – 598
BFH	Urteil	21.12.1993	VIII R 69/88	BStBl. II 1994, S. 648 – 650
BFH	Urteil	19.1.1994	I R 67/92	BStBl. II 1996, S. 77 – 80
BFH	Urteil	19.7.1994	VIII R 58/92	BStBl. II 1995, S. 362 – 367
BFH	Urteil	7.3.1995	VIII R 29/93	BStBl. II 1995, S. 693 – 697
BFH	Urteil	16.5.1995	VIII R 33/94	BStBl. II 1995, S. 870 – 873
BFH	Beschluss	20.12.1995	VIII B 83/95	BFH/NV 1996, S. 468 – 469
BFH	Urteil	19.3.1996	VIII R 15/94	BStBl. II 1996, S. 312 – 315 = BFHE 180, S. 146 – 152 = HFR 1996, S. 498 – 500 = DB 1996, 1317 – 1318
BFH	Urteil	29.5.1996	I R 15/94	BStBl. II 1997, S. 57 – 60
BFH	Urteil	29.5.1996	I R 167/94	BStBl. II 1997, S. 60 – 63
BFH	Urteil	29.5.1996	I R 21/95	BStBl. II 1997, S. 63 – 68
BFH	Urteil	10.7.1996	X R 103/95	BStBl. II 1997, S. 678 – 679
BFH	Urteil	24.4.1997	VIII R 16/94	BFH/NV 1998, S. 102 – 103
BFH	Urteil	28.5.1997	VIII R 25/96	BStBl. II 1997, S. 724 – 727
BFH	Beschluss	9.6.1997	GrS 1/94	DB 1997, S. 1693 – 1697
BFH	Urteil	29.7.1997	VIII R 80/94	BFH/NV 1997, S. R 489 – R 491

BFH	Urteil	4.11.1997	VIII R 18/94	INF 1998, S. 88 – 89 = DStR 1998, S. 73 – 76
BFH	Urteil	25.11.1997	VIII R 29/94	BStBl. II 1998, S. 257 – 260
BFH	Urteil	25.11.1997	VIII R 36/96	BFH/NV 1998, S. 691 – 694
BFH	Urteil	25.11.1997	VIII R 49/96	BFH/NV 1998, S. 694 – 695
BFH	Beschluss	17.12.1997	I B 108/97	BStBl. II 1998, S. 558 – 560
BFH	Urteil	8.4.1998	VIII R 21/94	BStBl. II 1998, S. 660 – 663
BFH	Urteil	15.10.1998	IV R 18/98	DStRE 1999, S. 81 – 85
BFH	Urteil	10.11.1998	VIII R 6/96	DB 1999, S. 778 – 780
BFH	Beschluss	18.1.1999	VIII B 80/98	DStR 1999, S. 538 – 540
BFH	Urteil	21.1.1999	IV R 27/97	FR 1999, S. 604 – 608
BFH	Urteil	26.1.1999	VIII R 32/96	GmbHR 1999, S. 728 – 730
BFH	Urteil	26.1.1999	VIII R 50/98	BFH/NV 1999, S. 1269 – 1270 = GmbHR 1999, S. 730 – 732
BFH	Beschluss	24.2.1999	X R 171/96	DStR 1999, S. 752 – 754
BFH	Urteil	20.4.1999	VIII R 58/97	BFH/NV 1999, S. 1154 – 1156
BFH	Urteil	6.7.1999	VIII R 9/98	DStR 1999, S. 1897 – 1900
BFH	Urteil	13.7.1999	VIII R 72/98	BStBl. II 1999, 820 – 823 = GmbHR 1999, S. 1208 – 1211 = DStR 1999, S. 1808 – 1811 = BB 1999, S. 2335 – 2337
BFH	Urteil	13.7.1999	VIII R 31/98	DStRE 1999, S. 779 – 783
BFH	Beschluss	23.7.1999	VI B 116/99	BStBl. II 1999, S. 684 – 686 =DStR 1999, S. 1524 – 1526
BFH	Beschluss	4.8.1999	VIII B 68/99	GmbHR 1999, S. 1211 – 1212
BFH	Urteil	11.8.1999	XI R 47/98	BB 1999, S. 2338
BFH	Urteil	14.9.1999	III R 47/98	BFH/NV 2000, S. 631 – 632
BFH	Urteil	21.10.1999	I R 43, 44/98	BFH/NV 2000, S. 639 – 643 = GmbHR 2000, S. 336 – 342 = DStR 2000, S. 374 – 376 = FR 2000, S. 387 – 393
BFH	Urteil	14.12.1999	VIII R 49/98	BB 2000, S. 756 – 757
BFH	Urteil	25.1.2000	VIII R 63/98	DStR 2000, Heft 23, DStR-Aktuell, S. VI. = DStR 2000, S. 1003 – 1005
BFH	Urteil	23.2.2000	VIII R 40/98	DB 2000, S. 2456 – 2457
BFH	Urteil	9.5.2000	VIII R 41/99	DStR 2000, S. 1553 – 1556
BFH	Urteil	6.9.2000	IV R 18/99	DStR 2000, S. 2123 – 2124
BFH	Urteil	31.10.2000	VIII R 47/98	DStRE 2001, S. 859 – 862
BFH	Urteil	12.12.2000	VIII R 62/93	DStR 2001, S. 430 – 432
BFH	Urteil	12.12.2000	VIII R 52/93	BB 2001, S. 505 – 508

BFH	Urteil	12.12.2000	VIII R 22/92	DB 2001, S. 680 – 685
BFH	Urteil	24.1.2001	I R 100/98	BStBl. II 2001, S. 509 – 512
BFH	Urteil	29.3.2001	IV R 88/99	FR 2001, S. 729 –731
BFH	Urteil	2.5.2001	VIII R 32/00	HFR 2001, S. 851 – 853
BFH	Beschluss	16.5.2001	I B 143/00	DStR 2001, S. 1431 – 1433
BFH	Urteil	20.6.2001	VI R 105/99	DStR 2001, S. 1341 – 1342
BFH	Urteil	17.10.2001	II R 43/99	DStRE 2002, S. 387 – 388
BFH	Urteil	18.12.2001	VIII R 5/00	BFH/NV 2002, S. 640 – 643
BFH	Urteil	18.12.2001	VIII R 10/01	DB 2002, S. 614 – 616
BFH	Urteil	17.1.2002	V R 64/01	DStRE 2002, S. 1257 – 1258
BFH	Urteil	23.1.2002	V R 84/99	BFH/NV 2002, S. 881 – 883
BFH	Urteil	23.7.2002	VIII R 36/01	DStZ 2002, S. 792 – 795
BFH	Urteil	9.12.2002	VIII R 20/01	BFH/NV 2003, S. 601 – 604
BFH	Beschluss	23.1.2003	VIII B 121/01	BFH/NV 2003, S. 767
BFH	Urteil	29.1.2003	I R 6/99	DStRE 2003, S. 865 – 868
BFH	Beschluss	25.2.2003	VIII B 253/02	DStRE 2003, S. 619 – 620
BFH	Beschluss	21.3.2003	VIII B 55/02	BFH/NV 2003, S. 1304
BFH	Urteil	14.10.2003	VII R 22/02	NWB Rechtsprechungs-report 4. Quartal 2003, S. 51
BFH	Urteil	17.2.2004	VIII R 26/01	NWB Fach 1 2004, S. 177
BFH	Urteil	20.4.2004	VIII R 52/02	NWB Fach 1 2004, S. 180
BGH	Urteil	12.7.1956	II ZR 218/54	BGHZ 21, S. 242 – 247
BGH	Urteil	16.2.1959	II ZR 170/57	BGHZ 29, S. 300 – 310
BGH	Urteil	24.10.1968	II ZR 216/66	BGHZ 51, S. 30 – 37
BGH	Urteil	21.3.1988	II ZR 238/87	BGHZ 104, S. 33 – 43
BGH	Urteil	5.10.1992	II ZR 172/91	DB 1992, S. 2383 – 2390
BGH	Urteil	28.6.1999	II ZR 272/98	DB 1999, S. 1647 – 1649
BGH	Urteil	26.6.2000	II ZR 21/99	DStR 2000, S. 1524 – 1525
BGH	Vorlagebe-schluss zum EuGH	30.3.2000	VII ZB 370/98	DStR 2000, S. 1064 – 1065
BGH	Urteil	1.7.2002	II ZR 380/00	DStR 2002, S. 1678 – 1679
BGH	Urteil	13.3.2003	VII ZR 370/98	DStR 2003, S. 947 – 948
BGH	Urteil	29.1.2003	VII ZR 155/02	DStR 2003, S. 948 – 949
BGH	Beschluss	9.10.2003	IX ZB 34/03	Haufe-Index 1059042
BVerfG	Beschluss	7.10.1969	2 BvR 701/64	BStBl. II 1970, S. 160 – 165 = BB 1969, S. 1385 – 1390
BVerfG	Beschluss	19.2.1978	1 BvR 811/76	BVerfGE 50, S. 57 – 108
BVerfG	Urteil	3.11.1982	1 BvR 620/78, 1104/49, 363/80	BVerfGE 61, S. 319 – 357
BVerfG	Beschluss	25.9.2002	2 BvR 2079/99	DStZ 2002, S. 837

EuGH	Urteil	9.3.1999	„Centros"	DB 1999, S. 625 – 628
EuGH	Urteil	21.9.1999	„Saint Gobain"	IStR 1999, S. 592 – 594
EuGH	Urteil	13.4.2000	„Baars"	DB 2000, S. 1056 – 1058
EuGH	Urteil	5.11.2002	„Überseering"	DB 2002, S. 2424 – 2429 = EWS 2002, S. 569 – 574
FG Schleswig-Holstein				
	Urteil	4.12.1986	II 231/84	EFG 1987, S. 178 – 179
FG Münster				
	Urteil	18.5.1988	XIII-VII 6551/83	EFG 1988, S. 651
FG München				
	Urteil	18.5.1990	8 K 8203/87	EFG 1990, S. 632 – 633
FG Köln				
	Urteil	19.11.1991	11 V 157/91	EFG 1992, S. 684 – 686
FG München				
	Urteil	15.1.1992	1 K 1208/87	EFG 1992, S. 463 – 464
FG Köln				
	Urteil	23.11.1993	2 K 4286/87	GmbHR 1994, S. 640 – 644
FG München				
	Urteil	26.4.1994	16 K 3526/89	EFG 1994, S. 967 – 968
FG Niedersachsen				
	Urteil	13.12.1995	XIII 472/89	EFG 1996, S. 1032 – 1034
FG Baden-Württemberg				
	Urteil	18.1.1996	14 K 98/93	EFG 1997, S. 67 – 68
FG Rheinland-Pfalz				
	Urteil	26.3.1996	2 K 1321/93	EFG 1997, S. 745 – 746
FG Köln				
	Urteil	26.6.1996	1 K 2566/92	EFG 1996, S. 1031 – 1032
FG Köln				
	Urteil	19.6.1997	7 K 5623/90	EFG 1997, S. 1508 – 1511
FG Köln				
	Urteil	9.10.1997	2 K 442/95	EFG 1998, S. 738 – 739
FG Münster				
	Urteil	21.1.1998	10 K 4091/97	EFG 1998, S. 285 – 286
FG Köln				
	Urteil	9.9.1998	11 K 5153/97	EFG 1998, S. 1634 – 1636 = DStR 1999, S. 368 – 372
FG Düsseldorf				
	Urteil	12.5.1998	8 K 559/95	EFG 1998, S. 1257 – 1259
FG Köln				
	Urteil	14.10.1998	6 K 196/97	GmbHR 1998, S. 1246 – 1250 = DStRE 1999, S. 59 – 61 = EFG 1999, S. 65 – 68

FG Münster			
Urteil	4.3.1999	11 K 3273/97	DStRE 1999, S. 828 – 829
FG Rheinland-Pfalz			
Urteil	7.6.1999	2 K 3337/98	DStRE 2000, 185 – 186
FG München			
Urteil	27.7.1999	13 K 4496/96	DStRE 2000, S. 283 – 284 = GmbHR 2000, S. 497
FG München			
Urteil	4.10.1999	13 K 3944/96	DStRE 2000, S. 293 – 295
FG Münster			
Urteil	19.10.1999	2 K 6754/97	DStRE 2000, S. 562 – 565 = EFG 2000, S. 554 – 556
FG Berlin			
Urteil	29.5.2000	5 B 5066/00	GmbHR 2000, S. 834 – 838
FG Düsseldorf			
Urteil	21.6.2000	7 K 3185/97 E	DStRE 2000, S. 1070 – 1071
FG Nürnberg			
Urteil	19.9.2000	V 479/98	GmbH-Steuerpraxis 2002, S. 106 – 107
FG München			
Urteil	12.10.2000	15 K 3930/99	EFG 2001, S. 1279 – 1280
FG Baden-Württemberg			
Beschluss	8.12.2000	9 V 85/00	EFG 2001, S. 292 – 293 = DStR 2001, S. 119 – 121
FG Niedersachsen			
Urteil	25.1.2001	5 K 65/95	EFG 2001, S. 1042 – 1045
FG Münster			
Urteil	25.1.2001	1 K 1560/99	DStRE 2002, S. 415 – 417
FG Niedersachsen			
Urteil	8.2.2001	5 K 99/99	DStRE 2001, S. 1048 – 1051
FG Düsseldorf			
Urteil	6.7.2001	7 V 3499/01 A(E)	EFG 2001, S. 1216 – 1218
FG Hamburg			
Urteil	11.7.2001	VI 252/99	GmbH-Stp 2002, S. 215 – 216
FG Hamburg			
Urteil	11.7.2001	VI 150/99	GmbH-Stp 2002, S. 250 – 251
FG Niedersachsen			
Urteil	23.10.2001	15 K 744/98	DStRE 2002, S. 490 – 491
FG München			
Urteil	24.10.2001	1 K 5201/99	DStRE 2002, S. 498 – 500

FG Niedersachsen			
Urteil	31.10.2001	9 K 400/96	EFG 2002, S. 552 – 554
FG München			
Urteil	10.12.2001	13 K 4481/98	GmbH-Stp 2003, S. 29 – 30
FG München			
Beschluss	11.2.2002	13 V 3920/01	EFG 2002, S. 556 – 558
FG Berlin			
Urteil	19.2.2002	5 K 5483/00	DStRE 2003, S. 223 – 225
FG München			
Urteil	25.2.2002	13 K 3958/99	EFG 2002, S. 757 – 759
FG Baden-Württemberg			
Urteil	28.2.2002	14 K 79/00	EFG 2002, S. 839 – 842
FG Niedersachsen			
Urteil	19.3.2002	1 K 178/97	LEXinform aktuell Nr. 27/ 2002 S. 6
FG Baden-Württemberg			
Urteil	19.3.2002	1 K 63/00	GmbH-StB 2002, 193
FG Münster			
Urteil	16.4.2002	1 K 7416/98 E	DStRE 2003, S. 18 – 22
FG Berlin			
Urteil	30.10.2002	9 K 9222/02	EFG 2003, S. 394 – 395
FG Schleswig-Holstein			
Urteil	16.4.2003	3 K 247/01	DStRE 2004, S. 558 – 560
FG München			
Beschluss	28.4.2003	2 V 474/03	EFG 2003 S. 1162 – 1163
FG Hamburg			
Beschluss	16.7.2003	V 124/03	Haufe-Index 1005208
FG Niedersachsen			
Urteil	16.7.2003	12 K 5/98	EFG 2004, S. 192 – 193
FG Münster			
Urteil	11.9.2003	14 K 1360/03 E	EFG 2004, S. 262 – 264
FG Nürnberg			
Urteil	15.9.2003	IV 229/2002	EFG 2004, S. 105 – 107
FG Rheinland-Pfalz			
Urteil	24.11.2003	5 K 2547/00	Haufe-Index 1118388
FG Niedersachsen			
Urteil	4.12.2003	10 K 294/00	NWB 2004, Fach 1 S. 161
FG München			
Urteil	28.1.2004	1 K 4352/02	Haufe-Index 1127197
OLG Hamm	1.2.2001	15 W 390/00	GmbHR 2001, S. 440 – 441
OLG Karlsruhe	19.2.2001	3 U 33/99	DStR 2000, S. 1529 – 1530

RFH	Urteil	30.10.1924	VI e B 256/24	RStBl. 1925, S. 47
RFH	Urteil	12.2.1930	VI A 899/27	RStBl. 1930, S. 444 – 445 = RFHE 27, S. 73 – 75
RFH	Urteil	10.3.1931	I A 720/28	RStBl. 1931, S. 302 – 303
RFH	Gutachten	26.7.1932	I D 2/3 u. III D 2/32	RStBl. 1933, S. 136 – 140
RFH	Urteil	14.3.1934	VI A 1125/33	RStBl. 1934, S. 711 – 712
RFH	Urteil	30.4.1935	I A 96/33	RStBl. 1935, S. 857 – 860
RFH	Urteil	10.12.1936	III A 157/36	RStBl. 1937, S. 452 – 453
RFH	Urteil	29.11.1938	I 412/37	RStBl. 1939, S. 524 – 525
RFH	Urteil	16.11.1939	III A 213/36	RStBl. 1940, S. 539

Philip Jensch

Einkommensteuerreform oder Einkommensteuerersatz?

Alternative Ansätze einer Reform der direkten Besteuerung unter besonderer Berücksichtigung steuerpraktischer Gesichtspunkte

Frankfurt am Main, Berlin, Bern, Bruxelles, New York, Oxford, Wien, 2004.
342 S., zahlr. Tab.
Schriften zur Wirtschaftstheorie und Wirtschaftspolitik.
Verantwortlicher Herausgeber: Klaus W. Zimmermann. Bd. 30
ISBN 3-631-50643-0 · br. € 56.50*

Die deutsche Einkommensteuer wird seit längerer Zeit einhellig als zu kompliziert angesehen. Die vielen bislang durchgeführten Steuerreformen haben daran nichts geändert; eher ist das Gegenteil der Fall. Vor diesem Hintergrund und mit Blick auf die jüngere Diskussion um konsumorientierte Steuerreformen wird in dieser Arbeit untersucht, ob nicht eine Steuerpraxis, die sich stärker am reinvermögenszugangstheoretischen Einkommensbegriff orientiert, steuerpraktisches Vereinfachungspotential bietet, oder ob sich Steuervereinfachungen besser durch Verfahren wie „Zinsbereinigte Einkommensteuer", Ausgabensteuer oder abgeltende Besteuerung von Kapitalerträgen (als Form einer „Dualen Einkommensbesteuerung") erreichen lassen. Die Erörterungen basieren auf einer einführend dargestellten allgemeineren Grundlagensicht der Bestimmung steuerlicher Bemessungsgrundlagen.

Aus dem Inhalt: Steuertheoretische Grundlagen · Steuerrechtliche Bemessungsgrundlagen ausgewählter Steuerreformvorschläge · Alternative Steuerreformvorschläge in einem problemorientierten steuerpraktischen Vergleich

Frankfurt am Main · Berlin · Bern · Bruxelles · New York · Oxford · Wien
Auslieferung: Verlag Peter Lang AG
Moosstr. 1, CH-2542 Pieterlen
Telefax 00 41 (0) 32 / 376 17 27

*inklusive der in Deutschland gültigen Mehrwertsteuer
Preisänderungen vorbehalten

Homepage http://www.peterlang.de

Kolibri 360 GmbH
Ferdinand-Jühlke-Straße 7
99095 Erfurt, Deutschland
produktsicherheit@kolibri360.de

Druck:
CPI Druckdienstleistungen GmbH
im Auftrag der
Kolibri 360 GmbH
Ferdinand-Jühlke-Str. 7
99095 Erfurt